中国高质量发展与评价蓝皮书

（2022）

沙 勇 金 巍 主编

中国社会出版社
国家一级出版社 · 全国百佳图书出版单位

编　委　会

前　言

党的十九大报告指出，“我国经济已由高速增长阶段转向高质量发展阶段”。习近平总书记在2017年中央经济工作会议上强调指出，“必须加快形成推动高质量发展的指标体系、政策体系、标准体系、统计体系、绩效评价、政绩考核”。随后，中央有关部门和部分地方党委、政府即针对高质量发展考核评价印发了通知、实施方案与具体办法。如中组部印发了《关于改进推动高质量发展的政绩考核的通知》，江苏省委、省政府制定了《江苏高质量发展监测评价体系与实施办法》《设区市高质量发展年度考核指标与实施办法》等。党的二十大报告指出，高质量发展是全面建设社会主义现代化国家的首要任务。我们要坚持以推动高质量发展为主题，推动经济实现质的有效提升和量的合理增长。实践证明，在着力推动高质量发展的进程中，高质量发展评价具有“指挥棒”“风向标”的引领和导向作用，科学开展高质量发展评价是引领、推动、落实高质量发展的必由之举。

南京邮电大学高质量发展评价研究院作为江苏省重点培育智库，专注于开展高质量发展与评价研究，持续探索建立和完善高质量发展的科学评价体系。同时，依托自身信息学、统计学、人口学等学科优势，运用大数据等现代技术手段，积极服务于高质量发展评价的具体实践。获批省重点智库以来，研究院承担了高质量发展评价领域重大、重点及专项决策咨询课题50多项，出版“高质量发展与评价研究系列丛书”近20部，编发上报《高质量发展评价研究专报》60多期，研究成果获省部级及以上领导肯定性批示50多次。

为了更加系统、科学地评价高质量发展水平，从多维度探究我国高质量发展面临的问题和挑战，以进一步优化高质量发展的保障机制和实现路径，以高质量发展推进中国式现代化，高质量发展评价研究院从2022年起组织编撰年度《中国高质量发展与评价蓝皮书》。

本次出版的2022年度蓝皮书首先确定高质量发展评价的理论分析框架，从创新、协调、绿色、开放、共享等维度，深入探究相关维度的高质量发展现状。其次，结合国家战略和社会经济发展实际，专题研究创新、协调、绿色、开放、共享等方面在高质量发展中面临的问题和挑战，并尽可能地明确给出相关问题解决的思路与对策。最后，在实证研究的基础上，通过引用案例对高质量发展的现实问题进行分析总结，验证和完善实证研究的不足。

这部蓝皮书由总报告、创新发展篇、协调发展篇、绿色发展篇、开放发展篇、共享发展篇六大部分、二十三个章节组成。各章主要基于国家战略需求，开展相关的专题研究，遵循“提出一个问题、解决一个问题”的研究模式，使全书不仅能够有效解决高质量发展的热点问题，还能够实现上下章的相互印证，力求形成严谨的研究结论。

本书是高质量发展评价研究院的年度重大成果，从发起到调查研究过程直至出版面世，受到领域内众多知名学者专家和实务部门领导的大力支持、帮助与专业指导，在此一并表示衷心的感谢。同时，感谢中国社会出版社的相关领导、专家及工作人员在著作出版过程中给予的支持与帮助。需要指出的是，鉴于该书是高质量发展评价领域的首部蓝皮书，在编写的过程中可供参考和学习的著作甚少，书中可能存在疏漏与不足之处，敬请读者批评指正。

目录

第一篇　总报告

第二篇　创新发展篇

第三篇　协调发展篇

第五篇　开放发展篇

第六篇　共享发展篇

第一篇

总报告

第一章　中国高质量发展评价总报告

摘　要：高质量发展是全面建设社会主义现代化国家的首要任务，高质量发展评价是贯彻新发展理念、把高质量发展落到实处的全局性战略性制度安排。本报告基于新发展理念下，构建科学合理的高质量发展评价指标体系和模型，综合研判评价我国高质量发展的成效，以及全国和各区域高质量发展的动态演变特征，有针对性地提出高质量发展提升的对策建议。

一、引言

发展是党执政兴国的第一要务，是解决中国所有问题的关键。党的十八大以来，以习近平同志为核心的党中央对发展理念和思路作出及时调整，提出创新、协调、绿色、开放、共享的发展理念，明确了我国现代化建设的指导原则，有力指导了我国新的发展实践。党的十九大首次提出高质量发展，意味着我国经济发展已由高速增长阶段转向高质量发展阶段。习近平总书记在党的二十大报告中强调，“高质量发展是全面建设社会主义现代化国家的首要任务。发展是党执政兴国的第一要务。没有坚实的物质技术基础，就不可能全面建成社会主义现代化强国”。高质量发展为新时代中国经济社会的发展指明了方向，已成为一个极其重要的时代课题。

高质量发展是以习近平同志为核心的党中央将马克思基本原理运用到经济社会发展中的生动体现。如何开展高质量发展评价是一个重大的理论和现实问题，习近平总书记强调，必须加快形成推动高质量发展的指标体系、政策体系、标准体系、统计体系、绩效评价、政绩考核①。可见，建立科学合理的高质量发展评价指标体系，探索务实管用的高质量发展评价方法论，综合研判评价行业的高质量发展成效，既是高质量发展评价实践与理论实现新跨越的根本保障，又是科学把握高质量发展内涵要求的新路径。

因此，要深入贯彻高质量发展理论的精髓，就必须客观全面认识新时代高质量发展评价的新趋势新特征，准确把握新发展理念的科学内涵，将创新、协调、绿色、开放、共享的新发展理念作为评价高质量发展的原则、标准，充分发挥新发展理念在高质量发展评价中的“指挥棒”和“风向标”的作用，以实现创新成为第一动力、协调

① 中华人民共和国中央人民政府．2017 年中央经济工作会议［EB/OL］．http：//www. gov. cn/xinwen/2017-12/20/content_ 5248899. htm.

成为内生特点、绿色成为普遍形态、开放成为必由之路、共享成为根本目的的高质量发展。

二、高质量发展的理论基础

2019年是新中国成立70周年，回望历史，70年的快速发展已取得举世瞩目的繁荣硕果，这源于我党在中国特色社会主义初级阶段的建设中，以马克思主义思想为指导，与当代社会发展的阶段性特征相结合，不断进行实践探索和持续总结经验教训。高质量发展，也正是在新的历史起点提出的，是基于中国高速数量型经济发展到一定程度，由这一时期经济结构、要素禀赋、生产力水平共同决定，并遵循经济发展必然规律，具有时代性和前瞻性的重大判断。推动高质量发展，必须深刻理解并贯彻新发展理念。新发展理念引领着中国高质量发展，可以说，高质量发展是新发展理念的归宿和目的，新发展理念是高质量发展的路径和轨迹，两者之间具有协同性。为此，科学开展高质量发展评价，需要充分重视新发展理念的深刻内涵和具体内容。

（一）创新发展是高质量发展的第一动力

创新发展是综合国力提升的重要战略支撑。创新动能不足，是大多数发展中国家长期经济增长乏力、经济复苏举步维艰的根本原因。而新时代高质量发展是“阶梯攀登”相对艰难的跋涉期，涉及经济发展动力重塑和结构变迁的综合行为，只有以创新发展为核心动力，才能适应现代经济发展中持续性的技术革新和结构变革。随着分工行为的逐渐深化，资本资源的充分积累，经济要素禀赋结构在动态运动中持续演进，推动了产业结构优势偏离。此时，就需要增强科技成果，提升科技创新能力，促进形成与新的偏离行为相一致、相匹配的产业技术革新，获得资源重组和更新性优化配置，形成经济体在国内市场和国外市场总体上具有最强竞争力的产业配比和产业优势。因此，创新发展涵盖了科技成果、人力资本以及创新能力三个部分。一方面，通过创新驱动，推动产业结构升级，培育和壮大战略性新兴产业，加快现代化经济体系的形成；另一方面，通过提高人力资本水平，提升社会劳动力质量和社会生产力水平。

（二）协调发展是高质量发展的内生特点

协调发展，就是要解决各主体内部组织关系以及多元系统之间不平衡、不均衡以及不充分的矛盾，强调发展的整体性和系统性。从政治经济学意义上来讲，协调发展还体现了生产力和生产关系、经济基础和上层建筑的协调和统一关系。事实上，事物及其各要素之间是具有普遍联系的，通过相互影响、相互制约以及共同促进形成了整个世界的必然联系，协调发展不仅是经济社会发展持续性的绝对表现，也开拓了发展结构理论的新境界。新时代中国高质量发展要坚持协调发展成为内生特点，就是要致力于推动区域协调、城乡协调、产业结构协调以及供需结构的协调发展。

（三）绿色发展是高质量发展的普遍形态

中国特色社会主义绿色发展理念，是马克思主义绿色发展观与中国特色社会主义伟大实践相结合而形成，并且推动了马克思主义理论的深化和创新，是马克思主义绿色发展观的中国化表现。绿色发展的初始概念被理解为保护环境的同义语，成为生态保护、污染治理的代名词，然而自进入中国特色社会主义新时代，绿色发展不仅强调改善环境，还具有强调生态效益、保护生产力的全新内涵。习近平总书记指出："保护生态环境就是保护生产力，改善生态环境就是发展生产力。"① 这意味着绿色发展和生产行为不能是脱节的两个体系，绿色发展应该将绿色生产力嵌入生产的各个领域以及生产、分配、交换、消费的各个环节，重视资源的集约性和发展的可持续性，要求资源的低消耗、生产的高效率、能源的清洁性。综合来看，绿色发展包括了资源消耗、环境治理能力以及绿化建设三个方面的内容。

（四）开放发展是高质量发展的必由之路

早在15—18世纪近代经济全球化时期，马克思主义全球化的重要思想就初具雏形，随着孤立封闭的国内市场逐渐走向国际市场，历史集聚也从民族扩容到世界，工业生产就不单单指向本国的群体受众，而是打破了地域隔阂，将生产力与世界市场和世界历史相联系。近现代以来，由于世界市场的开拓和全球化经济的发展，所有国家都致力于世界范围内的生产和消费，这意味着，开放发展不再只是一种趋势，而是历史必然和时代所需。改革开放40多年以来，中国一直坚持奉行对外开放的基本国策，开放发展的理念体现在中国与世界各国的深度融合和交流之中。开放发展，包括了开放水平和开放效果两个内容，以衡量中国高质量发展中开放的现状与成果。只有坚持全方位的开放发展，才能加快与世界各国的合作，促进各国之间的互利互惠、互补互助。

（五）共享发展成为高质量发展的根本目的

在社会发展的每个时期，人与人之间、人与自然之间都存在着对象性的社会关系，共享发展就是将这种关系进一步优化，其实质是坚持以人为本、人文关怀的发展思想，并突出以人民为中心、以共同富裕为要求的发展理念。共享发展也是中国特色社会主义建设的重点任务和根本目的，经济、社会以及生态的发展，都是为了促进人民更好地生活。共享发展作为贯彻始终的目标，需要增进人民的综合福祉，增加全民的团结，激发全民的主动性、积极性和创造性。随着国家的繁荣和富强，一方面要严防致返贫底线，持续提高人民福利水平；另一方面要完善收入分配机制，落实公平、公正的共享机制，实现全民共享经济硕果，福利生活惠及于民。因此，

---

① 2021年11月11日中国共产党第十九届中央委员会第六次全体会议．中共中央关于党的百年奋斗重大成就和历史经验的决议［EB/OL］．http：//www. gov. cn/zhengce/2021-11/16/content_ 5651269. htm.

共享发展的内容涵盖致返贫动态监管、收入分配以及福利水平三个主要方面，这也是高质量发展的根本体现。

三、高质量发展评价指标构建

（一）指标设计思路

高质量发展评价是保持经济社会持续健康发展的必然要求，是适应新时代、新发展阶段我国社会主要矛盾变化和全面建设社会主义现代化国家的前提基础和必然路径。高质量发展评价指标设计需要遵循新发展理念的内涵要求，从创新发展、协调发展、绿色发展、开放发展以及共享发展5个维度构建评价指标，以期为科学构建高质量发展评价指标体系提供设计思路。

（二）指标构建原则

高质量发展评价指标体系应以新发展理念为理论基础，体现社会经济发展高质量特征的综合性指标，具有完整内在结构的有机整体。因此，在选取社会经济高质量发展指标时，为保障指标体系构建的科学化、规范化，需遵循以下原则。

1. 系统性原则

以创新、协调、绿色、开放以及共享五大要素构建社会经济高质量发展评价的综合指标，该指标涉及社会经济发展和生态环境的各个环节，各评价指标之间需要具有逻辑性，从而能够综合反映出高质量发展系统中各子系统与投入产出要素的作用方式、方向、强度等。另外，高质量发展投入产出指标体系中每一个综合指标均由一组完整的细分指标组成，而各指标之间既相互联系又相互独立，共同组成一个完整的有机体系统。

2. 科学性原则

构建高质量发展评价指标体系，必须在兼顾系统性的前提下以科学性为基础，遵循客观的社会经济高质量发展和生态环境保护的内在要求，真实地呈现中国高质量发展的现状及演变过程。另外，高质量发展评价指标不仅需要客观地反映生产要素的社会特征、经济特征及环境特征，而且还需要客观全面地反映出各要素之间的相互联系。

3. 动态性原则

创新、协调、绿色、开放以及共享之间的相互联系与互动发展是在动态中表现出来的，需要一定的时间跨度才能展示出来，并且影响高质量发展的因素也随着社会经济发展和生产生活方式的变化而发生变化。因此，在构建高质量发展评价指标体系过程中必须考虑各因素自身以及各因素之间的动态变化趋势，从而反映出高质量发展的动态特征。

4. 综合性原则

高质量发展是由创新、协调、绿色、开放以及共享等多种关联要素构成的综合指标体系，充分体现经济社会发展中物质文明、政治文明、精神文明、社会文明、生态文明的协调发展，各主体之间相互联系、相互交叉。为此需要从整体出发，综合平衡各要素之间的关系，注重各要素的综合性分析，从而获得彰显高质量发展整体特征的评价结果。

5. 可操作性原则

在上述原则的基础上，高质量发展评价指标体系的构建还需要着重考虑可行性，即能够获取准确的指标数据。评价指标过多过细或过少过简都可能导致评价出现偏差，过多过细的评价指标既烦琐又容易相互重叠，而过少过简的评价指标易导致信息疏漏，所以指标既要具有典型性，又要具有可操作性。另外，在数据收集和整理过程中也应该运用简明易懂的计算方法。

（三）评价指标与模型构建

1. 评价指标体系选取

基于指标体系构建的原则和新发展理念的要求，高质量发展评价指标体系构建需要涵盖创新、协调、绿色、开放以及共享 5 个方面，为此，各指标的选取也需要遵循新发展理念，全面体现中国高质量发展的实际现状及其未来的发展趋势。同时，高质量发展的生产要素配置需在多重目标中寻求动态平衡，以更好地体现人与自然和谐发展的现代化。基于此，根据指标的经济学意义和投入产出规律，将相关指标纳入高质量发展评价指标体系，包括 5 个一级指标、12 个二级指标和 37 个三级指标（见表 1-1），具体指标如下。

（1）创新发展指标，包括创新能力、协同创新两个二级指标，对应的三级指标是发明专利授权数、技术合同成交额占 GDP 比重、R&D 人员、R&D 支出占 GDP 比重、科学技术支出占财政支出比重、专利授权量与 R&D 经费之比、高新技术产业主营业务收入占 GDP 比重、全国技术交易总额。

（2）协调发展指标，包括城乡协调、区域协调、产业结构、投资消费 4 个二级指标，对应的三级指标是城乡居民人均可支配收入之比、城乡居民人均消费支出之比、人均 GDP 的地区差距、第三产业从业人员占总从业人员的比重、第三产业占 GDP 比重、第三产业增加值、恩格尔系数、第三产业固定资产投资占总投资比重、最终消费支出占 GDP 比重。

（3）绿色发展指标，包括生态状况、环境质量两个二级指标，对应的三级指标是用水总量、能源消费总量、农用地和建设用地之和、城市建成区绿化覆盖率、生活垃圾无害化处理率、全年空气质量优良天数、单位 GDP 废气排放量、单位 GDP 废水排放量、单位 GDP 工业固体废物产生量。

（4）开放发展指标，包括对外开放、区域开放两个二级指标，对应的三级指标是进出口总额占 GDP 比重、实际利用外资额占 GDP 比重、铁路货物发出总量。

（5）共享发展指标，包括发展投入、发展质量两个二级指标，对应的三级指标是社会保障和就业支出占 GDP 比重、教育支出占财政支出比重、居民消费水平、人均城市道路面积、人均医疗卫生机构床位数、人均公共图书馆总藏量、城乡居民社会养老保险参保人数、人均互联网宽带接入端口数。

表 1–1　各指标数据来源及归类

序号	一级指标	二级指标	三级指标	指标分类	数据来源
1	创新发展	创新能力	技术合同成交额占 GDP 比重	投入指标	各年《中国统计年鉴》《中国农村统计年鉴》《中国人口和就业统计年鉴》《中国能源统计年鉴》《中国科技统计年鉴》《中国水资源公报》、各省份《统计年鉴》
2			R&D 人员	投入指标	
3			R&D 支出占 GDP 比重	投入指标	
4			科学技术支出占财政支出比重	投入指标	
5			发明专利授权数	产出指标	
6			专利授权量与 R&D 经费之比	产出指标	
7			高新技术产业主营业务收入占 GDP 比重	产出指标	
8		协同创新	全国技术交易总额	投入指标	
9	协调发展	城乡协调	城乡居民人均可支配收入之比	产出指标	
10			城乡居民人均消费支出之比	产出指标	
11		区域协调	人均 GDP 的地区差距	产出指标	
12		产业结构	第三产业从业人员占总从业人员的比重	投入指标	
13			第三产业占 GDP 比重	产出指标	
14			第三产业增加值	产出指标	
15		投资消费	恩格尔系数	产出指标	
16			第三产业固定资产投资占总投资比重	投入指标	
17			最终消费支出占 GDP 比重	投入指标	
18	绿色发展	生态状况	用水总量	投入指标	
19			能源消费总量	投入指标	
20			农用地和建设用地之和	投入指标	
21			城市建成区绿化覆盖率	产出指标	
22			生活垃圾无害化处理率	产出指标	
23			全年空气质量优良天数	产出指标	
24		环境质量	单位 GDP 废气排放量	产出指标	
25			单位 GDP 废水排放量	产出指标	
26			单位 GDP 工业固体废物产生量	产出指标	
27	开放发展	对外开放	进出口总额占 GDP 比重	投入指标	
28			实际利用外资额占 GDP 比重	投入指标	
29		区域开放	铁路货物发出总量	投入指标	
30	共享发展	发展投入	社会保障和就业支出占 GDP 比重	投入指标	
31			教育支出占财政支出比重	投入指标	
32		发展质量	居民消费水平	投入指标	
33			人均城市道路面积	产出指标	
34			人均医疗卫生机构床位数	产出指标	
35			人均公共图书馆总藏量	产出指标	
36			城乡居民社会养老保险参保人数	产出指标	
37			人均互联网宽带接入端口数	产出指标	

注：数据由作者整理而来。

2. 评价模型构建

评价模型一般包括传统的 DEA（Data Envelopment Analysis）模型、随机前沿分析法、生产函数法等，由于高质量发展评价涉及多要素的投入产出，而 DEA 模型能够有效解决这一问题，同时 DEA 模型在评价时不受投入产出量纲、权重和决策单元改善方向的影响，被广泛应用于发展指数和效率评价研究。传统 DEA 模型不能同时将投入与产出的松弛变量纳入高质量发展成效评测之中，Tone（2001）提出了 SBM（Slack Based Model）模型[2]，避免了松弛变量的问题，并在 2002 年提出 SE-SBM（SuperEfficiency-SBM）模型[3]，避免出现多个决策单元同为完全效率的情况。在此基础上，结合 Oh（2010）提出的 GML（Global Malmquist-Luenberger）生产指数[4]，以考察期内所有年份为参考集，使结果具有传递性和可累乘性。因此，本章构建非期望产出的 SE-SBM-GML模型来评价高质量发展成效，模型构建如下：

$$S^t(x_k^t,\ y_k^t,\ b_k^t) = \min\rho = \min\frac{1-\dfrac{1}{m}\sum_{i=1}^{n_m}\dfrac{S_m^x}{x_{m0}}}{1+\left[\dfrac{1}{r+k}\left(\sum_{r=1}^{n_r}\dfrac{S_r^g}{y_{r0}^g}+\sum_{k=1}^{n_k}\dfrac{S_k^b}{b_{k0}^b}\right)\right]} \tag{1}$$

约束条件：$\sum_{j=1}^{J}\lambda_j^t X_{mj}^t - S_m^x = x_{mj}^t,\ m=1,\ \cdots,\ M;$ （2）

$$\sum_{j=1}^{J}\lambda_j^t Y_{rj}^t - S_r^g = y_{rj}^t,\ r=1,\ \cdots,\ s_1; \tag{3}$$

$$\sum_{j=1}^{J}\lambda_j^t b_{kj}^t - S_k^b = b_{kj}^t,\ k=1,\ \cdots,\ s_2; \tag{4}$$

$$\lambda_j^t \geqslant 0,\ S_r^g \geqslant 0,\ S_k^b \geqslant 0,\ S_m^x \geqslant 0,\ j=1,\ \cdots,\ J \tag{5}$$

上述模型中 S^t 表示模型效率值，S_1 表示期望产出，S_2 表示非期望产出，m、r、k 分别表示投入、期望产出和非期望产出的个数，x 表示投入指标，y 表示期望产出指标，b 表示非期望产出指标，t 表示考察的时间区间，j 表示考察的省份，J 表示考察省份数量，S^x、S^g、S^b 分别表示投入、期望产出和非期望产出的松弛变量，λ 为权重向量。当 $\rho>1$ 时，表示在相对有效的决策单元中效率更高，而高质量发展成效处于提升阶段；当 $\rho=1$ 时，$S^x=S^g=S^b=0$，表示决策单元有效，高质量发展成效未发生变化；当 $0<\rho<1$ 时，表示决策单元效率存在效率松弛，高质量发展成效处于降低趋势。

四、我国高质量发展总体评价

利用 MaxDEA 软件，将全面反映经济社会发展现状的投入产出指标体系纳入非期望产出的 SE-SBM-GML 模型，评价 2003—2020 年中国 30 个省份①高质量发展成效。具体结果见表 1-2。

① 由于中国的西藏自治区、香港特别行政区、澳门特别行政区和台湾存在较多的数据缺失，以及部分数据统计口径的差异，在本章中不作为研究对象。其他章节与本章相同。

表 1-2　各省份 2003—2020 年高质量发展成效

DMU	2003 年	2004 年	2005 年	2006 年	2007 年	2008 年	2009 年	2010 年	2011 年	2012 年	2013 年	2014 年	2015 年	2016 年	2017 年	2018 年	2019 年	2020 年
北京	1.06	1.07	1.05	1.04	1.12	1.10	1.09	1.12	1.09	1.07	1.06	1.09	1.06	1.03	1.04	1.03	1.03	1.02
天津	1.21	1.15	1.16	1.23	1.22	1.22	1.21	1.17	1.12	1.13	1.12	1.12	1.11	1.10	1.15	1.13	1.10	1.11
河北	1.03	1.03	1.03	1.04	1.05	1.04	1.03	1.04	1.02	1.03	1.03	1.04	1.03	1.02	1.02	1.04	1.04	1.04
山西	1.31	1.23	1.24	1.26	1.14	1.21	1.23	1.21	1.12	1.15	1.12	1.10	1.11	1.09	1.10	1.09	1.09	1.09
内蒙古	1.09	1.09	1.07	1.06	1.08	1.06	1.08	1.05	1.08	1.03	1.05	1.07	1.08	1.09	1.09	1.12	1.07	1.06
辽宁	1.30	1.26	1.24	1.24	1.22	1.21	1.19	1.20	1.17	1.17	1.31	1.28	1.27	1.26	1.23	1.25	1.27	1.39
吉林	1.03	1.03	1.01	1.01	1.04	1.02	1.04	1.11	1.04	1.03	1.01	1.03	1.01	1.02	1.02	1.04	1.10	1.16
黑龙江	1.11	1.12	1.14	1.14	1.11	1.09	1.16	1.09	1.12	1.13	1.13	1.14	1.11	1.12	1.12	1.13	1.07	1.07
上海	1.02	1.03	1.01	1.01	1.01	1.00	1.00	1.00	1.01	1.00	1.02	1.02	1.02	1.01	1.01	1.01	1.01	1.02
江苏	1.04	1.05	1.05	1.05	1.04	1.03	1.03	1.03	1.05	1.03	1.04	1.03	1.03	1.11	1.11	1.11	1.11	1.10
浙江	1.07	1.09	1.09	1.07	1.02	1.09	1.08	1.07	1.05	1.11	1.06	1.05	1.05	1.07	1.07	1.07	1.08	1.09
安徽	1.07	1.10	1.13	1.11	1.34	1.11	1.15	1.18	1.20	1.14	1.13	1.14	1.14	1.17	1.21	1.21	1.25	1.30
福建	1.20	1.11	1.09	1.11	1.17	1.15	1.14	1.11	1.09	1.08	1.10	1.11	1.09	1.10	1.09	1.08	1.11	1.10
江西	1.03	1.04	1.03	1.04	1.02	1.03	1.04	1.04	1.03	1.03	1.07	1.08	1.03	1.02	1.02	1.20	1.31	1.48
山东	1.01	1.05	1.06	1.06	1.05	1.09	1.09	1.09	1.06	1.06	1.05	1.10	1.06	1.05	1.04	1.04	1.03	1.03
河南	1.08	1.07	1.06	1.06	1.06	1.08	1.07	1.09	1.06	1.09	1.07	1.06	1.07	1.04	1.04	1.04	1.04	1.04
湖北	1.10	1.08	1.08	1.07	1.04	1.06	1.07	1.06	1.04	1.04	1.02	1.04	1.04	1.06	1.05	1.05	1.05	1.05
湖南	1.12	1.06	1.07	1.08	1.07	1.04	1.09	1.10	1.05	1.15	1.10	1.09	1.11	1.13	1.10	1.07	1.07	1.08

续表

DMU	2003 年	2004 年	2005 年	2006 年	2007 年	2008 年	2009 年	2010 年	2011 年	2012 年	2013 年	2014 年	2015 年	2016 年	2017 年	2018 年	2019 年	2020 年
广东	1.00	1.00	1.00	1.00	1.00	1.00	1.00	1.00	1.00	1.00	1.00	1.00	1.00	1.00	1.00	1.00	1.00	1.00
广西	1.16	1.11	1.10	1.19	1.15	1.11	1.10	1.13	1.09	1.14	1.15	1.12	1.10	1.12	1.16	1.26	1.24	1.22
海南	1.18	1.16	1.20	1.24	1.30	1.37	1.46	1.45	1.44	2.57	2.26	2.18	2.08	2.03	2.03	1.95	1.90	1.91
重庆	1.10	1.12	1.08	1.05	1.06	1.07	1.04	1.03	1.06	1.06	1.09	1.09	1.08	1.07	1.08	1.08	1.09	1.10
四川	1.04	1.03	1.04	1.04	1.04	1.05	1.08	1.04	1.04	1.05	1.04	1.04	1.04	1.03	1.03	1.03	1.03	1.03
贵州	1.32	1.35	1.38	1.13	1.35	1.02	1.11	1.04	1.12	1.25	1.06	1.08	1.05	1.06	1.10	1.12	1.09	1.06
云南	1.61	1.75	1.76	1.70	1.76	1.83	1.90	1.92	1.79	2.16	1.95	1.97	1.85	1.87	1.88	1.84	1.81	1.86
陕西	1.07	1.08	1.10	1.11	1.14	1.23	1.23	1.23	1.16	1.22	1.08	1.07	1.11	1.09	1.09	1.06	1.06	1.06
甘肃	1.03	1.04	1.02	1.04	1.03	1.05	1.06	1.06	1.03	1.03	1.02	1.03	1.04	1.06	1.05	1.07	1.06	1.04
青海	1.07	1.07	1.07	1.12	1.06	1.07	1.07	1.09	1.07	1.09	1.11	1.11	1.12	1.10	1.10	1.10	1.10	1.10
宁夏	1.13	1.13	1.06	1.05	1.05	1.03	1.03	1.04	1.03	1.07	1.09	1.10	1.11	1.09	1.08	1.09	1.09	1.08
新疆	1.05	1.04	1.04	1.05	1.04	1.14	1.20	1.09	1.08	1.06	1.08	1.09	1.08	1.04	1.04	1.11	1.12	1.11
全国	1.12	1.12	1.12	1.11	1.13	1.12	1.14	1.13	1.11	1.17	1.15	1.15	1.14	1.14	1.14	1.15	1.15	1.16

注：数据由作者整理而来。

（一）高质量发展水平的静态分析

1. 全国高质量发展水平的静态分析

由图 1-1 和表 1-2 可知，考察期内全国高质量发展水平总体呈倒“U”形增长趋势，拐点在 2012 年（1.17）。2003—2012 年我国高质量发展水平波动较大，发展水平的低点分别出现在 2006 年和 2011 年，这表明 2012 年前我国高质量发展水平不稳定，存在较多的不确定因素，高质量发展任重道远。在党的十八大以后，经济发展模式逐渐转变，发展质量逐渐成为发展的主题，高质量发展模式转型也逐渐完成；虽然，2012—2015 年高质量发展水平出现短暂下降，但经过 2015—2017 年“筑底”后，2018 年后高质量发展水平开始稳步提高，并在 2020 年提高至 1.16，这充分说明高质量发展已成为全面建设社会主义现代化国家的首要任务。

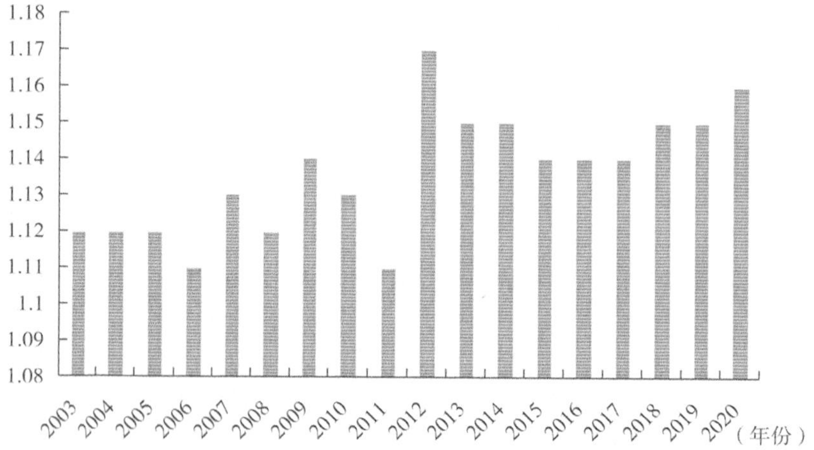

图 1-1　我国 2003—2020 年高质量发展水平静态图

2. 各省份高质量发展水平的静态分析

由表 1-2 可知，首先从各省份高质量发展趋势来看，考察期内河北、辽宁、吉林、江苏、浙江、安徽、江西、山东、广西、海南、云南、甘肃、青海、新疆 14 个省份高质量发展水平整体呈上升趋势，其中辽宁、广西的增长趋势呈“U”形，而浙江、山东、海南、云南、甘肃等省份的增长趋势呈倒“U”形，表明这些省份高质量发展在变化过程中存在拐点。

其次，从各省份年度高质量发展水平来看，2012 年海南高质量发展水平最高，达到 2.57；从平均值来看，上海高质量发展的改善速度最慢，而广东高质量发展水平在考察期内未得到改善。

最后，从考察期内各省份累计的高质量发展水平来看，最高的省份为云南，其次是海南，而高质量发展水平最低的省份则出现在经济发展水平最高的广东，出现这种情况的主要原因在于，高质量发展评价的指标不再仅仅注重经济发展速度和规模，而是在遵循创新、协调、绿色、开放、共享的新发展理念下，兼顾发展的经济建设、政治建设、文化建设、社会建设和生态文明建设，在发展中寻求多目标的动态均衡；因此，广东虽然 GDP 一直位于全国首位，但由于珠江三角洲地区与粤西、粤北存在着巨大的差距，全省协调发展和共享发展水平较低，并由此还引发了经济基础设施建设不到位、财政困难等一系列问题，给广东的高质量发展带来诸多挑战，导致 2003—2020 年广东高质量发展水平未得到改善。相比之下，云南和海南在发展过程中更注重旅游等绿色经济，经济增长的“负产品”较少，更符合高质量发展的要求，进而使其高质量发展水平一直处于改善状态。

（二）高质量发展水平的动态分析

由于静态时序变化的分析不能准确地反映我国高质量发展水平的动态时空演进趋势，研究进一步利用非参数的核密度估计法，探究考察期内高质量发展水平的分布形态。利用核密度函数的最优带宽估计方法——“Silverman 嵌入估计”（Silverman’s plug-in estimate)，其核函数为“伊番科尼可夫核”。同时，考虑五年规划纲要对中国经济社会发展的指导性以及面板数据的年限较长，选取 2003 年、2005 年、2010 年、2015 年和 2020 年数据分析高质量发展水平的动态演进趋势。

1. 全国高质量发展水平的动态分析

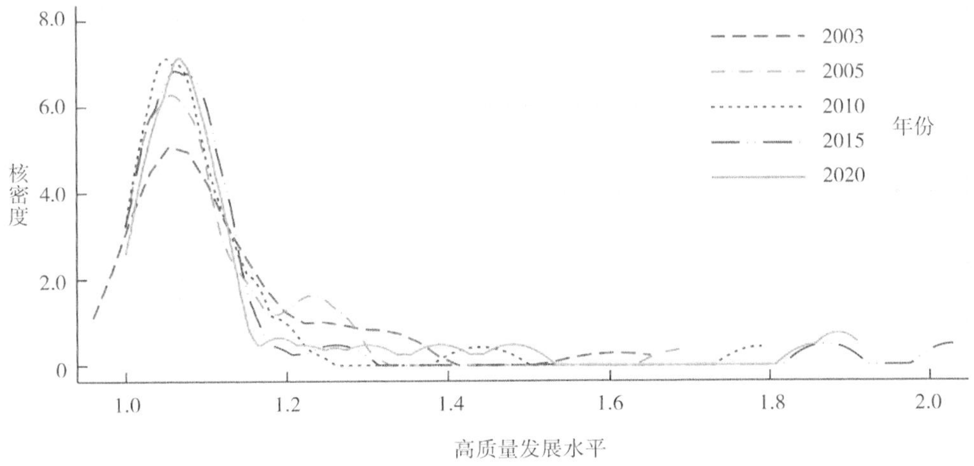

图 1-2 我国高质量发展水平动态演进趋势

由图 1-2 可知，全国 30 个省份部分年份高质量发展水平的核密度分布曲线由一个主峰和若干个次峰组成。从主峰中心点位移来看，2020 年主峰中心点较 2003 年右移幅度较大，表明中国高质量发展水平整体处于增长态势，这与静态分析结果一致；从移动过程来看，部分年份的中心点存在左移现象，即部分年份高质量发展水平下降，整体呈倒“U”形走势。从主峰形状来看，主峰宽度收窄、峰顶变尖、波峰高度增加，意味着高质量发展水平的集聚效应增强；主峰左侧面积先减少后增加，右侧面积除 2020 年回调，其他年份均增加，且 2005 年后效率值均处于 1 的右侧，这说明中国高质量发展水平持续改善，低值省份减少、高值省份增加。从各年次峰来看，2003 年次峰较少（2 个），2005

年、2010年和2015年次峰均增加至3个，2020年次峰增加至5个，且在高质量发展水平高值区域的次峰高度增加，表明我国高质量发展水平存在局部集聚趋势，尤其在高质量发展水平高值区域的集聚程度提高，但也预示着我国省际高质量发展水平存在两极分化的现象。鉴于省域经济发展基础、生态环境现状、资源禀赋、投资强度和区位对高质量发展的影响[5,6]，进一步比较分析东中西部地区高质量发展水平的动态走势。

2. 区域高质量发展水平的动态分析

对比东中西部地区高质量发展水平动态演变趋势（见图1-3至图1-5），东部主峰中心值右移后保持稳定，中西部均出现右移后再次向左移动的现象，说明东部高质量发展水平整体趋于改善，而中西部高质量发展水平存在整体下降的风险；东西部主峰峰顶趋尖、中部趋平、西部主峰高度下降，表明东西部高质量发展水平集聚效应提高，中部高质量发展水平集聚趋势减缓，而西部高质量发展水平集聚强度下降。

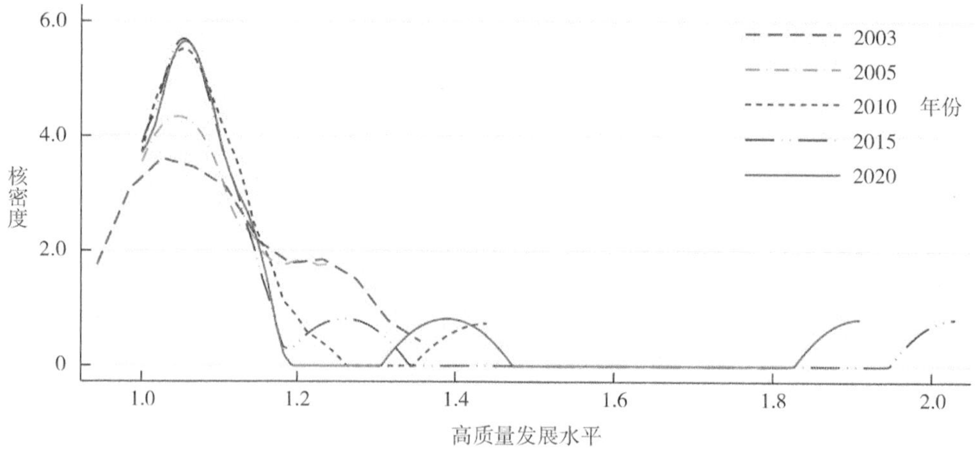

图1-3　东部高质量发展水平动态演进趋势

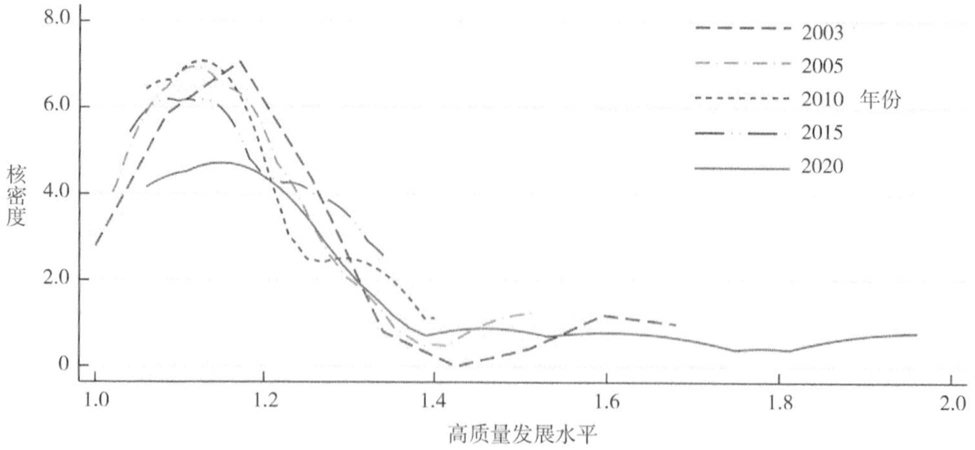

图1-4　中部高质量发展水平动态演进趋势

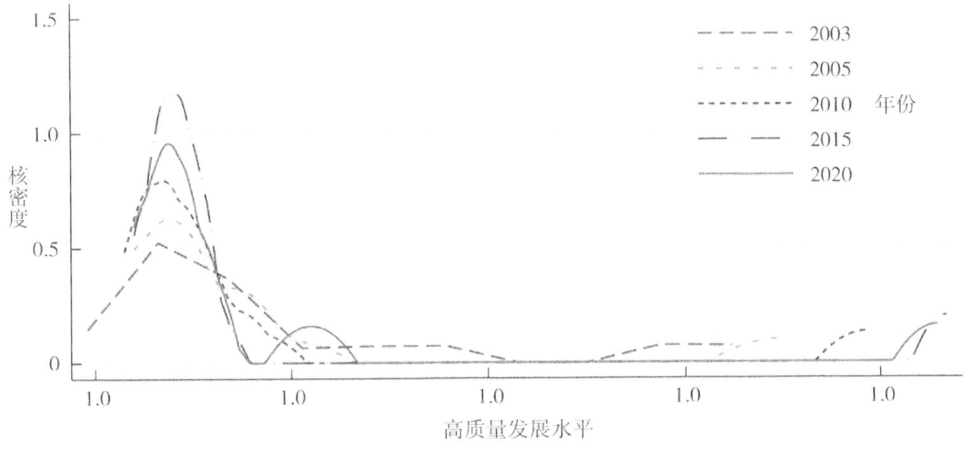

图 1-5　西部高质量发展水平动态演进趋势

从各区域次峰形态变化来看，东西部次峰集聚显著，在高质量发展水平高的区域存在显著的集聚区域，而中部高质量发展水平的次峰形态较弱，这意味着东西部高质量发展水平高值的省份具有集聚效应，而中部省份在高质量发展水平高值区域未形成集聚态势。而从主峰左右两侧面积来看，东部高质量发展的整体水平明显高于中西部地区，西部则高于中部地区，表明中部地区在经济发展规模、生态环境保护等高质量发展的重要指标评价中，低于东部或西部地区；东部则由于在创新能力、开放程度和共享水平等方面处于领先地位，其高质量发展的整体水平也高于中西部，而西部高质量发展水平主要得益于其绿色发展模式和协调发展措施。

五、提升高质量发展水平的对策建议

基于创新、协调、绿色、开放、共享的新发展理念，针对考察期内全国各省份高质量发展的现状及成因，亟须从五大新发展理念出发，推动高质量发展实现新突破。

（一）以创新驱动高质量发展

一是强化创新思想引领。坚持以习近平新时代中国特色社会主义思想为指导，全面贯彻落实党的二十大精神，全面落实“四个面向”要求，准确把握新发展阶段、全面贯彻新发展理念、主动融入新发展格局。新时代高质量发展必定离不开创新驱动，坚决把推进创新发展作为重大历史使命，坚决将推进创新发展作为重大政治任务去落实，切实增强落实国家和区域创新发展战略的自觉性。

二是激活创新活力发展。创新驱动归根到底是人才驱动，坚持把人才作为战略资源，转变传统用人模式和观念，积极探索引进创新型人才，将用人需求向创新导向倾斜，持续健全人才计划实施机制，细化完善人才服务措施，加大对现有人才的培育教育。同时，积极布局前瞻性战略性新兴产业，重视高技术产业的引进，坚持科技创新优先，实现由传统制造业向新兴科技工业转变。

三是解决创新驱动障碍。建立健全高效的组织领导体制和工作推动机制，贯彻落实创新驱动引领高质量发展理念，对先行探索创新发展模式的地区加大财政扶持力度，落实支持创新产品和服务等政策，综合运用财政、税收等多种方式，引导更多市场主体加大创新投入。

（二）以协调统筹高质量发展

一是支持和引导多主体合力推动协调发展的全局性。首先，各级政府在制定、完善与落实协调发展有关政策的过程中，应树立和强化“全国一盘棋”的系统理念，在改革中始终坚持和深化全局性和协调性要求；其次，塑造、发展和做强比较优势，为区域协调发展提供内生动力；最后，引导各区域把握新时代中国特色社会主义现代化建设的大势和机遇，在区域要素与产业融合的过程中，因地制宜积极培育新动能，发展新型产业与经营模式。通过多主体助推形成强大合力，推动区域协调发展的全局性发展。

二是重视和统筹区域内部协调的协同联动和多元化发展。对于呈不良扩大趋势的区域内差异，应加以重视并为其解决给予适当的政策倾斜。通过建立统筹区域内协调专门机构，负责对所属区域内各省份协调发展的具体需求、优势条件、存在困难等现实发展基础进行调研、制订解决方案并动态调整，并充分鼓励省域间的协同联动和优势互补；此外，区域内可能存在的过度的产业同质化现象也可能成为区域协调发展的重要阻力来源，因此应鼓励各省市县三级改革形成各具特色的产业或生产环节，塑造多元化发展模式，促进区域内均衡协调发展。

三是关注和帮扶高质量发展水平落后省份发展。一方面，针对高质量发展指标全面落后的省份，通过对口支援与帮扶，发挥和强化资源禀赋和特色产业优势，加强相应省份的自我发展能力，塑造多元化发展模式，提高自我造血功能；另一方面，针对高质量发展指标不均衡的省份，应着力强化发展中的弱项，巩固提升特色优势产业，持续拉长板、补短板、锻新板、固底板，尽快扭转因个别指标而拉低高质量发展水平的现象。

（三）以绿色引领高质量发展

一是推进生产生活方式绿色转型，培育绿色发展动能。首先，推动工业绿色转型。一方面利用绿色新技术对存量经济进行升级改造，推进工业园区绿色化循环化改造，共同打造绿色产业基地；另一方面壮大节能环保、清洁生产、清洁能源等绿色产业规模，加快构建绿色产业链、供应链。其次，推动农业绿色转型。大力发展生态农业，增加绿色农产品供给，推广农业循环发展模式，继续推进化肥农药减量增效，共同打造绿色农业。最后，大力发展绿色交通运输体系。推动铁路、公路、航空和水运生态化绿色化改造升级。

二是以绿色消费、绿色出行、绿色建筑、垃圾分类等为抓手，推动生活方式全面绿色化。首先，提倡绿色消费。鼓励绿色消费业态和模式创新，扩大政府绿色采购规模和范围。其次，倡导多样化的绿色出行方式。大力提升公共交通服务品质。再次，推广绿色建筑。提高民用建筑节能率和绿色建筑比例，发展被动式、装配式建筑。最后，加快推广生活垃圾强制分类制度。全面建成生活垃圾分类处理体系，实现垃圾减量化和资源化。

三是推动技术、金融等绿色要素创新。首先，鼓励和支持生态环境保护修复、新能源等方面科学技术的研发和推广应用。其次，依托区域科技创新中心、国家科学中心及创新平台载体的建设，推动绿色技术研发和推广。最后，引导金融要素服务绿色发展，大力发展绿色信贷、绿色债券和绿色保险，发挥绿色发展基金作用，完善环境权益交易市场、丰富投融资工具。

（四）以开放推动高质量发展

实现全方位高水平对外开放，推动国内国际双循环。

一是推动东西双向陆海统筹开放。着力提升沿海沿江等带状经济区的开放质量，全面提高沿边和内陆开放水平，培育更多内陆开放高地。

二是加快推进规则标准等制度型开放。以自贸区为依托，进一步促进贸易、投资等规则标准与国际接轨，未雨绸缪形成应对国际规则变化的预案。

三是推动大湾区建设、京津冀协同发展、长江经济带发展等国家重大战略和“一带一路”实现高水平融合。以沿海和内陆城市经济圈为重点，高质量建设对外开放的重要节点，对接海上丝绸之路、新亚欧大陆桥、中国–中南半岛、孟中印缅等经济走廊。

（五）以共享助力高质量发展

一是加大政策引导，尽快制定积极的、促进共享经济发展的政策，放宽准入门槛，最大限度增加共享经济对高质量发展的支撑作用。鼓励共享经济平台企业在优化供给、产品服务迭代升级上下更大功夫，拓展发展空间。

二是出台相关政策，鼓励共享经济平台企业全面进入基本民生领域，放宽准入、优化服务，让平台化产业组织越来越成为生产方式新主流，在高质量发展中满足人们对美好生活的向往。强调技术引领、优化配置，引导共享经济平台企业以先进技术、特色服务为重点，促进人才、资金、技术等要素合理流动，推进基本民生领域供给侧改革，全面保障老百姓的基本民生。加大金融机构对共享经济平台企业的资金支持，提高贷款的可得率、优惠率，让共享经济平台企业在基本民生保障中发挥主力军作用。

（作者简介：沙勇，男，博士，南京邮电大学高质量发展评价研究院执行院长，高质量发展综合评估研究基地主任，教授，主要从事高质量发展评价、区域经济方面研究。金巍，男，博士，南京邮电大学高质量发展评价研究院、高质量发展综合评估研究基地研究员，主要从事资源经济方面研究。）

参考文献

[1] 习近平．在庆祝改革开放 40 周年大会上的讲话［EB/OL］．http：//www.xinhuanet.com/politics/leaders/2018-12/18/c_1123872025.htm.

[2] TONE K. A slacks-based measure of efficiency in data envelopment analysis［J］. European Journal of Operational Research，2001（3）：498-509.

[3] TONE K. A slacks- based measure of super- efficiency in data envelopment analysis［J］. European Journal of Operational Research，2002（1）：32-41.

[4] OH D H. A global Malmquist-Luenberger productivity index［J］. Journal of Productivity Analysis，2010，34（2）：183-197.

[5] CUI H R，WANG H R，ZHAO Q Z. Which factors stimulate industrial green total factor productivity growth rate in China an industrial aspect［J］. Greenhouse gases：Science & Technology，2019（3）：505-518.

[6] GENG C，CUI Z. Analysis of spatial heterogeneity and driving factors of capital allocation efficiency in energy conservation and environmental protection industry under environmental regulation［J］. Energy Policy，2019，137（6）：111081.

第二篇

创新发展篇

第二章　中国创新发展政策的演变及其评价

摘　要：中国自改革开放以来，在创新发展方面出台了大量的政策文件，2006 年更是提出了建设创新型国家的战略目标。而且，在从计划经济向市场经济转轨的过程中，出台了大量政策文件，旨在市场经济的逻辑下推动市场主体的各类创新行为。本章对 1978 年改革开放以来的相关政策进行了梳理回顾、总结归纳，并对典型的行业，光伏产业、新能源汽车产业进行了专门的政策梳理分析。最终得出三点结论，第一，中国的创新发展政策取得了显著的成果，专利和科技论文数量均已经跃居世界前列，大跨步地超越了诸多老牌发达国家。第二，中国的创新发展政策处于渐进的变化中，不同阶段的发展主题不同，相对应地，该时期的创新发展政策也有着不同的侧重点和核心目标。这种阶段性特征与国民经济的宏观变化紧密联系。第三，在已有的创新政策激励、引导之下，获得的各类成果往往数量有余、质量不足。究其原因，是因为目前尚缺乏系统的综合评价考核体系，导致事前的政策受众筛选、事后的创新成果考核等环节中都存在不容忽视的问题。

本章将对中国创新发展政策进行初步的归纳总结与评述。第一，针对创新发展政策的概念内涵进行定义。第二，对中国 40 多年来的创新发展政策进行回顾整理。第三，运用统计数据进行分析，来观察创新发展政策取得了怎样的成果。第四，具体展示了两个行业的相关创新发展政策。第五，对本章内容进行总结与归纳。

一、创新发展政策的含义

20 世纪 90 年代，我国把“创新”一词引入了科技界，形成了“知识创新”“科技创新”等各种提法，进而发展到社会生活的各个领域，使创新的说法几乎无处不在[1]。从理论源流来看，熊彼特是创新理论的开创者，在其著作《经济发展理论》中阐释了其创新增长理论：国民经济发展的核心不单在于生产要素的积累，更在于创新驱动的能力，尤其是在现代经济体系中，创新驱动才是国民经济发展的最大驱动力。他认为，“创新”不是某种单一的行为方式或行动方法，而是一套涵盖了多种创新要素在内的多元化综合体系，这种体系的建立相当于构建了一个新的生产函数，从而极大地发展了社会生产力[2]。波特在熊彼特的基础之上，将创新的概念从企业的层面进行了进一步的拓展。他认为，创新不仅局限于新技术的应用，还包含新设计、新流程、新的营销策略等[3]。但是，熊彼特没有考虑甚至刻意回避了国家与政府在创新发展中的作用，也正因如此，其论述未曾触及如下问题：创新的发生需要什么组织与制度条件？国家间产生创新能力的差异是何原因[3]？

从宏观国家层面上来看，政府对创新进行政策干预，主要是基于修正市场与系统失灵以及战略的需要[3]。1986 年，Teece 在其论文《技术创新中的利润：整合、协作、许可与公共政策的影响》中指出："如果政府决定激励创新，那么清除参与创新的互补资产所遇到的发展障碍就显得尤为重要了。若不能做到这一点，大部分的创新果实将不可避免地从创新者的篮子滚落进模仿者和竞争者的篮子中。"[4]该观点明确了创新活动的正外部性，所有公共政策干预。林毅夫[5]也指出，对于产业升级过程中的外部性问题，需要政府来进行协调，补偿先行者。Freeman[6]在研究日本第二次世界大战后时期国民经济迅速恢复并晋升为发达国家的原因时发现，日本之所以能够在较短时间内恢复国民经济，主要就是依靠其强大的国家整体创新发展战略，该战略应该被视为一个完整的综合体系和一项整合性的系统工程，在该系统内，资源、制度、技术，乃至政府、企业、社会都是重要的系统组成要素。所以，创新的成功与否，与政府所采取的创新政策密切关联。从全球视角来看，目前各国政府都在尝试通过实施创新驱动政策来促进创新发展，实现经济增长、提升就业率和强化知识产权保护等发展目标，同时世界创新环境也在接连发生着变革[7]。

毫无疑问，创新政策是一个复杂的政策体系，影响范围广大。1990 年，OECD 在其报告中指出，创新政策的根本目的在于将科技政策与本国的经济政策、社会政策融为一体，最终形成一个政策体系。Mazzucato[8]认为，以应对挑战为导向的创新政策除了依赖传统的市场和系统失灵理论的框架，还应以市场创造的视角和框架进行补充，并在此视角下使用任务导向的政策方法。对于创新政策的定义，伦德瓦尔[9]在其《科学、技术与创新政策》一文中，简要地将科学、技术和创新政策归纳为"为了促进科学技术知识的生产、传播和应用，政府可以并且已经实施的公共政策，以实现国家目标"。俞立平等[10]指出，创新政策可分为直接创新政策与间接创新政策，直接创新政策是指政府对创新企业的财政科技补贴和投入（包括税收减免），间接创新政策是指其他所有技术、人才、科技中介、科技金融政策等。更广义的间接创新政策还包括与创新相关的经济、产业、环境政策等。陈劲、王飞绒[11]指出，创新政策是一国政府为促进技术创新活动的产生和发展，规范创新主体行为而制定并运用各种直接或间接的政策和措施的总和。Ekboir[12]依据市场失灵、任务使命、合作互惠，把区域科技创新政策划分为政府对科技创新的直接投资政策、间接支持政策及外围促进政策。从分类上来看，Rothwell 等[13]从政策工具理论视角出发，将创新政策分为供给型、需求型和环境型，认为供给政策对科技活动有直接作用，而环境政策工具属于间接作用型政策。吴祺[1]的研究指出，创新政策含义的共性特征主要体现在 3 个方面：一是创新政策与既有的相关政策会存在一定的交叉重叠，如宏观经济政策、产业政策、科学政策、技术政策等，比某一单项政策的含义更广；二是创新政策是一个系统概念，重点是各类政策之间的协同、配合，进而形成一个有机的整体，而非各项政策的累加；三是创新政策的主要应用对象依然是技术创新活动，其核心目标也是技术水平的提高，所有以技术创新活动为对象的所有政策都可以视为广义上的创新政策。刘明[3]指出，创新政策的内涵包括：①创新政策是科技进步与经济发展相互协调的产物；②创新政策是一种促进创新的激励和引导机制；③创新政策的目标是实现以创新驱动国家经济与社会的高质量发展；④创新政策的对象是创新要素、创新环境、创新主体及其创新活动；⑤创新政策是一个整合的、相互协调的政策体系，涉及多个政策领域。

根据中国政府出台的《“十三五”国家科技创新规划》，专门以一章内容谈政策保障，提出了强化创新法治保障、深入实施知识产权战略、完善支持创新的普惠性政策体系（例如通过落实税收优惠、保险、价格补贴和消费者补贴等，促进新产品、新技术的市场化规模化应用）、持续推进技术标准战略、强化政策统筹协调（例如加强科技政策与财税、金融、贸易、投资、产业、教育、知识产权、社会保障、社会治理等政策的协同）。

综上，本章中，对创新发展政策给出的定义是：为了促进包括技术创新、组织创新、制度创新等各类活动在内的创新活动的产生、传播与迭代升级，各级政府出台的各类直接或间接的、针对创新相关者、针对创新行为、针对创新环境的鼓励、支持与补偿政策。创新政策涉及政府财政、金融、消费、产业、人才、教育等多个方面。

二、中国创新发展政策的历史回顾

针对创新发展的相关政策，早在新中国成立初期就已经有了相关表述，1956 年，毛泽东[14]同志在全国知识分子问题会议上发出了“向科学进军”的号召，指出了科学在国家建设和发展中举足轻重的地位。1963 年，毛泽东[15]提出：搞生产关系的目的就是解放生产力。现在生产关系是改变了，不搞科学技术，生产力无法提高。系统化地、较为明确地提出创新政策的概念，是在改革开放之后。本章中，按照不同时间阶段分别进行政策梳理。

（一）1979—1994 年：计划体制的转轨

1978 年召开的全国科学大会标志着中国科技体系在改革开放后终于进入全面恢复阶段，大会通过了《1978—1985 年全国科学技术发展规划纲要（草案）》，明确提出“能不能高速度地发展科学技术，用最先进的科学技术武装国民经济和国防，这是关系国民经济发展速度，关系社会主义建设全局，关系我们国家命运和前途的重大问题”。1982 年召开全国科学技术成果奖励大会，发布了《“六五”国家科技攻关计划》，这是首个被纳入国民经济和社会发展规划的科技计划。1983 年，科学技术计划局成立，具体负责科技计划工作。这一时期相继实施了国家技术改造计划（1982 年）、国家重点技术研发计划（1982 年）、国家重点实验室建设计划（1984 年）以及国家重点工业试验计划（1984 年）。同时，《中华人民共和国发明奖励条例》（1978 年）、《中华人民共和国自然科学奖励条例》（1979 年）、《合理化建议和技术改进奖励条例》（1982 年）、《中华人民共和国科学技术进步奖励条例》（1984 年）、《中华人民共和国专利法》

（1984 年）等一批法律法规相继颁布实施。

改革开放初期，中国仍处于集中型科技体制阶段，全部科技活动均由国家计划实施，科技管理权限高度集中、制度僵硬，资源分配交叉重叠，“大锅饭”现象丛生[3]。各科研单位不成体系、各自为政，科研项目低水平重复上马；研究方向与社会生产需求脱节，科研成果难以落地和转化；科研团队人浮于事，缺乏积极性等[1]。1985 年，中共中央发布了《关于科学技术体制改革的决定》，针对“长期以来逐步形成的科学技术体制存在着严重的弊病，不利于科学技术工作面向经济建设，不利于科学技术成果迅速转化为生产能力，束缚了科学技术人员的智慧和创造才能的发挥，使科学技术的发展难以适应客观形势的需要”，提出要遵照“经济建设必须依靠科学技术、科学技术工作必须面向经济建设”的方针，切实地对科技体制进行逐步改革。此后，《国务院关于扩大科学技术研究机构自主权的暂行规定》（1986 年）、《国务院关于进一步推进科技体制改革的若干规定》（1987 年）以及《国务院关于深化科技体制改革若干问题的决定》（1988 年）等文件先后出台。法律政策方面，《中华人民共和国专利法》（1984 年）、《中华人民共和国技术合同法》（1987 年）先后出台。1986 年，国家自然科学基金委员会成立，通过设立自然科学基金、变革科研经费拨款方式，推动基础研究的发展。

1992 年“南方谈话”和党的十四大召开之后，经济体制改革进入了新阶段，社会主义市场经济体制的建设成为明确的目标，在这样的背景下，科技创新相关的步伐也进一步加快，陆续颁布了《中华人民共和国科学技术进步法》（1993 年）、《中华人民共和国农业技术推广法》（1993 年）。

（二）1995—2005 年：明确以市场为导向

1995 年，江泽民同志于全国科学技术大会上提出了科教兴国战略，并明确使用了“创新”这一概念[3]。同年，中共中央、国务院出台了《关于加速科学技术进步的决定》，其中提出：“在体制、机制以及思想观念等方面还存在许多阻碍科技与经济结合的不利因素；多数企业还缺乏依靠科技进步的内在动力；科技成果转化率和科技进步贡献率较低；旧体制下形成的科技系统结构不合理、机构重复设置、力量分散的状况依然存在；全社会多元化的科技投入体系还未形成，投入过低的状况尚未改观。”1996 年，国务院《关于“九五”期间深化科技体制改革的决定》出台，要求“企业要成为技术开发的主体”“绝大多数科研机构要以经济建设为主战场”“提高技术创新能力，积极创造条件，大力推进科研机构与高等学校和企业之间联合与协作，提高系统性、配套性的工程技术开发能力”。1998 年底，随着一些工业部委的撤销，原国家所属的 242 个科研机构向企业转制，市场化进程的启动使科技人才与成果更具流动性，科技经费拨款方式的变革也使基础研究选题更为灵活[3]。我国科技政策主要围绕如何将以科研院所为中心的创新体系向以企业为中心的创新体系转变[1]。

1999 年 8 月 20 日，中共中央、国务院出台了《关于加强技术创新，发展高科技，实现产业化的决定》，明确提出“创新是一个民族进步的灵魂，是国家兴旺发达的不竭动力”，“企业是技术创新的主体”，“促进企业成为技术创新的主体，全面提高企业技术创新能力”，“推动应用型科研机构和设计单位实行企业化转制，大力促进科技型企业的发展”，“采取有效措施，营造有利于技术创新和发展高科技、实现产业化的政策环境”，等等。8 月 23 日，全国技术创新大会在北京召开，江泽民在大会上讲话指出：必须把以科技创新为先导促进生产力发展的质的飞跃，摆在经济建设的首要地位；在一些战略性、基础性的重大科技项目上，必须依靠自己，必须拥有自主创新能力和自主知识产权。此后，又陆续出台了《关于促进民营科技企业发展的若干意见》（科技部，1999 年）、《关于促进科技成果转化的若干规定》（科技部、教育部、人事部、财政部、中国人民银行、国家税务总局、国家工商行政管理局，1999 年）、《关于深化科研机构管理体制改革实施的意见》（科技部、中编办、财政部、中央企业工委、国家计委、国家经贸委、教育部、劳动和社会保障部、外经贸部、税务总局、工商局、质量技监局，2000 年）、《关于国有高新技术企业开展股权激励试点工作的指导意见》（国务院办公厅，2002 年），等等。2002 年，江泽民总书记在党的十六大报告中进一步提出了创新要“与时俱进”“实践没有止境，创新也没有止境”。

（三）2006—2014 年：创新型国家的目标提出

2006 年，全国科学技术大会召开，首次提出建设创新型国家的宏伟目标，同时发布了《国家中长期科学和技术发展规划纲要（2006—2020 年）》（以下简称《纲要》）。以此为标志，中国的科技发展战略开始以自主创新为重点，以建设创新型国家为目标。《纲要》中首先总结道：“我国科学技术总体水平还有较大差距，主要表现为：关键技术自给率低，发明专利数量少；在一些地区特别是中西部农村，技术水平仍比较落后；科学研究质量不够高，优秀拔尖人才比较匮乏；同时，科技投入不足，体制机制还存在不少弊端。目前，我国虽然是一个经济大国，但还不是一个经济强国，一个根本原因就在于创新能力薄弱。”然后明确了“今后 15 年，科技工作的指导方针是：自主创新，重点跨越，支撑发展，引领未来”。自主创新放在第一位。随后，《国务院关于印发实施〈国家中长期科学和技术发展规划纲要（2006—2020 年）〉》出台，在科技投入、税收激励、金融支持、政府采购等 10 个方面提出了 60 条配套政策，形成了相对完整的政策体系。2007 年，党的十七大报告中将创新型国家建设上升为国家战略的核心。2012 年，党的十八大强调要坚持走中国特色自主创新道路、实施创新驱动发展战略。2014 年，习近平总书记在中国科学院和中国工程院院士大会上指出，要走中国特色自主创新道路，坚持自主创新、重点跨越、支撑发展、引领未来的方针。

这段时间，同样出台了大量的政策文件，例如，《科技型中小企业创业投资引导基金管理暂行办法》（财政部、科技部，2007 年）、《关于企业技术创新有关企业所得税优惠政策的通知》（财政部、国家税务总局，2006 年）、《关于实施高新技术企业所得税优惠有关问题的通知》（国家税务总局，2009 年）、《中国鼓励引进技术目录》（商务部、国家税务总局，2006 年）。2012 年 9 月，中共中央、国务院出台了《关于深化科技体制改革加快国家创新体系建设的意见》，将中国创新中的问题总结为“企业技术创新主体地位没有真正确立，产学研结合不够紧密，科技与经济结合问题没有从根本上解决，原创性科技成果较少，关键技术自给率较低；一些科技资源配置过度行政化，分散重复、封闭低效等问题突出，科技项目及经费管理不尽合理，研发和成果转移转化效率不高；科技评价导向不够合理，科研诚信和创新文化建设薄弱，科技人员的积极性创造性还没有得到充分发挥”，并提出了“强化企业技术创新主体地位，促进科技与经济紧密结合”，“加强统筹部署和协同创新，提高创新体系整体效能”，“完善人才发展机制，激发科技人员积极性创造性”，“营造良好环境，为科技创新提供有力保障”，“加强组织领导，稳步推进实施”等发展目标。2013 年，国务院出台《“十二五”国家自主创新能力建设规划》，将面对的问题总结为“创新能力建设缺乏系统前瞻布局，与世界先进水平相比还有较大差距；创新资源配置重复分散、使用效率不高、共享不足；企业创新动力和活力不足，技术创新的主体作用没有得到充分发挥；投入不足与结构不合理并存，持续投入机制尚未形成；知识产权保护等创新环境有待完善”，并提出预期目标“创新基础条件建设布局更加合理”，“重点领域创新能力明显提升”，“创新主体实力明显增强”，“区域创新能力布局不断优化”，“创新环境更加完善”。同年，中共中央《关于全面深化改革若干重大问题的决定》出台，再次强调了创新在科技发展中的重要性。2014 年，国家知识产权局等 28 部委联合印发《深入实施国家知识产权战略行动计划（2014—2020 年）》，旨在完善创新环境。

（四）2015 年至今：深化改革期间的创新探索

2015 年 3 月 13 日，中共中央、国务院出台了《关于深化体制机制改革加快实施创新驱动发展战略的若干意见》，提出：面对全球新一轮科技革命与产业变革的重大机遇和挑战，面对经济发展新常态下的趋势变化和特点，面对实现“两个一百年”奋斗目标的历史任务和要求，必须深化体制机制改革，加快实施创新驱动发展战略。并提出了“营造激励创新的公平竞争环境”，“建立技术创新市场导向机制”，“强化金融创新的功能”，“完善成果转化激励政策”，“构建更加高效的科研体系”，“创新培养、用好和吸引人才机制”，“推动形成深度融合的开放创新局面”，“加强创新政策统筹协调”。同年，中共中央办公厅、国务院办公厅发布《深化科技体制改革实施方案》，提出“坚持走中国特色自主创新道路，聚焦实施创新驱动发展战略，以构建中国特色国家创新体系为目标，全面深化科技体制改革，推动以科技创新为核心的全面创新，推进科技治理体系和治理能力现代化，促进军民融合深度发展，营造有利于创新驱动发展的市场和社会环境，激发大众创业、万众创新的热情与潜力，主动适应和引领经济发展新常态，加快创新型国家建设步伐，为实现发展驱动力的根本转换奠定体制基础”。2015 年 10 月 29 日，习近平总书记在党的十八届五中全会第二次全体会议上的重要讲话明确提出了创新、协调、绿色、开放、共享的发展理念。新发展理念符合我国国情，顺应时代要求，对破解发展难题、增强发展动力、厚植发展优势具有重大指导意义。

2016 年，中共中央、国务院发布了《国家创新驱动发展战略纲要》，提出“三步走”的战略目标，即，到 2020 年迈入创新型国家行列，到 2030 年跻身创新型国家前列，到 2050 年建成世界科技创新强国。以科技与体制机制创新共同驱动。同年，国务院发布了

《"十三五"国家科技创新规划》，从上游的加强原始创新，到中游的技术创新，再到下游的技术推广和产业化，即从基础研究、应用研究、产品开发与成果转化到市场开拓，立体地对创新的全链条进行了规划。为了激励各主体的活力，先后出台了《关于深化人才发展体制机制改革的意见》（中共中央，2016 年）、《国有科技型企业股权和分红激励暂行办法》（财政部、科技部、国资委，2016 年）、《关于实行以增加知识价值为导向分配政策的若干意见》（中共中央办公厅、国务院办公厅，2016 年）、《国务院办公厅关于抓好赋予科研机构和人员更大自主权有关文件贯彻落实工作的通知》（2019 年）。

三、中国创新发展政策取得的成果概述

针对中国近年来在创新发展方面取得的各项成果，初步观察政策鼓励下的创新发展效果。本章利用《中国科技统计年鉴》的数据进行相关的统计分析，观察在投入、产出两个方面的基本数据。

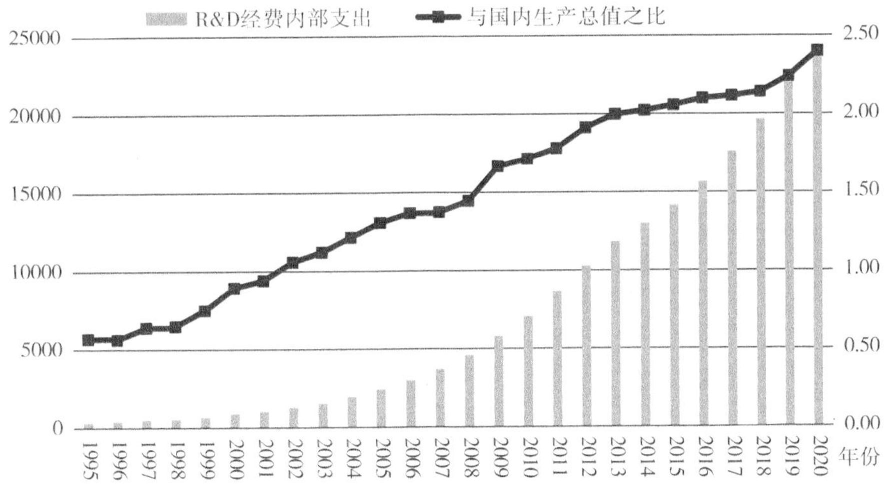

图 2-1　全国研究与试验发展 R&D 经费内部支出与占 GDP 比重（单位：亿元、百分比）

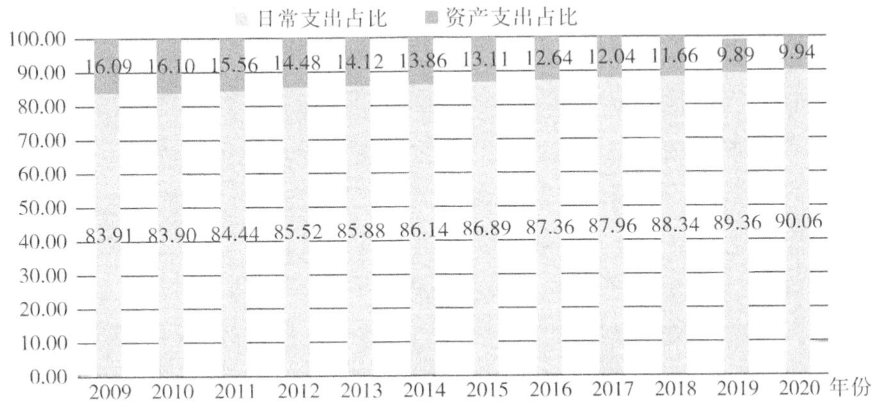

图 2-2　日常支出和资产支出占 R&D 经费内部支出比重（单位:%）

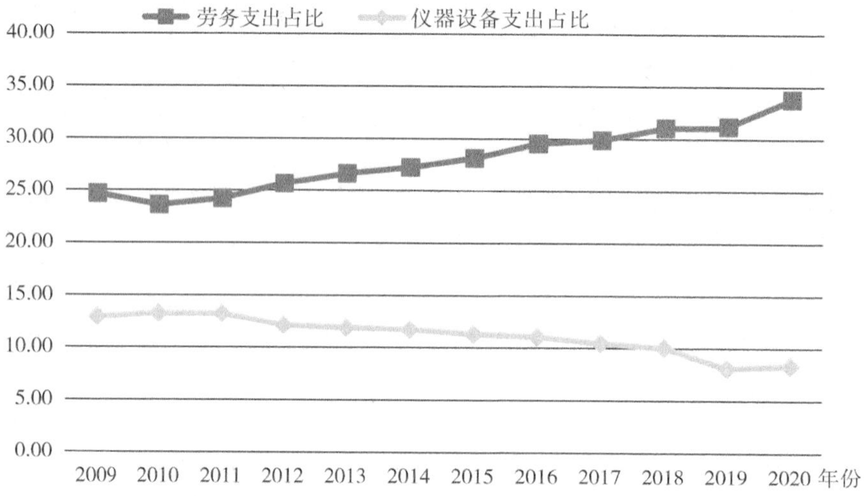

图 2-3 劳务支出和仪器设备支出占 R&D 经费内部支出比重（单位:%）

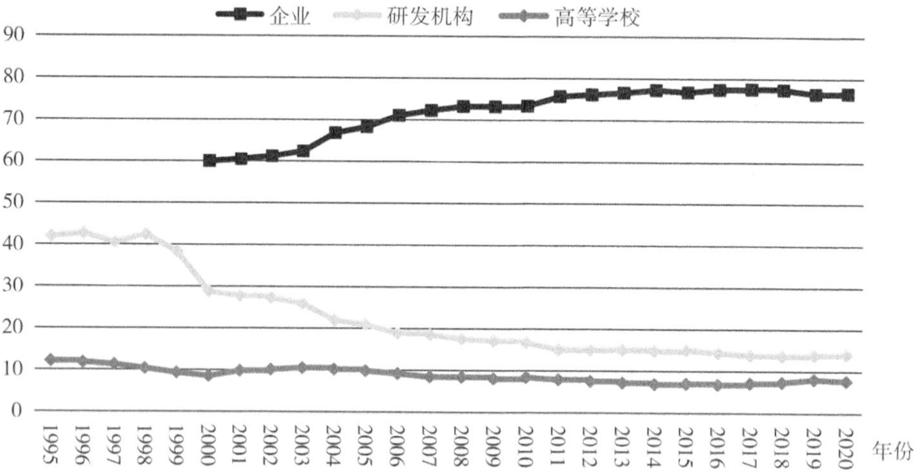

图 2-4 各主体占 R&D 经费内部支出比重（单位:%）

（一）创新方面相关的投入

如图 2-1 所示，无论绝对额还是占 GDP 比重，R&D 经费内部支出 20 多年来都处于快速的增长，2006 年确立创新国家的目标之后，增长速度明显加快。从 R&D 经费内部支出分类来看，如图 2-2 所示，以日常支出占比为主，且比重逐渐上升。如图 2-3 所示，劳务占比比重逐渐上升，凸显激励科研人员积极性、以人为本的目标逐渐落实。如图2-4所示，科研创新逐渐实现以企业为主的目标，企业科研经费已经占据主导。从国家支出来看，国家财政拨款规模增长迅速，2006 年之后的增速明显提升。但是，从占比来看（见图 2-5），科技拨款占财政拨款总额的比重没有明显提升，反而有下降趋势。如图 2-6 所示，近 30 年来，R&D 的总量也是持续快速增长，2020 年达到了 523.45 万人，是 1992 年总人数的将近 8 倍。

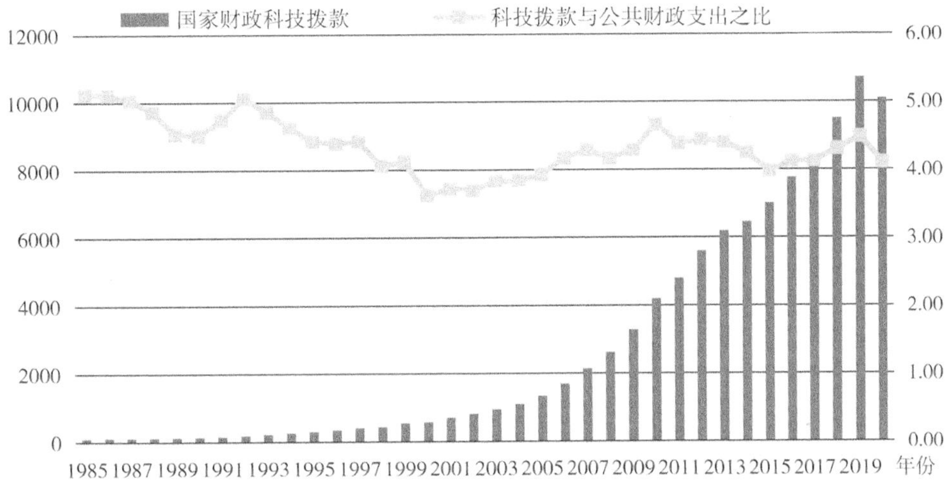

图 2-5　国家财政科技拨款与占财政支出比重（单位：亿元、百分比）

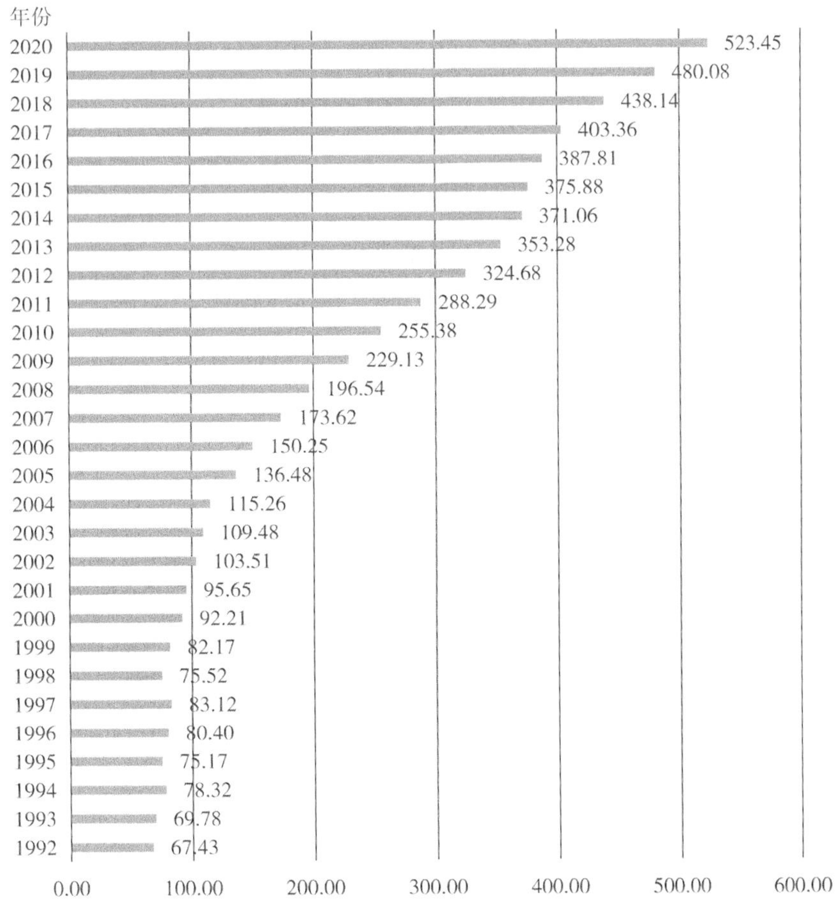

图 2-6　R&D 人员全时当量（单位：万人）

（二）创新方面相关的产出

在产出方面，针对科技进步贡献率这一关键指标，可以看出，该指标增长明显，2015—2020 年的科技进步贡献率，比 2002—2007 年增长了 14.2 个百分点，增长幅度是 2002—2007 年水平的近 1/3（见图 2-7）。从图 2-8 中可知，国内专利申请数、授权数增长幅度巨大，从图 2-9 中可知，从 2006 年开始，国际比较中，中国的 PCT 专利申请量增速明显，截至 2020 年，已经跃居第一位，超过了传统的科技强国如美国、日本、德国。

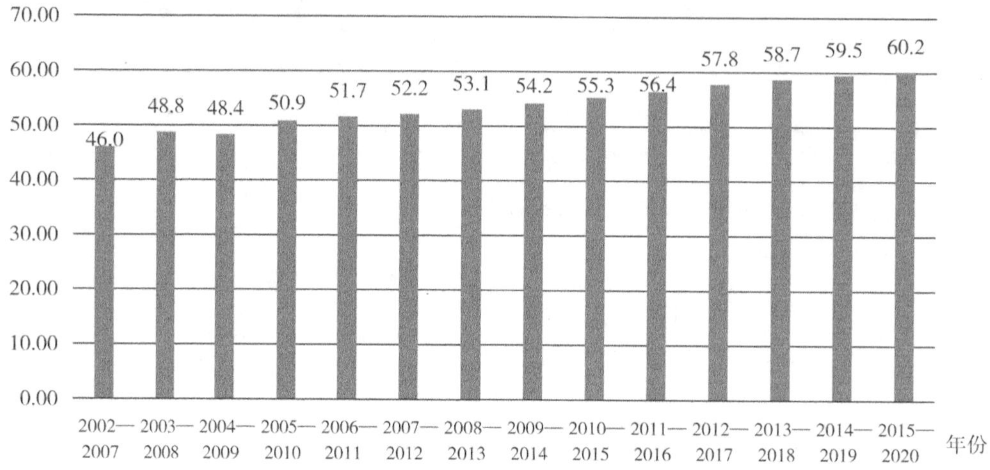

图 2-7　科技进步贡献率（单位:%）

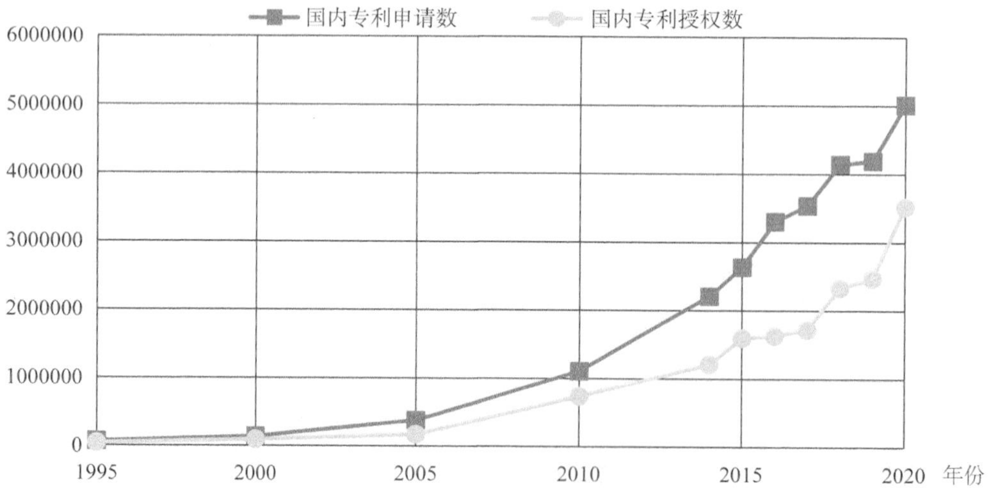

图 2-8　国内专利情况（单位：件）

从科研论文方面来看，如图 2-10 所示，SCI 论文的影响力方面，我国也处于明显的递增状态。如表 2-1 所示，按 ESI 论文数量排序的前 20 个国家和地区中，中国已经跃居第二，仅次于美国。不过，论文数量上，中国达到美国论文数目的八成左右，论文引用情况为美国水平的六七成，说明中国论文的质量还有待提高。

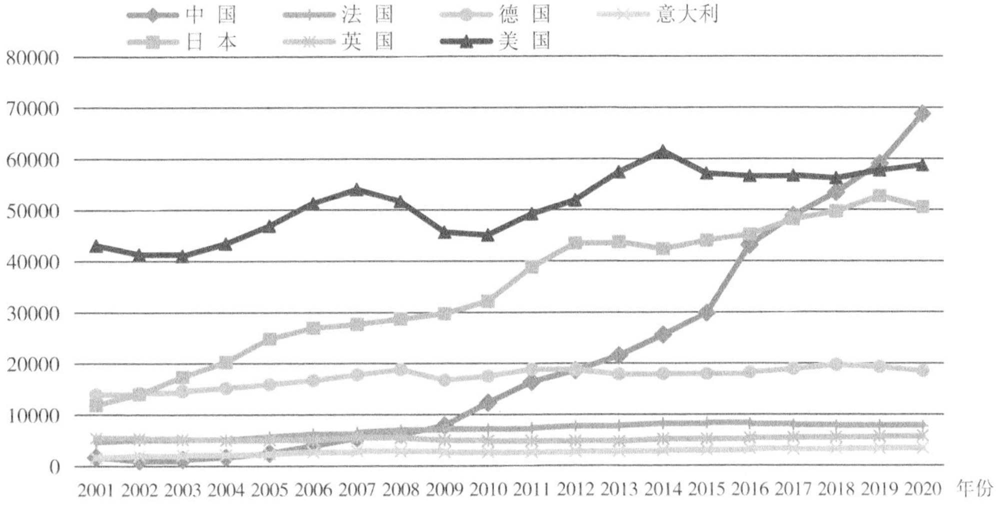

图 2-9　PCT 专利申请量按来源国统计的国际比较（单位：件）

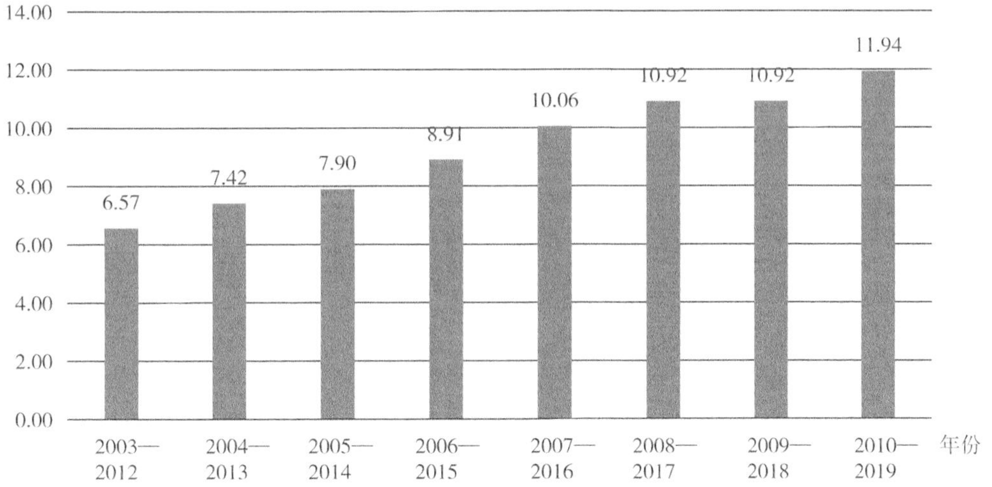

图 2-10　SCI 期刊收录的我国科技论文影响力

表 2-1　按 ESI 论文数量排序的前 20 个国家和地区

国家（地区）	位次	论文数量（篇）	被引用次数（次）	论文引用率（次/篇）
美国	1	4379730	87553897	19.99
中国	2	3465661	45591820	13.16
英国	3	1396742	29822342	21.35
德国	4	1186919	22824920	19.23
日本	5	875069	12290608	14.05
法国	6	802799	15205668	18.94
意大利	7	758293	13434758	17.72

续表

国家（地区）	位次	论文数量（篇）	被引用次数（次）	论文引用率（次/篇）
加拿大	8	751647	14517245	19.31
印度	9	725360	8132863	11.21
澳大利亚	10	690031	13270891	19.23
西班牙	11	652443	11229911	17.21
韩国	12	628139	8434778	13.43
巴西	13	502647	5453146	10.85
荷兰	14	444028	10393486	23.41
俄罗斯	15	378296	3223790	8.52
伊朗	16	364717	3925991	10.76
瑞士	17	334901	8209522	24.51
土耳其	18	322857	2886922	8.94
波兰	19	304531	3458178	11.36
瑞典	20	302024	6303610	20.87

四、典型行业的创新发展政策介绍

（一）光伏产业

光伏产业，简称PV（photovoltaic），具体是指运用硅材料采集太阳能发电的产业。“六五”期间，我国政府开始把研究光伏发电等可再生能源技术列入国家科技攻关计划[16]。光伏发电作为一种新能源，其发展之初相比于传统能源在成本上并无优势，需要大规模的前期投资，所以对政府扶持政策依赖较高。而且，经历过2008年全球金融风暴、2011年美国的“双反”政策的打压，中国光伏产业自上而下两次下滑，导致光伏产业重组[17]。2012年前后，中国国内的多数光伏企业倒闭，全行业进入寒冬，但是，行业洗牌之后，中国的光伏产业继续保持了大幅度的发展进步，已经成为全球的行业龙头，产能占全球比重达八成之多[18]。由此可见，政策扶持不仅仅推动了产业发展，保护产业度过幼稚期，还是行业发展度过寒冬时期的关键支撑。根据已有研究[19]，以发布部门层级为部委级别以及更高级别，政策文件类型为法律、法规、部门规范性文件和部门工作文件为筛选条件，与光伏产业建设相关性较强的政策文件，2010—2020年能够收集到257条光伏产业政策。国家级政策层面，2013年作为政策密集出台的一年，几乎每个月都有新政策出台[16]。

2002年，国家计委发布“送电到乡工程”，揭开分布式光伏发电的序幕。我国光伏产业政策的制定和实施基本上是在2004年以后，2005年《中华人民共和国可再生能源法》颁发，该政策理念是：强制上网、全额收购、分类电价、全网分摊。2010年，我国将新能源产业列入重点支持的八大战略性新兴产业之一。2013年8月，发改委发布《关于发挥价格杠杆作用促进光伏产业健康发展的通知》，规定了光伏发电补贴政策，明确补贴期限为20年。在补贴方面，早在2011年，中央政府开始分阶段对光伏施行“标杆电价”① 补贴，要求电网以1.15元/千瓦时的固定价格购入光伏电量。2013年开始，将全国分为3类地区，差别化定价。一类地区是西北强光照地区，二类是中西部地区，三类是东部地区。每千瓦时电的价格分别是0.9元、0.98元、1元。同期煤电价格约0.4元，相当于每千瓦时光伏电补贴0.6元[18]。2017年12月，发改委下发《关于2018年光伏发电项目价格政策的通知》，要求2018年1月1日以后投运的、采购“自发自用、余量上网”的分布式光伏发电项目，补贴标准由0.42元下降至0.37元/kWh（含税）。在税收环节，根据苏聪[20]的系统梳理，相关的税收优惠政策有多项，其中，明确针对光伏产业的政策有两项：《关于公共基础设施项目和环境保护节能节水项目企业所得税优惠政策问题的通知》，享受“三免三减半”；《关于光伏发电增值税政策的通知》和《关于继续光伏发电增值税政策的通知》，在2013—2018年，施行增值税即征即退50%。可见，税收优惠的力度非常之大。

（二）新能源汽车

自2001年启动“863”电动汽车专项计划以来，国家和地方出台了一系列的政策来对新能源汽车产业进行支持。例如，2005年、2007年的产业结构调整指导目录中都提出要鼓励新能源汽车发展。2008年底我国启动“十城千辆”计划。2010年，国务院发布《关于加快培育和发展战略性新兴产业的决定》，将新能源汽车列入战略性新兴产业之一。自2010年开始，政策扶持的力度明显加大，包含“真金白银”的直接财税优惠、补贴利好等政策不断出台。与国外情况相比，我国的战略部署、发展决心、政策力度等更胜一筹[21]。近年来，依托以财政补贴、税收优惠等为主要形式的“补贴型”政策，在短期内促进了新能源汽车产销规模的扩大，连续6年全球产销规模第一[22]。2017年底，我国新能源汽车保有量近170万辆，已经接近世界总量的50%[21]。

在补贴政策方面，2010年，中国首次提出对新能源汽车私人购买进行补贴，并选定了上海、长春、深圳、合肥、杭州5个城市进行新能源汽车私人购买的试点工作。2010年5月，四部门联合发布《关于开展私人购买新能源汽车补贴试点的通知》，补贴

① “标杆电价”补贴（Feed-in Tariff，FIT），光伏依靠太阳能发电，晚上无法发电，电力供应不稳定，会对电网造成压力，因此，电网不愿意接入光伏电站。在“标杆电价”的制度安排下，电网必须以固定价格购买光伏电量。购电的成本会由消费者分摊。

的主要形式是直接发放给汽车生产厂商，汽车生产厂商直接按扣除补贴后的价格出售①。补助标准根据动力电池组能量确定。对满足支持条件的新能源汽车，按3000元/千瓦时给予补助。插电式混合动力乘用车最高补助5万元/辆；纯电动乘用车最高补助6万元/辆。2013年9月，财政部、科技部、工业和信息化部、发展改革委再次联合发文《关于继续开展新能源汽车推广应用工作的通知》出台，继续推进购车补贴，且细分了补贴标准。虽然文件明确规定补贴对象是消费者，但实际上补贴资金仍由中央直接发放至新能源汽车生产厂商，厂商按扣除补贴后的价格销售新能源汽车。自新能源汽车私人购买补贴政策在全国范围内实施以来，虽然补贴标准经历了多次修改与完善，但补贴拨付方式始终没有发生根本性的改变，均由汽车厂商先行垫付，再向政府申请补贴的拨付[23]。2015年4月，《关于2016—2020年新能源汽车推广应用财政支持政策的通知》，提出了补助标准的"退坡机制"：补助标准主要依据节能减排效果，并综合考虑生产成本、规模效应、技术进步等因素逐步退坡。2017—2020年除燃料电池汽车外其他车型补助标准适当退坡，其中2017—2018年补助标准在2016年基础上下降20%，2019—2020年补助标准在2016年基础上下降40%。2016年12月，《关于调整新能源汽车推广应用财政补贴政策的通知》出台，在保持2016—2020年补贴政策总体稳定的前提下，财政补贴机制进一步鼓励技术进步和扶优扶强，净化产业发展环境，促进产业健康快速发展。具体政策措施包括补贴标准按电池电量分档累退，分别设置中央和地方补贴上限，其中地方财政补贴不得超过中央财政单车补贴额的50%。除燃料电池汽车外，各类车型2019—2020年中央及地方补贴标准和上限，在现行标准基础上退坡20%。2018年，《关于调整完善新能源汽车推广应用财政补贴政策的通知》出台，2019年，《关于支持新能源公交车推广应用的通知》《关于进一步完善新能源汽车推广应用财政补贴政策的通知》出台。2020年，《关于完善新能源汽车推广应用财政补贴政策的通知》出台，都在持续保障给予新能源汽车补贴。直到2022年，《关于2022年新能源汽车推广应用财政补贴政策的通知》出台，才提出"2022年新能源汽车购置补贴政策于2022年12月31日终止，2022年12月31日之后上牌的车辆不再给予补贴"。根据新闻报道，截至2021年，在中国新能源汽车补贴上，12年来财政累计支出达到1478亿元②。

除了补贴政策之外，其他方面的政策扶持有：税收优惠，2011年，提出自2012年1月1日起对符合要求的新能源汽车免征车船税或税额减半征收。2014年9月1日，工

---

① 第四条 中央财政对试点城市私人购买、登记注册和使用的新能源汽车给予一次性补助，对动力电池、充电站等基础设施的标准化建设给予适当补助，并安排一定工作经费，用于目录审查、检查检测等工作。

第五条 私人购买和使用新能源汽车包括私人直接购买、整车租赁和电池租赁三种形式。

（一）直接购买：中央财政对汽车生产企业给予补助，汽车生产企业按扣除补助后的价格将新能源汽车销售给私人用户。（二）整车租赁：中央财政对汽车生产企业给予补助，汽车生产企业按扣除补助后的价格将新能源汽车销售给租赁企业。（三）电池租赁：中央财政对电池租赁企业给予补助，电池租赁企业按扣除补助后的价格向私人用户出租新能源汽车电池，并提供电池维护、保养、更换等服务。

第六条 地方财政安排一定资金，重点对充电站等配套基础设施建设、新能源汽车购置和电池回购等给予支持。

② 新闻网址：https：//view. inews. qq. com/a/20211203A0DG1400.

信部和国家税务总局发布了《免征车辆购置税的新能源汽车车型目录（第一批）》，消费者在购买目录中的车型将免征车辆购置税。指定采购政策，2011 年，出台的党政机关公务用车的管理文件提出，要求党政机关采购新能源汽车。2014 年 7 月，《政府机关及公共机构购买新能源汽车实施方案》出台，文件提出，2014—2016 年，中央国家机关以及纳入新能源汽车推广应用城市的政府机关和公共机构，购买的新能源汽车占当年配备更新总量的比例不低于 30%，以后逐年提高。

五、总结与评价

（一）创新发展政策取得了显著的成果

在中国，经过改革开放以来 40 多年的努力，在出台了大量创新相关的财政金融、人才教育、奖励激励、组织管理等方面的创新政策之后，中国的创新发展取得了显著的效果。在各类政策激励、引导之下，创新相关的投入与产出都有了明显的增长幅度，尤其是 2006 年创新国家目标提出后，创新相关投入增长速度空前，科研人员数目、科研经费数目、财政投入方面均有明显增长。在产出方面，科技进步贡献率进步明显，增长幅度接近 1/3。专利和科技论文数量均已经跃居世界前列，大跨步地超越了诸多老牌发达国家。在部分行业上，如光伏产业和新能源汽车产业，从无到有、克服困难，都已经达到了全球第一的水平，说明中国的创新发展政策确实取得了不凡的效果。

（二）创新发展政策在不同阶段的特征不同

中国的创新发展政策处于渐进的变化中，不同阶段的发展主题不同，相对应地，该时期的创新发展政策则也有着不同的侧重点和核心目标。改革开放初期，宏观经济层面以推动计划经济体制转轨为核心，从既往的计划经济体制向市场经济方向转变。所以，相关的创新发展政策也旨在打破僵化的计划管理体制、承认并发挥物质激励的作用、激励科研工作者与企业，在资源分配、收益分配方面推进市场化的方式。在全面确立了发展社会主义市场经济的改革目标之后，宏观改革的方向是充分发挥并确立市场主体的主导地位。因此，大规模、彻底地对旧式科研单位改制、促进企业单位发展成为创新发展政策的主要内容。在确立建设创新型国家发展目标提出之后，着重强调自我创新能力培养。创新发展政策的力度也随之加大、规格提升、复杂性加深，思路上侧重以人为本，继续强调科研人员的积极性创造性、企业主体地位，强调政策的系统性。在进入全面深化改革的阶段之后，立体地对创新的全链条进行了规划，继续深化以人为本的思路，大幅度地推进科研体制改革，解决已有体制的顽疾，强调科研工作者的主体地位，深入构建有利于创新的宏观环境。由此可见，创新发展政策的制定和实施是一个不断改进的过程，这背后体现了政府对创新体系以及政府职能转变理解的逐步深化，从政府主导转变为政府引导与市场调节协作，尊重市场规律、强调以人为本。

（三）创新发展政策的考核管理需要强化

当然，中国已有的创新发展政策仍然存在明显的不足之处。总体来看，在已有的创新政策激励、引导之下，获得的各类成果往往数量有余、质量不高。究其原因，是因为目前尚缺乏系统的综合评价考核体系，导致事前的政策受众筛选、事后的创新成果考核的环节中都存在不可忽视的问题。由于缺乏科学客观且有针对性的评价体系与评价方法，导致扶持政策的目标不够精准，或是门槛过高、受众过窄，单纯地偏好大企业、名企业，或大型国有单位、大型科研院所，导致资源过度集中，不利于新型、新兴的主体在扶持政策中受益。或是门槛过低，导致不合格的主体或关系户进入，大量套取补贴的行为，导致劣币驱逐良币的情况出现。极端情况下，会出现套取骗取政府补贴的情况，例如，2016 年曝光的多起新能源汽车企业骗取补贴的案件，涉案金额动辄数千万、数亿元，对于创新环境的伤害很大。同时对于创新成果的考核方式单一且落后，缺乏科学合理的评价指标体系与评价方法，往往采取一刀切的考核方式，导致成果数目节节高升，实际贡献增长缓慢。从管理体制来看，自上而下的行政管理方式依然在科研工作中占据主导，市场主体的主动性、积极性依然不足。科研管理工作中“四唯”“五唯”的问题根深蒂固，管理体制改革依然任重道远。

（作者简介：张耀宇，男，博士，南京邮电大学人口研究院、高质量发展综合评估研究基地研究员，主要从事土地经济学、经济地理、城市经济学方面研究。）

参考文献

［1］吴祺．中国创新政策［D］．中南财经政法大学，2020.

［2］约瑟夫·熊彼特．经济发展理论［M］．郭武军，吕阳，译．北京：华夏出版社，2015.

［3］刘明．面向创新型国家建设的中国创新政策研究［D］．吉林大学，2020.

［4］TEECE J. Profiting from technological innovation：implications for integration，collaboration，licensing and public policy［M/OL］//World Scientific Book Chapters. World Scientific Publishing Co. Pte. Ltd.，2003：11-46.

［5］林毅夫．新结构经济学［M］．苏剑，译．北京：北京大学出版社，2014.

［6］FREEMAN C. Technology Policy and Economic Performance［M］. Pinter Pub Ltd，1987.

［7］闫森．国家创新型城市试点政策对城市创新能力的影响研究［D］．山东财经大学，2022.

［8］MAZZUCATO M. The Entrepreneurial State［M］. Anthem Press，2013.

［9］LUNDVALL A，Borrás S. Science，Technology and Innovation Policy［J］. The Oxford Handbook of Innovation. 2009，2：599-631.

［10］俞立平，钟昌标，王安然，等．创新政策的测度及不同政策效果比较研究［J］．中国科技论坛，2022（2）：41-49+58.

［11］陈劲，王飞绒．创新政策多国比较和发展框架［M］．杭州：浙江大学出版社，2006.

［12］EKBOIR M. Research and technology policies in innovation systems：zero tillage in Brazil［J］. Research Policy，2003，32（4）：573-586.

[13] HANSON E, Rothwell R, egvelo W. Industrial innovation and public policy: Preparing for the 1980s and the 1990s [J]. The American Political Science Review, 1982, 76: 699.
[14] 毛泽东. 社会主义革命的目的是解放生产力 [N]. 人民日报, 1956-01-25.
[15] 毛泽东. 毛泽东文集 (第8卷) [M]. 北京: 人民出版社, 1999.
[16] 冯笑非. 新形势下我国光伏产业政策发展研究 [D]. 中共吉林省委党校 (吉林省行政学院), 2022.
[17] 吴智勇. 对中国光伏产业政策效果的研究 [D]. 云南财经大学, 2022.
[18] 兰小欢. 置身事内 [M]. 上海: 上海人民出版社, 2021.
[19] 王帮俊, 喻攀. 光伏产业政策效力和效果评估——基于中国2010—2020年政策文本的量化分析 [J]. 软科学, 2022 (8): 1-11.
[20] 苏聪. 促进我国光伏产业发展的税收优惠政策研究 [D]. 中国财政科学研究院, 2022.
[21] 陈春梅. 我国新能源汽车产业政策的作用机制及效应评估研究 [D]. 北京理工大学, 2018.
[22] 熊勇清, 熊祯, 吴敬静. 生产和消费环节的"非补贴型"政策孰优孰劣? ——基于新能源车企研发投入促进效果视角 [J]. 科学学研究, 2022, 40 (7): 1181-1191.
[23] 庞雯婷. 新能源汽车"补贴退坡"政策对汽车性能影响的理论分析与实证检验 [D]. 辽宁大学, 2022.

第三章　中国区域创新发展评价

摘　要：本章分别从区域创新投入、产出两个维度出发构建区域创新能力评价指标体系。在此基础上，运用主成分分析、Moran 指数等空间计量分析技术，对我国 31 个省份 2011—2020 年的区域创新平台、创新要素、创新成果和创新绩效进行逐一评价，最终得出我国区域创新能力的综合分析。结果表明，就区域创新能力整体发展情况而言，我国区域创新发展已进入稳定提升阶段，中部地区的创新水平呈现出高速提升特征。另外，我国区域创新产出水平相较于区域创新投入水平而言还有一定差距，亟须进一步加强区域创新成果的产出和区域创新效率的提升。就区域创新能力空间分布格局而言，我国已形成多中心分布的创新格局，广东、江苏成为带动我国东部及中部地区创新发展的增长极；北京、浙江、上海和山东也逐渐成为区域创新发展中心。同时，我国区域创新格局也呈现出明显的不均衡发展特征：东部地区和中部地区的创新能力在快速提升的同时，西部欠发达地区和东北地区却由于创新要素的流失和创新资源的匮乏而面临着创新发展乏力的困境。

自 2001 年《中华人民共和国国民经济和社会发展第十个五年计划纲要》提出建设国家创新体系以来，我国的创新系统不断进行多层级、多维度深化，并由此呈现出宏观、中观和微观三个层次的创新系统建设特征。宏观层级的创新系统以技术创新带动国家竞争优势提升为主[1]，因而以激发技术及体系创新为导向的创新政策成为宏观创新系统的重要支撑。微观层级的创新系统聚焦各行业企业内部创新活动的开展和创新产品质量的提升。中观层级的创新系统以产业和区域的创新体系为主，产业创新体系聚焦于创新产业的高质量培育和创新产业结构重塑，而区域创新体系则注重地区内部创新平台的打造和不同区域之间创新格局的均衡协同嬗变。

在如今全球局势复杂的大背景下，世界各国相继将区域创新列为带动国家经济发展的核心，通过加强区域内创新技术和人才的投入推动国家创新力的稳步提升。由此而言，区域创新作为促进区域经济增长的重要途径和健全国家创新体系的重要构成[2]，对我国实现高质量协同发展具有关键性引导作用。基于此，本章以区域创新投入和区域创新产出为框架构建我国区域创新发展评价体系，通过对区域创新能力演变态势、区域创新空间格局进行特征分析，对我国区域创新发展能力进行较为全面的评估。

一、区域创新发展能力：内涵与测度体系

（一）区域创新发展能力内涵

区域创新主要指特定区域内政府、企业、高校和科研院所等主体基于制度规范达成协同合作，以优化配置创新资源和提升地区科学技术水平，最终促推区域经济发展的过程[3]。因此，区域创新既属于经济学范畴，又具备地理学内涵。从经济学内涵出发，区域创新以区域经济高质量、可持续增长为导向。在此视域内，地区创新主体通过创新科学技术和生产技术、集聚知识和人力资源、投入政策资金支持等途径培育区域的创新平台，以搭建区域创新知识体系、重构区域生产模式，并最终推动区域的生产效率和地区经济水平的提升。而就区域创新的地理学内涵而言，区域创新具有典型的空间地域性。区域创新建立在特定区域内多元主体协同建构创新合作系统的基础之上，不同地区创新体系在行为主体、资源要素支撑下表现为具备当地特色的创新产出系统。在我国呈现出地域多样性特征的时代背景下，不同地区的经济发展水平和创新资源要素集聚差异性使得区域创新发展格局呈现出明显的非均衡空间结构性特征[4]。以地区独特的资源禀赋为基础构建区域创新体系，能有效化解区域恶性竞争冲突，对建立高质量发展的国家创新体系具有重大意义。

区域创新能力强弱在一定程度上决定区域社会经济发展走向，因而对于区域创新能力进行综合评价则尤为重要。综合 2000 年以来关于区域创新评价 CSSCI 期刊和硕博学位论文可知，区域创新能力的测评主要从投入、产出两个维度进行深化。从创新投入维度出发，区域创新发展的关键在于创新行为主体对于区域创新内生性的发掘[5]，其主要表现为区域创新要素的注入及区域创新平台的培育。前者为区域行为主体协同和创新要素组合提供了载体，后者为区域主体推动创新活动提供稳定的基础，两者共同促进区域创新内生力的发展。欧盟创新记分牌、世界经济合作发展组织及联合国开发计划署《人类发展报告》均以创新要素和主体协同系统为重点构建创新能力的评价体系。从创新产出维度出发，创新成果产出和创新绩效构成区域创新能力的中心测度指标。在区域创新主体协同、创新技术提升和创新要素积累的背景下，区域创新的产出水平呈现出质与量的双重提升。在此背景下，区域创新成果的多寡和区域创新产出效率能综合体现地区产业基础创新能力、科研成果转化能力、创新设施改善水平等区域创新水平，进而反映出地区产业体系成熟度和地区竞争优势。

基于区域创新投入和产出对于区域创新能力的重要影响，陈劲等（2021）在《中国创新发展报告》中从创新环境、创新资源、创新成果和创新绩效四个维度出发建立区域创新能力测度指标体系，以综合衡量区域创新能力。柳卸林等（2021）在《中国区域创新能力评价报告》中从知识创造、知识获取、企业创新、创新环境和创新绩效 5

个维度出发建立了区域创新能力测度指标体系。学者达成一致的是，区域创新能力的提升有赖于以创新平台建设和创新要素投入为核心的区域创新驱动基础，而区域创新成果和创新效率则综合反映区域创新的产出效应。

（二）我国区域创新系统测度体系

在厘清区域创新发展能力内涵和区域创新发展核心要素的基础上，本章以区域创新投入和区域创新产出为两大基本测度领域建立区域创新发展评价体系。其中，作为区域创新投入的重要构成，区域内多元主体提供的区域创新要素及区域内为创新活动塑造的创新平台是区域创新发展的先决条件；在知识存量和技术力量作用下，区域创新体系产出的质量和效率则由区域创新成果和创新产出绩效共同体现。

1. 区域创新能力评价体系维度与要素

区域创新评价体系主要分为区域创新投入和区域创新产出两大评价维度。从区域创新投入评价指标来看，区域创新投入作为衡量区域主体对于创新活动支持的重要指标，其形成主要依赖于区域创新平台建设和区域创新要素投入的双重支持。首先，区域创新平台可被视为支撑区域创新可持续发展的重要平台，其能准确评价区域创新能力发展的可持续性和稳定性。因此，区域创新平台建设评价指标由反映地方对于创新要素的利用效率和对于创新活动的重视程度的相关指标构成，具体包括本科及以上研发与开发人员数量（X1）、具有 R&D 活动的规模以上工业企业数量（X2）、地方财政科技拨款总额（X3）及其在地方财政科技拨款占地方财政预算支出中的占比（X4）四项评价指标。其次，区域创新要素能反映当地政府、企业、高校和研究机构等主体对于创新发展的直接投入，可由地方 R&D 经费支出（X5）、R&D 全时当量人员数量（X6）、地方高技术产业 R&D 经费内部支出（X7）和新产品开发经费支出（X8）四项指标进行综合反映。

从区域创新产出评价指标来看，区域创新产出水平作为区域内知识和技术相互转化的空间结果，其主要由多元主体的创新产出成果和绩效两方面指标加以呈现。首先，区域创新成果由区域内企业、研发机构和高校三者贡献的发明专利数量（X9）和有效发明专利数量（X10）、科技论文数量（X11）及新产品开发项目数量（X12）四项指标体现，而技术市场成交额（X13）、高技术产业主营业务收入（X14）、高技术产业利润总额（X15）和新产品开发费用占销售收入比重（即新产品成本收入率，X16）作为直接反映区域创新产出绩效的指标，能有效反映出区域创新能力的效率和质量。以上三级指标构成区域创新能力综合评价体系（见表 3-1）。

表 3-1 区域创新能力测度指标体系

一级指标	二级指标	三级指标	指标变量标识	单位
创新投入	创新平台	本科及以上研发与开发人员数量	X1	万人
		具有 R&D 活动的规模以上工业企业数量	X2	个
		地方财政科技拨款总额	X3	亿元
		地方财政科技拨款占地方财政预算支出的比重	X4	%
	创新要素	R&D 经费支出	X5	万元
		R&D 全时当量人员数量	X6	万人
		高技术产业 R&D 经费内部支出	X7	万元
		新产品开发经费支出	X8	万元
创新产出	创新成果	发明专利授权数量	X9	件
		有效发明专利数量	X10	件
		科技论文数量	X11	篇
		新产品开发项目数量	X12	项
	创新绩效	技术市场成交额	X13	亿元
		高技术产业主营业务收入	X14	万元
		高技术产业利润总额	X15	亿元
		新产品开发费用占销售收入比重	X16	%

2. 评价方法与数据来源

基于以上区域创新评价模型，本章从区域创新时空演变情况和区域创新空间结构两个维度出发，采用主成分分析（PCA）法、莫兰指数（Moran's I）法和自然断点算法对我国区域创新发展演变和区域创新空间格局进行评价。首先，为体现区域创新能力的演变态势，对 2011—2020 年我国四大经济区和各省份区域创新指标进行计算。具体而言，利用最大最小标准化处理方法将三级指标无量纲化以消除各指标之间的量纲差别。其次，在此基础上，采用主成分分析（PCA）法将二级指标和一级指标进行分层逐级评价，得出各省份及我国四大经济区的区域创新能力的综合效用值。另外，为呈现我国区域创新发展的空间关系及空间格局，采用莫兰指数（Moran's I）法判断我国各区域创新能力的空间相关性以判断我国区域创新是否开始出现空间集聚的特征。最后，采用自然断点算法对各省份的区域创新能力进行分级，并最终得到我国区域创新发展的空间格局。

区域创新能力评价指标体系的原始数据来源于 2012—2021 年《中国统计年鉴》《中国科技统计年鉴》《中国劳动统计年鉴》及国泰安数据库。部分指标经由计算得出，个别地区的缺失数据通过平滑处理进行弥补。需要说明的是，由于我国香港、澳门和台湾地区的数据缺失情况较为严重，本章主要针对我国除上述 3 个地区之外的 31

个省份自 2011—2020 年以来的区域创新能力进行评价。根据《中国统计年鉴》自 2015 年以来的区域划分标准，将我国区域分为东部地区、中部地区、西部地区和东北地区四大经济区。东部地区包括北京、天津、河北、上海、江苏、浙江、福建、山东、广东和海南 10 个省份；中部地区包括山西、安徽、江西、河南、湖北和湖南 6 个省份；西部地区包括内蒙古、广西、重庆、四川、贵州、云南、陕西、甘肃、青海、宁夏、新疆和西藏 12 个省份；东北地区包括辽宁、吉林和黑龙江 3 个省份。

二、我国区域创新发展能力总体评价

（一）区域创新能力发展整体评价（2011—2020 年）

1. 我国区域创新能力总体发展情况

自 2011 年以来，我国四大经济区的区域创新能力均得以稳步发展，区域创新水平年均增长 33. 3%（见表 3-2）。其中，东部地区和中部地区的创新能力在观察期内均呈现出快速提升态势。2011—2020 年，东部地区的区域整体创新能力指数由 0. 14 提升至 3. 23，年均增速为 36. 8%；中部地区的区域创新能力水平提升比东部地区更为显著。在此期间，中部地区的区域创新能力由 0. 07 提升至 1. 56，年均增速为 37. 2%，处于我国四大经济区之最。相对而言，西部地区和东北地区的区域创新能力发展较为缓慢，但整体也呈现出平稳向好的态势。在此 10 年间，西部地区的创新发展指数在我国四大经济区中排在末位，其区域创新能力指数由 2011 年的 0. 04 增长至 2020 年的 0. 59，年均增速为 32. 6%（见图 3-1）。而东北地区创新能力指数的提升速率相对其他三大经济区而言发展较慢，区域创新能力指数年均增速为 26. 5%（见表 3-2）。

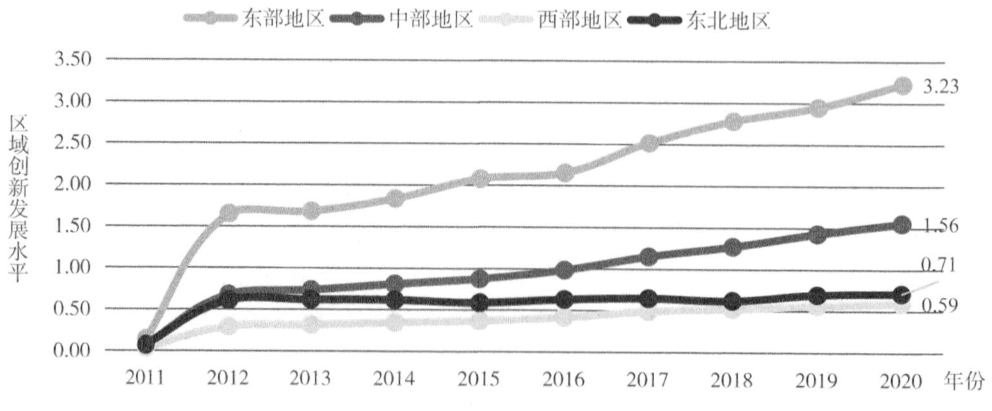

图 3-1 我国四大经济区创新能力水平发展情况（2011—2020 年）

表 3-2 我国四大经济区创新能力指数总体发展情况（2011—2020 年）

	2011 年	2012 年	2013 年	2014 年	2015 年	2016 年	2017 年	2018 年	2019 年	2020 年	年均增速（%）
东部地区	0.14	1.65	1.68	1.84	2.08	2.15	2.52	2.78	2.95	3.23	36.8%
中部地区	0.07	0.68	0.73	0.81	0.88	0.99	1.15	1.27	1.43	1.56	37.2%
西部地区	0.04	0.30	0.32	0.35	0.37	0.42	0.49	0.52	0.56	0.59	32.6%
东北地区	0.07	0.61	0.62	0.62	0.59	0.63	0.65	0.62	0.69	0.71	26.5%

由此可见，在近 10 年的区域创新发展中，东部地区区域创新水平总量领先于全国其他经济区，中部地区的区域创新能力得到快速提升，而西部地区和东部地区的发展较为缓慢。我国区域之间的创新能力差异性发展的态势，与我国区域经济发展的规律呈现出典型的一致性。

一方面，东部地区区域创新发展得益于东部地区坚实的产业和经济发展基础。从地区创新经济发展规律来看，在经历了工业化和城镇化快速提升之后，我国东部地区的广东、上海、江苏、浙江、北京等地如今已进入产业结构优化升级阶段，区域创新产业的发展由结构性加速向结构性减速增长路径转换[6]。因此，上述地区的区域创新绩效也由以“量”为核心的高速增长转型为以“质”为核心的稳定增长。在此背景下，以区域发展质量为核心的创新发展成为东部地区发展的重点。2020 年，东部地区区域创新投入水平为 1.92，比 2011 年区域创新水平高出 0.96（见图 3-2）。在东部地区区域创新投入的基础上，东部地区区域创新产出水平得以稳定提升。

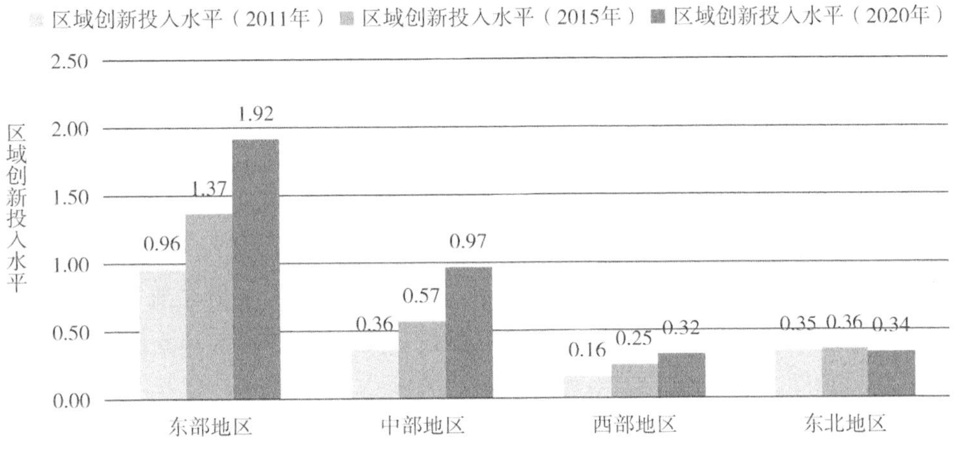

图 3-2 我国四大经济区创新投入水平对比情况（2011 年、2015 年、2020 年）

另一方面，中部地区区域创新能力的快速提升缘于区域创新要素的跨界流动。自 2000 年以来，以城市群、都市圈为主的区域一体化发展战略已逐渐上升为国家战略。在此背景下，经济社会要素跨行政区流动要素逐渐成为地区创新发展的重要支撑。相比于西部地区，中部地区在接收东部地区外溢技术要素、人才和企业要素等方面具有无可比拟的区位优势。在东部地区持续进行产业结构优化、经济要素调整的背景下，具备显著区位优势的中部地区迅速成为接收东部外溢经济、技术和人才要素的理想区域。2020年，中部地区区域创新投入水平为0.97，约是西部地区和东北地区创新投入水平的3倍（见图3-2）。换言之，随着跨界要素的持续流入，中部地区创新产业逐渐建立起稳定的区域创新投入机制，并由此实现快速的区域创新发展。

2. 我国各省份创新能力发展情况

与四大经济区的区域创新能力发展整体规律一致，在区域创新投入加强和区域产出效率提升的双重作用下，我国各省份区域创新能力在2011—2020年持续稳步发展，区域创新能力总体处于快速稳定增长态势。

首先，就区域创新能力总体发展而言，我国31个省份自2011年以来均实现了区域创新能力的正向增长，区域创新水平年均增速超过30.0%的省份数量达25个。除西藏和青海之外，其余地区的区域创新水平年均增速均超过24.0%。作为我国区域创新能力增长势头最为强劲的3个地区，广东、江西和浙江的区域创新水平提升迅速，三地的区域创新水平年均增速分别为48.1%、47.8%和45.1%，中部地区和西部地区的安徽、福建、重庆、湖南和四川5个省份的区域创新水平也进入快速提升阶段，区域创新水平年均增速均在42.8%以上，已超越江苏、北京和上海等东部发达地区的创新发展速度。值得一提的是，宁夏、内蒙古、新疆和黑龙江的区域创新能力增速虽不及我国大部分地区，但上述4个地区的区域创新能力提升速度也在24.9%以上，区域创新水平也呈现出稳定提升态势。而青海和西藏的区域创新能力处于我国末位，两地区域创新发展的波动性较大，同时其区域创新水平提升速度与我国其他地区相差较远，区域创新能力指数年均增速分别为4.0%和2.8%。由此而言，我国区域创新水平整体呈现出稳定的增长态势，同时地区之间的区域创新发展速度差距较为明显。

其次，就区域创新发展的空间格局而言，我国各省份之间的创新能力总体水平呈现出较大差距，区域创新能力空间格局具有明显的不均衡发展特征（见图3-3）。在近10年的区域创新发展过程中，东部地区各省份的创新能力持续遥遥领先于中西部地区，而西北地区大部分省份的创新能力一直处于较为落后的地位。同时，各省份的创新水平差距还在逐级拉大。自2011年起，东部地区的广东、江苏、浙江和北京等地的创新能力一直处于全国领先地位。其中，广东和江苏的区域创新能力在地方政府、企业和高校的联盟合作下形成了快速发展，两地区域创新能力水平逐年与我国其他地区呈现明显的差距。2011年，广东、江苏与北京的区域创新水平的差距均为0.01，而至2020年，前述两者与北京的区域创新水平差距增大至4.24、1.87（见表3-3）。而西部地区和东北地区省份的区域创新发展明显偏慢，与东部、中部地区的创新发展逐渐形成鲜明的对比。自2011年以来，西藏、青海、新疆和宁夏的区域创新能力水平一直明显低于其他地区，东北地区的黑龙江、吉林和辽宁三省的区域创新速度不及中部地区，因而其创新水平排名也由2011年的第15名、第19名和第7名逐渐跌落至2020年的第23名、第21名和第16名（见表3-3）。

表 3-3 我国各省份创新水平及排名演变情况（2011—2020 年）

地区	2011 年		2012 年		2013 年		2014 年		2015 年		2016 年		2017 年		2018 年		2019 年		2020 年	
	水平	排名	水平	排名	水平	排名	水平	排名	水平	排名	水平	排名	水平	排名	水平	排名	水平	排名	水平	排名
北京	0.25	1	2.42	3	2.43	3	2.69	3	2.85	3	2.80	3	3.33	3	3.58	3	4.06	3	4.10	3
天津	0.08	10	0.95	9	0.97	8	1.07	8	1.23	8	1.13	10	1.16	12	1.17	14	1.13	14	1.20	15
河北	0.05	17	0.55	16	0.56	16	0.60	16	0.64	16	0.75	16	0.85	16	0.84	18	0.93	17	1.05	17
山西	0.03	23	0.33	22	0.41	22	0.39	22	0.33	24	0.34	24	0.45	24	0.47	23	0.48	24	0.52	22
内蒙古	0.03	24	0.23	25	0.23	25	0.21	27	0.25	26	0.26	25	0.26	26	0.19	27	0.21	28	0.25	26
辽宁	0.10	7	0.95	8	0.93	9	0.96	11	0.83	15	0.85	15	0.93	15	1.00	15	1.04	16	1.09	16
吉林	0.04	19	0.38	19	0.45	19	0.44	21	0.53	18	0.54	19	0.55	20	0.48	22	0.54	20	0.54	21
黑龙江	0.07	15	0.50	17	0.47	18	0.45	20	0.40	22	0.50	21	0.46	22	0.38	24	0.50	23	0.50	23
上海	0.18	4	1.91	4	1.84	4	2.00	4	2.05	6	2.13	6	2.46	6	2.62	6	2.74	5	2.91	6
江苏	0.24	3	3.22	1	3.34	1	3.71	1	4.17	2	4.23	2	4.77	2	5.17	2	5.37	2	5.97	2
浙江	0.14	5	1.74	6	1.75	6	1.92	6	2.19	4	2.25	5	2.68	4	3.10	4	3.47	4	3.93	4
安徽	0.07	12	0.82	12	0.90	11	1.05	9	1.11	9	1.42	8	1.57	8	1.72	8	1.92	8	2.07	8
福建	0.06	16	0.69	14	0.71	14	0.79	13	0.87	13	0.95	12	1.18	11	1.37	10	1.47	11	1.62	12
江西	0.04	22	0.36	21	0.43	21	0.51	18	0.57	17	0.64	18	0.83	17	0.99	16	1.12	15	1.24	14
山东	0.13	6	1.74	5	1.80	5	1.98	5	2.19	5	2.28	4	2.62	5	2.62	5	2.53	6	2.95	5
河南	0.09	9	0.84	11	0.89	12	0.89	12	1.02	11	1.12	11	1.21	10	1.23	12	1.44	12	1.65	11
湖北	0.09	8	0.97	7	1.03	7	1.22	7	1.36	7	1.46	7	1.71	7	1.91	7	2.10	7	2.08	7

续表

地区	2011年		2012年		2013年		2014年		2015年		2016年		2017年		2018年		2019年		2020年	
	水平	排名	水平	排名	水平	排名	水平	排名	水平	排名	水平	排名	水平	排名	水平	排名	水平	排名	水平	排名
湖南	0.07	14	0.72	13	0.75	13	0.78	14	0.87	14	0.94	13	1.15	13	1.33	11	1.52	10	1.78	10
广东	0.24	2	3.19	2	3.29	2	3.47	2	4.49	1	4.90	1	6.01	1	7.25	1	7.58	1	8.34	1
广西	0.04	21	0.42	18	0.44	20	0.46	19	0.44	21	0.44	22	0.49	21	0.48	21	0.53	22	0.48	24
海南	0.02	30	0.14	28	0.15	28	0.14	28	0.12	28	0.13	29	0.13	29	0.13	29	0.22	27	0.21	28
重庆	0.04	20	0.37	20	0.47	17	0.54	17	0.50	19	0.67	17	0.79	18	0.88	17	0.92	18	1.02	18
四川	0.08	11	0.88	10	0.91	10	1.03	10	1.06	10	1.18	9	1.39	9	1.60	9	1.74	9	1.91	9
贵州	0.02	27	0.23	24	0.23	24	0.28	24	0.34	23	0.36	23	0.46	23	0.51	20	0.53	21	0.55	20
云南	0.04	18	0.32	23	0.35	23	0.32	23	0.49	20	0.52	20	0.64	19	0.69	19	0.76	19	0.84	19
西藏	0.01	31	0.02	30	0.02	30	0.01	30	0.00	30	-0.01	31	0.04	31	0.03	31	0.01	31	0.01	31
陕西	0.07	13	0.65	15	0.68	15	0.76	15	0.88	12	0.93	14	1.11	14	1.19	13	1.29	13	1.31	13
甘肃	0.02	28	0.16	27	0.22	26	0.24	25	0.28	25	0.24	26	0.27	25	0.26	25	0.28	25	0.27	25
宁夏	0.02	26	0.14	29	0.14	29	0.12	29	0.15	27	0.18	27	0.19	27	0.21	26	0.26	26	0.25	27
青海	0.02	29	-0.06	31	-0.06	31	-0.03	31	0.00	31	0.05	30	0.10	30	0.09	30	0.07	30	0.03	30
新疆	0.03	25	0.19	26	0.16	27	0.22	26	0.07	29	0.17	28	0.18	28	0.15	28	0.15	29	0.21	29

由此可见，我国区域创新发展呈现出时序累积性[7]和空间差异性特征。时序累积性表现为我国东西部各省份区域创新能力差距逐级拉大：在已培育出较为坚实的创新平台和集聚创新资源和要素的基础上，部分创新能力较强的地区已形成稳定的区域创新投入动力，并进一步吸引全球范围的创新要素的流入和附着。空间差异性表征为中部地区在创新资源要素跨界流动基础上快速发展，在创新要素和平台固着的双重作用下，中部地区和东部地区形成了联系紧密的区域创新发展循环动力。相反，在全球化和区域化背景下，创新能力较弱的西部地区和东北地区面临着人才、技术和资金等生产要素流失的问题，最终成为创新发展动力不足的“发展阴影区”。

（二）区域创新能力投入、产出水平评价（2011—2020 年）

在分析我国区域创新投入总体发展情况时，采用主成分分析（PCA）法对东部、中部和西部地区创新投入情况和创新产出整体水平分别进行评价。为进一步分析区域创新投入和产出影响要素的发展情况，从区域创新要素、区域创新平台、区域创新成果和区域创新绩效 4 个维度出发评价区域创新能力的发展。

1. 我国区域创新投入发展评价

（1）我国区域创新投入发展总体情况

就我国四大经济区的创新投入总体变化情况而言，我国区域创新投入水平总体呈现出增长趋势。2011—2020 年，四大经济区创新投入总体水平由 0.45 增长至 0.93，年均增速为 7.22%。其中，东部、中部和西部地区的区域创新投入水平均呈现出稳定增长的特征，而东北地区的区域创新能力呈现出总体降低的态势（见图 3-3）。具体来看，中部地区的区域创新投入水平提升最为迅速，其区域创新投入年均增速为 12.19%；东部地区创新投入水平在近 10 年来一直保持稳定的高水平发展，年均增速为 8.40%。与此同时，东北地区整体呈现投入要素缩减的特征，地区创新投入增速为-0.01%。其中，2011—2017 年，东北地区的创新投入水平在 0.37 左右波动，在 2018 年快速提升至 0.51，并自此迅速回落至 2020 年的 0.35。不难发现，东北地区创新投入在经历一定波动之后已出现投入缩减的态势。

从我国各省份的创新投入发展情况来看，我国不同省份的区域创新投入水平也具有明显差距（见表 3-4）。2011—2020 年，创新投入水平年均增速最快的 10 个地区包含 5 个中部地区省份（江西、湖南、安徽、湖北和河南）、3 个西部地区省份（贵州、重庆和四川）和 2 个东部地区省份（广东和福建）。其中，中部地区江西、湖南和安徽的区域创新投入水平增速分别居全国第 1 位、第 4 位和第 5 位，西部地区重庆和贵州的创新投入水平分别居全国第 2 位和第 3 位（见表 3-4）。江西、贵州和重庆作为我国创新投入水平最高的 3 个省份，其创新投入水平年均增速分别为 16.9%、12.4%和 11.7%，而湖南、安徽在本地龙头地区的支持下也形成了快速的创新投入，区域创新投入水平年均增速均为 11.5%。湖北、广东和四川 3 省的创新投入增速也较为显著，分别为 10.7%、10.6%和 10.4%（见表 3-4）。

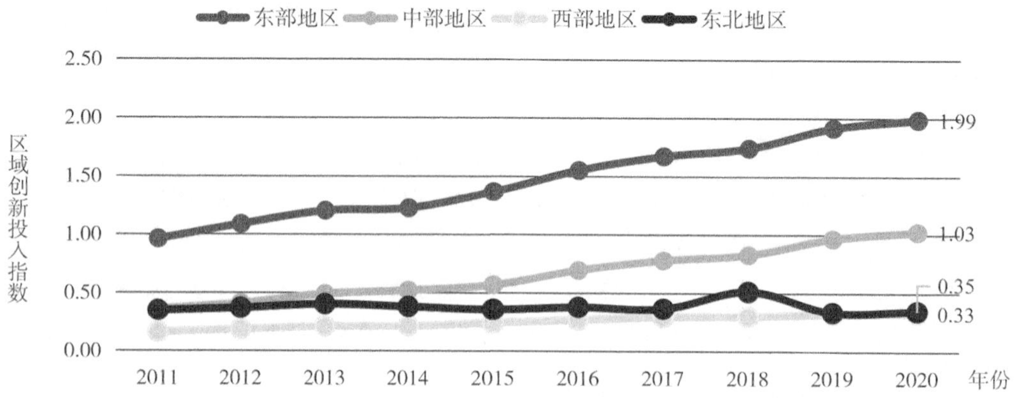

图 3-3　我国四大经济区创新投入发展情况（2011—2020 年）

由此可见，除广东和福建之外，其余东部地区沿海省份的区域创新投入已经进入相对稳定的发展期，中部地区所有省份在地方支持和要素跨界流动的支撑下形成快速稳定的发展。然而，西部地区内部不同地区的创新投入则形成鲜明对比：在地方政府支持下形成快速发展，贵州、重庆和四川 3 省份创新投入水平从 2011 年的 0.12、0.21、0.39 增长到 2020 年的 0.40、0.64、1.05；然而，内蒙古和新疆两地的区域创新水平在 2020 年却下降至 0.15、0.13，年均增速为-0.24%、-1.11%（见表 3-4）。同时，东北地区的辽宁、黑龙江和吉林 3 省的区域创新投入动力呈现出明显不足的态势，3 省区域创新投入排名由 2011 年的第 8 位、第 17 位、第 19 位下降至 2020 年的第 18 位、第 25 位、第 23 位（见表 3-4），黑龙江省创新投入年均增速为-3.85%，创新投入乏力成为影响东北地区创新发展的重要因素。

（2）区域创新平台总体发展情况

从区域创新投入水平的发展机制来看，区域创新要素投入和创新平台建设对区域创新能力均构成重要影响。其中，区域创新平台的培育作为区域创新投入的重要构成，不仅能提升地区对于创新要素的吸引力，还不断推动创新资源的空间稳定性。从 X1~X4 主成分的载荷矩阵可知，本科及以上研发与开发人员数量（X1）和地方财政科技拨款总额（X3）两个变量的载荷值最高，可被视为地区创新平台建设的主成分。由此可见，地方政府对于区域创新的支持及创新人才的培育对于区域创新投入及创新发展产生深刻影响。

自 2011 年以来，我国各地的区域创新平台建设均实现了稳定增长，并于 2019 年达到高点。2020 年受新冠肺炎疫情对全国经济的影响，地方政府对创新平台的支撑降低，同时企业创新活动水平也有所下降，因而在此期间创新平台发展水平有所回落。但总体而言，2011—2020 年，除东北地区的创新平台建设水平有所下降之外，东、中、西部地区的区域创新平台建设呈现出稳步发展的态势。其中，中部地区的区域创新平台发展最为迅速，区域创新平台发展水平从 0.19 增长至 0.50，年均增速为 11.89%；东部地区和西部地区的创新平台发展稳定，区域创新平台发展水平分别从 0.46、0.09 增长为 0.81、0.16，年均增速分别为 6.30%、6.00%。而东北地区的区域创新平台发展受阻，创新平台发展水平从 0.19 降低至 0.15，年均增速为-2.73%（见图 3-4）。

表 3-4 我国各省份创新投入水平及排名演变情况（2011—2020 年）

地区	2011 年		2012 年		2013 年		2014 年		2015 年		2016 年		2017 年		2018 年		2019 年		2020 年	
	水平	排名	水平	排名	水平	排名	水平	排名	水平	排名	水平	排名	水平	排名	水平	排名	水平	排名	水平	排名
北京	1.38	3	1.46	3	1.57	3	1.64	3	1.67	3	1.75	4	1.95	4	2.02	4	2.29	4	2.30	4
天津	0.58	7	0.65	7	0.72	7	0.74	8	0.86	7	0.88	9	0.83	9	0.80	13	0.74	14	0.80	14
河北	0.30	16	0.35	16	0.40	16	0.43	16	0.44	16	0.56	15	0.58	15	0.53	19	0.60	17	0.66	15
山西	0.22	18	0.24	21	0.35	17	0.30	19	0.23	24	0.25	24	0.31	21	0.31	21	0.30	21	0.33	20
内蒙古	0.15	24	0.15	25	0.18	24	0.17	25	0.19	25	0.20	25	0.18	26	0.12	28	0.13	29	0.15	28
辽宁	0.57	8	0.59	8	0.65	9	0.61	10	0.50	14	0.52	16	0.53	17	0.55	17	0.56	18	0.59	18
吉林	0.21	19	0.24	20	0.28	21	0.26	22	0.29	19	0.31	19	0.32	20	0.83	12	0.27	23	0.27	23
黑龙江	0.26	17	0.28	17	0.29	20	0.27	21	0.28	20	0.31	20	0.26	24	0.17	25	0.18	26	0.18	25
上海	1.17	4	1.27	5	1.34	6	1.29	6	1.33	6	1.57	6	1.68	6	1.69	6	1.76	5	1.88	5
江苏	1.63	2	1.94	2	2.21	2	2.32	1	2.54	2	2.79	2	2.96	2	3.02	2	3.39	2	3.53	2
浙江	1.15	5	1.27	4	1.40	4	1.46	4	1.66	4	1.86	3	1.99	3	2.14	3	2.54	3	2.63	3
安徽	0.50	9	0.58	9	0.66	8	0.72	9	0.82	9	1.15	7	1.15	7	1.21	8	1.44	7	1.48	7
福建	0.44	11	0.50	11	0.55	12	0.58	11	0.63	10	0.73	10	0.83	10	0.91	9	1.03	9	1.10	10
江西	0.18	22	0.20	22	0.27	22	0.30	18	0.36	17	0.44	18	0.56	16	0.65	15	0.79	13	0.83	13
山东	1.05	6	1.21	6	1.35	5	1.40	5	1.49	5	1.71	5	1.85	5	1.69	5	1.66	6	1.80	6
河南	0.43	12	0.49	12	0.56	11	0.57	12	0.62	11	0.73	11	0.81	11	0.77	14	0.92	12	1.05	12
湖北	0.48	10	0.55	10	0.64	10	0.78	7	0.84	8	0.99	8	1.12	8	1.21	7	1.38	8	1.33	8

续表

地区	2011年		2012年		2013年		2014年		2015年		2016年		2017年		2018年		2019年		2020年	
	水平	排名	水平	排名	水平	排名	水平	排名	水平	排名	水平	排名	水平	排名	水平	排名	水平	排名	水平	排名
湖南	0.38	14	0.42	14	0.47	14	0.48	14	0.55	13	0.63	13	0.74	13	0.83	11	0.97	11	1.12	9
广东	1.82	1	2.13	1	2.36	1	2.29	2	2.97	1	3.56	1	3.97	1	4.53	1	4.96	1	4.98	1
广西	0.21	21	0.25	18	0.29	19	0.29	20	0.26	21	0.25	22	0.29	22	0.29	22	0.32	20	0.30	22
海南	0.10	28	0.11	28	0.12	28	0.10	28	0.10	29	0.12	29	0.09	29	0.09	29	0.19	25	0.20	24
重庆	0.21	20	0.24	19	0.30	18	0.30	17	0.36	18	0.45	17	0.51	18	0.54	18	0.60	16	0.64	16
四川	0.39	13	0.46	13	0.51	13	0.56	13	0.62	12	0.72	12	0.80	12	0.88	10	0.99	10	1.05	11
贵州	0.12	26	0.15	26	0.17	26	0.19	23	0.24	22	0.28	21	0.33	19	0.37	20	0.39	19	0.40	19
云南	0.15	23	0.16	23	0.19	23	0.18	24	0.23	23	0.25	23	0.27	23	0.27	23	0.29	22	0.31	21
西藏	0.01	31	0.02	31	0.01	31	0.01	31	0.01	31	0.00	31	0.02	31	0.01	31	0.00	31	0.01	31
陕西	0.33	15	0.37	15	0.42	15	0.43	15	0.48	15	0.56	14	0.61	14	0.60	16	0.62	15	0.60	17
甘肃	0.11	27	0.13	27	0.14	27	0.14	27	0.17	26	0.16	27	0.15	27	0.14	27	0.16	27	0.16	27
宁夏	0.09	29	0.10	29	0.11	29	0.10	29	0.16	28	0.16	28	0.18	25	0.23	24	0.20	24	0.17	26
青海	0.02	30	0.04	30	0.05	30	0.06	30	0.06	30	0.06	30	0.07	30	0.07	30	0.05	30	0.04	30
新疆	0.14	25	0.15	24	0.17	25	0.16	26	0.16	27	0.18	26	0.15	28	0.14	26	0.13	28	0.13	29

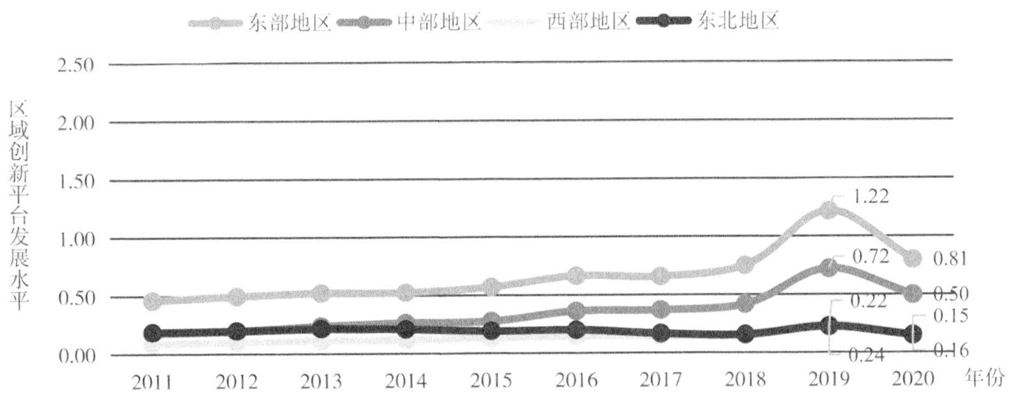

图 3-4 我国四大经济区创新平台发展情况（2011—2020 年）

就各省份创新平台建设情况来看，我国各地区的区域创新平台水平得到大幅改善，并在近 10 年逐渐出现越发明显的等级化特征。以居于我国区域创新平台建设最为完善的广东、江苏和北京为例，三地于 2011 年的创新平台水平分别为 0.64、0.65、0.82，两地与北京的水平相差仅为 0.18 和 0.17；而至 2020 年，广东、江苏和北京的创新平台水平为 1.67、1.20、1.15，两地与北京的水平差距增至 0.52 和 0.05（见表 3-5）。显然，我国东部地区的创新平台建设已经形成空间极化中心。同时，江西、贵州、湖北、湖南和安徽等中西部地区省份的区域创新平台建设最为迅速。在此期间，江西区域创新平台水平年均增速为 19.37%，居全国之首。贵州、湖北、湖南和安徽区域创新平台水平年均增速分别为 13.04%、13.01%、12.41%、11.70%，均高于广东的 11.22%。由此而言，在地方政府财政和政策投入和人才流动的支撑下，我国中、东、西部地区实现了稳定增长。但在要素资源流失背景下，东北地区创新平台建设缺乏稳定有效的支撑机制，导致东北地区黑龙江和辽宁两省的区域创新平台发展水平由 2011 年的 0.14、0.30 降至 2020 年的 0.07、0.24（见表 3-5）。

（3）区域创新要素发展情况

区域创新要素的投入能反映区域对于高技术产业、新产品开发等创新活动的直接投入，因而对区域创新产出水平产生了直接影响。由 X5 ~ X8 主成分的载荷值比较可知，2011—2013 年，R&D 经费支出（X5）和 R&D 全时当量人员数量（X6）对区域创新要素投入影响较大；而 2014—2020 年，R&D 全时当量人员数量（X6）和新产品开发经费支出（X8）成为主要影响区域创新要素投入的成分，由此再次印证人才对于区域创新投入的重要性。从区域创新要素投入总体态势来看，与区域创新平台建设不同，区域创新要素投入并未受到新冠肺炎疫情的影响而降低。相反，区域创新要素投入水平在近 10 年间呈现出逐渐提升的态势。2011—2020 年，我国东部、中部、西部和东北地区的区域创新要素投入逐年增长，创新要素投入水平分别由 0.49、0.18、0.07、0.16 增长至 1.29、0.55、0.18、0.21（见图 3-5）。其中，中部地区和西部地区创新要素投入年均增速高于东部地区，分别为 12.51%、11.45%。同时，创新要素投入相对缓慢的东北地区也实现了稳定增长，创新要素投入水平年均增速为 9.82%。

表 3-5　我国各省份创新平台总体发展情况（2011—2020 年）

地区	2011 年		2012 年		2013 年		2014 年		2015 年		2016 年		2017 年		2018 年		2019 年		2020 年	
	水平	排名	水平	排名	水平	排名	水平	排名	水平	排名	水平	排名	水平	排名	水平	排名	水平	排名	水平	排名
北京	0.82	1	0.81	1	0.85	1	0.95	1	0.88	3	0.89	3	0.97	3	1.09	3	1.75	3	1.15	3
天津	0.37	7	0.40	7	0.41	7	0.44	7	0.47	6	0.49	9	0.47	9	0.47	9	0.65	10	0.48	10
河北	0.14	17	0.16	16	0.18	17	0.19	17	0.16	20	0.25	16	0.21	17	0.21	19	0.34	19	0.25	17
山西	0.12	20	0.13	20	0.22	13	0.19	16	0.13	25	0.14	24	0.17	21	0.18	21	0.24	21	0.17	20
内蒙古	0.09	25	0.08	28	0.09	27	0.09	27	0.10	28	0.10	27	0.08	28	0.05	30	0.07	29	0.06	29
辽宁	0.30	8	0.31	9	0.32	9	0.31	10	0.24	13	0.25	17	0.21	19	0.25	17	0.36	18	0.24	18
吉林	0.12	19	0.13	19	0.17	18	0.16	20	0.17	17	0.17	21	0.17	20	0.14	24	0.20	25	0.14	24
黑龙江	0.14	15	0.15	18	0.16	20	0.16	21	0.17	18	0.17	20	0.12	25	0.08	26	0.10	28	0.07	28
上海	0.73	2	0.77	2	0.75	4	0.72	3	0.67	5	0.84	4	0.85	4	0.90	4	1.30	5	0.92	5
江苏	0.65	3	0.75	3	0.84	2	0.88	2	0.96	2	1.03	2	0.97	2	1.10	2	1.82	2	1.20	2
浙江	0.56	5	0.59	5	0.61	5	0.63	5	0.69	4	0.79	5	0.78	5	0.90	5	1.61	4	1.03	4
安徽	0.30	9	0.33	8	0.35	8	0.39	8	0.43	8	0.70	6	0.63	6	0.70	6	1.23	6	0.80	6
福建	0.22	10	0.23	11	0.25	12	0.26	11	0.28	11	0.32	10	0.33	10	0.40	10	0.67	9	0.47	11
江西	0.09	26	0.10	24	0.15	22	0.18	18	0.21	15	0.25	14	0.30	12	0.36	12	0.63	13	0.43	13
山东	0.41	6	0.44	6	0.47	6	0.46	6	0.46	7	0.57	7	0.57	7	0.63	7	1.02	8	0.69	7
河南	0.20	12	0.23	12	0.25	11	0.25	12	0.28	10	0.32	11	0.31	11	0.31	14	0.56	14	0.46	12
湖北	0.21	11	0.23	10	0.28	10	0.39	9	0.41	9	0.52	8	0.55	8	0.62	8	1.05	7	0.62	8

续表

地区	2011年		2012年		2013年		2014年		2015年		2016年		2017年		2018年		2019年		2020年	
	水平	排名	水平	排名	水平	排名	水平	排名	水平	排名	水平	排名	水平	排名	水平	排名	水平	排名	水平	排名
湖南	0.18	14	0.18	14	0.19	16	0.19	15	0.21	14	0.26	13	0.27	14	0.35	13	0.63	12	0.50	9
广东	0.64	4	0.73	4	0.80	3	0.66	4	1.07	1	1.39	1	1.38	1	1.76	1	2.80	1	1.67	1
广西	0.13	18	0.16	15	0.19	15	0.20	14	0.16	22	0.15	22	0.16	22	0.17	22	0.27	20	0.16	21
海南	0.09	24	0.10	26	0.10	26	0.09	28	0.07	29	0.09	28	0.06	29	0.07	28	0.22	22	0.16	22
重庆	0.11	21	0.12	21	0.15	21	0.15	22	0.16	21	0.20	18	0.21	18	0.25	18	0.41	15	0.28	15
四川	0.18	13	0.21	13	0.21	14	0.24	13	0.27	12	0.31	12	0.30	13	0.37	11	0.64	11	0.42	14
贵州	0.09	27	0.10	25	0.11	25	0.13	23	0.17	19	0.20	19	0.22	16	0.26	16	0.38	16	0.26	16
云南	0.10	23	0.10	23	0.12	24	0.12	25	0.14	24	0.14	23	0.14	24	0.14	23	0.22	23	0.16	23
西藏	0.01	30	0.02	31	0.01	31	0.01	31	0.01	31	0.00	31	0.02	31	0.01	31	0.00	31	0.01	31
陕西	0.14	16	0.16	17	0.16	19	0.18	19	0.21	16	0.25	15	0.26	15	0.28	15	0.37	17	0.21	19
甘肃	0.07	29	0.08	29	0.08	29	0.08	29	0.11	27	0.09	29	0.08	27	0.08	27	0.13	26	0.09	26
宁夏	0.08	28	0.08	27	0.09	28	0.09	26	0.14	23	0.14	25	0.14	23	0.18	20	0.21	24	0.12	25
青海	0.01	31	0.03	30	0.04	30	0.05	30	0.05	30	0.05	30	0.05	30	0.05	29	0.05	30	0.03	30
新疆	0.11	22	0.12	22	0.13	23	0.12	24	0.12	26	0.12	26	0.10	26	0.09	25	0.12	27	0.08	27

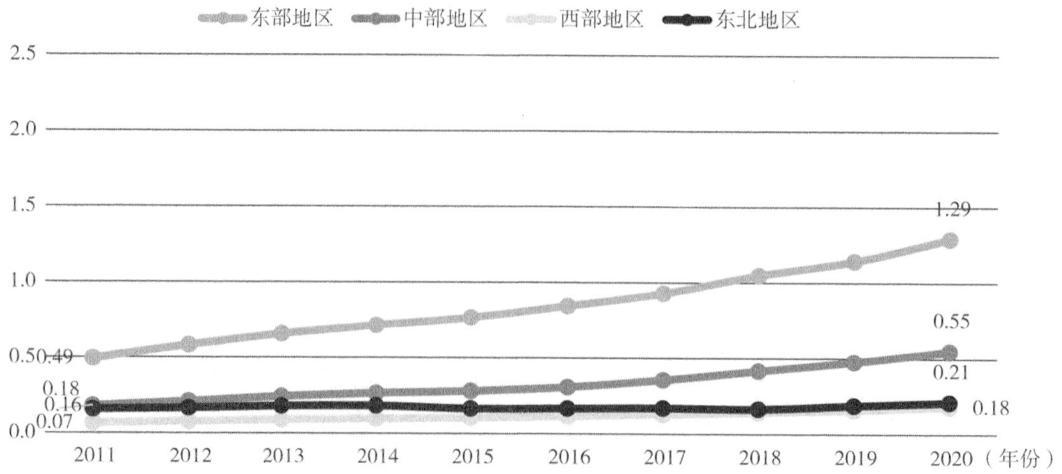

图 3-5　我国四大经济区创新要素投入情况（2011—2020 年）

就我国各省份创新要素投入的总体情况而言，广东在近 10 年来的创新要素投入一直居于我国首位，且与我国其他地区已形成较大差距。2011 年，广东的创新要素投入水平为 1.18，比第二位江苏（0.98）高 0.20，而至 2020 年，广东创新要素投入水平已上升至 3.69，比第二位江苏（2.58）高 1.11。换言之，在要素跨界流动态势越发明显的背景下，广东已经逐渐形成创新要素集聚高地。另外，除广东之外，东部地区的江苏、浙江、山东、北京和上海也在经历快速的创新要素集聚之后形成创新要素集聚空间。2011—2020 年，上述 5 个省份的区域创新要素投入水平由 0.98、0.58、0.63、0.54、0.43 增长为 2.58、1.75、1.22、1.17、1.00（见表 3-6），形成了东部地区稳定的多创新中心格局。值得一提的是，区域创新要素投入增速最快的地区为西藏、江西、重庆、贵州、安徽和湖南等中西部地区省份，上述 6 个省份的区域创新投入要素指数年均增速均超过 15.00%。其中，西藏的区域创新要素投入年均增速达 46.60%。然而，黑龙江、辽宁和新疆等东北地区和西部地区省份的创新投入仍处于缓慢增长或退步态势，上述三地区域创新投入水平在 10 年间的年均增速分别为 -0.66%、2.96%、4.08%。由此可见，在创新发展起步阶段，我国四大经济区的创新投入也呈现出两极分化的态势，部分省份实现了快速增长，而部分省份由于要素流失正经历着缓慢的区域创新发展。

我国区域创新投入的变化情况恰好映射了要素跨界流动对于区域创新发展的双向作用。一方面，创新要素的跨界流入为区域创新带来持续动力。自改革开放以来，我国东部沿海地区首先开启地区经济社会要素的积累，并于 2000 年左右率先启动创新经济的转型发展。至 2011 年，广东、浙江、上海、江苏、山东和北京已经形成稳定的创新投入机制，地区创新投入总量也随之快速增长。在东部地区的创新活动积累到一定程度时，创新资源开始寻找新的生产空间进行新的创新生产累积，中部地区凭借区位优势成为东部地区外溢的创新企业和创新活动的首选地域。除了区域优势之外，中部地区政府对于创新活动平台的打造也为创新要素的区域性流动提供空间基础，这使得

表 3-6 我国各省份创新要素投入发展情况（2011—2020 年）

地区	2011 年		2012 年		2013 年		2014 年		2015 年		2016 年		2017 年		2018 年		2019 年		2020 年	
	水平	排名	水平	排名	水平	排名	水平	排名	水平	排名	水平	排名	水平	排名	水平	排名	水平	排名	水平	排名
北京	0.54	5	0.61	5	0.67	5	0.70	5	0.73	5	0.78	5	0.84	5	0.92	5	1.08	4	1.17	5
天津	0.20	12	0.25	12	0.28	13	0.31	12	0.36	9	0.36	12	0.30	15	0.32	15	0.29	18	0.31	18
河北	0.16	16	0.19	16	0.21	16	0.25	16	0.27	15	0.29	15	0.33	13	0.35	13	0.39	14	0.45	13
山西	0.10	19	0.10	19	0.11	19	0.11	20	0.09	21	0.10	21	0.11	20	0.13	19	0.13	20	0.15	20
内蒙古	0.06	23	0.07	23	0.08	23	0.08	23	0.09	22	0.10	22	0.09	24	0.08	25	0.08	25	0.10	25
辽宁	0.26	8	0.27	8	0.31	9	0.31	13	0.25	16	0.26	16	0.29	16	0.31	16	0.33	17	0.37	17
吉林	0.08	21	0.10	20	0.10	21	0.10	21	0.12	20	0.12	20	0.11	21	0.10	22	0.13	21	0.14	21
黑龙江	0.12	17	0.13	17	0.13	18	0.13	18	0.12	19	0.12	19	0.11	22	0.09	24	0.11	24	0.12	24
上海	0.43	6	0.48	6	0.54	6	0.58	6	0.61	6	0.67	6	0.73	6	0.79	6	0.89	6	1.00	6
江苏	0.98	2	1.18	2	1.35	2	1.47	2	1.55	2	1.71	2	1.86	2	2.08	2	2.32	2	2.58	2
浙江	0.58	4	0.68	4	0.77	4	0.85	4	0.93	4	1.02	4	1.12	4	1.33	3	1.53	3	1.75	3
安徽	0.20	14	0.25	11	0.29	11	0.33	10	0.35	10	0.39	10	0.45	10	0.51	10	0.58	9	0.69	8
福建	0.22	10	0.27	9	0.30	10	0.33	9	0.35	11	0.39	9	0.46	8	0.55	8	0.61	8	0.69	9
江西	0.09	20	0.10	21	0.11	20	0.13	19	0.14	18	0.17	18	0.22	18	0.29	18	0.36	15	0.42	15
山东	0.63	3	0.76	3	0.88	3	0.96	3	1.02	3	1.10	3	1.20	3	1.14	4	1.02	5	1.22	4
河南	0.23	9	0.26	10	0.31	8	0.34	8	0.36	8	0.40	8	0.44	11	0.48	12	0.56	12	0.62	12
湖北	0.27	7	0.32	7	0.36	7	0.39	7	0.41	7	0.44	7	0.49	7	0.59	7	0.68	7	0.75	7

续表

地区	2011年		2012年		2013年		2014年		2015年		2016年		2017年		2018年		2019年		2020年	
	水平	排名	水平	排名	水平	排名	水平	排名	水平	排名	水平	排名	水平	排名	水平	排名	水平	排名	水平	排名
湖南	0. 20	13	0. 23	14	0. 27	14	0. 29	14	0. 33	13	0. 35	13	0. 43	12	0. 50	11	0. 56	11	0. 66	11
广东	1. 18	1	1. 40	1	1. 55	1	1. 68	1	1. 85	1	2. 12	1	2. 42	1	2. 99	1	3. 29	1	3. 69	1
广西	0. 08	22	0. 08	22	0. 09	22	0. 09	22	0. 09	23	0. 09	23	0. 10	23	0. 10	21	0. 12	22	0. 14	22
海南	0. 01	29	0. 01	29	0. 01	29	0. 02	29	0. 02	29	0. 02	29	0. 02	29	0. 02	29	0. 02	29	0. 03	29
重庆	0. 10	18	0. 12	18	0. 14	17	0. 16	17	0. 19	17	0. 24	17	0. 27	17	0. 30	17	0. 34	16	0. 39	16
四川	0. 21	11	0. 24	13	0. 29	12	0. 32	11	0. 34	12	0. 38	11	0. 45	9	0. 53	9	0. 57	10	0. 68	10
贵州	0. 04	26	0. 04	26	0. 05	25	0. 06	26	0. 06	26	0. 07	25	0. 08	25	0. 09	23	0. 11	23	0. 13	23
云南	0. 05	24	0. 06	24	0. 06	24	0. 07	24	0. 08	24	0. 07	24	0. 11	19	0. 12	20	0. 15	19	0. 16	19
西藏	0. 00	31	0. 00	31	0. 00	31	0. 00	31	0. 00	31	0. 00	31	0. 00	31	0. 00	31	0. 00	31	0. 00	31
陕西	0. 18	15	0. 21	15	0. 25	15	0. 26	15	0. 27	14	0. 29	14	0. 31	14	0. 34	14	0. 39	13	0. 42	14
甘肃	0. 04	25	0. 05	25	0. 05	26	0. 06	25	0. 06	25	0. 06	26	0. 06	26	0. 06	26	0. 07	26	0. 07	26
宁夏	0. 01	28	0. 01	28	0. 02	28	0. 02	28	0. 02	28	0. 02	28	0. 03	28	0. 03	28	0. 04	28	0. 04	27
青海	0. 01	30	0. 01	30	0. 01	30	0. 01	30	0. 01	30	0. 01	30	0. 01	30	0. 01	30	0. 01	30	0. 01	30
新疆	0. 03	27	0. 03	27	0. 03	27	0. 03	27	0. 04	27	0. 04	27	0. 04	27	0. 04	27	0. 04	27	0. 04	28

中部地区创新投入得到快速稳定的发展。另一方面，资源要素的跨界流出也使得部分地区陷入创新发展困境。东北地区作为我国老工业基地和能源资源富足的地区，理应具备能源类创新产业发展的先天优势。然而，人口要素和资金要素的跨界流出不断瓦解东北地区的创新基础，导致该地区的创新投入被迫逐渐减少，并由此陷入创新投入和产出越发受限的“马太效应”困境。

2. 区域创新产出发展评价

（1）区域创新产出总体发展情况

在我国大部分区域加强创新投入的同时，我国区域创新的产出水平总体呈现出快速提升的态势。大部分地区的区域创新绩效在创新技术发展的支撑下实现了由重视“数量”转为重视“质量”的转型。自2011—2020年，我国区域创新产出水平由0.31增长至0.70，年均增速为9.01%，比区域创新投入年均增速快1.79%。其中，东部地区和西部地区的创新产出水平自2011年以来出现较快增长，两地2011—2020年的创新产出水平分别为10.62%、10.27%，中部地区和东北地区的创新产出则趋于稳定，10年间区域创新水平年均增速分别为9.90%、5.26%。值得注意的是，我国各地区的区域创新产出水平在2011—2015年持续呈现出小幅波动。在此期间，东部地区、中部地区、西部地区和东北地区的区域创新产出水平分别达3.01%、1.80%、-1.69%、-3.67%。2011—2015年，东部地区、中部地区的创新产出水平由0.58、0.27增长至0.65、0.29，两地区域创新产出水平在此期间年均增长3.01%、1.80%；西部地区和东北地区的创新产出水平则由0.13、0.26下降至0.12、0.22，两地的区域创新产出水平在此期间年均增速为-1.69%、-3.76%。然而，自2015年以来，东部地区、中部地区、西部地区和东北地区的创新产出水平均开始呈现出快速稳步增长的态势，2015—2020年，上述地区的创新产出水平年均增速分别为19.00%、17.51%、19.04%、11.84%。至2020年，东部地区、中部地区、西部地区和东北地区的创新产出水平分别提升为1.44、0.64、0.32、0.41（见图3-6），东部地区的区域创新水平仍明显领先于其他地区。

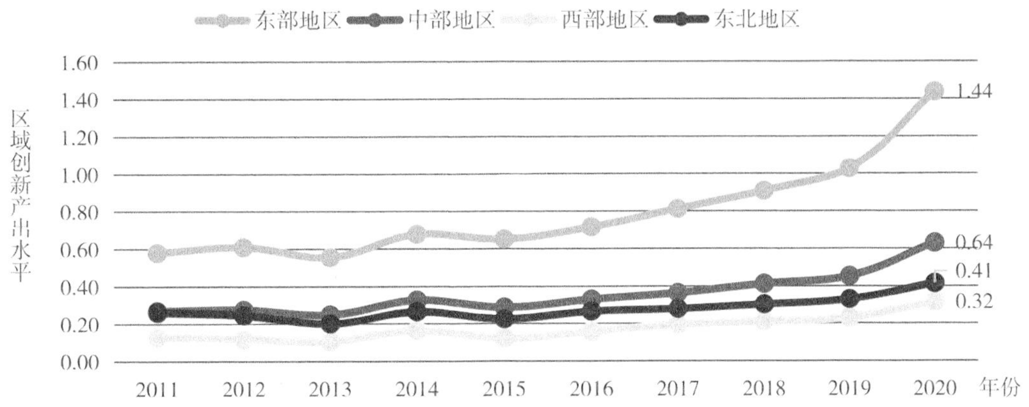

图3-6 我国四大经济区创新产出发展情况（2011—2020年）

从我国不同省份的区域创新产出总体情况来看，我国各地区的区域创新产出水平在2011—2020年逐渐拉开差距，不同地区创新产出水平也呈现出不同的变化趋势。首先，就不同地区的区域创新产出水平差距而言，东部地区省份的区域创新产出水平明显高于中西部地区的省份。2011—2020年，区域创新产出水平位列全国前列的地区分别为广东、北京、江苏、上海、浙江和山东。其中，广东、江苏和北京的区域创新产出水平长期居于全国前三。另外，中西部地区的四川、湖北、陕西和安徽的区域创新产出水平发展迅速，与前列部分地区的水平差距逐渐缩小。2011年，四川、湖北、陕西和安徽的区域创新产出水平仅占上海的67.70%、69.59%、47.81%、38.99%，而至2020年，上述4省创新产出水平已分别占上海的78.06%、74.40%、66.23%、58.44%（见表3-7）。毋庸讳言，我国区域创新产出已呈现出全面发展的态势。

其次，区域创新产出水平增长显著的省份在东、中、西部地区均有分布（见表3-7）。其中，东部地区的广东、浙江、山东和福建；中部地区的安徽、江西、山西；西部地区的贵州、陕西和四川10个省的区域创新产出水平年均增速均超过10.00%，成为我国区域创新产出最快的10个省份。广东、云南、浙江3省的区域创新产出水平年均增速位列全国前三位，分别为13.86%、13.34%、13.18%。值得一提的是，青海的区域创新产出水平由2011年的-0.05增长到2020年的0.04，成为我国区域创新产出水平增长速度最快的地区。这主要缘于青海的区域创新水平基数较小：2011年青海的创新发展尚未起步，创新产业水平处于全国末位。由于青海近年来在区域创新产出方面总体处于增长趋势，纵然区域创新产出总水平仍处于全国后三位，但其在时序演化方面仍有长足发展。而西藏、黑龙江和内蒙古的区域创新产出增长速度极为缓慢。2011—2020年，3省份区域创新水平年均增速仅为0.00%、4.32%、4.53%。这不仅反映出我国部分欠发达地区由于创新投入不足无法实现产出，也说明上述地区的区域创新空间还有待发掘。

（2）区域创新成果发展情况

作为区域创新产出的重要构成，区域创新成果反映出当地通过知识的提取和转化，将创新知识应用于实践的过程。从区域创新成果X9～X11的载荷值比较可知，地区有效发明专利数（X10）和地区科技论文数量（X11）对于区域创新成果水平的影响最为显著。从区域创新成果产出总体态势来看，我国四大经济区的创新成果产出自2011年起均呈现出同步波动的发展态势；而自2018年起，四大经济区的区域创新成果产出开始呈现出不同特征：2011—2017年，全国四大经济区的创新成果有一定波动，并于2015年出现相对最低值；2018年，东部地区和中部地区区域创新成果产出水平快速增至近10年来的高点，并于2019年回落；相反，西部地区和东北地区的区域创新成果产出水平却于2018年下降，而2019年出现回升（见表3-8）。由此可见，区域创新成果产出水平呈现出明显的区域蔓延性：空间临近的中部地区更容易接收东部地区外溢的创新要素，由此中西部地区呈现出同步发展的节奏。在此期间，东部地区和中部地区创新成果产出年均增速为3.56%、1.61%。而西部地区和东北地区受到要素跨界外溢的影响，区域创新成果在创新资源有限支撑下无法形成充足产出。因而，在此期间，西部地区和东北地区的创新成果产出年均增速仅为1.41%、-0.71%。

表 3-7 我国各省份区域创新产出水平及排名演变情况（2011—2020 年）

地区	2011 年		2012 年		2013 年		2014 年		2015 年		2016 年		2017 年		2018 年		2019 年		2020 年	
	水平	排名	水平	排名	水平	排名	水平	排名	水平	排名	水平	排名	水平	排名	水平	排名	水平	排名	水平	排名
北京	1.05	3	1.03	3	0.74	3	1.23	3	1.09	3	1.21	3	1.34	3	1.51	3	1.75	3	2.31	3
天津	0.28	13	0.29	13	0.28	12	0.37	11	0.32	11	0.31	14	0.34	15	0.35	16	0.39	16	0.51	16
河北	0.21	16	0.22	15	0.18	16	0.23	17	0.20	18	0.24	18	0.29	17	0.28	19	0.32	17	0.45	18
山西	0.09	23	0.10	23	0.09	23	0.11	23	0.09	24	0.12	23	0.14	23	0.16	23	0.17	23	0.22	23
内蒙古	0.07	26	0.08	25	0.06	26	0.10	26	0.07	26	0.07	26	0.10	26	0.08	26	0.08	26	0.10	26
辽宁	0.37	9	0.37	9	0.29	11	0.37	12	0.31	13	0.36	12	0.38	13	0.42	13	0.45	14	0.59	14
吉林	0.19	19	0.15	22	0.16	18	0.21	20	0.21	17	0.24	19	0.22	21	0.24	21	0.26	21	0.33	20
黑龙江	0.22	15	0.21	17	0.15	20	0.22	19	0.16	21	0.20	21	0.23	20	0.25	20	0.28	20	0.32	21
上海	0.70	4	0.65	4	0.52	6	0.69	5	0.65	5	0.68	5	0.76	5	0.86	4	0.96	4	1.28	6
江苏	1.18	1	1.36	1	1.30	1	1.48	1	1.48	1	1.58	2	1.69	2	1.83	2	1.95	2	2.77	2
浙江	0.46	6	0.51	6	0.53	5	0.51	7	0.49	6	0.54	7	0.66	6	0.78	6	0.93	5	1.41	4
安徽	0.25	14	0.26	14	0.26	13	0.34	14	0.27	14	0.36	11	0.40	11	0.45	11	0.51	11	0.75	11
福建	0.21	17	0.21	16	0.23	15	0.22	18	0.23	16	0.27	16	0.34	16	0.39	14	0.45	15	0.59	15
江西	0.16	21	0.17	19	0.16	19	0.20	21	0.18	19	0.21	20	0.25	19	0.29	18	0.32	18	0.47	17
山东	0.54	5	0.61	5	0.59	4	0.73	4	0.66	4	0.72	4	0.76	4	0.81	5	0.86	6	1.34	5
河南	0.33	12	0.35	10	0.32	9	0.41	9	0.40	9	0.40	10	0.41	10	0.45	12	0.48	12	0.64	12
湖北	0.45	7	0.46	7	0.37	8	0.56	6	0.48	7	0.55	6	0.58	7	0.66	8	0.72	8	0.95	8

续表

地区	2011年		2012年		2013年		2014年		2015年		2016年		2017年		2018年		2019年		2020年	
	水平	排名	水平	排名	水平	排名	水平	排名	水平	排名	水平	排名	水平	排名	水平	排名	水平	排名	水平	排名
湖南	0.33	11	0.32	11	0.30	10	0.34	13	0.31	12	0.35	13	0.40	12	0.46	10	0.53	10	0.76	10
广东	1.15	2	1.20	2	1.17	2	1.29	2	1.41	2	1.59	1	1.90	1	2.24	1	2.62	1	3.69	1
广西	0.15	22	0.16	20	0.14	22	0.18	22	0.16	20	0.19	22	0.19	22	0.18	22	0.21	22	0.27	22
海南	0.02	29	0.02	29	0.02	28	0.04	28	0.02	27	0.02	27	0.04	28	0.04	27	0.06	27	0.04	29
重庆	0.19	20	0.16	21	0.18	17	0.24	16	0.14	22	0.25	17	0.26	18	0.30	17	0.31	19	0.42	19
四川	0.42	8	0.44	8	0.39	7	0.50	8	0.41	8	0.50	8	0.55	8	0.66	7	0.73	7	1.00	7
贵州	0.08	25	0.08	24	0.06	25	0.10	25	0.09	25	0.10	24	0.13	24	0.14	24	0.14	24	0.20	24
云南	0.20	18	0.17	18	0.14	21	0.32	15	0.23	15	0.28	15	0.37	14	0.38	15	0.46	13	0.63	13
西藏	-0.01	30	0.00	30	0.02	29	0.02	30	-0.01	29	-0.02	31	0.02	31	0.02	31	-0.02	31	-0.01	31
陕西	0.34	10	0.31	12	0.25	14	0.38	10	0.37	10	0.42	9	0.48	9	0.56	9	0.63	9	0.84	9
甘肃	0.09	24	0.06	26	0.07	24	0.11	24	0.09	23	0.09	25	0.12	25	0.12	25	0.12	25	0.15	25
宁夏	0.03	28	0.03	28	0.03	27	0.03	29	0.01	28	0.01	28	0.05	27	0.04	28	0.04	28	0.05	28
青海	-0.05	31	-0.08	31	-0.07	31	-0.10	31	-0.04	30	0.00	30	0.03	30	0.03	30	0.02	30	0.04	30
新疆	0.06	27	0.04	27	0.00	30	0.09	27	-0.06	31	0.01	29	0.04	29	0.03	29	0.03	29	0.10	27

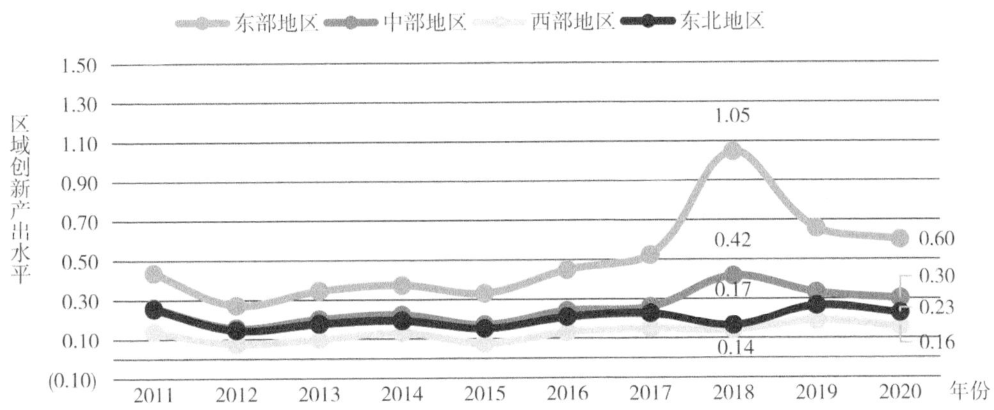

图 3-7 我国四大经济区创新产出成果演变情况（2011—2020 年）

就我国各省份创新成果产出的总体情况而言，我国四大经济区的创新成果产出水平也出现区域不均衡发展的特征。一方面，广东、江苏两地的创新成果产出经历了快速增长，如今两地创新成果产出总量已稳居全国前列。2011 年，广东、江苏两地的创新成果产出水平分别为 0.72、0.79，均低于北京 0.87 的区域创新成果产出水平。然而，广东、江苏的区域创新成果在近 10 年得到快速发展，年均增速分别为 7.00%、4.69%，远高于北京 1.10%的年均增速。至 2020 年，广东、江苏两地分别以 1.33、1.19 的创新成果产出水平超越北京（见表 3-8）。值得一提的是，除了广东、江苏实现了区域创新成果的快速增长之外，青海、云南、福建和安徽也实现了快速发展，上述 4 个省份的创新成果产出年均增速均超过了 5.00%。另一方面，诸如天津、重庆和东北地区的吉林、辽宁、黑龙江等创新成果产出基础较好的地区却处于缓慢的发展阶段。2011—2020 年以来，上述 5 个省份的区域创新成果产出年均增速均为负值，分别为-0.55%、-0.71%、-0.60%、-1.30%和-1.91%。另外，宁夏、甘肃和新疆三个西部欠发达省份的区域创新成果产出形势也较为严峻：2011—2020 年，3 省份的创新成果产出年均增速分别为-1.93%、-2.09%、-2.42%，处于我国最末位。由此可见，区域创新成果水平也出现明显的区域分化：部分创新投入水平较高的地区实现了区域创新蓬勃发展，而部分欠发达地区尚未真正开启创新成果的快速产出。

（3）区域创新绩效演变情况

区域创新绩效能反映出区域每单位创新活动所产出的成果，因而能较好衡量区域创新产出效率。从区域创新绩效 X13~X16 的载荷值比较可知，高技术产业主营业务收入（X14）和新产品开发费用占销售收入比重（X16）是影响区域创新绩效水平的主要成分。从区域创新绩效发展的总体趋势来看，我国四大经济区的区域创新绩效在近 10 年间均实现了快速增长。其中，东部地区和西部地区在 2011—2019 年呈现出逐年稳步快速增长的态势，2020 年受新冠肺炎疫情影响出现小幅回落，两大经济区的创新绩效年均增速分别为 12.21%、19.11%。西部地区和东北地区的区域创新绩效增长总体呈现出增长态势。其中，西部地区区域创新绩效增长最为明显，年均增速达 28.46%，而东北地区区域创新绩效增速虽不及其他三大经济区，但也实现了 9.53%的年均增长率。

表 3-8 我国各省份创新成果水平发展情况（2011—2020 年）

地区	2011 年		2012 年		2013 年		2014 年		2015 年		2016 年		2017 年		2018 年		2019 年		2020 年	
	水平	排名	水平	排名	水平	排名	水平	排名	水平	排名	水平	排名	水平	排名	水平	排名	水平	排名	水平	排名
北京	0.87	1	0.51	2	0.58	2	0.76	1	0.63	2	0.75	3	0.92	3	0.92	5	1.10	3	0.96	3
天津	0.22	16	0.12	16	0.16	15	0.22	14	0.16	14	0.20	15	0.25	16	0.32	15	0.25	17	0.21	17
河北	0.21	17	0.13	15	0.15	17	0.17	16	0.13	17	0.19	16	0.25	15	0.35	13	0.25	16	0.22	16
山西	0.10	23	0.06	23	0.09	23	0.09	24	0.06	24	0.09	23	0.11	23	0.13	19	0.14	24	0.13	23
内蒙古	0.08	27	0.05	25	0.06	26	0.10	22	0.05	25	0.08	26	0.10	25	0.08	25	0.08	27	0.06	27
辽宁	0.35	9	0.21	9	0.24	10	0.25	11	0.21	11	0.29	11	0.31	12	0.31	16	0.36	13	0.31	13
吉林	0.18	19	0.08	22	0.14	20	0.15	18	0.14	16	0.17	19	0.16	19	0.10	22	0.19	21	0.17	21
黑龙江	0.24	14	0.14	14	0.16	16	0.18	15	0.11	19	0.17	18	0.21	18	0.09	24	0.25	18	0.20	18
上海	0.59	4	0.34	4	0.40	5	0.44	4	0.41	4	0.51	4	0.57	4	0.79	6	0.78	4	0.62	4
江苏	0.79	2	0.55	1	0.69	1	0.72	2	0.70	1	0.89	1	1.03	1	2.08	2	1.29	2	1.19	2
浙江	0.39	7	0.27	6	0.40	4	0.31	9	0.30	7	0.48	5	0.45	6	1.33	3	0.59	6	0.58	6
安徽	0.24	13	0.14	13	0.22	13	0.22	13	0.15	15	0.28	12	0.31	13	0.51	10	0.39	12	0.38	10
福建	0.15	20	0.10	18	0.17	14	0.13	19	0.13	18	0.18	17	0.22	17	0.55	8	0.27	15	0.25	15
江西	0.14	22	0.09	20	0.11	21	0.12	21	0.09	21	0.15	21	0.15	21	0.29	18	0.22	19	0.18	19
山东	0.41	6	0.27	7	0.34	6	0.41	6	0.31	5	0.42	6	0.49	5	1.14	4	0.66	5	0.61	5
河南	0.31	12	0.19	10	0.23	12	0.25	10	0.22	10	0.29	9	0.27	14	0.48	12	0.33	14	0.30	14
湖北	0.45	5	0.28	5	0.32	7	0.41	5	0.31	6	0.38	7	0.41	7	0.59	7	0.49	7	0.45	7

续表

地区	2011年		2012年		2013年		2014年		2015年		2016年		2017年		2018年		2019年		2020年	
	水平	排名	水平	排名	水平	排名	水平	排名	水平	排名	水平	排名	水平	排名	水平	排名	水平	排名	水平	排名
湖南	0.32	11	0.19	11	0.25	9	0.24	12	0.20	12	0.26	13	0.31	11	0.50	11	0.43	10	0.37	12
广东	0.72	3	0.44	3	0.54	3	0.55	3	0.55	3	0.84	2	1.03	2	2.99	1	1.36	1	1.33	1
广西	0.15	21	0.09	19	0.11	22	0.12	20	0.10	20	0.13	22	0.14	22	0.10	21	0.16	23	0.16	22
海南	0.03	29	0.01	29	0.03	29	0.04	28	0.01	27	0.03	29	0.03	28	0.02	29	0.03	29	0.03	29
重庆	0.18	18	0.08	21	0.14	19	0.15	17	0.04	26	0.16	20	0.16	20	0.30	17	0.21	20	0.17	20
四川	0.37	8	0.23	8	0.27	8	0.31	8	0.26	8	0.35	8	0.39	8	0.53	9	0.49	8	0.43	8
贵州	0.08	25	0.06	24	0.07	25	0.08	26	0.06	23	0.09	24	0.10	24	0.09	23	0.17	22	0.11	24
云南	0.23	15	0.11	17	0.15	18	0.31	7	0.19	13	0.26	14	0.36	9	0.12	20	0.40	11	0.38	9
西藏	0.01	31	0.00	30	0.03	28	0.02	31	-0.01	29	0.06	27	0.02	30	0.00	31	0.10	26	0.01	31
陕西	0.34	10	0.19	12	0.23	11	0.09	23	0.24	9	0.29	10	0.35	10	0.34	14	0.45	9	0.37	11
甘肃	0.10	24	0.03	27	0.07	24	0.08	27	0.07	22	0.09	25	0.09	26	0.06	26	0.11	25	0.08	25
宁夏	0.04	28	0.02	28	0.04	27	0.03	29	0.01	28	0.05	28	0.04	27	0.03	28	0.04	28	0.03	28
青海	0.01	30	0.00	31	0.01	31	0.03	30	-0.03	30	0.02	31	0.02	31	0.01	30	0.02	31	0.03	30
新疆	0.08	26	0.04	26	0.02	30	0.09	25	-0.07	31	0.03	30	0.02	29	0.04	27	0.03	30	0.07	26

值得注意的是，西部地区和东北地区的区域创新绩效水平在2016年发生明显波动，2017年两大经济区的区域创新绩效又明显下降，直至2018—2019年两年间才开始逐渐增加，至2020年又由于疫情不可抗力影响出现回落（见图3-8）。由此可知，随着区域创新技术的精进和创新活动的空间蔓延，区域创新产出绩效也实现了整体性的持续提升。

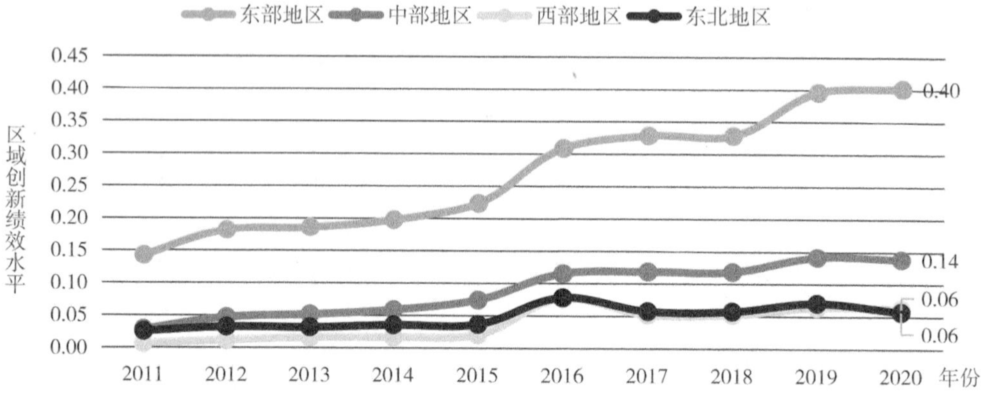

图3-8　我国四大经济区创新绩效发展情况（2011—2020年）

从我国各省份创新产出绩效水平的总体变动情况来看，我国各地区的区域创新产出绩效发展也呈现出较为明显的差异。一方面，广东、江苏、北京、浙江在此期间实现了总量的大幅提升，上述4省份的创新绩效水平由2011年的0.42、0.39、0.11、0.10增长至2020年的1.35、0.79、0.51、0.41（见表3-9），10年间的年均增速分别为13.83%、8.10%、18.23%、17.18%。2020年，上述4省份成为全国区域创新绩效水平最高的4个地区。另外，我国中西部地区的云南、山西、甘肃、宁夏、新疆和青海6省份的区域创新绩效增长最为迅速，区域创新绩效水平年均增速均在30.00%以上。其中，云南、陕西和甘肃的年均增速达到71.64%、36.90%、33.55%，成为我国区域创新绩效增长显著的三大区域。另一方面，东部地区的天津、山东、上海和江苏；西部地区的广西和东北地区的吉林在近10年间呈现出区域创新绩效稳步提升的态势，天津、山东、上海和江苏4省份的区域创新绩效水平年均增速均不及9.00%，分别为8.78%、8.76%、8.29%和8.10%；广西和吉林的区域创新绩效水平年均增速为8.29%、8.18%，而西藏的区域创新绩效水平则出现了下降的态势，年均增速为-5.91%。由此可见，东部部分地区已在区域创新技术快速增长的背景下实现区域绩效水平的稳步提升，而部分西部地区和东北地区省份的区域创新技术和设施建设还有待加强。总而言之，东部地区的广东、江苏、浙江等省份在区域创新平台建设、创新要素投入、创新平台建设和创新成果产出四方面均实现了快速提升，并共同构成了联系紧密的区域创新增长带。

表 3-9　我国各省份创新绩效变化情况（2011—2020 年）

地区	2011 年		2012 年		2013 年		2014 年		2015 年		2016 年		2017 年		2018 年		2019 年		2020 年	
	水平	排名	水平	排名	水平	排名	水平	排名	水平	排名	水平	排名	水平	排名	水平	排名	水平	排名	水平	排名
北京	0. 11	5	0. 13	4	0. 15	4	0. 14	4	0. 14	5	0. 44	3	0. 31	4	0. 31	4	0. 55	3	0. 51	3
天津	0. 06	9	0. 09	8	0. 10	8	0. 10	9	0. 11	8	0. 14	11	0. 11	15	0. 11	15	0. 13	15	0. 13	16
河北	0. 02	17	0. 03	20	0. 03	18	0. 04	19	0. 04	20	0. 07	23	0. 06	20	0. 06	20	0. 09	18	0. 09	18
山西	0. 00	24	0. 02	21	0. 01	22	0. 01	21	0. 02	21	0. 04	27	0. 03	23	0. 03	23	0. 04	23	0. 03	23
内蒙古	0. 00	23	0. 00	25	0. 01	24	0. 00	26	0. 00	25	0. 04	26	0. 01	27	0. 01	27	0. 01	27	0. 01	26
辽宁	0. 04	11	0. 06	11	0. 05	13	0. 06	13	0. 05	18	0. 09	17	0. 08	17	0. 08	17	0. 11	17	0. 10	17
吉林	0. 03	14	0. 03	16	0. 03	19	0. 04	17	0. 05	16	0. 07	19	0. 06	18	0. 06	18	0. 07	19	0. 05	20
黑龙江	0. 00	21	0. 01	22	0. 01	21	0. 01	23	0. 01	22	0. 08	18	0. 03	24	0. 03	24	0. 03	24	0. 02	25
上海	0. 12	4	0. 13	5	0. 12	5	0. 13	5	0. 13	7	0. 21	5	0. 20	6	0. 20	6	0. 28	5	0. 26	7
江苏	0. 39	2	0. 52	1	0. 53	2	0. 56	2	0. 62	2	0. 72	2	0. 81	2	0. 81	2	0. 72	2	0. 79	2
浙江	0. 10	6	0. 12	6	0. 12	6	0. 13	6	0. 15	4	0. 19	6	0. 25	5	0. 25	5	0. 35	4	0. 41	4
安徽	0. 02	16	0. 04	14	0. 05	15	0. 06	12	0. 07	13	0. 11	15	0. 11	14	0. 11	14	0. 13	14	0. 13	15
福建	0. 06	8	0. 07	10	0. 07	10	0. 07	10	0. 07	11	0. 13	12	0. 16	9	0. 16	9	0. 21	9	0. 19	8
江西	0. 03	15	0. 04	15	0. 05	14	0. 06	14	0. 07	12	0. 11	13	0. 13	11	0. 13	11	0. 16	12	0. 16	11
山东	0. 14	3	0. 21	3	0. 22	3	0. 24	3	0. 27	3	0. 34	4	0. 31	3	0. 31	3	0. 25	7	0. 31	5
河南	0. 05	10	0. 07	9	0. 09	9	0. 11	8	0. 14	6	0. 17	10	0. 18	8	0. 18	8	0. 17	11	0. 16	13
湖北	0. 04	13	0. 05	13	0. 06	12	0. 06	11	0. 08	10	0. 17	9	0. 16	10	0. 16	10	0. 21	8	0. 19	10

续表

地区	2011年		2012年		2013年		2014年		2015年		2016年		2017年		2018年		2019年		2020年	
	水平	排名	水平	排名	水平	排名	水平	排名	水平	排名	水平	排名	水平	排名	水平	排名	水平	排名	水平	排名
湖南	0.04	12	0.05	12	0.06	11	0.06	15	0.07	15	0.09	16	0.10	16	0.10	16	0.14	13	0.16	12
广东	0.42	1	0.51	2	0.54	1	0.58	1	0.71	1	0.82	1	1.06	1	1.06	1	1.37	1	1.35	1
广西	0.02	20	0.03	18	0.03	17	0.03	20	0.05	19	0.07	21	0.06	19	0.06	19	0.05	20	0.04	21
海南	0.00	26	0.00	26	0.00	27	0.00	27	0.00	27	0.04	29	0.01	26	0.01	26	0.01	26	0.00	30
重庆	0.02	19	0.03	17	0.04	16	0.05	16	0.07	14	0.11	14	0.12	13	0.12	13	0.13	16	0.14	14
四川	0.07	7	0.10	7	0.12	7	0.13	7	0.09	9	0.18	8	0.19	7	0.19	7	0.26	6	0.26	6
贵州	0.00	22	0.00	23	0.00	26	0.01	22	0.01	23	0.06	25	0.04	21	0.04	21	0.04	22	0.03	22
云南	0.00	27	0.00	24	0.01	23	0.00	25	0.00	26	0.07	22	0.03	22	0.03	22	0.05	21	0.06	19
西藏	-0.01	30	0.00	29	0.00	28	0.00	28	0.00	30	0.01	31	0.00	31	0.00	31	0.00	31	-0.02	31
陕西	0.02	18	0.03	19	0.03	20	0.04	18	0.05	17	0.18	7	0.13	12	0.13	12	0.19	10	0.19	9
甘肃	0.00	25	0.00	27	0.00	25	0.00	24	0.01	24	0.07	24	0.02	25	0.02	25	0.03	25	0.02	24
宁夏	0.00	28	0.00	28	0.00	29	0.00	30	0.00	29	0.04	28	0.01	30	0.01	30	0.01	28	0.01	27
青海	-0.03	31	-0.05	31	-0.04	31	-0.07	31	-0.02	31	0.07	20	0.01	29	0.01	29	0.00	30	0.00	29
新疆	-0.01	29	-0.01	30	0.00	30	0.00	29	0.00	28	0.03	30	0.01	28	0.01	28	0.00	29	0.00	28

三、区域创新能力空间格局评价

为进一步对我国区域创新发展空间格局进行评价，在对我国2011—2020年的区域创新水平进行详细梳理后，针对2020年我国区域创新总体水平、区域创新投入水平和区域创新产出水平进行空间分析处理。通过莫兰指数法判断区域创新空间集聚度，并用自然断点法对我国各省份的区域创新水平进行五级梯度划分，得出我国现今区域创新能力发展的空间格局。

（一）我国区域创新发展空间格局（2020年）

就区域创新能力发展的空间格局而言，我国区域创新并未形成区域性空间集聚。除沪苏浙三地形成创新空间关联之外，其余地区的创新空间均处于弱相关状态。而从四大经济区的创新空间格局来看，其分布经历了由东北衰落、中部崛起的过程，最终于2020年形成东部多创新中心、中部均衡发展和西部部分地区崛起的不均衡空间格局。2011年，北京、江苏、广东三省份的区域创新总体能力处于第一梯队，山东、上海、浙江3省份处于第二梯队，而黑龙江、辽宁、安徽、湖北和四川等省份均处于第三梯队。而至2014年，随着各地地方政府对于区域创新支持力度的加大和产业企业的发展，我国部分地区的区域创新总体能力得到显著提升，山东、上海、浙江均跃入第一梯队，而四川、湖北、安徽、天津和辽宁也跃进第二梯队行列。2017—2020年，随着我国各省份区域创新活动的不断活跃，我国区域创新能力进入快速发展阶段，同时创新能力的空间格局也开始趋于稳定。

2017—2020年，广东、江苏保持在第一梯队，成为我国区域创新发展的增长极；北京、上海、山东、浙江下降至第二梯队，其中，江苏、上海和浙江形成典型的以城市群为核心的区域创新空间。四川、湖北、安徽和天津的区域创新能力级别下降，与河南、陕西、湖南和福建构成第三梯队。辽宁的区域创新水平下降，与黑龙江、吉林、河北、山西、重庆、云南、贵州、广西和江西构成第四梯队。值得注意的是，2014年，贵州的区域创新能力尚处于第五梯队，而在2014年之后，贵州的区域创新能力得到不断提升，并跃进第四梯队。最后，新疆、西藏、内蒙古、甘肃、宁夏、青海和海南7个省份则长期处于我国区域创新能力水平的第五梯队。由此可见，区域创新空间格局呈现出明显的区域差异：在区域创新技术的支撑下，东部地区和中部地区省份的区域创新能力不断加速提升。而与此同时，西部地区的区域创新能力还处于起步提升阶段，导致西部地区的区域创新水平与东部地区形成明显差距。

（二）我国区域创新投入和产出空间格局（2020年）

1. 区域创新投入空间格局

区域创新能力首先取决于地方主体对于区域创新的投入。就我国区域创新总体水平空间分布情况而言，2020年，东部地区区域创新投入水平为1.99，高于中部地区的

1.03、西部地区的0.33和东北地区的0.35。具体从各省份的区域创新水平来看，广东的区域创新综合能力最为突出，其与江苏均处于区域创新投入水平的第一层级。北京、上海、浙江和山东4个省份的创新投入水平弱于江苏，处于区域创新投入水平的第二层级。福建、安徽、河南、湖北、湖南和四川6个省份处于第三层级。辽宁、天津、河北、陕西、重庆和江西6个省份处于第四层级。最后，黑龙江、吉林、内蒙古、山西、云南、贵州、广西、海南、宁夏、甘肃、新疆、青海和西藏13个省份处于我国区域创新投入水平最低的层级（见图3-9）。不难发现，东部沿海地区已经基于城市群、都市圈等形成了跨省份的区域创新空间。

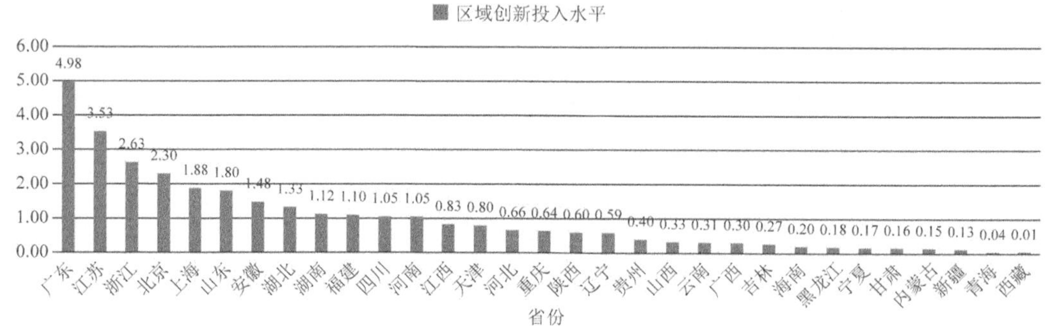

图3-9　我国各省份创新投入水平对比（2020年）

从我国各省份区域创新投入情况来看，东部沿海的广东、江苏和浙江的区域创新投入长期居于前列。2020年，广东、江苏、浙江3省的区域创新投入水平分别为4.98、3.53和2.63，甚至高于北京和上海2.30、1.88的区域创新投入水平（见图3-9）。其中，广东已经成为东南沿海地区的创新高地，一方面，这缘于我国对于深圳、广州两市发展创新经济的支持，另一方面，粤港澳大湾区已经逐渐形成双向的产业企业互动和技术交流，这对于广东的区域创新投入具有重要影响。上海、江苏和浙江依托长三角一体化发展已经在城市群层面形成跨界的创新产业发展链和创新产业合作空间。在人才、企业要素支撑下，三地逐渐形成快速的创新跨界发展。值得一提的是，安徽在融入长三角一体化之后也与沪苏浙形成跨界合作，通过G60科创走廊、“一地六县”长三角产业集中合作区等措施迅速开启安徽省的创新水平提升。同时，受到东部地区技术溢出的正向影响，中部地区和部分西部地区已经形成均衡发展的区域创新区域。湖北在武汉都市圈、四川在成都都市圈、湖南在长株潭城市群的带动下形成快速发展，江西在近年来也在区域创新投入方面实现快速提升。

与上述地区的区域创新投入形成鲜明对比的是我国部分欠发达地区的创新投入。东北地区作为我国典型的传统工业基地，在近10年的产业转型中缺乏要素支撑，由此进一步导致人口要素和技术要素的外流。在此背景下，吉林、辽宁和黑龙江一直处于区域创新投入乏力的状态。而新疆、青海和西藏受到区位限制和资源限制难以积累创新资源，因此三省份的区域投入水平处于我国末位。2020年，新疆、青海和西藏的区域创新投入水平分别为0.13、0.04和0.01（见图3-9）。由此可见，我国区域创新要素投入也形成了极大的差距，在空间上呈现出非均衡状态。

2. 区域创新产出空间格局

区域创新产出作为反映区域创新能力的重要标准，在近 10 年的发展中呈现出与区域创新投入发展类似的发展特征。2020 年，我国东部地区的创新产出水平为 1.44，远超中部地区的 0.63、西部地区的 0.32 和东北地区的 0.41。就全国各省份的区域创新产出发展而言，其与区域创新投入空间格局一致：广东、江苏两省处于区域创新产出的第一层级，两地 2020 年的区域创新产出水平分别为 3.69、2.77。北京、山东和浙江三省份的区域创新产出水平处于我国区域创新产出的第二梯队，区域创新产出水平分别为 2.31、1.34 和 1.41。东部的福建、西部的四川和中部的河南、湖北、湖南、安徽 6 个省份处于第三层级。第四层级地区由辽宁、天津、河北、陕西、重庆、江西 6 个省份构成。最后，黑龙江、吉林、内蒙古、山西、云南、贵州、广西、海南、宁夏、甘肃、青海、新疆和西藏 13 个省份处于第五层级。值得注意的是，我国发达地区和欠发达地区的区域创新产出水平差距更为明显，海南、青海和西藏 2020 年的区域创新产出水平分别为 0.04、0.04 和 -0.01，西藏的创新产出水平低于 2011 年水平（见图 3-10）。

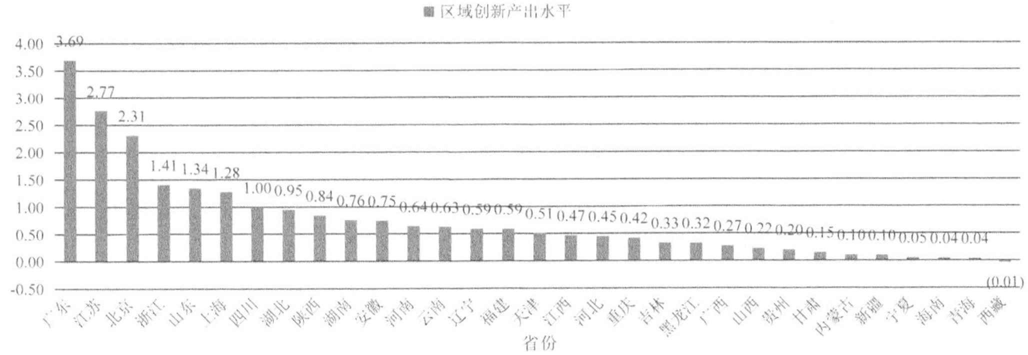

图 3-10 我国各省份创新产出水平分级情况（2020 年）

具体从区域创新产出成果和绩效来看，我国区域创新绩效和区域创新成果的空间差异较大，同时，前者比后者的区域差异更为明显（见图 3-11）。首先，从区域创新成果产出来看，广东、江苏、山东和浙江创新成果水平增量最为明显，4 省创新成果投入水平分别从 2011 年的 0.72、0.79、0.41、0.39 提升至 2020 年的 1.33、1.19、0.61、0.58。北京、上海的区域创新成果水平增速较缓慢，但其发展水平还居于全国前列，2020 年两市区域创新成果水平分别为 0.96、0.62，在我国区域创新成果水平排名中位列第三位、第四位。另外，部分地区的区域创新成果水平虽相对较低，但近 10 年的发展增速却很显著。在长三角区域一体化战略的带动下，安徽的区域创新活力开始被激发。在本土科技院校和企业发展、沪苏浙三省科技技术转移的支撑下，作为长三角科技链节点的安徽也开始形成快速发展态势。然而，在东部和中部部分地区快速发展的同时，东北地区和西部地区部分省份呈现出创新成果产出水平相对停滞甚至倒退的态势。黑龙江和辽宁属于较为典型的创新成果输出退步的区域，两省的区域创新成果水平分别由 2011 年 0.24、0.35 降低到 2020 年的 0.20、0.31（见图 3-11）。

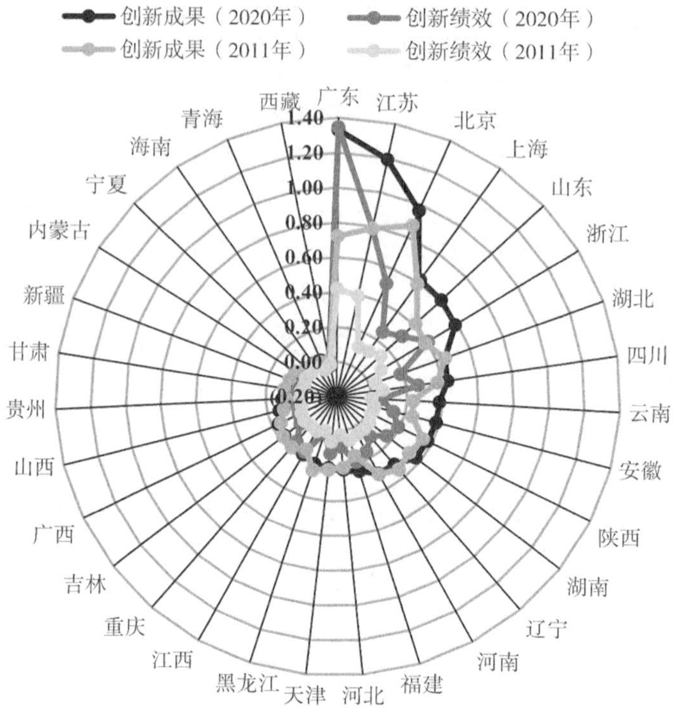

图 3-11　我国区域创新产出变化情况（2011 年、2020 年）

其次，区域创新绩效水平的对比更是说明我国不同地区创新产出的差距。作为 2020 年我国创新绩效水平最高的地区，广东的区域创新绩效水平从 2011 年的 0.42 提升为 1.35，区域创新绩效水平增量达 0.93（见图 3-11）。而区域创新绩效水平居于第二位、第三位的江苏、北京的创新绩效水平增量均为 0.40。由此可见，在区域技术提升和成果积累形成创新基础的背景下，区域创新绩效在我国部分地区已经形成快速发展。然而，对于我国部分尚未形成稳定产业基础和资源支撑的地区而言，提升区域创新绩效水平的进展则极为缓慢。自 2011 年以来，宁夏、内蒙古、海南和西藏的区域创新绩效水平增量不足 0.01。西藏的创新绩效水平甚至呈现出少许倒退的趋势。而东北地区吉林和黑龙江的区域创新水平增量也仅为 0.03、0.01（见图 3-11）。毋庸讳言，东北地区人才与技术的外流为当地区域创新产出带来了较为严峻的挑战。

四、结论

本章以区域创新投入和区域创新产出为切入点，以区域创新要素投入、区域创新平台建设、区域产出成果和区域产出绩效为重点，建构了区域创新发展评价体系。在此基础上，对我国四大经济区及各个省份的区域创新整体发展能力、区域创新投入水平及区域创新产出水平分别进行多维度评价，得出以下结论。

（一）我国区域创新发展进入稳定提升阶段

就我国区域创新能力整体发展态势而言，2011—2020年，我国区域创新整体水平呈现出稳步提升的态势。其中，在全国创新活动如火如荼开展之时，各地均加强了对于地区研发活动的人才、经费等要素投入，使得我国区域创新要素投入水平在近10年得到快速发展。东部地区的区域创新已呈现出稳定发展的态势，中部地区的区域创新发展则呈现出快速提升态势。西部地区呈现出两极分化的态势，经济较发达地区的区域创新水平提升较快，而创新资源较为匮乏的西部欠发达地区还面临着创新乏力的问题。东北三省由于区域创新要素不断外流，也陷入了创新动力不足的发展困境。

（二）区域创新产出水平亟须进一步提升

我国区域创新投入和产出水平虽均呈现出提升态势，但区域创新产出水平尚不及区域创新投入水平。在近10年的创新发展中，各地政府对于地区创新发展越发重视。在地方政府财政支持和政策推动、企业不断投入研发要素的背景下，区域创新平台整体实现了有序建设。这为我国部分地区和创新节点的发展提供了坚实基础。但是，我国各地区近10年的发明专利数、科技理论数和新产品开发项目数仍远远落后于区域创新投入的水平，区域创新绩效水平更是亟须进一步提升。因此，各地区应注重区域创新技术的不断优化和创新平台的完善，在此基础上增加区域的创新成果和提升区域创新绩效水平。

（三）区域创新发展空间格局呈现出不均衡发展特征

我国区域创新发展的空间格局表现为“东部发达、中部崛起、西部落后和东北衰退”的不均衡发展特征。东部地区在产业结构优化、要素资源富足的背景下实现了区域创新能力总量和效率的稳定提升。中部地区在东部地区外溢技术和人力资源要素的正向作用下实现迅速的创新发展，并在近5年保持区域创新能力快速提升的态势。然而，在东部地区稳步发展、中部地区快速提升的同时，西部部分地区和东北地区却由于人才、技术和企业资源的匮乏而陷入区域创新乏力的发展困境。从省份区域创新发展格局来看，广东、江苏的区域创新发展能力最为突出，两省已形成优势明显的创新增长极。北京、浙江、上海和山东的区域创新能力也处于领先水平，4个省份创新空间集聚特征较明显。与之形成鲜明对比的是部分经济欠发达地区，西藏、新疆、宁夏和青海等省份的创新发展资源匮乏，地区创新动力不足。而东北地区虽具备一定传统工业基础，然而受到人才和资金流失的影响，区域创新发展也处于乏力状态。

区域创新能力并不仅取决于创新增长极的局部带动，相反，各个省份创新主体的协作、创新要素的整合和创新平台的建设对于区域创新能力的整体提升均具有深刻的影响。在区域创新发展中，应注重区域创新网络协同体系的培育，以中西部的要素资源支撑东部创新生产、以东部的创新技术带动中西部的区域创新要素积累，最终实现区域创新能力的整体稳步提升。

（作者简介：唐蜜，女，博士，南京邮电大学高质量发展评价研究院、高质量发展综合评估研究基地副研究员，主要从事城市与区域规划、区域治理方面研究。）

参考文献

[1] PORTER ME. The competitive advantage of nations [J]. Harvard Business Review, 1990 (2): 73-91.

[2] 柳卸林，杨博旭，肖楠. 我国区域创新能力变化的新特征、新趋势 [J]. 中国科学院院刊，2021，36 (1): 54-63.

[3] 赵婷婷. 中国产业集群对区域创新能力的影响研究 [D]. 吉林大学，2020.

[4] 柳卸林，胡志坚. 中国区域创新能力的分布与成因 [J]. 科学学研究，2002 (5): 550-556.

[5] 胡明铭. 区域创新系统评价及发展模式与政策研究 [D]. 中南大学，2006.

[6] 陈燕儿. 人才流动与经济高质量发展——以高技术产业为例 [M]. 北京：中国社会出版社，2021.

[7] 张战仁. 地理空间视角下我国区域创新非均衡发展的时空模式研究 [D]. 华东师范大学，2011.

第四章　中国高技术产业创新发展评价

摘　要：高技术产业的创新发展是国民经济和社会高质量发展的重要组成部分。围绕高质量发展的内涵，本章从效率评价的视角，构建了一套高技术产业创新发展的评价指标体系，采用超效率 DEA-Malmquist 指数方法，基于 2011—2020 年全国 29 个省份和高技术产业五大类行业的面板数据，对高技术产业全国各区域及行业之间的创新效率进行了静态和动态分析，测算了高技术产业的创新效率，探究了不同区域和不同行业之间创新动力的原因和差异。本研究为全面认识高技术产业创新发展的现状、把握其增长动因，推动高技术产业高质量发展提供了政策指导。

一、高技术产业内涵

高技术产业是知识密集和技术密集的产业，是代表一个国家综合国力和整体竞争力的重要先导产业，是一个国家国民经济和社会发展最重要的新增长点[1]。自 20 世纪 90 年代以来，发展拥有自主知识产权的高技术产业已成为国家综合国力竞争的焦点。当前，经济由高速增长转向高质量发展是中国特色社会主义进入新时代的重要特征，在此过程中，我国经济发展的层次、水平和形态都将显著提高和改善，经济结构将更加合理，空间布局将更加科学，产业分工将更加精细，经济发展将更加全面、协调、可持续，经济增长动力将由要素及投资驱动向创新驱动转变，质量、效率和动力变革将成为高质量发展的核心表现。

高技术产业的创新发展是国民经济和社会高质量发展的重要组成部分。高技术产业的创新主要体现在技术的创新和产品的创新，而这些创新成果依赖于前期大量的技术要素、资本要素和人力要素等的投入。围绕高质量发展的内涵，评价高技术产业的创新发展，可以通过测算高技术产业的创新效率来实现。因此，本章将采用超效率 DEA 模型和 Malmquist 指数分解法，利用 2011—2020 年我国高技术产业各区域及各行业的面板数据，对高技术产业的创新效率进行全面分析与评价。通过科学合理地评价我国高技术产业的创新发展能力，可以及时了解我国各区域、高技术产业各大行业的创新发展现状，有助于提出推动高技术产业结构升级和增长方式转变的政策措施，保障高技术产业的高质量发展。

二、高技术产业创新发展测度模型及指标体系

（一）评价模型构建

1. 超效率 DEA 模型

DEA（数据包络分析）由 A. Charnes，W. W. Copper 和 E. Rhodes 在 1978 年提出，属于一种非参数分析方法。DEA 分析法可以对多种指标同时进行评价，它采用最优的原则，通过对多个投入产出指标进行分析，根据分析结果衡量系统的有效性。DEA 方法通过选取决策单元（DMU）的投入和产出数据，利用线性规划选择最优的投入与产出作为生产前沿，并以此构建数据包络曲线。其中，有效点会落在前沿面上（数据包络曲线上），效率值标定为 1；无效点则会落在前沿面外（数据包络曲线外），并被赋予一个大于 0 且小于 1 的相对的效率值[2]。

然而，传统的 DEA 模型在测算决策单元效率值时，无法区分有效决策单元之间的相对效率情况，无法准确对研究对象进行评价和对比，而超效率 DEA 模型在进行效率评价过程中，考虑到各个决策单元之间的相对关系，每一个决策单元都可以得到效率值，且这个效率值没有任何限制，更具可比性。因此，当采用传统 DEA 模型测算出现多个效率值为 1 的创新主体时，使用超效率 DEA 可以清晰地测算出多个有效决策单元的创新效率情况。

2. Malmquist 指数法

DEA 模型只能对同一时期不同决策单元的效率值进行比较，无法测度不同时期效率值的变化。1994 年 Fare 等首次将 Malmquist 指数理论与 DEA 方法结合在一起，提出了 DEA-Malmquist 模型[3]。Malmquist 指数主要是用来评价研究对象某一段时间内全要素生产率动态变化的过程。因此，对于静态效率的分析可以采用超效率 DEA 来实现，为了更全面完善地分析创新效率，考虑到时间序列，则需要用 Malmquist 指数模型来进行动态效率的分析。当 Malmquist 指数大于 1 时，表明全要素生产率呈上升趋势，创新效率有所提升，当 Malmquist 指数小于 1 时，表明全要素生产率呈下降趋势，创新效率下降，当 Malmquist 指数等于 1 时，表明创新效率保持不变。对 Malmquist 指数进行分解，可以进一步分析全要素生产率动态变化的原因。Malmquist 指数可分解为技术效率变化和技术进步变化两部分，技术效率变化又可进一步分解为纯技术效率变化和规模效率变化两部分。

（二）评价指标建立及数据说明

由于高技术产业技术含量高，创新过程较为复杂，对创新效率的影响涉及多方面因素，是一个多投入多产出的动态过程，因此应该尽量选取可能包含反映高技术产业创新效率的指标[4]。本章所构建的高技术产业创新发展评价的指标体系包括投入指标和产出指标两个方面，根据古典经济增长理论，总产出由劳动力投入和资本投入共同

决定。因此，本章考虑从劳动力和资本的角度选取投入指标，选取 R&D 人员折合全时当量来表征劳动力方面的投入，R&D 经费内部支出和新产品开发经费来表征研发资本方面的投入。产出方面，有效发明专利数直接衡量了知识成果转化的产出，新产品销售收入衡量了技术成果转化的产出，因此选择有效发明专利数和新产品销售收入作为创新产出指标。具体指标见表 4-1。

表 4-1 高技术产业创新投入和产出指标

<table>
<tr><th>一级指标</th><th>二级指标</th><th>三级指标</th></tr>
<tr><td rowspan="3">创新投入</td><td>劳动力投入</td><td>R&D 人员折合全时当量（人/年）</td></tr>
<tr><td rowspan="2">资本投入</td><td>R&D 经费内部支出（万元）</td></tr>
<tr><td>新产品开发经费（万元）</td></tr>
<tr><td rowspan="2">创新产出</td><td>技术产出</td><td>有效发明专利数（件）</td></tr>
<tr><td>经济产出</td><td>新产品销售收入（万元）</td></tr>
</table>

行业数据选择说明：按照中国高技术产业统一分类法，2016 年及之前中国高技术产业包含航空、航天器及设备制造业，而自 2017 年及之后，取消了这一类别。根据最新的中国高技术产业分类法，中国高技术产业被划分为：医药制造业、电子及通信设备制造业、计算机及办公设备制造业、医疗仪器设备和仪器仪表制造业与信息化学品制造业五大类产业。这五大类产业又进一步被细分为具体的行业，根据最新的分类法，包括化学药品制造、中成药生产、生物药品制品制造、电子工业专用设备制造、光纤光缆及锂离子电池制造、锂离子电池制造、通信设备、雷达及配套设备制造、通信系统设备制造、通信终端设备制造、雷达及配套设备制造、广播电视设备制造、非专业视听设备制造、电子器件制造、电子真空器件制造、半导体分立器件制造、集成电路制造、光电子器件制造、电子元件及电子专用材料制造、电阻电容电感元件制造、电子电路制造、电子专用材料制造、智能消费设备制造、其他电子设备制造、计算机整机制造、计算机零部件制造、计算机外围设备制造、办公设备制造、医疗仪器设备及器械制造、医疗诊断、监护及治疗设备制造、医疗、外科及兽医用器械制造、通用仪器仪表制造、专用仪器仪表制造，其中信息化学品制造业没有进一步细分行业。

区域数据选择说明：选择全国 29 个省份作为区域决策单元，由于缺少西藏、青海、澳门、香港、台湾数据，因此不将上述地区纳入决策分析单元。

样本区间：2011—2020 年，高技术产业创新投入和产出指标的原始数据均来自《中国科技统计年鉴》（2017—2021 年）。

三、高技术产业创新发展区域评价

（一）全国高技术产业创新发展投入产出基本情况

表 4-2 统计了 2011—2020 年全国高技术产业创新投入与产出的总体规模，图 4-1 展示了 10 年间全国高技术产业创新投入和产出的规模走势，为了消除量纲单位对结果的影响，因此对相关原始数据进行了标准化处理。可以看出，自 2011—2020 年，高技术产业无论是创新投入还是创新产出都呈现出明显的增长态势，其中以 2016 年为分界点，高技术产业的创新投入和产出规模均开始高于平均水平。从投入产出类型来看，尽管各类创新投入产出整体上呈增长趋势，但也存在一定的波动，且各项投入和产出项目之间也存在不平衡的现象。

表 4-2　全国高技术产业创新投入产出（2011—2020 年）

描述统计	创新投入			创新产出	
	R&D 人员折合全时当量（人/年）	R&D 经费内部支出（万元）	新产品开发经费（万元）	有效发明专利数（件）	新产品销售收入（万元）
最小值	511175	14409133	17909398	82240	224733493
最大值	990314	46490941	61523656	570905	685491445
平均值	741480	28220481	35999322	292313	442260536
标准差	134401	10019310	14507231	166557	154562271
总和	7414802	282204813	359993215	2923129	4422605361

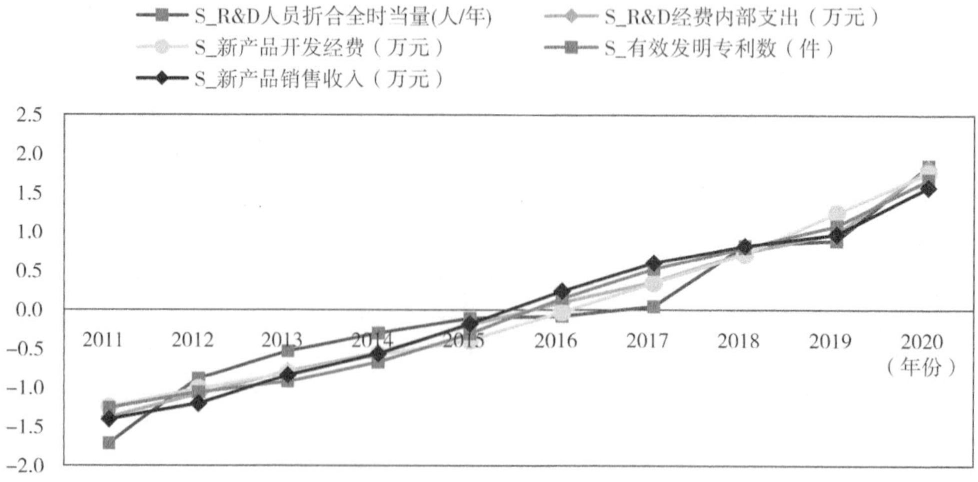

图 4-1　全国高技术产业创新投入产出规模指数（2011—2020 年）

表 4-3 统计了 2011—2020 年全国高技术产业四大区域创新发展年均投入与产出均值。平均来看，东部地区无论在创新投入还是创新产出规模上均领先于其他 3 个区域，其次是中部地区、西部地区和东北地区。表 4-4 进一步统计了全国各省份高技术产业创新投入和产出的规模情况，可以看出，广东、江苏、浙江、山东等省份的年均投入产出规模在所有列出地区中居于前列。然而，正如前文所述，对高技术产业创新发展的评价，不能仅仅看投入和产出的绝对规模，还要从创新效率上作进一步分析。

表 4-3 全国各区域高技术产业创新投入产出均值（2011—2020 年）

区域	创新投入			创新产出	
	R&D 人员折合全时当量（人/年）	R&D 经费内部支出（万元）	新产品开发经费（万元）	有效发明专利数（件）	新产品销售收入（万元）
东部地区	560127	21543600	28237398	243031	343770668
中部地区	98388	3461142	3969300	24435	62762982
西部地区	66086	2587764	3062738	19777	29984407
东北地区	18573	709334	810325	5241	6220293

表 4-4 全国各地区高技术产业创新投入产出均值（2011—2020 年）

地区	创新投入			创新产出	
	R&D 人员折合全时当量（人/年）	R&D 经费内部支出（万元）	新产品开发经费（万元）	有效发明专利数（件）	新产品销售收入（万元）
北京	21947	1205125	1638780	16297	18082441
天津	14902	573028	554652	4756	13061723
河北	11013	337621	363032	2261	3784479
山西	3653	85423	97513	696	1252057
内蒙古	917	50789	43296	258	627836
辽宁	9687	446942	474879	3380	3992078
吉林	3186	93049	138532	887	1336574
黑龙江	5470	169343	196914	974	891642
上海	24490	1307413	1763738	12291	11563918
江苏	112419	4020221	5281025	29426	79017049
浙江	70477	2054106	2319593	13806	29049231
安徽	18866	671553	839198	6283	11138726
福建	30408	1152416	1158837	6438	15540310
江西	14967	450084	591535	2751	7760038

续表

地区	创新投入			创新产出	
	R&D 人员折合全时当量（人/年）	R&D 经费内部支出（万元）	新产品开发经费（万元）	有效发明专利数（件）	新产品销售收入（万元）
山东	44397	1899770	1913421	11294	22851612
河南	20572	531355	482252	3096	22696617
湖北	23525	1064725	1211310	7599	9972809
湖南	18459	633600	720877	3932	9816738
广东	233000	8891896	13133905	145831	149285414
广西	2157	69909	80015	768	1113313
海南	1107	37787	48427	512	130777
重庆	10278	391727	422891	2195	9690672
四川	21961	932774	1199736	8926	10927006
贵州	6243	191916	234180	1807	1381184
云南	2822	81406	91195	896	981627
陕西	19681	754108	873159	4174	3802890
甘肃	1285	53061	61652	336	577105
宁夏	867	40151	32739	154	589058
新疆	366	18026	15152	157	182574

（二）全国高技术产业创新发展能力静态评价

1. 全国层面

利用超效率 DEA 模型，对 2011—2020 年全国高技术产业创新发展能力总体静态效率进行分析，包括综合技术效率、纯技术效率、规模效率和规模报酬。表 4-5 测算了 2011—2020 年全国高技术产业创新发展静态超效率值，图 4-2 展示了 10 年间高技术产业综合技术效率、纯技术效率和规模效率的发展走势。

综合技术效率是纯技术效率与规模效率的乘积，反映的是整体的创新效率水平。综合技术效率是对决策单元的资源配置能力、资源使用效率等多方面能力的综合评价，一般来说，综合技术效率值越接近 1，表明其资源利用率和管理水平越高。从截面数据角度来看，全国高技术产业创新发展的综合技术效率总体呈平稳态势，年均综合技术效率为 0.619，2020 年达到了 0.727，为近 10 年最高水平。然而，近 10 年高技术产业创新发展的综合技术效率仍然没有达到理想最优水平，表明未来高技术产业在创新发展领域还有可以突破的空间。

纯技术效率指制度和管理水平带来的效率，是由管理和技术等因素决定的生产效率，代表着技术先进性和管理先进性。如果纯技术效率等于或者大于 1 说明技术先进且管理有效，即在现有的技术水平上，投入的资源使用是有效的。根据表 4-5，可以看出 10 年内我国高技术产业的纯技术效率均大于 1，均值达到了 1.228，表明在这期间，我国对高技术产业创新发展投入的资源均得到了有效利用，技术水平不断提高，且一直保持在较高水平。

规模效率是指在制度和管理水平一定的前提下，创新投入规模的变化对综合技术效率的影响，衡量现有规模与最优规模之间的差距。根据规模效率可以判断是否需要通过改变创新投入规模来达到更高的综合技术效率，可以通过规模报酬变化的指标来确定。表 4-5 显示出 2011—2020 年，我国高技术产业创新发展的规模效率整体不高，均值在 0.504，呈反复波动的趋势，表明这 10 年间高技术产业的规模效率处于规模无效阶段，且规模报酬整体一直呈现递减状态，由此可以看出，规模效率不达标是阻碍全国高技术产业创新发展的重要原因，改革的重点在于如何更好地发挥现有的规模效益。

表 4-5 全国高技术产业创新效率

年份	综合技术效率	纯技术效率	规模效率	规模报酬
2011	0.643	1.142	0.563	Decreasing
2012	0.584	1.153	0.507	Decreasing
2013	0.472	1.208	0.391	Decreasing
2014	0.597	1.228	0.486	Decreasing
2015	0.636	1.245	0.511	Decreasing
2016	0.677	1.236	0.548	Decreasing
2017	0.667	1.258	0.530	Decreasing
2018	0.613	1.265	0.485	Decreasing
2019	0.575	1.263	0.456	Decreasing
2020	0.727	1.283	0.567	Decreasing
平均	0.619	1.228	0.504	—

2. 四大区域层面

表 4-6 测算了全国四大区域高技术产业创新发展的超效率值，图 4-2 对各区域间的综合技术效率、纯技术效率和规模效率情况进行了对比。

从创新发展综合技术效率来看，2011—2020 年，东部地区的综合技术效率一直居于首位，均值为 0.661，整体呈“W”形态发展，在 2016 年达到高峰，2013 年和 2019 年出现短暂下滑，后又重新回升，2020 年达到 10 年来最高值 0.761。中部区域紧追东

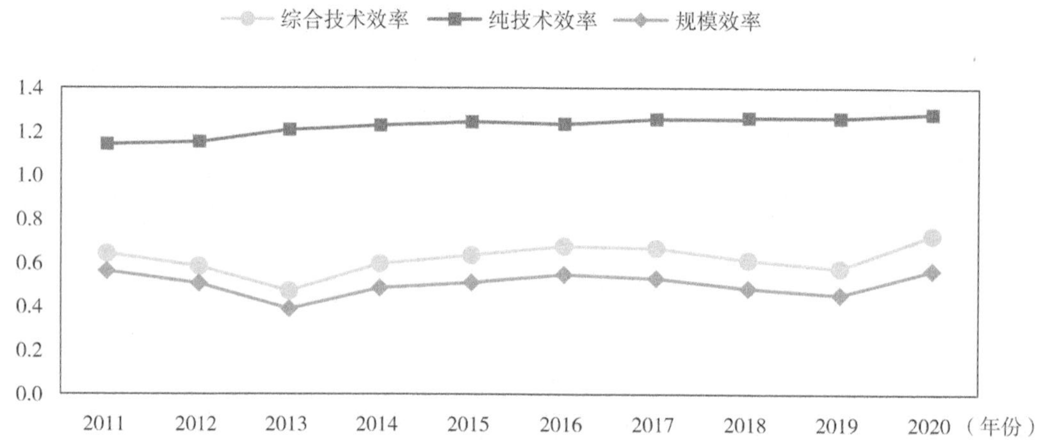

图 4-2　全国高技术产业创新效率

部区域，均值为 0.532，除了 2019 年，中部地区高技术产业的创新发展效率一直保持稳定增长，2020 年达到了 0.654，整体与东部地区还存在一定差距。西部地区的高技术产业在 2011—2020 年，总体呈现曲折上升的趋势，均值为 0.448，东北地区在 2018 年之前，其高技术产业创新发展效率一直落后于其他区域，自 2013 年之后，东北区域的高技术产业的创新发展效率一直保持增长态势，并于 2018 年首次超过西部地区，且非常接近中部区域的水平，整体均值为 0.395，2020 年东北区域高技术产业创新发展综合技术效率达到 0.558。值得注意的是，2019 年受国际形势等因素的影响，高技术产业的创新发展效率出现显著下滑，但到了 2020 年，经过快速回调，各个区域均强势攀升，创新发展的综合技术效率均达到 10 年以来的最高值。

从创新发展纯技术效率来看，东部地区在 2011—2020 年，一直保持在 1 以上水平，均值为 1.019，表明东部地区对高技术产业创新发展的投入资源均得到了有效利用，且技术水平和管理水平均较先进。中部地区高技术产业的创新发展纯技术效率在 2011—2020 年的均值为 0.754，一直保持快速上升的趋势，在 2018 年、2019 年和 2020 年纯技术效率均超过了 1，说明中部地区近几年高技术产业的创新发展在技术革新和资源利用方面有明显的进步，取得了较好的效果。西部地区和东北地区高技术产业的创新发展在纯技术效率方面相较前两个地区显得相对落后，西部地区 10 年内高技术产业的创新发展纯技术效率均值为 0.524，2020 年为 0.617，整体发展趋势较为缓和，而东北地区虽然整体均值最低，但呈现出相对强劲的增长态势，在 2018 年赶超了西部地区，2020 年高技术产业的创新发展纯技术效率达到了 0.561，表明西部地区和东北地区还需要继续提高技术资源的投入和使用效率。

从规模效率来看，2011—2020 年，东北地区高技术产业创新发展规模效率最高，均值为 0.959，其次是西部地区，排名第三的是中部地区，均值最低的为东部地区。由此可以看出，尽管东部和中部地区高技术产业创新发展的纯技术效率较高，反映了较高的科技和技术管理水平，但是其规模效率却不占优势，近 10 年一直处于规模无效状态；而东北和西部地区高技术产业的创新发展规模效率优于前两个地区，尤其是东北地区，2020 年达到了 0. 995，且规模报酬状态递增，表明要进一步扩大对东北地区的创新投入，优化东北地区创新资源的配置。

表 4-6 2011—2020 年各区域高技术产业创新效率

区域	年份	综合技术效率	纯技术效率	规模效率	规模报酬
东部地区	2011	0. 697	1. 039	0. 671	Decreasing
	2012	0. 658	1. 054	0. 625	Decreasing
	2013	0. 503	1. 027	0. 489	Decreasing
	2014	0. 649	1. 016	0. 639	Decreasing
	2015	0. 673	1. 005	0. 670	Decreasing
	2016	0. 718	1. 007	0. 713	Decreasing
	2017	0. 701	1. 007	0. 696	Decreasing
	2018	0. 647	1. 008	0. 642	Decreasing
	2019	0. 602	1. 014	0. 594	Decreasing
	2020	0. 761	1. 015	0. 750	Decreasing
	均值	0. 661	1. 019	0. 649	—
中部地区	2011	0. 329	0. 439	0. 750	Decreasing
	2012	0. 406	0. 459	0. 885	Decreasing
	2013	0. 485	0. 609	0. 797	Decreasing
	2014	0. 574	0. 721	0. 796	Decreasing
	2015	0. 601	0. 776	0. 775	Decreasing
	2016	0. 640	0. 772	0. 830	Decreasing
	2017	0. 584	0. 723	0. 808	Decreasing
	2018	0. 569	1. 000	0. 568	Decreasing
	2019	0. 480	1. 034	0. 465	Decreasing
	2020	0. 654	1. 009	0. 648	Decreasing
	均值	0. 532	0. 754	0. 732	—
西部地区	2011	0. 545	0. 635	0. 858	Decreasing
	2012	0. 366	0. 423	0. 866	Decreasing
	2013	0. 249	0. 363	0. 684	Decreasing
	2014	0. 381	0. 477	0. 799	Decreasing
	2015	0. 483	0. 527	0. 916	Decreasing

续表

区域	年份	综合技术效率	纯技术效率	规模效率	规模报酬
西部地区	2016	0. 456	0. 488	0. 934	Decreasing
	2017	0. 545	0. 578	0. 943	Decreasing
	2018	0. 425	0. 523	0. 812	Decreasing
	2019	0. 458	0. 606	0. 756	Decreasing
	2020	0. 569	0. 617	0. 922	Decreasing
	均值	0. 448	0. 524	0. 849	—
东北地区	2011	0. 308	0. 341	0. 903	Decreasing
	2012	0. 345	0. 347	0. 993	Decreasing
	2013	0. 255	0. 262	0. 975	Decreasing
	2014	0. 260	0. 268	0. 971	Decreasing
	2015	0. 328	0. 329	0. 999	Increasing
	2016	0. 437	0. 440	0. 995	Increasing
	2017	0. 445	0. 449	0. 992	Increasing
	2018	0. 543	0. 545	0. 997	Decreasing
	2019	0. 466	0. 608	0. 767	Decreasing
	2020	0. 558	0. 561	0. 995	Increasing
	均值	0. 395	0. 415	0. 959	—

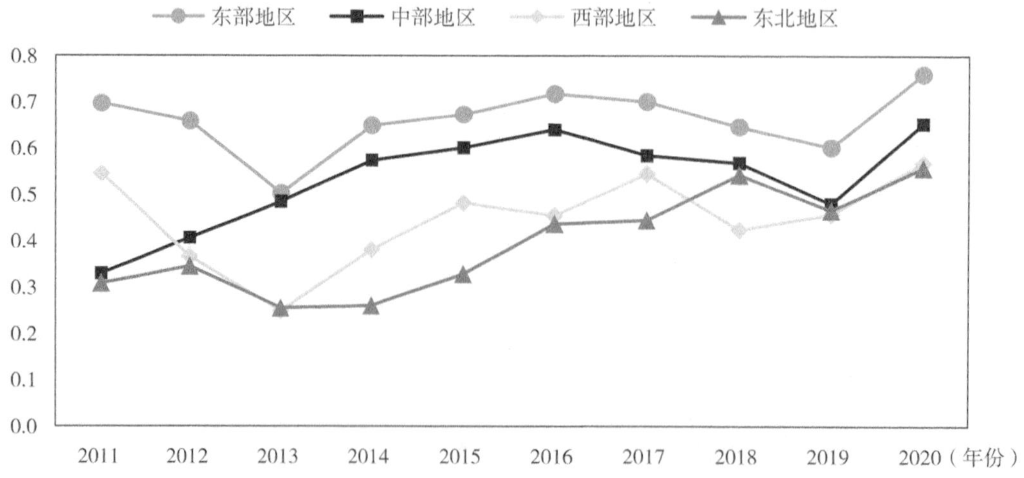

图 4-3　2011—2020 年各区域高技术产业创新综合技术效率

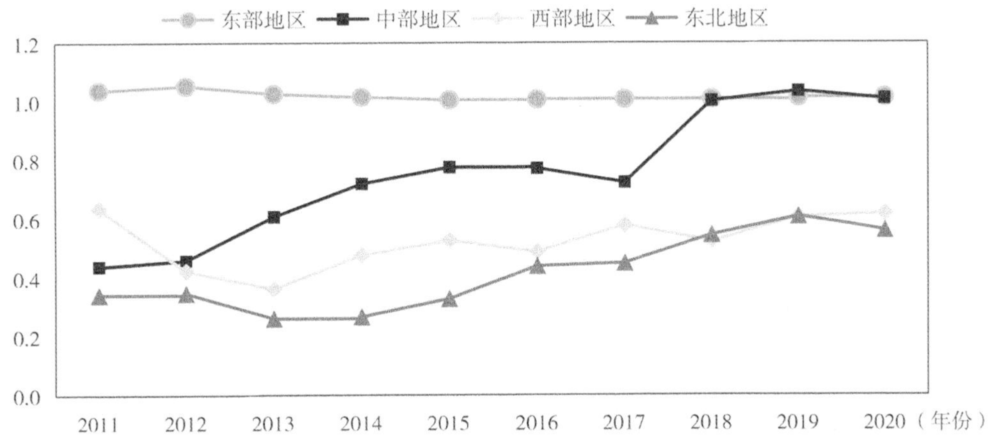

图 4-4 2011—2020 年各区域高技术产业创新纯技术效率

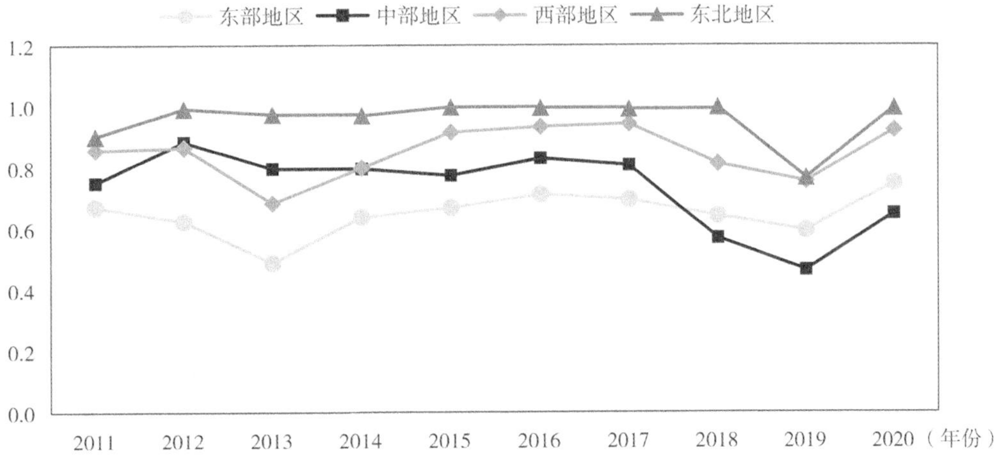

图 4-5 2011—2020 年各区域高技术产业创新规模效率

3. 各省份层面

表 4-7 展示了 2011—2020 年全国各省份高技术产业创新发展综合技术效率及其排名情况。其中，河南、广东、北京 3 个省份年均综合技术效率值分别为 1.074、1.059、1.018，位居前三列，说明这 3 个省份的高技术产业创新能力综合效率最优，技术和管理资源得到了很好的配置。此外，结合投入与产出的绝对规模来看，广东和北京高技术产业实际投入产出规模远高于河南，由于广东和北京本身经济体量巨大，高技术产业和高等院校、科研院所汇集，这些都给高技术产业提供了优越的创新环境和创新条件，因此这两地创新资源投入数量大，同样，创新产出也成果丰硕，尤其是广东省，实现了大规模创新水平上的 DEA 有效；而河南高技术产业投入相对较少，但是却在有限的创新投入规模上实现了较好的创新产出，在小规模创新水平上做到了 DEA 有效。从投入产出绝对规模上看，江苏、浙江、山东、上海、福建、湖北、安徽等地均居前列，但从 DEA 有效来看，这些省份的高技术产业创新发展均为 DEA 无效，均值在 0.3~0.6，表明需要进一步提升创新管理能力，优化创新资源配置。贵州、黑龙江和陕西 3 个省份年均综合技术效

率值分别为 0. 311、0. 245 和 0. 215，处于最后三名，通过数据分析发现，纯技术效率的低下是阻碍这 3 个省份高技术产业创新发展的原因，表明在现有的技术水平上，其投入的资源使用是低效的，因此后期需要重点提升技术水平和管理水平。

表 4-7　2011—2020 年各省份高技术产业创新综合技术效率排名

省份	2011 年	2012 年	2013 年	2014 年	2015 年	2016 年	2017 年	2018 年	2019 年	2020 年	均值	排名
北京	0. 851	1. 145	1. 031	1. 048	1. 012	0. 808	0. 777	1. 124	1. 180	1. 200	1. 018	3
天津	1. 032	1. 368	1. 188	1. 078	0. 670	1. 012	0. 689	0. 644	0. 573	0. 706	0. 896	4
河北	0. 247	0. 398	0. 267	0. 278	0. 291	0. 332	0. 386	0. 436	0. 521	0. 548	0. 370	26
山西	0. 328	0. 324	0. 196	0. 567	0. 707	1. 012	0. 503	0. 469	0. 482	0. 628	0. 522	14
内蒙古	0. 398	0. 379	0. 246	0. 219	0. 327	0. 264	1. 132	1. 039	0. 371	0. 450	0. 482	18
辽宁	0. 372	0. 400	0. 302	0. 311	0. 426	0. 583	0. 647	0. 592	0. 420	0. 501	0. 455	19
吉林	0. 348	0. 521	0. 522	0. 417	0. 489	0. 590	0. 427	0. 529	0. 572	0. 599	0. 501	15
黑龙江	0. 119	0. 166	0. 098	0. 112	0. 124	0. 165	0. 166	0. 336	0. 512	0. 656	0. 245	28
上海	0. 600	0. 437	0. 271	0. 468	0. 454	0. 459	0. 454	0. 558	0. 623	0. 596	0. 492	17
江苏	0. 547	0. 565	0. 497	0. 609	0. 626	0. 651	0. 609	0. 574	0. 469	0. 682	0. 583	11
浙江	0. 485	0. 463	0. 365	0. 384	0. 421	0. 342	0. 468	0. 453	0. 433	0. 594	0. 441	23
安徽	0. 393	0. 584	0. 555	0. 619	0. 592	0. 664	0. 687	0. 631	0. 481	0. 686	0. 589	10
福建	0. 411	0. 481	0. 405	0. 399	0. 431	0. 501	0. 428	0. 421	0. 449	0. 563	0. 449	22
江西	0. 283	0. 408	0. 342	0. 367	0. 429	0. 509	0. 483	0. 403	0. 354	0. 618	0. 420	24
山东	0. 462	0. 438	0. 321	0. 370	0. 457	0. 484	0. 523	0. 457	0. 491	0. 550	0. 455	20
河南	0. 291	0. 301	1. 325	1. 332	1. 303	1. 369	1. 219	1. 349	1. 152	1. 097	1. 074	1
湖北	0. 291	0. 327	0. 235	0. 291	0. 373	0. 408	0. 376	0. 500	0. 504	0. 598	0. 390	25
湖南	0. 620	0. 540	0. 445	0. 536	0. 473	0. 489	0. 413	0. 469	0. 452	0. 510	0. 495	16
广东	1. 128	1. 095	1. 000	1. 086	1. 144	1. 170	1. 186	1. 014	0. 760	1. 008	1. 059	2
广西	0. 298	0. 419	0. 465	0. 431	0. 426	1. 006	0. 991	1. 005	1. 408	0. 888	0. 734	5
海南	0. 206	0. 183	0. 167	1. 127	1. 036	1. 026	1. 103	0. 242	0. 205	0. 298	0. 559	13
重庆	1. 367	0. 639	0. 321	0. 688	1. 003	0. 467	0. 647	0. 598	0. 463	1. 003	0. 720	6
四川	1. 279	0. 530	0. 361	0. 714	0. 589	0. 508	0. 564	0. 345	0. 495	0. 623	0. 601	9
贵州	0. 236	0. 228	0. 162	0. 189	0. 256	0. 357	0. 359	0. 441	0. 410	0. 470	0. 311	27
云南	0. 572	1. 014	1. 063	0. 477	1. 002	0. 428	0. 429	0. 440	0. 429	0. 901	0. 675	7
陕西	0. 207	0. 193	0. 112	0. 141	0. 176	0. 224	0. 224	0. 211	0. 306	0. 352	0. 215	29
甘肃	0. 324	0. 386	0. 257	0. 328	0. 679	0. 692	0. 608	0. 389	0. 369	0. 494	0. 453	21
宁夏	0. 330	0. 192	0. 284	0. 493	0. 557	0. 618	0. 565	0. 524	1. 045	1. 022	0. 563	12
新疆	0. 213	0. 059	0. 211	1. 019	1. 045	0. 669	0. 524	1. 159	0. 396	1. 202	0. 650	8

根据表4-8，可以看出，2020年全国处于高技术产业创新发展综合技术效率有效前沿的省份有6个，分别是新疆、北京、河南、宁夏、广东和重庆，占比20.6%；处于纯技术效率有效前沿的省份有10个，分别是新疆、河南、北京、广东、宁夏、广西、江苏、海南、重庆和云南，占比34.5%；处于规模效率有效前沿的省份有4个，分别是上海、山东、湖北和安徽，这4个省份的规模效率均为1，此外，福建、北京和四川的规模效率值为0.999，接近1，可以视为接近有效。总体来说，全国各省份高技术产业创新发展的综合效率内部差异较大，主要原因在纯技术效率，即不同省份在高技术产业的创新技术发展和制度管理方面表现不同。

表4-8 2020年全国各省份高技术产业创新效率

地区	综合技术效率	纯技术效率	规模效率	规模报酬
北京	1.200	1.200	0.999	Increasing
天津	0.706	0.713	0.991	Increasing
河北	0.548	0.555	0.988	Increasing
山西	0.628	0.666	0.944	Increasing
内蒙古	0.450	0.513	0.878	Increasing
辽宁	0.501	0.504	0.993	Increasing
吉林	0.599	0.643	0.931	Increasing
黑龙江	0.656	0.745	0.881	Increasing
上海	0.596	0.596	1.000	Constant
江苏	0.682	1.037	0.658	Decreasing
浙江	0.594	0.648	0.916	Decreasing
安徽	0.686	0.686	1.000	Increasing
福建	0.563	0.563	0.999	Increasing
江西	0.618	0.619	0.998	Increasing
山东	0.550	0.550	1.000	Increasing
河南	1.097	1.273	0.862	Decreasing
湖北	0.598	0.599	1.000	Increasing
湖南	0.510	0.511	0.997	Increasing
广东	1.008	1.160	0.869	Decreasing
广西	0.888	1.052	0.844	Increasing
海南	0.298	1.026	0.291	Increasing
重庆	1.003	1.012	0.992	Decreasing
四川	0.623	0.623	0.999	Increasing
贵州	0.470	0.480	0.979	Increasing
云南	0.901	1.002	0.899	Increasing
陕西	0.352	0.354	0.997	Increasing
甘肃	0.494	0.548	0.901	Increasing
宁夏	1.022	1.109	0.922	Increasing
新疆	1.202	2.777	0.433	Increasing

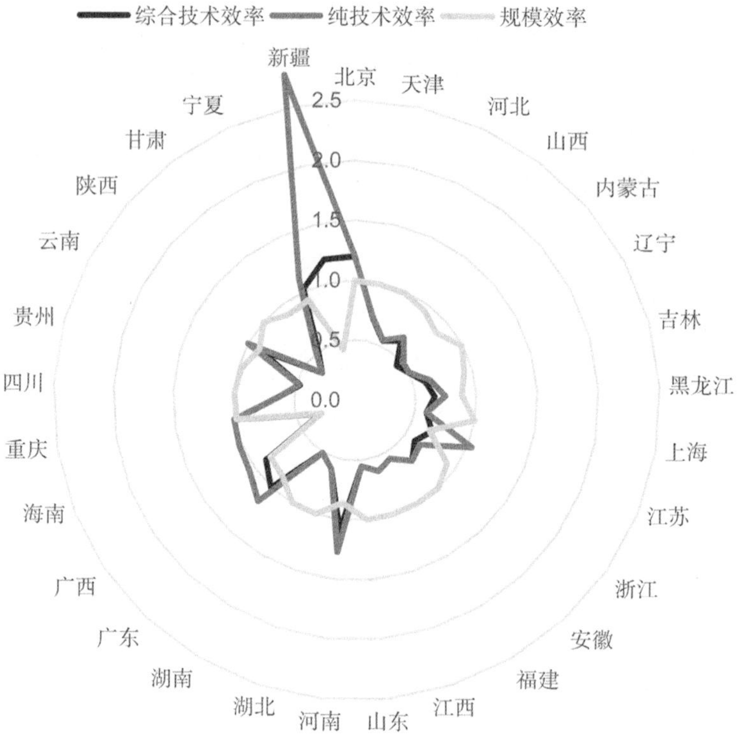

图 4-6　2020 年全国各省份高技术产业创新效率

（三）全国高技术产业创新发展能力动态评价

1. 全国层面

Malmquist 指数能够测算全要素生产率，并可以进一步分解为技术进步指数和技术效率指数，可以研究不同时间区间内的生产效率动态变化情况，通过观察技术进步和技术效率指数能更加详细地了解影响高技术产业创新效率变化的具体原因。

表 4-9 利用 Malmquist 指数测算了 2011—2020 年全国高技术产业创新发展全要素生产率的变化及分解情况，从全国总体来看，其全要素生产率指数均值为 1.082，即平均每年增长 8.2%，表明全国高技术产业的创新效率整体是持续增长的。从分解指数来看，技术效率增长幅度为 2.4%，技术进步增长幅度为 7.4%，表明技术进步是高技术产业创新效率增长的主要动力。结合图 4-7 可知，全国高技术产业创新效率的增速逐渐放缓，说明高技术产业的发展正在从粗犷型转向精细创新型。

在创新效率增长状态中，存在 5 种不同的情况，“技术效率>1 且技术进步>1”“技术效率<1 而技术进步>1”“技术效率>1 且技术进步<1”“技术效率＝1 而技术进步>1”和“技术效率>1 而技术进步＝1”的情况，处于这 5 种不同情况的单元有着不同的创新效率问题。“技术效率>1 且技术进步>1”说明创新效率的提高是由技术效率和技术进步两者共同的作用；“技术效率<1 而技术进步>1”则表明创新效率的提高完全是由技术进步的原因所引起的，存在着创新资源的浪费；“技术效率>1 且技术进步<1”的情况说明创新效率的提高是完全来自技术效率的提高，且抵消了由技术进步下降所引起的创新效率的降低，该单元的技术研发有所降低。“技术效率=1 而技术进步>1”说明了技术效率未发生改变，而创新效率的提高完全是由技术进步带动的。“技术效率>1 而技术进步=1”的情况，则说明了创新效率的提高完全是由技术效率的提升带动的。

根据分解指数进一步分析可知，2011—2020 年高技术产业技术效率变化指数均值为 1.024，技术进步变化指数均值为 1.074，表明高技术产业创新效率的提高是由技术效率和技术进步两者共同作用的，其中技术进步贡献度更大。然而，只有 2014—2016 这两年间的技术效率和技术进步指数都大于 1，2011—2013 年，技术效率<1 而技术进步>1，表明高技术产业生产率的提高主要来自技术进步的增长；2013—2014 年，技术效率>1 且技术进步<1，表明高技术产业生产率的提高来自技术效率的增长；2014—2019 年，技术进步指数一直高于技术效率增长指数，表明在这期间，高技术产业生产率的提高来自技术进步的增长。其中，2016—2017 年、2018—2019 年均是技术效率<1 而技术进步>1，表明高技术产业生产率的提高主要来自技术的进步，而技术效率有所下降，主要是规模效率下降导致；2017—2018 年，创新效率小于 1，也是由于规模效率不达标导致；2019—2020 年，技术效率>1 且技术进步<1，表明高技术产业生产率的提高转变为技术效率的提高。结合图 4-8，可以看出全国高技术产业的生产效率增长态势放缓，从增长动力上来看，技术效率在 2018 年之后逐步提升，规模效率逐步提高，而技术进步增长动力下降，这表明全国高技术产业近几年通过优化资源配置，不断调整创新投入规模，使得其创新发展能力得到提升。

表 4-9　全国高技术产业 Malmquist 指数及分解

时期	全要素生产率变化指数	技术效率变化指数	技术进步指数	纯技术效率变化指数	规模效率变化指数
2011—2012	1.046	0.909	1.151	1.009	0.901
2012—2013	1.081	0.807	1.339	1.048	0.771
2013—2014	1.146	1.264	0.907	1.017	1.244
2014—2015	1.227	1.066	1.151	1.014	1.051
2015—2016	1.180	1.064	1.109	0.992	1.072
2016—2017	1.078	0.986	1.093	1.018	0.969
2017—2018	0.957	0.918	1.042	1.005	0.914
2018—2019	1.005	0.939	1.070	0.999	0.940
2019—2020	1.017	1.264	0.805	1.016	1.244
均值	1.082	1.024	1.074	1.013	1.012

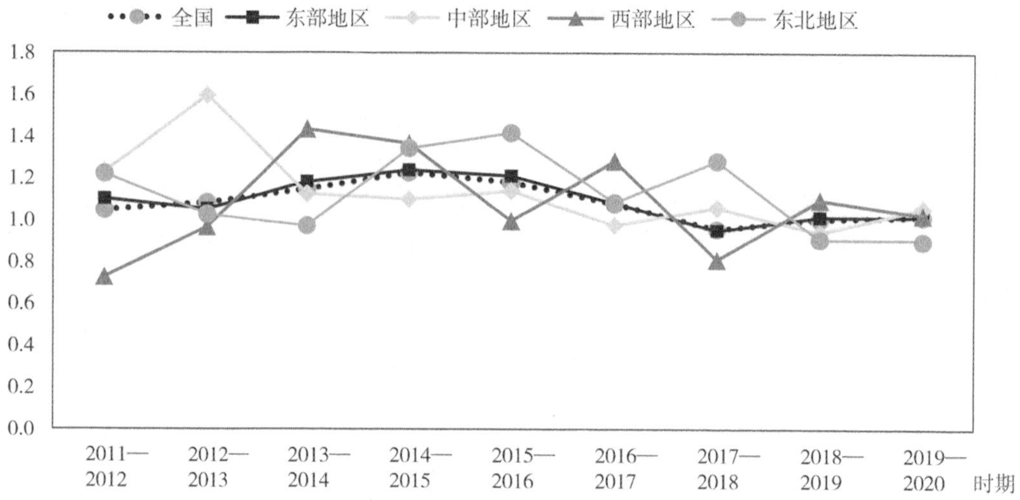

图 4-7 全国及四大区域高技术产业 Malmquist 指数

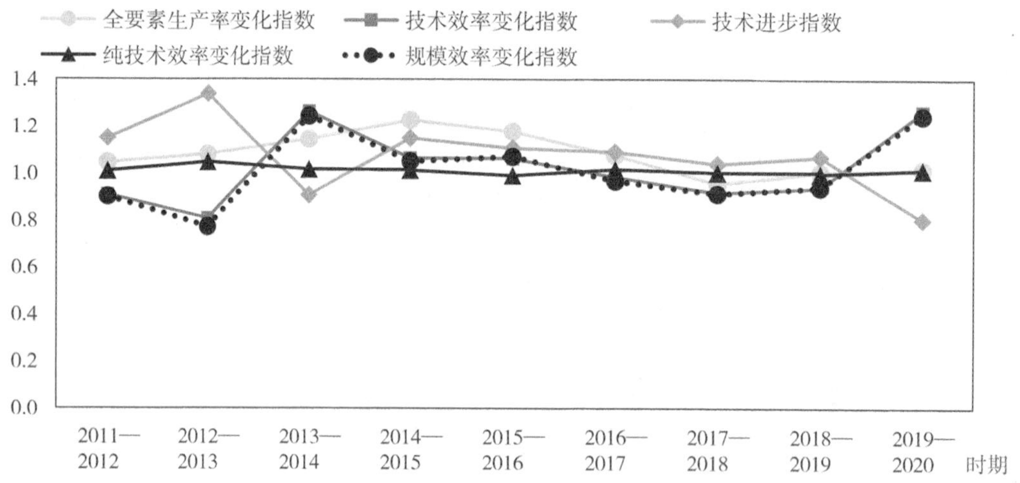

图 4-8 全国高技术产业 Malmquist 指数及分解

2. 四大区域层面

根据表 4-10，四大区域中，中部地区高技术产业创新发展全要素生产率年均增长 13.5%，为四大区域之首，表明中部地区高技术产业在 2011—2020 年总体是保持快速增长的，这得益于 2011—2014 年快速的增长，同时也要注意到近几年中部地区高技术产业的创新效率增速有所减缓。通过 Malmquist 指数分解结果可以看出，2011—2016 年，中部地区高技术产业创新效率的提高主要得益于技术效率的提升，2016—2019 年，中部地区高技术产业创新效率的提高主要得益于技术进步，到 2019—2020 年，其创新效率的提升主要是因为技术效率的较大改进，尤其表现在规模效率方面；横向来看，中部地区技术效率的平均增长幅度为 9.1%，但规模效率的平均增长幅度却是 4 个区域最低的，只有 0.2%，2019—2020 年，规模效率得到了较大的提升，达到了 39.5%，表明中部地区创新发展方式有了较大的转变。

创新发展全要素生产率均值排名第二的是东北地区，创新发展效率年均增长 12.8%。2014—2016 年，东北地区的全要素生产率分别为 1.343 和 1.416，而 2019—2020 年期间的全要素生产率值则下滑至 0.9，主要是由于技术进步指数倒退引起的，表明技术研发水平有所下降；从 Malmquist 分解指数来看，东北地区创新发展的技术效率年均增长幅度是 8.5%，技术进步的年均增长幅度为 5.4%，说明东北地区高技术产业创新发展的增长动力主要来自技术效率的进步，技术管理水平一直在稳步提升，2019—2020 年其规模效率的增长幅度达到 29.7%，说明创新资源投入得到了更加合理的配置和利用。

东部地区高技术产业全要素生产率均值排名第三，年均增长 9.4%，但是在 2011—2020 年，除了 2017—2018 年全要素生产率指数小于 1，其余时期东部地区的创新效率一直在稳步增长。从增长动力来看，东部地区高技术产业的创新效率提升主要缘于技术进步，即技术研发水平的提升带动了创新效率的提升。东部地区作为我国高技术产业集中区域，有广泛的智力资源和技术力量为依托，也高度重视技术的研发和改进，因此其技术进步指数是四大区域之首，且纯技术效率一直保持稳定态势。结合 Malmquist 指数分解可以看出，纯技术效率一直保持稳定趋势，技术效率主要受到规模效率的影响，从规模效率来看，东部地区高技术产业创新发展的规模效率年均增长 2.4%，2019—2020 年增长幅度达到 26.2%，表明东部地区高技术产业创新发展的增长动力发生了变化，技术效率尤其是规模效率发挥了更大的作用。

西部地区高技术产业 2011—2020 年全要素生产率年均增长为 7.8%。西部地区高技术产业基础薄弱，发展相对滞后，尽管地域广阔资源丰富，但仍缺乏优质的智力资源和技术资源，从创新投入产出绝对规模上看，西部地区与东中部地区有较大差距。结合 Malmquist 指数分解来看，技术效率的年均增长幅度为 4.3%，排名第三，相对于中部地区 9.1%和东北地区 8.5%的增长水平，西部地区的技术水平和管理水平还存在较大的提升空间，主要原因在于纯技术效率增长较为疲软，仅为 1.5%；技术进步年均增长幅度为 5.9%，排名第二，与中部和东北地区差别不大。从规模效率来看，2017—2019 年西部地区高技术产业的创新效率主要受到了规模经济的制约，但 2019—2020 年其规模效率得到了大幅度提升，增长率达到了 22%。

表 4-10 四大区域高技术产业 Malmquist 指数及分解

区域	东部地区					中部地区				
时期	全要素生产率变化指数	技术效率变化指数	技术进步指数	纯技术效率变化指数	规模效率变化指数	全要素生产率变化指数	技术效率变化指数	技术进步指数	纯技术效率变化指数	规模效率变化指数
2011—2012	1.099	0.945	1.164	1.015	0.931	1.228	1.234	0.995	1.046	1.180
2012—2013	1.051	0.763	1.377	0.975	0.783	1.595	1.193	1.337	1.325	0.900
2013—2014	1.182	1.291	0.916	0.989	1.305	1.123	1.184	0.949	1.184	1.000
2014—2015	1.238	1.037	1.194	0.989	1.049	1.100	1.047	1.050	1.077	0.973

续表

区域	东部地区					中部地区				
时期	全要素生产率变化指数	技术效率变化指数	技术进步指数	纯技术效率变化指数	规模效率变化指数	全要素生产率变化指数	技术效率变化指数	技术进步指数	纯技术效率变化指数	规模效率变化指数
2015—2016	1.211	1.067	1.135	1.002	1.065	1.139	1.066	1.069	0.995	1.071
2016—2017	1.080	0.976	1.107	1.000	0.976	0.976	0.913	1.070	0.937	0.974
2017—2018	0.951	0.923	1.031	1.001	0.922	1.059	0.973	1.089	1.383	0.704
2018—2019	1.015	0.931	1.091	1.006	0.925	0.941	0.845	1.114	1.033	0.817
2019—2020	1.017	1.263	0.805	1.001	1.262	1.057	1.361	0.776	0.976	1.395
均值	1.094	1.022	1.091	0.997	1.024	1.135	1.091	1.050	1.106	1.002
区域	西部地区					东北地区				
时期	全要素生产率变化指数	技术效率变化指数	技术进步指数	纯技术效率变化指数	规模效率变化指数	全要素生产率变化指数	技术效率变化指数	技术进步指数	纯技术效率变化指数	规模效率变化指数
2011—2012	0.727	0.672	1.082	0.666	1.009	1.220	1.119	1.090	1.017	1.100
2012—2013	0.966	0.679	1.424	0.859	0.790	1.025	0.740	1.385	0.754	0.982
2013—2014	1.434	1.535	0.934	1.314	1.168	0.972	1.020	0.953	1.024	0.996
2014—2015	1.366	1.266	1.080	1.104	1.146	1.343	1.261	1.065	1.226	1.028
2015—2016	0.995	0.944	1.054	0.926	1.019	1.416	1.333	1.063	1.337	0.996
2016—2017	1.283	1.196	1.072	1.185	1.010	1.084	1.018	1.065	1.022	0.996
2017—2018	0.811	0.780	1.040	0.905	0.862	1.282	1.220	1.051	1.213	1.005
2018—2019	1.097	1.078	1.018	1.158	0.930	0.908	0.859	1.058	1.116	0.769
2019—2020	1.026	1.242	0.826	1.018	1.220	0.900	1.197	0.752	0.923	1.297
均值	1.078	1.043	1.059	1.015	1.017	1.128	1.085	1.054	1.070	1.019

3. 各省份层面

表4-11测算了2011—2020年中国29个省份高技术产业创新发展全要素生产率指数及分解指数均值，可以看出我国各地区高技术产业全要素生产率都呈现增长趋势。根据各地区全要素生产率实际得分情况，可以分为三类：第一类全要素生产率指数增长幅度大于30%的，包括新疆、海南、河南、云南和内蒙古。从分解指数来看，这5个省份的高技术产业创新发展全要素生产率大幅增长的动力主要是由于技术效率的提升，即技术管理水平有了较大的进步，要继续加大对创新资源的投入力度。第二类全

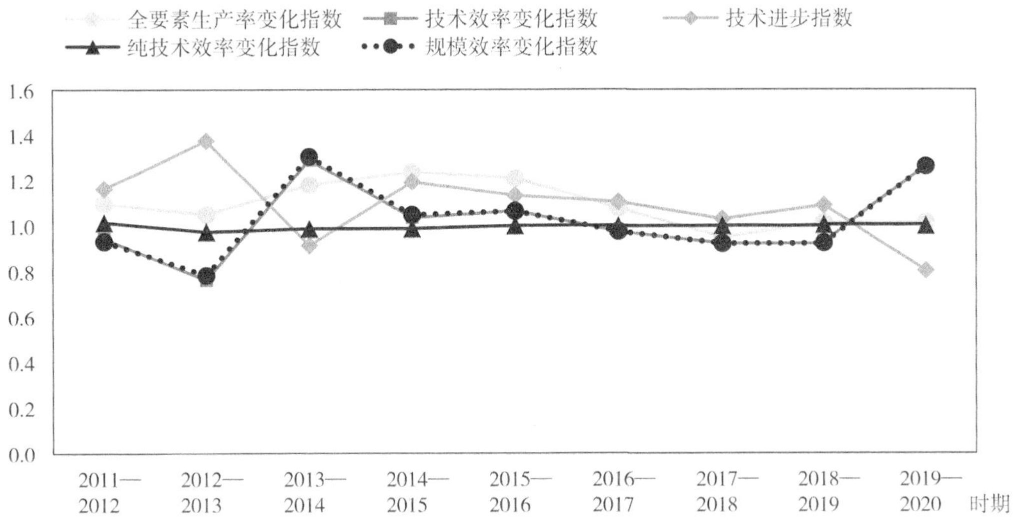

图 4-9 东部地区高技术产业 Malmquist 指数及分解

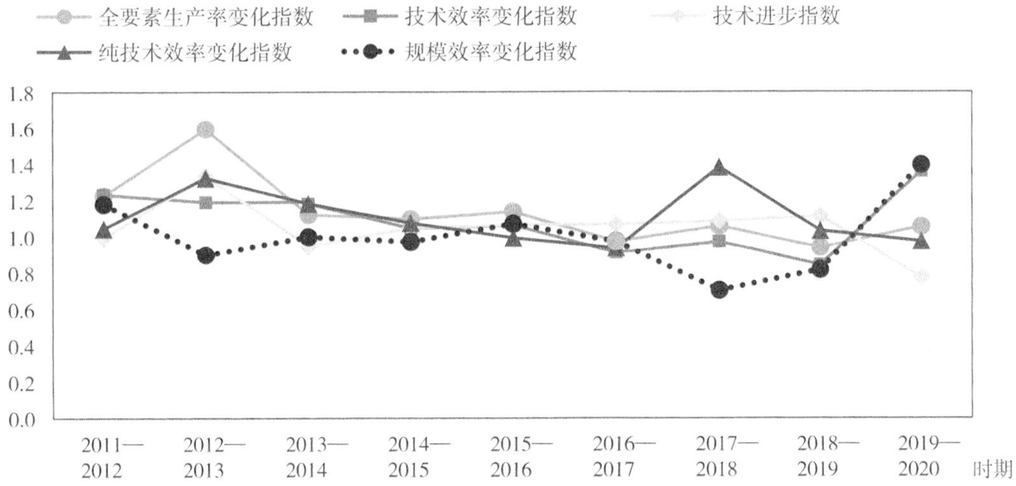

图 4-10 中部地区高技术产业 Malmquist 指数及分解

要素生产率指数增长幅度大于10%的，包括黑龙江、山西、广西、甘肃、安徽、北京、贵州、湖北、上海、吉林、江西、宁夏、河北、重庆、辽宁、广东。这些省份中广东省作为高技术产业集聚地区，连续多年在创新发展方面做出了突出的成绩，其高技术产业的创新投入和产出绝对规模居全国前列。从分解指数可以看出，广东省高技术产业全要素生产率的增长动力主要是技术进步，这是由于广东省拥有强大的研究主体和载体支撑，包括高水平多层次实验室体系的构建、大湾区重大科技基础设施也正在形成集群之势。与广东省类似，北京、上海等高技术产业密集地区其全要素生产率增长动力也主要来自技术进步，而其余省份高技术产业创新发展全要素生产率的增长动力则主要来自技术效率的进步，及对技术资源管理水平的提升。第三类全要素生产率指数增长幅度小于10%的，包括陕西、福建、江苏、四川、浙江、山东、天津、湖南，其中，天津和湖南的技术效率呈现下降趋势，江苏、浙江、福建、山东和四川的全要素生产率增长动力主要来自技术进步。

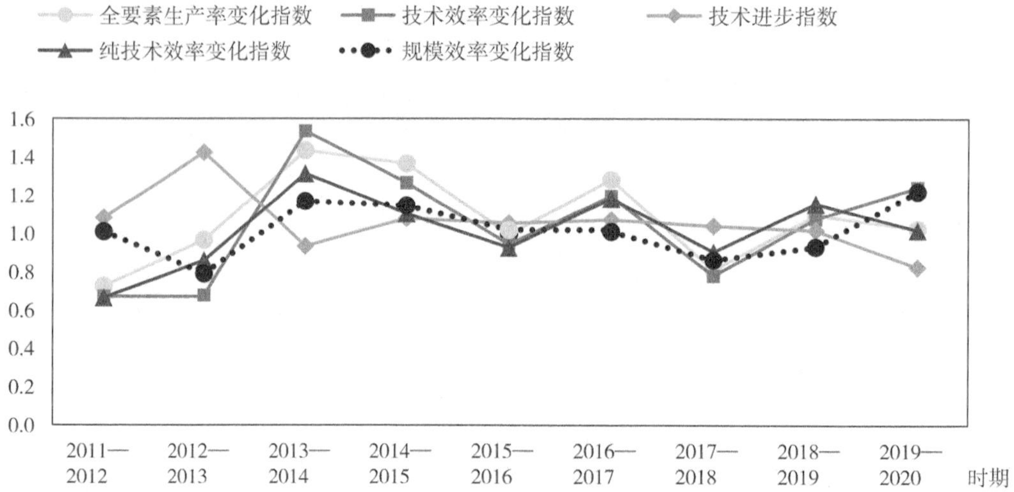

图 4-11 西部地区高技术产业 Malmquist 指数及分解

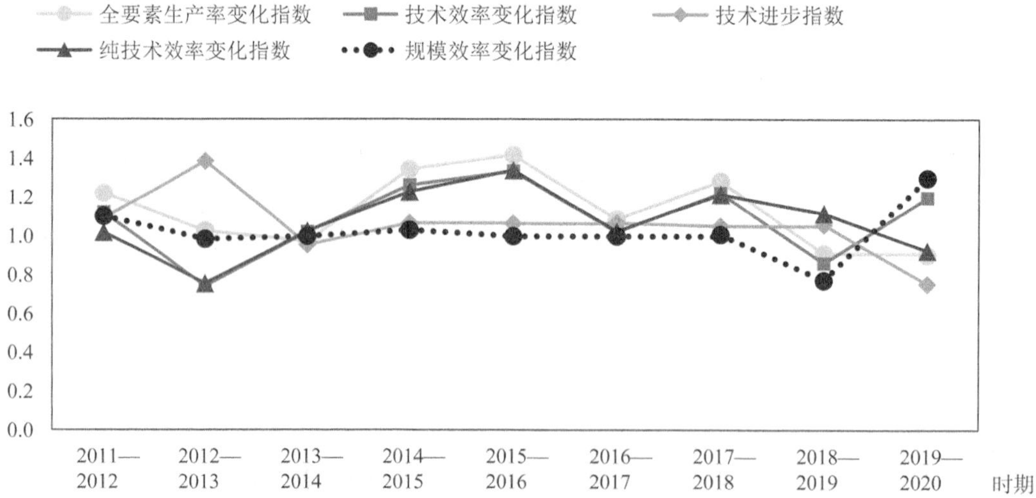

图 4-12 东北地区高技术产业 Malmquist 指数及分解

表 4-11 2011—2020 年全国各省份高技术产业 Malmquist 指数及分解均值排名

地区	技术效率变化指数	技术进步指数	纯技术效率变化指数	规模效率变化指数	全要素生产率变化指数	排名
北京	1.056	1.117	1.026	1.032	1.164	11
天津	0.997	1.060	0.986	1.011	1.043	28
河北	1.117	1.040	1.117	1.010	1.135	18
山西	1.215	1.126	1.212	1.024	1.295	7
内蒙古	1.286	1.001	1.159	1.253	1.303	5
辽宁	1.058	1.056	1.053	1.005	1.111	20

续表

地区	技术效率变化指数	技术进步指数	纯技术效率变化指数	规模效率变化指数	全要素生产率变化指数	排名
吉林	1.085	1.056	1.093	0.994	1.145	15
黑龙江	1.267	1.057	1.274	0.995	1.300	6
上海	1.038	1.126	1.015	1.015	1.148	14
江苏	1.040	1.058	1.018	1.054	1.081	24
浙江	1.041	1.045	1.016	1.027	1.067	26
安徽	1.086	1.088	1.068	1.013	1.164	10
福建	1.044	1.048	1.037	1.011	1.086	23
江西	1.124	1.049	1.104	1.013	1.139	16
山东	1.031	1.041	1.028	1.007	1.061	27
河南	1.363	0.996	1.367	0.994	1.490	3
湖北	1.100	1.067	1.073	1.031	1.153	13
湖南	0.987	1.057	0.988	1.004	1.033	29
广东	0.999	1.121	0.994	1.005	1.101	21
广西	1.203	1.064	1.214	0.987	1.280	8
海南	1.560	1.306	1.845	1.041	1.866	2
重庆	1.143	1.050	1.109	1.008	1.121	19
四川	1.019	1.090	1.016	1.005	1.078	25
贵州	1.100	1.069	1.102	1.002	1.157	12
云南	1.211	1.121	1.185	1.023	1.317	4
陕西	1.093	1.035	1.087	1.026	1.094	22
甘肃	1.115	1.087	1.136	1.034	1.209	9
宁夏	1.206	0.994	1.282	1.274	1.137	17
新疆	1.857	1.188	2.715	2.008	2.133	1

四、高技术产业创新发展行业评价

（一）行业间创新发展能力评价

表 4-12 统计了 2011—2020 年我国高技术产业各大行业创新发展投入与产出规模

均值，其中航空、航天器及设备制造业统计时间为 2011—2016 年，信息化学品制造业统计时间为 2015—2020 年。从规模上来看，电子及通信设备制造业的创新投入及产出位于各行业之首，无论是科技人才还是技术资本投入，都是规模最大的。创新投入产出规模最小的是信息化学品制造业，自 2015 年以来该行业开始有统计记录，信息化学品制造业具有专用性强、功能性强、技术密集、附加价值高的特点，是国家当前重点支持的高科技行业。由于创新投入和产出有多项类型，要对不同行业的创新效率进行比较，需要继续对各行业 DEA 超效率进行对比分析。

表 4-12　高技术产业各行业创新投入产出规模均值（2011—2020 年）

行业	创新投入			创新产出	
	R&D 人员折合全时当量（人/年）	R&D 经费内部支出（万元）	新产品开发经费（万元）	有效发明专利数（件）	新产品销售收入（万元）
医药制造业	122086	4671672	5095936	33078	49764527
航空、航天器及设备制造业	41258	1748997	1786715	3945	9925091
电子及通信设备制造业	430367	17159713	22952777	201208	290808886
计算机及办公设备制造业	58548	1925729	2569789	19366	62266186
医疗仪器设备及仪器仪表制造业	87581	2552015	3246130	29888	23852109
信息化学品制造业	6281	305604	287112	2158	6133868

1. 高技术产业各行业创新发展静态评价

（1）综合技术效率对比分析

表 4-13 测算了高技术产业各行业 2011—2020 年创新综合技术效率指数，结合图 4-13可以看出，整体上，各大行业年均综合技术效率值均没有达到 1，且高技术产业各行业之间综合技术效率存在较大差异。计算机及办公设备制造业综合技术效率排名最高，均值为 0.693，在 2014 年达到最高值 0.827，2015 年回落到最低值 0.551，之后几年呈现稳定趋势。排名第二的是信息化学品制造业，其年均综合技术效率为 0.641，自 2015 年以来，一直保持稳健上升的趋势，并在 2019 年综合技术效率超过了 1，实现了 DEA 有效，表明该行业创新发展驱动效果显著。电子及通信设备制造业排名第三，尽管从绝对规模上该行业远超其他行业，但是其创新发展综合技术效率上并未实现效率最优，从趋势上看，2011—2017 年平稳上升，2017—2020 年综合技术效率一直在下降。医药制造业和医疗仪器设备及仪器仪表制造业分别排名第四和第五，综合技术效率均值在 0.32 左右，这两大行业综合技术效率的发展走势比较相似，整体比较平稳，2017 年之前缓慢波动上升，2017 年之后呈现缓慢下降趋势。创新发展综合技术效率均值最

低的是航空、航天器及设备制造业，仅有 0.154，然而自 2016 年之后相关部门不再统计该行业数据，因此此处不再作详细讨论。

表 4-13　高技术产业各行业创新综合技术效率

年份	医药制造业	航空、航天器及设备制造业	电子及通信设备制造业	计算机及办公设备制造业	医疗仪器设备及仪器仪表制造业	信息化学品制造业
2011	0.321	0.110	0.416	0.823	0.289	—
2012	0.274	0.097	0.364	0.674	0.261	—
2013	0.281	0.114	0.434	0.724	0.235	—
2014	0.359	0.161	0.577	0.827	0.346	—
2015	0.310	0.189	0.529	0.551	0.296	0.483
2016	0.359	0.252	0.633	0.647	0.371	0.583
2017	0.352	—	0.664	0.743	0.395	0.582
2018	0.324	—	0.598	0.622	0.382	0.621
2019	0.358	—	0.549	0.695	0.364	1.023
2020	0.299	—	0.445	0.625	0.271	0.556
均值	0.324	0.154	0.521	0.693	0.321	0.641
排名	4	6	3	1	5	2

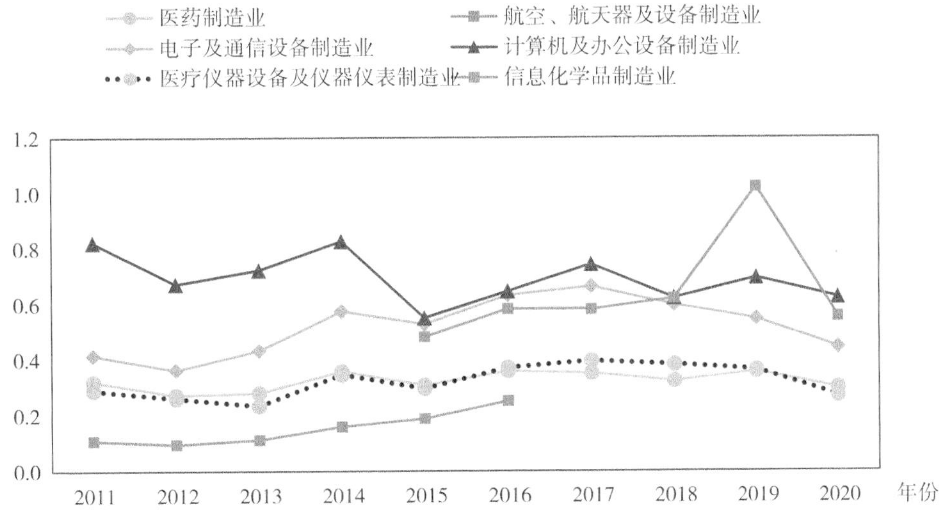

图 4-13　高技术产业各行业创新综合技术效率

（2）纯技术效率对比分析

表 4-14 测算了 2011—2020 年高技术产业各行业创新发展纯技术效率指数，结合

图 4-14，可以看出电子及通信设备制造业的纯技术效率远远高于其他各行业，均值达到了 1.87，且在统计年间内波动幅度较小，一直维持在较高的水平上，表明电子及通信设备制造业整体技术发展和技术管理水平较高。排名第二的是信息化学品制造业，在 2016—2020 年，其创新纯技术效率均值为 1.141，表明在技术管理层面上实现了 DEA 有效，从趋势上看，2016—2017 年均小于 1，没有实现纯技术效率的 DEA 有效，但是自 2018 年后，出现了快速增长，2020 年达到了 2.323，超过了电子及通信设备制造业，表现出该行业创新能力的强劲势力。排名第三的是计算机及办公设备制造业，其纯技术效率均值为 0.863，从趋势上看，2011—2015 年整体呈下降趋势，2015 年之后呈现缓慢上升趋势。排名第四和第五的分别是医药制造业和医疗仪器设备及仪器仪表制造业，其纯技术效率均值分别是 0.406 和 0.374，表明这两个行业的管理水平和制度层面出现了问题，从整体趋势上来看，这两个行业的纯技术效率波动较小，呈现缓慢上升的趋势。排名最后的是航空、航天器及设备制造业，仅为 0.154，表明 2011—2016 年，该行业的技术管理水平较为低下。

表 4-14 高技术产业各行业创新纯技术效率

年份	医药制造业	航空、航天器及设备制造业	电子及通信设备制造业	计算机及办公设备制造业	医疗仪器设备及仪器仪表制造业	信息化学品制造业
2011	0.367	0.110	0.967	1.200	0.312	—
2012	0.373	0.097	2.057	1.183	0.279	—
2013	0.413	0.114	1.851	1.023	0.315	—
2014	0.443	0.164	1.923	0.847	0.372	—
2015	0.390	0.189	1.778	0.553	0.308	0.516
2016	0.408	0.252	1.840	0.648	0.371	0.596
2017	0.399	—	1.937	0.745	0.396	0.648
2018	0.407	—	2.042	0.643	0.484	1.217
2019	0.420	—	2.181	0.762	0.443	1.545
2020	0.441	—	2.120	1.026	0.464	2.323
均值	0.406	0.154	1.870	0.863	0.374	1.141
排名	4	6	1	3	5	2

（3）规模效率对比分析

表 4-15 测算了 2011—2020 年高技术产业各行业创新发展规模效率指数，结合图 4-15，可以看到电子及通信设备制造业的规模效率与其他行业相比是最低的，均值为 0.288，每年的规模效率都在 0.5 以下，这表明电子及通信设备制造业在这些年中一直处于规模无效状态。规模效率排名第一的是航空、航天器及设备制造业，均值为

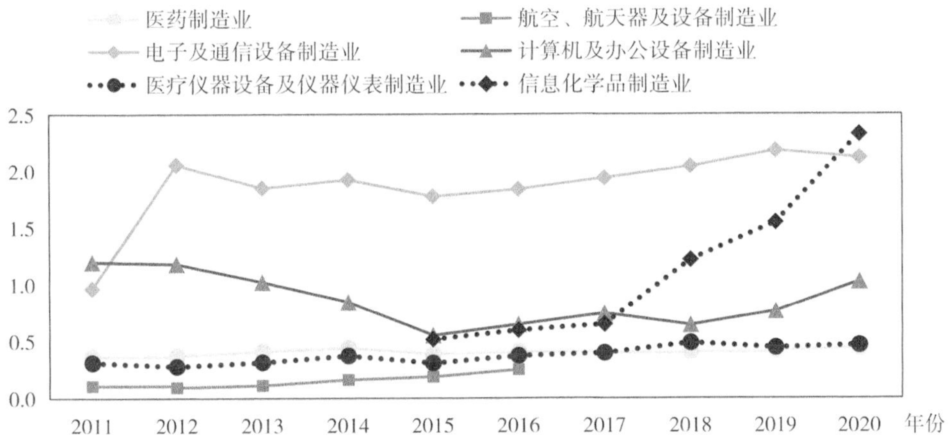

图 4-14 高技术产业各行业创新纯技术效率

0.996，在 2011—2016 年有 3 年规模效率达到 1，说明该行业在技术管理水平一定的情况下，实现了规模有效。医疗仪器设备及仪器仪表制造业的创新规模效率均值为 0.87，在 2016 年达到了 1，2017 年为 0.999，接近 1，自 2018 年后规模效率有所下降，2020 年下降到 0.583，表明医疗仪器设备及仪器仪表制造业近几年创新资源有所浪费，资源未得到有效的配置。计算机及办公设备制造业创新规模效率均值为 0.842，排名第三，在 2011—2013 年，该行业的创新规模效率是远低于医疗仪器设备及仪器仪表制造业的，但 2013 年之后，计算机及办公设备制造业的规模效率实现了快速提升，且一直保持稳定发展的趋势，但 2020 年其规模效率有所下降。排名第四的是医药制造业，其创新规模效率均值为 0.799，整体趋势比较稳定，在 2017 年后开始缓慢下降。信息化学品制造业创新规模效率均值为 0.704，排名第五，与纯技术效率的快速增长相比，其规模效率一直处于无效状态，且呈波动下降趋势，说明需要重点提高信息化学品制造业的规模效率，加大该行业的创新资源投入规模。

表 4-15 高技术产业各行业创新规模效率

年份	医药制造业	航空、航天器及设备制造业	电子及通信设备制造业	计算机及办公设备制造业	医疗仪器设备及仪器仪表制造业	信息化学品制造业
2011	0.876	1.000	0.430	0.686	0.927	—
2012	0.734	1.000	0.177	0.569	0.937	—
2013	0.682	0.996	0.234	0.708	0.746	—
2014	0.811	0.981	0.300	0.977	0.932	—
2015	0.795	1.000	0.298	0.997	0.962	0.938
2016	0.881	0.999	0.344	0.998	1.000	0.979
2017	0.882	—	0.343	0.999	0.999	0.898

续表

年份	医药制造业	航空、航天器及设备制造业	电子及通信设备制造业	计算机及办公设备制造业	医疗仪器设备及仪器仪表制造业	信息化学品制造业
2018	0.797	—	0.293	0.967	0.789	0.510
2019	0.853	—	0.251	0.912	0.822	0.662
2020	0.679	—	0.210	0.609	0.583	0.239
均值	0.799	0.996	0.288	0.842	0.870	0.704
排名	4	1	6	3	2	5

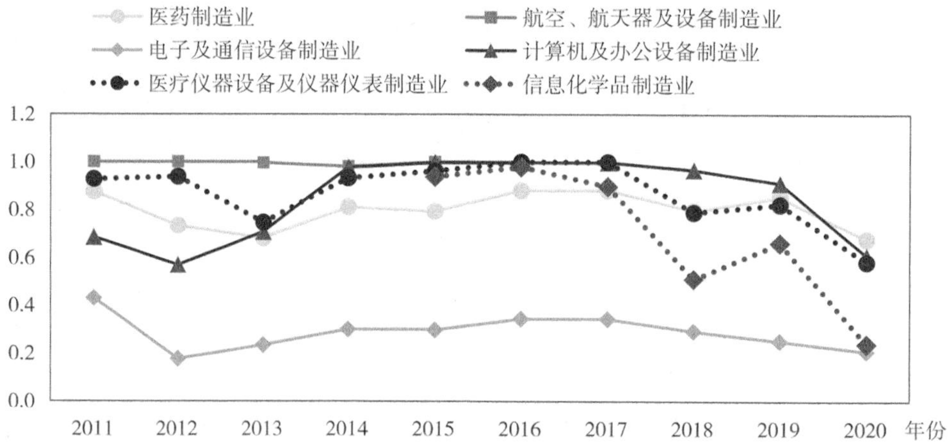

图 4-15　高技术产业各行业创新规模效率

2. 高技术产业各行业创新发展动态评价

（1） Malmquist 指数对比分析

表 4-16 测算了高技术产业各行业 Malmquist 指数，可以反映出各个行业在 2011—2020 年创新发展的动态增长情况。均值排名第一的是航空、航天器及设备制造业，平均增长幅度为 24%。第二是信息化学品制造业，平均增幅为 18.2%，结合图 4-16，可以发现 2015—2020 年其 Malmquist 指数波动较大，2018—2019 年增幅达到 67.1%，为高技术产业所有行业中最高值，然后在 2019—2020 年出现了不增反降的现象，说明信息化学品制造业的创新发展尚不稳定。Malmquist 指数增幅排名第三的是医疗仪器设备及仪器仪表制造业，第四位是电子及通信设备制造业，均在 10%左右，这两个行业都在 2014—2015 年全要素生产率达到最高，之后的增幅缓慢下降。排名第五的是计算机及办公设备制造业，年均增幅为 5.3%，最后一位是医药制造业，年均增幅为 4.7%，表明这两个行业的创新发展动力不足。

表 4-16　高技术产业各行业 Malmquist 指数

时期	医药制造业	航空、航天器及设备制造业	电子及通信设备制造业	计算机及办公设备制造业	医疗仪器设备及仪器仪表制造业	信息化学品制造业
2011—2012	1. 021	1. 097	1. 089	1. 174	1. 051	—
2012—2013	1. 056	1. 155	1. 174	0. 984	0. 958	—
2013—2014	1. 129	1. 424	1. 121	0. 948	1. 243	—
2014—2015	1. 196	1. 362	1. 316	0. 834	1. 276	—
2015—2016	1. 064	1. 162	1. 208	1. 147	1. 256	1. 159
2016—2017	0. 975	—	1. 067	1. 168	1. 069	1. 005
2017—2018	1. 028	—	0. 894	0. 904	1. 028	1. 142
2018—2019	0. 979	—	0. 993	1. 149	0. 865	1. 671
2019—2020	0. 975	—	1. 009	1. 170	1. 149	0. 934
均值	1. 047	1. 240	1. 097	1. 053	1. 100	1. 182
排名	6	1	4	5	3	2

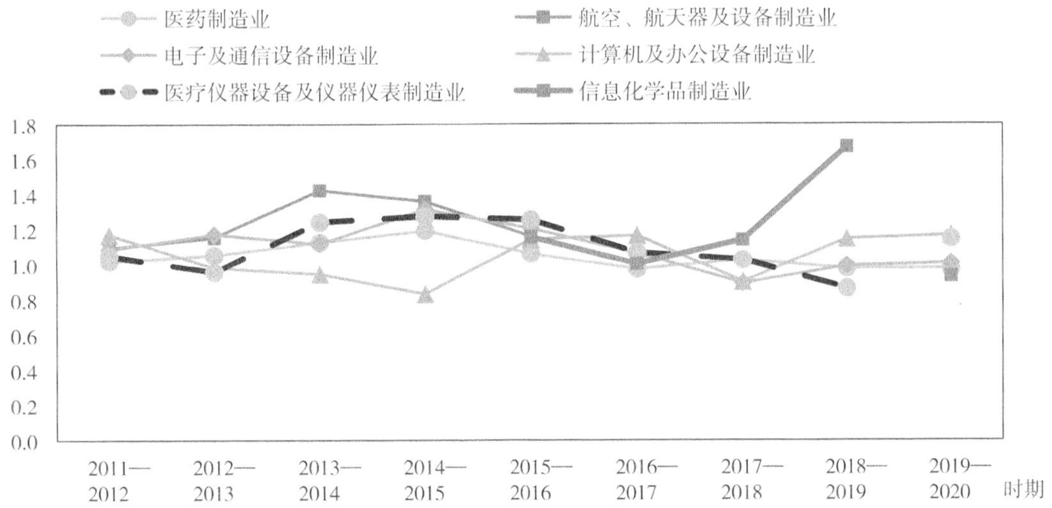

图 4-16　高技术产业各行业 Malmquist 指数

（2）技术效率对比分析

高技术产业 Malmquist 指数的分解包括技术效率变化指数以及技术进步变化指数，表 4-17 展示了 2011—2020 年高技术产业技术效率的变化指数。结合图 4-17，可以看到，除了信息化学品制造业，各大行业技术效率的增长幅度比较相似，波动趋势也较相近。从均值来看，航空、航天器及设备制造业的技术效率增长幅度最大，为 19. 5%，其次是信息化学品制造业，为 9. 2%，但是整体波动幅度较大，且在 2019—2020 年其技术效率出现了大幅度的降低。排名第三的是电子及通信设备制造业，年均增长

2.1%，在2011—2020年，仅有4个时期其技术效率是正增长的，其余年份均为下降。排名第四的是医疗仪器设备及仪器仪表制造业，年均增幅为1.2%，且自2011—2020年仅有3个时期技术效率是正增长的，其余6个时期均在下降。排名第五的是医药制造业，其技术效率年均增幅为0.2%，增长动力微弱。排名最后一位的是计算机及办公设备制造业，其技术效率变化指数为0.987，小于1，表明在2011—2020年，该行业创新发展的技术管理水平和资源利用能力没有得到显著提升，甚至还出现了倒退。

表4-17　高技术产业各行业技术效率变化指数

时期	医药制造业	航空、航天器及设备制造业	电子及通信设备制造业	计算机及办公设备制造业	医疗仪器设备及仪器仪表制造业	信息化学品制造业
2011—2012	0.853	0.884	0.875	0.819	0.903	—
2012—2013	1.028	1.172	1.192	1.075	0.899	—
2013—2014	1.276	1.412	1.329	1.144	1.475	—
2014—2015	0.862	1.177	0.918	0.665	0.856	—
2015—2016	1.160	1.332	1.197	1.173	1.252	1.207
2016—2017	0.981	—	1.049	1.150	1.065	0.997
2017—2018	0.920	—	0.900	0.837	0.967	1.067
2018—2019	1.104	—	0.918	1.117	0.952	1.647
2019—2020	0.836	—	0.810	0.900	0.744	0.543
均值	1.002	1.195	1.021	0.987	1.012	1.092
排名	5	1	3	6	4	2

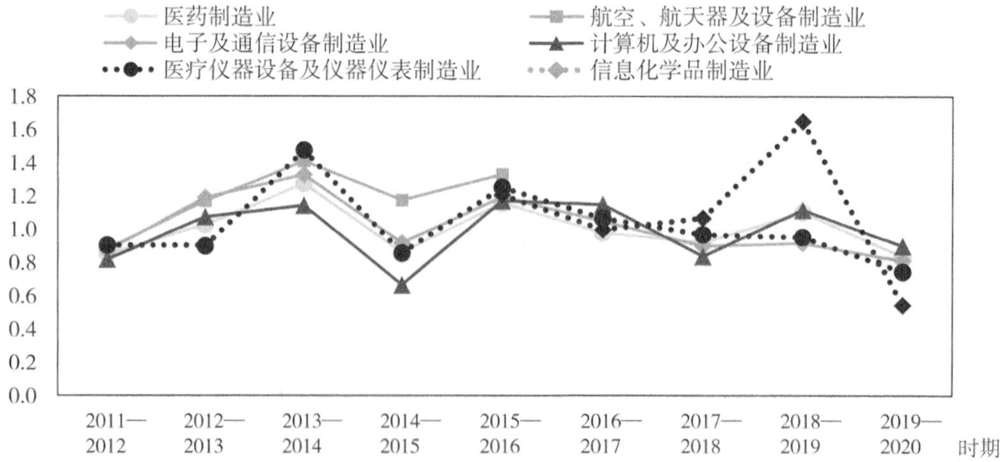

图4-17　高技术产业各行业技术效率变化指数

(3) 技术进步对比分析

表4-18展示了2011—2020年高技术产业技术进步变化指数，反映各行业技术研发水平的提升情况。结合图4-18，可以发现，各个行业的技术进步趋势是比较一致的，总体在2011—2014年呈现下降趋势，2014—2015年大幅提升，2015—2019年呈现平稳波动趋势，2019—2020年又开始大幅提升。从技术进步指数均值来看，排名第一的是信息化学品制造业，年均增长幅度为15.4%，值得注意的是，该行业在2019—2020年技术进步幅度达到了71.8%，为所有行业之首。排名第二的是医疗仪器设备及仪器仪表制造业，年均增幅为12.1%，且可以看出，该行业一直都保持稳定的技术增长趋势，在2019—2020年，其技术进步增长幅度为54.5%。排名第三的是电子及通信设备制造业，年均增幅为9.5%，排名第四的为计算机及办公设备制造业，年均增幅为9.3%，整体发展较好。排名第五的是医药制造业，技术年均进步幅度为6.4%，排名最后一位的是航空、航天器及设备制造业，在2011—2016年的技术进步幅度为5.3%。

表4-18 高技术产业各行业技术进步变化指数

时期	医药制造业	航空、航天器及设备制造业	电子及通信设备制造业	计算机及办公设备制造业	医疗仪器设备及仪器仪表制造业	信息化学品制造业
2011—2012	1.197	1.242	1.245	1.434	1.164	—
2012—2013	1.028	0.986	0.985	0.915	1.066	—
2013—2014	0.885	1.009	0.843	0.828	0.843	—
2014—2015	1.386	1.157	1.434	1.254	1.491	—
2015—2016	0.918	0.872	1.009	0.978	1.003	0.960
2016—2017	0.995	—	1.017	1.016	1.004	1.008
2017—2018	1.117	—	0.994	1.080	1.062	1.070
2018—2019	0.887	—	1.082	1.029	0.909	1.014
2019—2020	1.166	—	1.245	1.300	1.545	1.718
均值	1.064	1.053	1.095	1.093	1.121	1.154
排名	5	6	3	4	2	1

(二) 行业内创新发展能力评价

高技术产业下共有五大行业，分别是医药制造业、电子及通信设备制造业、计算机及办公设备制造业、医疗仪器设备及仪器仪表制造业、信息化学品制造业，因此，以下行业内创新发展效率评价就对这五大行业进行分析。

1. 医药制造业

表4-19测算了2011—2020年医药制造业创新效率的整体情况，包括综合技术效

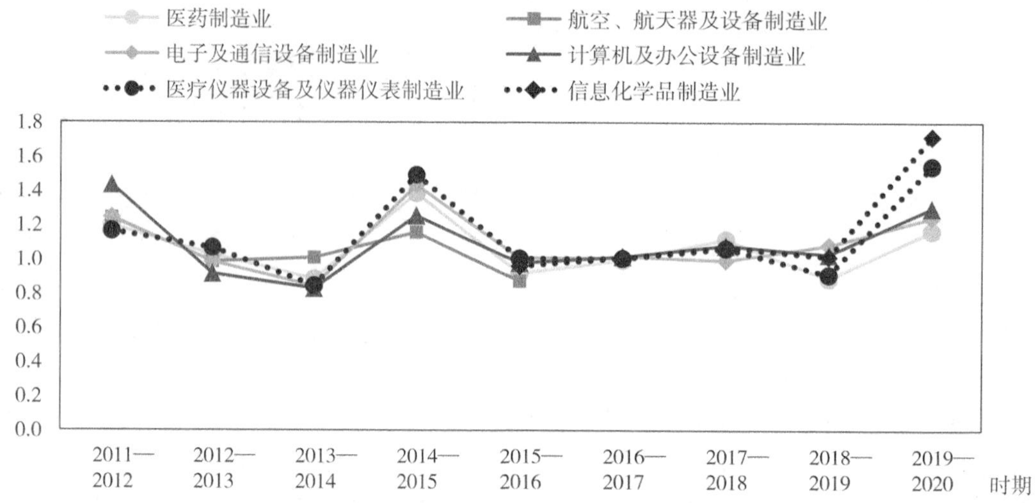

图 4-18　高技术产业各行业技术进步变化指数

率、纯技术效率、规模效率和规模报酬。结合图 4-19 看，医药制造业创新综合效率总体水平不高，均值为 0. 324，且走势较为平稳，近 10 年来一直围绕在 0. 3 的水平线上。纯技术效率反映技术水平和管理水平，规模效率衡量创新投入的规模是否合适，通过图4-19 可以看出医药制造业的纯技术效率和规模效率整体差异较大，纯技术效率远低于规模效率，从均值上看，纯技术效率为 0. 406，规模效率均值为 0. 799，表明医药制造业的技术水平和管理水平均没有达到有效水准，这也是导致创新综合效率低下的主要原因，因此需要重点提高其研发能力和管理水平。同时其现有的创新资源投入规模并没有达到最优状态，结合规模报酬来看，在现有的技术和管理水平下，只有进一步缩减投资规模，才能提升其创新综合效率。

表 4-19　医药制造业创新效率

产业	年份	综合技术效率	纯技术效率	规模效率	规模报酬
医药制造业	2011	0. 321	0. 367	0. 876	Decreasing
	2012	0. 274	0. 373	0. 734	Decreasing
	2013	0. 281	0. 413	0. 682	Decreasing
	2014	0. 359	0. 443	0. 811	Decreasing
	2015	0. 310	0. 390	0. 795	Decreasing
	2016	0. 359	0. 408	0. 881	Decreasing
	2017	0. 352	0. 399	0. 882	Decreasing
	2018	0. 324	0. 407	0. 797	Decreasing
	2019	0. 358	0. 420	0. 853	Decreasing
	2020	0. 299	0. 441	0. 679	Decreasing
	均值	0. 324	0. 406	0. 799	—

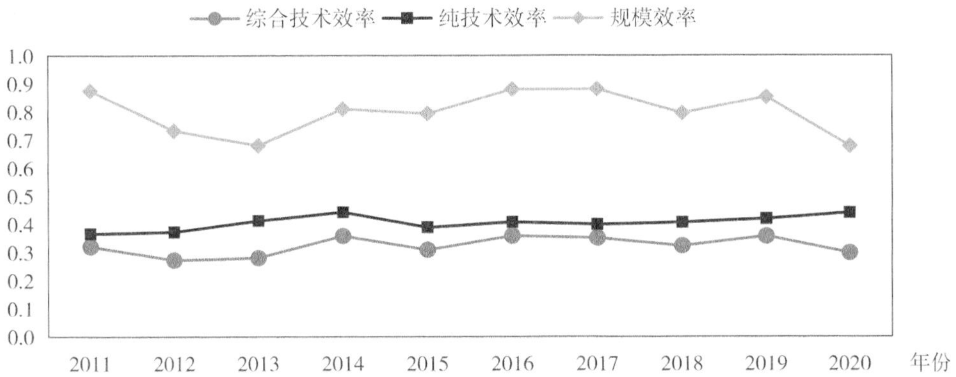

图 4-19 医药制造业创新效率

医药制造有三个细分行业，分别是化学药品制造、生物药品制品制造和中成药生产。根据表 4-20，总体来看，三个细分行业的综合技术效率都没有实现 DEA 有效，且存在较大差异。具体来说，中成药生产的均值为 0.608，居于首位，第二是化学药品制造，均值为 0.309，最后一位是生物药品制品制造，均值仅为 0.214。出现这一结果的原因在于三个细分行业的纯技术效率差异较大，尤其是生物药品制品制造，其纯技术效率最低，仅为 0.224。在规模效率上，三个细分行业并没有太大差异。

表 4-20 医药制造业细分行业创新效率均值

行业	综合技术效率	纯技术效率	规模效率
化学药品制造	0.309	0.325	0.955
生物药品制品制造	0.214	0.224	0.962
中成药生产	0.608	0.633	0.961

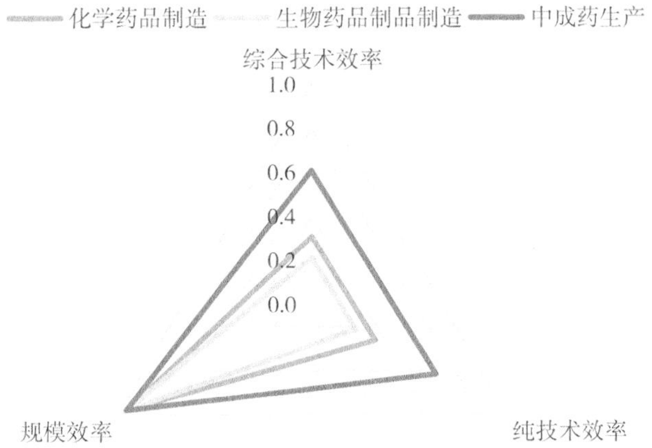

图 4-20 医药制造业细分行业创新效率均值

表 4-21 测算了医药制造业 Malmquist 指数及分解结果，展示了 2011—2020 年该行业创新发展的动态增长情况。根据 Malmquist 指数，总体来说，自 2011—2020 年，医

药制造业创新发展平均增幅为 4.7%，其中技术效率的年均增长幅度为 0.2%，技术进步指数增长幅度为 6.4%，表明医药制造业的技术效率低下和增长乏力是阻碍其创新发展的重要因素。

表 4-21　医药制造业 Malmquist 指数及分解

产业	时期	全要素生产率变化指数	技术效率变化指数	技术进步指数	纯技术效率变化指数	规模效率变化指数
医药制造业	2011—2012	1.021	0.853	1.197	1.018	0.838
	2012—2013	1.056	1.028	1.028	1.106	0.929
	2013—2014	1.129	1.276	0.885	1.072	1.190
	2014—2015	1.196	0.862	1.386	0.880	0.980
	2015—2016	1.064	1.160	0.918	1.047	1.108
	2016—2017	0.975	0.981	0.995	0.979	1.001
	2017—2018	1.028	0.920	1.117	1.018	0.903
	2018—2019	0.979	1.104	0.887	1.031	1.071
	2019—2020	0.975	0.836	1.166	1.051	0.796
	均值	1.047	1.002	1.064	1.022	0.980

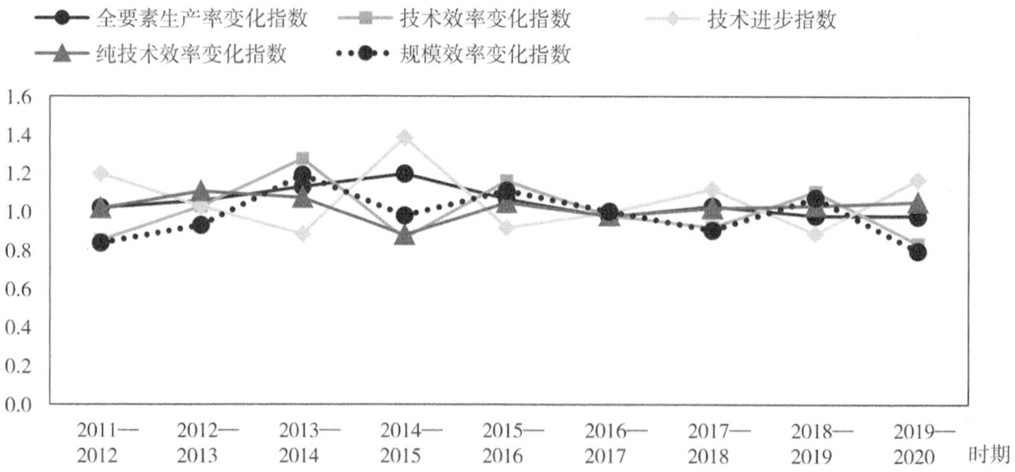

图 4-21　医药制造业 Malmquist 指数及分解

2. 电子及通信设备制造业

表 4-22 测算了 2011—2020 年电子及通信设备制造业创新效率的整体情况，结合图 4-22 来看，电子及通信设备制造业的创新效率总体水平并不高，综合技术效率均值为 0.521，整体发展趋势较为平稳。与医药制造业不同，电子及通信设备制造业的规模效率远低于纯技术效率，其纯技术效率均值高达 1.87，而规模效率均值仅 0.288，且近

几年还呈逐年下降趋势。分析纯技术效率可以发现，除了 2011 年略低，为 0.967 外，其余年份均大于 1，表明电子及通信设备制造业在现有规模下的技术研发和管理水平是非常优秀的，但同时其较低的规模效率以及下降的规模报酬，显示出电子及通信设备制造业存在创新资源的浪费问题，需要优化资源的配置，缩减投入规模，这样才能提高创新发展的效率。

表 4-22 电子及通信设备制造业创新效率

产业	年份	综合技术效率	纯技术效率	规模效率	规模报酬
电子及通信设备制造业	2011	0.416	0.967	0.430	Decreasing
	2012	0.364	2.057	0.177	Decreasing
	2013	0.434	1.851	0.234	Decreasing
	2014	0.577	1.923	0.300	Decreasing
	2015	0.529	1.778	0.298	Decreasing
	2016	0.633	1.840	0.344	Decreasing
	2017	0.664	1.937	0.343	Decreasing
	2018	0.598	2.042	0.293	Decreasing
	2019	0.549	2.181	0.251	Decreasing
	2020	0.445	2.120	0.210	Decreasing
	均值	0.521	1.870	0.288	

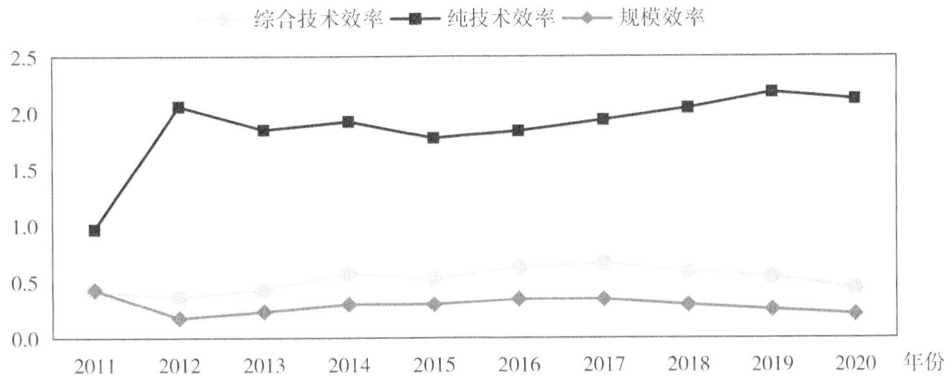

图 4-22 电子及通信设备制造业创新效率

电子及通信设备制造业下有十几个细分行业，由于统计口径不同，不同年份间可能存在差异。从综合技术效率来看，仅有通信终端设备制造行业均值大于 1，实现了创新发展的 DEA 有效；其次是通信系统设备制造行业，均值为 0.99；雷达及配套设备制造的综合技术效率均值最低，为 0.217。纯技术效率方面，一共有 4 个细分行业实现了

DEA 有效，分别是通信终端设备制造均值为 1. 217，通信设备制造均值为 1. 136，通信系统设备制造均值为 1. 086，电子真空器件制造均值为 2. 256。规模效率方面，没有一个细分行业实现规模效率有效，表明各个细分行业均需优化资源配置，调整资源投入，尤其是对规模效率较低的行业进行重点优化，如电子真空器件制造行业，其规模效率均值仅有 0. 321。

表 4-23　电子及通信设备制造业细分行业创新效率均值

行业	综合技术效率	纯技术效率	规模效率
通信终端设备制造	1. 050	1. 217	0. 852
雷达及配套设备制造	0. 217	0. 398	0. 673
广播电视设备制造	0. 379	0. 483	0. 857
半导体分立器件制造	0. 310	0. 420	0. 761
集成电路制造	0. 258	0. 690	0. 954
其他电子设备制造	0. 340	0. 739	0. 964
通信设备制造	0. 796	1. 136	0. 694
通信系统设备制造	0. 990	1. 086	0. 910
电子真空器件制造	0. 393	2. 256	0. 321
电子器件制造	0. 424	0. 495	0. 869
非专业视听设备制造	0. 524	0. 529	0. 990
电子工业专用设备制造	0. 503	0. 520	0. 969
光纤光缆及锂离子电池制造	0. 419	0. 421	0. 995
锂离子电池制造	0. 406	0. 410	0. 990
光电子器件制造	0. 477	0. 484	0. 987
电子元件及电子专用材料制造	0. 371	0. 404	0. 929
电阻电容电感元件制造	0. 350	0. 381	0. 921
电子专用材料制造	0. 449	0. 469	0. 959
智能消费设备制造	0. 345	0. 353	0. 977

表 4-24 测算了电子及通信设备制造业创新发展全要素生产率及分解指数，展示了 2011—2020 年该行业创新发展的动态增长情况。根据 Malmquist 指数，总体来说，自 2011—2020 年，电子及通信设备制造业创新发展平均增幅为 9. 7%，其中技术效率的年均增长幅度为 2. 1%，且近几年增长逐渐乏力；技术进步增长幅度为 9. 5%，表明电子及通信设备制造业创新发展的主要动力来自技术进步。

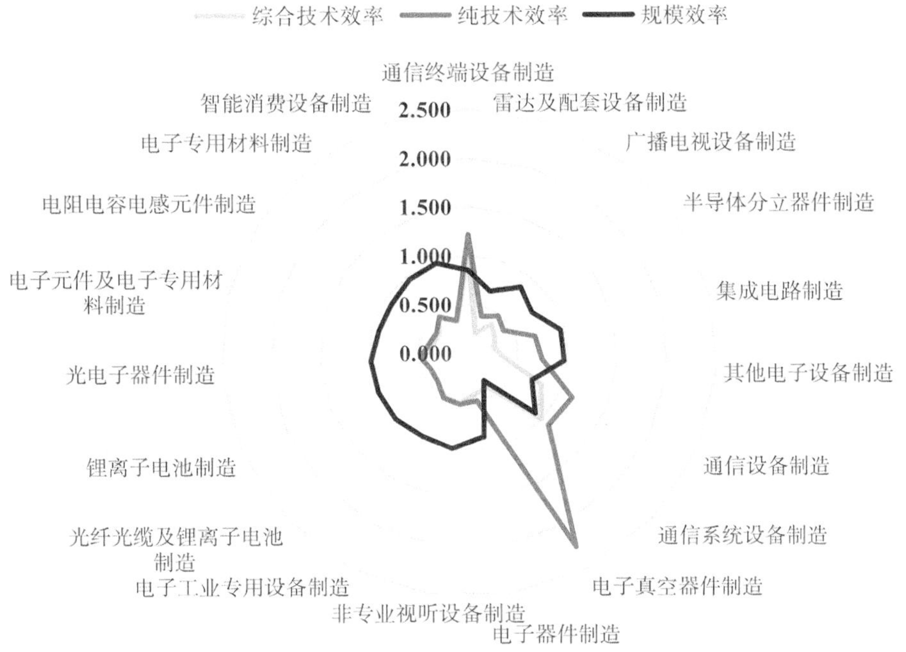

图 4-23 电子及通信设备制造业细分行业创新效率均值

表 4-24 电子及通信设备制造业 Malmquist 指数及分解

产业	时期	全要素生产率变化指数	技术效率变化指数	技术进步指数	纯技术效率变化指数	规模效率变化指数
电子及通信设备制造业	2011—2012	1.089	0.875	1.245	1.073	0.815
	2012—2013	1.174	1.192	0.985	0.899	1.326
	2013—2014	1.121	1.329	0.843	1.039	1.279
	2014—2015	1.316	0.918	1.434	0.924	0.993
	2015—2016	1.208	1.197	1.009	1.035	1.156
	2016—2017	1.067	1.049	1.017	1.053	0.996
	2017—2018	0.894	0.900	0.994	1.054	0.854
	2018—2019	0.993	0.918	1.082	1.068	0.859
	2019—2020	1.009	0.810	1.245	0.972	0.834
	均值	1.097	1.021	1.095	1.013	1.012

3. 计算机及办公设备制造业

表 4-25 测算了 2011—2020 年计算机及办公设备制造业创新效率的整体情况，结合图 4-25 可以看出，计算机及办公设备制造业在近 10 年间的创新效率波动较大，从 2011—2015 年，整体处于下降状态，自 2015 年之后开始逐年缓慢上升，但是均没有实

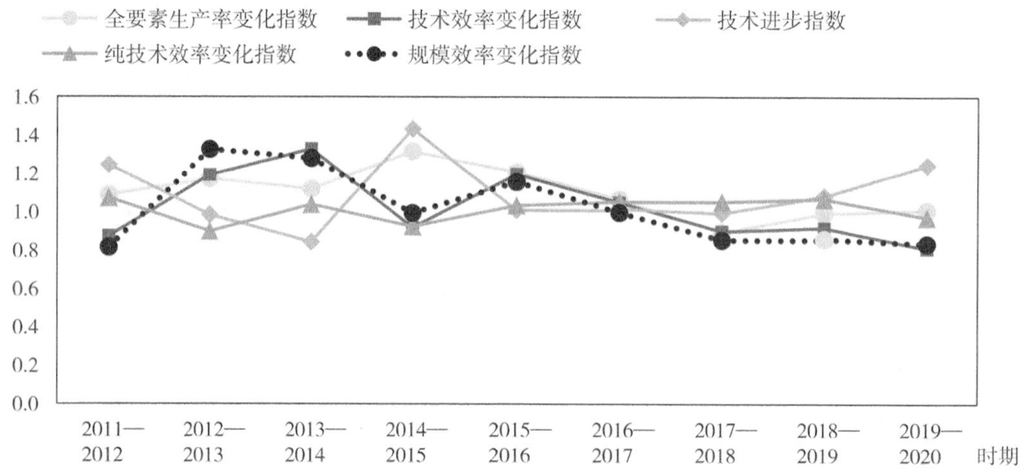

图 4-24　电子及通信设备制造业 Malmquist 指数及分解

现创新综合效率的 DEA 有效，均值为 0.693。技术效率和规模效率呈现交替发展的态势，2011—2013 年，纯技术效率均大于 1，实现了 DEA 有效，与此同时，规模效率却较低，说明在此期间计算机及办公设备制造业更加注重技术开发和管理水平的提升，相应投入了大量的创新人力和物力资源，但是这些资源并没有得到充分的利用。自 2013 年后，计算机及办公设备制造业开始重视资源的有效使用，其规模效率逐年得到了提高，直到 2019 年一直都维持在 0.9 的水平左右。2020 年，该行业的纯技术效率达到 1.026，规模效率下降到 0.609，表明在当前的技术和管理水平下需要重新调整计算机及办公设备制造业的投入规模，以提高该行业的综合创新能力。

表 4-25　计算机及办公设备制造业创新效率

产业	年份	综合技术效率	纯技术效率	规模效率	规模报酬
计算机及办公设备制造业	2011	0.823	1.200	0.686	Decreasing
	2012	0.674	1.183	0.569	Decreasing
	2013	0.724	1.023	0.708	Decreasing
	2014	0.827	0.847	0.977	Decreasing
	2015	0.551	0.553	0.997	Decreasing
	2016	0.647	0.648	0.998	Increasing
	2017	0.743	0.745	0.999	Increasing
	2018	0.622	0.643	0.967	Decreasing
	2019	0.695	0.762	0.912	Decreasing
	2020	0.625	1.026	0.609	Decreasing
	均值	0.693	0.863	0.842	

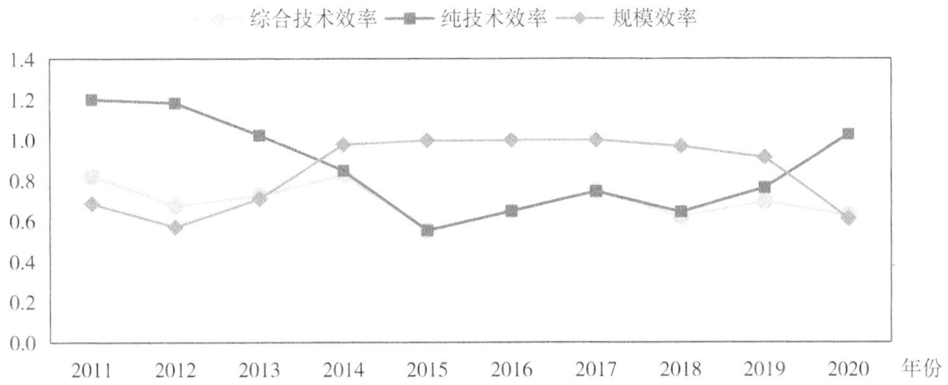

图 4-25 计算机及办公设备制造业创新效率

计算机及办公设备制造业有 4 个细分行业，分别是计算机整机制造、办公设备制造、计算机零部件制造和计算机外围设备制造。根据表 4-26，总体来看，计算机整机制造行业的创新发展效率最高，其综合技术效率为 1.061，其他 3 个行业与它均有较大的差距，排在最后的是办公设备制造。从纯技术效率来看，依然是计算机整机制造行业最高，为 1.074，而计算机零部件制造业的纯技术效率最低，为 0.67。规模效率方面，计算机整机制造得分最高，均值为 0.988，接近 DEA 有效，规模效率最低的是办公设备制造行业，为 0.712。表明计算机零部件制造和计算机外围设备制造行业重点要提升其技术水平和管理水平，而办公设备制造行业既要提升其综合管理水平，也要相应调整其资源投入规模。

表 4-26 计算机及办公设备制造业细分行业创新效率均值

行业	综合技术效率	纯技术效率	规模效率
计算机整机制造	1.061	1.074	0.988
办公设备制造	0.522	0.744	0.712
计算机零部件制造	0.639	0.670	0.941
计算机外围设备制造	0.664	0.708	0.933

表 4-27 测算了计算机及办公设备制造业 Malmquist 指数及分解结果，图 4-27 展示了 2011—2020 年该行业创新发展的动态增长情况。根据 Malmquist 指数，总体来说，在 2011—2020 年，计算机及办公设备制造业创新发展平均增幅为 5.3%，有 5 次达到了 DEA 有效，其中技术效率的年均增长为负数，技术进步增长幅度为 9.3%，表明计算机及办公设备制造业的创新发展增长动力主要来自技术进步。结合图 4-27 可以看出，计算机及办公设备制造业创新增长的波动幅度较大，表现在技术效率尤其是纯技术效率的增长波动较为剧烈，表明该行业的制度和管理水平不够稳定，自 2018 年以来，其技术效率和技术进步均得到了较快的发展，但是规模效率出现了较大的下滑，表明该

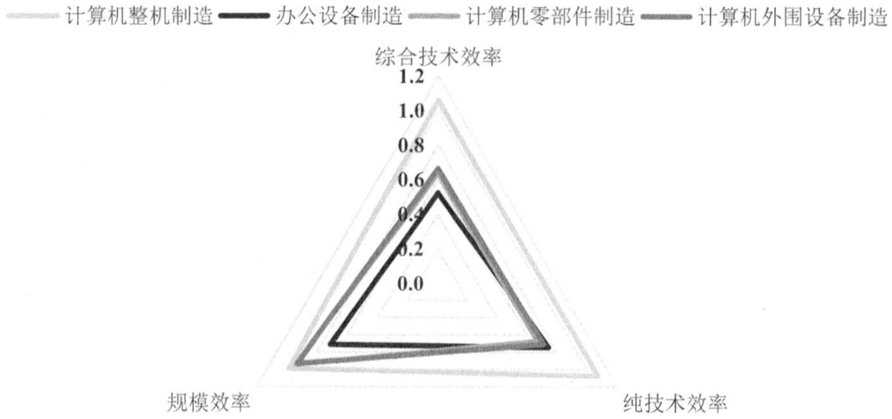

图 4-26　计算机及办公设备制造业细分行业创新效率均值

行业的创新发展虽然获得了大力的支持，但是存在着创新资源的浪费和不充分使用。

表 4-27　计算机及办公设备制造业 Malmquist 指数及分解

产业	时期	全要素生产率变化指数	技术效率变化指数	技术进步指数	纯技术效率变化指数	规模效率变化指数
计算机及办公设备制造业	2011—2012	1.174	0.819	1.434	0.971	0.843
	2012—2013	0.984	1.075	0.915	0.865	1.243
	2013—2014	0.948	1.144	0.828	0.828	1.382
	2014—2015	0.834	0.665	1.254	0.653	1.019
	2015—2016	1.147	1.173	0.978	1.171	1.001
	2016—2017	1.168	1.150	1.016	1.150	1.000
	2017—2018	0.904	0.837	1.080	0.864	0.968
	2018—2019	1.149	1.117	1.029	1.185	0.943
	2019—2020	1.170	0.900	1.300	1.346	0.668
	均值	1.053	0.987	1.093	1.004	1.008

4. 医疗仪器设备及仪器仪表制造业

表 4-28 测算了 2011—2020 年医疗仪器设备及仪器仪表制造业创新效率的整体情况，包括综合技术效率、纯技术效率、规模效率和规模报酬。结合图 4-28 来看，医疗仪器设备及仪器仪表制造业创新综合效率总体水平不高，均值为 0.321，走势较为平稳，但没有一年达到过 DEA 有效，从趋势上看，自 2015 年开始逐渐上升，但 2020 年又开始下降，结合图 4-28 可以看出，纯技术效率和规模效率整体差异较大，纯技术效率的发展较为稳定，医疗仪器设备及仪器仪表制造业创新发展的综合效率主要受到规模效率的影响，但纯技术效率远低于规模效率，从均值上看，纯技术效率为 0.374，规模效率均值为 0.87，表明医疗仪器设备及仪器仪表制造业的技术水平和管理水平均没

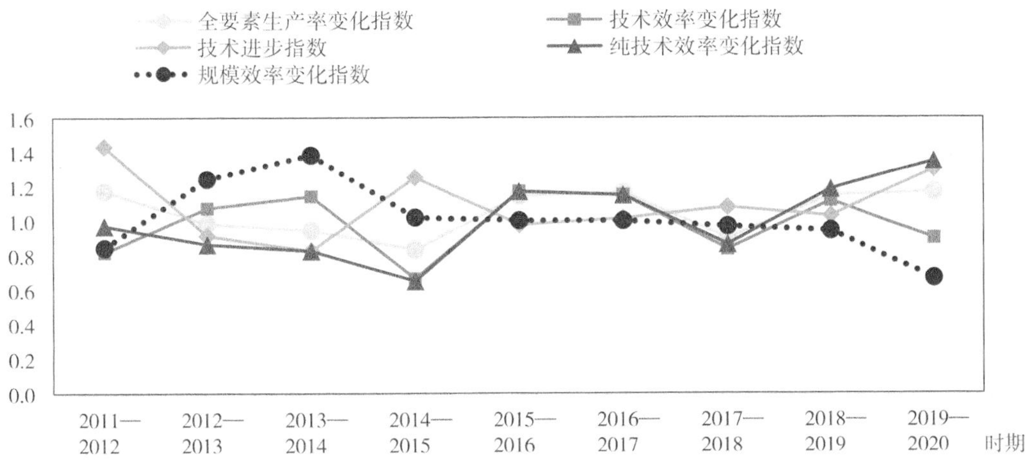

图 4-27 计算机及办公设备制造业 Malmquist 指数及分解

有达到有效水准，同时其现有的创新资源投入规模也并没有达到最优状态，结合规模报酬来看，在现有的技术和管理水平下，只有进一步缩减投资规模，才能提升其创新综合效率。

表 4-28 医疗仪器设备及仪器仪表制造业创新效率

产业	年份	综合技术效率	纯技术效率	规模效率	规模报酬
医疗仪器设备及仪器仪表制造业	2011	0. 289	0. 312	0. 927	Decreasing
	2012	0. 261	0. 279	0. 937	Decreasing
	2013	0. 235	0. 315	0. 746	Decreasing
	2014	0. 346	0. 372	0. 932	Decreasing
	2015	0. 296	0. 308	0. 962	Decreasing
	2016	0. 371	0. 371	1. 000	Constant
	2017	0. 395	0. 396	0. 999	Increasing
	2018	0. 382	0. 484	0. 789	Decreasing
	2019	0. 364	0. 443	0. 822	Decreasing
	2020	0. 271	0. 464	0. 583	Decreasing
	均值	0. 321	0. 374	0. 870	

医疗仪器设备及仪器仪表制造业有 6 个细分行业，根据图 4-29，整体来看，所有细分行业的创新发展综合效率均不高，其主要原因是受到纯技术效率的阻碍。如表 4-29 所示，在 6 个细分行业中，医疗、外科及兽医用器械制造行业的综合技术效率最高，为 0. 569，其纯技术效率也是 6 个细分行业中最高的，为 0. 622。综合技术效率最低的是专用仪器仪表制造行业，仅为 0. 267，同时其纯技术效率也是最低的，为 0. 289。

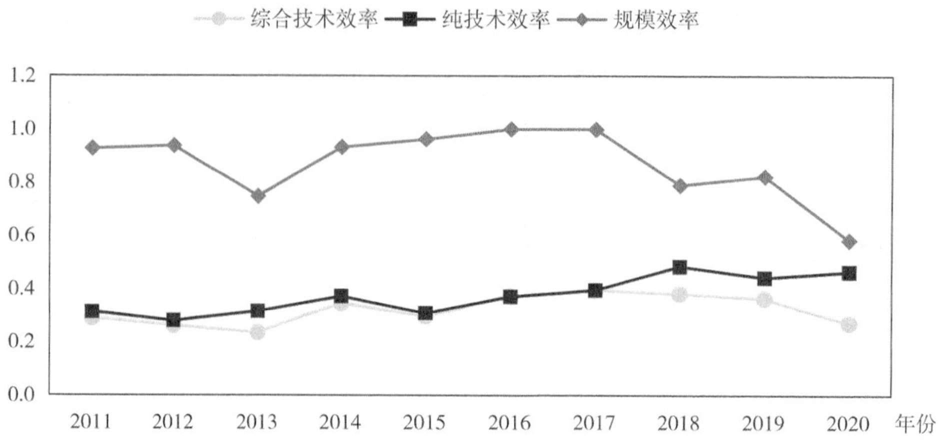

图 4-28　医疗仪器设备及仪器仪表制造业创新效率

各个行业的规模效率存在轻微差异，但是纯技术效率低下是医疗仪器设备及仪器仪表制造业各细分行业共同存在的问题，需要进一步规范和提升该行业的制度和管理水平。

表 4-29　医疗仪器设备及仪器仪表制造业各细分行业创新效率

行业	综合技术效率	纯技术效率	规模效率
仪器仪表制造	0. 325	0. 334	0. 973
医疗仪器设备及器械制造	0. 310	0. 351	0. 899
医疗、外科及兽医用器械制造	0. 569	0. 622	0. 898
通用仪器仪表制造	0. 392	0. 477	0. 819
专用仪器仪表制造	0. 267	0. 289	0. 929
医疗诊断、监护及治疗设备制造	0. 317	0. 366	0. 904

表 4-30 测算了医疗仪器设备及仪器仪表制造业 Malmquist 指数及分解，展示了 2011—2020 年该行业创新发展的动态增长情况。根据 Malmquist 指数，总体来说，医疗仪器设备及仪器仪表制造业的创新发展平均增幅为 10%，从分解指数来看，技术效率的增长幅度为 1. 2%，技术进步增长幅度为 12. 1%，可以看出推动该行业创新发展的动力主要来自技术进步。结合图 4-30 可以看出，各分解指数在 10 年间的发展趋势波动较大，这也反映了医疗仪器设备及仪器仪表制造业的创新发展还不够平稳。

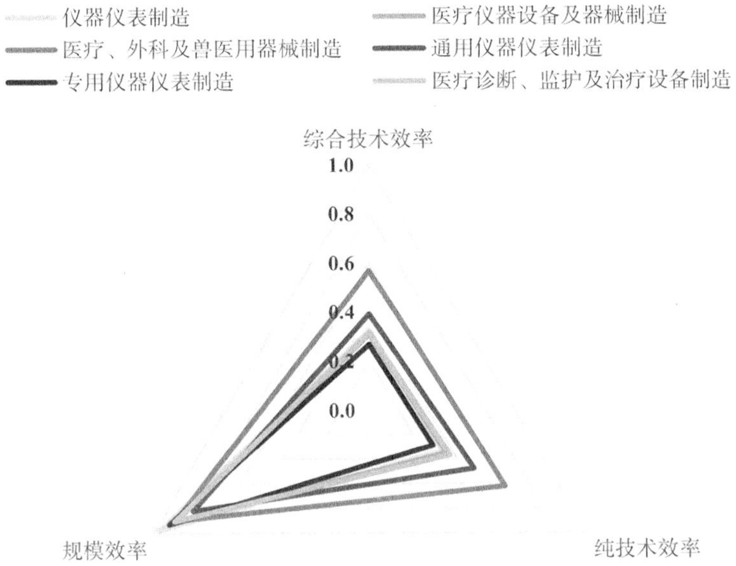

图 4-29 医疗仪器设备及仪器仪表制造业各细分行业创新效率

表 4-30 医疗仪器设备及仪器仪表制造业 Malmquist 指数及分解

产业	时期	全要素生产率变化指数	技术效率变化指数	技术进步指数	纯技术效率变化指数	规模效率变化指数
医疗仪器设备及仪器仪表制造业	2011—2012	1.051	0.903	1.164	0.893	1.011
	2012—2013	0.958	0.899	1.066	1.129	0.796
	2013—2014	1.243	1.475	0.843	1.181	1.249
	2014—2015	1.276	0.856	1.491	0.829	1.032
	2015—2016	1.256	1.252	1.003	1.204	1.039
	2016—2017	1.069	1.065	1.004	1.066	0.999
	2017—2018	1.028	0.967	1.062	1.224	0.790
	2018—2019	0.865	0.952	0.909	0.914	1.042
	2019—2020	1.149	0.744	1.545	1.049	0.709
	均值	1.100	1.012	1.121	1.054	0.963

5. 信息化学品制造业

表 4-31 测算了信息化学品制造业在 2015—2020 年的创新效率，年均综合技术效率为 0.641，未实现 DEA 有效。结合图 4-31 可以看出，该行业的纯技术效率增长迅猛，自 2018 年开始，纯技术效率都超过了 1，显示出该行业技术和管理方面的突出成效。我国作为全球最大的电子信息产业制造中心，对电子信息化学品有着旺盛的市场需求，这也是推动信息化学品制造业蓬勃创新的动力之一。然而，与之相矛盾的是，

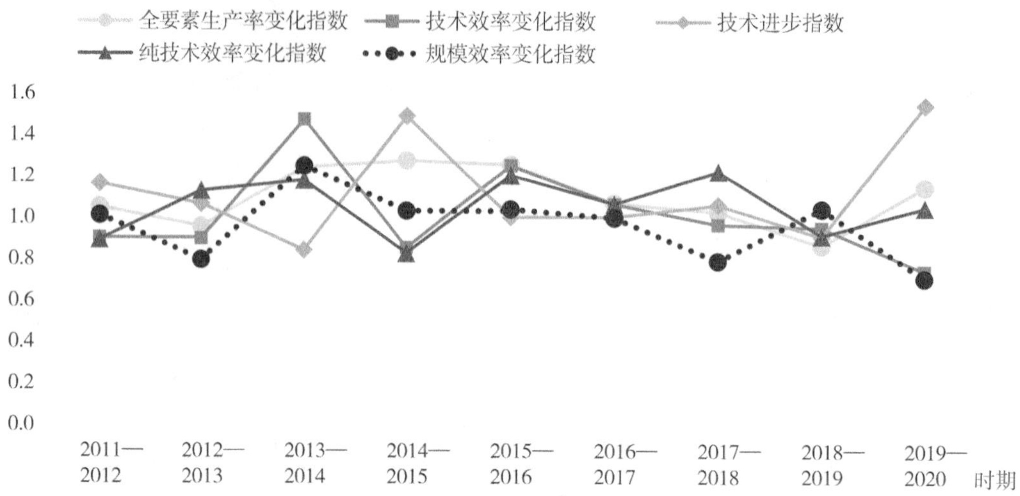

图 4-30　医疗仪器设备及仪器仪表制造业 Malmquist 指数及分解

当前信息化学品制造业的规模效率却比较低下，平均规模效率为 0. 704，而 2020 年更是降低到了 0. 239，这说明当前信息化学品制造业的创新投入规模远远无法达到最优的生产规模，规模报酬指数也显示，需要进一步增大对该行业的创新资源投入，这样才能切实提高该行业的创新发展效率。

表 4-31　信息化学品制造业创新效率

产业	年份	综合技术效率	纯技术效率	规模效率	规模报酬
信息化学品制造业	2015	0. 483	0. 516	0. 938	Increasing
	2016	0. 583	0. 596	0. 979	Increasing
	2017	0. 582	0. 648	0. 898	Increasing
	2018	0. 621	1. 217	0. 510	Increasing
	2019	1. 023	1. 545	0. 662	Increasing
	2020	0. 556	2. 323	0. 239	Increasing
	均值	0. 641	1. 141	0. 704	

表 4-32 测算了信息化学品制造业 Malmquist 指数及分解结果，图 4-32 展示了该行业在 2015—2020 年创新发展的动态增长情况。根据 Malmquist 指数，总体来说，信息化学品制造业年均增长幅度为 18. 2%，其中，技术效率的增长幅度为年均 9. 2%，技术进步的增长幅度为 15. 4%。进一步分解技术效率，可以发现纯技术效率的年均增长幅度为 37. 9%，而规模效率是负增长，表明当前的规模无法实现最优的创新发展效率，这也是信息化学品制造业创新发展慢的重要原因。

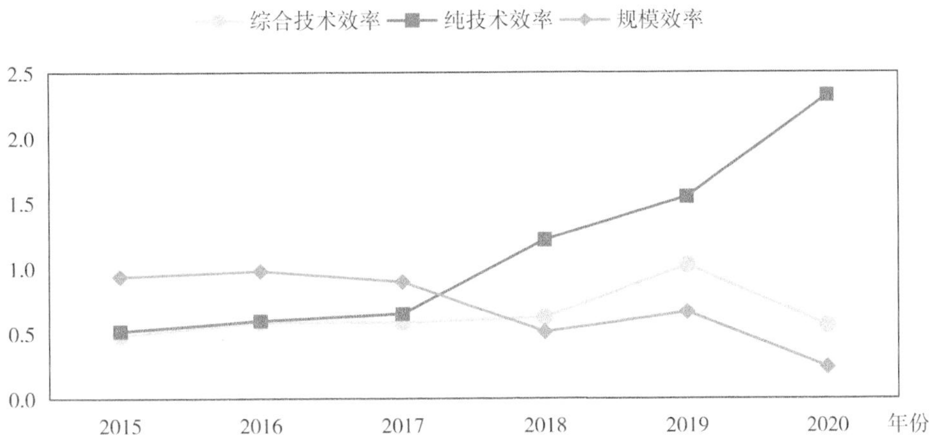

图 4-31 信息化学品制造业创新效率

表 4-32 信息化学品制造业 Malmquist 指数及分解

产业	时期	全要素生产率变化指数	技术效率变化指数	技术进步指数	纯技术效率变化指数	规模效率变化指数
信息化学品制造业	2015—2016	1. 159	1. 207	0. 960	1. 156	1. 044
	2016—2017	1. 005	0. 997	1. 008	1. 088	0. 916
	2017—2018	1. 142	1. 067	1. 070	1. 877	0. 568
	2018—2019	1. 671	1. 647	1. 014	1. 270	1. 298
	2019—2020	0. 934	0. 543	1. 718	1. 504	0. 361
	均值	1. 182	1. 092	1. 154	1. 379	0. 838

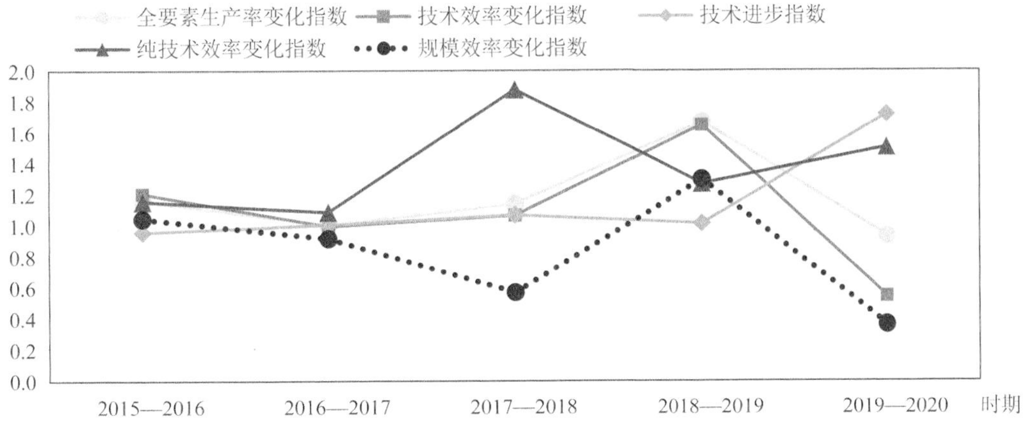

图 4-32 信息化学品制造业 Malmquist 指数及分解

五、结论与启示

本章运用超效率 DEA 和 Malmquist 指数方法，对我国高技术产业的创新发展能力进行了分析与评价。从静态与动态双视角，分别测算了全国各省份和高技术产业各大行业的创新效率、全要素生产率及分解指数，并在此基础上进行了不同层面的对比分析。

（一）静态评价结果

通过超效率 DEA 模型对我国高技术产业创新效率的静态分析结果可知，2011—2020 年样本期内，全国高技术产业整体创新发展综合技术效率没有达到 DEA 有效水平，尽管纯技术效率始终保持在较高水平，但是由于整体规模效率较低，导致整体创新效率无效。

从区域层面上看，东部地区高技术产业的创新发展综合技术效率高于中部、西部和东北地区，东部地区的纯技术效率一直处于 DEA 有效状态，表明东部地区的高技术产业利用了丰富的技术资源和智力资源，进行了有效的技术开发并取得了较高水平的管理成效，同时中部地区纯技术效率一直保持较快的上升趋势，而西部和东北地区则相对落后；在规模效率方面，东北地区最高，东部地区最低，表明需要进一步扩大对东北地区的创新资源投入，而对于已经完成工业化进程的东部地区，高技术企业规模普遍比较大，在规模效应上通常接近了临界点，需要调整创新资本与人力的投入规模。

具体到省份层面，全国各省份高技术产业创新发展的综合效率内部差异较大，主要原因在纯技术效率，即不同省份在高技术产业的创新技术发展和制度管理方面表现不同。河南、广东、北京 3 个省份的高技术产业创新能力综合效率最优，技术和管理资源得到了很好的配置；而在投入产出绝对规模上排名靠前的江苏、浙江、山东、上海、福建、湖北、安徽等省份的高技术产业创新发展综合效率均为 DEA 无效；贵州、黑龙江和陕西 3 个省份位列最后，主要原因是纯技术效率过低，未来需要重点提升创新资源的管理水平。

从行业层面看，各大行业创新发展的综合技术效率均没有实现 DEA 有效，且存在较大差异。从排名看，计算机及办公设备制造业综合技术效率最高，其次为信息化学品制造业、电子及通信设备制造业、医药制造业和医疗仪器设备及仪器仪表制造业。电子及通信设备制造业尽管纯技术效率水平最高，但是其规模效率是所有行业中最低的，说明该行业尽管汇聚了大量的创新资源但是并没有实现资源的充分利用，存在较大的浪费。医疗仪器设备及仪器仪表制造业尽管规模效率与其他行业相比占优，但是其纯技术效率最低，表明该行业在现有规模下远未实现理想的创新产出，需要通过更加科学、合理地配置资源、提高管理水平等方式提高创新产出。

（二）动态评价结果

运用 Malmquist 指数对高技术产业全要素生产率及分解指数进行了测算，整体来看，全国高技术产业创新发展能力是持续增长的，但是不同时期增长动力是不同的，当前处于技术进步主导转为技术效率主导增长。过去较长时期以来，高技术产业主要依赖生产技术的改进、新技术和新发明的应用，这些都推动高技术产业的创新发展快速前进。而近年来，国际环境发生了较大变动，随着贸易摩擦的升级，我国高技术产业的核心技术开发和研发推广能力都遭遇到了严峻挑战，这意味着过去通过简单技术引进、模仿等获取的技术进步优势将逐渐失效，对于大部分高技术产业来说，长期需要加强自主研发能力，而短期内，在现有技术水平下需要着重提高技术效率，优化资源配置，提升管理能力，从而促进更多的创新产出。

从区域层面看，四大区域的全要素生产率都呈增长态势，中部地区增速最快，其次是东北地区、东部地区，最后是西部地区。相对于其他地区，东部地区由于前期高技术产业已经发展得较为成熟和稳定，因此全要素生产率的增长速度就相对较慢，而中部地区、东北地区由于初始创新发展水平不高，因此相对有较高的增长率。增长动力方面，东部地区的生产率增长主要来源于技术进步，中部地区生产率增长 2016 年之前主要依赖技术效率的提升，2016 年后主要依赖技术进步，总体技术效率贡献度更大；东北地区的生产率增长主要依靠技术效率的提升，西部地区技术效率与技术进步两者协调发展共同促进其高技术产业生产率的提高。

从省份层面看，根据各地区全要素生产率实际得分情况，可以分为三类：第一类全要素生产率指数增长幅度大于 30%的，包括新疆、海南、河南、云南和内蒙古，这 5 个省份的高技术产业创新发展增长的动力主要是由于技术效率的提升；第二类全要素生产率指数增长幅度大于 10%的，包括黑龙江、山西、广西、甘肃、安徽、北京、贵州、湖北、上海、吉林、江西、宁夏、河北、重庆、辽宁、广东，其中广东省的增长动力来自技术进步，其余省份的增长动力来自技术效率的提升；第三类全要素生产率指数增长幅度小于 10%的，包括陕西、福建、江苏、四川、浙江、山东、天津、湖南，这些省份高技术产业创新发展的增长动力主要来自技术进步。

从行业层面看，各大行业的创新发展均非坦途，在发展趋势和增长动力上也存在显著差异。在观察期内，首先是信息化学品制造业的全要素生产率均值最高，波动也最大，表明信息化学品制造业的创新发展迅猛，但是尚不够稳定；其次是医疗仪器设备及仪器仪表制造业、电子及通信设备制造业、计算机及办公设备制造业，最后是医药制造业。从增长动力来看，各个行业的创新发展主要增长动力来自技术进步，而阻碍各行业创新发展的原因主要在于规模效率下滑。

由此可见，我国应在准确认识高技术产业创新发展差异化现实的基础上，进一步优化创新资源的投入结构，对于因创新投入不足而导致的效率低下的区域或者行业，应加大投入力度，建立人才引进通道，对内提升企业内部管理水平，对外加快产业链融合升级，促进区域间科技协同，从而进一步促进其创新发展能力；同时，对于因规模效率而导致的效率低下的地区和行业，应调整其投资规模，完善科技要素自由流动政策，鼓励不同区域间创新要素的流动和融合，实现资源的有效配置。

（作者简介：黄仕靖，女，博士，南京邮电大学高质量发展评价研究院、高质量发展综合评估研究基地副研究员，主要从事信息资源评价与管理方面的研究。）

参考文献

[1] 李培哲，菅利荣，刘勇．基于 DEA 与 Malmquist 指数的区域高技术产业创新效率评价研究［J］．工业技术经济，2019，38（1）：27-34.

[2] D BANKER-R，A CHARNES，W COOPER-W. Some Models for Estimating Technical and Scale Inefficiencies in Data Envelopment Analysis［J］. Management Science，1984，30（9）：1078-1092.

[3] FARE R，GROSSKOPF S，NORRIS M. Productivity Growth，Technical Progress，and Efficiency Change in Industrialized Countries［J］. American Economic Review，1994，84（5）：1040-1044.

[4] 余泳泽，刘大勇．创新价值链视角下的我国区域创新效率提升路径研究［J］. 科研管理，2013，35（5）：27-37.

第五章　中国上市公司创新发展评价

摘　要：上市公司在推动创新和促进国民经济高质量发展中发挥着重要的作用。本研究以我国上市公司为对象，从效率评价的视角，构建了一套企业创新效率的评价指标体系，采用超效率 DEA-Malmquist 指数方法，基于 2016—2020 年 93 家 A 股上市公司样本数据，对上市公司的创新效率进行了静态和动态分析。通过静态分析将上市公司分为 4 个层次，通过动态分析得出上市公司的两大类型和 6 种动力模式，并进一步探究了创新发展的阶段差异和行业间差异，从而实现了对上市公司创新发展现状的深入分析，为推动我国上市公司创新效率和高质量发展提供了政策建议。

一、引言

"十四五"时期，我国坚持创新在现代化建设全局中的核心地位，始终把科技自立自强作为国家发展的战略支撑。当前在我国，创新是企业发展的首选之路，企业是构建新发展格局的主力军，通过发挥自身实体经济的优势，在构建新发展格局的这一关键时期，推动高质量发展既是企业家的奋斗目标，也是国家发展的需要。

据统计，上市公司已经涵盖了国民经济中各主要行业，在国民经济中的地位日益重要，其发挥的资源配置等方面的作用亦成为推动国民经济发展的中坚力量。抑或是说，作为优秀企业代表的上市公司的发展对于国民经济增长以及经济结构优化发挥重要作用。

近年来，各级部门和地方政府纷纷出台相关政策，优化营商环境、切实减税降费，为上市公司高质量发展提供了政策支持。但除了外部环境的支持，上市公司内部环境也需要不断优化，这样才能稳步提高创新能力、技术实力，而企业内部的改变，只有不断地创新，才能使自身不陷于被动。

企业进行创新发展需要有创新投入与创新产出，而且具有多投入多产出的特性，而对创新发展的评价重点在于创新投入向创新产出转化的效率水平上。因此本章将采用超效率 DEA 模型和 Malmquist 指数分解法，利用 2016—2020 年我国部分上市公司各行业的面板数据，围绕上市公司创新效率方面进行全面的分析，了解公司创新效率差异，并探究其影响因素，最后对提高上市公司创新效率提出 些政策性建议。

二、评价指标建立及数据说明

所有数据来自国泰安数据库上市公司年度合并报表，经过筛选，剔除变量数据不全的企业，最终共得到93个上市公司平衡面板数据。本章所构建的上市公司创新发展评价的指标体系包括投入指标和产出指标两个方面。投入层面包括劳动力投入和资本投入，鉴于数据可得性，本章选取上市公司研发人员数量作为劳动力投入的指标变量，资本投入指标选取研发投入金额。产出层面包括经济产出和技术产出，经济产出选取营业收入为度量指标。由于创新产出的研发周期长，研发活动具有高风险性，授权专利数不足以代表样本公司本年度的创新产出，申请专利授权是本年度创新产出指标，代表了企业研发创新的活动表现，因此技术产出选取专利申请数量作为计算指标更符合现实情况。具体指标见表5-1。

表5-1　上市公司创新投入和产出指标

一级指标	二级指标	三级指标
创新投入	劳动力投入	研发人员数量
	资本投入	研发投入金额
创新投出	经济产出	营业收入
	技术产出	专利申请数量

三、上市公司创新发展评价分析

本部分基于93家上市公司的平衡面板数据，利用超效率DEA模型对上市公司创新发展的静态水平进行分析和评价，然后应用Malmquist指数分解法，对上市公司的创新发展动态水平进行了全面的分析与评价，最后得出相关结论与发展对策。

（一）上市公司创新发展静态评价

1. 整体评价

表5-2展示的是2016—2020年93家上市公司整体创新发展超效率值，包括综合技术效率、纯技术效率、规模效率以及规模报酬。综合技术效率反映的是整体创新效率水平，当值越接近1，则资源利用率和管理水平越高，创新效率越高。可以看出，2016—2020年，上市公司的综合技术效率均值为0.135，没有达到1，表明上市公司的创新效率总体比较低，结合图5-1可见，2016—2020年上市公司的创新效率波动比较小，变化比较平稳。

表 5-2 上市公司整体创新效率

年份	综合技术效率	纯技术效率	规模效率	规模报酬
2016	0.121	0.209	0.842	Decreasing
2017	0.145	0.256	0.867	Decreasing
2018	0.139	0.264	0.822	Decreasing
2019	0.142	0.250	0.856	Decreasing
2020	0.127	0.204	0.849	Decreasing
均值	0.135	0.237	0.847	——

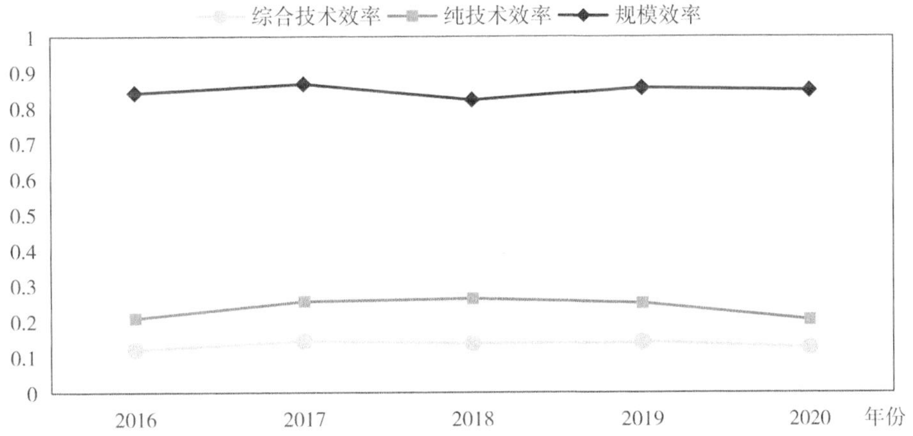

图 5-1 上市公司整体创新效率

综合技术效率是纯技术效率与规模效率的乘积。纯技术效率代表着技术先进性和管理先进性，当纯技术效率值大于或等于 1 则代表技术先进且管理有效。表 5-2 显示，5 年期间纯技术效率值均在 1 以下，均值仅有 0.237，说明在现有的技术水平上，上市公司投入的资源使用是无效的，管理水平有待提高。

规模效率用来衡量现有规模与最优规模之间的差距。规模报酬分为 3 个状态，提示是否要缩减、维持还是扩大生产投入，当规模效率小于 1，则是规模效率无效，规模太小了需要扩大，或者规模太大了，机构冗余，则需要缩减规模。通过表 5-2 可看出，规模效率均值为 0.847，规模效率<1，属于无效，且规模报酬显示持续下降状态，表明应当适当缩减投入规模。

从行业来看，93 家上市公司分布在 28 个行业，整体上，大部分行业年均综合技术效率都没有达到 1，且存在着较大差异。其中尤其突出的是有色金属矿采选业，其均值为 2.070，在 2016 年出现最高值为 2.955，第二高点在 2018 年为 2.394，该行业 5 年的综合技术效率值都超过了 1，实现了 DEA 有效，证明了该行业的资源利用率和管理水平比较高。排名第二的是食品制造业，其均值为 1.574，最高点出现在 2017 年为 1.679，但 5 年的效率值都比较平稳并且有小幅度的上升趋势，证明该行业创新发展驱动作用有效。排名位于第三的是燃气生产和供应业，其综合技术效率值起伏较大，较不稳定，其现有规模与最大规模之间仍有差距。纺织业和黑色金属冶炼及压延加工业排名分别位于第四与第五，综合技术效率均值为 0.461 和 0.436，纺织业从 2018 年起有上升趋势，而黑色金属加工业从 2018 年起有下降的趋势。排名最低的是造纸及纸制品业，其综合技术效率均值仅为 0.017。

2. 分类评价

计算 93 家上市公司 5 年综合技术效率均值，汇总得到表 5-3，据此将 93 家上市公司分为 4 个层次进行评价，分类结果如图 5-2 所示。

第一层次：综合技术效率>1。由计算结果得出，综合技术效率>1 的上市公司有 3 家，占比 3.22%，涉及 3 个行业：排名第一的是有色金属矿采选业，为中色股份，效率值 2.070；第二名是食品制造业，公司名为光明乳业，效率值 1.574；第三名是电气机械及器械制造业，公司名为九阳股份，效率值 1.383。其中九阳股份从 2017—2020 年，综合技术效率值不断上升，证明此公司资源利用率和管理水平不断提高，创新效率优秀。

第二层次：0.135<综合技术效率<1。效率值 0.135 为上市公司创新发展的综合技术效率年均值，因此选取 0.135~1 的上市公司作为第二层次。由计算结果得出，此类上市公司分别有 6 家，占比 6.45%，涉及 5 个行业：第一是黑色金属冶炼及压延加工业，公司名为河钢股份，效率值为 0.832；第二是燃气生产和供应业，公司为安彩高科，效率值 0.685；第三是纺织业，公司为江苏阳光，效率值 0.461；第四是专用设备制造业，公司为兰石重装，效率值 0.246；第五是化学原料及化学制品制造业，公司分别为盐湖股份，效率值 0.186，华谊集团，效率值 0.137。虽然以上公司的综合技术效率值位于均值以上，但是其中河钢股份和华谊集团两家上市公司的综合技术效率值走向皆呈现出倒“V”状，安彩高科上市公司的综合技术效率值走向皆呈现出“M”走向，证明未来仍有较大的提升空间。

第三层次：0.050<综合技术效率<0.135。此类上市公司的综合技术效率值低于均值，处于中下水平，分别包括了 45 家上市公司，占比 48.39%，涉及 16 个行业，分别是橡胶和塑料制品业，对应公司紫江企业、佛塑科技、裕兴股份、永利股份；有色金属冶炼及压延加工业，对应公司海亮股份、中钨高新；木材加工及木、竹、藤、棕、草制品业，对应公司大亚圣象；电气机械及器材制造业，对应公司澳柯玛、科泰电源、露笑科技、老板电器、阳光电源、金杯电工、通鼎互联、横店东磁、百利电气；计算机、通信和其他电子设备制造业，对应公司朗科科技、深科技、振华科技、兴森科技、苏州固锝、崇达技术、利达光电；化学原料及化学制品制造业，对应公司青松股份、乐凯胶片、江山股份、中钢天源、三棵树、东材科技；专用设备制造业，对应公司柳工、达意隆、山推股份、伊之密；医药制造业，对应公司白云山、中新药业、九芝堂；汽车制造业，对应公司航天晨光、精锻科技；纺织服装服饰业，对应公司嘉麟杰；非金属矿物制造业，对应公司当升科技；农副食品加工业，对应公司大北农；印刷和记录媒介复制业，对应公司劲嘉股份；专业技术服务业，对应公司航天工程；水上运输

业，对应公司天津港；综合行业，对应公司数源科技。

第四层次为综合技术效率<0.050。此类上市公司的综合技术效率值偏低，水平位于下游，分别包括了39家公司，占比41.94%，涉及13个行业，分别是计算机、通信和其他电子设备制造业，对应公司歌尔股份、光迅科技、华工科技、风华高科、信维通信、漫步者、航天电器、长电科技、辉煌科技、长盈精密、新北洋、星网锐捷、神思电子、海能达、振芯科技；医药制造业，对应公司现代制药、海正药业、广誉远、天士力、步长制药；电气机械及器材制造业，对应公司陕鼓动力、科华恒盛、中元股份；汽车制造业，对应公司凯众股份、中原内配；软件和信息技术服务业，对应公司易华录、中科创达；铁路、船舶、航空航天和其他运输设备制造业，对应公司中国重工、中航动控；通用设备制造业，对应公司智云股份、秦川机床；仪器仪表制造业，对应公司科陆电子、集智股份；专用设备制造业，对应公司长荣股份、三诺生物；造纸及纸制品业，对应公司华泰股份；金属制品业，对应公司巨星科技；黑色金属冶炼及压延加工业，对应公司安阳钢铁；文教、工美、体育和娱乐用品制造业，对应公司高乐股份。

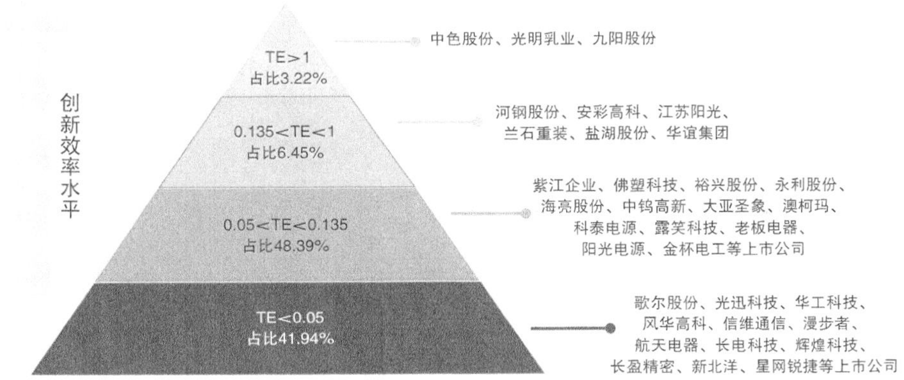

图5-2 不同创新效率层次的上市公司分类

表5-3 上市公司创新效率

DMU	证券代码	所属行业	地区	综合技术效率	纯技术效率	规模效率
安彩高科	600207	燃气生产和供应业	河南省	0.685	3.281	0.332
安阳钢铁	600569	黑色金属冶炼及压延加工业	河南省	0.041	0.063	0.653
澳柯玛	600336	电气机械及器材制造业	山东省	0.119	0.126	0.936
白云山	600332	医药制造业	广东省	0.091	0.587	0.467

续表

DMU	证券代码	所属行业	地区	综合技术效率	纯技术效率	规模效率
百利电气	600468	电气机械及器材制造业	天津市	0.058	0.059	0.980
步长制药	603858	医药制造业	山东省	0.020	0.021	0.971
崇达技术	002815	计算机、通信和其他电子设备制造业	广东省	0.063	0.065	0.966
达意隆	002209	专用设备制造业	广东省	0.088	0.096	0.911
大北农	002385	农副食品加工业	北京市	0.057	0.061	0.921
大亚圣象	000910	木材加工及木、竹、藤、棕、草制品业	江苏省	0.119	0.119	1.000
当升科技	300073	非金属矿物制品业	北京市	0.098	0.098	1.000
东材科技	601208	化学原料及化学制品制造业	四川省	0.051	0.051	1.000
风华高科	000636	计算机、通信和其他电子设备制造业	广东省	0.045	0.046	0.999
佛塑科技	000973	橡胶和塑料制品业	广东省	0.065	0.066	0.991
高乐股份	002348	文教、工美、体育和娱乐用品制造业	广东省	0.048	0.052	0.928
歌尔股份	002241	计算机、通信和其他电子设备制造业	山东省	0.049	1.456	0.034
光明乳业	600597	食品制造业	上海市	1.574	1.765	0.892
光迅科技	002281	计算机、通信和其他电子设备制造业	湖北省	0.047	0.059	0.800
广誉远	600771	医药制造业	青海省	0.024	0.030	0.882
海亮股份	002203	有色金属冶炼及压延加工业	浙江省	0.121	0.268	0.559
海能达	002583	计算机、通信和其他电子设备制造业	广东省	0.022	0.035	0.636
海正药业	600267	医药制造业	浙江省	0.033	0.033	0.998
航天晨光	600501	汽车制造业	江苏省	0.064	0.065	0.988
航天电器	002025	计算机、通信和其他电子设备制造业	贵州省	0.038	0.046	0.846

续表

DMU	证券代码	所属行业	地区	综合技术效率	纯技术效率	规模效率
航天工程	603698	专业技术服务业	北京市	0.070	0.070	1.000
河钢股份	000709	黑色金属冶炼及压延加工业	河北省	0.832	1.592	0.501
横店东磁	002056	电气机械及器材制造业	浙江省	0.060	0.080	0.778
华工科技	000988	计算机、通信和其他电子设备制造业	湖北省	0.047	0.063	0.743
华泰股份	600308	造纸及纸制品业	山东省	0.017	0.017	0.976
华谊集团	600623	化学原料及化学制品制造业	上海市	0.137	0.714	0.327
辉煌科技	002296	计算机、通信和其他电子设备制造业	河南省	0.029	0.029	0.997
集智股份	300553	仪器仪表制造业	浙江省	0.028	0.261	0.590
嘉麟杰	002486	纺织服装、服饰业	上海市	0.092	0.185	0.694
江山股份	600389	化学原料及化学制品制造业	江苏省	0.075	0.084	0.936
江苏阳光	600220	纺织业	江苏省	0.461	0.636	0.856
金杯电工	002533	电气机械及器材制造业	湖南省	0.076	0.076	0.997
劲嘉股份	002191	印刷和记录媒介复制业	广东省	0.073	0.076	0.947
精锻科技	300258	汽车制造业	江苏省	0.051	0.052	0.982
九阳股份	002242	电气机械及器材制造业	山东省	1.383	1.558	0.887
九芝堂	000989	医药制造业	湖南省	0.064	0.066	0.970
巨星科技	002444	金属制品业	浙江省	0.028	0.029	0.966
凯众股份	603037	汽车制造业	上海市	0.044	0.048	0.918
科华恒盛	002335	电气机械及器材制造业	福建省	0.044	0.057	0.784
科陆电子	002121	仪器仪表制造业	广东省	0.035	0.039	0.914

续表

DMU	证券代码	所属行业	地区	综合技术效率	纯技术效率	规模效率
科泰电源	300153	电气机械及器材制造业	上海市	0.118	0.502	0.604
兰石重装	603169	专用设备制造业	甘肃省	0.246	0.273	0.966
朗科科技	300042	计算机、通信和其他电子设备制造业	广东省	0.105	0.149	0.708
老板电器	002508	电气机械及器材制造业	浙江省	0.108	0.193	0.617
乐凯胶片	600135	化学原料及化学制品制造业	河北省	0.081	0.085	0.953
利达光电	002189	计算机、通信和其他电子设备制造业	河南省	0.050	0.050	1.000
柳工	000528	专用设备制造业	广西壮族自治区	0.102	0.123	0.832
露笑科技	002617	电气机械及器材制造业	浙江省	0.118	0.126	0.939
漫步者	002351	计算机、通信和其他电子设备制造业	广东省	0.041	0.041	1.000
秦川机床	000837	通用设备制造业	陕西省	0.025	0.025	0.997
青松股份	300132	化学原料及化学制品制造业	福建省	0.093	0.110	0.866
三棵树	603737	化学原料及化学制品制造业	福建省	0.057	0.061	0.957
三诺生物	300298	专用设备制造业	湖南省	0.038	0.039	0.981
山推股份	000680	专用设备制造业	山东省	0.079	0.083	0.963
陕鼓动力	601369	电气机械及器材制造业	陕西省	0.045	0.045	0.998
深科技	000021	计算机、通信和其他电子设备制造业	广东省	0.086	0.088	0.977
神思电子	300479	计算机、通信和其他电子设备制造业	山东省	0.022	0.023	0.978
数源科技	000909	综合	浙江省	0.092	0.093	0.995
苏州固锝	002079	计算机、通信和其他电子设备制造业	江苏省	0.071	0.071	0.998
天津港	600717	水上运输业	天津市	0.117	0.118	0.996

续表

DMU	证券代码	所属行业	地区	综合技术效率	纯技术效率	规模效率
天士力	600535	医药制造业	天津市	0.022	0.024	0.916
通鼎互联	002491	电气机械及器材制造业	江苏省	0.061	0.065	0.944
现代制药	600420	医药制造业	上海市	0.038	0.038	0.991
新北洋	002376	计算机、通信和其他电子设备制造业	山东省	0.025	0.047	0.585
信维通信	300136	计算机、通信和其他电子设备制造业	广东省	0.043	0.062	0.710
星网锐捷	002396	计算机、通信和其他电子设备制造业	福建省	0.024	0.032	0.746
兴森科技	002436	计算机、通信和其他电子设备制造业	广东省	0.074	0.078	0.950
盐湖股份	000792	化学原料及化学制品制造业	青海省	0.186	0.269	0.676
阳光电源	300274	电气机械及器材制造业	安徽省	0.084	0.130	0.647
伊之密	300415	专用设备制造业	广东省	0.053	0.053	1.000
易华录	300212	软件和信息技术服务业	北京市	0.040	0.040	1.000
永利股份	300230	橡胶和塑料制品业	上海市	0.050	0.050	1.000
裕兴股份	300305	橡胶和塑料制品业	江苏省	0.063	0.697	0.231
长电科技	600584	计算机、通信和其他电子设备制造业	江苏省	0.037	0.066	0.590
长荣股份	300195	专用设备制造业	天津市	0.042	0.042	1.000
长盈精密	300115	计算机、通信和其他电子设备制造业	广东省	0.027	0.062	0.473
振华科技	000733	计算机、通信和其他电子设备制造业	贵州省	0.082	0.116	0.722
振芯科技	300101	计算机、通信和其他电子设备制造业	四川省	0.018	0.018	1.000
智云股份	300097	通用设备制造业	辽宁省	0.042	0.043	0.983
中钢天源	002057	化学原料及化学制品制造业	安徽省	0.062	0.065	0.941

续表

DMU	证券代码	所属行业	地区	综合技术效率	纯技术效率	规模效率
中国重工	601989	铁路、船舶、航空航天和其他运输设备制造业	北京市	0.048	0.161	0.337
中航动控	000738	铁路、船舶、航空航天和其他运输设备制造业	江苏省	0.047	0.051	0.921
中科创达	300496	软件和信息技术服务业	北京市	0.009	0.009	1.000
中色股份	000758	有色金属矿采选业	北京市	2.070	2.866	0.779
中钨高新	000657	有色金属冶炼及压延加工业	海南省	0.081	0.091	0.901
中新药业	600329	医药制造业	天津市	0.068	0.069	0.984
中元股份	300018	电气机械及器材制造业	湖北省	0.015	0.015	1.000
中原内配	002448	汽车制造业	河南省	0.034	0.035	0.992
紫江企业	600210	橡胶和塑料制品业	上海市	0.128	0.130	0.989

（二）上市公司创新发展动态评价

1. 上市公司整体创新动态分析

利用 Malmquist 指数方法，计算出上市公司全要素生产率变化值，从而得到上市公司在 2016—2020 年创新发展的动态增长情况。全要素生产率变化值可以分解为技术效率变化值和技术进步变化值的乘积，其中技术效率的变化值又等于纯技术效率变化值与规模效率变化值的乘积。通过 4 项分解指数的变化值，可以更详细地了解影响上市公司创新效率变化的具体原因。表 5-4 展示的是 2016—2020 年 93 家上市公司整体数据，从总体看，其全要素生产率指数均值为 1.004，表明上市公司的生产率呈稳定状态，从分解指数来看技术效率增长 5.4%，技术进步减少 4.2%，由此可见技术效率的提升是上市公司创新效率增长的主要动力。

从阶段来看，2016—2017 年，整体全要素增长率为 3.7%，技术效率变化指数均值 1.038，技术进步变化指数均值 0.999，表明创新发展的主要增长动力来自技术效率。

2017—2018 年整体全要素生产率指数均值为 0.806，表明创新发展的效率在倒退，其中技术效率变化均值为 0.920，技术进步变化指数均值 0.875，表明该时期上市公司的技术效率和技术进步的双重倒退阻碍了创新发展。

2018—2019 年整体全要素增长率增长 20.9%，技术效率变化指数均值 1.354，技术进步变化指数均值 0.893，表明该时期上市公司创新发展的主要增长动力是技术效率。

2019—2020年整体全要素产率指数均值为0.962，技术效率变化指数均值为0.904，技术进步变化指数均值为1.064，表明该时期上市公司创新发展的主要阻力是技术效率的倒退。

结合图5-3可见，2017—2018年和2019—2020年两段时期之间纯技术效率指数和规模效率指数均相差较大，从而影响了技术效率指数，而这两段时期的全要素生产率指数均低于1。因此证明需要不断地优化资源配置，才能提升创新发展能力。

表5-4 上市公司整体Malmquist指数及分解

时期	全要素生产率变化值	技术效率变化值	技术进步变化值	纯技术效率变化值	规模效率变化值
2016—2017	1.037	1.038	0.999	1.037	1.038
2017—2018	0.806	0.920	0.875	0.806	0.920
2018—2019	1.209	1.354	0.893	1.209	1.354
2019—2020	0.962	0.904	1.064	0.962	0.904
均值	1.004	1.054	0.958	1.004	1.054

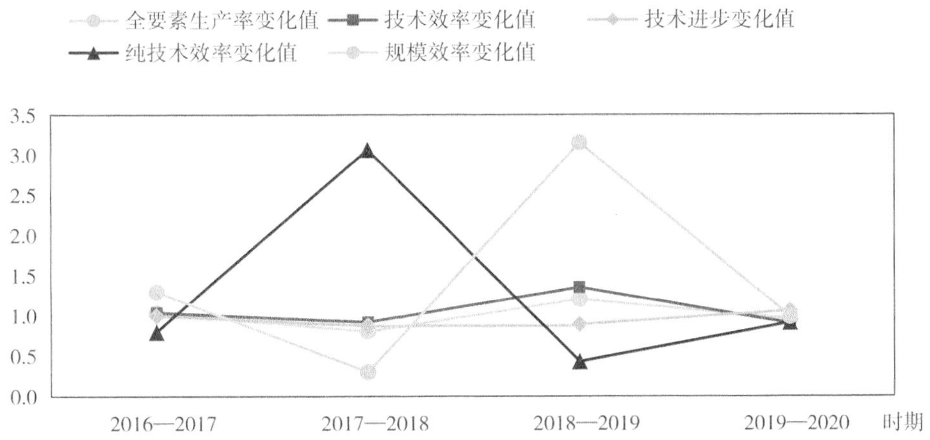

图5-3 上市公司整体Malmquist指数及分解

根据表5-5上市公司Malmquist指数及分解指数均值对上市公司进行分类，以全要素生产率变化值等于1为界限，整体分为两大类，然后根据技术效率和技术进步变化指数情况，再对每一大类的上市公司进行细分，从而可以进一步分析不同上市公司的创新发展的动态情况，得到汇总分类见表5-6，具体结果如下。

（1）第一大类，Malmquist指数>1

Malmquist指数>1代表这类公司在2016—2020年内的创新发展效率整体是增长状态。根据技术效率和技术进步变化指数，又对这类上市公司进一步划分如下。

双重动力增长型：这种类型的上市公司技术效率变化值>1，技术进步变化值>1，创新发展效率优秀，且创新效率的提高是由于技术效率和技术进步两者共同的作用。

此类上市公司有18家，占比19.35%，涉及11个行业，分别是有色金属冶炼及压延加工业，对应公司海亮股份；医药制造业，对应公司现代制药、白云山、海正药业、九芝堂；橡胶和塑料制品业，对应公司裕兴股份；通用设备制造业，对应公司秦川机床；水上运输业，对应公司天津港；农副食品加工业，对应公司大北农；计算机、通信和其他电子设备制造业，对应公司深科技；化学原料及化学制品制造业，对应公司三棵树、东材科技、盐湖股份；黑色金属冶炼及压延加工业，对应公司安阳钢铁、河钢股份；纺织业，对应公司江苏阳江；电气机械及器材制造业，对应公司陕鼓动力、九阳股份。

技术效率增长型：这种类型的上市公司技术效率变化值>1，技术进步变化值<1，表明创新效率的提高是完全来自技术效率的提高，且抵消了技术进步下降所引起的创新效率的降低。此类上市公司有42家，占比45.16%，涉及17个行业，分别是电气机械及器材制造业，对应公司露笑科技、百利电气、科华恒盛、科泰电源、老板电器、澳柯玛、阳光电源、横店东磁；纺织服装、服饰业，对应公司嘉麟杰；非金属矿物制品业，对应公司当升科技；化学原料及化学制品制造业，对应公司青松股份、中钢天源；计算机、通信和其他电子设备制造业，对应公司利达光电、朗科科技、漫步者、歌尔股份、海能达、星网锐捷、辉煌科技、华工科技、振芯科技、兴森科技；木材加工及木、竹、藤、棕、草制品业，对应公司大亚圣象；汽车制造业，对应公司精锻科技、凯众股份、航天晨光、中原内配；软件和信息技术服务业，对应公司易华录；铁路、船舶、航空航天和其他运输设备制造业，对应公司中航动控；通用设备制造业，对应公司智云股份；橡胶和塑料制品业，对应公司紫江企业、永利股份；仪器仪表制造业，对应公司科陆电子；印刷和记录媒介复制业，对应公司劲嘉股份；有色金属矿采选业，对应公司中色股份；有色金属冶炼及压延加工业，对应公司中钨高新；专业技术服务业，对应公司航天工程；专用设备制造业，对应公司兰石重装、达意隆、山推股份、柳工、长荣股份。

技术进步增长型：这种类型的上市公司技术效率变化值<1，技术进步变化值>1，表明创新效率的提高是由技术进步的原因所引起的，但存在着创新资源的浪费。此类上市公司仅有2家，占比2.15%，且皆属于医药制造业，公司分别是步长制药和天士力。其中步长制药公司纯技术效率变化值为0.998，规模效率变化值为0.999，表明应该及时调整纯技术效率指数和规模效率指数，进而调整技术效率，提升创新发展能力。

（2）第二大类，Malmquist 指数<1

Malmquist 指数<1 代表这类公司在 2016—2020 年内的创新发展效率整体是倒退状态。根据技术效率和技术进步变化指数，又对这类上市公司进一步划分如下。

双重阻力倒退型：这种类型的上市公司技术效率变化值<1，技术进步变化值<1，表明技术效率和技术进步都阻碍了创新发展。此类上市公司有4家，占比4.3%，涉及2个行业，分别是计算机、通信和其他电子设备制造业，对应公司振华科技、苏州固锝、光迅科技，其中振华科技的全要素生产率指数均值为0.806，是3家上市公司中均值最低的；食品制造业，对应公司光明乳业。

技术进步阻碍型：这种类型的上市公司技术效率变化值>1，技术进步变化值<1，表明技术进步阻碍了创新的发展。此类上市公司有 18 家，占比 19.35%，涉及 8 个行业，分别是电气机械及器材制造业，对应公司通鼎互联、金杯电工、中元股份；计算机、通信和其他电子设备制造业，对应公司新北洋、信维通信、航天电器、崇达技术、神思电子、风华高科、长电科技、长盈精密；软件和信息技术服务业，对应公司中科创达；铁路、船舶、航空航天和其他运输设备制造业，对应公司中国重工；文教、工美、体育和娱乐用品制造业，对应公司高乐股份；仪器仪表制造业，对应公司集智股份；专用设备制造业，对应公司三诺生物、伊之密；综合，对应公司数源科技。

技术效率阻碍型①：这种类型的上市公司技术效率变化值<1，技术进步变化值>1，表明技术效率阻碍了创新的发展。此类上市公司有 7 家，占比 7.53%，涉及 4 个行业，分别是化学原料及化学制品制造业，对应公司江山股份、华谊集团、乐凯胶片；金属制品业，对应公司巨星科技；医药制造业，对应公司广誉远、中新药业；造纸及纸制品，对应公司华泰股份。

表 5-5 上市公司 Malmquist 指数及分解

DMU	证券代码	所属行业	地区	全要素生产率变化值	技术效率变化值	技术进步变化值	纯技术效率变化值	规模效率变化值
安彩高科	600207	燃气生产和供应业	河南省	0.891	1.800	1.355	1.055	2.091
安阳钢铁	600569	黑色金属冶炼及压延加工业	河南省	1.738	1.497	1.124	1.499	0.985
澳柯玛	600336	电气机械及器材制造业	山东省	1.064	1.181	0.926	1.133	1.050
白云山	600332	医药制造业	广东省	1.143	1.082	1.112	2.509	0.694
百利电气	600468	电气机械及器材制造业	天津市	1.153	1.344	0.894	1.351	1.003
步长制药	603858	医药制造业	山东省	1.088	0.987	1.138	0.998	0.999
崇达技术	002815	计算机、通信和其他电子设备制造业	广东省	0.990	1.062	0.947	1.024	1.038
达意隆	002209	专用设备制造业	广东省	1.225	1.459	0.831	1.415	1.062
大北农	002385	农副食品加工业	北京市	1.083	1.055	1.097	1.092	0.945
大亚圣象	000910	木材加工及木、竹、藤、棕、草制品业	江苏省	1.101	1.165	0.947	1.165	1.000

① 在本类型中，尽管安彩高科和佛塑科技两家上市公司的 Malmquist 指数<1，但是其技术效率和技术进步变化指数都不满足细分类型的条件，因此未将这两个公司列入以上分类。

续表

DMU	证券代码	所属行业	地区	全要素生产率变化值	技术效率变化值	技术进步变化值	纯技术效率变化值	规模效率变化值
当升科技	300073	非金属矿物制品业	北京市	1.009	1.077	0.974	1.077	1.000
东材科技	601208	化学原料及化学制品制造业	四川省	1.061	1.062	1.002	1.062	1.000
风华高科	000636	计算机、通信和其他电子设备制造业	广东省	0.924	1.122	0.837	1.124	0.998
佛塑科技	000973	橡胶和塑料制品业	广东省	0.958	1.000	1.005	1.009	0.988
高乐股份	002348	文教、工美、体育和娱乐用品制造业	广东省	0.920	1.036	0.921	0.966	1.091
歌尔股份	002241	计算机、通信和其他电子设备制造业	山东省	1.071	1.201	0.915	0.999	1.229
光明乳业	600597	食品制造业	上海市	0.965	0.998	0.959	0.994	1.005
光迅科技	002281	计算机、通信和其他电子设备制造业	湖北省	0.965	0.998	0.974	0.982	1.026
广誉远	600771	医药制造业	青海省	0.611	0.575	1.005	0.587	1.051
海亮股份	002203	有色金属冶炼及压延加工业	浙江省	2.168	2.289	1.100	3.213	0.849
海能达	002583	计算机、通信和其他电子设备制造业	广东省	1.052	1.126	0.949	1.101	1.104
海正药业	600267	医药制造业	浙江省	1.141	1.093	1.083	1.091	1.000
航天晨光	600501	汽车制造业	江苏省	1.024	1.068	0.961	1.068	1.002
航天电器	002025	计算机、通信和其他电子设备制造业	贵州省	0.979	1.015	0.968	1.051	0.986
航天工程	603698	专业技术服务业	北京市	1.046	1.092	0.976	1.092	1.000
河钢股份	000709	黑色金属冶炼及压延加工业	河北省	1.152	1.131	1.037	0.978	1.086
横店东磁	002056	电气机械及器材制造业	浙江省	1.002	1.152	0.887	1.175	1.019

续表

DMU	证券代码	所属行业	地区	全要素生产率变化值	技术效率变化值	技术进步变化值	纯技术效率变化值	规模效率变化值
华工科技	000988	计算机、通信和其他电子设备制造业	湖北省	1.009	1.205	0.896	1.069	1.113
华泰股份	600308	造纸及纸制品业	山东省	0.797	0.764	1.087	0.774	0.998
华谊集团	600623	化学原料及化学制品制造业	上海市	0.924	0.910	1.096	0.670	1.525
辉煌科技	002296	计算机、通信和其他电子设备制造业	河南省	1.018	1.069	0.941	1.074	0.997
集智股份	300553	仪器仪表制造业	浙江省	0.930	1.007	0.938	0.860	9.100
嘉麟杰	002486	纺织服装、服饰业	上海市	1.193	1.397	0.914	1.855	1.116
江山股份	600389	化学原料及化学制品制造业	江苏省	0.979	0.869	1.109	0.843	1.056
江苏阳光	600220	纺织业	江苏省	1.148	2.624	1.241	3.552	0.846
金杯电工	002533	电气机械及器材制造业	湖南省	0.972	1.034	0.988	1.036	0.996
劲嘉股份	002191	印刷和记录媒介复制业	广东省	1.038	1.099	0.956	1.035	1.079
精锻科技	300258	汽车制造业	江苏省	1.048	1.230	0.907	1.243	0.979
九阳股份	002242	电气机械及器材制造业	山东省	1.368	1.046	1.319	1.002	1.044
九芝堂	000989	医药制造业	湖南省	1.110	1.088	1.017	1.107	0.977
巨星科技	002444	金属制品业	浙江省	0.827	0.736	1.080	0.718	1.032
凯众股份	603037	汽车制造业	上海市	1.044	1.227	0.921	1.204	1.010
科华恒盛	002335	电气机械及器材制造业	福建省	1.131	1.228	0.929	1.242	1.034
科陆电子	002121	仪器仪表制造业	广东省	1.080	1.219	0.902	1.180	1.038
科泰电源	300153	电气机械及器材制造业	上海市	1.097	1.141	0.945	5.314	2.104
兰石重装	603169	专用设备制造业	甘肃省	1.722	3.359	0.882	3.905	1.008

续表

DMU	证券代码	所属行业	地区	全要素生产率变化值	技术效率变化值	技术进步变化值	纯技术效率变化值	规模效率变化值
朗科科技	300042	计算机、通信和其他电子设备制造业	广东省	1. 149	1. 129	0. 997	1. 051	1. 059
老板电器	002508	电气机械及器材制造业	浙江省	1. 091	1. 119	0. 974	1. 381	0. 912
乐凯胶片	600135	化学原料及化学制品制造业	河北省	0. 949	0. 948	1. 043	0. 995	0. 947
利达光电	002189	计算机、通信和其他电子设备制造业	河南省	1. 175	1. 271	0. 936	1. 271	1. 000
柳工	000528	专用设备制造业	广西壮族自治区	1. 034	1. 075	0. 985	0. 976	1. 097
露笑科技	002617	电气机械及器材制造业	浙江省	1. 313	1. 377	0. 966	1. 366	0. 999
漫步者	002351	计算机、通信和其他电子设备制造业	广东省	1. 103	1. 264	0. 914	1. 264	1. 000
秦川机床	000837	通用设备制造业	陕西省	1. 287	1. 320	1. 009	1. 326	0. 996
青松股份	300132	化学原料及化学制品制造业	福建省	1. 112	1. 168	0. 973	1. 164	1. 092
三棵树	603737	化学原料及化学制品制造业	福建省	1. 682	1. 597	1. 029	1. 651	0. 968
三诺生物	300298	专用设备制造业	湖南省	0. 985	1. 060	0. 936	1. 064	1. 002
山推股份	000680	专用设备制造业	山东省	1. 061	1. 238	0. 885	1. 255	1. 005
陕鼓动力	601369	电气机械及器材制造业	陕西省	1. 892	1. 835	1. 040	1. 831	1. 000
深科技	000021	计算机、通信和其他电子设备制造业	广东省	1. 310	1. 234	1. 087	1. 256	1. 009
神思电子	300479	计算机、通信和其他电子设备制造业	山东省	0. 952	1. 098	0. 889	1. 082	1. 012
数源科技	000909	综合	浙江省	0. 993	1. 417	0. 872	1. 430	1. 000
苏州固锝	002079	计算机、通信和其他电子设备制造业	江苏省	0. 903	0. 989	0. 921	0. 986	1. 003

续表

DMU	证券代码	所属行业	地区	全要素生产率变化值	技术效率变化值	技术进步变化值	纯技术效率变化值	规模效率变化值
天津港	600717	水上运输业	天津市	1.127	1.080	1.042	1.082	0.997
天士力	600535	医药制造业	天津市	1.088	0.931	1.128	0.934	1.008
通鼎互联	002491	电气机械及器材制造业	江苏省	0.979	1.025	0.963	1.074	0.969
现代制药	600420	医药制造业	上海市	1.275	1.174	1.116	1.168	0.998
新北洋	002376	计算机、通信和其他电子设备制造业	山东省	0.947	1.008	0.941	1.154	1.073
信维通信	300136	计算机、通信和其他电子设备制造业	广东省	0.898	1.008	0.925	0.948	1.166
星网锐捷	002396	计算机、通信和其他电子设备制造业	福建省	1.036	1.108	0.942	1.034	1.077
兴森科技	002436	计算机、通信和其他电子设备制造业	广东省	1.000	1.039	0.970	0.995	1.051
盐湖股份	000792	化学原料及化学制品制造业	青海省	1.020	1.877	1.046	1.903	0.956
阳光电源	300274	电气机械及器材制造业	安徽省	1.016	1.049	0.968	1.030	1.021
伊之密	300415	专用设备制造业	广东省	0.992	1.084	0.926	1.084	1.000
易华录	300212	软件和信息技术服务业	北京市	1.070	1.119	0.979	1.119	1.000
永利股份	300230	橡胶和塑料制品业	上海市	1.093	1.286	0.876	1.287	1.000
裕兴股份	300305	橡胶和塑料制品业	江苏省	1.172	1.135	1.042	3.440	2.556
长电科技	600584	计算机、通信和其他电子设备制造业	江苏省	0.996	1.148	0.987	1.201	1.119
长荣股份	300195	专用设备制造业	天津市	1.006	1.105	0.918	1.105	1.000
长盈精密	300115	计算机、通信和其他电子设备制造业	广东省	0.976	1.269	0.853	1.157	1.236

续表

DMU	证券代码	所属行业	地区	全要素生产率变化值	技术效率变化值	技术进步变化值	纯技术效率变化值	规模效率变化值
振华科技	000733	计算机、通信和其他电子设备制造业	贵州省	0.806	0.827	0.972	0.817	1.038
振芯科技	300101	计算机、通信和其他电子设备制造业	四川省	1.006	1.132	0.915	1.132	1.000
智云股份	300097	通用设备制造业	辽宁省	1.552	1.629	0.940	1.641	0.994
中钢天源	002057	化学原料及化学制品制造业	安徽省	1.091	1.230	0.908	1.140	1.065
中国重工	601989	铁路、船舶、航空航天和其他运输设备制造业	北京市	0.946	1.012	0.970	0.890	1.301
中航动控	000738	铁路、船舶、航空航天和其他运输设备制造业	江苏省	1.011	1.281	0.953	1.256	1.027
中科创达	300496	软件和信息技术服务业	北京市	0.930	1.578	0.933	1.578	1.000
中色股份	000758	有色金属矿采选业	北京市	1.232	1.112	0.912	1.508	1.028
中钨高新	000657	有色金属冶炼及压延加工业	海南省	1.122	1.154	0.956	1.171	1.048
中新药业	600329	医药制造业	天津市	0.917	0.847	1.077	0.847	0.993
中元股份	300018	电气机械及器材制造业	湖北省	0.929	1.156	0.867	1.156	1.000
中原内配	002448	汽车制造业	河南省	1.000	1.274	0.899	1.286	0.990
紫江企业	600210	橡胶和塑料制品业	上海市	1.289	1.474	0.918	1.486	0.987

表 5-6 上市公司创新发展动态分类

类别	变动因素	上市公司	占比情况
第一类（M>1）	双重动力增长型（EC>1，TC>1）	海亮股份、现代制药、白云山、海正药业、九芝堂、裕兴股份、秦川机床、天津港、大北农、深科技、三棵树、东材科技、盐湖股份、安阳钢铁、河钢股份、江苏阳江、陕鼓动力、九阳股份	19.35%
	技术效率增长型（EC>1，TC<1）	露笑科技、百利电气、科华恒盛、科泰电源、老板电器、澳柯玛、阳光电源、横店东磁、嘉麟杰、当升科技、青松股份、中钢天源、利达光电、朗科科技、漫步者、歌尔股份、海能达、星网锐捷、辉煌科技、华工科技、振芯科技、兴森科技、大亚圣象、精锻科技、凯众股份、航天晨光、中原内配、易华录、中航动控、智云股份、紫江企业、永利股份、科陆电子、劲嘉股份、中色股份、中钨高新、航天工程、兰石重装、达意隆、山推股份、柳工、长荣股份	45.16%
	技术进步增长（EC<1，TC>1）	步长制药、天士力	2.15%
第二类（M<1）	双重阻力倒退型（EC<1，TC<1）	振华科技、苏州固锝、光迅科技、光明乳业	4.30%
	技术进步阻碍型（EC>1，TC<1）	通鼎互联、金杯电工、中元股份、新北洋、信维通信、航天电器、崇达技术、神思电子、风华高科、长电科技、长盈精密、中科创达、中国重工、高乐股份、集智股份、三诺生物、伊之密、数源科技	19.35%
	技术效率阻碍型（EC<1，TC>1）	江山股份、华谊集团、乐凯胶片、巨星科技、广誉远、中新药业、华泰股份	7.53%

2. 上市公司分阶段创新动态分析

（1）阶段一：2016—2017 年

第一类上市公司共有 56 家，所占比例为 60.2%。其中，按照变动因素来分：

双重动力增长型的上市公司有 17 家，占比 18%，主要包括 13 个行业，分别是电气机械及器材制造业，非金属矿物制品业，黑色金属冶炼及压延加工业，化学原料及化学制品制造业，计算机、通信和其他电子设备制造业，木材加工及木、竹、藤、棕、草制品业，农副食品加工业，软件和信息技术服务业，食品制造业，橡胶和塑料制品业，医药制造业，有色金属冶炼及压延加工业，专用设备制造业。说明这些企业处于比较优秀的状态，创新效率的提高是由技术效率和技术进步两者共同的作用，创新能力好，技术先进以及资源管理能力较强。

技术效率增长型的上市公司有 35 家，占比 38%，主要包括 15 个行业，分别是综合，专用设备制造业，有色金属冶炼及压延加工业，印刷和记录媒介复制业，仪器仪表制造业，橡胶和塑料制品业，通用设备制造业，软件和信息技术服务业，燃气生产和供应业，汽车制造业，计算机、通信和其他电子设备制造业，化学原料及化学制品制造业，纺织业，纺织服装、服饰业，电气机械及器材制造业。表明这类企业创新效率的提高是完全来自技术效率的提高。

技术进步增长型的上市公司有 4 家，占比 4%，主要包括 3 个行业，分别是电气机械及器材制造业，化学原料及化学制品制造业，计算机、通信和其他电子设备制造业。表明这类企业创新效率的提高是来自技术进步的提高。

第二类上市公司共有 37 家，所占比例为 39. 8%。其中，按照变动因素来分：

双重阻力倒退型的上市公司有 9 家，占比 10%，主要包括 8 个行业，分别是造纸及纸制品业、有色金属矿采选业、仪器仪表制造业、医药制造业、橡胶和塑料制品业、汽车制造业、金属制品业、化学原料及化学制品制造业。说明这些公司在技术效率和技术进步方面存在问题，这两个方面都是阻碍企业创新效率的因素。

技术进步阻碍型的上市公司有 14 家，占比 15%，主要包括 7 个行业，分别是专用设备制造业，文教、工美、体育和娱乐用品制造业，铁路、船舶、航空航天和其他运输设备制造业，水上运输业，计算机、通信和其他电子设备制造业，化学原料及化学制品制造业，电气机械及器材制造业。

技术效率阻碍型的上市公司有 14 家，占比 15%，主要包括 7 个行业，分别是专业技术服务业，医药制造业，铁路、船舶、航空航天和其他运输设备制造业，计算机、通信和其他电子设备制造业，化学原料及化学制品制造业，黑色金属冶炼及压延加工业，电气机械及器材制造业。

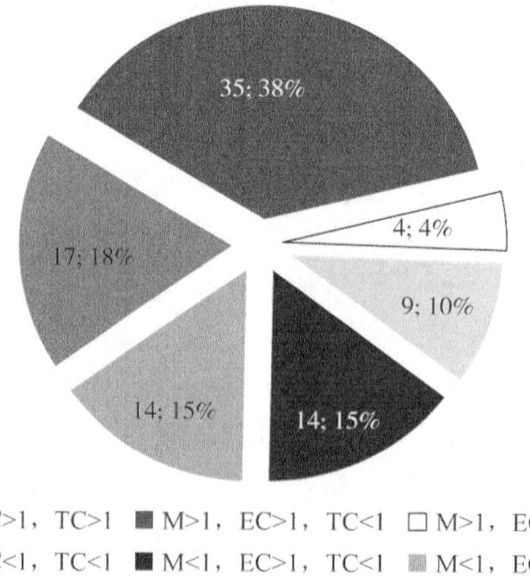

图 5-4　2016—2017 年上市公司创新发展动态分类

（2）阶段二：2017—2018 年

第一类上市公司共有 54 家，所占比例为 58%。与上一阶段相比，减少了 2 家企业。其中，按照变动因素来分：

双重动力增长型的上市公司有 12 家，占比 13%，主要包括 10 个行业，分别是电气机械及器材制造业，纺织服装、服饰业，计算机、通信和其他电子设备制造业，水上运输业，通用设备制造业，橡胶和塑料制品业，医药制造业，有色金属矿采选业，有色金属冶炼及压延加工业，专用设备制造业。其中与上一阶段相比，有 5 个上市公司上升到这一较为优秀的阶段，分别是中色股份，全要素生产率指数值为3.4；达意隆，全要素生产率指数值为2.1；中新药业，全要素生产率指数值为1.3；天津港，全要素生产率指数值为1.6；神思电子，全要素生产率指数值为1.1。有6家企业掉出这一类别，分别是光明乳业、科泰电源、老板电器、兴森科技、阳光电源、振华科技。

技术效率增长型的上市公司有34家，占比36%，主要包括18个行业，分别是电气机械及器材制造业，非金属矿物制品业，黑色金属冶炼及压延加工业，化学原料及化学制品制造业，计算机、通信和其他电子设备制造业，木材加工及木、竹、藤、棕、草制品业，农副食品加工业，汽车制造业，软件和信息技术服务业，铁路、船舶、航空航天和其他运输设备制造业，橡胶和塑料制品业，医药制造业，仪器仪表制造业，印刷和记录媒介复制业，有色金属冶炼及压延加工业，造纸及纸制品业，专业技术服务业，专用设备制造业。对比上阶段，这一类别的上市公司减少了1家企业。

技术进步增长型的上市公司有8家，占比9%，主要包括8个行业，分别是电气机械及器材制造业，计算机、通信和其他电子设备制造业，汽车制造业，燃气生产和供应业，铁路、船舶、航空航天和其他运输设备制造业，通用设备制造业，文教、工美、体育和娱乐用品制造业，橡胶和塑料制品业。对比上阶段，这一类别增加了4家企业。

第二类上市公司共有39家，所占比例为41.9%。与上一阶段相比，增加了2家企业。其中，按照变动因素来分：

双重阻力倒退型的上市公司有9家，占比10%，主要包括5个行业，分别是电气机械及器材制造业、化学原料及化学制品制造业、计算机、通信和其他电子设备制造业、食品制造业、医药制造业。这一阶段，有5家企业从第二类上市公司的双重阻力倒退型上升到第一类上市公司，分别是集智股份、华泰股份、佛塑科技、中色股份、三棵树，证明这5家企业全要素生产指数有所上升。相比之下，原本属于第一类上市公司的6家企业，横店东磁、歌尔股份、苏州固锝、中钢天源、东材科技、光明乳业，却下滑至第二类上市公司的双重阻力倒退型。

技术进步阻碍型的上市公司有12家，占比13%，主要包括6个行业，分别是电气机械及器材制造业，化学原料及化学制品制造业，计算机、通信和其他电子设备制造业，汽车制造业，橡胶和塑料制品业，专用设备制造业。对比上阶段，这一类别减少了2家企业。

技术效率阻碍型的上市公司有18家，占比19%，主要包括11家行业，分别是电气机械及器材制造业，纺织业，化学原料及化学制品制造业，计算机、通信和其他电子设备制造业，金属制品业，汽车制造业，软件和信息技术服务业，医药制造业，仪器仪表制造业，专用设备制造业，综合。对比上阶段，这一类别增加了4家企业。

（3）阶段三：2018—2019年

第一类上市公司共有43家，所占比例为46%。与上一阶段相比，减少了11家。其中，按照变动因素来分：

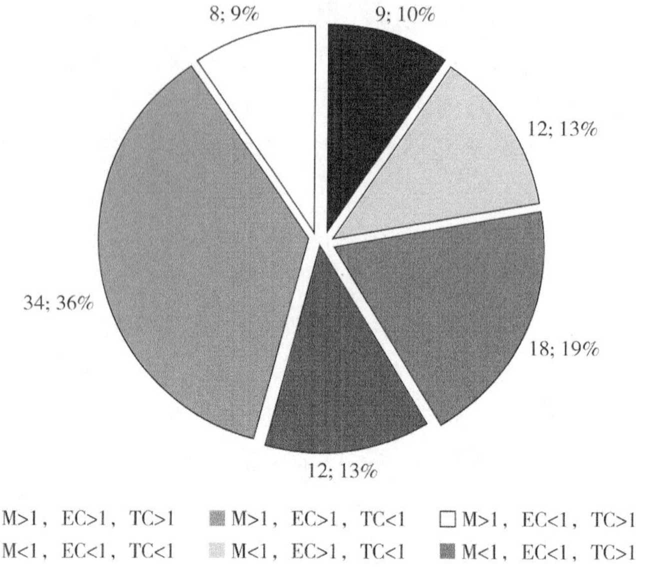

图 5-5　2017—2018 年上市公司创新发展动态分类

双重动力增长型的上市公司有 10 家，占比 11%。主要包括 7 个行业，分别是电气机械及器材制造业，黑色金属冶炼及压延加工业，化学原料及化学制品制造业，计算机、通信和其他电子设备制造业，金属制品业，医药制造业，专业技术服务业。与上一阶段相比，这一类别减少了 7 家企业，分别是达意隆、山推股份、天津港、永利股份、智云股份、中色股份、中钨高新；增加了 4 家企业，分别是九阳股份、天士力、巨星科技、东材科技。增加的企业数量比减少的企业数量要少，反映出这一类的企业有所退步。

技术效率增长型的上市公司有 28 家，占比 30%，主要包括 13 个行业，分别是电气机械及器材制造业，纺织服装、服饰业，化学原料及化学制品制造业，计算机、通信和其他电子设备制造业，汽车制造业，燃气生产和供应业，软件和信息技术服务业，食品制造业，铁路、船舶、航空航天和其他运输设备制造业，文教、工美、体育和娱乐用品制造业，橡胶和塑料制品业，仪器仪表制造业，专用设备制造业。对比上阶段，这一类别的上市公司减少了 6 家企业。

技术进步增长型的上市公司有 5 家，占比 5%，主要包括 4 个行业，分别是化学原料及化学制品制造业，农副食品加工业，医药制造业，有色金属冶炼及压延加工业。对比上阶段，这一类别减少了 3 家企业。

第二类上市公司共有 50 家，所占比例为 54%。与上一阶段相比，增加了 11 家。其中，按照变动因素来分：

双重阻力倒退型的上市公司有 23 家，占比 25%。主要包括 11 个行业，分别是电气机械及器材制造业，化学原料及化学制品制造业，计算机、通信和其他电子设备制造业，水上运输业，铁路、船舶、航空航天和其他运输设备制造业，通用设备制造业，橡胶和塑料制品业，医药制造业，有色金属矿采选业，有色金属冶炼及压延加工业，专用设备制造业。相对上一阶段，两个变化值都小于1的企业新增了13家，分别是柳工、青松股份、中国重工、崇达技术、通鼎互联、朗科科技、九芝堂、天津港、秦川机床、露笑科技、中钨高新、山推股份、中色股份；同时减少了6家企业，分别是歌尔股份、苏州固锝、天士力、中钢天源、东材科技、光明乳业。

技术进步阻碍型的上市公司有18家，占比19%，主要包括10个行业，分别是电气机械及器材制造业，纺织业，计算机、通信和其他电子设备制造业，木材加工及木、竹、藤、棕、草制品业，汽车制造业，软件和信息技术服务业，仪器仪表制造业，印刷和记录媒介复制业，专用设备制造业和综合行业。对比上阶段，这一类别增加了6家企业。

技术效率阻碍型的上市公司有9家，占比10%，主要包括6个行业，分别是非金属矿物制品业，黑色金属冶炼及压延加工业，化学原料及化学制品制造业，橡胶和塑料制品业，医药制造业，造纸及纸制品业。对比上阶段，这一类公司减少了9家。

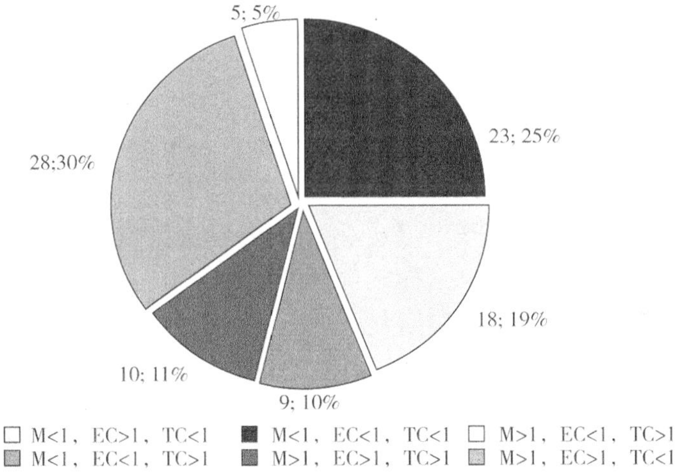

图5-6 2018—2019年上市公司创新发展动态分类

（4）阶段四：2019—2020年

第一类上市公司共有53家，所占比例为58%。与上一阶段相比，增加了10个。其中，按照变动因素来分：

双重动力增长型的上市公司有32家，占比35%，主要包括13个行业，分别是电气机械及器材制造业，黑色金属冶炼及压延加工业，化学原料及化学制品制造业，计算机、通信和其他电子设备制造业，木材加工及木、竹、藤、棕、草制品业，汽车制造业，食品制造业，通用设备制造业，橡胶和塑料制品业，医药制造业，仪器仪表制造业，有色金属冶炼及压延加工业，专用设备制造业。与上一阶段相比，这一类别的上市公司减少了5家企业，分别是东材科技、航天工程、陕鼓动力、天士力、中新药业，而增加了17家企业，分别是白云山、大亚圣象、广誉远、海正药业、辉煌科技、九芝堂、科陆电子、朗科科技、露笑科技、秦川机床、青松股份、山推股份、通鼎互联、现代制药、裕兴股份、智云股份、中钨高新。

技术效率增长型的上市公司有 9 家，占比 10%，主要包括 9 个行业，分别是电气机械及器材制造业，纺织业，化学原料及化学制品制造业，计算机、通信和其他电子设备制造业，汽车制造业，铁路、船舶、航空航天和其他运输设备制造业，橡胶和塑料制品业，专用设备制造业，综合。对比上阶段，这一类公司减少了 19 家企业。

技术进步增长型的上市公司有 12 家。占比 13%，主要包括 6 个行业，分别是专用设备制造业，水上运输业，金属制品业，计算机、通信和其他电子设备制造业，化学原料及化学制品制造业，汽车制造业。对比上阶段，这一类别的上市公司增加了 7 家企业。

第二类上市公司共有 40 家，所占比例为 42%。与上一阶段相比，减少了 10 个。其中，按照变动因素来分：

双重阻力倒退型的上市公司有 5 家，占比 5%，主要包括 5 个行业，分别是电气机械及器材制造业，计算机、通信和其他电子设备制造业，燃气生产和供应业，文教、工美、体育和娱乐用品制造业，专用设备制造业。这一阶段与上一阶段相比，仅增加了 3 家企业，分别是苏州固锝、安彩高科、高乐股份；减少了 15 家企业，分别是青松股份、光迅科技、通鼎互联、朗科科技、航天电器、九芝堂、天津港、新北洋、辉煌科技、秦川机床、智云股份、露笑科技、中钨高新、山推股份、永利股份。证明在这一阶段，有较多的企业全要素生产指数值有所回升。

技术进步阻碍型的上市公司有 4 家，占比 4%，主要包括 4 个行业，分别是计算机、通信和其他电子设备制造业，软件和信息技术服务业，有色金属矿采选业，专用设备制造业。对比上阶段，这一类别的上市公司减少了 14 家。

技术效率阻碍型的上市公司有 31 家，占比 33%，主要包括 18 个行业，分别是电气机械及器材制造业，纺织服装、服饰业，非金属矿物制品业，黑色金属冶炼及压延加工业，化学原料及化学制品制造业，计算机、通信和其他电子设备制造业，农副食品加工业，汽车制造业，软件和信息技术服务业，铁路、船舶、航空航天和其他运输设备制造业，橡胶和塑料制品业，医药制造业，仪器仪表制造业，印刷和记录媒介复制业，有色金属冶炼及压延加工业，造纸及纸制品业，专业技术服务业，专用设备制造业。对比上阶段，这一类公司增加了 22 家。

表 5-7 汇总了 2016—2020 年各个阶段上市公司创新发展的动态变化历程，可以发现，第一类公司数量略高于第二类公司，但是 2018—2019 年阶段，第二类占比超过了第一类公司，第一类企业数量在 2016—2019 年不断下降，然后在 2019—2020 年上升，第二类企业数量在 2016—2019 年上升，2019 年后有所回落。根据图 5-8，双重动力增长型、技术进步增长型、技术效率阻碍型这 3 类上市公司的数量都有不同程度的上升，其中，在 2019 年后有较为明显的上升转折点，表明近年来依赖技术进步的上市公司数量在持续上升。

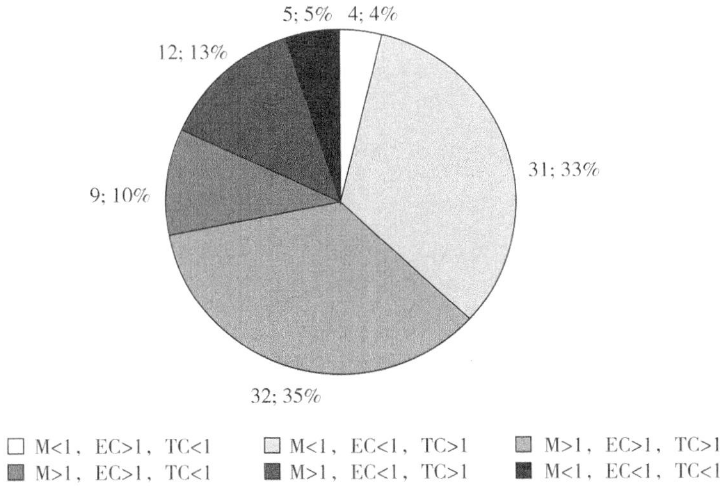

图 5-7　2019—2020 年上市公司创新发展动态分类

表 5-7　上市公司创新发展动态汇总（2016—2020 年）

上市公司类型	变动因素	2016—2017 年		2017—2018 年		2018—2019 年		2019—2020 年		均值	
		数量	占比	数量	占比	数量	占比	数量	占比	数量	占比
第一类上市公司	双重动力增长型（EC>1，TC>1）	17	18%	12	13%	10	11%	32	35%	18	19%
	技术效率增长型（EC>1，TC<1）	35	38%	34	36%	28	30%	9	10%	27	29%
	技术进步增长型（EC<1，TC>1）	4	4%	8	9%	5	5%	12	13%	7	8%
第二类上市公司	双重阻力倒退型（EC<1，TC<1）	9	10%	9	10%	23	25%	5	5%	11	12%
	技术进步阻碍型（EC>1，TC<1）	14	15%	12	13%	18	19%	4	4%	12	13%
	技术效率阻碍型（EC<1，TC>1）	14	15%	18	19%	9	10%	31	33%	18	19%

四、结论与对策

本章应用超效率 DEA 模型和 Malmquist 指数分解法对 2016—2020 年 93 家上市公司的创新发展进行了静态和动态的分析。可以看出上市公司整体创新效率水平仍较低，现有规模未达到最优，资源没有得到合理的分配，企业与企业、行业与行业之间，差距较为显著，行业发展均衡性较低，未来存在较大的进步空间。根据已有的研究，本章为上市公司高质量创新发展提出以下建议。

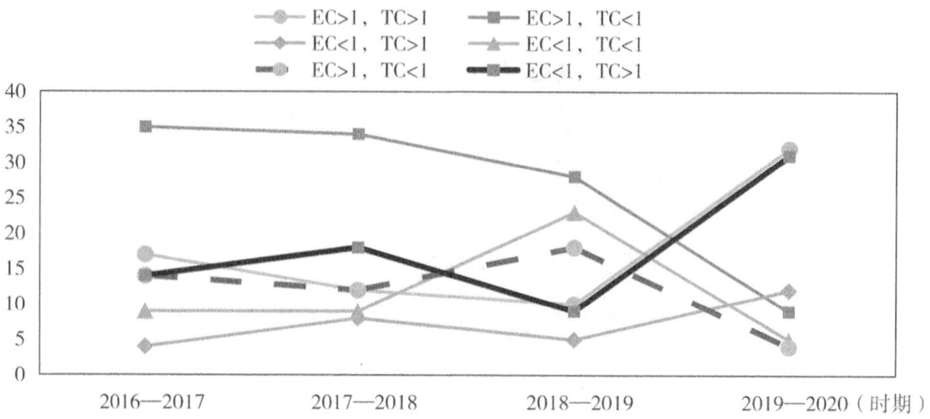

图 5-8　上市公司创新动力变化情况

（一）合理利用有利政策

近年来，国家为了支持企业上市以及支持上市公司创新发展，颁布了一系列有利政策，对各类市场主体一视同仁，不设置任何附加条件和隐形门槛，营造公平竞争的市场环境。同时近年来，证监会持续优化 IPO、再融资、分拆上市等市场化机制安排，推动各类资金转化为资本，为上市公司发展壮大构建了良好的生态环境。对应不同行业，政府有不同的针对性的帮扶政策，不同行业的上市公司应该根据自身实际情况充分利用相关政策，在外力的帮助下，依靠自身提高整体创新发展水平。

（二）合理控制创新投入规模

研发投入是企业创新发展的物质基础[1]，研发投入的强度对企业盈利能力起着促进作用。创新投入的主要目的是为企业带来利润，但是根据边际生产力递减规律，在技术给定和其他要素投入不变的情况下，连续增加某一种要素的投入所带来的总产量的增量在开始阶段可能会上升，但迟早会出现下降的趋势，因此需要合理规划投入产出，实现资源的最优配置，对于规模效率未达标的公司，需要具体分析原因，割除冗余，填补不足。

（三）进行管理与制度创新

首先，上市公司需要进行管理创新改革，提高现代化管理水平与效率，不断采用适应市场需求的新管理方法，将技术先进性和管理先进性相结合，有效运用企业资源，适应现代企业发展需要。其次，企业文化的创新对企业管理创新也会有一定的影响，先进的企业文化不仅会影响企业管理模式，也会对企业员工有潜移默化的作用，使员工主动提升自己的专业能力。除此之外，公司的治理水平是影响企业管理能力的因素之一，上市公司治理还需要进行严格规范，加强自查和问题整改，增强规范运作的内生动力，如此，公司治理水平才能有新的提高。

（作者简介：黄仕靖，女，博士，南京邮电大学高质量发展评价研究院、高质量发展综合评估研究基地副研究员，主要从事信息资源评价与管理方面的研究。）

参考文献

[1] 刘云，马志云，张孟亚，白旭．研发投入对企业绩效的影响研究——基于中关村高新技术企业的实证分析［J］．中国科技论坛，2020（12）：67-75+85.
[2] 杨晔，王鹏，李怡虹，杨大楷．财政补贴对企业研发投入和绩效的影响研究——来自中国创业板上市公司的经验证据［J］．财经论丛，2015（1）：24-31.
[3] 唐清泉，徐欣，曹媛．股权激励、研发投入与企业可持续发展——来自中国上市公司的证据［J］．山西财经大学学报，2009，31（8）：77-84.
[4] 张洪辉，夏天，王宗军．公司治理对我国企业创新效率影响实证研究［J］．研究与发展管理，2010，22（3）：44-50.
[5] 刘建国．绩效衰退与企业创新行为——基于中国上市公司的实证分析［J］．南开管理评论，2017，20（4）：140-152.

第六章　中国典型企业创新发展评价

摘　要：作为一家白手起家的中国科技公司，华为通过30多年的不懈努力，从无产品无技术到拥有有效授权专利11万件，从2万元创办到世界五百强的第44位，从默默无闻的小公司到全球通信巨头，它是如何从产业链的底端升到最高端？如何从中国走向世界的？2019年7月，华为在最新发布的《创新和知识产权》白皮书中回答道："持续创新是华为30多年来生存和发展的根本，是华为基业长青的基石。"华为的创新历程可分为创业初期、稳定发展期和全球布局期三个阶段，其创新发展包括技术创新发展、管理创新发展和商业模式创新发展三个方面。

一、华为公司的概况

（一）华为公司的基本情况

华为公司全称"华为技术有限公司"，于1987年在深圳正式创立，刚开始只是生产经营用户交换机（PBX）的一家香港公司的销售代理。在创立初期，华为只有6名员工和2万元注册资金，没有自己的产品、技术，没有雄厚的资本支持，也没有国有企业的背景，更谈不上品牌。而当时的市场情境是国际电信巨头瓜分着中国电信设备市场，刚刚成立的华为不得不在国际电信巨头的缝隙中艰难求生。但是华为凭借着它勇于拼搏不服输的斗志和过硬的研发实力，经过30多年的发展走向了世界，成为通信行业的标杆企业，是全球领先的ICT（信息与通信）基础设施和智能终端提供商。目前，华为公司主要在通信技术、信息服务和数据处理等方面为全球用户提供包括硬件和软件在内的优质服务，赢得了全球用户的长期青睐。到现在为止，华为大概拥有19.5万名员工，业务遍及世界170多个国家和地区，为全球近一半的人口服务。

1990年，华为开始自主研发用户交换机（PBX）并进行商用；1992年，华为研发并推出农村数字交换解决方案；1995年，华为的销售额就达到了15亿元人民币；1999年，华为在印度班加罗尔设立研发中心；2000年，华为在瑞典首都斯德哥尔摩设立研发中心；2002年，华为在海外的市场销售额达到了5.52亿美元；2005年，华为成为英国电信首选的21世纪网络供应商，提供多业务网络接入部件和传输设备，2007年底成为欧洲所有顶级运营商的合作伙伴，并被沃达丰授予"2007年杰出表现奖"；2008年，华为被《商业周刊》评选为全球十大最有影响力的公司之一，在移动设备领域排名全球第三，且根据世界知识产权组织的统计，华为的专利申请数排名全球第一；2009年，华为成功交付全球首个 LTE/EPC 商用网络，获得全球最多的 LTE 商用合同；2010 年，华为加入了联合国世界宽带委员会；2012 年，华为与全球 33 个国家开展云计算合作，并建设了全球最大的有 7 万人规模的桌面云；2013 年，华为的智能手机业务进入全球前三名，品牌的知名度同比增长 110%，也是在这一年，华为发布 5G 白皮书，积极构建 5G 全球生态圈；2014 年，华为在全球 9 个国家建立 5G 创新研究中心，承建全球 186 个 400G 核心路由器商用网络；2015 年，华为以 3898 件专利申请数连续两年第一，并在中国的智能手机市场份额位居首位；2016 年，华为的网络服务覆盖率已经达到全球 1/3 以上的人口，且在全国工商联发布的"2016 中国民营企业 500 强"榜单中，华为以 3950.09 亿元人民币的年营业收入位列榜首；2017 年华为的全球品牌知名度提升至 86%，进入全球前三名；2018 年，华为全年全球销售收入超过千亿美元，手机的发货量稳居全球前三。

（二）华为公司的全球业务

华为的产品和解决方案已经应用于全球 100 多个国家和地区，在海外市场设立了 20 个地区部，100 多个分支机构；在瑞典斯德哥尔摩、美国达拉斯及硅谷、印度班加罗尔、俄罗斯莫斯科等地设立了研发机构，通过跨文化团队合作，实施全球异步研发战略。

华为业务遍及全球，在全球各地区都有开展不同的业务。美洲：2001 年，华为在得州成立了第一家美国全资子公司 Future Wei，销售数据和宽带产品，成为正式进入美国市场的标志。欧洲：1999 年，华为率先进入俄罗斯市场后，数十年间与俄罗斯的主流运营商 MTS、Vimpel Com、Syviazinvest 等开展多项合作，设立了多个代表处，以形成完整营销网络。2001 年，华为与德国代理商签订合同销售华为自主生产的光纤传输设备 10GSDH，这表示华为开始进入德国市场，同时打开了西欧市场并在和欧洲运营商的合作中，逐步进入其他欧洲国家市场。亚太市场：2005 年，华为公司在日本东京成立子公司，主要从事通信终端的销售。如今招聘员工超 900 人，并在 2007 年其通信终端首次在日本实现商用。之后一年华为在日销售额突破 1 亿美元。东南亚地区：华为手机终端在东南亚市场上的份额持续保持在前三，仅仅在缅甸，华为的加盟店和旗舰店就有着近 100 家，在其市场上的份额也过半。非洲和拉丁美洲：21 世纪初期华为公司就开始进入非洲和拉美国家市场，华为在 2003 年与埃塞俄比亚的一家电信公司签署超 2000 万美元价值的合同，主要从事公司原有交换网络的优化和改造。如今华为在拉美地区的 9 个国家中设立了 13 个代表处，其中与厄瓜多尔签署了总额为 1200 万美元的合同，内容涵盖了光纤接入、程控交换和智能网等项目。

2019 年 5 月，美国总统特朗普正式宣布禁止企业使用会对本国国家安全构成危险的公司所生产的电信设备，并且指示商务部在 150 天内和其他政府机构合作拟订具体执行计划。以国家安全为由，美国商务部工业与安全局（BIS）在 5 月 16 日正式将华为和其 70 家附属公司列入了出口管制的"实体清单"，禁止华为在未经特别批准时购买重要的美国技术。对此，华为回应已做好准备并开始不断更换供应链，争取早日实现去美化。2019 年 11 月份，华为在智能手机业务上已经基本完成了“去美化”，在华为 2019 年下半年发布的 Mate 30 中已经没有了美国的芯片，大量采用国产零部件以及自研芯片，而在存储芯片上也替换成了三星等厂商。同时华为也完成了在 5G 通信基站业务方面的“去美化”，现在商用的 5G 基站中已经没有了美国的芯片。作为华为最大营收部门的手机、通信设备实现了“去美化”，也代表着华为基本完成了真正的“无美企”供应链。

（三）华为公司的创新成果

华为自 1987 年成立至今，经营模式始终保持自己的特点，把自主研发作为核心，逐渐提高核心技术，华为能有今天的成就，始终坚持靠自己的活力创新和稳打稳扎。持续的研发创新投入带来丰硕的成果。华为经过 30 多年的发展，在无线通信、有线接入、核心路由交换设备、智能终端领域均取得了显著的进步。

在无线通信领域，率先推出分布式基站、3G/4G 一体化基站，在 5G 的研究上，推动 Polar 码成为国际标准。在 2017 年，华为发布了 5G 端到端解决方案，包括无线、传输、核心网、终端（CPE）在内的商用产品，与运营商及主流终端芯片厂商完成 IODT 测试，协助全球多个运营商在多个核心城市完成 5G 预商用部署。在 LTE 领域持续演进，打造基于体验的全业务基础网络，推动 WTTx、NB-IoT、车联网等业务持续发展。华为打造了未来无线网络三大基础能力：Single RAN Pro、移动网络全云化和无线智能，帮助运营商构建一张多业务融合网络。Single RAN Pro，提供“1+1”极简的目标网，解决多业务发展的容量、覆盖和时延要求；移动网络全云化，构建敏捷灵活的网络架构，提升多业务连接效率；无线智能，运用人工智能技术构建智能化的网络管理能力，实现高效的网络运维和多业务体验优化。

在网络领域，发布了智简网络（Intent-Driven Network），提出以商业驱动、用户为中心的网络转型架构，包括了“智慧、极简、超宽、安全、开放”五大特征，助力全球运营商及企业用户数字化转型。通过引入云化、大数据和 AI 技术，智简网络推出创新的 Network Cloud Engine 框架，包括 Intent Engine、Automation Engine、Analytics Engine 和 Intelligence Engine 四大引擎，帮助运营商实现基于商业意图驱动的网络自动化和智能化。推出 50GE/100GE 自适应分片路由器；发布千万级用户的云化 BRAS 解决方案；发布 4T 路由器线卡，并完成路由器单端口 400GE 商用测试；光传送发布 1TOTN 集群方案；升级数据中心网络 CloudFabric 解决方案，推出智能分析平台 FabricInsight；面向园区发布新一代 CloudCampus 解决方案，实现 Wi-Fi 及 IoT 融合接入云管理园区网络；广域网络发布 SD-WAN 解决方案。

在智能手机领域，发布 HUAWEI Mate 系列产品：搭载集成专用神经元网络单元（NPU）的人工智能处理器麒麟 970，打造“更懂你”的智慧手机。AI 相机智能识别拍照场景和物体，根据拍摄对象的特点和属性自动调节参数设置，使得每一拍都能达到更加出色的效果；F1.6 大光圈夜景拍照采用关键物体智能对焦技术，结合异构计算，实现快拍。采用 EasyTalk 技术，使得消费者在嘈杂情况下，用户通话更清晰。在高密度电池上实现 SuperCharge 快充技术，并结合智慧引擎功耗管理技术，使手机续航更持久。EMUI 8.0 结合人工智能技术进一步优化 Androidr 卡顿问题，使得手机更流畅。

二、华为公司的创新发展历程

（一）创业初期——农村市场为主

华为公司在创业初期，没有充足的资金支持，也没有素质精良的科技研发团队，资金储备比较少，在此时的情境下，只能引进国外技术，并通过消化吸收技术，掌握其一定的核心技术再进行二次创新即引进消化吸收再创新，被称为当时的一种高效和务实的模式。华为公司的创始人任正非在早期曾发表言论，表示华为公司在成立初期根本就没有什么先进的技术，当时的世界上有许多现成的技术，根本不用自己来进行开发，直接“拿来”就行了。可见早期的华为公司通过付费授权使用专利的办法，引进跨国公司现成的技术，然后消化吸收，进行二次创新，这也是绝大多数中国企业创业初期所经历的道路。

20 世纪 80 年代，全国通信市场从农话到国家骨干电话网市场全部被国外进口产品长期垄断，价格居高不下，造成国内电话不能迅速普及。例如在一个中等规模的城市，电话安装费用达到 5000 元，并且预约等候时间大概为半年。当时的中国市场环境交换机的需求量很大，但市场上流通的产品大多来自国外，以营利为目的的企业，必然对产品的定价很高。华为自 1990 年通过引进、消化吸收再创新的自主创新模式开始进行针对小企业和酒店用户的程控交换机 PBX 技术的开发，成功研制出阳春机型并进行商用。华为当时的产品受众群体多是一些小用户，例如宾馆等，相对于国外进口产品每线 1000 多元的价格，华为交换机的报价仅为每线 600 多元，价钱比进口机器便宜很多。

尽管 1990 年华为成功研发出面向酒店与小企业的 PBX 技术开启了华为公司自主创新元年，但此时的华为仍基本处于零起步的状态，在资金储备以及市场竞争力方面，都没有实力与国外竞争者在大、中型城市参与竞争。任正非看到：相对于大、中型城市来说，更加广阔的县城以及农村市场会成为华为发展的方向，当时外商企业没有涉足的市场正是农村市场，这也为华为的进一步发展带来了机会。选择步入农村市场，华为也是经过考察分析作出的。第一个原因是更加广阔的农村市场通信设备行业门槛较低，相对行业风险性降低。第二个原因是当时农村人口数量相对较大，对于产品的性能更是注重实用性，对品牌关注度以及质量没有过高要求。1992 年，华为凭着自己研究出的农村数字交换解决方案，步入了农村市场，打响了“农村包围城市”的战役。1993 年经历了无数次失败之后华为终于推出了 2000 门网用大型交换机设备 C&C08 机，并在此技术基础之上，又推出了 C&C0 万门交换机。这款产品是华为自主开发，具有华为公司完全自主知识产权的产品，体现了华为自主研发的能力上升到了一个新的阶段。这标志着华为拥有了自己的技术积累，也培养了优秀的营销和研发团队。在 1995 年，中国农村市场的销售额占据了华为总销售额的主要部分，总值突破 15 亿元人民币。随着自有资金储备与实力不断增强，华为逐步调整自己的战略市场，目标正式转到中国的主要城市。因此从1987年创立到1995年，华为公司在该阶段市场的受众主要集中在农村。

（二）稳定发展期——占领城市市场

1995—2001年是华为公司稳定发展时期，这个阶段的市场开始向城市转移。以农村市场为主的创业初期，满足了消费人群对产品的性能要求，在“人海战术”中快速抢占农村市场，占据了主要的农村市场份额，推进了市场的发展，市场份额的增长更带来了利润增值。到了1995年，从销售额方面可以看到，华为此时的销售额达到了15亿元人民币，而作为强劲竞争对手的中兴，其销售额也才有2.7亿元。只短短几年的发展，就让华为在当时的全国电子百强名单中榜上有名，排名达到了第26位。此时的华为意识到市场份额需要再次逐步扩大，于是选择将主要受众市场转向城市，步入新的发展阶段。

虽然华为在农村市场上占据了一定的优势，但环顾当时的竞争环境，也是颇为激烈的，既有来自拥有雄厚资金实力的知名国际通信公司，也有像国内逐步发展壮大的通信企业，例如中兴等。华为更为理性地认知到自己的机遇和挑战，之前从价格优势上来获得市场，已经不是最有效的竞争手段了，来自市场竞争的改变让华为更加坚信技术创新是必需的，坚持走技术创新之路是有效的。

1995年华为在北京成立专门的研究所，开始通信产品ISDN的研发，但由于科研实力的不足，此项技术未能面世便被取代，研发以失败告终。1996年华为公司不甘放弃，又继续进行技术研究与开发，成功上市了宽带网以及路由器等产品，产品的受众度高使其迅速占据了我国的城市市场。1997年华为又继续研发推出了无线GSM解决方案，市场的逐步扩展，让华为信心大增。1998年中国主要城市市场都已能看到华为的“身影”。

在成绩取得的同时，华为也能积极审视自己的不足，城市市场占据固然是可喜的，但同时也要看到：自身技术研发和管理体系存在混乱，管理粗放没有精细化，成本控制没有达到要求，造成浪费。华为公司需要进行研发体系和管理体系的变革，自此华为开始走向开放合作的自主创新道路。

在技术创新方面，华为公司广泛与全球高校和科研院所进行合作，在全球范围内建立研发基地。

1997年5月华为与中国科学技术大学合作成立了中国科大-华为信息技术研究所，开启了华为最早的合作之路。在此之后，华为还积极与全球20多个国家的顶尖大学进行合作。

1999年华为公司成立了“华为公司高校基金”，之后发展成为华为公司一项长期的合作创新模式——“华为公司创新研究计划（HIRP）”，致力于构建开放的产学研生态，实现创新到价值的转换。除了与科研所和各高校合作之外，华为还积极探索新的提高先进技术的方法，华为公司开始与具有雄厚技术实力的跨国公司组成战略联盟，共同推进企业创新。在技术方面华为公司先后与摩托罗拉、微软及英特尔等世界一流企业联合组建实验室，推进技术创新；与松下、3COM等联合成立公司。在组织管理方面华为公司积极地向IBM、贝尔等世界著名的高科技公司学习先进的组织管理制度。自此，华为公司逐渐与世界接轨，走向了规范化发展道路。

1997年，任正非去美国考察，重点参观了世界知名高科技企业如贝尔实验室及IBM等，也由此认识到在技术创新领域中美企业的差距。任正非对IBM的管理模式和方法都颇为欣赏，也正式提出与IBM合作，引进吸收更先进的创新技术和更高效的管理模式，让华为国际化进程不断走向规范化。

1998年，“IT战略规划”的项目顺利展开，这个项目对华为来说影响颇大，它是华为与IBM公司合作的具有历史意义的管理变革。在这个项目中详细地阐述了华为在以后年度中要进行变革的业务，同时也包括要开展的IT项目，其内容涉及范围广，连接了公司价值链的各个节点，最后完成了整个项目的流程变革，大概用了5年的时间，耗用资金也达到了10亿元人民币，对于华为来说这场管理变革是值得的。内部管理更加规范化的华为又继续拓展合作创新之路，2000年与当时被誉为行业界“老大”的美国朗讯进行合作，并建立联合实验室，继续保持对技术创新的投入。

（三）全球布局期——迈向国际市场

2001年到现在，该阶段是华为公司自主创新快速发展时期，华为自主创新战略得到进一步的发展，市场逐步走向国际化。经过前期技术创新的积累和市场规模的扩展，华为公司在全球170多个国家和地区拥有了自己的业务市场，产品名誉度和品质得到全球消费市场的认可。华为稳步走向了成熟期，综合实力也迈向新台阶，在5G、光网络等前沿技术领域逐渐成为全球领跑者。

当通信行业步入了21世纪，竞争局面也发生了巨大的变动，由于通信行业的兴起，国际市场涌现出许多新兴公司，但同时带来了市场的供大于求，需求紧缩使很多国外通信大公司受到了重创，它们纷纷将市场转向了需求量较大的中国，但这一举动给中国本土企业造成了发展束缚，对于华为来说也是很大的挑战。但此时华为另辟蹊径，与俄罗斯的电信部门签订了CTMS设备合同，合同数额高达上千万美元，这对于华为来说真是“及时雨”，同时这也为华为开拓国外市场增强了信心，开始一步一步地进军海外市场。

华为仍然坚持技术创新，加大科研投入。2001年，Quidway S全系列智能以太网交换机以及Quidway Engine 80核心千兆交换路由器首次被华为公司推广面世，华为因此也被誉为第一家具有软件开发管理CMM的四级国际认证的企业。

2002年，华为倡导推出了Quidway Net Engine 40系列通用交换路由器、Quidway Net Engine 5000万兆核心路由器和Quidway S 8500万兆核心多层交换机。

2003年，华为3COM合资公司成立，同年华为西门子TD-SDMA合资公司成立。它们均依靠自己的技术产品专利以及所有资产进行入资，使华为在技术专利以及技术创新方面具有了较大成长。

2006年，移动创新中心在马德里建立，这是作为华为第一个联合创新的中心。沃达丰与华为研究出了很多新兴技术以及新兴产品，并投入生产，创造出商业价值。其中Single RAN被竞相追逐成为移动行业的技术标杆。基于移动创新中心的成功，华为与沃达丰之后多次合作创立创新中心、核心网创新中心、固定移动融合创新中心、传输创新中心以及Open Cloud联合创新中心等，进一步探索新的创新途径。

2007年，华为推出了第四代基站产品——能将GSM、WCDMA、CDMA、WiMAX、LTE融合在一起的平台基站，此产品属于世界首创。众多的世界领先运营商，包括沃达丰、中国移动、英国电信、西班牙电信、法国电信/Orange、荷兰皇家电信和德国电信等，都选择了华为作为其面向未来网络转型发展的合作伙伴。同年年底，华为顺利进入了欧洲工业强国——德国以及俄罗斯的圣彼得堡等重要城市，此刻的华为公司成功在欧洲运营商中实现突围，成为佼佼者。

2009年，华为又华丽地推出了全球首个LTE/EPC商用网络，并因此获得LTE商用合同数名列全球首位。2009年，华为全球销售收入1491亿元人民币，成功超越了国际电信巨头——西门子和诺基亚公司，仅次于当时世界第一大电信设备公司——爱立信。同年，华为投入6亿美元的专项预算，开始进行5G技术创新。此时的5G技术还未成熟，世界上还没有任何一家公司掌握5G技术，华为公司没有可以借鉴和引进的技术，因此华为公司开始进入技术领域的无人区，开启了华为公司的原始创新模式。

在3G模式时期，由于国际市场上3G技术已相对成熟，华为在技术上没有更多的突破，所以一直跟随着时代的发展。迈入4G时代，华为在技术和研发上有了较高的投入，实力大增，能够在国际上与大的厂商相抗衡，并且在国际市场上也具有了较高的声望。华为一直秉承着技术创新原则，步入全球范围内的“无人区”，推动了5G时代的到来，真正成为新时代的“佼佼者”。

2010年，华为Single RAN商用网络的总数超过了80个，并且遍布全球。

2012年，华为推出建设全球规模最大的容纳量达到7万人的桌面云，并且推出的手机型号例如荣耀、Ascend PI等都在多个国家热销。

2013年，华为发布并全力构建了全球5G生态圈，发布骨干路由器和全光交换网络AOSN新架构。

2015年，华为专利申请数位居全球第一，数额达到3898件。同年，最高速率3Tbps光传输现网测试建设成功。

2016年，华为在全球部署了超过60张4.5G网络。智能手机销售量全球稳步提升，市场份额占比跨入全球前三排行榜。

2017年，华为运营商业务：从“投资驱动”走向“价值驱动”。50万个基站在全球范围内建立完毕，5G商用性能测试也被国际电信联盟（ITU）所认可。企业业务成功完成行业数字化转型，构建出了开放可信的华为云平台。

2018年，华为发布了世界第一款7nm工艺级的手机芯片——“海思麒麟980”。全球销售额突破千亿美元大关。

2019年，华为智能手机业务保持稳健增长，发货量超过2.4亿台，超过苹果成为仅次于三星的第二大手机厂商，5G 手机市场份额全球第一。华为公司还发布昇腾 910 芯片、鸿蒙 OS 等，以摆脱智能手机对美国谷歌公司安卓系统的依赖，减少美国“实体管制清单”的影响。

三、华为公司的技术创新发展

技术创新发展作为公司整体经营发展的重要组成部分，与公司的发展阶段、所处的市场地位、技术能力水平息息相关，随着公司的发展变化而不断变化。同样，华为公司的技术创新发展也是随着华为公司的发展变化不断发展变化的。总体上看，华为公司成立 30 年来，其技术创新发展大致经历了三个阶段，即模仿式技术创新、合作式技术创新、自主式技术创新。

（一）第一阶段：模仿式技术创新（1987—1994 年）

华为技术创新发展第一阶段是 1987—1994 年，从华为创立到 C&C08 交换机的问世，这一阶段主要是模仿式技术创新。

一直以来，通信行业作为国家重点支持项目，在国内取得了快速的发展。早期，我国的通信技术发展落后，为了学习通信行业的技术，我国向发达国家进行技术引进，牺牲了部分国内市场。1987 年，任正非用 2 万元的启动资金注册了华为公司，主要是进行交换机的代理，这一营销过程让任正非决定介入通信设备的制造和研发领域。但过程也不是那么顺利，在阶段初期就被资金不足的问题所困扰，当时银行考虑到风险的情况，不愿意把资金贷给这些刚起步成立的小民营企业。通过银行贷款解决不了资金的问题，华为退而求其次，利用当时有限的企业资源采取模仿创新的战略，通过技术引进，推出高性价比的产品，从而慢慢扩大了国内农村的市场。在这一过程中，华为技术创新能力不断提升，在很短的时间内就迅速掌握了当时先进的通信技术，并在 1993 年研发出 C&C08 机，取得了很大的成功，也为后期合作创新奠定了经济和技术基础。

（二）第二阶段：合作式技术创新（1995—2000 年）

从 1995—2000 年是华为公司处于过渡的几年，合作式技术创新成为华为公司这个阶段的主要技术创新方式。随着全球信息通信产业进入了新的发展阶段，飞快提升的发展速度使得通信市场对相关技术水平的要求在不断提高，而这种要求不仅仅体现在对技术品种的广度要求上，也表现在对技术水平深度要求上。这一阶段还是小公司的华为技术研发体系还不是很完善，如果还采用第一阶段的模仿创新，则根本不可能与国际知名企业相比较，并且此时刚建立的微弱竞争优势与本身基础雄厚的大公司相差甚远。因此，华为公司的创新模式出现了改变，由之前的低水平模式向合作创新转变。受企业规模和资源条件的限制，华为公司被迫缩小自己的技术研发范围，转而将企业资源集中于主要的核心技术开发上。同时，华为公司还积极寻求外部技术开发支持，主要形式有与外部科研机构合作等，实现企业技术研发能力的外部补充，最终达到提升华为公司自身技术开发水平的目的。

首先，华为专门拨出部分研发费用来支持高校与研究所的工作，并与其建立长久的联系与合作，通过与高校及研究所的合作，快速顺应国内外通信领域的研发信息与发展潮流。同时，华为公司也相当重视对未来技术人员的培养，如设立专项资金用于高校人才培养，用前期的资金投入来换取日后的技术人才回报，同时也向这些学生提供就业通道。其次，采用新的技术开发合作形式，即以合资公司的形式与其他技术水平成熟的公司达成技术开发联盟，在对外开放中实现技术水平的共同提升，如通过与摩托罗拉、英特尔、微软等公司的合作，成立联合研发同盟，不断进行技术学习和经验积累。华为公司通过这一时期技术开发合作形式的改变，稳固了与众多技术成熟企业的合作关系，在技术开发的道路上保持了同步前进的发展脚步。至此，华为实现了与国际接轨，从一个无序发展的小企业，向国内外知名的规范大企业前进。

（三）第三阶段：自主式技术创新（2001 年至今）

2000 年，国内外通信市场竞争不断加强。国内企业中兴、华为等通信企业快速崛起，不断向国际市场开拓，但也面临着大考验，国外通信设备需求紧缩，逐渐加大竞争中国市场的份额。此时的华为，在国内外都面临压力。国内与中兴存在激烈的竞争，国外又急需开拓新的市场，需要不断提高技术创新的能力，让国外市场尽快适应本土化的节奏。为此，华为根据当地的行业情况，建立实验室，促进与当地企业进行合作，慢慢突破国际市场的障碍，并取得了重要的突破。

华为非常重视技术创新，尤其看重核心技术的研发投入。2004 年，华为为了提高创新能力，促进自主创新，投入近 30 亿元人民币。2004 年，华为与西门子合作，对 3G 技术进行研发，因此也获得了跟电信和国外运营商的进一步发展。华为基于与西门子共同实现了技术突破，后又与沃达丰实现了共同合作，成功成为其优先选择的供应商家。华为此时广泛与知名企业开展合作，不断实现技术方面的突破。到 2013 年为止，华为与世界知名企业建立了 28 个创新合作基地，积极加入众多行业的组织，实现信息资源的共享，把握合作机会，快速实现技术创新。早在 2000 年，华为就把目标瞄准 5G 技术的突破，到 2015 年，实现了对 5G 标准的研发，并参与了标准的制定，引领行业的时代发展。华为对技术的追求正如 2G 到 3G 到 4G 再到目前的 5G 的进程，从跟随者到目前 5G 时代的引领者，华为一直在保持快速发展的进程，并成为行业的领先者。

四、华为公司的管理创新发展

技术创新是华为保持高速稳健发展的原动力，管理创新则是华为进行技术创新的基础保证，不断的管理创新促进技术创新。“华为基本法”提到“认真负责和管理有效的员工是华为最大的财富”，“我们强调人力资本不断增值的目标优先与财务资本增值的目标”，所以从1987年成立至今，随着公司的扩大和变化，华为从不故步自封，一直在进行管理变革，做到不断创新，敢于进步，敢于创新。

（一）人的管理、事的管理及思想管理相结合

管人管事、管思想，是华为强调的企业管理的核心。与之形成对比的是，很多其他企业的管理核心大多在于管事而花很少的精力去管理思想。管思想的本质其实就是强化企业文化建设，管人其实比管事更重要。

华为的管理创新举措中，把人的管理、事的管理及思想管理相结合，建设“三位一体”的管理结构。在人才管理中，把精准选配、有效激励及加速成长作为工作重点，建设岗位人才的选配标准，根据能力与素养及价值观的评定来选择人才，确保人才素质好、能力强，并且与企业具备相同的核心价值观念。

此外，华为重视企业文化建设，把文化建设作为思想管理的基础，营造良好的文化氛围，以此熏陶个人，提升企业职员工作能力与素养。华为严格按照制度开展管理，划分不同人员的职责，确保高层人员具备高度的事业心及使命感，确保中层人员具备较强的进取心与责任感，确保基层具备工作热情和积极性，有利于更好地落实创新管理等工作，进一步促进企业发展。

（二）以客户为中心与以奋斗者为本的融合管理

华为的产品研发由客户需求驱动，而非技术驱动。华为由倾听客户需求，走向和客户共同碰撞出需求的研发道路。通过洞察客户的真正需求，找到价值规律，实现商业成功。目前，很多企业的管理理念是客户为中心，落实人性化管理。华为不仅在管理期间融入以客户为中心的管理理念，也把“奋斗者为本”理念融入管理作业中，强调企业发展所需要的人才是求上进和乐于付出及奋斗的部分工作人员，并非全部人员。

除了给予优秀员工高薪待遇，从1990年开始，华为还实施了股权激励计划。华为内部股票的分红收入很可观，过去有“1+1+1”的说法，即员工的收入中，工资、奖金和股票分红的比例相当，各占1/3。这种风险共担、利润分享的机制，将人人都视为创业者，让每名华为人都成为公司的股东，给予高额的劳动报酬，极大地调动了员工的积极性，有力地凝聚了公司人心。2015年，华为的利益分配机制又由授予制改为获取分享制，全球推行TUP持股计划（以5年为期），持续动态地激励新老员工共同奋斗。

华为没有背景，也并不拥有任何稀缺的资源，更没有什么可依赖的资本，因此必须通过励精图治、奋发图强，来缩短与竞争对手之间的差距。不仅需要行动上的艰苦奋斗，而且更重要的是思想上的艰苦奋斗，时刻保持危机感，面对成绩保持清醒头脑，不骄不躁。只有居安思危、未雨绸缪才能有效应对各种危机，战胜各种挑战。华为2001年卖掉非核心业务安圣电气，获得60亿元“过冬”资金，顺利度过全球互联网泡沫危机。

（三）人力资源管理创新和组织创新管理模式

人才是决定技术创新的基础，因此华为尤其注重人力资源的管理创新。其中，华为在人力资源管理上最大的创新就是“全员持股”。华为仅有两大股东，一个是持股约为99%的工会委员会，一个是持股约为1%的任正非。作为一家民营企业，任正非完全可以拥有华为的绝对控股权，但任正非没有这样做。从华为创立的第一天起，他就坚持“以客户为中心，以奋斗者为本”的核心价值观。他认为，企业长期发展的根本动力是企业的劳动者，所谓的劳动者具体是指能为公司创造出价值、作出贡献的人，他们属于企业的人力资本，需要得到合理的回报。华为聪明就聪明在将这种回报不仅仅体现在高薪酬上，还有股权的激励上。

华为在企业内部实行“工者有其股”即劳动者持股制度，将员工个人利益与公司利益捆绑在一起，形成正向促进。这种机制不仅可以激励员工自愿为企业目标而努力保持企业内部的稳健性，还能使员工充满责任感，将自己视为公司的共同持有者。华为实行的全员持股计划是中国企业上史无前例的，前后共经历了4个阶段的配股制度。4个阶段针对不足不断完善不断改革，最新的5年为一周期的TUP股权创新方案更是将外籍员工也纳入范围内，将懈怠的老员工排除在外。不得不说，从某种意义上讲，在过去价值分配以资本者为先的背景下，华为的“劳动者普遍持股”的股权激励制度是一种重大经济现象的创新，是管理者对利益分配的大胆创新，同时也是华为释放生产力的重大举措、取得成功的关键密码。

1998年，华为引入了西方先进的管理经验IBM管理体系，开启了以组织能力建设为核心的重大组织变革。这次变革，让华为成长为依靠组织能力支撑业务不断壮大的世界级企业。在过去的采访当中，任正非多次强调组织改革精神，“我们队伍必须有战斗力，要聚焦以作战人员为中心，建立有序有力的组织队列”。他总结称，组织改革的目的是避免官僚主义，增强作战能力，在困境和压力中实现“打胜仗”的目标。其中最具有代表性的是华为“铁三角”组织创新改革实例。

作为军人出身的任正非，军队的烙印深深印在他的身上，在企业管理上他常常强调实施军事化管理模式，比如面对竞争的“一点两面”压强原则，快速营销的“重装旅”方案等。“铁三角”则是模仿“三三制”战术组织形式而形成的。华为的“铁三角”以客户经理、解决方案专家和交付专家组成“战斗小组”，各司其职地一体面向客户。对于“铁三角”组织管理体系，任正非说过：“它不是一个三权分立的制约体系，而是生死与共，聚焦客户需求的共同作战单元。”这恰好也体现了华为一直所推崇的“狼性精神”，即群体奋斗意识、团结一致的行动。铁三角的精髓是为了实现目标，打破了传统市场组织所设置的壁垒，而形成以项目为中心的团队运作模式。

五、华为公司的商业模式创新发展

华为在任正非的管理下，一直以独特的“狼性文化”为人们所熟知。华为的狼性文化，不仅表现在其超强的竞争意识上，也表现在其对市场的高度敏锐性上。在分析华为30多年创新发展历程的基础上可以清晰地看到，在3个不同创新发展阶段，其商业模式创新明显受到不同类型组织性格的主导：本能主导商业模式创新、情感主导商业模式创新、思维主导商业模式创新。

（一）创业初期：本能主导下的商业模式创新

华为在创业初期为本能主导商业模式创新，所有竞争战略与行动都是为了生存，管理者对企业生存问题直觉最强。根据价值网理论，商业模式创新可从开发性决策、资源和能力、利用性决策及企业价值成果4个组成要素进行探索。其中，开发性决策致力于获取资源和能力，而利用性决策旨在利用现有资源和能力并将其转化为经济效益。在华为创业期，开发性决策体现为借助销售战略反哺自身，从获得交换机代理权、建立初级产品销售网络转变为自主培养研发团队，从设备销售商转变为设备制造商与销售商，并通过合作投资、员工持股等方式筹措资金进行研发投入，在研发能力与经营资源等方面有极大提升。这一阶段，华为的关键资源主要是交换机代理权、初级营销渠道、初始研发团队，其关键能力体现在获得了针对电信企业大客户的销售能力及低成本模仿创新能力。华为利用性决策策略体现在：一方面，它着手建立销售网络扩大客户群，提供备用件和无条件退换等“感动式服务”，同时正式“进入运营商通信领域”，客户群体由事业单位、酒店等终端用户转变为电信运营商；另一方面，它采取“农村包围城市”战略，在模仿国外先进产品的基础上迅速完成产品研发，以农村市场为突破口，合理规避竞争。价值成果体现在客户价值和企业价值两个方面：①华为为客户提供基础通信服务，奠定了中国客户的通信业务基础；②华为在这一阶段积累了大量生存资金、行业知识和销售经验，为其后续发展夯实了基础。

在这一阶段，华为的商业模式决策与其说是统筹安排或战略计划，不如说是环境压力及资源与能力约束下的无奈之举。此时，华为的全部行动，包括模仿创新与拓展市场，都是为了进入新市场，以获取更大的生存空间。生存，成为华为的本能。任正非早期曾不断强调：“活下去，永远是硬道理，华为最基本的使命就是活下去。”由这种本能主导的商业模式，虽然存在短视、无序、低级、“攻击性”等弊病，但却能够极大程度上激发资源价值转化率，为华为生存提供保障。

（二）稳定发展期：情感主导下的商业模式创新

华为在国内发展期为情感主导商业模式创新，以增强内部员工感受和营造外部企业形象为导向，领导者高度重视人本情怀、环境意识和社会责任精神。在摆脱创业期资源与能力瓶颈之后，华为开始加强对自身的审视，这种反省充满了人本精神与责任意识。相应地，华为采取了一系列措施调整完善其商业模式，为商业模式实现路径注入情感。由此，情感主导下的商业模式有了一些新特征。开发性决策体现在：①华为开始高度关注客户需求和产品问题，确立了一种从市场部反馈信息到研发部的集成创新流程，并严格要求研发人员和市场人员定期轮岗，以更好地对接产品开发与客户需求；②对外建立了全方位客户关系网，成立了7个运营商系统部，为客户提供一对一、背靠背服务；③华为开始投入制度与平台建设，同时引进IPD研发体系和ISC集成供应链管理体系，推行“华为基本法”，补充完善员工绩效管理和任职资格管理体系，加强对员工的规范管理，为员工的日常工作提供制度保障与平台支持；④华为十分重视文化建设，倡导“床垫文化”和“狼性文化”，由此宣扬进攻精神和团结精神。在这一阶段，华为获得了很多关键资源，如遍布全国的销售网络、客户关系资源、快速成长的研发团队以及国内领先的专利技术，而关键能力则表现为掌握了高效的研发能力、供应链管理能力和制度建设能力。利用性决策方面：华为开始表现出一种自信，其业务从电信市场向全行业拓展，而市场关注点也逐步从农村转移到城市，通过领先于竞争对手的成本优势，构筑竞争壁垒。价值成果方面：除获得差异化和低成本竞争优势外，华为还积极承担社会责任，在发展自身的同时带动产业链发展。

在这一阶段，华为表现得更具人情味和更有责任感，其不仅对内进行规范化运营流程、组织结构和客户关系等创新管理，更加注重企业精神培育、文化建设和员工关怀，而且对外更加关注市场环境、产业环境和社会环境，树立行业标杆，承担社会责任。这种情感主导下的商业模式创新，让华为由经济人角色向社会人角色转变，由此使得华为有了更为健全的人格和更可持续的发展潜力，避免创业期可能“过刚易折”的风险。

（三）全球布局期：思维主导下的商业模式创新

华为在全球布局期为思维主导商业模式创新，通过统筹思考和战略安排，高屋建瓴、步步为营，领导者有了非常强烈的全球竞争意识和实业发展精神。在赢得生存和完善自我之后，华为有了更高的追求，开始主动加入全球市场竞争。当然，参与全球竞争是艰难与残酷的，为此，华为的组织性格有了转变，表现得更加理性化与战略性，用系统思维图谋全球布局与国际发展。在这一阶段，华为商业模式倾向于全球化和多样化，而其赖以支撑的举措也相应发生改变。①开发性决策方面：华为开始系统整合合作渠道与战略联盟资源，通过与IBM、Intel等国际领先企业进行技术合作获得前沿技术、优化运营流程、健全服务体系。同时，华为集中资源致力于技术研发，启动IBM集成财务转型（IFS）项目，建立统一研发管理平台，而终端运营、维护和售后服务等业务则转交给合作伙伴进行。关键资源和能力体现为开始拥有综合性支撑平台，建立起完善的供应链渠道系统与合作网络，形成了为企业客户提供高端产品和综合解决方案的能力及财务风险控制能力，并逐渐在国际上树立了良好的品牌形象。②利用性决策方面：华为跳出“农村包围城市”的国内发展战略，走向国际化，市场从发展中国家迅速扩展到欧美等发达国家。华为建设的各种管理制度与平台使其快速融入国际市场，抢占高端产品市场，参与产品标准制定。这一阶段的价值成果主要体现在为全球客户提供行业领先解决方案服务，国际市场份额不断扩大，国外营销收入稳步增长。

在全球布局期，华为无论是在市场拓展还是组织建设方面都更为谨慎和缜密，但也更具想象力和前瞻性。通过系统分析国际市场形势、产业发展形势及自身资源与能力情况，在推断、演绎和尝试等举措下稳扎稳打，终于发展成为全球第一的通信设备供应商。思维主导下的商业模式创新，让华为在技术、市场、品牌、形象等方面都表现得更加稳重和大气，这又进一步健全了华为的组织性格。

六、结语

当今世界，新旧更替日新月异，如果没有创新，企业很快就会在发展的潮流中被淘汰，因此要在市场中展露光芒，要有自己的核心竞争力。这种核心竞争力不单单指产品和技术，还包括一家企业的管理制度、商业模式等。不得不说，对于大多数国内企业来讲，华为的创新之路值得去学习与借鉴。一路跌跌撞撞走来，华为通过创新发展完成了蜕变，扛下了美国的打压、抵住了对手的竞争，一跃成为国内通信设备龙头老大。

面对周围捧杀式的赞美，任正非却不以为然。在他眼里，当一家企业正处于如日中天的时候反而是到了最危险的时刻，他在企业内部演讲中说道："不冒风险才是企业最大的风险。只有不断地创新，持续提高企业的核心竞争力，才能在竞争日趋激烈的社会中生存下去。"在新的国际市场格局下，华为又站在了一个新的起点上，未来的创新之路又该如何去走，值得我们一起去期待！

（作者简介：杨娜娜，女，博士，南京邮电大学高质量发展评价研究院、高质量发展综合评估研究基地副研究员，主要从事产业经济和创新管理方面研究。）

参考文献

[1] 张永凯，李登科．全球化视角下中国本土企业创新网络演化分析——以华为技术有限公司为例［J］．世界地理研究，2017，26（6）：92-100.

[2] 陈勇星，屠文娟，杨晶照．基于技术能力的企业技术创新模式选择及其演进研究［J］．科技进步与对策，2012，29（14）：83-89.

[3] 牛力娟．基于知识治理机制视角的华为技术创新路径分析与启示［J］．科学管理研究，2016，34（4）：17-20.

[4] 邱国栋，田杨，王涛．创新发展新动力：双向嵌入性协同创新研究［J］．社会科学辑刊，2015，216（1）：36-44.

第三篇

协调发展篇

第七章　产业结构升级对区域碳减排效率的影响评价

摘　要： 区域碳减排效率的实现，离不开产业结构的调整和升级。产业结构调整可以缓解外部环境压力对产业发展的制约作用，通过科技进步、创新投入等方式减少产业发展对外部要素和资源的依赖。在中国2030年实现碳达峰、2060年实现碳中和的发展目标下，有必要厘清目前产业结构升级对碳排放的相关影响，从研究经验和建议中总结经验，为更好更高质量地调整产业结构政策、实现碳减排提供重要的科学建议。

一、引言

20世纪末以来，全球变暖已成为国际社会面临的最严重问题之一，而温室气体排放，特别是与人类活动相关的碳排放被认为是全球变暖的主要原因。因此，控制碳排放和发展低碳经济受到世界各国的高度重视。尤其像中国等一些新兴国家，正面临来自国际社会减少碳排放及其强度的巨大压力。由于世界当前经济发展形势是以环境污染和能源过度消耗为特征，对环境的负面压力迫使绿色革命和低碳经济成为各国经济持续发展的共同目标。中国自改革开放以来，经济快速发展创造出举世瞩目的经济发展奇迹。与此同时，能源需求、生态环境保护与经济发展之间的矛盾也日益凸显。中国在工业化进程中，随着经济发展，呈现出农业比重不断下降、工业比重先升后降、服务业比重稳步上升的趋势。发达国家的产业结构变化也呈现类似规律。20世纪70年代能源危机后，发达国家根据能源安全和环境保护的需要，通过不断调整产业转移、积极推动科技创新和发展绿色技术，大力发展服务业升级，普遍实现了经济发展与碳排放“脱钩”的产业新结构和新布局，即形成了支持经济增长同时又降低碳排放强度的产业发展模式。而中国的二氧化碳排放总量于2006年已超过美国，成为世界上最大的碳排放国。

碳排放强度是指每单位经济增加值的二氧化碳排放量，是衡量经济发展质量的一个重要指标。一国的碳排放总量是衡量该国碳排放总体规模和水平的指标，与该国的工业化和城市化进程密切相关，反映了该国经济发展的阶段和质量。2020年，中国国内生产总值GDP虽已超过14万亿美元，居世界第二，但在经济取得辉煌成就的同时，碳排放量达到1×10^{10}t，居世界第一。从经济增长和碳排放的关系来看，我国的碳排放仍处于增长趋势的阶段，还没有达到碳排放峰值，经济增长和碳排放还没有出现“脱钩”现象，未来要发展经济，碳排放总量仍会进一步增加。

大力推进绿色低碳发展，统筹推进经济高质量发展和生态环境高水平保护，成为现阶段中国社会发展的重要任务。在全球变暖的背景下，中国承诺其单位国内生产总值的二氧化碳排放量将比2005年下降60%~65%，提出了到2030年实现碳排放峰值，到2060年实现碳中和的目标。因此，如何调整产业结构以实现减排目标，成为我国亟待解决的热点问题之一。为此，2021年2月，《国务院关于加快发展建立健全绿色低碳循环经济的指导意见》指出，建立健全绿色低碳循环经济发展是解决我国资源环境问题的基础，是实现碳峰值、碳中和的重要措施之一，要在产业体系转型、调整上取得突破，解决经济发展中的碳排放问题。另一项意见《关于完整准确贯彻新发展理念做好碳中和峰值工作的意见》也指出，把深度调整产业结构作为碳中和峰值的重要途径和重大任务，并对产业结构升级提出了明确要求。引导碳排放强度下降的主要因素有三个：通过技术进步提高能源和资源利用效率，增加可再生能源使用比例以减少化石能源消耗，以及产业结构转型升级。碳峰值和碳中和的重大战略机遇，要求我们要从加快产业结构优化升级出发，推动形成绿色低碳的产业结构和生产方式。

要如期实现碳达峰碳中和这两项任务，必须深入调整产业结构，建立绿色低碳的现代产业体系。中国目前仍处于发展阶段，与主要发达国家的差距主要体现在发展阶段和发展质量上，产业结构差异相对滞后。这是由于长期以来，煤炭、石油、天然气等化石能源是我国一次能源消费的主体；产业结构以重化工业为特征。工业能源消费产生的碳排放占全国能源消费的一半以上，钢铁、石化、建材、有色金属、电力等高耗能行业的能源消费占工业能源消费的3/4。要如期实现2030年碳达峰和2060年碳中和这两个目标，必须深入调整产业结构，建立绿色低碳的现代产业体系。英国、法国、德国、美国等主要发达国家分别在1965年左右基本实现碳排放量达到峰值。中国作为发展中国家的碳排放仍在增长，中国也将要跨过碳排放快速增长阶段转向碳排放平台期，即2030年前碳排放量达峰。

中国在发展规划中提及供给侧结构性改革方案，旨在提高产业发展水平，优化产业结构。因此，有必要探索产业结构升级的层次，从产业结构升级的角度挖掘减排潜力，探索经济增长与碳减排的双赢路径。一方面，它不仅可以为经济增长提供动力，而且可以为提高资源利用率和改善生态环境作出巨大贡献；另一方面，它不仅对中国经济的绿色健康发展产生了深远影响，也为世界各国的可持续发展道路提供了重要方向。本章将从产业结构的转型升级、降低碳减排视角研究中国碳减排的现状及应对策略和建议。

二、产业结构升级对区域碳减排效率影响的研究方法

为了更全面地了解产业结构升级对区域碳减排的效应影响，采用循证方法系统梳理国内目前这一领域研究现状及相关重要结论，通过系统综述该研究领域的现有文献，为相关政策提供基于研究视角的具体建议，并为相关政策提供更为科学、合理的科学依据。具体来说，将采用范围审查（scoping review）的知识综合方法。一般情况下，

范围审查通常用于“侦察”——以澄清一个主题或领域的相关研究现状。尤其当研究领域的文献表现为复杂或异质性，无法进行更精确的系统评价时，范围审查方法可以弥补这一不足。通过采用范围审查方法，全面、综合、系统地确定研究文献，总结和归纳研究发现，并对研究领域的发展提出基于证据的科学建议。

依据范围审查的研究步骤来获取相关文献。只纳入国内的相关研究，因此通过检索中文数据库中国知网来获得产业结构升级对区域碳减排的效应影响的相关研究文献。具体地，通过点击关键词“产业结构升级”和“碳减排”来获取相关的研究资料。我们检索了中国知网所有发表在期刊的学术论文，并采用纳入排除标准分别去除与产业结构升级对区域碳减排的效应影响不相关的科学论文。纳入排除标准及检索式见表7-1。

表 7-1 纳入排除标准及检索式

纳入标准	中文文献（包括学术论文和学位论文）
	产业结构升级对区域碳减排的效应影响
	关注的因素是产业结构升级，关注的研究结果是碳减排的效应
	研究对象是中国
	有实证研究结果
	发表的科学文献
排除标准	非科学文献
	来自其他国家的研究
搜索式	中国知网：SU=“产业结构” ANDSU=“升级” ANDSU=“碳减排”
	万方：主题：(产业结构) and 主题：(碳减排) and 主题：(升级)

三、产业结构升级对区域碳减排效率影响的结果

（一）文献检索结果

图 7-1 是范围审查检索文献示意图。中国知网数据库和万方数据库检索的初始文献数量是 226 篇。通过对此 226 篇文献的标题和摘要初步筛选，去除 24 篇重复的文章以及 171 篇不相关的文章。通过进一步地阅读 31 篇全文，去除 4 篇重复文献以及 9 篇与研究主题不相符的文献，最后纳入 18 篇相关研究。

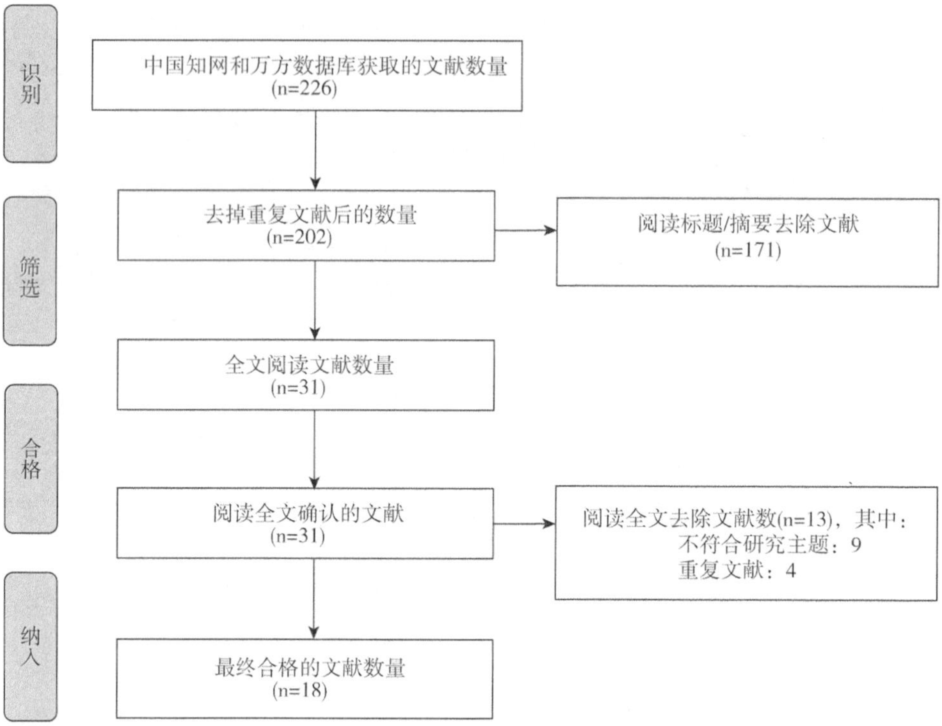

图 7-1 文献检索示意图

（二）纳入文献特征

表 7-2 汇总了产业结构升级对区域碳减排的效应影响纳入文献的特征描述。从文献发表年份来看，近 3 年产业结构升级对区域碳减排的相关研究较多。具体地，2022 年、2021 年、2020 年的相关研究数量分别是 8 篇、5 篇和 2 篇，占纳入文献的 44.4%、27.8%和 11.1%。而从学者实证研究的数据年份来看，多采用近 10 年的数据作为主要的数据源开展研究，这也与我国制定碳达峰碳中和双目标的时间表一致。从产业结构升级采用的相关措施来看，目前的研究主要从采取节约型能源政策、绿色技术创新、碳排放权交易等几个方面展开，其中，通过碳排放权交易实现碳减排是目前的研究重点。从研究的结论来看，不论是哪一种实现产业结构升级的政策措施，其效果都是显而易见的，均对提高能源使用效率以及减少碳排放起到了积极的效果。

表 7-2 产业结构升级对区域碳减排的效应影响纳入文献特征

序号	文章第一作者与年份	数据年份	数据	措施	结论
1	岳立（2022）	2003—2019	30 个省份	节约型能源政策	能源消费结构、产业结构高级化和产业结构合理化可以提高能源政策对碳减排的积极效果
2	郭丰（2022）	2011—2019	223 个城市	绿色技术创新	绿色技术创新降低城市碳排放水平

续表

序号	文章第一作者与年份	数据年份	数据	措施	结论
3	毛莹（2022）	2007—2019	30 个省份	碳排放权交易	碳排放权交易通过引起试点区域的产业结构升级优化来促进碳减排
4	苏涛永（2022）	2009—2017	285 个城市	低碳城市	低碳城市和创新型城市的碳排放量显著降低
5	尹迎港（2021）	2009—2019	30 个省份	科技创新	科技创新、产业结构升级降低区域碳排放
6	张修凡（2021）	2013—2019	—	碳排放权交易	碳排放权交易市场能够通过低碳技术创新和产业结构调整的双重中介效应间接对碳减排效率产生积极影响
7	黎振强（2021）	2000—2017	—	碳排放	产业结构升级主要是通过降低相邻省份的碳排放来促进整个长江经济带地区的碳减排
8	李庸冰（2019）	2000—2016	30 个省份	产业结构高度化	产业结构优化降污减排效应存在
9	张丹丹（2019）	2000—2015	—	二氧化碳排放	产业结构调整抑制了碳排放
10	李斌（2017）	2005—2014	30 个省份	碳排放量	产业结构升级能够减少碳排放
11	张宏艳（2016）	1995—2012	北京	碳排放量	北京市产业结构调整对碳减排存在降低效应
12	张芃芃（2022）	2007—2019	31 个省份	碳排放强度	产业结构升级能使碳排放量减少
13	田泽（2018）	2008—2017	30 个省份	产业结构升级	产业结构升级能显著减少碳排放
14	丁涵（2022）	2000—2019	—	碳排放	产业结构高级化对抑制碳排放的贡献度在逐渐增加
15	张晨露（2022）	2004—2020	长江 11 个省份	碳排放强度	产业结构升级对碳排放的直接效应为负
16	张露（2022）	2000—2017	京津冀区域	碳排放量	产业结构高级化与合理化会降低碳排放
17	杨林京（2021）	2003—2018	30 个省份	碳排放	绿色金融发展和结构调整（能源和产业）优化能够显著抑制碳排放
18	姚新龙（2021）	2006—2017	30 个省份	碳排放权交易	碳排放权交易能够显著降低二氧化碳排放量

通过进一步梳理产业结构升级对区域碳减排的效应影响纳入文献，分别从调整产业结构实现碳减排面临的挑战、调整产业结构实现碳减排具备的条件以及实现产业结构升级的对策和建议三方面对这一研究领域进行全面综合分析，为更好更高质量地实现产业结构升级、降低碳排放提供科学依据。

（三）调整产业结构实现碳减排具备的条件

近年来，我国立足通过供给侧结构性改革推动产业结构调整和转型升级。如能源结构由煤炭转向多元化，产业结构方式日趋低碳，促进资源节约和环境友好型社会建设，进一步推动绿色发展和生态文明建设。主要从以下几个方面为实现碳减排提供重要前提条件。

第一，新能源增长强劲，能源生产结构持续改善。随着党的十八大提出的能源供给侧结构性改革以及深入发展，煤炭等传统污染型能源产量下降，能源生产结构逐步优化。特别是大力推进新能源的开发利用，风能、太阳能等新能源和可再生能源快速增长。据统计，2020 年，风电并网发电量和太阳能并网发电量同比分别增长 15. 1%和 16. 6%。这种传统能源产量下降、新能源开发比重上升的趋势，使得优质煤炭产量持续增长，原煤占比在波动中持续下降，清洁能源消费能力大大增强。能源结构由煤炭向多元化转变，新能源发电强劲增长，清洁化进程加快。能源消费结构逐步改善，清洁能源占比持续上升。能源消费结构调整自党的十八大以来不断加快，用能方式持续改革。能源消费总量控制取得明显成效，能源消费增速放缓低于 GDP 增速，表明我国正处于以较低的能源消费增速支撑经济高质量平稳发展的阶段。煤炭在能源消费总量中的比重持续下降，清洁能源消费占能源消费总量的比重从 2011 年的 13. 0%提高到 2020 年的 24. 3%。能源消费结构正朝着清洁、高效、低碳的方向发展。可再生能源如太阳能风能电力快速发展。非化石能源的使用中，95%左右是通过转化为电力利用起来的。目前我国发电量不断增长，化石能源电力装机比重呈现逐渐下降趋势。“清洁煤电”的新时代到来，全国多地通过大规模地安装太阳能、风能设备，以风电、太阳能为代表的新能源动力迅速扩张，新能源装机比重明显上升。2020 年，风电和太阳能发电装机容量同比分别达到 34. 7%和 23. 7%，远高于整体发电装机增速，发电装机结构得到进一步优化。

第二，全社会对绿色低碳发展达成共识。碳达峰碳中和给我国产业结构调整带来了前所未有的压力，也为产业结构优化升级创造了巨大的战略机遇。政府将生态文明建设纳入“五位一体”总体布局，树立绿色发展的新理念，坚定不移地走生态优先、绿色发展之路。政府、企业、社会对实现碳达峰和碳中和的共识，将形成强大合力。根据相关研究，未来一段时间内，产业结构调整对碳减排的总体贡献将超过 50%。传统产业能效提升空间巨大。我国传统产业规模大，能源结构中化石能源比重偏高，煤炭消费比重仍在 50%以上。能源利用效率偏低，降低对化石能源的依赖，将会大大促进节能减碳。中国的工业化和城镇化起步较晚，发展绿色产能和绿色基础设施可以满足新工业产能和城市基础设施的需求。同时，伴随着我国经济发展以重工业为重要特征的工业化的快速发展接近尾声，传统制造业的碳排放将逐步达到峰值，先进制造业和现代服务业的比重稳步提升，新一代信息技术和绿色低碳技术在各行业广泛深入的应用，将为实现碳达峰碳中和创造有利条件。

（四）调整产业结构实现碳减排面临的挑战

虽然产业结构调整和转型升级相关政策的制定对碳减排产生了正面的影响，但我国目前调整产业结构实现碳减排面临的挑战仍不能忽视。

首先，产业结构调整和转型升级任务仍非常艰巨。在过去长达几十年的工业化和城市化加速进程中，我国的产业结构发生巨变。如 2012 年服务业比重首次超过第二产业成为经济发展的第一大支柱。特别是近些年，我国不断淘汰落后产能、积极化解过剩产能、扶持战略性新兴产业以及发展现代服务业，为工业绿色低碳转型创造了有利条件。但是要完成碳减排的任务，工业转型升级任务仍然艰巨。中国是世界第一制造业大国，制造业在 GDP 中的比重仍然很高。虽然近年来有所下降，但 2020 年第二产业的比重仍高达 37.8%。这一数字也预示着我国仍然是世界第一能耗大国。第三产业比重虽然在 2020 年达到 54.5%，但仍远低于欧美等发达国家以及俄罗斯、印度、南非等新兴市场经济国家。第二产业结构中，制造业仍以钢铁、建材、石化、化工等高耗能行业为主，节能减碳的压力很大。中国的重化工业，如钢铁、建材等产能占比仍很高。在没有颠覆性技术改革升级的情况下，要在这样的重化工业体量下实现碳中和的目标任务十分艰巨。

其次，城市化进程尚未完成，加大了碳减排的难度。相较于西方发达国家，我国工业化和城市化的进程还没有完成，仍处在发展阶段。2020 年中国人均 GDP 约为 10000 美元，常住居民的城市化率为 63.9%。预计到 2030 年中国达到碳峰值时，中国城市化率约为 74%，人均 GDP 可能达到近 2 万美元，但是，与发达国家的总体城市化率（超过 75%）相比，中国的城市化水平还是比较低的。这可能是由于中国工业化和城市化成熟度不高，而人口规模较大，导致了中国在碳峰值和碳中和过程中对高耗能产品（如钢铁、建材、水泥等）的需求远大于发达国家。实际上，自党的十八大以来，城镇化的概念就备受关注，城镇化的决策作为经济改革的主要动力和中国新的增长点被提上议事日程。同时，需要注意的是，中国快速的城市化进程可能导致能源需求的急剧增加。一方面，城市地区基础设施和建筑的大规模建设可能需要消耗大量的水泥和钢铁，这些材料完全依赖进口会导致成本急剧上升，必须主要依靠国内生产完成。因此可能会对环境保护造成巨大的负面压力。另一方面，城市居民往往是消耗更多能源，排放更多的二氧化碳的主要来源。城市对中国商业能源消费总量的贡献达到 84%，城市地区人均商业能源消费量是农村地区的 6.8 倍，而中国最大的 35 个城市虽然只占总人口的 18%，却消耗了 40%的能源，产生了 40%的碳排放，造成了巨大的能源消耗和生态环境压力。总体而言，我国城镇化进程使经济社会发展与环境保护的矛盾日益突出。这种发展阶段的限制将进一步增加产业结构调整转型的难度。目前一段时间，我国仍然是以制造业作为经济发展的主要支柱，如何在稳定制造业比重，不破坏十几年发展建立起来的工业体系，保证在其完整性前提下实现经济高质量发展，降低对重污染能源的依赖性，从而实现碳减排，开辟出中国经验的工业化道路，任务非常艰巨。

最后，高耗能行业规模大，区域发展不平衡现象明显，产业结构升级是否降低碳排放仍存在争议。产业结构升级和碳排放研究的主流观点认为，产业结构升级可以减少碳排放，本章纳入的文献也从不同的研究视角通过实证方法支撑了这一结论。相关研究表明，长江经济带产业结构升级可以通过减少周边省份的碳排放促进整个区域的碳减排效果。然而，高耗能行业占我国工业增加值的30%左右以及占工业能源消耗的70%左右这一客观事实加大了碳减排的难度。受技术水平限制，我国生产的主要产品中，碳排放强度较高的单位产品的总量和比例均大于发达国家。而且，这些产品在我国大部分地区仍然是经济发展的主体和主导产品。在发展路径技术水平有限的情况下，要大规模降低低能耗产业的生产能力，大规模提高高附加值产品的生产能力，仍有许多制约因素，这成为产业结构调整的难点。另外，改革开放以来我国逐步形成生产以中西部地区为主、市场以东部地区为主的发展格局，从而导致西部与东部地区、北方与南方之间的发展不平衡现象明显。特别是中西部发展阶段明显滞后、人均 GDP 水平不高，但其碳排放强度却是东部地区的 4 倍左右，要实现碳排放峰值的挑战比东部地区大得多。同时，西部和北部地区自然水资源匮乏、生态环境承载力弱等问题进一步制约着产业结构调整和转型。要实现产业结构调整和转型，中西部要从逐步改善其西部和北部的生态环境，提升产业的环境承载力方面着手，进而优化人口、资源和产业整体布局，减少碳排放，解决这些产业结构调整的重点和难点。

（五）调整产业结构实现碳减排路径的对策和建议

自改革开放以来，中国经济发展从高速增长阶段转向高质量发展阶段，人民生活水平大幅提高，产业结构也发生了很大变化。从根本上说，产业结构优化升级促进碳减排是经济增长的动力；高水平、合理的产业结构，拓宽了经济增长的发展空间，是实现碳达峰碳中和必经之路。

首先，通过改善和提升产业结构，实现碳减排目标。从三大产业的能耗和碳排放强度来看，第二产业的能耗和碳排放强度最高，应当作为产业结构调整的重点和主要方向。为实现碳达峰和碳中和，政府相关的政策文件也明确提出，要加大第二产业节能减碳和绿色低碳改造力度，制订能源、钢铁、有色金属、石化化工、建材、交通、建筑等行业和领域的碳峰值实施方案，加快传统产业绿色改造，构建绿色制造体系。这些政策和措施将加快发展低能耗、低排放的产业，逐步减少经济增长对高能耗、高排放的发展的路径依赖。坚决遏制高耗能、高排放项目的盲目发展。对高耗能、高排放项项目实行清单式台账管理、分类处置和动态监测。对新建或扩建的钢铁、水泥、平板玻璃、电解铝等高耗能、高排放项目，严格实行等量或减量置换。对煤电、石化、煤化工等项目，加快出台产能控制政策。未列入国家产业规划的，不得新建炼油和乙烯、二甲苯、煤制烯烃项目。要统筹保障国家能源安全，适当控制煤制油、天然气产能规模。加强对项目的预警和控制能力，定期调度区域内能耗量较大的项目特别是项目建设和投产情况，控制发布能耗目标完成情况晴雨表，加强对地方消费的双控窗口指导，建立知情批评、配合预警、问效问责等工作机制。同时，借助绿色制造技术和新兴信息技术改造行业发展模式，加快工业领域的低碳工艺创新和数字化转型，鼓励互联网、人工智能和绿色制造技术向所有行业渗透。加强培育发展绿色金融、清洁能源管理等生产者服务，加快商业、贸易、物流向数字和绿色转型，提高服务业的节能排碳水平。

其次，大力扶持发展绿色低碳产业。加快重大技术突破和产业绿色低碳转型是碳达峰碳中和的主要方向之一。煤是我国的主要能源，这是由我国的能源禀赋和国情决定的，短期内难以改变，这势必导致碳排放的增加。从长远来看，应将绿色发展理念融入社会经济活动，提高公众的节能减排意识。同时，碳排放问题的根源在于能源消耗。要加快长江经济带能源供给和消费结构的优化调整，从供给和需求两方面减轻碳排放的压力。要加快发展新信息技术、生物技术、高端装备、新能源汽车、新能源、新材料、绿色环保、航空航天和海洋装备等战略性新兴产业，实现产业链和供应链现代化。加大太阳能、风能、氢能、生物质能等新能源技术的研发和应用，提高新能源生产在能源产业中的比重。要加快汽车电动化、智能化、网络化进程，推进氢燃料电池汽车产业化，大力发展新能源汽车产业。要加大煤炭清洁高效利用力度，发展节能环保治理新技术，促进资源循环利用，壮大节能环保低碳产业。要推动互联网、大数据、人工智能、第五代移动通信（5G）等新兴技术与绿色低碳产业深度融合，释放数字化、智能化、绿色化的叠加效应和倍增效应。依托现有工业园区等平台，促进企业和科研机构的有效集聚，推动先进制造业集群发展，提高能源利用效率和循环经济发展水平。此外，要强化市场机制作用，引导企业以市场为导向，带动绿色技术突破和应用迭代升级，大力培育绿色制造的新产品、新模式、新业态，为制造业的绿色低碳转型注入新动力。从产业结构升级和经济转型看，中国经济已从高速增长阶段转向高质量发展阶段。产业高质量发展是经济高质量发展的关键。政府要落实党的十九大提出的质量改革、效率改革、权力改革，推动行业高质量发展。要培育壮大产业发展新动能，加快运用新技术、新工艺、新模式改造传统产业。同时，要构建创新驱动、协调发展的现代产业体系。完善相关激励措施，吸引更多人才进入绿色低碳产业经济。

再次，用科技创新促进新兴产业发展，引导产业结构调整升级。要重视科技创新和新兴产业的引导作用，突出比较优势的差异和强调产业分工。生产者服务在产业结构调整和升级过程中发挥着关键作用。可以通过借鉴国外产业结构升级的成功经验，通过鼓励科技创新、发展新兴产业逐步实现我国产业结构调整。由于科技创新是我国当前经济发展的短板，可以通过不断加强基础和应用创新能力，壮大新能源、新材料等新兴产业，更好地发挥其在产业结构调整中的引导和示范作用，为全面降低碳排放强度创造直接的有利条件。同时，可以通过国家创新体系建设，积极推动新兴产业的发展，不断调整产业结构优化，从而为实现碳中和目标提供长期的重要基础和动力。要通过发展信息产业为重点，推动国民经济产业结构全面优化升级。应加快推动新一代数字技术和高科技与工业、农业、服务业等深度融合。通过发展新技术、新业态、新产业、新模式，改变相对传统的生产经营销售模式，促进为精准匹配供给需求端提供技术支撑。要提高创新投入的转化效率，建立有效的激励机制，合理安排创新投入结构，建立对低碳技术企业的扶持机制，对低碳技术开发企业给予税收优惠，降低研发成本，提高能源利用效率，通过完善创新投入机制促进产业结构升级，从而实现碳减排。

最后，要制订区域整体规划，促进产业一体化发展。在产业结构升级中，要注意合理化和高级化的协调发展。长江经济带的11个省份要充分利用当地的优势产业，合理发展区域产业，在产业门类齐全的基础上，把长江经济带建设成为产业一体化示范区。通过提高产业结构的合理性，为长江经济带的绿色发展打下坚实基础。同时，要关注产业结构升级对碳减排的影响，鼓励信息技术产业与传统产业的融合升级，提高资源配置效率，加快产业转型升级。政府也应加大对环境友好型和绿色驱动型产业的支持力度，为长江经济带的绿色发展提供资金和政策支持。同时，要考虑到我国地大物博，区域间发展不均衡的现实问题。东部地区经济发达，科技创新水平高，产业结构先进，应发挥创新要素集聚的优势，促进新兴产业发展，提高产业协调度，与能源政策的实施相协调。中西部地区经济发展落后，缺乏企业和技术开发场所，导致能源政策执行不力，需要与促进产业结构合理化相协调。此外，该地区应积极吸引创新要素，打破创新瓶颈，依靠技术创新来优化生产要素和资源配置，努力提高产业结构程度。能源富集地区和贫困地区需要与其他地区一起努力，实现“双碳”目标。由于经济规模和地理位置的差异，我国产业结构状况区域异质性问题明显。在西部地区，人力资源相对稀缺，资金要素相对不足，技术基础较为薄弱，基础设施比较落后。这些使得西部地区与东部和中部地区实际差距明显。因此，这种明显的区域异质性差异因素直接决定了西部地区的产业结构升级难度较中东部地区更大。政策制定应抓住各地区间的联系，结合绿色技术创新的基础，实施差异化的区域产业升级政策。政策还应考虑制订适合西部地区现状的绿色科技创新计划、新能源产业扶持计划、绿色科技补贴等相关政策，通过制订适合不同地区的产业结构升级解决方案，最大限度地发挥产业结构升级在碳减排中的作用，为实现长效碳减排目标提供保障机制。通过大力推动和鼓励新兴产业发展，结合互联网技术、数字技术，促进产业结构向高端发展，为长期高质量减少碳排放提供重要支撑。

四、结论

实现碳达峰和碳中和是一个长期过程，不能一蹴而就。要坚持系统发展观念，尊重客观规律，在确保健康的可持续的产业升级前提下，抢抓实现碳达峰碳中和的重要战略机遇，不断优化产业存量，全面优化产业增量，通过建设中国特色城镇化新型工业化道路，稳步推动我国产业结构全面优化升级，确保碳达峰碳中和目标如期实现。要通过积极发展科技技术创新为基础的新兴产业，充分发挥数字经济、新兴技术在产业结构调整中的巨大潜力，统筹国内产业转型、迭代和升级。要考虑中东西部不同地区区域异质性的特征，优化产业空间布局，因地制宜地制定适合不同地区的低碳化发展目标，减少各个地区在经济发展过程中的实际碳排放量，从而高质量地全面实现“双碳”目标。

（作者简介：孙转兰，女，博士，南京邮电大学高质量发展评价研究院、高质量发展综合评估研究基地副研究员，主要从事科学学与创新管理方面研究。）

参考文献

[1] 岳立，曹雨暄，王宇．能源政策的区域碳减排效应［J］．资源科学，2022（6）：1115-1118.

[2] 郭丰，杨上广，任毅．数字经济、绿色技术创新与碳排放——来自中国城市层面的经验证据［J］．陕西师范大学学报（哲学社会科学版），2022（3）：45-60.

[3] 毛莹，屈梦杰，曾利珍．碳排放权交易试点的区域减排效应——基于 PSM-DID 模型［J］．科技和产业，2022（5）：235-240.

[4] 苏涛永，郁雨竹，潘俊汐．低碳城市和创新型城市双试点的碳减排效应——基于绿色创新与产业升级的协同视角［J］．科学学与科学技术管理，2022（1）：21-37.

[5] 尹迎港，常向东．科技创新、产业结构升级与区域碳排放强度——基于空间计量模型的实证分析［J］．金融与经济，2021（12）：40-51.

[6] 张修凡，范德成．碳排放权交易市场对碳减排效率的影响研究——基于双重中介效应的实证分析［J］．科学学与科学技术管理，2021（11）：20-38.

[7] 黎振强，周秋阳．产业结构升级是否有助于促进碳减排——基于长江经济带地区的实证研究［J］．生态经济，2021（8）：34-40+111.

[8] 李庸冰．产业结构优化的降污减排效应研究［D］．中南财经政法大学，2019.

[9] 张丹丹．产业结构调整对碳减排的影响效应及贡献率分析［D］．陕西师范大学，2019.

[10] 李斌，张晓冬．中国产业结构升级对碳减排的影响研究［J］．产经评论，2017（2）：79-92.

[11] 张宏艳，江悦明，冯婷婷．产业结构调整对北京市碳减排目标的影响［J］．中国人口·资源与环境，2016（2）：58-67.

[12] 张芃芃．环境规制、产业结构升级与碳排放中介效应检验［J］．合作经济与科技，2022（18）：17-19.

[13] 田泽，黄萌萌．长江经济带终端能源消费碳减排效率与产业结构耦合分析［J］．安徽师范大学学报（人文社会科学版），2018，46（1）：92-100.

[14] 丁涵，史璐丽，杨丽华．创新投入、产业结构升级与碳排放的关系研究 ——基于长江经济带省域的实证分析［J］．中国国土资源经济，2022，35（4）：73-80.

[15] 张晨露，张凡．生态保护、产业结构升级对碳排放的影响——基于长江经济带数据的实证［J］．统计与决策，2022，38（3）：77-80.

[16] 张露，宋媛．京津冀产业结构优化对碳排放的影响研究——基于动态面板的系统 GMM 模型和 VAR 模型［J］．资源与产业，2020，22（6）：18-28.

[17] 杨林京，廖志高．绿色金融、结构调整和碳排放——基于有调节的中介效应检验［J］．金融与经济，2021（12）：31-39.

[18] 姬新龙，杨钊．基于 PSM-DID 和 SCM 的碳交易减排效应及地区差异分析［J］．统计与决策，2021，37（17）：154-158.

第八章　区域经济协调发展水平评价
——基于全国统一大市场建设视角

摘　要：构建全国统一大市场是当前国内、国际市场双循环格局下实现经济协调发展的重要基础。区域经济协调发展水平的考察需要综合考虑市场一体化程度，本章通过构建包含市场分割指数子系统及经济发展子系统的区域经济协调发展水平测度指标体系，运用“冰川成本”模型以相对价格法测算市场要素分割指数，熵权法测算指标权重，开展2013年以来全国区域经济协调发展水平综合评价研究，从时空演变的角度全面描述中国区域经济协调发展格局及动态演变趋势。研究结果表明：经济协调发展水平较高的省份主要集中于东北、东中部地区，而西北、西南地区的发展水平相对较低；当前国内各省份的市场一体化建设和经济发展水平之间存在不协调性问题，具体表现为空间上区域之间不协调和同一省份内部的市场一体化建设与经济发展之间的不协调。本章从以下几点提出推动市场统一、加快经济发展的对策建议：经济发展策略和产业结构转型；区域合作和制度融合；转变政府职能、加强社会服务、基础设施建设。

一、引言

2020年全球的新冠肺炎疫情致使全球经济贸易受阻，给原本低迷的国际经济发展形势雪上加霜。中国的经济发展也遭受了前所未有的阻碍，同时，在数字经济快速发展的格局下，中国面临新时代经济结构转型发展的挑战。理论与实践证明，市场是资源配置的最有效途径，在全球经济形势下行的背景下，构建以国内市场大循环为主、国内国际市场双循环相互促进的发展格局是新时代中国重要的经济发展战略[1]。

改革开放以来，中国经济快速发展，然而在财政分权的背景下，各地方政府争相采取各类拉动市场经济的政策与举措，追逐GDP的增长，导致市场分割现象的出现。经济学家对于市场分割的演变趋势存在争论，部分人认为中国的市场正趋向于整合，有些人则认为地区间的商品市场割裂程度加剧。然而，市场割裂是影响地区经济发展的重要因素已经成为不争的事实。陆铭等人认为，中国的分割市场对于当地即期和未来的经济增长具有倒U形影响，市场分割程度较低时，提高市场分割程度有利于当地的经济发展，但是当市场分割程度超过某个临界值，这种市场分割会对经济发展造成负面影响[2]。长远来看，地方政府要实现经济的快速可持续发展，长期的市场割裂必然会成为绊脚石。当下，国际市场环境复杂，扩大内需，带动国内市场大循环，成为中国经济发展的重要推手，而地方的市场割裂现象不利于国内市场大循环。2022 年 4 月，《中共中央 国务院关于加快建设全国统一大市场的意见》发布，明确提出打破市场分割，大力发展市场经济，建设国内统一大市场的重要性。

党的十九大报告指出，我国经济由高速增长阶段转向高质量发展阶段。经济高质量发展也是“十四五”期间我国经济建设的重要任务之一。对于经济发展水平的评价研究，国内学者开展了大量的理论内涵及实证研究，在经济高质量发展的背景下，评价指标体系的构建多从高质量发展的内涵出发，以全面、综合为原则。由此出现了大量不同视角切入的评价体系构建研究，例如，从经济增长、创新发展、生态文明和民生发展等视角[3]；基于“创新、协调、绿色、开发、共享”理念[4-6]；供给、需求、发展效率、经济运行和对外开放五大维度[7]；经济结构优化、创新驱动发展、资源配置高效、市场机制完善、经济增长稳定、区域协调共享、产品服务优质、基础设施完善、生态文明建设和经济成果惠民等多方面[8]。

现有研究除了对经济发展水平进行综合评价以外，还涉及对特定领域或者要素与经济协调发展状态及相关关系进行研究。研究表明，产业聚集可以在促进经济增长中表现出积极作用，可以有效发挥经济“外部性”，通过“竞争激励效应”促进地区增强创新能力，提高经济发展质量[9]。当基础设施投资达到一定的门槛时，这种投资可以显著推动经济发展，并通过影响产业结构、技术进步和资源配置间接促进经济高质量发展[6]。在数字经济时代，数字普惠金融的发展、高新技术产业的集聚对于经济发展质量的影响均存在门槛效应[10-11]。而技术创新、产业结构升级均能显著促进我国经济高质量发展[12-13]。

然而已有的研究中对于经济发展水平的考察均是将每个评价单元看作是独立的个体，其经济发展水平的高低是不同地域或者省份之间的简单对照。当前在建立全国统一大市场的背景下，笔者认为，有必要将市场割裂程度纳入经济发展健康状态的评价指标体系，从而反映出当前经济发展现状下建立全国统一大市场所面临的形势。所谓的“协调”发展，应该是市场一体化发展与经济发展之间的协调。本章研究的重点在于在市场割裂的背景下，经济协调发展状态，着重探讨市场割裂对经济发展造成的影响，因此在构建经济协调发展水平评价指标体系的过程中，应结合市场割裂子系统和经济发展子系统，其中经济发展子系统评价指标体系主要考虑经济增长的数量提升和经济发展的质量改善。

二、基于全国统一大市场建设的区域经济协调发展水平的评价体系构建

（一）评价指标体系的构建

1. 市场割裂子系统的构建

本章构建包含市场割裂指数和经济发展水平两个子系统的综合评价指标体系来评价全国的层面区域经济协调发展水平。受研究数据可获取性的限制，研究以除香港、澳门以及台湾地区以外的全国31个省份为评价单元。参考刘宏楠等人的研究，国内市场分割指数变化大体分为5个阶段，分别是1996—1999年的市场割裂水平较高时期、2000—2007年的市场割裂指数下降期、2008—2012年市场割裂指数小幅度加剧期、2013—2018年市场割裂指数下降期、2019年至今的市场割裂指数上升期[1]。本章研究中，选取2013—2020年作为研究的时间跨度，分析党的十八大以来，中国市场割裂背景下经济发展水平的变化情况。

关于市场割裂指数的测算，学术界主要有产出结构法[14]、贸易法[15]、经济周期法和相对价格法[16-18]。其中相对价格法基于价格的差异性，运用“冰川成本”模型对市场割裂指数进行测度，也是目前相对较为主流的测度方法。因此，本章研究中采用相对价格法来测度市场割裂指数。

在测算商品市场分割时，选取各地区的食品烟酒、衣着、居住、生活用品及服务、交通和通信、教育文化和娱乐、其他用品和服务、医疗保健八类消费价格指数；在测算劳动力市场分割时，选取国有单位职工货币工资指数、城镇集体单位职工货币工资指数、其他单位职工货币工资指数三类货币工资指数；在测算资本品市场分割时，选取建筑安装工程投资价格指数、设备工器具投资价格指数、其他资本品投资价格指数三类投资价格指数[1]。

2. 经济发展子系统构建

根据库兹涅茨的经济增长理论，经济发展主要包括3个方面的内容：一是人均经济指标变化；二是经济结构变化；三是经济增长效率变化[19]。据此，经济发展基本可划分为两个阶段：一是经济总量飞速提升的阶段；二是经济质量改善的阶段。从经济类型上来看，前一个阶段实际反映了经济的粗放发展时期，后一个阶段则是反映经济进入了集约经济时代[19]。具体设计区域经济发展指标体系时，应考虑到区域经济发展实际与指标数据的可获得性，参照库兹涅茨经济增长理论，选择人均GDP、人均财政收入、第三产业占GDP比重、R&D占GDP比重（科学研究与试验发展投入占GDP比重）、资本产出比例、经济增长率等指标来考察区域经济发展水平。

综合以上关于市场分割与经济发展子系统的考察，构建基于统一大市场建设的经济协调发展评价指标体系（见表8-1）。

表 8-1　基于统一大市场的区域经济协调发展评价指标体系

目标层	准则层	指标层	指标属性
经济协调发展水平	商品市场割裂指数	食品烟酒	负向
		衣着	负向
		居住	负向
		生活用品与服务	负向
		交通及通信	负向
		教育文化及娱乐	负向
		其他用品和服务	负向
		医疗保健	负向
	劳动力市场割裂指数	国有单位职工货币工资指数	负向
		城镇集体单位职工货币工资指数	负向
		其他单位职工货币工资指数	负向
	资本市场割裂指数	建筑安装工程投资价格指数	负向
		设备工器具投资价格指数	负向
		其他资本品投资价格指数	负向
	人均经济指标	人均 GDP	正向
		人均财政收入	正向
	经济结构	第三产业占 GDP 比重	正向
		R&D 占 GDP 比重	正向
	经济增长效率	资本产出效率	正向
		经济增长率	正向

（二）市场分割指数测算

假设商品 k 在 t 年在省份 i 和省份 j 的价格分别为 P_{it} 和 P_{jt}，跨区交易的过程中会造成一定的成本损失，类似于冰在运输过程中融化，“冰川成本”模型也是由此而来。假定商品在跨区交易过程中因贸易摩擦和运输成本损失为 C（$0<C<1$），根据生产和消费函数可知，达到均衡条件时，商品价格满足如下条件：

$$P_{it}(1-C)-P_{jt}\leqslant 0 \tag{1}$$

$$P_{jt}(1-C)-P_{it}\leqslant 0 \tag{2}$$

此时，商品的相对价格 P_{it}/P_{jt} 处于 $[1-C,\ 1/(1-C)]$ 的均衡区间之内。

只有当地区间商品的价格差异足够大，满足经营者的盈利需求时，基于套利目的的商品交易行为才会发生。此时，地区间商品价格满足如下关系：

$$P_{it}(1-C)-P_{jt}>0 \tag{3}$$

$$P_{jt}(1-C)-P_{it}>0 \tag{4}$$

广义上的交易成本泛指各种致使商品在贸易中发生损耗的因素，既包括自然地理的阻隔又包括制度性障碍。运输成本的减少、制度性壁垒的削弱均意味着交易成本的下降与市场整合程度的提高，此时相对价格波动的范围也会随之缩窄。当 C 变大，意味着地区间市场分割程度加深，跨区交易成本上升，P_{it}/P_{jt} 会向均衡区间之外发散；当 C 变小，意味着地区间市场分割程度降低，跨区交易成本和贸易壁垒较小，促进 P_{it}/P_{jt} 向均衡区间移动。本章延续已有文献的做法，运用“冰川成本”模型，以相对价格法考察 P_{it}/P_{jt} 的运动轨迹，进而考察中国市场分割的变化程度。

所采用的相对价格为绝对值 $|\Delta Q_{ijt}^{k}|$，$\Delta Q_{ijt}^{k}=\ln(P_{it}^{k}/P_{jt}^{k})-\ln(P_{it-1}^{k}/P_{jt-1}^{k})$，其中 k 表示第 k 种商品。之所以对价格比的对数值再进行一阶差分是因为我们可获得的原始数据是商品零售价格的环比指数差分形式，使得我们能够利用环比价格指数来构造反映市场一体化进程的指标。经过公式的变换可以得出下式：

$$\Delta Q_{ijt}^{k}=\ln(P_{it}^{k}/P_{jt}^{k})-\ln(P_{it-1}^{k}/P_{jt-1}^{k})=\Delta Q_{ijt}^{k}=\ln(P_{it}^{k}/P_{it-1}^{k})-\ln(P_{jt}^{k}/P_{jt-1}^{k}) \tag{5}$$

由于本章研究的是相邻省份的相对价格之间的差异，因此会出现 i 省份和 j 省份位置互调导致的 ΔQ_{ijt}^{k} 的符号相反，但是这种正负值的差异，在反映相对价格差异上面是等效的，因此，取相邻省份价格之差的绝对值衡量相对价格的变化幅度：

$$|\Delta Q_{ijt}^{k}|=|\ln(P_{it}^{k}/P_{it-1}^{k})-\ln(P_{jt}^{k}/P_{jt-1}^{k})| \tag{6}$$

为了更准确地度量特定市场的整合程度，还需要剔除 $|\Delta Q_{ijt}^{k}|$ 中由商品异质性导致的不可加效应。换言之，某一时期 i、j 两地的某商品市场发生的价格变动可以分解为两个部分：一部分变动仅与商品自身的某些特性有关，如粮食的供给比较容易受到自然条件的影响因而波动较大；另一部分变动与商品无关，与 i、j 两地特殊的市场环境或者其他随机因素相关。去均值化的方法可以消除商品或者要素的自身特性的影响[15-17]。具体为：

假设 $|\Delta Q_{ijt}^{k}|$ 是由 α^{k} 与 ε_{ijt}^{k} 两项组成，α^{k} 仅仅与商品种类 k 相关，ε_{ijt}^{k} 与 i、j 两地的市场环境相关。要消除 α^{k}，需要对给定年份 t、商品种类 k 的 $|\Delta Q_{t}^{k}|$ 在相邻省份之间求平均值 $\overline{\Delta Q_{t}^{k}}$，再分别用 $|\Delta Q_{t}^{k}|$ 减去该平均值。令 $q_{ijt}^{k}=|\Delta Q_{t}^{k}|-\overline{\Delta Q_{t}^{k}}$，最终用以计算方差的相对价格变动部分为 q_{ijt}^{k}，记方差为 $Var(q_{ijt}^{k})$。然后，就可以得出各省份的年度市场分割指数。

（三）经济指标的测算

本章研究中所涉及的人均 GDP、人均财政收入、第三产业占 GDP 比重、R&D 占 GDP 比重，均可以通过统计数据直接查询或者简单测算获得。资本产出效率缺乏直接数据，采用固定资产投资与 GDP 的比值替代；经济增长率以年度 GDP 的增长率替代。

（四）指标权重的确定

1. 熵权法确定指标层相对于准则层权重

为消除确定指标层相对于准则层的权重时的人为主观因素的影响，提高权重确定准确性，指标层中各个指标的权重，本章采用熵权法进行确定。熵是对不确定性的一种度量，信息量越大，不确定性就越小，熵也就越小；信息量越小，不确定性越大，熵也越大。根据熵的特性，可以通过计算熵值来判断一个时间的随机性及无序程度，也可以用熵值来判断指标的离散程度，指标的离散程度越大，指标对综合评价的影响越大。

（1）首先对指标数据进行标准化处理

假设原始数据有 M 个评价指标，N 个评价对象，矩阵 X 为：

$$X = \begin{bmatrix} X_{11} & \cdots & X_{1N} \\ \vdots & \ddots & \vdots \\ X_{M1} & \cdots & X_{MN} \end{bmatrix} \tag{7}$$

采用 Min-max 标准化方法对原始矩阵进行线性变换。得到新标准化数据矩阵 Y。

对于指标值越大越好的指标有：

$$Y_{ij} = \frac{X_{ij} - \min(X_{ij})}{\max(X_{ij}) - \min(X_{ij})} \tag{8}$$

对于指标值越小越好的指标有：

$$Y_{ij} = \frac{\max(X_{ij}) - X_{ij}}{\max(X_{ij}) - \min(X_{ij})} \tag{9}$$

分析本章中的指标可知，市场割裂子系统的指标全部为负向性指标，指数越高说明市场割裂程度越大，因此需要进行正向化处理步骤。经济类指标全部为正向性指标，不需要正向化处理。

（2）计算第 j 个指标在第 i 个项目的指标值的比重 P_{ij}

$$P_{ij} = Y_{ij} / \sum_{i=1}^{M} Y_{ij} \tag{10}$$

（3）计算第 j 个指标的熵值 e_j

$$e_j = -k \sum_{i=1}^{M} P_{ij} \times \ln P_{ij} \tag{11}$$

其中，$k = 1/\ln M$

（4）计算第 j 个指标的熵权 w_j

$$w_j = (1 - e_j) / \sum_{j-1}^{M} (1 - e_j) \tag{12}$$

熵权本身并不是表示指标的重要性系数，而是表示在该指标下对评价对象的区分度，选用熵权法的特点是，它具有很强的客观性，相对主观赋值法，精度较高，客观性更强，能够更好地解释所得到的结果。

2. 指标层相对于目标层的权重计算

在本章研究中，准则层指标涵盖商品市场割裂、劳动力市场割裂、资本品市场割裂、人均经济、经济结构、经济增长效率6项指标，各项指标在经济发展中均具有重要的作用，因此，准则层中各指标相对于目标层的权重均等化处理，全部为1/6。依据权重的传递性，指标层相对目标层的权重为：

$$W = w_i \times w_j \tag{13}$$

w_i 为指标层各个指标相对于准则层的权重值，w_j 为准则层各指标相对于目标层的权重值，W 为指标层各指标相对于目标层的权重。

通过此方法得出的各指标的权重是基于特定年度的指标数据的熵值计算，不受主观因素的影响，也正是因此，此方法仅适用于特定年度的指标权重值计算。当考察的年份变化或者数据发生变化时，指标的权重也会相应发生变化，造成不同年度之间（纵向范围内）的评价结果不具备可比性。因此，为了使得研究结果可以进行横向和纵向的双向对比，需要对指标权重进行分析。具体方法为：首先，通过熵权法分别确定每一年度各个指标的综合权重；其次，计算各年度每个指标的权重均值作为最终的指标权重。

各省份的经济发展水平综合评价得分值的计算，采用综合评价方法，综合评价方法的原理为评价单元的评价的指数等于各评价指标的权重值与指标数据标准值乘积之和。公式为：

$$ESI = \sum_{i=1}^{M} W_j \times C_j \tag{14}$$

式中：W_j 为相应评价指标的组合权重值；C_j 为评价单元相应评价指标的标准化值；ESI 为评价单元综合评价指数。

（五）数据来源

本章研究中采用的各项指标数据来源于2013—2021年《中国统计年鉴》、各省份的统计年鉴。矢量数据来源于中国科学院资源环境科学数据中心。市场割裂指数计算过程中，西藏自治区的个别年份资本品市场割裂指标存在数据缺失，因此对于缺失的建筑安装工程投资价格指数、设备工器具投资价格指数、其他资本品投资价格指数，取西藏相邻省份的对应价格指数的均值进行补齐。

三、全国区域经济协调发展水平的绩效评价

（一）区域经济协调发展水平综合评价结果及分析

区域经济协调发展水平综合评价结果显示（见表8-2），横向对比来看，2013年以来全国的经济协调发展水平排名前三的一直是北京市、天津市、上海市。其次是东北地区的吉林省、黑龙江省，江苏、浙江、福建、山东、广东、海南等东部地区省份以

及宁夏回族自治区，安徽、江西、河南、湖北、湖南等中部地区省份。然而河北（东部）、山西（中部）、辽宁（东北）、广西、重庆、四川、贵州、云南、西藏、陕西、甘肃、青海、新疆等西北、西南地区的省份经济协调发展水平相对较低。

综合来看，2013 年以来，全国大多数省份的经济协调发展水平普遍经历了先增长后波动下降趋势，例如东部地区的福建、上海、江苏、山东、河北，东北地区的吉林、黑龙江，西南地区的云南、四川，西北地区的新疆、青海。有一些省份保持了良好的发展态势，例如江西、广东。同时，也有个别省份经济协调发展态势不乐观，例如内蒙古、辽宁。以上分析是单纯从综合评价结果来看，其背后的逻辑和结果产生的原因，可以从以下方面理解：

第一，全国层面的经济协调发展水平大部分出现先增长后波动下降的趋势，是因为新时代全球政治局势不乐观，经济发展进入瓶颈期，中国国内经济发展也受到影响，加之中国人口老龄化加剧，人口红利降低，地区支柱产业房地产行情下行导致全国层面的经济增速放缓。第二，2019 年底至今，全球暴发新冠肺炎疫情，国际贸易受阻，国际国内市场遇冷，园区、商贸区以及大量的实体经济停业歇业，导致地区经济发展受到严重影响。由此出现了 2019 年以来全国层面的经济下行趋势。第三，市场割裂现象的存在，导致地区之间的发展不均衡。全国各省份经济发展不协调，本身就是市场割裂的结果。2019 年底以来的新冠肺炎疫情暴发，地区之间的商品、劳动力、资本品等要素的流通均在一定程度上受到限制，导致市场割裂程度进一步提升（详见后续分析），因此各省份之间的经济发展不协调性进一步加强。第四，经济发展水平综合评价指数包含市场割裂指数和经济发展指数两方面，而市场割裂指数是负向性指数，一定程度上影响经济发展水平综合评价结果。

表 8-2 区域经济协调发展水平综合评价指数（2013—2020 年）

省份	2020 年	2019 年	2018 年	2017 年	2016 年	2015 年	2014 年	2013 年
北京市	0.7333	0.7244	0.7108	0.6667	0.7333	0.7005	0.7215	0.7243
天津市	0.7480	0.7093	0.7097	0.7553	0.8280	0.8083	0.8268	0.7429
河北省	0.4824	0.5254	0.4947	0.4166	0.4936	0.5161	0.4841	0.4042
山西省	0.4837	0.5567	0.4793	0.4995	0.6409	0.5948	0.4915	0.5236
内蒙古自治区	0.4181	0.4961	0.4696	0.4298	0.5514	0.5016	0.5248	0.5231
辽宁省	0.4100	0.4782	0.5197	0.4886	0.4712	0.5339	0.6055	0.6006
吉林	0.5656	0.5552	0.5367	0.5568	0.6024	0.5755	0.5426	0.4690
黑龙江省	0.5045	0.5577	0.5042	0.5411	0.6237	0.5618	0.5826	0.5352
上海市	0.7456	0.7482	0.7637	0.7752	0.7929	0.7765	0.7804	0.6739
江苏省	0.5603	0.4969	0.5759	0.6006	0.6606	0.6213	0.6716	0.6052
浙江省	0.5490	0.5164	0.5942	0.5975	0.6203	0.5848	0.6154	0.5548
安徽省	0.5845	0.6162	0.6209	0.5474	0.6091	0.5459	0.5626	0.5563

续表

省份	2020 年	2019 年	2018 年	2017 年	2016 年	2015 年	2014 年	2013 年
福建省	0.5769	0.5699	0.6257	0.6213	0.6170	0.5983	0.6354	0.5168
江西省	0.5831	0.5861	0.5299	0.5325	0.5327	0.5072	0.5062	0.4941
山东省	0.5528	0.5554	0.5472	0.5016	0.6467	0.5867	0.6171	0.5874
河南省	0.5572	0.5853	0.4484	0.4988	0.6117	0.5718	0.5304	0.5159
湖北省	0.5210	0.5915	0.5102	0.5414	0.5743	0.5759	0.5458	0.5438
湖南省	0.5323	0.5407	0.5672	0.5650	0.4656	0.5212	0.4674	0.5448
广东省	0.5901	0.6087	0.5765	0.5875	0.6044	0.5532	0.5275	0.4788
广西壮族自治区	0.4585	0.5212	0.4353	0.4653	0.4978	0.4493	0.4581	0.4945
海南省	0.6051	0.6037	0.5948	0.6236	0.6585	0.6555	0.6147	0.5063
重庆市	0.5340	0.4990	0.5502	0.5548	0.5962	0.6301	0.5992	0.5308
四川省	0.4264	0.4758	0.4551	0.5374	0.4329	0.4898	0.4203	0.3626
贵州省	0.4844	0.5290	0.5152	0.5206	0.4985	0.5151	0.4610	0.4953
云南省	0.4497	0.4516	0.3641	0.4986	0.4836	0.4828	0.3791	0.3091
西藏自治区	0.4715	0.5029	0.5563	0.5234	0.6031	0.5900	0.5780	0.5864
陕西省	0.4893	0.5395	0.5472	0.4980	0.5863	0.5143	0.4913	0.5090
甘肃省	0.4630	0.4869	0.4969	0.4913	0.5662	0.5102	0.4490	0.4758
青海省	0.4542	0.4733	0.4576	0.4452	0.5105	0.5088	0.4497	0.3671
宁夏回族自治区	0.5004	0.5513	0.5653	0.5598	0.6055	0.5585	0.4764	0.5415
新疆维吾尔自治区	0.4212	0.4463	0.5022	0.4726	0.4783	0.4612	0.4544	0.4082

（二）市场一体化、经济发展综合评价结果及分析

本研究中构建的经济协调发展水平评价指标中包含市场割裂指数，然而，市场割裂指数是负向性指标，在数据标准化处理的过程中需要对市场割裂指数进行正向化处理，最终得出的评价指数也属于“正向性指数”，此处定义为“市场一体化指数”，指数数值越高说明市场一体化程度越高。

从全国的市场一体化水平的分布情况看，中东部地区的省份市场一体化水平普遍高于西部地区。以 2020 年为例，市场一体化水平最高的是天津市，其次较高的是北京、吉林、上海、安徽、福建、江西、河南、湖北、广东、海南（评价指数均高于 0.4），天津市因其地理位置较为特殊，除了与北京市相邻，大部分行政区域被河北省包围，因此，地缘因素直接导致天津市与周边省份的市场一体化水平较高。中东部地区受历史发展、资源禀赋、市场条件等多方面原因，市场发展较为成熟，经济发展水平较高，导致整体比西部地区的市场一体化水平偏高。

而从经济发展水平的结果分布情况看，2013 年以来北京、上海、天津，一直是全国的领头羊，其次是江苏、浙江、广东、安徽、湖南、湖北等省份。而经济发展水平较低的省份主要是东北三省，对比分析其指标数据可以发现，东北三省主要落后在经济结构和经济产出效率两个方面，因此，经济转型发展或将成为东北地区经济建设的主要任务。

对照表 8-3、表 8-4 中的结果可以发现，市场一体化水平跟经济发展水平之间的关系可以概括为 3 种类型（指数的大小仅作横向比较）。

1. 市场一体化水平及经济发展水平“双高”或“双低”类型

例如，2020 年结果显示，天津、北京、上海、安徽、福建、江西、广东等省份的市场一体化水平普遍较高（大于 0.4），其经济发展水平评价指数全部处于较高水平，高于 0.16；辽宁、内蒙古、青海、广西等省份市场一体化水平在 0.3 以下，经济发展水平指数在 0.15 以下。这种“双高”或者“双低”类型在各个年度均占据主导地位，由此可以推论出，经济发展与市场一体化之间是一种相互促进关系。同时，这样的结果也反映出了地区之间的不协调问题。

2. 市场一体化水平偏高，而经济发展水平偏低类型

例如，2020 年，河南、海南的市场一体化水平均大于 0.4，然而其经济发展指数均没有达到 0.15；2017 年，吉林、黑龙江的市场一体化水平均值大于 0.4，而经济发展指数低于 0.14。出现这种结果的省份，多分布在东北、西南、西北地区，这些地区经济发展水平较低，所以即便市场一体化程度较高，其经济拉动效果也有限。

3. 市场一体化水平偏低，而经济发展水平偏高类型

例如，2020 年，江苏、浙江经济发展指数大于 0.2，但是市场一体化水平小于 0.35；2015 年，北京市的经济发展指数高达 0.35，然而其市场一体化指数为 0.35，虽然也处于一个较高水平，但是其与当地的经济发展指数并不匹配；2018 年，青海省的经济发展指数为 0.18，而其市场一体化指数仅仅为 0.28。根据陆铭等人的观点，当市场割裂程度较低时，其对经济发展产生一定的积极作用，会拉动当地的经济建设，但是当市场割裂高于一定程度，会阻碍经济发展[2]。所以，根据这一观点，导致市场一体化水平低而经济发展水平高的情况出现的两种可能原因，一是市场割裂尚未达到转折点，二是市场割裂程度正处于不断缩小的态势中，而现在正处于较低的状态。受新冠肺炎疫情的影响，2019 年以来全国层面的市场一体化指数有普遍下降趋势，但是 2019 年之前，一体化指数呈现上升趋势。因此可以推论出，这种市场一体化水平偏低，而经济发展水平偏高类型的省份，处于一种市场割裂程度缩小趋势中的较低点。

表 8-3 市场一体化水平综合评价指数（2013—2020 年）

省份	2020 年	2019 年	2018 年	2017 年	2016 年	2015 年	2014 年	2013 年
北京市	0.4229	0.4477	0.3776	0.3250	0.3737	0.3544	0.3797	0.3825
天津市	0.5000	0.5000	0.5000	0.5000	0.5000	0.5000	0.5000	0.4174

续表

省份	2020年	2019年	2018年	2017年	2016年	2015年	2014年	2013年
河北省	0.3112	0.3703	0.3544	0.2724	0.3276	0.3954	0.3620	0.2788
山西省	0.3767	0.4540	0.3548	0.3581	0.4468	0.4371	0.3466	0.3797
内蒙古自治区	0.2979	0.3765	0.3294	0.3021	0.3710	0.3659	0.3362	0.3505
辽宁省	0.3078	0.3741	0.3917	0.3632	0.3804	0.4135	0.4149	0.3807
吉林省	0.4125	0.4448	0.4335	0.4323	0.4398	0.4588	0.4131	0.3311
黑龙江省	0.3979	0.4666	0.4000	0.4096	0.4749	0.4588	0.4668	0.4083
上海市	0.4398	0.4562	0.4457	0.4428	0.4349	0.4510	0.4581	0.3759
江苏省	0.3517	0.3108	0.3507	0.3660	0.4019	0.3781	0.4230	0.3656
浙江省	0.3369	0.3216	0.3665	0.3722	0.3762	0.3659	0.4048	0.3494
安徽省	0.4048	0.4295	0.4291	0.3733	0.4128	0.3842	0.3960	0.3862
福建省	0.4103	0.4119	0.4250	0.4303	0.4126	0.4121	0.4438	0.3320
江西省	0.4095	0.4192	0.3541	0.3749	0.3506	0.3586	0.3534	0.3434
山东省	0.3783	0.4065	0.3751	0.3084	0.4274	0.3929	0.4207	0.3933
河南省	0.4134	0.4363	0.2997	0.3494	0.4428	0.4341	0.3903	0.3966
湖北省	0.4039	0.4262	0.3218	0.3688	0.3766	0.3972	0.3618	0.3749
湖南省	0.3505	0.3683	0.3927	0.3954	0.2807	0.3649	0.3065	0.3924
广东省	0.4014	0.4261	0.3714	0.3784	0.3810	0.3547	0.3298	0.2946
广西壮族自治区	0.3029	0.3775	0.2893	0.3452	0.3540	0.3261	0.3298	0.3642
海南省	0.4554	0.4589	0.4356	0.4483	0.4637	0.4843	0.4234	0.3271
重庆市	0.3489	0.3196	0.3718	0.3605	0.3740	0.4184	0.3846	0.3377
四川省	0.2811	0.3273	0.2916	0.3795	0.2634	0.3594	0.2875	0.2340
贵州省	0.3278	0.3773	0.3547	0.3617	0.3223	0.3391	0.2798	0.2995
云南省	0.2958	0.2796	0.2066	0.3413	0.3133	0.3454	0.2400	0.1476
西藏自治区	0.2878	0.3303	0.3527	0.3258	0.3903	0.3870	0.3709	0.3740
陕西省	0.3331	0.3952	0.3690	0.3287	0.4015	0.3704	0.3192	0.3330
甘肃省	0.3464	0.3675	0.3573	0.3658	0.3661	0.3670	0.2831	0.3089
青海省	0.2974	0.2481	0.2800	0.2840	0.3259	0.3479	0.2761	0.1958
宁夏回族自治区	0.3598	0.4209	0.4156	0.3891	0.4033	0.3794	0.2905	0.3537
新疆维吾尔自治区	0.3069	0.3227	0.3597	0.3095	0.3133	0.3204	0.2797	0.2402

表 8-4 经济发展水平综合评价指数（2013—2020 年）

省份	2020 年	2019 年	2018 年	2017 年	2016 年	2015 年	2014 年	2013 年
北京市	0. 3104	0. 2767	0. 3332	0. 3417	0. 3596	0. 3461	0. 3419	0. 3418
天津市	0. 2480	0. 2093	0. 2097	0. 2553	0. 3280	0. 3083	0. 3268	0. 3255
河北省	0. 1712	0. 1551	0. 1403	0. 1442	0. 1661	0. 1207	0. 1221	0. 1254
山西省	0. 1070	0. 1028	0. 1245	0. 1414	0. 1941	0. 1577	0. 1449	0. 1439
内蒙古自治区	0. 1203	0. 1196	0. 1402	0. 1277	0. 1804	0. 1357	0. 1886	0. 1726
辽宁省	0. 1023	0. 1041	0. 1280	0. 1255	0. 0908	0. 1204	0. 1905	0. 2199
吉林省	0. 1531	0. 1104	0. 1031	0. 1244	0. 1626	0. 1167	0. 1294	0. 1379
黑龙江省	0. 1066	0. 0911	0. 1042	0. 1315	0. 1488	0. 1030	0. 1158	0. 1270
上海市	0. 3058	0. 2920	0. 3180	0. 3324	0. 3580	0. 3255	0. 3223	0. 2980
江苏省	0. 2087	0. 1862	0. 2252	0. 2346	0. 2587	0. 2432	0. 2486	0. 2396
浙江省	0. 2122	0. 1947	0. 2277	0. 2253	0. 2441	0. 2189	0. 2107	0. 2054
安徽省	0. 1797	0. 1867	0. 1918	0. 1741	0. 1964	0. 1617	0. 1666	0. 1701
福建省	0. 1666	0. 1579	0. 2007	0. 1910	0. 2043	0. 1861	0. 1916	0. 1848
江西省	0. 1736	0. 1669	0. 1759	0. 1576	0. 1821	0. 1486	0. 1529	0. 1507
山东省	0. 1746	0. 1490	0. 1720	0. 1932	0. 2193	0. 1938	0. 1963	0. 1941
河南省	0. 1437	0. 1490	0. 1488	0. 1494	0. 1689	0. 1377	0. 1401	0. 1193
湖北省	0. 1172	0. 1653	0. 1884	0. 1726	0. 1977	0. 1787	0. 1840	0. 1689
湖南省	0. 1818	0. 1723	0. 1745	0. 1696	0. 1849	0. 1563	0. 1610	0. 1525
广东省	0. 1886	0. 1826	0. 2051	0. 2092	0. 2234	0. 1984	0. 1977	0. 1843
广西壮族自治区	0. 1556	0. 1437	0. 1460	0. 1201	0. 1438	0. 1232	0. 1283	0. 1303
海南省	0. 1497	0. 1448	0. 1592	0. 1754	0. 1948	0. 1712	0. 1913	0. 1793
重庆市	0. 1851	0. 1794	0. 1784	0. 1943	0. 2221	0. 2117	0. 2146	0. 1931
四川省	0. 1452	0. 1485	0. 1635	0. 1579	0. 1694	0. 1304	0. 1328	0. 1287
贵州省	0. 1566	0. 1517	0. 1604	0. 1589	0. 1762	0. 1760	0. 1812	0. 1957
云南省	0. 1539	0. 1720	0. 1575	0. 1573	0. 1703	0. 1373	0. 1391	0. 1615
西藏自治区	0. 1837	0. 1726	0. 2036	0. 1976	0. 2128	0. 2031	0. 2071	0. 2124
陕西省	0. 1562	0. 1443	0. 1782	0. 1693	0. 1848	0. 1438	0. 1721	0. 1760
甘肃省	0. 1166	0. 1194	0. 1396	0. 1255	0. 2001	0. 1432	0. 1659	0. 1670
青海省	0. 1568	0. 2252	0. 1776	0. 1612	0. 1846	0. 1609	0. 1736	0. 1713
宁夏回族自治区	0. 1406	0. 1304	0. 1498	0. 1707	0. 2022	0. 1791	0. 1859	0. 1879
新疆维吾尔自治区	0. 1143	0. 1236	0. 1426	0. 1631	0. 1650	0. 1408	0. 1747	0. 1680

（三）年度市场一体化和经济发展协调性结果分析

开展本章研究的主要目的之一是探究当前统一大市场建设下全国的经济协调发展现状问题，在此，图 8-1、图 8-2 展示了 2019 年和 2020 年经济协调发展的综合评价指数、市场一体化指数以及经济发展指数之间的对照关系。市场统一化指数和经济发展指数之间的差异度大小，在一定程度上反映了两者之间的协调性问题。可以看出，2019 年，北京、上海、江苏、浙江、贵州、青海、西藏等省份的市场一体化和经济发展协调性较高，而黑龙江、吉林、辽宁、内蒙古、河北、山西、宁夏、甘肃、广西、海南等省份的协调性较低；到了 2020 年，北京、上海、江苏、浙江、湖南、青海、西藏等省份的市场一体化和经济发展协调性较高，而黑龙江、吉林、辽宁、内蒙古、山西、宁夏、甘肃、新疆、河南、湖北、海南等省份的协调性较差。

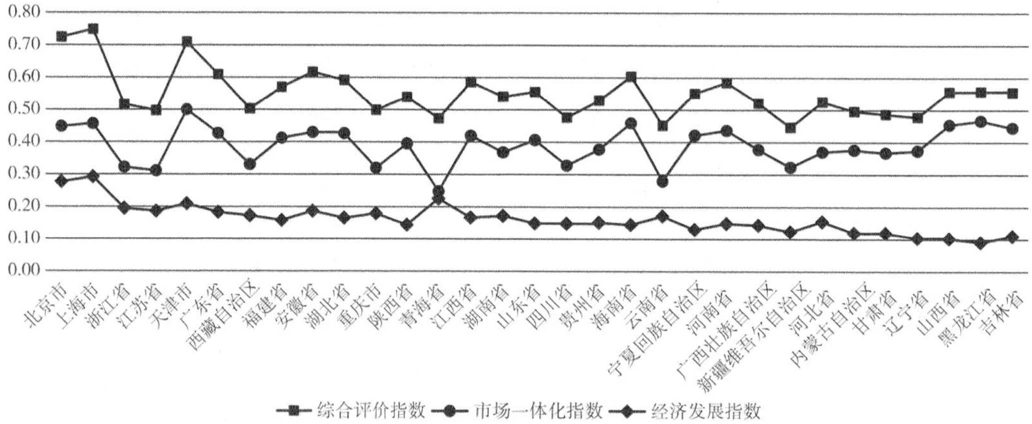

图 8-1　2019 年经济协调发展综合评价指数、市场一体化指数、经济发展指数对照图

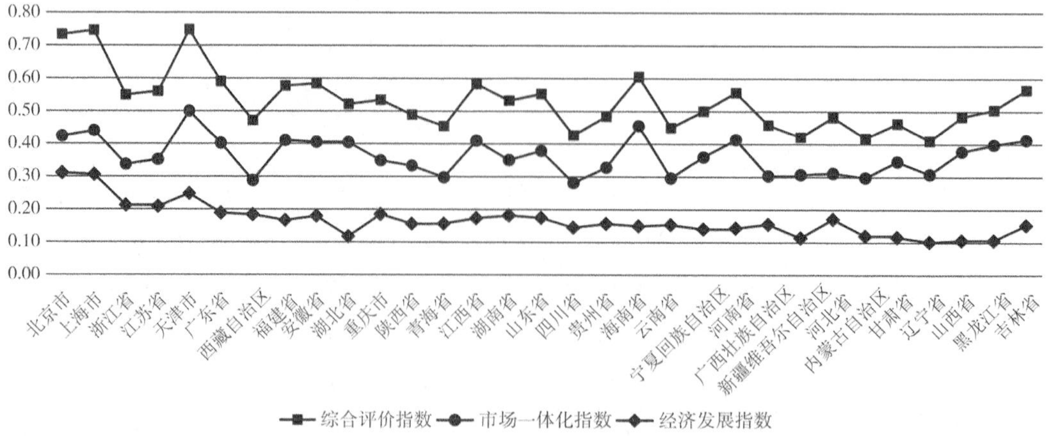

图 8-2　2020 年经济协调发展综合评价指数、市场一体化指数、经济发展指数对照图

四、结束语

本章基于统一大市场建设背景构建评价指标体系对全国各省份的经济协调发展水平进行评价，评价指标体系的构建主要涵盖了市场割裂指数和经济发展指数两个方面。首先，依据评价结果对2013—2020年中国的经济协调发展水平时间变化及空间分布进行详细分析，并探讨产生原因。其次，对省域层面市场一体化水平和经济发展水平的协调性进行论述。主要结论如下：

首先，从区域经济协调发展水平总体情况看，发展水平较高的省份主要集中在东北、东中部地区，而西北、西南地区的省份发展水平相对较低。2013年以来，全国多数省份经历了先增长后波动下降的趋势。究其根源，上述地区存在人口老龄化加剧，产业发展困境；新冠肺炎疫情暴发致使经济下行；市场割裂导致地区发展不均衡等方面原因。

其次，当前国内各省份的市场一体化建设和经济发展水平之间存在着不协调性问题。整体而言，具有“市场一体化水平及经济发展水平‘双高’或‘双低’类型”“市场一体化水平偏高，而经济发展水平偏低类型”“市场一体化水平偏低，而经济发展水平偏高类型”，前者反映了地区之间的不协调问题，而后两者反映了省份内部的不协调问题。根据研究的测算结果和分析结论，目前国内各省份的市场发展和经济发展不协调问题，处于一种市场割裂程度缩小趋势中。

随着经济的不断发展，我国必然越来越依赖于规模经济所发挥的效应，而构建全国统一大市场是必经之路，如何在保证地区经济发展的同时促进市场统一，绕过“市场割裂带动经济增长”的“囚犯困境”，是当前亟待解决的难题。根据本章研究的结果，提出几点推动市场统一建设的建议：

第一，经济发展策略与产业结构转型。市场始终是资源配置的最有效途径，因为要构建统一大市场，就要充分发挥市场调配资源的能力，尽量地减少政府干预。为了防止各地政府因“囚犯困境”而进行的地方经济保护，需要对地方政府政绩考核更多地融合高质量发展的评价指标，而非一味地追求GDP的增长。减少政府对地方产业经济的干预，充分发挥市场机制，同时推动地方产业结构的转型升级，间接地加强与其他地区之间的市场联系与统一。

第二，区域合作和制度融合。市场的统一是一个相对的概念，省域之间存在市场割裂，省域内部各个地级市之间，甚至各个县域单位之间都可能存在市场的割裂。因此，要开展区域合作，做好顶层设计，多层次统筹协调，通过省份内市场一体化，推动省际市场一体化。加强城市圈、城市群之间的区域合作，打造产业链、产业集群，加强地区之间的制度融合，为地区之间的产业互通、劳动力互通提供政策上的便捷。

第三，转变政府职能，加强社会服务供给和基础设施建设。地方政府层面上，加强基础设施建设和社会服务建设，吸引外地企业并入，降低企业并购门槛[20]。充分发挥企业在市场一体化建设中的作用，激发大中小企业的并购和开拓的积极性，降低政策风险和政府限制等障碍因素的影响。转变政府职能，致力于政府主导型产业全球产业链的培育和建设，打造开放经济。

（作者简介：李发志，男，博士，南京邮电大学高质量发展评价研究院、高质量发展综合评估研究基地副研究员，主要从事资源环境评价及规划、高质量发展等方面研究。）

参考文献

[1] 刘宏楠，刘伟丽，章建方，杨景院．国内市场分割的空间格局及动态演进［J］．统计与决策，2022，38（17）：150-154.

[2] 陆铭，陈钊．分割市场的经济增长——为什么经济开放可能加剧地方保护？［J］．经济研究，2009，44（3）：42-52.

[3] 鲁邦克，邢茂源，杨青龙．中国经济高质量发展水平的测度与时空差异分析［J］．统计与决策，2019，35（21）：113-117.

[4] 刘瑞，郭涛．高质量发展指数的构建及应用——兼评东北经济高质量发展［J］．东北大学学报（社会科学版），2020，22（1）：31-39.

[5] 欧进锋，许抄军，刘雨骐．基于“五大发展理念”的经济高质量发展水平测度——广东省21个地级市的实证分析［J］．经济地理，2020，40（6）：77-86.

[6] 潘雅茹，罗良文．基础设施投资对经济高质量发展的影响：作用机制与异质性研究［J］．改革，2020（6）：100-113.

[7] 马茹，罗晖，王宏伟，王铁成．中国区域经济高质量发展评价指标体系及测度研究［J］．中国软科学，2019（7）：60-67.

[8] 魏敏，李书昊．新时代中国经济高质量发展水平的测度研究［J］．数量经济技术经济研究，2018，35（11）：3-20.

[9] 黄庆华，时培豪，胡江峰．产业集聚与经济高质量发展：长江经济带107个地级市例证［J］．改革，2020（1）：87-99.

[10] 蒋长流，江成涛．数字普惠金融能否促进地区经济高质量发展？——基于258个城市的经验证据［J］．湖南科技大学学报（社会科学版），2020，23（3）：75-84.

[11] 马昱，邱菀华，王昕宇．高技术产业集聚、技术创新对经济高质量发展效应研究——基于面板平滑转换回归模型［J］．工业技术经济，2020，39（2）：13-20.

[12] 任晓燕，杨水利．技术创新、产业结构升级与经济高质量发展——基于独立效应和协同效应的测度分析［J］．华东经济管理，2020，34（11）：72-80.

[13] 贾洪文，张伍涛，盘业哲．科技创新、产业结构升级与经济高质量发展［J］．上海经济研究，2021（5）：50-60.

[14] YOUNG A. The razor's edge: Distortions and incremental reform in the People's Republic of China［J］. The Quarterly Journal of Economics，2000，115（4）：1091-1135.

[15] PONCET S. Measuring Chinese domestic and international integration［J］. China Economic Review，2003，14（1）：1-21.

[16] PARSLEY D C，WEI S J. Convergence to the law of one price without trade barriers or currency

fluctuations [J] . The Quarterly Journal of Economics, 1996, 111 (4): 1211–1236.
[17] PARSLEY D C, Wei S J. Explaining the border effect: the role of exchange rate variability, shipping costs, and geography [J] . Journal of International Economics, 2001, 55 (1): 87–105.
[18] PARSLEY D C, Wei S J. Limiting currency volatility to stimulate goods market integration: a price-based approach [R] . NBER Working Paper; NBER: Cambridge, MA, USA, 2001.
[19] 沈满洪，程华，陆根尧，等 . 生态文明建设与区域经济协调发展战略研究 [M] . 北京：科学出版社，2012.
[20] 刘志彪，孔令池 . 从分割走向整合：推进国内统一大市场建设的阻力与对策 [J] . 中国工业经济，2021 (8): 20–36.

第九章　长江经济带沿线区域协调发展制度评价

摘　要：本研究选择了长江经济带沿线区域的11个省份，从人民生活水平、基本公共服务、产业协调、城镇协调、生态优美和交通顺畅6个方面构建了一套完整的长江经济带沿线区域协调发展制度运行效果评价指标体系，采用熵值法确立指标权重并对我国长江经济带沿线区域协调发展制度的运行效果进行整体评价分析、分区域评价分析和分维度评价分析，并从完善政策的角度，提出相应的政策建议。

一、引言

长江经济带通江达海，深入我国中部腹心地区，东西交会、南北相接，把西南、华中、华东三大自然经济区域紧紧连接在了一起，是我国最具综合优势的经济带，也是潜力深厚的资源带、产业带、城市带和智力带，构成被称为“黄金海岸”与“黄金水道”的中国经济社会发展两大区域主轴之一，与沿海经济带和丝绸之路经济带等共同形成更大区域的统筹、均衡、协调发展新格局。据2021年统计数据，长江经济带11个省份占全国21.5%的国土面积，承载了占全国43.0%的常住人口，创造了占全国46.4%的地区生产总值、约44.8%的地方财政收入（2020年值）、48.5%的社会消费品零售额、43.5%的授权专利数、45.7%的外贸进出口额和82.2%的实际使用外资额，是实现中华民族伟大复兴目标的重要战略空间、雄厚经济支撑和资源环境载体。2020年11月14日，习近平总书记在全国推动长江经济带发展座谈会上强调，要坚持全国一盘棋思想，在全国发展大局中明确自我发展定位。近年来，长江经济带东中西部加强水、路、港、岸、产、城等各方面协同，基础设施互联互通加快推进，产业转型升级取得积极进展，新型城镇化持续推进，经济保持稳定增长势头，流域基本公共服务均等化扎实推进，人民生活水平明显提高。但也要充分认识到，由于长江横贯我国东中西三大自然经济区域，空间绵延数千千米，上中下游的自然资源禀赋条件迥然不同，经济社会发展和生态文明建设要应对的问题各有差异。11个省份的基础条件与发展水平的差距很大，导致经济社会的非均衡、不协调现象十分突出。因此，对长江经济带沿线区域发展制度内容进行扼要总结梳理，深入研究并客观评价长江经济带沿线区域协调发展的基本现状，对以“一盘棋”思想统筹推进长江经济带上中下游协同发展、东中西部互动合作，具有重要的现实意义。

二、理论基础

（一）区域经济一体化理论

第二次世界大战以后，区域经济一体化获得飞速发展。丁伯根（1951）最早定义“经济一体化”，巴拉萨（1961）在其基础上继续发展，认为区域经济一体化就是指产品和要素可以自由流动，不受由国民经济不一致造成的歧视。我国专家学者参考国内外研究文献，基于我国现实国情展开研究，填补了国内关于区域经济一体化理论研究的空白。其中，孟庆民（2001）把区域经济一体化定义为：不同的空间经济主体之间为了获取生产、消费、贸易等利益，而产生的市场一体化的过程。自然生态、地理空间、政府政策等多种因素造成了长江经济带内不同地区的经济发展程度差距较大，三次产业结构分异明显的现状。所以，实现要素重新配置，产业结构优化升级，区域之间协调发展是建设长江经济带的一大要务。

（二）梯度推移理论

梯度推移理论是海特和克鲁默等人提出的。梯度推移理论认为，区域经济的发展取决于产业结构，区域发展梯度层次的高低则取决于创新活动。因此发达的高梯度地区易产生创新活动，相比之下，欠发达的低梯度地区则主要发展传统型产业。生命周期阶段的往来更替使生产活动在高低梯度地区间发生转移。该理论主张首先发展发达地区，然后通过产业和要素的流动，带动较发达地区和欠发达地区经济的发展。长江经济带三大板块经济发展梯度不一致、经济水平差距显著。将东部苏浙沪的优势资源分享和转移至中西部地区，就可以拉动欠发达地区的开发开放，实现区域之间联动发展。长江作为联结的纽带，将西部大开发战略、中部地区崛起战略和东部地区加快发展战略这三大宏伟蓝图进行了完美的衔接和贯通，能够进一步提升和优化三大战略的实施效果。此理论可以帮助我们反思学习如何使高梯度地区在保证可持续发展的前提下向低梯度地区合理转移产业及要素。

（三）点轴理论

点轴理论由萨伦巴和马利士提出。为了使区域得到最优发展，则必须按照“点-轴系统”模式对社会经济的客体加以组织。此理论非常重视“点”（即增长极）和“轴”（即交通干线）的作用，其认为重要交通干线的打造和建设具有重要的意义，能够产生极大的集聚效应，使交通干线相连区域发展成新的经济增长“点”，沿线发展成新的经济增长“轴”，拉动整片区域经济水平的飞速提升。长江经济带衍生出长三角、成渝、武汉三大城市群，依靠这些大节点先发展起来，各个节点之间互相关联，逐步构成“关联轴”，显露出“点-轴”开发模式。在长江经济带发展政策中，要求长江充分发挥自身天然轴线的优势，把带内的大经济区进行连通，使资源得以快速流动，惠及带内其他地区，将长江经济带真正打造成我国经济带中综合运输能力强、发展潜能大的“排头兵”。

（四）区域协调性均衡发展理论

“区域协调性均衡发展”的概念，最早见于成长春教授2015年发表的《长江经济带协调性均衡发展的战略构想》一文。他认为，改革开放以来长江经济带的区域经济发展大体经历了低水平均衡—梯度性非均衡—调整中趋衡三大阶段，目前正处于一个“在区域协调发展理念指引下形成的一种地区之间经济交往期，空间相互作用程度大，发展中关联互动、优势互补、分工协作的高水平、高效率、共生型均衡”的新阶段，即“协调性均衡发展阶段”。在《协调性均衡发展——长江经济带发展新战略与江苏探索》一书中，成长春等学者在深入分析市场（均衡）与政府（调控）关系的基础上，将“区域协调性均衡发展”定义为“以推动区域经济更有效率、更加公平、更可持续发展为核心，使市场在区域资源优化配置中起决定性作用和更好发挥政府的调节作用，促进各地区协调发展、协同发展、共同发展，同时保持各地区经济、人口、生态三者空间均衡，最终形成不同地区之间公共服务大体均等、生活条件大体均等、生活水平大体均等、经济分布与人口分布大体均衡、经济和人口分布与当地资源环境承载能力相协调的状态”。

三、研究区概况、指标体系与数据来源

（一）研究区概况

长江经济带覆盖上海、江苏、浙江、安徽、江西、湖北、湖南、重庆、四川、贵州、云南11个省份，面积约205.23万平方千米，占全国的21.4%。按上、中、下游划分，下游地区包括上海、江苏、浙江、安徽4省份，面积约35.03万平方千米，占长江经济带的17.1%；中游地区包括江西、湖北、湖南3省，面积约56.46万平方千米，占长江经济带的27.5%；上游地区包括重庆、四川、贵州、云南4省份，面积约113.74万平方千米，占长江经济带的55.4%，具有独特地理优势和巨大发展潜能。长江经济带人口总数、地区生产总值、第三产业产值均超过全国的40%，现已成为中国经济发展实力最强、战略支撑作用最大的区域之一。然而，在区域协调发展方面也潜藏着严重的不和谐隐患，加之各省份的经济规模、产业结构、机制体制等存在较大差异，对区域协调的影响程度亦有不同，用科学方法定量分析长江经济带沿线区域协调发展现状对实现区域可持续发展具有重要意义。

（二）评价指标体系构建

1. 评价指标体系的构建原则

指标的选取与体系的构建应遵从以下基本原则：一是科学性，指标体系能客观、准确、全面地反映对象的本质特征。二是整体性，要用整体眼光，综合采用各种方法予以

解剖和重组构建指标体系，使其能全面地反映评价对象的相关信息。三是可操作性，即指标的含义科学准确、数据收集和测定方便，计算和统计简单规范，保证指标体系的简易性和实施性。四是独立性，即同层次指标之间不具有包含关系，不能相互替代。

2. 评价指标体系的选取

根据上述原则，并结合已有理论基础，本着全面反映长江经济带沿线区域协调发展的目标，借鉴已有研究，本研究从人民生活水平、基本公共服务、产业协调、城镇协调、生态优美和交通顺畅 6 个维度对长江经济带沿线区域协调发展制度进行评价。其中，人民生活水平由地区生产总值、地区人均生产总值、第三产业的就业占比 3 个指标来表征；基本公共服务由社区服务机构单位数、每万人拥有卫生人员数、居民基本社会保险参保率 3 个指标来表征；产业协调由第一产业的增加值与地区生产总值的比值、第二产业的增加值与地区生产总值的比值、第三产业的增加值与地区生产总值的比值 3 个指标来表征；城镇协调由城镇化率、城乡居民人均可支配收入差距 2 个指标来表征；生态优美由工业废水排放量、工业二氧化硫排放量、环境污染治理投资总额 3 个指标来表征；交通顺畅由长江通航里程、长江客运量、长江货运量 3 个指标来表征。最终，构建的评价指标体系有 6 个一级指标、17 个二级指标，见表 9-1。

表 9-1　长江经济带沿线区域协调发展制度评价指标体系及其权重

目标层	准则层	权重	指标层	权重
长江经济带沿线区域协调发展制度评价	人民生活水平	0.2070	地区 GDP（亿元）	0.0673
			人均 GDP（元）	0.0809
			第三产业的就业占比	0.0588
	基本公共服务	0.1346	社区服务机构单位数	0.0488
			居民基本社会保险参保率	0.0260
			每万人拥有卫生人员数	0.0597
	产业协调	0.1484	第一产业的增加值 / 地区生产总值	0.0472
			第二产业的增加值 / 地区生产总值	0.0226
			第三产业的增加值 / 地区生产总值	0.0786
	城镇协调	0.1009	城镇化率	0.0729
			城乡居民人均可支配收入差距	0.0279
	生态优美	0.1642	工业废水排放量（万吨）	0.0824
			工业二氧化硫排放量（万吨）	0.0327
			环境污染治理投资总额（亿元）	0.0491
	交通顺畅	0.2449	长江通航里程（万千米）	0.0587
			长江客运量（万人）	0.0936
			长江货运量（万吨）	0.0926

3. 基于熵值法的指标体系权重的确定

熵是源于热力学的一个物理概念，后由申农（C. E. Shannon）引入信息论，现已广泛运用于社会经济等研究领域。在信息论中，熵是系统无序程度的度量，信息则是系统有序程度的度量，两者绝对值相等，符号相反；若某项指标的指标值变异程度越大，熵越小，该指标提供的信息量越大，其权重也应越大；反之，某项指标的指标值变异程度越小，熵越大，该指标提供的信息量越小，其权重也越小。因此，熵值法克服多指标变量间信息的重叠和人为确定权重的主观性，能够深刻地反映出指标信息熵值的效用价值，所给出的指标权重值有较高的可信度，适合对多元指标进行综合评价，其主要步骤如下。

（1）为初始数据建立矩阵

$$X = (x_{ij})_{m \times n} = \begin{pmatrix} x_{11} & x_{12} & \cdots & x_{1n} \\ x_{21} & x_{22} & \cdots & x_{2n} \\ \vdots & \vdots & \vdots & \vdots \\ x_{m1} & x_{m2} & \cdots & x_{mn} \end{pmatrix}$$

式中，x_{ij} 为 i 个维度第 j 个指标的初始值。

（2）标准化初始数据

$$y_{ij} = \frac{\max(x_j) - x_{ij}}{\max(x_j) - \min(x_j)}$$

$$y_{ij} = \frac{x_{ij} - \min(x_j)}{\max(x_j) - \min(x_j)}$$

式中，x_{ij} 为 i 个维度 j 项指标的初始值，y_{ij} 为 x_{ij} 的标准化值，$\max(x_j)$ 和 $\min(x_j)$ 是所有数据在初始数据中的最大值和最小值。

（3）计算第 j 项指标下第 i 个维度占该类指标的比重

$$p_{ij} = \frac{y_{ij}}{\sum_{i=1}^{m} y_{ij}}, \quad i = 1, \cdots, m, \ j = 1, \cdots, n$$

（4）计算第 j 项指标的熵值

$$e_j = -k \sum_{i=1}^{m} p_{ij} \ln p_{ij}, \quad k > 0, \ k = \frac{1}{\ln(n)}, \ e_j \geqslant 0$$

（5）计算各项指标的权值

$$W_j = \frac{1 - e_j}{\sum_{j=1}^{n} (1 - e_j)}$$

基于熵值法的指标体系权重的确定结果，如表 9-1 所示。从中可以看出，对长江经济带沿线区域协调发展制度影响最大的一级指标是交通顺畅程度，占 0.2449。其次分别为人民生活水平、生态优美、产业协调、基本公共服务、城镇协调，分别占 0.2070、0.1642、0.1484、0.1346、0.1009。对交通顺畅程度影响最大的二级指标是长江客运量，占 0.0936；对人民生活水平影响最大的二级指标是人均 GDP，占 0.0809；对生态优美影响最大的二级指标是工业废水排放量，占 0.0824；对产业协调影响最大的二级指标是第三产业的增加值/地区生产总值，占 0.0786；对基本公共服务影响最大的二级指标是每万人拥有卫生人员数。占 0.0597；对城镇协调最大的二级指标是城镇化率，占 0.0729。

四、数据来源、处理与评价分析

（一）数据来源与处理

本章根据长江经济带沿线所含区域，选取上海、江苏、浙江、安徽、江西、湖北、湖南、重庆、四川、贵州、云南 11 个省份作为研究区域，并区分了上游、中游和下游的不同，所需要的相关原始数据主要来源于《中国城市统计年鉴 2020》《中国城市建设统计年鉴 2020》、各省份 2020 年统计年鉴、2020 年各省份国民经济和社会发展统计公报及中华人民共和国国家统计局官方网站等权威机构统计资料（见表 9-2）。具体指标有地区 GDP（亿元）、人均 GDP（元）、第三产业的就业占比、社区服务机构单位数、居民基本社会保险参保率、每万人拥有卫生人员数、第一产业的增加值/地区生产总值、第二产业的增加值/地区生产总值、第三产业的增加值/地区生产总值、城镇化率、城乡居民人均可支配收入差距、工业废水排放量（万吨）、工业二氧化硫排放量（万吨）、环境污染治理投资总额（亿元）、长江通航里程（万千米）、长江客运量（万人）、长江货运量（万吨）。对部分缺失数据，采用前后年份取平均值、多年回归或插值等方式处理。由于涉及大量原始数据单位不统一的问题，在进行计算时先利用最大最小值法对所有数据进行标准化处理，以消除量纲对计算结果可能造成的影响。

表 9-2 长江经济带沿线区域协调发展制度评价样本分布表

上游		中游		下游	
重庆	四川	江西	湖北	上海	江苏
贵州	云南	湖南		浙江	安徽

（二）评价方法

将上游、中游、下游各省份所有统筹地区得分的均值作为各区的得分，将各省份所有统筹地区得分的均值作为该省份的得分。已得到每个地区各指标的标准值（X_i'）以及权重（Wi），由此可以计算长江经济带沿线各地区协调发展制度运行评价总得分，计算公式为：

$$总得分(Q) = \sum_{i=1}^{17}(X_i' \times W_i)$$

各地区每个指标的得分计算公式为：

$$各指标得分 = X_i \times W_i$$

（三）评价结果分析

本研究首先对长江经济带沿线上游、中游、下游地区协调发展制度运行情况进行总体评价，然后按照评价指标体系框架，分别从人民生活水平、基本公共服务、产业协调、城镇协调、生态优美和交通顺畅6个方面进行比较分析。

1. 长江经济带沿线分区域协调发展制度运行情况分析

表9-3呈现了长江经济带沿线分区域协调发展制度运行总得分情况。由表9-3可以看出，长江经济带沿线分区域协调发展制度运行的总得分情况表现为下游地区得分最高，为0.5110，远高于上游和中游地区；其次是中游地区，得分为0.2878；上游地区得分最低，为0.2663。在长江经济带沿线下游地区，协调发展制度运行得分最高的省份是江苏，为0.6815；其次分别是浙江、上海、安徽，得分分别为0.5655、0.4531、0.3440。在长江经济带沿线中游地区，协调发展制度运行得分最高的省份是湖南，为0.3313，湖北省紧随其后，得分为0.3193，江西省得分最低，仅为0.2128。在长江经济带沿线上游地区，协调发展制度运行得分最高的省份是四川，为0.3499，其次分别为重庆、贵州、云南，得分分别为0.2995、0.2129、0.2027。

表9-3　长江经济带沿线分区域协调发展制度运行总得分情况

地区	得分	省份	得分
上游	0.2663	重庆	0.2995
		四川	0.3499
		贵州	0.2129
		云南	0.2027
中游	0.2878	江西	0.2128
		湖北	0.3193
		湖南	0.3313
下游	0.5110	上海	0.4531
		江苏	0.6815
		浙江	0.5655
		安徽	0.3440

2. 长江经济带沿线分维度协调发展制度运行情况分析

（1）人民生活水平

表9-4呈现了长江经济带沿线人民生活水平维度协调发展制度的运行得分情况。

纵向来看，地区 GDP、人均 GDP、第三产业的就业占比的总得分情况均表现为：下游地区>中游地区>上游地区。横向来看，在长江经济带沿线上游地区，人民生活水平协调发展制度运行得分最高的指标是第三产业的就业占比，为 0.0097，地区 GDP 和人均 GDP 相差不大，分别为 0.0088 和 0.0082；在长江经济带沿线中游地区，人民生活水平协调发展制度运行得分最高的指标是人均 GDP，为 0.0304，其次是第三产业的就业占比，为 0.0257，地区 GDP 运行效果偏低，仅为 0.0152；在长江经济带沿线下游地区，人民生活水平协调发展制度运行得分最高的指标是人均 GDP，为 0.0484，其次是地区 GDP，为 0.0344，第三产业的就业占比得分相对偏低，为 0.0254。从省域来看，长江经济带沿线上游地区地区 GDP 得分最高的省份是四川省，得分最低的省份为贵州省；人均 GDP 得分最高的省份是重庆市，得分最低的省份为贵州省；第三产业的就业占比得分最高的省份是重庆市，得分最低的省份为云南省。长江经济带沿线中游地区地区 GDP、人均 GDP 和第三产业的就业占比得分最高的省份均为湖北省，得分最低的省份均为江西省。长江经济带沿线下游地区 GDP 得分最高的省份为江苏省，人均 GDP 和第三产业的就业占比得分最高的省份均为上海市，3 个指标得分最低的省份均为安徽省。

表 9-4　人民生活水平得分表

地区		地区 GDP（亿元）	人均 GDP（元）	第三产业的就业占比
上游	总	0.0088	0.0082	0.0097
	重庆	0.0057	0.0192	0.0237
	四川	0.0244	0.0091	0.0100
	贵州	0.0000	0.0000	0.0051
	云南	0.0053	0.0044	0.0000
中游	总	0.0152	0.0304	0.0257
	江西	0.0062	0.0068	0.0128
	湖北	0.0203	0.0211	0.0157
	湖南	0.0190	0.0128	0.0155
下游	总	0.0344	0.0484	0.0254
	上海	0.0166	0.0809	0.0588
	江苏	0.0673	0.0577	0.0137
	浙江	0.0371	0.0418	0.0210
	安徽	0.0165	0.0132	0.0083

（2）基本公共服务

表 9-5 呈现了长江经济带沿线基本公共服务维度协调发展制度的运行得分情况。纵向来看，社区服务机构单位数总得分情况表现为：中游地区>下游地区>上游地区；

居民基本社会保险参保率总得分情况表现为：下游地区>中游地区>上游地区；每万人拥有卫生人员数总得分情况表现为：下游地区>上游地区>中游地区。横向来看，在长江经济带沿线上游地区，基本公共服务协调发展制度运行得分最高的指标是每万人拥有卫生人员数，为0.0245，其次是社区服务机构单位数，为0.0137，居民基本社会保险参保率运行效果偏低，仅为0.0110；在长江经济带沿线中游地区，基本公共服务协调发展制度运行得分最高的指标是社区服务机构单位数，为0.0246，其次是每万人拥有卫生人员数，为0.0160，居民基本社会保险参保率运行效果偏低，为0.0139；在长江经济带沿线下游地区，基本公共服务协调发展制度运行得分最高的指标是每万人拥有卫生人员数，为0.0340，其次是居民基本社会保险参保率，为0.0206，社区服务机构单位数运行效果偏低，仅为0.0160。从省域来看，长江经济带沿线上游地区社区服务机构单位数得分最高的省份是贵州省，得分最低的是重庆市；居民基本社会保险参保率得分最高的省份是重庆市，得分最低的是云南省；每万人拥有卫生人员数得分最高的省份是四川省，得分最低的是重庆市。长江经济带沿线中游地区社区服务机构单位数和居民基本社会保险参保率得分最高的省份均为江西省，得分最低的均为湖北省；每万人拥有卫生人员数得分最高的省份是湖北省，得分最低的是江西省。长江经济带沿线下游地区社区服务机构单位数得分最高的省份是江苏省，得分最低的是上海市；居民基本社会保险参保率得分最高的省份是浙江省，得分最低的是江苏省；每万人拥有卫生人员数得分最高的省份是江苏省，得分最低的是上海市。

表9-5　基本公共服务得分表

地区		社区服务机构单位数	居民基本社会保险参保率	每万人拥有卫生人员数
上游	总	0.0137	0.0110	0.0245
	重庆	0.0040	0.0198	0.0011
	四川	0.0087	0.0088	0.0597
	贵州	0.0222	0.0154	0.0141
	云南	0.0198	0.0000	0.0231
中游	总	0.0246	0.0139	0.0160
	江西	0.0488	0.0157	0.0059
	湖北	0.0161	0.0089	0.0310
	湖南	0.0335	0.0133	0.0272
下游	总	0.0160	0.0206	0.0340
	上海	0.0000	0.0179	0.0000
	江苏	0.0331	0.0161	0.0594
	浙江	0.0211	0.0260	0.0320
	安徽	0.0098	0.0225	0.0447

（3）产业协调

表 9-6 呈现了长江经济带沿线产业协调维度协调发展制度的运行得分情况。纵向来看，第一产业的增加值 / 地区生产总值总得分情况表现为：上游地区>中游地区>下游地区；第二产业的增加值 / 地区生产总值和第三产业的增加值 / 地区生产总值总得分情况均表现为：下游地区>中游地区>上游地区。横向来看，在长江经济带沿线上游地区，产业协调发展制度运行得分最高的指标是第一产业的增加值 / 地区生产总值，为 0.0362，其次是第二产业的增加值 / 地区生产总值，为 0.0131，第三产业的增加值 / 地区生产总值运行效果偏低，仅为 0.0119；在长江经济带沿线中游地区，产业协调发展制度运行得分最高的指标是第三产业的增加值 / 地区生产总值，为 0.0250，其次是第一产业的增加值 / 地区生产总值，为 0.0200，第二产业的增加值 / 地区生产总值运行效果偏低，仅为 0.0139；在长江经济带沿线下游地区，产业协调发展制度运行得分最高的指标是第三产业的增加值 / 地区生产总值，为 0.0317，其次是第二产业的增加值 / 地区生产总值，为 0.0153，第一产业的增加值 / 地区生产总值运行效果偏低，仅为 0.0078。从省域来看，长江经济带沿线上游地区第一产业的增加值 / 地区生产总值得分最高的省份是云南省，得分最低的是重庆市；第二产业的增加值 / 地区生产总值得分最高的省份是重庆市，得分最低的是云南省；第三产业的增加值 / 地区生产总值得分最高的省份是重庆市，得分最低的是贵州省。长江经济带沿线中游地区第一产业的增加值 / 地区生产总值得分最高的省份是湖南省，得分最低的是江西省；第二产业的增加值 / 地区生产总值得分最高的省份是江西省，得分最低的是湖南省；第三产业的增加值 / 地区生产总值得分最高的省份是湖南省，得分最低的是江西省。长江经济带沿线下游地区第一产业的增加值 / 地区生产总值得分最高的省份是安徽省，得分最低的是上海市；第二产业的增加值 / 地区生产总值得分最高的省份是江苏省，得分最低的是上海市；第三产业的增加值 / 地区生产总值得分最高的省份是上海市，得分最低的是安徽省。

表 9-6 产业协调得分表

地区		第一产业的增加值/地区生产总值	第二产业的增加值/地区生产总值	第三产业的增加值/地区生产总值
上游	总	0.0362	0.0131	0.0119
	重庆	0.0178	0.0183	0.0148
	四川	0.0344	0.0131	0.0135
	贵州	0.0454	0.0113	0.0087
	云南	0.0472	0.0099	0.0106
中游	总	0.0200	0.0139	0.0250
	江西	0.0237	0.0226	0.0000
	湖北	0.0268	0.0172	0.0100
	湖南	0.0293	0.0158	0.0112

续表

地区		第一产业的增加值/地区生产总值	第二产业的增加值/地区生产总值	第三产业的增加值/地区生产总值
下游	总	0.0078	0.0153	0.0317
	上海	0.0000	0.0000	0.0786
	江苏	0.0068	0.0225	0.0138
	浙江	0.0027	0.0195	0.0245
	安徽	0.0218	0.0190	0.0098

（4）城镇协调

表 9-7 呈现了长江经济带沿线城镇协调维度协调发展制度的运行得分情况。纵向来看，城镇化率和城乡居民人均可支配收入差距总得分情况均表现为：下游地区>中游地区>上游地区。横向来看，在长江经济带沿线上游地区、中游地区和下游地区，城镇协调发展制度运行得分最高的指标均为城镇化率，城乡居民人均可支配收入差距运行效果偏低。从省域来看，长江经济带沿线上游地区城镇化率得分最高的省份是重庆市，得分最低的是云南省；城乡居民人均可支配收入差距得分最高的省份是云南省，得分最低的是四川省。长江经济带沿线中游地区城镇化率得分最高的省份是湖北省，得分最低的是江西省；城乡居民人均可支配收入差距得分最高的省份是湖南省，得分最低的是江西省。长江经济带沿线下游地区城镇化率和城乡居民人均可支配收入差距得分最高的省份均为上海市，得分最低的均为安徽省。

表 9-7　城镇协调得分表

地区		城镇化率	城乡居民人均可支配收入差距
上游	总	0.0123	0.0117
	重庆	0.0311	0.0115
	四川	0.0124	0.0103
	贵州	0.0058	0.0123
	云南	0.0000	0.0125
中游	总	0.0283	0.0123
	江西	0.0003	0.0000
	湖北	0.0239	0.0086
	湖南	0.0162	0.0129
下游	总	0.0432	0.0183
	上海	0.0729	0.0279
	江苏	0.0435	0.0164
	浙江	0.0411	0.0181
	安徽	0.0154	0.0108

（5）生态优美

表 9-8 呈现了长江经济带沿线生态优美维度协调发展制度的运行得分情况。纵向来看，工业废水排放量得分情况表现为：下游地区>上游地区>中游地区；工业二氧化硫排放量得分情况表现为：上游地区>中游地区>下游地区；环境污染治理投资总额得分情况表现为：下游地区>中游地区>上游地区。横向来看，在长江经济带沿线上游地区，生态优美发展制度运行得分最高的指标是工业废水排放量，为 0.0298，其次是工业二氧化硫排放量，为 0.0221，环境污染治理投资总额运行效果偏低，仅为 0.0182；在长江经济带沿线中游地区，生态优美发展制度运行得分最高的指标是环境污染治理投资总额，为 0.0205，其次是工业二氧化硫排放量，为 0.0151，工业废水排放量运行效果偏低，仅为 0.0123；在长江经济带沿线下游地区，生态优美发展制度运行得分最高的指标是工业废水排放量，为 0.0399，其次是环境污染治理投资总额，为 0.0234，工业二氧化硫排放量运行效果偏低，仅为 0.0134。从省域来看，长江经济带沿线上游地区工业废水排放量得分最高的省份是重庆市，得分最低的是贵州省；工业二氧化硫排放量和环境污染治理投资总额得分最高的省份均为四川省，得分最低的均为重庆市。长江经济带沿线中游地区工业废水排放量得分最高的省份是湖北省，得分最低的是湖南省；工业二氧化硫排放量得分最高的省份是湖南省，得分最低的是为湖北省；环境污染治理投资总额得分最高的省份是湖南省，得分最低的是为江西省。长江经济带沿线下游地区工业废水排放量、工业二氧化硫排放量和环境污染治理投资总额得分最高的省份均为江苏省，得分最低的均为上海市。

表 9-8　生态优美得分表

地区		工业废水排放量（万吨）	工业二氧化硫排放量（万吨）	环境污染治理投资总额（亿元）
上游	总	0.0298	0.0221	0.0182
	重庆	0.0824	0.0155	0.0000
	四川	0.0197	0.0268	0.0471
	贵州	0.0012	0.0253	0.0130
	云南	0.0161	0.0207	0.0128
中游	总	0.0123	0.0151	0.0205
	江西	0.0131	0.0143	0.0242
	湖北	0.0266	0.0134	0.0266
	湖南	0.0000	0.0327	0.0295
下游	总	0.0399	0.0134	0.0234
	上海	0.0096	0.0000	0.0015
	江苏	0.0793	0.0323	0.0491
	浙江	0.0549	0.0066	0.0247
	安徽	0.0157	0.0146	0.0184

（6）交通顺畅

表9-9呈现了长江经济带沿线交通顺畅维度协调发展制度的运行得分情况。纵向来看，长江通航里程得分情况表现为：下游地区>中游地区>上游地区；长江客运量得分情况表现为：下游地区>上游地区>中游地区；长江货运量得分情况表现为：下游地区>中游地区>上游地区。横向来看，在长江经济带沿线上游地区，交通顺畅发展制度运行得分最高的指标是长江客运量，为0.0184，其次是长江通航里程，为0.0117，长江货运量运行效果偏低，仅为0.0049；在长江经济带沿线中游地区，交通顺畅发展制度运行得分最高的指标是长江货运量，为0.0305，其次是长江通航里程，为0.0142，长江客运量运行效果偏低，仅为0.0109；在长江经济带沿线下游地区，交通顺畅发展制度运行得分最高的指标是长江货运量，为0.0779，其次是长江客运量，为0.0386，长江通航里程运行效果偏低，仅为0.0226。从省域来看，长江经济带沿线上游地区长江通航里程得分最高的省份是四川省，得分最低的是贵州省；长江客运量得分最高的省份是贵州省，得分最低的是云南省；长江货运量得分最高的省份是重庆市，得分最低的是云南省。长江经济带沿线中游地区长江通航里程和长江客运量得分最高的省份均为湖南省，得分最低的均为江西省；长江货运量得分最高的省份是湖北省，得分最低的是江西省。长江经济带沿线下游地区长江通航里程得分最高的省份是江苏省，得分最低的是上海市；长江客运量得分最高的省份是浙江省，得分最低的是安徽省；长江货运量得分最高的省份是安徽省，得分最低的是上海市。

表9-9　交通顺畅得分表

地区		长江通航里程（万公里）	长江客运量（万人）	长江货运量（万吨）
上游	总	0.0117	0.0184	0.0049
	重庆	0.0081	0.0119	0.0146
	四川	0.0231	0.0243	0.0045
	贵州	0.0065	0.0261	0.0005
	云南	0.0091	0.0114	0.0000
中游	总	0.0142	0.0109	0.0305
	江西	0.0106	0.0001	0.0077
	湖北	0.0193	0.0035	0.0303
	湖南	0.0268	0.0210	0.0146
下游	总	0.0226	0.0386	0.0779
	上海	0.0000	0.0191	0.0693
	江苏	0.0587	0.0418	0.0701
	浙江	0.0211	0.0936	0.0797
	安徽	0.0108	0.0000	0.0926

五、研究结论与政策建议

（一）研究结论

本章基于众多评价长江经济带沿线区域协调发展制度运行的理论框架，结合我国长江经济带沿线区域协调发展制度的特点，从人民生活水平、基本公共服务、产业协调、城镇协调、生态优美和交通顺畅6个方面构建了一套完整的长江经济带沿线区域协调发展制度运行效果评价指标体系，采用熵值法确立指标权重并对我国长江经济带沿线区域协调发展制度的运行效果进行整体评价分析。通过指标体系的构建及实证研究，得出如下结论：

一是整体来看，对长江经济带沿线区域协调发展制度影响最大的是交通顺畅程度，其次分别为人民生活水平、生态优美、产业协调、基本公共服务、城镇协调。

二是分区域来看，长江经济带沿线区域协调发展制度总得分情况表现为下游地区得分最高，且远高于上游和中游地区。在下游地区，得分最高的省份是江苏，其次分别是浙江、上海、安徽。在中游地区，得分最高的省份是湖南，湖北省仅次其后，江西省得分最低。在上游地区，得分最高的省份是四川，其次分别为重庆、贵州、云南。

三是分维度来看，于人民生活水平而言，上游地区得分最高的指标是第三产业的就业占比，中游和下游地区得分最高的指标均为人均GDP。于基本公共服务而言，上游和下游地区得分最高的均为每万人拥有卫生人员数，中游地区得分最高的是社区服务机构单位数。于产业协调而言，上游地区得分最高的指标是第一产业的增加值/地区生产总值，中游和下游地区得分最高的指标均为第三产业的增加值/地区生产总值。于城镇协调而言，上、中、下游地区得分最高的指标均为城镇化率。于生态优美而言，上游和下游地区得分最高的均为工业废水排放量，中游地区得分最高的是环境污染治理投资总额。于交通顺畅而言，上游地区得分最高的指标是长江客运量，中游和下游地区得分最高的指标均为长江货运量。

（二）政策建议

第一，要推进新型城镇化建设，发挥区域协调积极功能。一是在不违背城镇化发展的基本规律的基础上，结合带内资源利用和环境承载的实际情况，合理规划城市规模，优化城市发展模式，结合乡村振兴战略，通过发展特色产业和提供技能培训的形式，提高农村劳动力质量，以就业促增收。二是逐步放松和调整落户政策，根据公共资源配置现状，将城镇人口所享有的待遇及服务向农业转移人口延伸，健全公共服务体系，促进公正公平。三是构建城市群间与城市群内协同机制，发挥城市群的聚集效应，引领长江经济带大中小城市健康可持续发展。四是加深城市管理体制改革，营造创新的社会环境和氛围，继续升级城市服务功能，建设“魅力城市”“精致城市”，保障人民群众生活品质，支持带内“绿色生态城区”建设，解决“城市病”问题。

第二，要加快产业转型升级，激发经济内生动力。一是发挥长江经济带下游地区优势产业的引领与辐射作用，培育和激发中高端产业发挥市场竞争优势，坚持走创新发展和绿色发展道路，挖掘和打造中上游地区成为新的增长极，不断提升成渝城市群和长江中游城市群等欠发达地区的对外开放水平，实现“中国智造”。二是加大科研经费的投入，使得带内中心城市有自己的设计和研发基地，将自主品牌做多、做大、做强。三是推进长江经济带内跨省份的产业园区联盟，依托长江这条黄金水道，加快园区共建计划，树立并落实“一盘棋”概念，实现沿江省份资源共享，形成独具长江特色的产业发展格局。

第三，要加大治水清污力度，强化生态修复。一是在水污染防治方面，完善长江经济带全流域的水体监测和废水处理体系建设，保障带内各类用水水质达标。二是在大气污染防治方面，贯彻碳排放补偿机制，改造带内工业企业的排污设备，实现废气无害化处理，提高长江经济带绿化率，打造“绿色走廊”。

第四，要提升交通网络通达能力。一是畅通长江干线航道，完善支线航运网络，优化港口功能布局，加快发展江海直达运输，提升黄金水道功能。以市场需求为导向，优化旅客联程联运，提高区际快速运输品质，便利城际公共交通，推进城乡客运服务一体化，提升旅客联程联运水平。推进货物多式联运，大力发展铁水联运，拓展江海联运功能，健全技术标准规范体系，培育多式联运组织主体。坚持将生态优先、绿色发展理念贯穿综合交通运输发展全生命周期，加强重点领域污染防治，加快形成低碳交通运输结构，建设资源节约型和环境友好型交通，全面提升交通可持续发展水平。

（作者简介：张慧利，女，博士，江苏省社会科学院农村发展研究所助理研究员，主要从事城乡融合和新型城镇化等方面研究。）

参考文献

[1] 付书科．推动长江经济带东中西部协调发展［N］．人民日报，2020-10-20.

[2] 刘丽娟．长江经济带区域经济协调发展评价——基于区域差异的综合分析［J］．商业经济研究，2016（14）：196-198.

[3] 金培．长江经济带：区域协调性均衡发展——评《推动长江经济带发展重大战略研究》［N］．新华日报，2022-06-24.

[4] 成长春，徐长乐，叶磊，孟越男．长江经济带协调性均衡发展水平测度及其空间差异分析［J］．长江流域资源与环境，2022，31（5）：949-959.

[5] 简·丁伯根．国际经济一体化［M］．上海：上海人民出版社，1954：95.

[6] BALASSA. The Theory of Economic Integration Homewood Irwin［M］. 1961.

[7] 孟庆民．区域经济一体化的概念与机制［J］．开发研究，2001（2）：47-49.

[8] 由一迪．长江经济带发展政策评价［J］．中国市场，2019（34）：8-15.

[9] 郭濂，李志伟．长江经济带发展的理论支撑与国际借鉴［J］．开发性金融研究，2015，3（3）：47-54.

[10] 林成．区域发展理论与产业集群机制研究［J］．北方经贸，2016（1）：53-54.

[11] 成长春. 长江经济带协调性均衡发展的战略构想 [J]. 南通大学学报 (社会科学版), 2015 (1): 1-8.

[12] 成长春, 杨凤华, 等. 协调性均衡发展: 长江经济带发展新战略与江苏探索 [M]. 北京: 人民出版社, 2016: 34.

[13] 丁一磊, 杨妮超, 顾海. 中国农村居民重大疾病保障制度评价指标体系构建及运行效果分析——以东中西部 101 个医保统筹地区为例 [J]. 南京农业大学学报 (社会科学版), 2017, 17 (6): 48-58+163.

[14] 姚姿臣. 区域经济发展方式转变进程评价及路径探索——基于长江经济带 11 省 2003—2015 年的经验数据 [J]. 经济地理, 2018, 38 (3): 46-52.

[15] 刘已粲, 苏雁. 长江经济带协调性均衡发展指数发布 [N]. 光明日报, 2021-11-15 (10).

第十章　基于城乡一体化的江苏县域城镇化水平评价

摘　要：县域是城乡一体化发展的关键支撑，构建新型城乡关系并提升城镇化水平，需要依托以县域治理为核心的主阵地。本章通过回顾城乡基础设施均等化、城乡一体化的融合发展等理论，尝试对江苏省县域城镇化的水平作出评价。结论包括：①近10年江苏县域城镇人口的数量呈现缩减趋势，2020年县城平均人口为25.52万，县域城镇化率低于全国城镇化率，城镇人口占比不及建制镇。②县城市政基础设施建设水平快速提升，主要指标大幅超过全国县城水平，其中固定资产投资年度增长率高于江苏省城市和全国县城水平。③县域城乡人民生活改善明显，公共文化卫生设施均呈现较快增长。④县域流动人口以本县乡村居民为主，落户意愿低、居留意愿高。未来以县城为载体推进高水平城镇化，需要合理利用县城特色区位，吸引多元资本参与县域城乡建设，不断深化城乡公共产品供给制度改革，创新县域多元城乡公共服务供给模式。

一、引言

“郡县治，天下安。”县自古是我国国家治理的重要单元，作为相对独立的一级行政架构，县的治理水平关系到国家运行的稳定性，是国家长治久安的重要基石。此外，县还是城市与农村的连接点，由于其管辖范围内的大部分是农村，在当前乡村振兴的背景下，县成为我国乡村治理现代化、城乡一体化建设和城镇化发展的前沿阵地。2020年，国家发改委印发《关于加快开展县城城镇化补短板强弱项工作的通知》，明确提出4大领域17项建设任务。国家发改委《2021年新型城镇化和城乡融合发展重点任务》中，也提出“促进农业转移人口有序有效融入城市，增强城市群和都市圈承载能力，转变超大特大城市发展方式，提升城市建设与治理现代化水平，推进以县城为重要载体的城镇化建设，加快推进城乡融合发展”。2022年中办国办联合印发的《关于推进以县城为重要载体的城镇化建设的意见》，进一步深化了对县城城镇化建设的总体认识，是落实国家“十四五”规划和2035年远景目标纲要的重要举措。

江苏省的县域发展水平历来为人瞩目。根据工信部赛迪顾问县域经济研究中心发布的《2021中国县域经济百强研究》显示，全国百强县江苏占25席，前十强中江苏占6席。强县云集的优势有助于全省城镇化水平的提升，但受到国家政策和区域发展进程的影响，省内县域间发展的不均衡性以及与城市间的差异都有所扩大。截至2020年末，全省40个县及县级市常住人口总计3780.22万。从“六普”到“七普”，全省县域常住人口规模增加的有15个县市，其中增量超过10万人的有6个。25个县市出现人口减少的现象，有7个县市人口减少10万人以上。考虑到昆山、太仓等县级市已经过于强大，其农村部分已经城市化完毕，本章主要的分析对象是江苏省内的县，但不包括县级市。和全国其他地区的县城所具备的功能类似。江苏的县，一方面，在人口向大城市集聚的同时，越来越多的农村居民就近在县城就业、置业，其子女在县城接受教育，县城的县域中心功能日益凸显；另一方面，在乡村振兴战略背景下，县城是各类返乡人员入乡人员创业就业的重要载体。本章拟对江苏县域的城镇化水平进行评价，分析其变化趋势，呈现部分特征和短板，借此提出推进县域城镇化的思路和建议。

二、理论基础

（一）城乡基础设施均等化理论

城乡基础设施均等化是指公共基础设施在城乡之间的均衡分配，该理论的目标是为了实现“最大多数人的最大幸福”。发展中国家一般都具有典型的城乡二元经济结构，由于发展中国家农民人口占比较大，实现多数人幸福的目标就和功利主义价值观不谋而合。这一思想对城乡基础设施均等化的执行提出了两个基本要求：第一，要求均等地看待每一个人的福利函数；第二，要求政府对城乡基础设施进行的每一项投入都能带来边际福利均等化。在实际的政策设计和操作中，以上两方面的要求可进一步细化：一是为城乡基础设施投入给城乡居民带来的边际消费应当均等，二是为衡量居民消费基础设施难易程度的基础设施“普及率”在城乡间应当均等。不过城乡基础设施均等化的实现有一定的前提条件限制，即国民经济发展到一定阶段、城市基础设施初具规模、农村精神文明发展到一定阶段等。西方发达国家城乡基础设施均等化建设经验表明，欲实现城乡基础设施均等化理论设想的目标，政府应首先关注居民对基础设施的直接需要，重点关注农民对消费以及基础设施的偏好情况，同时在保证城市生产的正常运转后考虑更为细致的分配政策。

（二）城乡一体化的融合发展理论

推进城乡一体化及其融合发展是新时代城乡关系的新突破、新定位，是中国在缓解并消除城乡发展不平衡、农村发展不充分问题的目标指引，这一目标的制定和实现有着深刻的历史和时代背景。早期马克思、恩格斯的城乡融合思想包含了城乡融合的逻辑必然、本质内涵和实现条件，是完善中国特色城乡融合道路的理论渊源，又与我国城乡关系的历史变迁在逻辑上相互构建和结合。从现实层面看，促进城乡融合发展是新发展阶段完善国内大循环的重要内容，欲保证国内大循环和国内国际双循环的畅通无阻，必须从改善城乡间的循环入手，实现城乡要素流动，以县域为立足点，打通阻碍国内国际经济循环中的诸多堵点。为此，科学设计城乡融合发展评价体系、准确量化城乡融合发展程度是全面推进城乡融合发展的重要前提。随着创新、协调、绿色、开放、共享新发展理念的贯彻落实，主成分分析法、层次分析法、拉开档次法等定量方法在构建评价指标体系的基础上得到综合运用，测度了我国城乡融合发展水平。

（三）县域治理的“接点”理论

县域治理以场域特殊性、历史延续性、视角多元性和理论聚焦性为主要特质，是国家治理的基础。不同县域之间场域特质相同、资源禀赋各异，县域自身的完整性又使其在经济、政治、文化、社会、生态等各方面功能齐备，因此，县域治理可以解读为国家治理的“接点”存在。在历史发展、战略推进和制度变迁的进程中，县域始终是国家治理的权力“接点”、战略“接点”和政策“接点”。从这一理论角度而言，县域城镇化同样是全国城镇化建设的重要“接点”之一。而县城要成为城镇化建设的重要载体，亟须解决其目前在公共基础设施方面的缺失，补齐产业短板，提供更多就业机会。同时因地制宜地确定不同发展路径，比如加快发展大城市周边县城、积极培育专业功能县城、合理发展农产品主产区县城、有序发展重点生态功能区县城、引导人口流失县城转型发展等。现今，县域治理既拥有繁荣发展的大好时机，又面临着多因素的挑战，应从多方面实践创新促进县域城镇化治理水平，利用多学科知识构建县域城镇化本土发展路径。

三、江苏县域城镇化的特征和演进

县城和县域都是空间地域概念。县城通常是指县治所在的镇或街道，县城是城镇体系的一种类型和层级，具有城镇的一般特征，突出表现为产业和人口的高强度集聚。县域从概念上可以定义为以县城为中心、乡村为腹地的地域空间。从空间布局上看，县域是以县级行政区划为边界的，其不仅包括县城，也包括乡村。县域城镇化有广义和狭义之分，广义的县域城镇化指所有县级行政区（包括县、区、县级市、旗等）的城镇化；狭义的县域城镇化是相对于市辖区而言，以县城为中心的县域城镇化，是县域人口向县城及其建制镇建成区集中的过程。本章主要讨论的是按照行政区划划分的以县命名的江苏省内的行政区，但不包括县级市，前者是当前省内农村范围较大的县级地理区域。

（一）江苏县城基本情况

2021 年江苏省共有 19 个县，大部分县主要分布在苏北和苏中地区。县域总面积达到了 33079.6 平方千米，占全省总面积的 30.86%。大部分县的县面积处于 1000~2000 平方千米，东海县、盱眙县、射阳县等县面积超过了 2000 平方千米。县城面积整体较小，普遍处于 60~180 平方千米，仅有沭阳县、泗洪县、泗阳县的县城面积超过了 200 平方千米，全省县城面积占县总面积的 7.8%。2021 年江苏全省县人口达到了 1991.6

万，大部分县人口处于70万~120万的区间范围内，金湖县、响水县两县人口低于70万，沭阳县最高达到了198.8万，约是人口最少县的6倍。县城人口则普遍处于20万上下，县城人口占县总人口的24.3%，可见县城土地人口承载量要大于乡镇和农村。县暂住人口全省仅有66.2万，其中39.36万人居住在县城。

表10-1 2021年江苏省县城基本情况

县名称	县面积（平方千米）	县城面积（平方千米）	县人口（万人）	县城人口（万人）	县暂住人口（万人）	县城暂住人口（万人）
丰县	1446.0	98.00	120.4	25.25	4.3	3.38
沛县	1349.0	124.40	129.1	41.00	3.1	1.36
睢宁县	1767.0	123.00	140.3	26.30	4.0	1.50
如东县	1872.7	85.00	101.2	22.78	4.1	1.30
东海县	2037.5	188.00	124.6	21.89	8.4	7.04
灌云县	1542.7	54.10	103.7	23.51	4.0	2.88
灌南县	1041.0	142.60	79.0	19.40	2.7	2.15
涟水县	1678.5	177.30	111.3	27.30	1.3	0.80
盱眙县	2483.0	93.00	82.6	24.52	1.1	1.01
金湖县	1327.4	66.00	34.2	10.44	1.9	1.25
响水县	1473.8	51.98	61.9	12.25	1.6	0.67
滨海县	1950.0	110.40	122.2	24.20	1.6	1.32
阜宁县	1439.4	194.70	110.3	31.23	1.7	1.07
射阳县	2606.0	63.00	93.6	24.36	3.7	1.44
建湖县	1157.0	98.00	76.3	22.80	1.8	0.83
宝应县	1461.6	116.70	87.0	21.90	6.1	4.63
沭阳县	2298.0	317.20	198.8	46.47	7.0	1.98
泗阳县	1418.0	206.30	106.0	33.84	3.6	2.65
泗洪县	2731.0	283.00	109.1	25.38	4.3	2.10
合计	33079.6	2592.68	1991.6	484.82	66.3	39.36

数据来源：根据《中国城乡建设统计年鉴》相关年份数据整理。

（二）江苏县城人口占县域人口的比重演进

县域城镇化率指的是县域内城镇人口（包括县城人口与建制镇建成区人口）占县总人口的比重。由于不能获得县辖建制镇的建成区人口数据，本部分主要分析县城人口占县域人口的比重，采用《中国城乡建设统计年鉴》中的“（县城人口+县城暂住人口）/（县人口+县暂住人口）”进行计算。

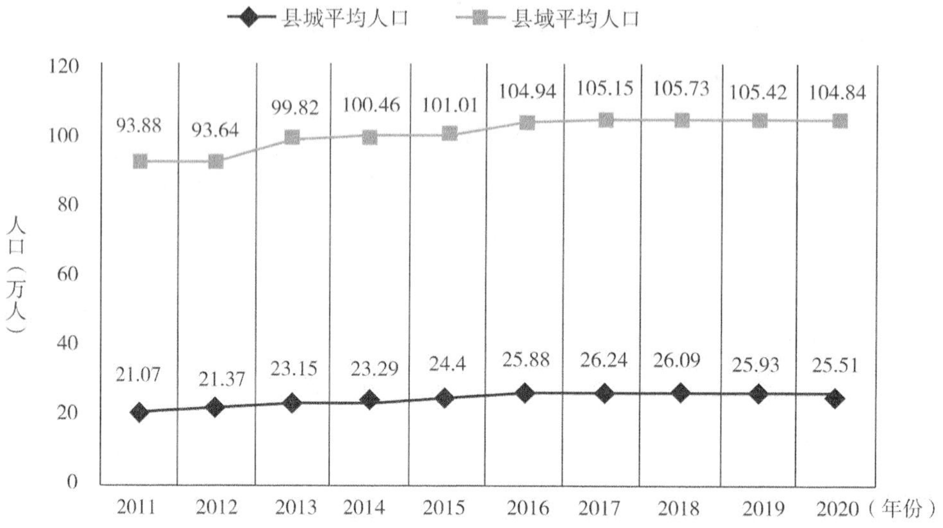

图 10-1 江苏县城人口与县域人口情况（1）（2011—2020 年）

数据来源：根据《中国城乡建设统计年鉴》相关年份数据整理。

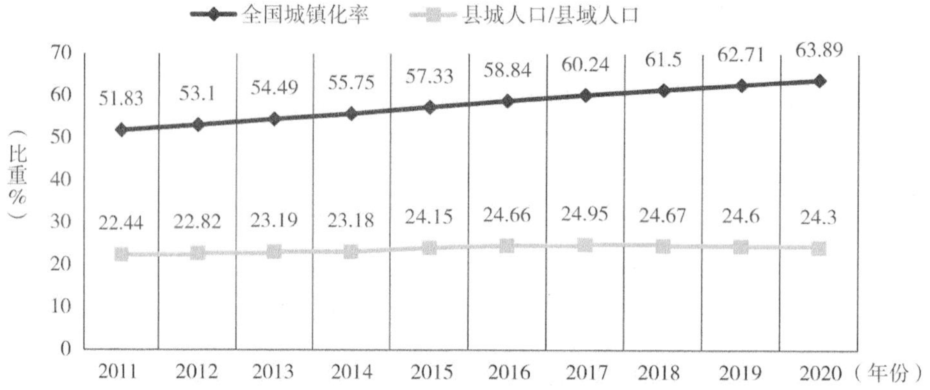

图 10-2 江苏县城人口与县域人口情况（2）（2011—2020 年）

数据来源：根据《中国城乡建设统计年鉴》相关年份数据整理。

根据江苏省统计局有关数据显示，2011 年江苏县域总人口为 2253 万，2022 年县域总人口降至 1992 万。受到城镇化和地方撤县设区（改市）政策的影响，江苏县的数量也在不断缩减。但从县域平均人口来看，尽管总量减少，但是县域平均人口却保持了递增的趋势，从 2011 年的 93.88 万升至 2020 年的 104.84 万，其中在 2018 年达到最高点 105.73 万，此后略有所下降。县城平均人口从 2011 年的 21.07 万增长至 2017 年的 26.24 万，此后略有下降，2020 年为 25.51 万，整体呈现平稳波动。

从比例来看，县城人口占县域人口的比重从 2011 年的 22.44%增长至 2017 年的 24.95%，2020 年有所回落。虽然县城人口比重整体有所提高，但其与全国总体城镇化率的差距越来越大，2011 年双方差距约为 29 个百分点，2020 年的差距则约为 40 个百分点，江苏县域城镇化表现出明显滞后的特征。

（三）江苏县城、建制镇建成区的人口结构特征

根据中国城镇人口统计结构，城镇人口主要包括城区、县城和建制镇建成区的人口。由于缺乏高质量的建制镇建成区常住人口数据，采用总城镇人口减去城区总人口和县城总人口计算，该结果与有建制镇建成区常住人口统计的年份（2017 年以来）数据接近，是可靠的。

自 2000 年以来，江苏省进行了多轮撤县并区的调整，县的整体数量事实上一直在减少。除了县级区划调整，县内部的乡镇区划随着土地开发和经济建设也经历了多轮调整，不同的县之间分别各有增减。由于行政区划调整，基于均值分析和总体数据参考，可以发现江苏县城整体的常住人口数量在 2011—2015 年有所增长，但从 2016—2020 年却呈现缩减的态势。前一阶段在县的数量减少的情况下，县城总常住人口依然维持了一定程度的增长，表明县城增加的人口超过了因行政区划调整而减少的那部分人口。但在后一阶段，常住人口总量出现下降，这部分原因主要和县数量的减少有关，进而影响了总体的绝对值。但是从平均人口看，2011 年江苏县城平均人口为 21.07 万，2015 年为 24.39 万，2020 年为 25.52 万，整体保持了年均递增的态势，其中 2011—2015 年的年均增长率要显著快于 2016—2020 年的增长率。但是在县城人口占县域总城镇人口的比重上却出现了相反的变化，这一指标主要和江苏县城建制镇的常住人口占总城镇人口的比重有关。在县城常住总人口呈现增长状态的 2011—2015 年，县城人口占总城镇人口的比重依然呈现了下降状态，且这一趋势一直持续到了 2020 年，与之相对的县城建制镇总常住人口占总城镇人口的比重却呈现增长态势，这表明城镇人口的增长水平要高于县城。只是在绝对数量上看，县城平均人口仍然保持在建制镇平均人口的 20 倍以上。换言之，县城依然是县域社会经济范围中的核心领导者。

表 10-2 江苏县城、建制镇建成区的人口结构

	年份	个数	常住人口（万人）	平均人口（万人）	占总城镇人口比重（%）
江苏县城	2011	24	505.75	21.07	47.19
	2015	21	512.37	24.39	43.26
	2020	19	484.82	25.52	40.74
年增长率（2011—2015 年）			0.32	3.72	1.52
年增长率（2016—2020 年）			-1.09	0.90	-9.31

续表

	年份	个数	常住人口（万人）	平均人口（万人）	占总城镇人口比重（%）
江苏县城建制镇	2011	40*	72.61*	1.81	52.76
	2015	37*	81.41*	2.23	56.83
	2020	35*	100.55*	2.87	59.11
年增长率（2011—2015 年）			2.90	5.35	-1.41
年增长率（2016—2020 年）			4.31	5.17	6.76
江苏全省建制镇	2011	799	1215.00	1.52	24.42
	2015	737	1292.12	1.75	23.02
	2020	667	1398.00	2.09	22.45
年增长率（2011—2015 年）			1.55	3.58	-1.46
年增长率（2016—2020 年）			1.58	3.61	-0.50

数据来源：根据《中国城乡建设统计年鉴》《江苏统计年鉴》数据计算、整理。

*注：江苏县城建制镇个数和常住人口并非真实数量，由于现有数据缺乏按县分列的建制镇人口统计，因此建制镇平均人口根据省内区域分布加权后计算所得。

进一步将县城建制镇和全省建制镇的数据进行比较，可以发现县城建制镇的平均人口要高于全省建制镇的平均水平，而且在年均增速方面，前者也要高于后者。这表明县域内建制镇的发展水平处于全省中上部分。在占总城镇人口比重方面，2011—2015 年县城建制镇人口和全省建制镇人口都出现了年均负增长，但在 2016—2020 年度，县城建制镇的相关数据呈现正增长趋势，且年均增长率达到了 6.76%。这可能和县城针对乡镇的广泛基础设施投资和建设等公共政策的推进有关。

四、江苏县域基础设施及公共服务水平评价

（一）县城市政基础设施建设水平快速提升

近年来，随着经济发展水平的稳步提升，中国县城的建设水平不断提高，市政公用设施的配套建设情况得到了迅速改善，与城市的差距快速缩小。根据表 10-3 统计，2011—2020 年江苏县城供水普及率从 97.31%提高至 99.98%，燃气普及率从 95.25%提高至 99.95%，几乎完成了全部的供水设施和燃气设施的覆盖。在 2011—2020 年中，2011—2015 年增速较快，2015 年江苏县城基本完成了 99%以上的供水、燃气设施升级改造。与同期全国县城数据相比，江苏县城的整体供水普及率、燃气普及率均高于全国水平，2010 年前后的差距较大。在人均道路面积方面，2011—2020 年江苏县城从 17.16%提高至 21.46%，增长了约 4 个百分点，均高于同期全国县城水平。在污水处理率方面，2011—2020 年江苏县城从 73.56%提高至 91.4%，但在 2015 年及之后，江苏

县城的污水处理率并没有达到全国县城的平均水平。在人均公园绿地面积、建成区绿化覆盖率和建成区绿地率3个指标方面，江苏县城的年均增长率和同期全国县城增长水平相差不多，但是整体仍高于同期全国县城水平。在每万人拥有公厕数量方面，2011—2020年从3.38个提高至4.73个。

表10-3 县城市政公用设施建设水平

	年份	供水普及率（%）	燃气普及率（%）	人均道路面积（km^2）	污水处理率（%）	人均公园绿地面积（km^2）	建成区绿化覆盖率（%）	建成区绿地率（%）	每万人拥有公厕（座）
全国县城	2011	85.14	64.89	12.68	60.12	7.70	24.89	19.92	2.94
	2015	89.96	75.90	15.98	85.22	10.47	30.78	27.05	2.78
	2020	96.66	89.07	18.92	95.05	13.44	37.58	33.55	3.51
江苏县城	2011	97.31	95.25	17.16	73.56	9.93	39.08	36.31	3.38
	2015	99.48	99.06	19.23	82.38	11.99	41.11	38.31	3.26
	2020	99.98	99.95	21.46	91.4	14.54	42.64	39.78	4.73
江苏建制镇	2011	95.9	84.6	17.5	—	5.06	23.6	16.2	7.86
	2015	96.90	88.53	17.94	67.14	6.34	28.28	21.21	8.62
	2020	98.95	94.63	19.91	85.29	7.32	30.17	24.71	6.10
江苏乡	2011	95.5	70.5	16.2	—	3.67	22.7	14.2	9.42
	2015	96.09	83.85	17.36	27.26	5.06	26.19	17.21	9.85
	2020	99.9	98.13	23.28	78.29	5.71	30.21	23.62	7.87

数据来源：根据《中国县城建设统计年鉴》相关年份整理。

进一步比较江苏县城和建制镇、乡的市政公用设施建设水平，可以发现城乡内部存在的差距。在供水普及率和燃气普及率方面，2011—2020年江苏建制镇、乡的水平均低于同期县城数据，但是整体差距不是很大，表明江苏在乡镇供水设施、燃气设施建设方面持续较高的投资力度。在人均道路面积方面，2011—2020年江苏乡从16.2%提高至23.28%，增长了约7个百分点，高于同期江苏县城和建制镇的增长率，特别是在2020年江苏乡的人均道路面积甚至超过了同期县城水平，可见在乡基础设施方面的建设力度。在污水处理率方面，江苏建制镇、乡的水平远低于同期县城比例，特别是2015年江苏乡污水处理率仅有27.26%，和县城相差了约55个百分点；但是2020年江苏乡的这一指标迅速提升至78.29%，虽然还和县城、建制镇存在一定差距，但是年增速较快。在人均公园绿地面积、建成区绿化覆盖率和建成区绿地率3个指标方面，江苏建制镇、乡的水平均低于同期县城比例，但是年增速较快，表明政府日益重视乡镇的绿化设施建设。不过在每万人拥有公厕的数量方面，江苏建制镇、乡的水平均高于县城。一种较为合理的解释认为，尽管在绝对数字方面县城公厕数高于辖域内建制镇、乡，但是由于人口向县城集中，乡镇常住人口数量降低，这才导致相对数量方面呈现差距倒挂。

表 10-4　按主要行业市政公用设施建设固定资产投资比较（2015—2020 年）（万元）

	年份	本年完成投资	人均投资	供水	燃气	道路桥梁	园林绿化	垃圾处理
江苏县城	2015	575643	271	40787	14659	218913	201410	680
	2020	1129845	567	62811	34400	390896	175466	121821
年均增长率		14. 4%	15. 8%	9. 0%	18. 6%	12. 29%	-2. 7%	182. 26%
江苏城市	2015	14853651	2663	424910	246037	5978148	2219972	227094
	2020	19750553	3354	1084780	280326	6941313	2030989	846194
年均增长率		5. 86%	4. 72%	20. 62%	2. 64%	3. 03%	-1. 76%	30. 09%
全国县城	2015	30998145	2211	1564039	1126463	16639049	4807826	316466
	2020	38842864	2764	2322499	796908	13996240	5682400	1995464
年均增长率		4. 62%	4. 56%	8. 23%	-6. 69%	-3. 40%	3. 40%	44. 53%

数据来源：根据《中国县城建设统计年鉴》相关年份整理。

表 10-4 统计显示，2015—2020 年，江苏省县城年度完成投资年均增长率为 14 个百分点至 14. 44%，高于城市增长率约 9 个百分点；人均投资年均增长率为约 16 个百分点至 15. 89%，高于城市增长率约 11 个百分点；燃气投资增长率约为 19 个点至 18. 6%，高于城市增长率约 16 个百分点。道路桥梁投资年均增长率约为 12 个百分点至 12. 29%，高于城市增长率约 9 个百分点。垃圾处理投资年均增长率更是高达约 182 个百分点至 182. 26%，远高于城市 30. 09%的增速。燃气、道路和垃圾处理的年均增速较高和国家对乡村基础设施建设的重点扶持有关，得益于江苏省内配套资金充足，这部分市政公用设施的建设获得了长足进展。但供水投资部分，江苏县城年均增长率低于城市，在园林绿化投资上均出现了负增长。不过从绝对数量上看，县城市政公用设施建设固定资产投资远低于城市，2020 年的县城市政公用设施建设固定资产投资仅为城市的 5. 72%，一方面这和江苏省内县城数量的减少有关，另一方面这也说明江苏省内快速的城市化水平，大量投资被用于提升城市基础设施建设。

如果和同期的全国县城市政公用设施建设投资数量相比较，江苏省县城的多数指标都要高于前者，表明江苏省县城的市政公用设施建设水平处在全国前列。特别在全国县城燃气、道路桥梁投资出现年均负增长的情况下，江苏县城依然获得了较高增长。

（二）县域城乡人民生活改善、公共文化卫生设施较快增长

根据近期江苏省发布的相关数据（见表 10-5、表 10-6），全省居民人均可支配收入从 2012 年的 2.24 万元提升至 2021 年的 4.75 万元，10 年累计增长 1.12 倍，年均增长 8.7%。其中，全省城镇居民人均可支配收入由 2012 年的 2.88 万元，提升至 2021 年的 5.77 万元，年均增长 8%；农村居民人均可支配收入由 1.21 万元提升至 2.68 万元，年均增长 9.2%，快于城镇居民 1.2 个百分点。此外，城乡居民收入比由 2012 年的 2.37：1 缩小至 2021 年的 2.16：1。区域收入结构方面，苏南、苏中、苏北农村居民收入比由 1.68：1.23：1 下降到 1.60：1.21：1。与之进行比较，2020 年江苏县城的城镇常住居民可支配收入才达到 3.51 万元，农村常住居民人均可支配收入为 2.04 万元，距离全省的平均数据还有一定差距。不过城乡之间的常住居民恩格尔系数和常住居民人均住房建筑面积较为接近。从增长率方面看，江苏县城城镇人口收入 10 年间的增长率为 9.1%，农村人口收入增长率为 10.5%，这一指标要高于全省的平均数据，表明县域经济的发展增速较快。在区域比较方面，苏南、苏中、苏北县城的人均可支配收入比从 2010 年的 1.38：1.17：1 下降到 2020 年的 1.32：1.16：1，和全省的区域居民收入比进行比较，表明区域间县城的发展水平差距略低于前者，但是整体的下降幅度并不高，特别是苏中和苏北的差距不大。

表 10-5　2020 年江苏县均城乡人民生活情况

	常住居民人均可支配收入（元）	常住居民人均生活消费支出（元）	常住居民恩格尔系数（%）	常住居民人均住房建筑面积（平方米）
城镇	35146	19551	31	51
农村	20489	11966	32	56

数据来源：根据《江苏统计年鉴》相关年份整理。

表 10-6　苏南、苏中、苏北县城人均可支配收入比

年份	2010	2015	2020
比例	1.38：1.17：1	1.37：1.18：1	1.32：1.16：1

数据来源：根据《江苏统计年鉴》相关年份整理。

在公共文化设施方面，表 10-7 显示，2010 年江苏省县均图书馆为 1 个，从真实状况看，基本每个县城都能保证拥有 1 个现代化图书馆；2020 年县均 1.1 个，其中仅有一个县城拥有 2 个公共图书馆，近 10 年的绝对增长数量并不高。在公共图书馆图书藏量上，从 2010—2020 年，县均年增长率约为 7 个百分点至 7.08%，10 年间的图书藏量几乎翻了一倍。在公共卫生设施方面，2010 年江苏省县均卫生机构数 117.6 个，2015 年 400.9 个，2020 年 437.4 个，年均增长率高达 14 个百分点至 14.04%；若从具体时段上看，2010—2015 年的增速最快，2016—2020 年增速逐渐放缓。2010 年县均卫生机构床位数为 1885.0 张，2015 年 3555.3 张，2020 年 4645.5 张，年均增长率约为 9 个百

分点至 9.44%。2010 年县均卫生技术人员为 2193.8 人，2015 年 3912.3 人，2020 年 5393.3 人，年均增长率约为 9 个百分点至 9.41%，与卫生机构床位数的年增长率基本持平。从具体时段看，卫生机构床位数和卫生技术人员的快速增长阶段同样集中在 2010—2015 年，后期逐渐放缓。

表 10-7 县均文化和公共卫生设施情况

年份	公共图书馆（个）	公共图书馆图书藏量（千册）	卫生机构数（个）	卫生机构床位数（张）	卫生技术人员（人）
2020	1.1	361.6	437.4	4645.5	5393.3
2015	1.0	277.3	400.9	3555.3	3912.3
2010	1.0	182.5	117.6	1885.0	2193.8
年均增长率	0.96%	7.08%	14.04%	9.44%	9.41%

数据来源：根据《江苏统计年鉴》相关年份整理。

（三）县域流动人口落户意愿低、居留意愿高

近年来，随着广泛而深入的户籍制度改革，全国县域社会整体的市民化水平得到了较大的提升，而与之相对的流动人口的落户意愿则显著降低。根据中国流动人口动态监测调查数据统计发现，江苏县城的流动人口落户意愿仅为 15.00%，与东部沿海省份浙江（19.63%）、福建（20.16%）相差并不大，但是显著低于全国总体的流动人口落户意愿（39.10%），也显著低于区、市的流动人口落户意愿（40.83%）。究其原因，主要是由于随着城乡基本公共服务均等化的推进，加之农村产权制度改革提升了农业户口的预期价值，城乡两栖人口可以兼得城乡生活的优点，从而以近距离迁移为主的县城流动人口落户意愿并不高。从图 10-5 可知，尽管流动人口的落户意愿不高，但是居留意愿却达到了 66.00%之多，若加上摇摆不定中的部分流动人口，整体的居留意愿应该可以稳定在 70.00%以上。这表明之前附加在户籍制度之上的诸多公共服务都已经逐渐分离出来，与户籍粘连的各种政策和服务也基本脱绑，无论是流动人口还是城乡人口，基本都能享受相对一致的公共服务。如此一来，落户自然并不会成为导向城镇生活的必要条件。

不过从图 10-3 流动人口选择留在县城的原因来看，来自政府管理、城市生活便利等方面的影响因素似乎还不是影响流动人口居留的原因。在目前城乡发展融合日益紧密的情况下，个人选择在县城发展的主要原因仍然还是追求更高的个人发展空间，此外与之相一致的还包括收入水平、子女教育机会等，这些原因表明县城对流动人口的核心吸引力还是在于教育、收入、发展方面的优势。换言之，尽管城乡的公共服务均等化水平获得了一定程度的推进，但是在整体的社会发展结构方面，县城仍然具有乡村短期无法具备的独特优势。

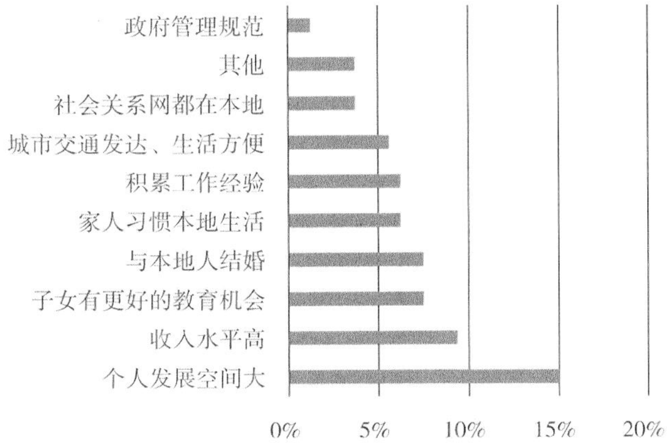

图 10-3 流动人口选择继续留在县城的原因

数据来源：根据中国流动人口动态监测调查数据 CMDS 整理。

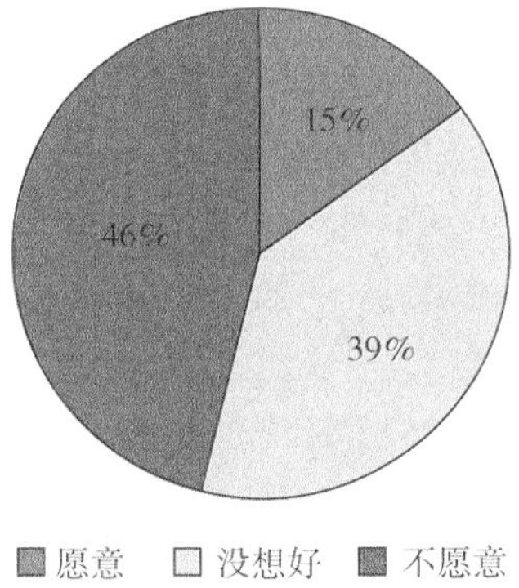

图 10-4 县城流动人口的落户意愿

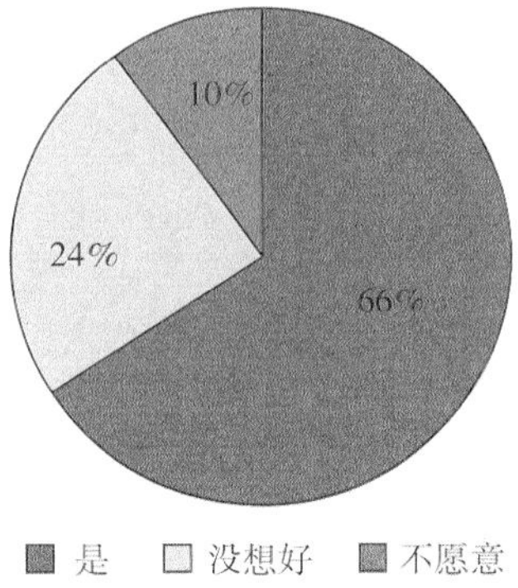

图 10-5 县城流动人口的居留意愿

数据来源：根据中国流动人口动态监测调查数据整理。

五、以县城为载体的高水平城镇化推进路径

第一，合理划分县城类型，利用特色区位提升县城基础设施和公共服务水平。县城地理位置及与中心城市的距离，部分程度上影响着县城的社会经济发展渠道和策略。对城市群与都市圈范围内的县，应借助城市群与都市圈的力量实现城乡融合。从大致的城市群形态上看，江苏省内分别形成了以徐州为核心的苏北城市群，以淮安为核心的苏中城市群和南部连片的苏南城市群，城市群覆盖范围内的县城应当努力嵌入城市群内部的经济社会发展结构，立足服务缺口吸引投资，2021 年 3 月，十三届全国人大四次会议通过的《关于国民经济和社会发展第十四个五年规划和二〇三五年远景目标纲要》指出，以促进城市群发展为抓手，全面形成“两横三纵”城镇化战略格局。而对于那些对较为偏远的县，应强化县域与中心城市的连接，增强县域的综合服务能力，利用特色区位、产业、文化等增强对投资和消费的吸引力，满足农民到县城就业安家

需求和县城居民生产生活需要。完善县乡交通线路建设，更加合理地布局教育、医疗资源，促进县乡村功能的衔接互补。

第二，充分发挥财政资金的乘数效应，吸引多元资本参与县域城乡建设。资金投入不足是大多数县城普遍存在的问题，一方面，需要继续发挥政府投资的乘数效应，综合考虑各类县城的发展基础、资金需求规模、未来收益、财务收支平衡能力等，合理确定投资周期和阶段性计划，综合使用各类政策性资金工具，最大限度地发挥政府财政投资的作用；另一方面，要充分利用市场机制，对准公益性和经营性项目，创新投融资模式，如利用EOD（Ecology-oriented Development，生态导向的发展）“肥瘦搭配”的模式特点吸引市场化的产业资本、金融资本联动投入参与县城建设。同时，在合理控制总体负债率的基础上，利用开发性金融、国家城乡融合发展基金、专项企业债券等工具进行融资支持，带动社会资本参与县城建设的积极性。

第三，深化公共产品供给制度改革，资源配置兼顾效率和公平。制度体系建设是基层政策制定和实施的根本保证，公共产品供给制度是围绕公共产品生产、分配、维护和使用的一系列规范与法度，在县域层面深化公共产品供给制度改革需要统筹城乡、群体、区域等多个方面，相较于后两者，城乡层面的公共产品供给制度深刻影响着公共基础设施的建设水平。通过前述分析，江苏县域内的公共产品供给依然存在着一定程度的供给差距，水、电、路、通信、学校、图书馆等公共基础设施投入力度向城市倾斜。一方面，县城基础设施固定资产投入保持较快增长，甚至部分行业坚持负债经营，而广大乡村地区却缺少必要、多元的投资渠道，导致投资主体单一、投入机制不健全、社会投资匮乏，从而影响了农村经济社会的健康发展和农民收入的进一步提高。另一方面，深化城乡层面的公共产品供给制度改革，核心在于资源配置的正当性，其关键在于兼顾效率和公平。效率在于保证投资收益尽可能接近最大化，公平在于保证城乡享有均等的公共产品供给机会和可能。目前的矛盾在于，县城持续的高水平投资存在着不容忽视的财政和金融风险，通过摊大饼式的发展造楼和圈地虽然吸引了部分农民，但是当配套设施不足或者规划滞后时，前期投资可能长期无法发挥应有的效益。因此，地方政府应当注意到那些有着迫切公共产品需求的需求，并力求取得城市发展和乡村建设之间的平衡。

第四，创新县域多元化的城乡公共服务供给模式。在公共服务供给方式上要转变思想，创新机制，坚持政府主导，充分调动社会资源，逐步形成有序竞争和多元参与的基本公共服务供给机制，提高服务效率，扩大其他主体参与，最大限度地调动各方面的积极性。充分利用债券、信贷等多种融资形式，拓宽基本公共服务资金来源。鼓励和引导社会资本投资建立非营利性公益服务机构，探索公共服务项目经营权转让机制和民间投资公共服务的财政资助机制，更多地采取直接补需方的方式，增强公民享受服务的选择权和灵活性。积极采取政府采购、合约出租、特许经营、政府参股等形式扩大政府择优购买公共服务的规模，提供基本公共服务的民办机构，在设立条件、资质认定、职业资格与职称评定等方面与事业单位享有平等待遇。换个角度来看，公共服务供给模式也是公共产品供给制度的一部分，但是前者更加注重在模式方面的探索，甚至一种新的模式的建立常常能够起到“不动体制动机制”的效果。在目前改革进入深水区的阶段下，任一领域的改革都常常面临着巨大阻力，对机制的不断发展创新需要政府积极引导社会和市场的参与，在调动积极性的同时还要激发后者的创造性，并在一定制度范围内保证参与者的合法权益，做到“引导有效、建设有用、放权有度、合作有力”的“四有”。

六、结语

未来推进县域城镇化，要以新发展理念为引领，坚持高质量发展、多元化发展、协调发展、共享发展，积极优化县域人居环境增强县城人口吸引力、优化县域产业体系增强县城就业吸纳力、优化县域空间格局增强县城人口承载力、优化县域城乡关系增强县城辐射带动力，以此全面提高县域发展质量、构建县域新型工农城乡关系。为推进高质量县域城镇化，要积极落实和推进县域户籍、土地、公共服务、就业和培训服务等领域改革。一要推进建立县域城乡统一的户籍制度。县城存在大量的城乡两栖人口，落户意愿较低，要以县域、县城为突破口，全面建立城乡统一的人口登记制度，在县域范围内，率先实现市民化率与城镇化率指标的统一。二要推进县域城乡建设用地统筹利用。县城在教育、养老等公共服务设施用地、保障性住房用地方面有待加强，要以县域、县城为突破口，将县域农村集体建设用地腾退指标优先保障县城此类用地；完善县域农村土地权益流转或退出机制，提高县域土地利用效率。三要完善县域城乡公共服务体系。加快完善县域城乡一体化的教育、医疗、养老、文化体育等公共服务和社会保障体系，优化公共服务资源配置，提升县域服务质量和均等化水平。四要完善县域就业和培训服务体系。统筹县域教育、人力资源和社会保障、农业农村等主管部门的培训功能和资源，全面优化培训体系，提升县域劳动力人力资本水平，以此实现可持续增收和居民福祉增进。推动城乡融合发展的关键是发挥县城的支撑作用，不断增强县城对乡村的辐射带动作用。

（作者简介：许中波，男，博士，南京邮电大学高质量发展评价研究院、高质量发展综合评估研究基地副研究员，主要从事城乡社区治理研究。）

参考文献

[1] 黄有光．效率、公平与公共政策［M］．北京：社会科学文献出版社，2003：35-48.

[2] 骆永民．城乡基础设施均等化供给研究［M］．北京：经济科学出版社，2009：78-82.

[3] 王芳，贾秀飞．双重互构逻辑下中国城乡关系的演进规律与时代抉择——基于马克思恩格斯城乡融合思想的分析［J］．北京行政学院学报，2021（1）：45-53.

[4] 余林徽．以城乡融合发展助力构建“双循环”新格局［J］．国家治理，2021（31）：35-38.

[5] 周文．新型城镇化和乡村振兴背景下的城乡融合发展研究［J］．政治经济学评论，2022（3）：87-101.

[6] 费孝通 . 乡土中国 [M] . 上海：上海人民出版社，2007：275-293.

[7] 田先红 . 从结果管理到过程管理：县域治理体系演变及其效应 [J] . 探索，2020（4）：26-36.

[8] 童晶 . 以县城城镇化推动县域经济高质量发展 [J] . 当代县域经济，2022（10）：12-17.

[9] 王婧，汪晓春 . 城乡融合语境下的江苏省县域城镇化特征与思考 [J] . 城乡规划，2021（6）：94-105.

[10] 苏红键 . 中国县域城镇化的基础、趋势与推进思路 [J] . 经济学家，2021（5）：110-119.

[11] 苏红键 . 城镇化质量评价与高质量城镇化的推进方略 [J] . 改革，2021（1）：134-145.

[12] 杨传开 . 县域就地城镇化基础与路径研究 [J] . 华东师范大学学报（哲社版），2019（4）：114-122.

[13] 王婧，李裕瑞 . 中国县域城镇化发展格局及其影响因素——基于2000和2010年全国人口普查分县数据 [J] . 地理学报，2016（4）：621-636.

[14] 辜胜阻，李华，易善策 . 依托县城发展农村城镇化与县域经济 [J] . 人口研究，2008（3）：26-30.

[15] ZHANG H，CHEN M，Liang C. Urbanization of county in China：Spatial patterns and influencing factors [J] . Journal of Geographical Sciences，2022，32（7）：1241-1260.

[16] KAN K，CHEN J. Rural Urbanization in China：Administrative Restructuring and the Livelihoods of Urbanized Rural Residents [J] . Journal of Contemporary China，2022，31（136）：626-643.

[17] SONG Z，ZHU Q. Spatio-temporal pattern and driving forces of urbanization in China’s border areas [J] . Journal of Geographical Sciences，2020，30（5）：775-793.

[18] WONG K P. Territorially-nested urbanization in China-the case of Dongguan [J] . Eurasian Geography and Economics，2019，60（4）：486-509.

第十一章　长三角城市群公共服务均等化与经济增长均衡发展研究

摘　要：党的十九大报告指出，中国经济已由高速增长向高质量发展转变。公共服务是经济高质量发展的内在要求。长三角公共服务均等化如何影响城市经济增长的差异呢？本研究通过构建公共服务均等化的指标体系，利用面板模型研究长三角公共服务均等化对经济增长的区域差异。研究表明：长三角基本公共服务均等化水平较平稳，基本公共服务均等化战略在一定程度上缩小了部分地区间的差距，但是当前长三角的基本公共服务均等化问题仍然存在。首先，浙江、江苏、安徽三省的基本公共服务均等化水平的绝对差异明显，江苏省的均等化差异指数最高，略高于其他区域水平，浙江省的均等化差异指数较低。其次，长三角在绿色环境层面、科技文化层面、基础供应层面泰尔指数值较大，城市群内差异度高、均等化水平低。再次，实证结果表明基本公共服务均等化指数差异与经济增长不平衡程度呈显著正相关关系。最后，基于研究结论，提出关注基本公共服务供给的充分性与平衡性，重视多种因素的综合影响，全面推进长三角经济增长的区域协同发展的政策建议。

一、研究背景及意义

（一）研究背景

中国特色社会主义进入新时代后，社会主要矛盾已经转化为人民日益增长的美好生活需要与不平衡不充分的发展之间的矛盾。发展不充分是指社会生产力发展仍不充分，不能满足人民对于不同结构和质量的产品服务、生态环境、社会公平及民主法治等的需求，发展不充分需要在新发展理念的指导下通过推动社会生产力的进一步发展来解决。发展不平衡表现为改革开放以来经济的持续增长虽带动了社会的发展进步，但改革发展的成果并没有均等地惠及全体人民，甚至出现了严重的利益分化现象。发展不平衡不能满足人民日益增长的经济和社会公平需求，不利于社会的稳定和全体人民共同富裕的实现。

党的十九大报告指出，中国经济已由高速增长阶段转向高质量发展阶段。经济增长质量的提高，既属于经济发展的客观需要，也是新时代质量变革、效率变革、动力变革的必然要求。毫无疑问，地区均衡发展将从经济发展速度的均衡转向经济发展质量的均衡。全要素生产率是提高经济发展质量的关键所在，同时，在绿色发展理念的贯彻下，绿色全要素生产率增长在地区经济发展竞争中占据日益重要的地位（刘华军和李超，2018）。经济高质量发展的关键是增长动力由要素禀赋转向技术创新，从注重效率转向关注公平，而公共服务可以通过人力资本以及收入差距双重调节机制成为经济高质量发展时期的新动力（胡志平，2018）。党和政府对基本公共服务均等化的实现非常重视。2005 年“公共服务均等化”首次出现在《中共中央关于制定“十一五”规划的建议》中，2007 年党的十七大报告倡导“社会建设要将改善民生作为重点”，“十二五”及“十三五”国务院陆续发布的《推进基本公共服务均等化规划》，党的十九大报告指出 2035 年要基本实现基本公共服务均等化的目标，2018 年中共中央办公厅、国务院办公厅印发实施《关于建立健全基本公共服务标准体系的指导意见》。政府公共服务可以满足社会民生和经济发展的双重需要。一系列公共服务均等化政策的推进在提高社会民生保障水平的同时，是否对不同地区经济增长质量差距的缩小产生了积极效应？该问题的解决可为基于基本公共服务均等化视角研究经济增长质量的地区差异问题提供证据，为制定新时代区域经济协同发展相关政策提供参考依据。

（二）文献综述

1. 公共服务均等化

研究基本公共服务均等化，对其范围进行界定是基本前提（曾红颖，2012）。已有文献主要有以下两类观点。一是主张作为政府公共职能的“底线”，基本公共服务需要政府承担最终责任，其范围并不是一成不变的，阶段性特征显著。二是作为公共服务最核心重要部分，基本公共服务与公民利益是直接密切相关的，是一定阶段维护本国经济社会稳定、保护个人基本生存权及发展权提供的最小范围。许多学者对基本公共服务评价指标体系的构建进行了实证研究。安体富和任强（2008）构建了基础设施、公共安全、基础教育、社会保障、环境保护、科学技术 6 个级别的中国公共服务均等化水平指标体系；辛冲冲和陈志勇（2019）从环境、社会保障、教育、文化、基础设施、医疗 6 个角度来构建基本公共服务指标体系。基本公共服务均等化的推进重点为“均等”。对于“均等”的理解，学术界并未形成一致的意见。一般认为，一个地区所有居民应享有同等的基本公共服务，这一思想来自 Buchanan（1950）提出的财政平衡思想。贾康（2007）提出公共服务均等化是存在层次性和阶段性的，完整意义上的基本公共服务均等化应包括个体、城乡、区域 3 个层次，但初始阶段应更加侧重区域之间公共服务的均等化。许多学者对基本公共服务均等化也进行了实证研究（任强，2009；马慧强等，2011；刘华军等，2014；范柏乃等，2015），研究方法包括简单描述、变异系数、泰尔指数以及基尼系数等。总的来说，中国基本公共服务均等化程度取得了较大提高（李拓等，2016；宋美喆和刘寒波，2018），但与目标要求仍存在较大差距，且空间发展不均衡态势日益严峻。

2. 经济增长差异的影响研究

关于经济增长的影响因素，学者普遍认为其受多种因素影响（任保平和文丰安，2018），因此其地区差距的成因也是多方面的。就相关内容来说，一部分学者从全要素生产率角度对经济增长质量地区差距成因进行了研究。刘华军等（2018）认为经济高质量发展时期，绿色 TFP 地区差异的缩小是区域协同发展战略的重要内容，并进一步研究了能源结构、经济发展、要素禀赋、市场化等因素影响绿色 TFP 地区差异的情况。刘华军和李超（2018）基于结构组成视角，采用方差分解探究了绿色 TFP 地区差距的成因，并得到相比技术效率，技术进步缩小绿色 TFP 区域差异效应更显著的结论。陈明华等（2018）以长江经济带为研究对象，研究了资源禀赋结构、技术进步、金融发展等因素对全要素生产率增长的影响。也有一部分学者研究了基本公共服务与经济增长之间的关系。骆永民（2008）主张公共产品可以通过交易效率提高和劳动效率改善两个途径来促进经济增长。匡贤明（2009）认为社会分工程度的提高也是公共服务促进经济增长的重要途径。杨颖和穆荣平（2012）发现基本公共服务和经济增长之间并不存在双向因果效应，基本公共服务可以实现经济增长，但经济增长却不一定促进基本公共服务的供给。李华等采用二次指派程序（QAP）从实证研究了基本公共服务均等化对经济增长质量地区差异的影响效应。研究发现：基本公共服务均等化与绿色 TFP 增长地区差距之间存在显著的正向相关关系。

就研究内容而言，已有的成果中直接研究基本公共服务均等化与地区间经济增长差距的文献较少。同时，研究地区差异的文献中传统的研究范式主要为方差分解方法（傅晓霞和吴利学，2006）。尽管方差可以从总体角度对经济增长质量地区差距以及影响因素地区进行衡量，但忽略了两两地区之间的差距水平。而 OLS 回归会因观察项之间不独立，而产生共线性问题。为了扩展研究领域，且弥补已有文献在分析范式上的缺陷，本章将使用面板数据研究长三角城市间经济增长差异和基本公共服务均等化的关系，并从全部样本和不同省域城市两个维度进行分析，为探究基本公共服务均等化是否缩小了经济增长城市差异提供经验证据。

（三）研究意义

在此基础上，本章将基本公共服务均等化与地区经济差距纳入统一的分析框架进行研究，结合中国实际国情对基本公共服务均等化影响地区经济差距的机制进行分析，丰富了当前关于基本公共服务与长三角地区经济差距的理论研究。通过熵权法构建基本公共服务供给水平综合评价指标体系，从浙江、江苏、安徽等区域的角度进行基本公共服务均等化的地区差距分析，有利于增进对基本公共服务供给水平及均等化程度的空间格局认知。

促进基本公共服务均等化与促进区域经济协调发展都是中国目前改革发展的重要目标。通过科学测算基本公共服务均等化和经济发展水平的地区差距，可以准确地认识当前中国经济与社会发展不平衡的现状，通过进一步研究基本公共服务均等化对地区经济差距的影响，可以在一定程度上解释长三角城市群地区经济差距扩大或缩小的原因，有助于为政府制定促进基本公共服务均等化和区域经济协调发展的政策提供参考与借鉴。

二、指数构建与结果分析

（一）指标体系

根据国务院发布的《“十三五”推进基本公共服务均等化规划》，以及可获取数据的连续有效性，本章研究从公共交通、绿色环境、基础教育、科技文化、信息通信、医疗卫生以及基础供应共7个层面来构建长三角公共服务水平指标体系。具体结果见表11-1。在选取具体指标时参考了齐岳等（2020）、李华等（2020）学者的研究成果。

表11-1　长三角基本公共服务水平评价指标体系

指标	指标说明	单位	功效	权重（%）
公共交通指数	城市道路面积	平方米	正向	6.35
	年末实有公共汽车数	辆	正向	6.26
	年末实有出租汽车数	辆	正向	6.25
绿色环境指数	绿地面积	公顷	正向	6.43
	建成区绿化覆盖率	%	正向	6.10
基础教育指数	教育支出	万元	正向	6.27
	普通中学在校学生数	万人	正向	6.09
	普通高等学校专任教师数	人	正向	6.32
科技文化指数	科学支出	万元	正向	6.31
	公共图书馆图书总藏量	千册、件	正向	6.25
信息通信指数	本地电话年末用户数	万户	正向	6.18
	国际互联网用户数	万户	正向	6.28
医疗卫生指数	医院、卫生院数	个	正向	6.14
	医院、卫生院床位数	张	正向	6.15
基础供应指数	供水总量	万吨	正向	6.30
	全社会用电量	万千瓦时	正向	6.31

（二）评价方法

1. 熵权法

首先采用熵权法实现2010—2020年长三角各地级市层面（除上海）基本公共服务均等化水平各项指标的处理。作为一种客观赋值法，熵权法将基本公共服务各项子指标整合得到一个综合指标，以把握长三角基本公共服务供给总体情况。鉴于具有考虑多个指标之间信息交叉重叠以及客观赋权的优势，熵权法在社会经济研究中的使用较为广泛。熵权衡量子指标在总指标中的相对重要性，子指标的权重大小和内部数值分布呈正向关系，如果一个指标内部数值分布较为分散，差异较大，表明与其他子指标相比，该指标对总指标影响较大，对应权重也应较高；反之，对应权重也相对较低。可以看出，熵权法是根据数据的分散程度确定权重，从而对研究对象的评价更加客观。

具体步骤如下：

（1）对各项公共服务均等化指标进行标准化处理

$$\text{正向指标：} X_{ij} = \frac{x_{ij} - \min(x_{1j}, \cdots, x_{nj})}{\max(x_{1j}, \cdots, x_{nj}) - \min(x_{1j}, \cdots, x_{nj})} \tag{1}$$

$$\text{负向指标：} X_{ij} = \frac{\max(x_{1j}, \cdots, x_{nj}) - x_{ij}}{\max(x_{1j}, \cdots, x_{nj}) - \min(x_{1j}, \cdots, x_{nj})} \tag{2}$$

其中，i 表示长三角各省份地级市数量，j 表示第 j 项指标，最大值为 m。

（2）依次计算各地级市在其地区下占各指标的比重

$$P_{ij} = \frac{X_{ij}}{\sum_{i=1}^{n} X_{ij}} \tag{3}$$

（3）计算指标熵值

$$e_j = -k \sum_{i=1}^{n} P_{ij} ln\, P_{ij} \tag{4}$$

其中，e_j 表示第 j 项指标的熵值，$k = \frac{1}{ln(n)} > 0$，若 P_{ij} 等于零，约定 $P_{ij}\ln P_{ij}$ 也等于零。

（4）计算信息熵冗余度

$$d_j = 1 - e_j \tag{5}$$

（5）计算各指标权重

$$w_j = \frac{d_j}{\sum_{j=1}^{m} d_j} \tag{6}$$

（6）完成原始数据处理

$$Y_{ij} = w_j P_{ij} \tag{7}$$

由熵权法获得的公共服务均等化指数同时实现了横向省级和纵向时间上的可比性，一方面可以进行各省份基本公共服务供给水平的相对位次排名，另一方面可以考察每个省份基本公共服务供给水平的演变过程。各权重计算结果见表 11-1 权重栏。

2\. 泰尔指数法

泰尔指数最早由 Theil 于 1967 年提出，是用于衡量个人之间或者地区间收入差距（或者称不平等度）的指标。具体步骤如下：

（1）计算单项指标泰尔指数

$$T_j = \sum_{i=1}^{n} \frac{p_i}{p} \frac{y_{ij}/p_i}{y_j/p} \log\left(\frac{\frac{y_{ij}}{p_i}}{\frac{y_j}{p}}\right) \tag{8}$$

其中，T_j 为第 j 项单项指标的泰尔指数，p_i 为 i 城市的人口总数，p 为 i 城市所在区域的人口总数。

（2）生成二级指标的均等化指数 T_b

$$T_b = \sum_{j=1}^{m} w_j T_j \tag{9}$$

其中，m 为各二级指标的个数。

（3）生成总指数 T

$$T = \sum_{j=1}^{k} w_j T_j \tag{10}$$

其中，k 为所有指标个数。

（三）测算结果

为了揭示考察期内长三角基本公共服务均等化演变趋势，本章基于上述评价方法和测算过程，对江苏、浙江、安徽三省共 40 个地级市层面 2010—2020 年的基本公共服务均等化情况进行测算，并分别对三省各地级市的城乡基本公共服务均等化水平按熵权法所确定权重进行处理，继而绘制长三角基本公共服务均等化演变趋势，具体结果如图 11-1 所示。

根据三省基本公共服务均等化总体指数测度结果可以总结以下特征。第一，长三角的基本公共服务均等化差异水平呈现相对稳定态势，其均等化指数在考察期内一直稳定在 0.1~0.25 区间内，这说明长三角总体基本公共服务均等化水平较平稳，且考察期内未得到改善，这表明虽然深入推进的基本公共服务均等化战略在一定程度上缩小了部分地区间的差距，但是当前长三角的基本公共服务均等化问题仍然存在。第二，三省的基本公共服务均等化水平的绝对差异明显，具体来看，江苏省的均等化差异指数最高，略高于其他区域水平，安徽省的均等化差异指数略低于前者，浙江省的均等化差异指数较低。这说明长三角的基本公共服务均等化差异水平存在明显省际非均衡特征。

为了进一步反映长三角区域内部基本公共服务均等化差异水平的差异，本章选取 2020 年三省基本公共服务均等化的具体指标进行探究，如图 11-2 所示。根据图 11-2 可以清晰地发现，2020 年公共服务均等化差异水平呈现如下差异特征。第一，长三角在绿色环境层面、科技文化层面、基础供应层面泰尔指数值较大，表明城市群内差异度高、均等化水平低。相比而言在信息通信以及医疗卫生等层面服务均等化程度较高。第二，省际差异同样延续上文结论。

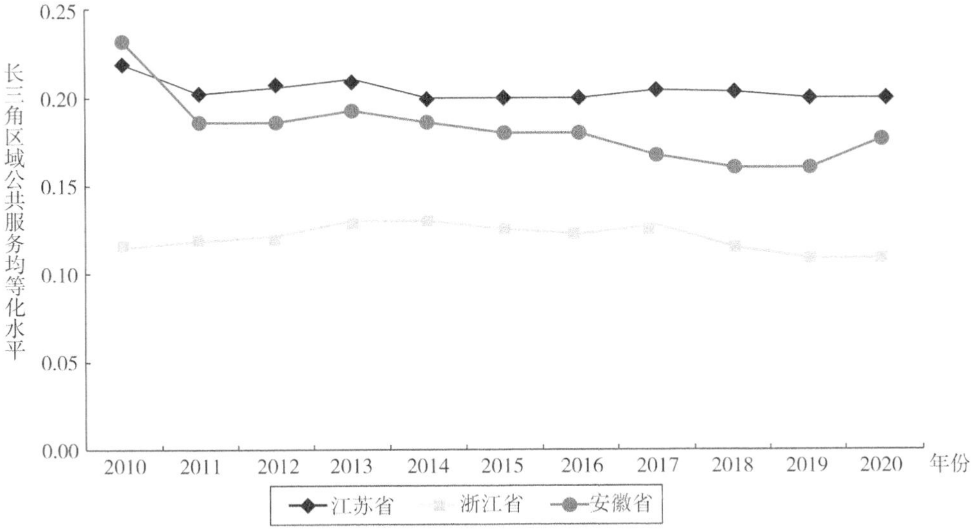

图 11-1　2010—2020 年长三角三省公共服务均等化水平总指数

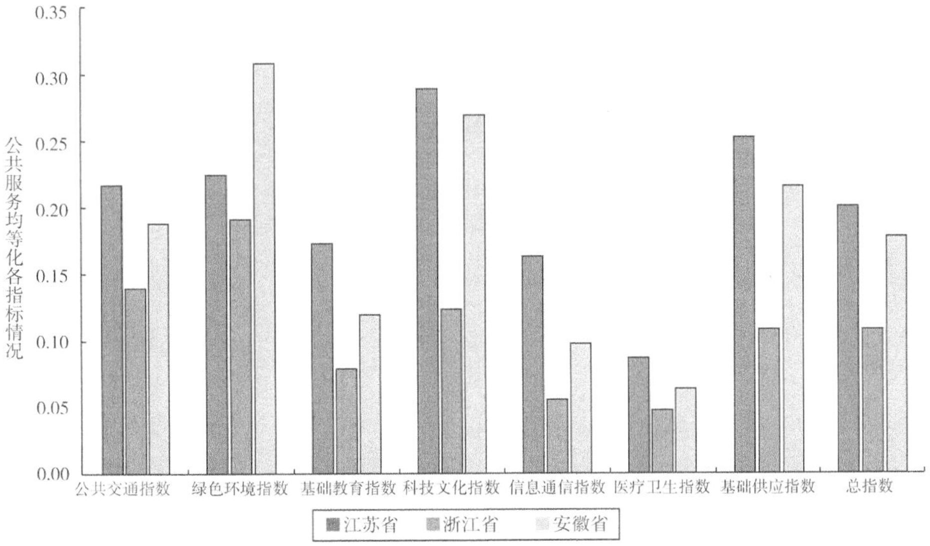

图 11-2　2020 年长三角三省公共服务均等化水平具体指标情况

在衡量城市群内部经济增速发展不平衡情况时，本章选取各城市 GDP 增速作为城市经济增长水平的评价指标，并用泰尔指数法衡量经济增长发展的差异度和不平衡程度。图 11-3 为计算结果。根据测算结果，除 2020 年受新冠肺炎疫情影响，总体上各城市群人均 GDP 差异度在波动中有下降趋势，表明各城市群经济发展差异度有逐渐减小的趋势；具体而言，安徽省、浙江省历年的经济增长发展不平衡程度相对较高，江苏省经济增长发展不平衡程度相对较低。

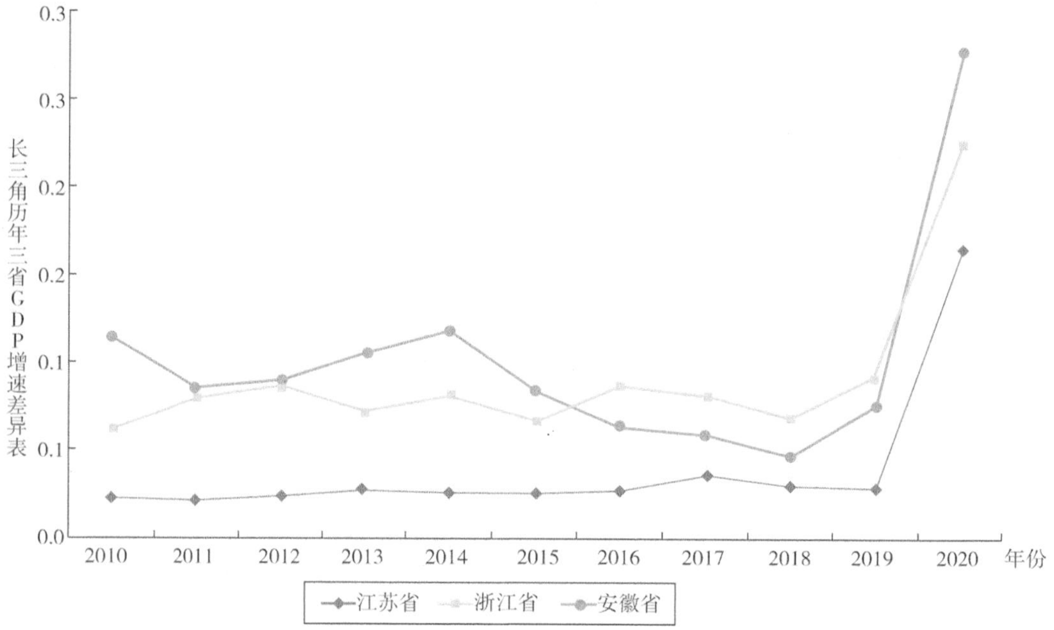

图 11-3　2010—2020 年长三角三省 GDP 增速差异变化情况

三、实证分析

（一）数据说明

本章所涉及地区均为地级及以上地区，因统计信息数据不完整而筛除掉部分地区，最终选取 2010—2020 年 40 个地级市层面的面板数据（由于数据获取限制，上海作为直辖市无法进行区域内部公共服务均等化差异度测量，本次研究对其进行剔除）。另外，针对部分指标数据存在少量缺失问题，通过查阅该地区统计年鉴和《国民经济与社会发展统计公报》尽量补齐，其他无法获得的数据则采用线性插值法逐一补齐。本章基于上述省际基本公共服务均等化总体指数和各城市 GDP 增速差异度开展实证研究，核心解释变量为各城市基本公共服务均等化指数，被解释变量为各城市 GDP 增速，在控制变量的选择方面，本章参考苗洪亮和周慧（2018）的研究，选取经济结构差异、城市化程度及劳动力结构差异、对外开放差异和城市发展进程差异为控制变量，与被解释变量的计算方法相同，本章同样利用泰尔指数法对各控制变量进行处理，以体现各省的差异度，各变量具体情况和描述性统计见表 11-2。

表 11-2 变量的选取计算及描述性统计

变量选取			描述性统计			
变量类型	变量含义	计算方法	均值	最大值	最小值	标准差
被解释变量	经济发展差异程度	利用泰尔指数计算三省人均 GDP 偏差	0.077	0.279	0.021	0.056
核心解释变量	基本公共服务均等化指数	利用泰尔指数计算三省基本公共服务均等化指数	0.169	0.232	0.106	0.037
控制变量	第三产业比重	利用泰尔指数计算三省第三产业占 GDP 比重偏差	0.158	0.269	0.105	0.037
	第三产业人员比重	利用泰尔指数计算三省第三产业从业人员比重偏差	0.155	0.258	0.067	0.062
	实际使用外资	利用泰尔指数计算三省当年实际使用外资金额偏差	0.234	0.471	0.145	0.060

（二）模型设定

本章主要研究长三角基本公共服务均等化与三省经济增长不平等程度之间的关系，基于上述分析，本章的实证模型为：

$$R_{GDP} = con + \beta_1 T + \beta_2 T_{struc} + \beta_3 T_{labor} + \beta_4 T_{for} + \varepsilon \tag{11}$$

其中，R_{GDP} 为被解释变量，T 为核心解释变量，代表的是基本公共服务均等化指数。T_{struc}、T_{labor}、T_{for} 为对应的控制变量，分别代表第三产业占比、第三产业人员占比、实际使用外资。ε 为随机干扰项。模型对公共服务均等化指数与经济发展不平衡程度间的关系进行定量研究，这与传统的总量研究相区别，在控制变量的选择和处理方面也考虑了城市间差异化程度的影响作用，并利用泰尔指数衡量该差异度。

（三）实证结果

根据上文模型（11）设定，本部分长三角公共服务均等化与经济增长进行实证研究，基准回归结果见表 11-3。首先，对全样本数据进行回归，在固定住城市效应、时间效应、省份效应和控制变量后得到列（1）的实证结果，在此基础上进一步对样本进行划分分别得到列（2）至列（4）的结果。具体而言主要得到以下结论：①在全样本模型（列 1）下，公共服务均等化差异系数在 1%的水平下显著为正，说明在控制了不随时间变动的各城市间的固有差异的情况下，这意味着长三角基本公共服务均等化差异越大，各区域间经济增长的差异也就越大，结果表明基本公共服务均等化指数差异与经济增长不平衡程度有显著的正相关关系，与预期一致；同时当年实际使用外资金额偏差同样在 1%水平下显著为正，与预期相符；第三产业占 GDP 比重以及第三产业从业人员所占比重未能通过显著性检验。②列（2）至列（4）是江苏、浙江、安徽三省的子样本模型回归结果，相较于全样本模型，江苏省和浙江省的基本公共服务均等化差异指数未能通过显著性检验，究其原因，可能是苏、浙两地相较于安徽，经济发展水平较高，公共服务发展水平较之后者也更为全面，其经济增长刺激点并未体现在公共服务上。安徽省公共服务均等化水平差异系数通过了1%水平下的检验，说明在安徽省内部经济增长与公共服务均等化水平有着显著的正向关系。

表 11-3 长三角城市群经济增长与公共服务基准回归结果

	(1)	(2)	(3)	(4)
R_{GDP}	全样本	江苏省	浙江省	安徽省
T	0.6465***	−0.1383	0.1359	0.6297***
	(0.1883)	(0.1458)	(0.5422)	(0.1707)
T_{struc}	−0.3570	−0.0106	−3.7842*	0.5115*
	(0.5348)	(0.2844)	(1.9761)	(0.2630)
T_{labor}	0.0102	−0.2542***	0.0926	−0.1236
	(0.1060)	(0.0740)	(0.1903)	(0.2040)
T_{for}	0.1329***	0.0362	0.0224	0.0847
	(0.0446)	(0.0440)	(0.0860)	(0.0810)
城市固定效应 时间固定效应 省份固定效应	YES YES YES	YES YES YES	YES YES YES	YES YES YES
N	440	143	121	176
r^2_a	0.8188	0.9005	0.8407	0.8459

注：***、**、*分别表示在1%、5%、10%水平下显著，括号内为相应检验统计量的稳健标准误，下表同。

为进一步探究经济增长与公共服务均等化水平的关系，本部分将长三角公共服务均等化指数拆解为各项公共服务具体指标，分别为公共交通指数、绿色环境指数、基础教育指数、科技文化指数、信息通信指数、医疗卫生指数以及基础供应指数，结果见表11-4。主要结论如下：①在全样本模型中，主要是公共交通服务均等化水平对长三角经济增长产生显著正向影响。具体体现为道路面积、公共汽车、出租车数量等层面对经济增长的正向影响；②在江苏省样本回归结果中，绿色环境指数、基础教育指数和医疗卫生指数差异水平对经济增长产生了显著正向影响，这意味着在上述3个层面的差异水平越小，经济发展差异水平也就越小，符合预期。而浙江省子样本回归结果则体现了与江苏省的回归结果的异质性，主要是医疗卫生差异水平与经济增长差异水平呈现了显著的负向关系。这意味着在浙江省内，医疗卫生事业发展的差异性一定程度上促进了其经济的增长。安徽省回归结果表明，在其区域范围内主要是公共交通与绿色环境等公共服务对其经济增长作出了贡献。

表 11-4 长三角城市群经济增长与公共服务各方面指数回归结果

	(1)	(2)	(3)	(4)
R_{GDP}	全样本	江苏省	浙江省	安徽省
公共交通指数	0. 1856*	-0. 0171	0. 0363	0. 2007**
	(0. 1071)	(0. 1023)	(0. 2555)	(0. 0989)
绿色环境指数	0. 2073	0. 1988***	0. 1071	0. 3468*
	(0. 1351)	(0. 0668)	(0. 1672)	(0. 2049)
基础教育指数	0. 1593	0. 5864***	0. 4980	0. 2654
	(0. 1749)	(0. 1828)	(0. 4073)	(0. 3450)
科技文化指数	0. 0481	-0. 0393	0. 0873	-0. 0173
	(0. 0407)	(0. 0376)	(0. 0702)	(0. 0439)
信息通信指数	-0. 0174	-0. 1173	-0. 3675	0. 0103
	(0. 1125)	(0. 0816)	(0. 4773)	(0. 0525)
医疗卫生指数	0. 1098	0. 3144***	-0. 5802*	-0. 3374
	(0. 1076)	(0. 0892)	(0. 3286)	(0. 3517)
基础供应指数	0. 0508	0. 0441	-0. 1142	0. 0333
	(0. 0468)	(0. 0638)	(0. 1095)	(0. 0701)
控制变量	YES	YES	YES	YES
城市固定效应 时间固定效应 省份固定效应	YES YES YES	YES YES YES	YES YES YES	YES YES YES
N	440	143	121	176
r^2_ a	0. 8581	0. 9424	0. 9850	0. 8394

四、结论与政策建议

本章研究结论如下：首先，长三角的基本公共服务均等化差异水平呈现相对稳定态势，长三角总体基本公共服务均等化水平较平稳，表明虽然深入推进的基本公共服务均等化战略在一定程度上缩小了部分地区间的差距，但是当前长三角的基本公共服务均等化问题仍然存在。三省的基本公共服务均等化水平的绝对差异明显，江苏省的均等化差异指数最高，略高于其他区域水平，安徽省的均等化差异指数略低于前者，浙江省的均等化差异指数较低。其次，长三角在绿色环境层面、科技文化层面、基础供应层面泰尔指数值较大，城市群内差异度高、均等化水平低。相比而言在信息通信以及医疗卫生等层面服务均等化程度较高。实证结果表明基本公共服务均等化指数差异与经济增长不平衡程度呈显著正相关关系，其中主要是公共交通服务均等化水平对长三角经济增长产生显著正向影响。

针对以上研究结论，提出如下对策建议。

（一）关注基本公共服务供给的充分性，继续提升其供给水平

一是转变执政理念，构建“公共服务型”政府。完善政府政绩考核机制，将基本公共服务供给作为一项重要的考核标准纳入政府政绩考核系统，推进政府执政理念的转变，提高基本公共服务供给水平。二是完善公共服务供给结构，助推经济高质量发展。我国公共服务供给指数具有明显的梯度特征，科技、教育、环保表现明显，尤其是科技服务供给水平最低，这是今后提高公共服务均等化的重点所在。首先，加大对科学技术的供给力度。中国已进入经济高质量发展时代，创新驱动是经济持续发展的永恒动力，政府应提高科学技术在公共服务中的比重。其次，适度增加教育和社保就业的有效供给。教育是人力资本的提供来源，社保就业是人力资本的后期保障，这两方面水平的提高均有助于科教兴国战略的实施。最后，是建立健全基本公共服务供给激励和监督机制。一方面完善供给激励机制。积极鼓励引导民营、外资等民间资本进入基本公共服务供给领域，引入相应的激励竞争机制，提高基本公共服务供给效率。另一方面完善供给监督机制。推行基本公共服务供给公示制度，加大政务公开力度和透明度，使得民众的监督权力得以发挥。

（二）重视基本公共服务供给的平衡性，继续推动均等化的实现

一是制定全局框架下的经济协同发展政策，缩小区域间政府财力差距。长三角基本公共服务供给内部差异较大，区域间差异是中国基本公共服务供给非均等的主要来源，而且基本公共服务供给水平明显与经济发展水平相关。因此，政府应努力推进区域协同发展，加强苏浙对其他地区经济发展的拉动作用。二是完善转移支付制度，助推基本公共服务均等化。经济发展水平对应的地方财力决定了公共服务的初次分配格局，而转移支付则是基本公共服务均等化实现的重要外部措施。中国基本公共服务供给核密度分布存在右拖尾现象，且延展性不断加强，表明基本公共服务供给存在“马太效应”。同时，长三角基本公共服务供给存在明显的地区差异，其内部“东高西低”分布格局日益显著。因此，中央政府应以均等化为目标调整转移支付的力度和结构，通过政府间财力的再分配保障基本公共服务均等化目标的实现。

（三）重视多种主体的综合影响，全面促进长三角经济增长的区域协同提高

除基本公共服务均等化外，长三角经济增长差异也受产业结构、劳动力、外商直接投资等因素的影响。经济增长差异的影响因素是多元的，在推进经济增长区域协调提高过程中，要注重多种因素的综合作用，处理好政府和市场、国内和国外的关系。具体来说，一方面，经济增长质量的区域协同发展要发挥政府和市场的共同作用。提

高落后地区的经济增长质量不能仅靠政府调节作用，也要注重自身经济发展以及市场化水平的提高，从而不断缩小经济增长的区域差异。另一方面，经济增长质量区域差异的缩小要注重国内外经济的互动作用。经济增长质量较低的地区在政府基本公共服务均等化助力的同时，扩大本地区外商直接投资，通过技术引进或“干中学”来提高本地区创新能力，进而缩小与发达地区的技术进步差距，从而推动不同区域经济增长质量差异的缩小。

（作者简介：范兆媛，女，博士，南京邮电大学高质量发展评价研究院、高质量发展综合评估研究基地研究员，主要从事城镇化与人口流动方面研究。）

参考文献

[1] 安体富，任强．中国公共服务均等化水平指标体系的构建———基于地区差别视角的量化分析［J］．财贸经济，2008（6）：79-82.

[2] 陈明华，张晓萌，仲崇阳，刘玉鑫．长江经济带全要素生产率增长的地区差异及影响因素［J］．经济社会体制比较，2018（2）：162-172.

[3] 钞小静，任保平．中国经济增长质量的时序变化与地区差异分析［J］．经济研究，2011（4）：26-40.

[4] 蔡跃洲，付一夫．全要素生产率增长中的技术效应与结构效应——基于中国宏观和产业数据的测算及分解［J］．经济研究，2017（1）：72-88.

[5] 蔡昉．以提高全要素生产率推动高质量发展［N］．人民日报，2018-11-09.

[6] 范柏乃，傅衍，卞晓龙．基本公共服务均等化测度及空间格局分析——以浙江省为例［J］．华东经济管理，2015（1）：141-147+174.

[7] 傅晓霞，吴利学．全要素生产率在中国地区差异中的贡献：兼与彭国华和李静等商榷［J］．世界经济，2006（9）12-22+95.

[8] 樊纲，王小鲁，马光荣．中国市场化进程对经济增长的贡献［J］．经济研究，2011（9）：4-16.

[9] 高赢．中国八大综合经济区绿色发展绩效及其影响因素研究［J］．数量经济技术经济研究，2019（9）：3-23.

[10] 胡志平．经济高质量发展的公共服务动力［J］．社会科学研究，2018（6）：42-50.

[11] 贺晓宇，沈坤荣．现代化经济体系、全要素生产率与高质量发展［J］．上海经济研究，2018（6）：25-34.

[12] 贾康．公共服务的均等化应积极推进，但不能急于求成［J］．审计与理财，2007（8）：5-6.

[13] 匡远凤，彭代彦．中国环境生产效率与环境全要素生产率分析［J］．经济研究，2012（7）：62-74.

[14] 匡贤明．公共服务促进经济增长的传导机制研究——基于分工成本的视角［J］．中南财经政法大学学报，2009（3）：55-61.

[15] 刘华军，彭莹，裴延峰，贾文星．全要素生产率是否已经成为中国地区经济差距的决定力量?［J］．财经研究，2018（6）：50-63.

［16］刘华军，李超．中国绿色全要素生产率的地区差距及其结构分解［J］．上海经济研究，2018（6）：35-47.
［17］任保平，文丰安．新时代中国高质量发展的判断标准、决定因素与实现途径［J］．改革，2018（4）：5-16.
［18］刘华军，李超，彭莹．中国绿色全要素生产率的地区差距及区域协同提升研究［J］．中国人口科学，2018（4）：30-41+126.
［19］陈明华，张晓萌，仲崇阳，刘玉鑫．长江经济带全要素生产率增长的地区差异及影响因素［J］．经济社会体制比较，2018（2）：162-172.
［20］骆永民．公共物品、分工演进与经济增长［J］．财经研究，2008（5）：110-122.
［21］杨颖，穆荣平．基本公共服务与经济增长关系的理论与实证研究［J］．科学学与科学技术管理，2012（11）：96-101.
［22］李华，董艳玲．基本公共服务均等化是否缩小了经济增长质量的地区差距？［J］．数量经济技术经济研究，2020（7）：48-70.

第四篇

绿色发展篇

第十二章　长江经济带高质量发展综合分析

摘　要：高质量发展是长江经济带实现人与自然和谐共生的战略举措和基本路径。基于长江经济带 11 个省份 2003—2020 年的面板数据，采用全局参比 Malmquist-Luenberger指数结合基于非期望产出混合可处置性视角下的混合方向性距离函数，对长江经济带各省份高质量发展水平进行考察，同时构建 Tobit 回归模型，探究长江经济带高质量发展的驱动因素。结果表明：①长江经济带高质量发展水平处于整体改善、部分年份恶化的现状，且存在显著的时空差异。②产业结构、创新驱动、社会发展、人力资本、环境规制对长江经济带高质量发展具有正向作用，而经济发展水平在一定程度上阻碍了长江经济带高质量发展。为此，提出长江经济带以新发展理念引领高质量发展的对策建议。

一、政策背景

长江经济带覆盖上海、江苏、浙江、安徽、江西、湖北、湖南、重庆、四川、云南、贵州 11 个省份，横跨我国东中西三大板块，是具有全球影响力的内河经济带，也是生态文明建设的先行示范带。推动长江经济带高质量发展是党中央的重大决策，是关系国家发展全局的重大战略。2016 年《长江经济带发展规划纲要》提出把保护和修复长江生态环境摆在首要位置。2020 年 11 月，习近平总书记在全面推动长江经济带发展座谈会上强调，坚定不移贯彻新发展理念，推动长江经济带高质量发展，使长江经济带成为我国生态优先绿色发展主战场、畅通国内国际双循环主动脉、引领经济高质量发展主力军。“十四五”规划纲要提出，全面推动长江经济带高质量发展，协同推动生态环境保护和经济发展。“长江大保护”战略提出以后，长江经济带发展战略发生了根本性转变，由相对粗放式的发展方式转向高质量绿色发展，由开发利用主导转向保护修复主导。近年来，长江经济带生态环境治理取得阶段性成效、绿色发展态势凸显，生态环境保护发生了转折性变化。

二、长江经济带高质量发展评价模型构建

高质量发展评价是反映经济高质量发展和社会主义生态文明建设最直接、最重要的指标之一，客观、科学地评价长江经济高质量发展水平，有助于准确识别长江经济带不同地区高质量发展的差异，为实现高质量发展和建设社会主义生态文明提供可靠

的路径选择，因此，构建科学的高质量发展评价模型具有重要的现实意义和指导意义。

（一）全要素生产率分析框架

Paul Krugman 在著名的《亚洲奇迹的神话》（*The Myth of Asia's Miracle*）一文中采用增长核算对东亚国家和地区的经济增长原因进行了分析，认为亚洲数倍于发达国家的经济速度增长是有限且不可持续的，未来将面临增速下滑甚至增长停滞的局面。原因在于大部分东亚国家和地区的经济增长很大程度上是建立在生产要素投入增加的基础之上，技术进步、生产效率等生产率组成因素并没有发挥显著作用，因此不具备长期性。这一观点引起了学术界的热烈讨论，国内众多学者都认为，中国经济需要调整增长路径，通过提高全要素生产率来推动经济增长。

生产率指生产过程中投入品转化为产出的效率，按衡量投入要素的范围大小可以分为“单要素生产率”（Single Factor Productivity，SFP）和“全要素生产率”（Total Factor Productivity，TFP）。OECD 在《生产率测算手册》中将全要素生产率定义为，测算所有投入要素对产出增长贡献的一种能力。全要素生产率的理论分析框架由 Solow（1956）首次提出，并逐渐成为经济学研究的重要内容。随后的学者在 Solow 的分析框架上进行进一步的深化和扩展，但基本仍遵循了全要素生产率的定义和研究范式。因此，课题组依然沿用这一经典定义，将全要素生产率定义为生产要素投入产出效率的指标，用于衡量某一经济体（如国家、产业或企业等）在生产过程中所体现的生产效率，全要素生产率的提升代表单位生产效率提升、福利水平的提高。目前学者们对于造成全要素生产率差异因素的解释仍未统一，早期的经济学家认为全要素生产率主要是由技术进步所带来的，而随着研究的深入，越来越多的研究将全要素生产率的提升归功为技术进步和技术效率提升的共同推动。技术进步主要来源于先进技术与工艺的使用，从而在生产投入要素保持不变的条件下可以实现产出的增长，而技术效率则主要来源于管理水平的提升和生产经验的积累，从而在技术水平不变的条件下增强产出能力，使技术进步和技术效率提升成为全要素生产率增长的重要动力来源。

（二）全要素生产率的测算方法

1. 混合距离函数模型

在实际评价决策单元效率时，当投入（产出）要素较多时，有些投入（产出）要素需要保持相对固定的比例，有些投入（产出）要素则不需要保持相对固定的比例。因此，在 DEA 模型中可以将投入（产出）要素分为两类，一类是径向的要素，另一类是非径向的要素，这也称为混合距离函数（Hybrid Distance），其函数规划式为：

$$\min\rho = \frac{1 - \frac{k_1}{k}(1 - \theta) - \frac{1}{k}\sum_{i=1}^{k_2} s_i^{NR-}/x_{ik}^{NR}}{1 + \frac{l_1}{l}(\beta - 1) + \frac{1}{l}\sum_{r=1}^{l_2} s_r^{NR+}/y_{rl}^{NR}}$$

$$s.t.\begin{cases} X^R\lambda + s^{R-} - \theta x_k^R = 0 \\ X^{NR}\lambda + s^{NR-} = x_k^{NR} \\ Y^R\lambda - s^{R+} - \beta y_l^R = 0 \\ Y^{NR}\lambda - s^{NR+} = y_l^{NR} \\ \lambda,\ s^+,\ s^- \geqslant 0 \end{cases} \tag{1}$$

公式（1）中，ρ 表示被决策单元效率值，k 表示投入指标数量，k_1 表示径向指标数量，k_2 表示非径向指标数量；l 表示产出指标数量，l_1 表示径向指标数量，l_2 表示非径向指标数量；R 表示径向指标，NR 表示非径向指标。

在混合距离函数模型中效率值可按投入、产出、径向和非径向进行分解。

投入径向效率：

$$\rho_{x^R} = \frac{k_1}{k}(1 - \theta) \tag{2}$$

投入非径向效率：

$$\rho_{x^{NR}} = \frac{1}{k}\sum_{i=1}^{k_2} s_i^{NR-}/x_{ik}^{NR} \tag{3}$$

产出径向效率：

$$\rho_{y^R} = \frac{l_1}{l}(\beta - 1) \tag{4}$$

产出非径向效率：

$$\rho_{y^{NR}} = \frac{1}{l}\sum_{r=1}^{l_2} s_r^{NR+}/y_{rl}^{NR} \tag{5}$$

投入导向混合距离函数模型的规划式为：

$$\min\rho = 1 - \frac{k_1}{k}(1 - \theta) - \frac{1}{k}\sum_{i=1}^{k_2} s_i^{NR-}/x_{ik}^{NR}$$

$$s.t.\begin{cases} X^R\lambda + s^{R-} - \theta x_k^R = 0 \\ X^{NR}\lambda + s^{NR-} = x_k^{NR} \\ Y\lambda \geqslant y_l \\ \lambda,\ s^- \geqslant 0 \end{cases} \tag{6}$$

产出导向混合距离函数模型的规划式为：

$$\min\rho = \frac{1}{1 + \frac{l_1}{l}(\varphi - 1) + \frac{1}{l}\sum_{r=1}^{l_2} s_r^{NR+}/y_{rl}^{NR}}$$

$$s.t.\begin{cases} X\lambda \leqslant x_k \\ Y^R\lambda - s^{R+} - \varphi y_l^R = 0 \\ Y^{NR}\lambda - s^{NR+} = y_l^{NR} \\ \lambda,\ s^+ \geqslant 0 \end{cases} \tag{7}$$

2. 混合方向性距离函数模型

由于方向性距离函数不仅能够区别对待期望产出和非期望产出，还能够基于联合生产（Joint-production）框架下将决策单元的非期望产出设置为强可处置性和弱可处置性，因此，在混合距离函数模型的基础上，根据方向性距离函数表达式可进一步构建混合方向性距离函数模型（Hybrid Directional Distance Function，HDDF）。

借鉴 Zhou et al.，Färe and Grosskopf 的方法，假设投入、期望产出和非期望产出的矩阵分别为 $X \in R_+^{k\times n}$ 、$Y \in R_+^{l\times n}$ 、$B \in R_+^{m\times n}$ ，而规模报酬可变假设下非径向的方向性距离函数表达式为：

$$\vec{D}(x,\ y,\ b;\ g) = \sup\{\omega^T\beta:\ (x,\ y,\ b) + g\cdot diag(\beta) \in T\} \tag{8}$$

其中，$\omega = (\omega_x,\ \omega_y,\ \omega_b)^T$ 为投入、期望产出和非期望产出对应的标准化的权重向量，$\beta = (\beta_x,\ \beta_y,\ \beta_b)^T \geqslant 0$。借鉴 Tone 的处理方法，将投入矩阵分解为径向投入部分 $X^R \in R_+^{k_1}$ 和非径向投入部分 $X^{NR} \in R_+^{k_2}$ ，且 $k_1 + k_2 = k$ ；产出矩阵也可以分解出径向产出部分 $Y^R \in R_+^{s_1}$ 和非径向产出部分 $Y^{NR} \in R_+^{s_2}$ ，且 $s_1 + s_2 = s$ ；非期望产出矩阵也可类似地分为径向部分 $B^R \in R_+^{m_1}$ 和非径向部分 $B^{NR} \in R_+^{m_2}$ 。因此，方向向量也可以相应地分解为 6 个部分，$g = (g_{x^R},\ g_{x^{NR}},\ g_{y^R},\ g_{y^{NR}},\ g_{b^R},\ g_{b^{NR}})$ 。在此基础上将非径向方向性距离函数扩展为混合方向性距离函数，线性规划表达式如下：

$$\vec{D}(x,\ y,\ b;\ g) = \max\omega^T\cdot\beta$$

$$s.t.\begin{cases} X^R\lambda + \beta_{x^R}\cdot diag(g_{x^R}) \leqslant x^R \\ X^{NR}\lambda + \beta_{x^{NR}}\cdot diag(g_{x^{NR}}) \leqslant x^{NR} \\ Y^R\lambda - \beta_{y^R}\cdot diag(g_{y^R}) \geqslant y^R \\ Y^{NR}\lambda - \beta_{y^{NR}}\cdot diag(g_{y^{NR}}) \geqslant y^{NR} \\ B^R\lambda - \beta_{b^R}\cdot diag(g_{b^R}) \leqslant b^R \\ B^{NR}\lambda - \beta_{b^{NR}}\cdot diag(g_{b^{NR}}) \leqslant b^{NR} \\ \beta = \beta\cdot \mathrm{sgn}\ (|g|)^T \geqslant 0 \end{cases} \tag{9}$$

其中，$\omega = (\omega_{x^R},\ \omega_{x^{NR}},\ \omega_{y^R},\ \omega_{y^{NR}},\ \omega_{b^R},\ \omega_{b^{NR}})^T$ 分别表示径向投入、非径向投入、径向期望产出、非径向期望产出、径向非期望产出、非径向非期望产出对应的标准化权重向量，$\beta = (\beta_{x^R},\ \beta_{x^{NR}},\ \beta_{y^R},\ \beta_{y^{NR}},\ \beta_{b^R},\ \beta_{b^{NR}})^T \geqslant 0$。对于 β 的约束是为了保障当分量

g 存在 0 时, β 的分量也为 0。求解公式（9），可以得出一组最优解: β^* ，借助 β^* 对公式（9）进行投入、期望产出和非期望产出的径向和非径向进行分解。

投入径向效率：

$$\rho_{x^R} = \frac{1}{k}\sum_{i=1}^{k_1}\frac{\beta_{x^R}^{*}\left|g_{x^R}^{i}\right|}{x_i^R} \tag{10}$$

投入非径向效率：

$$\rho_{x^{NR}} = \frac{1}{k}\sum_{i=1}^{k_2}\frac{\beta_{x^{NR}}^{i*}\left|g_{x^{NR}}^{i}\right|}{x_i^{NR}} \tag{11}$$

期望产出径向效率：

$$\rho_{y^R} = \frac{1}{l}\sum_{r=1}^{l_1}\frac{\beta_{y^R}^{*}\left|g_{y^R}^{r}\right|}{y_r^R} \tag{12}$$

期望产出非径向效率：

$$\rho_{y^{NR}} = \frac{1}{l}\sum_{r=1}^{l_2}\frac{\beta_{y^{NR}}^{r*}\left|g_{y^{NR}}^{r}\right|}{y_r^{NR}} \tag{13}$$

非期望产出径向效率：

$$\rho_{b^R} = \frac{1}{m}\sum_{h=1}^{m_1}\frac{\beta_{b^R}^{*}\left|g_{b^R}^{h}\right|}{b_h^R} \tag{14}$$

非期望产出非径向效率：

$$\rho_{b^{NR}} = \frac{1}{m}\sum_{h=1}^{m_2}\frac{\beta_{b^{NR}}^{h*}\left|g_{b^{NR}}^{h}\right|}{b_h^R} \tag{15}$$

3. 高质量发展评价模型构建

非参数 DEA 模型对效率值的测算均基于截面数据评价，属于效率的静态分析，无法描述效率在考察期内的动态改善程度；另外，静态效率值仅表示该时间点的技术效率，无法评价技术进步等其他效率的作用。但是，在实际生产过程中各决策单元的效率值在时间上具有连续性，且受技术进步的影响很大。然而，全要素生产率（Total Factor Productivity，TFP）指数模型作为径向 DEA 模型动态化的延伸能够解决上述问题。

Malmquist 指数是在 DEA 模型基础上演化而来，用于评价决策单元效率动态改善程度的模型，在实际运用过程中也能够考虑期望产出、非期望产出，以及非期望产出的可处置性。另外，Malmquist 指数往往用于全要素生产率测算及效率分解，因此，Malmquist 指数模型常与其他 DEA 模型组成混合模型来应用。其中，Chung et al. 基于方向距离函数构建了包含非期望产出的 Malmquist 指数模型，称为 Malmquist-Luenberger 生产力指数，简称为 ML 指数。从 t 期到 $t+1$ 期的 ML 指数表达式如下：

$$ML\left(x^{t+1},\ y^{t+1},\ b^{t+1},\ g^{t+1},\ x^t,\ y^t,\ b^t,\ g^t\right) = \frac{1+\overline{D}_0^t(x^t,y^t,b^t,g^t)}{1+\overline{D}_0^t(x^{t+1},y^{t+1},b^{t+1},g^{t+1})}\times$$

$$\frac{1+\overline{D}_0^{t+1}(x^t,y^t,b^t,g^t)}{1+\overline{D}_0^{t+1}(x^{t+1},y^{t+1},b^{t+1},g^{t+1})} \tag{16}$$

ML 与 MI 一样可以分解为技术效率变化（EC_{ML}）和技术变化（TC_{ML}），根据公式（16），EC_{ML}可以表示为：

$$EC_{ML}=\frac{1+\overline{D}_0^{t+1}\ (x^{t+1},\ y^{t+1},\ b^{t+1},\ g^{t+1})}{1+\overline{D}_0^{t}\ (x^{t},\ y^{t},\ b^{t},\ g^{t})} \tag{17}$$

TC_{ML}则表示为：

$$TC_{ML}=\frac{1+\overline{D}_0^{t}\ (x^{t},\ y^{t},\ b^{t},\ g^{t},)}{1+\overline{D}_0^{t+1}\ (x^{t},\ y^{t},\ b^{t},\ g^{t},)}\times\frac{1+\overline{D}_0^{t}\ (x^{t+1},\ y^{t+1},\ b^{t+1},\ g^{t+1},)}{1+\overline{D}_0^{t+1}\ (x^{t+1},\ y^{t+1},\ b^{t+1},\ g^{t+1})} \tag{18}$$

Chung et al. 主要基于方向距离函数结合相邻前沿交叉参比 Malmquist 指数，在实际应用中也可以选择其他距离函数，如 SBM、HDDF 等 DEA 模型。基于此，将全局参比 Malmquist-Luenberger 指数结合基于非期望产出混合可处置性视角下的混合方向性距离函数，动态评价考察期内长江经济带高质量发展水平。

三、长江经济带城市绿色发展评价指标体系构建

本章将基于 2003—2020 年长江经济带 11 个省份的面板数据，利用非期望产出不可处置性视角下的混合方向性距离函数对中国省级行政单位和不同区域的高质量发展水平进行评价。各指标的原始数据来源于历年的《中国统计年鉴》《中国能源统计年鉴》《中国环境统计年鉴》《中国农村统计年鉴》以及各省级行政单位历年统计年鉴。

根据蓝皮书第一章确定的指标构建原则，基于现阶段中国经济社会发展的时代背景，参照柯布-道格拉斯生产函数和全要素生产率内涵，选取长江经济带高质量发展评价投入指标、期望产出指标和非期望产出指标。

（一）投入指标选取及数据处理

长江经济带高质量发展评价的投入指标包括劳动力、资本、能源和资源。

1. 劳动力投入

劳动力是社会经济活动中基本投入要素，本章选取 2003—2020 年各省份年末从业人口作为劳动力资源的投入，该指标能够反映评价各省份当年实际的劳动力投入量。数据来源于《中国人口和就业统计年鉴》及 11 个省份统计年鉴。

2. 资本投入

由于国家及各省级行政单位统计年鉴中全社会固定资产投资反映的是当年社会建造和购置固定资产的规模，无法反映社会的全部资本资源，为此学者们一般采用“永续存盘法”估计资本存量代替。本章借鉴单豪杰的方法计算各省级行政单位资本存量，并以 2003 年为基期进行价格调整。由于重庆市 1997 年成为直辖市，因此，重庆市和四

川省资本存量按照1998年GDP比值确定重庆市资本存量，并以此为基础计算以后各年资本存量。数据来源于《中国统计年鉴》及11个省份统计年鉴。

3. 能源投入

能源作为全球经济发展体系中一种必需的投入要素，本章也将其纳入投入指标体系。能源投入采用终端能源消费总量，能源消耗以折算为万吨标准煤的历年各省份能源消耗量表示。数据来源于《中国能源统计年鉴》。

4. 资源投入

水资源作为生命之源、生产之要、生态之基，是人类生产生活不可替代的自然资源。本章采用各省份用水总量表示水资源投入，包括农业、工业、生活和生态用水量。同时，考虑到土地在高质量发展中的作用，将城市建设用地和耕地面积综合作为资源投入指标。数据来源于《中国统计年鉴》。

（二）期望产出指标选取及数据处理

长江经济带高质量发展评价的期望产出指标包括经济增长和社会发展指数。

1. 经济增长指标

经济发展是衡量高质量发展水平的重要评价指标，本章采用各省份地区生产总值（GDP）表示，并以2003年为基期进行价格调整。数据来源于《中国统计年鉴》。

2. 社会发展指数

新发展理念下的高质量发展要求长江经济带社会经济发展形成创新、协调、绿色、开放、共享的新发展模式，要求高质量发展阶段实现“经济-社会-生态”共赢。因此，“社会”指标的选取应体现“中国式现代化”“美丽中国”等时代特征。为客观、全面、科学地反映各省份社会发展现状，借鉴联合国人类发展指数（Human Development Index，HDI）和李晓西教授的研究成果，选取衡量社会发展指数的指标体系，见表12-1。

表12-1 社会发展指数的指标体系

目标层	指标名称	评价指标含义	指标属性
社会发展指数（SDI）	人口增长率	人口出生率	高优指标
	人口年龄结构	60岁及以上老年人口比重	低优指标
	居民生活状况	居民可支配收入	高优指标
	城市发展水平	城镇化率	高优指标
	科教财政投入	教育和科学技术的财政支出占比	高优指标
	医疗资源	每万人口卫生技术人员	高优指标

社会发展评价指标含义及作用机理分析：

（1）人口出生率，是指某地在一个时期之内（通常指一年）出生人数与平均人口之比。目前，中国人口出生率下降，而人口寿命增加，且育龄人群的生育意愿降低，导致人口出生率对社会可持续发展至关重要，故将其界定为高优指标。

（2）60岁及以上老年人口比重，指各地区某一时期60岁及以上人口数占抽样调查人数比例。发达国家人口老龄化过程表明，老龄人口比重增加抑制了社会发展，该指标与社会发展成反比。

（3）居民可支配收入，是指居民可用于最终消费支出和储蓄的总和，即居民可用于自由支配的收入。可支配收入越高表明居民生活水平越高，社会发展水平越好，成为衡量社会繁荣发展的基本指标，该指标与社会发展成正比。

（4）城镇化率是一个国家或地区社会发展、科技进步及产业结构调整的过程，城镇化水平的高低已经成为衡量一个国家或地区社会经济发展水平的重要标志，对社会发展具有促进作用。

（5）教育和科学技术的财政支出占比，是指各地区一般公共预算支出中教育支出和科学技术支出所占比重。经济增长理论研究表明，现代经济增长越来越多地依赖于知识积累与技术进步，越来越依赖于全要素生产率，而全要素生产率增长的重要途径是政府的财政科技和教育经费投入，这意味着加大科教的财政投入对社会发展具有积极作用。

（6）社会经济发展是维护和提高国民健康水平的基础和保障，每万人口卫生技术人员作为衡量地区医疗水平的重要指标，社会经济发达地区具有较高的每万人口卫生技术人员，医疗资源与社会发展水平存在正相关性。

上述指标数据来源于《中国统计年鉴》及各省份统计年鉴，并对价格数据以2003年为基期进行调整，社会发展指数计算公式如下：

$$G_t^s = \sum X_{it}/n \tag{19}$$

公式（19）中，G_t^s 为某省份 t 年社会发展指数，G 值越大，社会发展状况越好，反之则越差；n 表示指标数量；X_{it}表示 t 年某省份社会发展评价指标原始数据的无纲量化值。

表12-1中，合理提高人口出生率、居民可支配收入、城市发展水平、科教财政投入和医疗资源均对社会发展具有积极作用，将其定义为高优指标；人口老龄化比重增加将不利于社会发展，将其定义为低优指标。高优指标和低优指标归一化的函数表达式如下：

高优指标归一化函数式：

$$X_{it} = [X_{it}'/\max(X_t)] * 100\% \tag{20}$$

低优指标归一化函数式：

$$X_{it} = [\min(X_t)/X_{it}'] * 100\% \tag{21}$$

公式（20）和公式（21）中，X_{it}'表示 t 年第 i 项指标的原始值；t 表示第 i 项指标所有年份（2003—2020年）的原始数据；max（X_t）表示第 i 项指标所有年份中最大的原始数据；min（X_t）表示第 i 项指标所有年份中原始数据最小的值。

（三）非期望产出指标选取及数据处理

非期望产出指标包括农业面源污染、工业废水排放、生活污水排放、碳排放。

1. 农业面源污染

第一次全国污染源普查数据显示，农业生产过程中排放的化学需氧量（COD）、总氮（N）、总磷（P）等污染物成为污染源之首，农业面源污染正成为水体污染、湖泊富营养化的主要原因，美国和荷兰的经验预示着农业面源污染将成为生态环境健康的首要致污因素，制约社会经济绿色发展战略的实施。因此，有必要将农业面源污染作为非期望产出指标纳入长江经济带高质量发展评价框架。

由于中国农业污染排放指标的官方数据仅出现在2011年之后的《中国环境统计年鉴》中，为保证农业面源污染数据前后一致性，采用赖斯芸等和陈敏鹏等的单元调查评估法测算2003—2020年农业面源污染数据。另外，农业面源污染主要是化学需氧量（COD）、总氮磷（TN&P）排放。因此，农业面源污染物排放量测算也以COD和TN&P为主。使用单元调查评估法首先需要明确面源污染的主要来源，本章将农业面源污染物来源确定为农田化肥施用、畜禽养殖、农村生活和农田固体废弃物。农业面源污染计算公式如下：

$$B_{AP}=\sum TU_i\times\rho_i\times\omega_i \tag{22}$$

公式（22）中，B_{AP}表示农业面源污染物排放量，即COD和TN&P排放量；TU_i表示第i个污染单元的污染物产生基数，包括农田化肥折算量、畜禽养殖量、乡村人口数和农作物产量，ρ_i表示第i个污染单元产污强度系数，ω_i表示考虑资源综合利用和管理因素时第i个污染单元污染物排放系数。

TU_i的数据来源于《中国统计年鉴》和《中国农村统计年鉴》，农田化肥施用、畜禽养殖的系数分别从第一次全国污染源普查公布的《农业污染肥料流失系数手册》《养殖业排污系数手册》中分省份查阅，农村生活和农田固体废弃物的系数参考赖斯芸等（2004）的做法。

2. 废水排放量

根据统计数据发现，工业点源、居民生活和农业面源已成为污染的主要来源。本章将废水排放量纳入长江经济带高质量发展评价的框架中。

3. 碳排放

新发展理念以绿色低碳循环为原则，实现社会发展节能减排和低碳经济，碳排放作为能源消耗不可避免的产出。因此，将碳排放作为高质量发展过程中的非期望产出，纳入长江经济带高质量发展的评价指标体系。

碳排放的主要气体是二氧化碳，《中国环境统计年鉴》中并没有直接公布二氧化碳排放量的数据，但由于化石能源二氧化碳排放系数高，并且化石能源在中国能源消费结构中占主导地位，因此，借鉴其他学者做法，利用化石能源消耗来测算各省份二氧化碳排放量。为保证数据的连续性、可得性，选取《中国能源统计年鉴》中消耗量较大的8种能源为基准来测算二氧化碳排放量，包括：原煤、焦炭、原油、汽油、煤油、柴油、燃料油和天然气。由于各类能源消耗量单位不一致，统一按照《中国能源统计年鉴》附表中各类能源折算为标准煤的系数进行转换。标准煤的折算系数见表12-2。

表12-2 各类能源折算标准煤系数

能源类型	原煤	焦炭	原油	汽油	煤油	柴油	燃料油	天然气
折算前单位	kgce/kg							$kgce/m^3$
折算系数	0.7143	0.9714	1.4286	1.4714	1.4714	1.4571	1.4286	1.2150

资料来源于：2020年《中国能源统计年鉴》附录4。

利用2006年《IPCC国家温室气体清单指南》和陈诗一的研究方法，二氧化碳排放量的计算公式为：

$$CE=\sum_{i=1}^{8}E_i\times NCV_i\times CEF_i\times COF_i\times（44/12） \quad (23)$$

公式（23）中，CE 表示二氧化碳排放量，i 表示8种能源类型，E 表示各类能源的消耗量，NCV 表示各类能源净发热值，CEF 表示IPCC提供的各类能源碳排放系数，COF 表示各类能源碳氧化因子，44/12表示二氧化碳分子与碳元素的质量比。

通过指标选取和数据来源分析，长江经济带高质量发展的指标体系及指标说明见表12-3。

表12-3 长江经济带高质量发展评价的指标体系

指标类别	指标	具体指标	指标符号	单位
投入指标	劳动力投入	年末就业人数	X_1	万人
	资本投入	资本存量	X_2	亿元
	能源投入	能源消费总量	X_3	万吨标准煤
	资源投入	用水总量	X_4	亿立方米
		土地资源	X_5	千公顷
产出指标	期望产出	地区生产总值	Y_1	亿元
		社会发展指数	Y_2	
	非期望产出	农业面源污染	B_1	万吨
		废水排放总量	B_2	万吨
		二氧化碳排放量	B_3	万吨

（四）样本描述性统计分析

投入产出指标描述性统计：由长江经济带高质量发展的投入产出指标描述性统计（见表12-4）可知，长江经济带高质量发展投入产出指标均存在显著的差异性，表明各省份的社会经济发展、产业结构等方面具有空间非均衡性。

表 12-4 长江经济带高质量发展投入产出指标描述性统计

指标	观测数	平均值	标准差	最大值	最小值
年末就业人数	198	2463.153	1678.050	6726.000	275.500
资本存量	198	7288.053	8275.715	43770.390	135.440
能源消费总量	198	10576.443	7714.705	64256.950	479.950
用水总量	198	193.860	135.948	591.300	19.140
土地资源	198	4721.255	2217.429	7302.600	451.500
地区生产总值	198	9306.003	9310.737	57710.890	263.680
社会发展指数	198	0.290	0.107	0.536	0.078
农业面源污染	198	44.159	33.196	153.939	4.135
废水排放总量	198	192325.916	156497.009	938261.030	11131.000
二氧化碳排放量	198	31727.509	27499.962	175228.245	427.413

注：描述性统计结果由软件 SPSS21 输出结果整理而来。

（五）投入产出指标“等张性”性检验

DEA 模型进行效率测度时，要求被评价决策单元的投入产出指标需要满足“等张性”假设，利用皮尔森相关性分析检验长江经济带高质量发展投入产出指标之间的相关关系，相关性检验结果见表 12-5。

表 12-5 长江经济带高质量发展投入产出指标的相关性检验

指标	X_1	X_2	X_3	X_4	X_5	Y_1	Y_2	B_1	B_2	B_3
X_1	1									
X_2	0.517***	1								
X_3	0.657***	0.702***	1							
X_4	0.517***	0.300***	0.412***	1						
X_5	0.741***	0.562***	0.843***	0.851***	1					
Y_1	0.680***	0.846***	0.815***	0.459***	0.655**	1				
Y_2	0.117***	0.465***	0.323***	0.017**	0.091***	0.389***	1			
B_1	0.906***	0.364***	0.579***	0.499***	0.381**	0.491***	0.190***	1		
B_2	0.795***	0.671***	0.711***	0.622***	0.895**	0.877***	0.088**	0.622***	1	
B_3	0.513***	0.528***	0.807***	0.224***	0.881***	0.606***	0.291***	0.453***	0467***	1

注：①各指标的样本量为 198 个；②利用软件 SPSS21 中皮尔森相关性整理而来；③＊＊＊表示在 1%水平下显著，＊＊表示在 5%水平下显著。

由表 12-5 可知，长江经济带高质量发展评价投入产出指标之间均在 5%水平下显著存在，满足 DEA 模型“等张性”假设，表明本章构建的长江经济带高质量发展投入产出指标体系可信度高，能够继续进行长江经济带高质量发展水平评价。

四、长江经济带高质量发展评价

（一）高质量发展水平分析

Malmquist 指数值大于 1 表明时期 s 到 t 的全要素生产率是增长的，若小于 1 则说明高质量发展水平在下降。2003—2020 年长江经济带高质量发展水平呈现平稳波动的增长发展态势，高质量发展水平逐年提高，高质量发展水平指数年均提高 15%。

从时间趋势上来看，2003—2020 年长江经济带城市绿色发展呈“W”形走势，2020 年比 2003 年提高了 2.8 个百分点。考察期内仅 2007 年高质量发展水平出现恶化，其他年份处于不变或改善状态，其中，2013 年是唯一没有发生变化的年份（1.000），而改善程度最高的年份是 2020 年，达到 1.037，改善程度最低的年份出现在 2005 年（1.002）。

从各省份高质量发展水平来看，考察期内云南高质量发展水平整体处于恶化状态（0.999），恶化趋势分别出现在 2007 年、2008 年、2009 年、2019 年和 2020 年，其他年份多未发生改变。其他省份高质量发展水平虽然在部分年份出现恶化，但整体处于改善状态，其中安徽和湖北改善程度最高（1.020），改善程度最低的是湖南省。

表 12-6　长江经济带 2003—2020 年高质量发展水平测算结果

DMU	上海	江苏	浙江	安徽	江西	湖北	湖南	四川	重庆	贵州	云南	全域
2003 年	1.022	1.018	1.010	1.009	1.012	1.020	0.980	1.016	1.007	1.013	1.000	1.009
2004 年	1.024	1.010	1.006	1.013	1.004	1.003	0.993	0.986	0.986	1.024	1.000	1.004
2005 年	1.023	1.001	1.002	1.001	1.000	1.001	0.990	0.970	1.010	1.033	1.000	1.002
2006 年	1.196	0.986	1.003	1.024	0.987	1.006	0.987	0.991	1.009	1.001	1.000	1.017
2007 年	0.859	0.984	1.005	1.013	1.009	1.021	0.969	1.019	1.003	1.018	0.999	0.990
2008 年	1.133	1.015	1.032	1.019	1.003	1.004	1.018	1.017	1.014	1.026	0.999	1.025
2009 年	1.077	1.026	1.042	1.026	1.035	1.014	1.013	1.002	1.044	1.033	0.996	1.028
2010 年	0.962	1.030	1.011	1.033	1.011	1.021	1.043	0.998	0.992	1.024	1.003	1.011

续表

DMU	上海	江苏	浙江	安徽	江西	湖北	湖南	四川	重庆	贵州	云南	全域
2011 年	1.062	1.020	1.012	1.028	1.015	1.009	1.013	1.022	1.017	0.991	1.000	1.017
2012 年	0.930	1.004	1.031	1.048	0.994	1.016	1.008	1.043	1.068	1.043	1.000	1.016
2013 年	0.974	0.996	1.016	1.017	0.991	1.000	0.994	1.024	1.021	0.970	1.000	1.000
2014 年	1.058	1.026	1.015	1.020	1.030	1.024	1.010	1.028	1.043	0.973	1.000	1.020
2015 年	1.042	1.026	1.018	1.011	1.013	1.021	1.017	1.012	1.039	1.027	1.000	1.020
2016 年	1.000	1.031	1.022	1.022	1.010	1.015	1.019	1.009	1.030	0.968	1.000	1.011
2017 年	1.000	1.055	1.024	1.020	1.011	1.023	1.010	1.037	1.024	0.991	1.000	1.017
2018 年	1.000	1.039	1.001	1.017	1.022	1.038	1.024	1.027	0.958	1.030	1.000	1.014
2019 年	1.055	1.021	0.999	1.017	1.039	1.054	1.041	1.049	0.968	1.040	0.994	1.025
2020 年	1.114	1.004	0.997	1.018	1.056	1.070	1.059	1.072	0.979	1.051	0.988	1.037

注：表中数据为作者通过整理 DEA 模型而获得。

（二）全要素生产率区域差异分析

长江经济带所覆盖的 11 个省份横跨我国的东中西部，从长江上中下游 3 个地区①的角度来看，长江上中下游在整体上与全域的走势基本一致，呈“W”字形平稳波动发展，但总体呈改善趋势。比较各地区后可以发现，长江经济带下游地区高质量发展改善程度最高，其次是中游和上游地区。这可能由于长江经济带下游虽然经历了“先污染后治理”或“边污染边治理”的发展阶段，但下游地区得益于强大的科技创新能力、雄厚的经济基础和较强的生态环境保护意识，高质量发展水平快速提升，并得到持续改善。中游地区则由于其优越的地理位置和丰富的生态环境资源，使其高质量发展水平改善速度高于其他地区。上游地区则因经济和生态条件均弱于中下游地区，导致其高质量发展水平低于中下游地区。

从具体年份来看，长江经济带下游地区在 2007 年，中游地区在 2005 年、2006 年、2007 年、2013 年，上游地区在 2004 年均呈恶化趋势，其他年份则处于改善状态，但改善程度随着年份变化而呈波动性上升趋势。

① 长江经济带上游省份包括重庆、四川、贵州、云南四省市，中游包括江西、湖北、湖南三省，下游包括上海、江苏、浙江、安徽四省市。

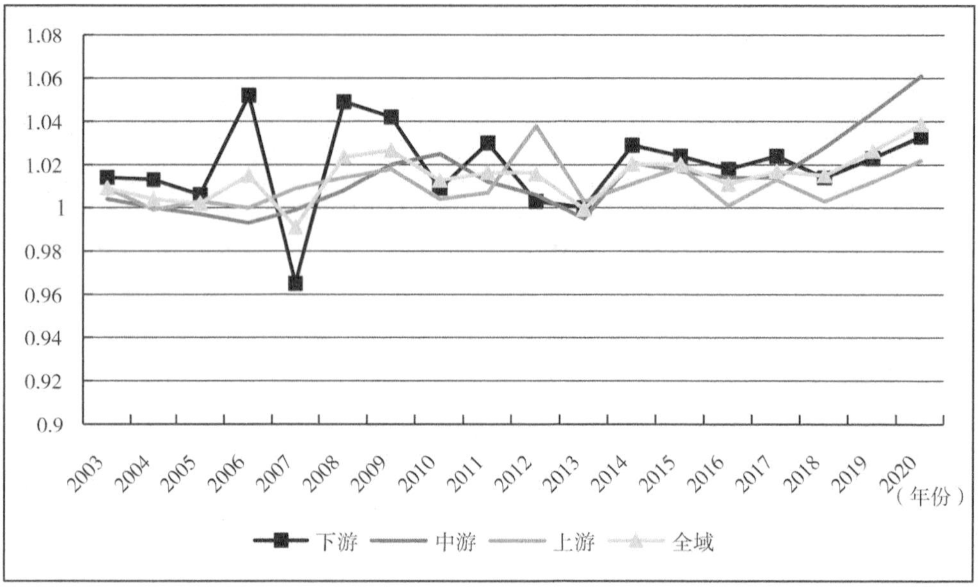

图 12-1 长江经济带上中下游 2003—2020 年高质量发展水平

表 12-7 长江经济带上中下游高质量发展水平

年份	下游地区	中游地区	上游地区	全域
2003	1. 014	1. 004	1. 009	1. 009
2004	1. 013	1. 000	0. 999	1. 004
2005	1. 006	0. 997	1. 003	1. 002
2006	1. 052	0. 993	1. 000	1. 015
2007	0. 965	0. 999	1. 009	0. 991
2008	1. 049	1. 008	1. 014	1. 023
2009	1. 042	1. 020	1. 018	1. 026
2010	1. 009	1. 025	1. 004	1. 012
2011	1. 030	1. 012	1. 007	1. 016
2012	1. 003	1. 006	1. 038	1. 015
2013	1. 000	0. 995	1. 003	0. 999
2014	1. 029	1. 021	1. 011	1. 020
2015	1. 024	1. 017	1. 019	1. 020
2016	1. 018	1. 014	1. 001	1. 011
2017	1. 024	1. 014	1. 013	1. 017
2018	1. 014	1. 028	1. 003	1. 015

续表

年份	下游地区	中游地区	上游地区	全域
2019	1.023	1.044	1.012	1.026
2020	1.033	1.061	1.022	1.038
均值	1.019	1.014	1.010	1.014

注：表中数据为作者通过整理 DEA 模型而获得。

通过上述描述性统计分析发现，长江经济带各省份及区域高质量发展水平不仅存在空间异质性，还存在时序差异。为进一步探究出现上述变化的原因，本章将运用面板 Tobit 模型，对可能影响长江经济带绿色高质量发展的驱动因素进行深入分析，并有针对性地提出对策建议。

五、长江经济带高质量发展的驱动因素分析

（一）变量选取与描述性统计

基于新发展理念，高质量发展需要在社会承载能力下，达到资源节约与经济发展并重的目标，以寻求更高的产出，其核心是实现创新、协调、绿色、开放、共享的发展。基于新发展理念下的高质量发展内涵及相关理论，在借鉴已有文献的基础上，从经济发展水平、城镇化率、产业结构、能源结构、碳排放强度、环境规制、人力资本水平、创新水平 8 个方面探究各因素对高质量发展水平及区域差异的影响，本章构建包含经济发展（ed）、产业结构（is）、创新驱动（rd）、对外开放（fdi）、社会发展（urban）、人力资本（edu）、环境规制（er）7 个解释变量的评价体系来衡量经济高质量发展水平。因变量为前文测算的高质量发展水平（hqdl），代表长江经济带的高质量发展水平。

1. 经济发展水平（ed）

一个地区经济发展水平的提高，会引起产业结构高级化与合理化及劳动力素质及技术水平不断提高等多方面发生变化，同时政府也会加强环保立法，清洁能源占比也会不断提升，从而促进地区绿色发展。提出假说：经济发展水平对绿色发展水平有正向影响。本章选用人均 GDP 来衡量地区经济发展水平。

2. 产业结构（is）

服务业比重的提高有助于能源、资源的节约，污染的减少，并提高能源、资源产出效率，促进地区绿色发展。由此可见，优化产业结构有利于地区绿色发展。本章选用第三产业比重来衡量产业结构。

3. 创新驱动（rd）

从传统发展模式到绿色发展模式转变的关键在于创新。一般认为，创新水平的提高有利于绿色发展水平的提升，创新投入的增加提升了技术创新水平，进而提高资源利用率、减少排放，促进生产效率的提高；当研发投入倾向绿色技术，将催生绿色产

业，促进地区绿色发展，若研发引致的技术进步偏向能源消耗性，而非能源节约型，也会对地区绿色发展产生负面影响，此外，技术创新也会引发“回弹效应”阻碍地区绿色发展。因此，创新水平会影响地区绿色发展，但影响方向存在不确定性。本章选用 R&D 的经费投入来衡量创新水平。

4. 对外开放（fdi）

对外开放程度越高，表示城市对外经济越发达，经济开放程度越高，对外联系越紧密。文章选用实际利用的外商直接投资额来衡量对外开放水平。

5. 社会发展（urban）

城镇化水平提高会促进人口、资源集聚，进而形成一定的规模效应，同时城镇教育水平高于农村，城镇化率高意味着较高的人力资本水平，进而引致较高技术创新水平、较高资源利用率，促进经济发展效率的提高；此外，城镇化水平过高也会导致交通拥堵、资源能源消耗剧增、排放增加等，产生拥挤效应，不利于区域绿色发展。提出假说：城镇化率会影响地区绿色发展水平，但影响方向具有不确定性。本章选用年末城镇人口比重衡量城镇化率。

6. 人力资本（edu）

人力资本水平的提高有助于提升使用外来引进的绿色技术的能力，同时有助于内部技术积累和技术的不断革新；此外，人力资本水平提升会促进劳动力生产率的提高。本章选用劳动力平均受教育年限衡量人力资本水平。

7. 环境规制（er）

较强的环境规制可能会增加企业生产成本、合规成本，挤占生产性投资，从而致使企业生产效率下降，不利于绿色发展；而适当的环境规制会激励企业进行创新，并且创新带来的收益会抵消甚至超过环保成本，同时环境规制会抑制“三高”产业发展，催生绿色产业，促进区域绿色发展。提出假说：环境规制对绿色发展影响具有不确定性。本章选用工业污染治理投资额占第二产业增加值的比重来衡量环境规制。

变量说明及描述性统计见表 12-8。

表 12-8　各变量描述性统计

变量	符号	样本量	均值	标准差	最小值	最大值
高质量发展水平	hqdl	198	1.02	0.03	0.86	1.20
经济发展	ed	198	41393.10	31197.04	3603.00	157279.00
产业结构	is	198	0.43	0.08	0.31	0.73
创新驱动	id	198	368.22	474.90	6.1	2779.5
对外开放	fdi	198	763235.50	762151.70	3700.00	3575956.00
社会发展	urban	198	50.92	16.11	24.29	89.61
人力资本	edu	198	8.45	1.04	6.04	11.43
环境规制	er	198	50.92	16.11	24.29	89.61

注：数据由作者整理而来。

（二）模型设定

运用面板 Tobit 模型，对可能影响长江经济带绿色高质量发展的驱动因素进行回归分析。

$$hqdl_{it} = \alpha_0 + \alpha_1 \ln ed + \alpha_2 \ln is + \alpha_3 \ln id + \alpha_4 \ln fdi + \alpha_5 \ln urban + \alpha_6 \ln edu + \alpha_7 \ln er + \gamma_{it} + \varepsilon_{it} \quad (24)$$

模型（24）中，$hqdl_{it}$ 为第 i 个地区第 t 年的高质量发展水平，$\ln ed$ 代表地区经济发展水平，$\ln is$ 代表地区产业结构，$\ln id$ 代表地区创新水平，$\ln fdi$ 代表地区对外开放程度，$\ln urban$ 代表地区城镇化率，$\ln edu$ 代表地区人力资本水平，$\ln er$ 代表地区环境规制，α_0 为截距项，α_1 至 α_7 为各影响因素的估计系数，γ_{it} 为时间效应，ε_{it} 为随机扰动项。

（三）回归结果分析

对长江经济带 11 个省份总体情况进行回归，探究各因素对高质量发展的影响，结果见表 12-9，LR 统计量值为 374.51，P 值为 0.000，说明模型所得结果具有较强的解释力。

从总体回归结果来看，各因素对高质量发展水平的作用方向基本符合预期，其中除经济发展对高质量水平有着负向影响，其他为促进作用。具体结果如下：①经济发展水平在 5%的显著水平下抑制长江经济带高质量发展。在其他变量保持不变的情况下，人均实际 GDP 每提高 1 个单位，会使高质量发展水平下降 0.184 个单位，这与预期影响效果不一致。这可能由于考察期内高质量发展转型还未完全实现，而以往盲目追求经济高速增长的发展模式仍然存在，特别是通过要素投入和投资驱动的高速增长，是以浪费资源、破坏环境和社会公平等为代价，这都导致经济增长抑制高质量发展。因此，虽然传统经济发展模式下 GDP 实现了增长，但与中国经济高质量发展存在显著的负相关关系，也有悖于新发展理念和中国式现代化建设。②产业结构系数在 1%的显著水平下促进地区高质量发展，即三产比重越高，地区高质量发展水平越高，相比第二产业，第三产业一般被认为是能耗较低、污染较小的行业，第三产业比重的提高有利于地区高质量发展。③R&D 经费投入对长江经济带高质量发展起着显著促进作用。说明创新投入的增加提升技术创新水平，进而提高资源利用率、减少排放，促进高质量发展水平的提高；同时研发投入倾向绿色技术后催生绿色产业，促进地区高质量发展。④对外开放对长江经济带高质量发展水平的回归结果并不显著，影响系数为 0.02，但也说明对外开放对长江经济带高质量发展有潜在正向影响。对外开放有助于引进外资，提升开放型经济水平，获得经济增长的新动力。⑤城镇化率的系数在 10%的显著水平下促进地区高质量发展。新型城镇化的进一步发展，有利于创造大量的投资空间，推动城市规模的扩大，加快城乡一体化的进程，从而促进经济的健康发展。⑥人力资本水平对高质量发展影响起着显著的促进作用，人力资本水平的提高有助于提升使用外来引进的绿色技术的能力，促进内部技术积累和技术的不断革新。⑦环境规制在 5%的显著水平下促进区域高质量发展，说明加强环境规制有利于绿色技术创新，并实现创新补偿，进而促进经济发展；绿色技术创新会催生绿色产业，提高发展质量；此外，环境规制增强也抑制高污染高能耗产业发展，这些都促使区域高质量发展水平不断提高。

表 12-9　面板数据 Tobit 回归结果

变量	系数	标准误	Z 统计量	P 值
ed	-0.184**	0.082	-2.24	0.025
is	0.985***	0.275	3.58	0.000
id	0.155**	0.070	2.21	0.027
fdi	0.020	0.014	1.48	0.138
urban	0.269*	0.150	1.79	0.073
edu	0.397**	0.201	1.98	0.048
er	0.026**	0.012	2.22	0.026
时间效应	控制			
_cons	3.536***	0.706	5.01	0.000
Wald chi^2=，P=0.000；　Log likelihood=253.36474，p=0.000；　LR=374.51，P=0.000				

注：数据由作者整理而来。

六、对策建议

根据上述研究结论发现，长江经济带要实现高质量发展，必须摒弃传统的“唯GDP 论”发展模式，重视经济增长背后的能源、资源等要素的大量浪费，以及传统经济增长模式所带来的资源枯竭、环境污染等问题。为长江经济带更好地实现中国式现代化，长江经济带应坚定新发展理念的引领作用，以新发展理念引领高质量发展，树立上、中、下游地区高质量转型发展“一盘棋”的思想，进而全面推动长江经济带形成节约资源和保护环境的空间格局、产业结构、生产方式和生活方式。

同时，长江经济带还应继续强化科技创新潜力，加大研发投入，提高研发投入强度，激活现有人力资本的创造活力，以国家级高新区为依托，推动产学研各类创新主体协同发展，把技术创新作为我国绿色发展的动力源。

另外，长江经济带还需继续坚持和扩大对外开放水平，积极对接国家重大发展战略，尤其是“一带一路”倡议，全力提升长江黄金水道功能，加强区域交通基础设施互联互通，完善铁路、公路、水路、民航运输网络，以航道、港口、船舶和通关管理“四个标准化”建设为重点。

最后，长江经济带还应注重流域协同发展，构建一体化城市群生态体系，深入推进绿色发展试点示范，持续筑牢上游生态屏障，强化城市群绿色协作，以推动全域的污染协同治理，强化环境污染联防联控和流域生态环境综合治理，最终实现流域高质量发展成果共享。

（作者简介：金巍，男，博士，南京邮电大学高质量发展评价研究院、高质量发展综合评估研究基地研究员，主要从事资源经济方面研究。张铭阳，女，南京邮电大学硕士研究生，主要从事人口与资源经济方面研究。）

参考文献

[1] 陈影，文传浩，沈体雁．成渝地区双城经济圈绿色发展效率评价及时空演变研究［J］．长江流域资源与环境，2022，31（5）：1137-1151.

[2] 范建双，任逸蓉，虞晓芬．人口城镇化影响区域绿色经济效率的中介机制分析——基于随机边界模型的检验［J］．宏观质量研究，2017，5（4）：52-65.

[3] 范建双，周琳．中国城乡居民生活消费碳排放变化的比较研究［J］．中国环境科学，2018，38（11）：4369-4383.

[4] 傅春，欧阳欢蕤，赵雪茹．基于 DEA 及 Malmquist 指数模型的江西省绿色发展效率测度与评价［J］．生态经济，2020，36（6）：51-57+172.

[5] 葛世帅，曾刚，杨阳，苏灿，陈鹏鑫．基于 DEA-Malmquist 和 Tobit 模型的长三角城市群绿色创新绩效研究［J］．长江流域资源与环境，2022，31（4）：738-749.

[6] 郭付友，高思齐，佟连军，任嘉敏．黄河流域绿色发展效率的时空演变特征与影响因素［J］．地理研究，2022，41（1）：167-180.

[7] 郭凯路，李世祥．区域环境规制、技术创新与绿色全要素生产率——基于长江经济带省级面板数据分析［J］．生态经济，2022，38（6）：153-159+191.

[8] 何凌云，祁晓凤．环境规制与绿色全要素生产率——来自中国工业企业的证据［J］．经济学动态，2022（6）：97-114.

[9] 赫永达，王俏茹，刘达禹．中国绿色生产效率测度及时空演变特征研究——基于非期望投入改进的 SBM［J］．数理统计与管理，2022.

[10] 李宏伟，李国平．区域一体化与黄河流域绿色经济效率［J］．经济体制改革，2021（2）：42-49.

[11] 李凯风，李子豪．黄河流域绿色全要素生产率测度［J］．统计与决策，2022，38（4）：98-101.

[12] 李爽，周天凯，樊琳梓．长江流域城市的绿色发展评价及影响因素［J］．管理现代化，2018，38（4）：86-89.

[13] 刘浩然．京津冀地区绿色经济效率测度及影响因素研究——基于超效率 SBM 和 Tobit 模型的分析［J］．生态经济，2022.

[14] 刘杨，杨建梁，梁媛．中国城市群绿色发展效率评价及均衡特征［J］．经济地理，2019，39（2）：110 117.

[15] 马志超，贾丰源，白宇航，张立中．兰州—西宁城市群绿色经济效率测度及影响因素研究——基于超效率 SBM-ML 和 Tobit 模型的分析［J］．地域研究与开发，2022，41（4）：89-93.

［16］孟望生．黄河流域地级市经济绿色增长效率的测度［J］．统计与决策，2022，38（1）：113-117.

［17］倪泽睿，杨上广，张全．长三角地区绿色全要素生产率的测算及时空演化［J］．统计与决策，2022，38（8）：72-76.

［18］欧阳志云，赵娟娟，桂振华，倪永明，韩冰，庄长伟．中国城市的绿色发展评价［J］．中国人口·资源与环境，2009，19（5）：11-15.

［19］田光辉，李江苏，苗长虹，杜萍萍．基于非期望产出的中国城市绿色发展效率及影响因素分析［J］．经济地理，2022，42（6）：83-91.

［20］王婧，杜广杰．中国城市绿色发展效率的空间分异及驱动因素［J］．经济与管理研究，2020，41（12）：11-27.

［21］吴洁，张云，韩露露．长三角城市群绿色发展效率评价研究［J］．上海经济研究，2020（11）：46-55.

［22］徐晓光，樊华，苏应生，郑尊信．中国绿色经济发展水平测度及其影响因素研究［J］．数量经济技术经济研究，2021，38（7）：65-82.

［23］徐晔，欧阳婉桦．江西省城市绿色发展水平动态测度及影响机制［J］．长江流域资源与环境，2022，31（5）：1152-1168.

［24］杨志江，文超祥．中国绿色发展效率的评价与区域差异［J］．经济地理，2017，37（3）：10-18.

［25］赵细康，吴大磊，曾云敏．基于区域发展阶段特征的绿色发展评价研究——以广东21地市为例［J］．南方经济，2018（3）：42-54.

［26］赵晓霞，傅春，王宫水．基于超效率 DEA Malmquist 指数的长江流域绿色发展效率评价［J］．生态经济，2019，35（8）：46-49+110.

［27］BILGAEV A，DONG S，LI F，et al. Assessment of the current eco-socio-economic situation of the Baikal region （Russia） from the perspective of the green economy development ［J］. Sustainability，2020，12（9）：37-67.

［28］CALAZDA-INFANTE L，LOPEZ-NARBONA A M，NUNEZ-ELVIRA A，et al. Assessing the efficiency of sustainable cities using an empirical approach ［J］. Sustainability，2020，12（7）：18-26.

［29］CHUNG Y H，FARE R，GROSSKOPF S. Productivity and undesirable outputs：a directional distance function approach ［J］. Journal of Environmental Management，1997，51（3）：229-240.

［30］ZHOU CS et al. Estimation of eco-efficiency and its influencing factors in Guangdong province based on Super-SBM and panel regression models ［J］. Ecological Indicators，2018，86：67-80.

［31］KARDOS M. The relevance of Foreign Direct Investment for sustainable development. Empirical evidence from European Union ［J］. Procedia Economics and Finance，2014，15：1349-1354.

［32］KASZTELAN A. Green growth，green economy and sustainable development：terminological and relational discourse ［J］. Prague Economic the Siss，2017，26（4）：487-499.

［33］LI K and LIN BQ. Impact of energy conservation policies on the green productivity in China' s manufacturing sector：Evidence from three-stage DEA model ［J］. Applied Energy，2016，168：351-363.

［34］LIN W，LI Z. How the growth rate influences low-carbon sustainable production performance under different disposabilities in China' s manufacturing industries? [J] . Journal of Cleaner Production, 2020, 249: 119-349.

[35] TONE K. A slacks-based measure of efficiency in data envelopment analysis [J] . European journal of operational research, 2001, 130 (3): 498-509.

[36] YANG Q, Wan X, Ma H. Assessing green development efficiency of municipalities and provinces in China integrating models of super-efficiency DEA and Malmquist index [J] . Sustainability, 2015, 7 (4): 4492-4510.

[37] BAI YP et al. Exploring the relationship between urbanization and urban eco-efficiency: Evidence from prefecture-level cities in China [J] . Journal of Cleaner Production, 2018, 195: 1487-1496.

第十三章　“双碳”背景下中国工业绿色发展的挑战与对策

摘　要：推动工业绿色高质量发展是实现国家“双碳”目标、促进中国经济高质量发展的重要内容。中国工业作为能源消耗高密集型行业，面临资源约束趋紧、环境污染严重、生态系统退化等问题。在实现“双碳”目标的过程中，此类问题势必对钢铁、建材、有色金属等高能耗产业的发展带来新的挑战。具体而言，中国工业绿色发展面临的挑战主要包括：工业技术创新能力不足、工业污染治理难度较大、工业发展面临较为严峻的碳减排压力、工业绿色发展面临全球气候治理的新格局、工业绿色发展的环境规制相对不完善。基于此，从工业绿色发展的技术研发、发展路径、转型方向、地域特质、环境规制、保障机制出发，探寻推进中国工业绿色发展的对策建议，对于提升工业绿色发展技术创新能力、环境治理精度、构建绿色发展产业链体系、拓宽公众参与环境治理渠道，加快中国工业绿色高质量发展、实现“双碳”目标，意义深远。

推动绿色发展，促进人与自然和谐共生，是“十四五”时期我国经济社会发展的主要目标之一，这要求转变传统发展模式，促进经济社会全面绿色转型。工业作为我国实体经济发展的重要支撑，正面临巨大的考验。如何深入打好污染防治攻坚战，建立健全工业绿色发展机制，是实现工业绿色发展、高质量发展亟待解决的重要问题。自20世纪90年代以来，全球气候变暖导致干旱、洪涝等极端天气频发、生态环境遭受破坏、人类生命财产安全饱受威胁，引发国际社会普遍关注。对此，我国积极参与全球治理，主动承担共建人类命运共同体的国际责任，提出“双碳”目标。

实现“2030年碳达峰2060年碳中和”是我国加快调整优化产业结构、能源结构，以及大力发展新能源，继续打好污染防治攻坚战的重要目标。“碳中和”意味着经济社会活动引起的碳排放和商业碳汇等活动抵消的二氧化碳，以及从空气中吸收的二氧化碳量相等。“碳中和”的概念是通过拥有等量碳汇或国外碳信用冲抵自身碳排放，来实现净碳排放接近于零。这一重点任务公布，给中国传统工业带来了诸多挑战。中国一直非常重视工业制造业的发展，世界银行公布的数据显示，在世界500多种主要工业产品当中，中国有220多种工业产品的产量居全球第一。除此之外，目前，我国已形成完整的工业体系，拥有41个工业大类、207个工业中类、666个工业小类，形成了独立完整的现代工业体系，是全世界唯一拥有联合国产业分类中全部工业门类的国家。

众所周知，工业是能源消耗的主要领域。据统计，工业能耗占全社会总能耗的

70%左右。专家分析，在能源消费侧，能源总量和强度“双控”将加强，降低高耗能制造业碳排放量、实现“绿色制造”是我国实现碳中和目标的关键一步。作为能源消耗高密集型行业，钢铁、建材、有色金属等行业是当前碳排放量的大户，在国家“碳中和碳达峰”的要求下，势必会对这些高能耗产业在总量供给、能源结构方面带来新的挑战。2020 年，钢铁行业碳排放总量占全国 15%左右；2020 年，建筑材料工业二氧化碳的排放中，燃料燃烧过程排放同比上升 0. 7%，工业生产过程排放同比上升 4. 1%；2020 年，水泥工业二氧化碳排放 12. 3 亿吨，同比上升 1. 8%，其中的电力消耗可间接折算约合 8955 万吨二氧化碳当量。2020 年，有色金属工业碳排放量约 6. 5 亿吨，占全国总排放量的 6. 5%。在“碳达峰碳中和”愿景下，高能耗产业必须优化产业布局，调整能源结构及供给方式等。

不难发现，“双碳”战略倡导绿色、环保、低碳的生活方式，而中国工业结构仍处于向高质量发展的转型期，在“双碳”战略下如何兼顾经济发展和产业转型阵痛，实现高质量发展是一个重要且持续的研究课题。绿色成为当代城市社会经济发展中的主题色。工业产业绿色转型是碳减排的根本路径，这要求变革生产方式，实现经济效益与生态效益的协调发展，其重要表现是绿色全要素生产率（Green Total Factor Productivity，GTFP）提升[1]。实现工业绿色发展是“双碳”背景下中国经济高质量发展的重要内容。工业发展过程是一种承载着经济效益、社会效益以及生态效益的复杂的过程。但是受“先污染后治理”思维的影响，中国在过去很多时间里采取粗犷型的增长模式，表现为“消耗高、投入高、效益低、污染大”，浪费资源，严重破坏生态环境。当下，中国已经明确了绿色发展的理念，必须解决生态破坏严重、资源浪费、产能过剩等各种问题。因此，在“双碳”战略背景下，明确中国工业绿色发展面临的挑战，并提出相应对策建议，对于实现工业产业结构优化、适度集约生产方式，推进绿色工业发展，意义深远。

一、“双碳”背景下中国工业绿色发展面临的挑战

“十四五”期间，工业领域将应对气候变化与转变发展方式相结合，在提高能效、减少温室气体排放方面成效显著。但是，工业发展依然没有摆脱粗放发展的模式，重要资源、能源的进口依存度仍不断提高，资源、能源的瓶颈制约问题依旧突出，应对气候变化依然面临严峻的形势。随着中国工业化、城镇化的继续推进，工业仍将是能源消耗和温室气体排放的主要领域。国际产业分工格局正在重塑，新一轮科技革命和产业变革与我国“加快建设制造强国”的过程形成历史性交会，要缓解在全球温室气候排放等问题上所面临的国际压力，实现中国碳减排的目标，必须根据资源承载力和环境容量来实现工业增长与能源、资源消耗的脱钩，实现工业发展的绿色转型。

党的十九大报告指出，必须树立和践行绿水青山就是金山银山的理念，坚持节约资源和保护环境的基本国策，形成绿色发展方式和生活方式。生态资源具有纯公共物品特征，需要地方政府出台环境管制政策、加强资源保护力度。然而，自分税制改革

以来，出于辖区利益最大化的目的，地方政府时常出现中央政策的扭曲或非完全执行。具体而言，当地政府在很大程度上掌握着土地、资本等重要资源的控制权及招商引资、产业选择等重要政策的自主权，在晋升锦标赛的激励下，可能会利用政策工具对微观市场进行干预，在短期内吸引流动性资源或实现招商引资和经济增长。结果在于，要素市场出现了严重的分割，资源自由流动受到阻碍，市场主体需要承担更多的制度性交易成本，进行绿色创新的积极性被极大削弱，工业向绿色化转型和发展的进程也由此减慢。目前，我国工业面临资源环境的严峻挑战，同时，还受到了国际上温室气体减排和气候变化谈判的巨大压力。

（一）工业技术创新能力不足

第一，工业技术创新能力不足，技术投入明显欠缺。单纯地依靠增加土地、劳动、资本等要素投入对工业发展的拉动作用日趋减小，尤其是对于一些工业园区而言，虽然当前的生产效率相对较高，但技术瓶颈问题仍存在，唯有依靠技术创新才能获得高效的资源配置和土地利用效率，推进工业产业高质量发展。与此同时，企业自主创新、技术研发和创新能力相对不足。这与政府财政投入力度、税收优惠、金融支持、直接奖励等政策的实施效果密切相关。因此，需要引进高层次人才，建立具有较强研究开发能力的技术创新中心，形成政府支持、市场导向、企业主导以及产学研相结合的创新体系，加快产业结构优化升级。

第二，工业人力资本投入不足。在“知识经济”的时代背景下，工业绿色发展、高质量发展的核心竞争力源于对专利技术的掌握。而人才是技术创新工作的根本。人力资本投资是技术创新的基础。对于人力资本投资，当前的主要方向是教育投资。一方面，国家的人力资本投资总量少且不均衡，应加大人力资本投入；另一方面，需要政府进一步加大投资总量，同时鼓励非政府的其他组织进行教育投资。此外，应合理分配投资领域与区域，促进各地区间投入的协调与平衡，加强对相对落后的中西部地区与农村地区教育投入，促进地区发展平衡。

第三，工业企业战略发展层次有待提升。目前，工业企业大多被动地接受政府的引导和管理。在制定自身发展战略的同时，尚未充分考虑国家与社会当前的发展需求，这不利于提升企业生产产品的附加值、促使企业获得更高的经济效益。通过生产技术升级的改造提升产品质量，同时宣扬企业与时俱进的发展战略，收获客户的满意度与忠实度，保证企业在市场中的竞争优势，从而兼顾自身经济利益与国家社会发展的综合需求，是工业企业走绿色可持续的发展之路。与此同时，企业自身对于技术创新重视程度不足。部分工业企业未从生产环节着手进行技术的升级改造，尽可能最大化地利用各种生产原材料，改良生产工艺技术，淘汰落后的机器设备，提升生产效率。这不利于增进自主研发能力，推出能够兼顾商业利润与环境保护双重价值的新工业、新产品和新技术等。

（二）工业污染治理难度较大

一方面，随着环保要求越来越严格，工业污染进一步治理的难度增大。以工业废水治理为例，工业废水中的化学需氧量具有成分复杂、浓度波动大和毒性大、难降解的特点，不仅处理工艺设计和日常运行管理复杂，而且处理后的废水中往往依然存在较多有毒有害物质。尤其对中小企业而言，节能减排问题突出。在能源管理上，许多中小企业采用相对落后的生产工艺和原料路线，技术装备落后，没有建立比较健全的计量体系，“跑、冒、滴、漏”现象严重，巡检、维护、保养措施跟不上，使得单位产品能耗比大型企业高30%~60%（中国中小企业发展促进中心，2013）。2013年，我国炼油企业平均加工能力为3.83×10^6t，而世界炼厂平均规模约7×10^6t[2]，炼油综合能耗比国际先进水平高出近30%；我国造纸企业有2400家，平均年产量仅为4.8×10^4t，而发达国家平均为3×10^5t，其中自制浆企业综合能耗比国际先进水平高近一倍。中小企业资金不足，融资困难，再加上地方政府支持不够，节能减排积极性不高，拉低了我国工业整体能效水平。在污染物治理方面，由于中小企业面临较大的经营和生存压力，基本上没有污染物治理设备，即使有环保设施，其目的也不是要达标排放，而是应付环保检查，恶意偷减运行成本。还有环境监管执法不到位，对违法排污行为的处罚不够严厉，守法成本高、违法成本低，导致污染物排放问题严重。

另一方面，工业能源消费的不断增加及工业企业治污水平的缓慢发展加大了工业污染的治理难度。工业能源消费总量约占全国的70%。近年来，虽然工业产品的能耗强度明显降低，但是由于我国工业规模的快速扩张，新增产能的速度超过落后产能的淘汰速度，使得工业的能源消费总量仍然过大并呈进一步升高态势。与此同时，多数工业企业的创新能力较薄弱，研发投入较少，没有成为创新主体，导致核心技术对外依存度居高不下，受制于人，特别是大规模集成电路、网络传感器、工业机器人、工业控制器、高端数控机床等科技含量高的关键装备基本上依赖进口。对于污染的源头削减、清洁生产等方面科技开发投入明显低于产品、装备的开发投入。在多种污染物协同减排、重金属污染减量、有毒有害原料替代等领域缺乏先进有效的实用技术。此外，工业企业系统运行效率较低。由于设计、选型、订购、引进时片面追求大余量，导致实际运行远远偏离设计工况，大马拉小车现象普遍存在，装备和流程不匹配，系统运行效率低。

（三）工业发展面临较为严峻的碳减排压力

从世界经济格局看，中国已成为全球第二大经济体，相对于发达经济体仍保持着高速的经济增长率。1990—2014年，美国、欧盟占世界的GDP比重从30.83%和38.52%分别下降到25.49%和26.48%，下降幅度分别为5.34%和12.04%。而中国占世界GDP的比重由0.87%上升到9.08%。从碳排放格局看，中国无论是碳排放总量还是人均碳排放量，均出现显著增长。从排放总量看，1990—2014年，美国、欧盟占全球碳排放的比例由24%和20%分别下降到17%和10%，而中国占全球的碳排放比例由

10.8%增长到27.5%；从人均碳排放来看，1990—2014年，美国、欧盟的人均碳排放由21.8吨和9.8吨分别下降到18.8吨和7.3吨，而中国人均碳排放由2.2吨增加到7.2吨，基本与欧盟持平。中国作为世界碳排放第一大国，工业高质量发展的成效将关系到全球应对气候变化减排目标的实现。此外，工业污染严重增加了碳减排压力。随着经济社会的快速发展，我国工业发展问题集中显现的风险进一步加剧，环境污染的范围、规模、涉及人口、严重程度及其造成的危害前所未有。目前，我国主要污染物排放总量超过环境承载容量，工业污染排放总量还在持续上升[3]。

近年来，中国在应对气候变化领域作出了切实努力。在国际上积极参与国际气候治理进程，国内开展卓有成效的减排行动，却并未获取国际社会充分的认可与尊重。发达国家和部分发展中国家均认为，作为碳排放的第一大国，中国高速增长的碳排放，将弱化全球减缓气候变化的成效，而作为第二大经济体，中国理应与发达国家一样承担全球的减排义务，为应对气候变化作出积极贡献。小岛国和最不发达国家则不仅希望中国控制碳排放总量，还希望从中国获取资金和技术援助。但是，中国作为发展中国家，发展经济、改善民生的任务依然艰巨。目前，中国区域间发展极不平衡，虽然津、京、沪、苏、浙、粤、闽7个省份已超过或接近高收入国家门槛值，但部分东北和中西部资源型省份呈现出跌入中等收入陷阱的迹象，10多个西部省份还处于低收入水平。未来，中国作为发展中国家的地位虽然仍将延续，但在新的国际气候治理格局下，将被要求承担更多的国际责任和义务。

（四）工业绿色发展面临全球气候治理的新格局

一方面，从工业产业发展视角来看，传统工业产业发展遭遇瓶颈，并导致资源枯竭和环境污染日益严重。全球正在进入巨大的技术变革期，虽然经历了国际金融危机严重冲击，但工业尤其是制造业在发达国家经济体系中的地位仍然非常重要，发达国家仍不断地通过工业现代化提高其国际竞争力。美国等西方发达国家重新重视实体经济，实施以先进制造业为核心的“再工业化”，对传统工业进行物流网式的互联互通，对大数据进行智能分析和智能管理，将信息科技与绿色产业高度融合。英国发布《我们能源的未来：创建低碳经济》《斯特恩报告》，对全球因气候变暖所产生的经济影响作出定量评估，颁布实施《气候变化法案》《英国低碳转换计划》《英国可再生能源战略》文件，不仅大力研发新的绿色技术，如碳捕获、石墨烯、清洁煤等，还从政策和资金等方面全力支持绿色产业的发展。2013年德国发布德国工业4.0的报告，以强大的机械工业制造为基础，推动生产的自动化向网络信息化迈进，大力发展智能工厂、智能电网、智能家居、智能建筑、智能城市等绿色产业。2015年，中国发布《中国制造2025》，以推进智能制造为主要方向，加快新一代信息技术与制造业的深度融合，确定了全面推行绿色制造的战略。可见，全球各国制造业地位的再度提升为工业领域的绿色发展创造了良好的发展机遇。

另一方面，新的气候目标约束将导致全球绿色竞争加剧。2015年的巴黎气候大会是国际气候谈判的重要转折点。《巴黎协定》在行动目标上，重申了将全球平均气温升高控制在工业革命前水平的2°C之内，并努力限制在1.5°C之内的长期目标；在机制设计上，激励各国“自下而上”地确立目标和行动计划，而非“自上而下”强制分配减排义务，体现了由“零和博弈”向“绿色竞合”的转变。在透明度方面，建立了全球盘点等约束机制，要求各个国家提交自主减排贡献的行动目标遵循“测量、报告、核查”机制。在参与度上，体现了多元性，鼓励各国政府、私营部门、金融机构、城市、其他国家主体积极参与应对气候变化，鼓励市场和非市场机制的加入，最大限度地凝聚全球力量。根据IPCC的第五次评估报告，如果要将全球平均气温升高控制在工业革命前水平的2°C之内，到21世纪末，全球剩余累积温室气体排放量仅为约1万亿吨二氧化碳（IPCC，2014），但从目前各国所提交的国家自主贡献报告来看，减排力度与达到该目标之间还存在显著差距。可以预见，未来各国尤其是新兴经济体对二氧化碳减排空间的需求将更为迫切，这将不可避免地加剧全球的绿色竞争。

（五）工业绿色发展的环境规制相对不完善

目前已实施的高耗能、高污染行业的单位产品能耗限额标准值偏低，节能减排的政策法规不健全，缺乏有效监管和后评估制度，加上监管不力和对污染的处罚力度不够，造成违法成本低，守法成本高的局面。同时，缺少对高耗能产品全生命周期的节能减排监管。

第一，地方政府环境规制执行与政府科技支持的政策措施相对不完善。地级市工业发展存在差异化特征，尤其是中西部地级市、非省会城市和资源型城市需根据自身地域特征，完善工业绿色发展政策措施，精准联合实施相关政策。此外，地方政府在政府科技支出相关政策措施的制定与执行过程中，尚未更好地发挥政府科技支持在地方工业绿色发展中的作用。具体表现为：首先，未积极贯彻落实好国务院办公厅印发的《科技领域中央与地方财政事权和支出责任划分改革方案》要求，形成分工合理、完整规范、高效协同的科技领域财政事权和支出责任划分模式；其次，政府对于重点行业关键技术与共性技术研发的科技支持领域不够聚焦，未重点支持行业关键、共性技术的推广应用，工业园区公共服务平台的升级改造，传统行业、重点行业与企业的节能技术改造；最后，财政科技投入力度不足，未充分利用政府和社会资本合作（PPP）模式，建立完善多层次、多元化、多渠道的科技投入体系，科技支出的预算绩效管理机制不健全，预算管理水平以及科技支出效果有待提升。

第二，地方政府关于环境规制执行措施与财政科技支持措施的协调机制有待优化。完善的环境规制执行措施与研发激励政策、技术改造政策的协调机制是工业绿色、高质量发展的有力保障，财政科技支持的重点方向应是激励工业企业研发活动和推广应用先进适宜性技术（尤其是先进节能环保适宜性技术）。然而，实践中，地方政府关于环境规制执行措施与财政科技支持措施的协调机制仍存在不足，具体来看：首先，地方政府在加强环境保护、资源节约等政策执行力度的同时，财政科技支持力度不足，财政科技支持的重点方向相对模糊。其次，地方政府在加强环境保护、资源节约等政策执行力度的同时，税收政策、金融政策和投资政策相对不完善，较少开展核心装备、关键材料、系统软件、先进制造、基础零部件、节能减排等重点领域的关键技术的研发活动，并未过多关注重大技术成果的工程化与产业化。最后，地方政府在加大重点领域财政科技支持的同时，支持企业技术改造的金融政策、税收政策、土地政策的落实力度有待加强。

二、“双碳”背景下中国工业绿色发展的对策

随着国际应对气候变化行动不断深化、议程不断拓展，国际竞争压力和国内经济转型动力叠加于中国工业的绿色发展。一方面，全球气候变暖带来的生态危机直指绿色低碳发展，国际气候谈判压力的增加不可避免地传导至国内各领域低碳行动；另一方面，我国国内应对气候变化工作也因新常态下经济发展形势的变化而使应对气候变化工作面临着新情况、新问题和新要求。中国工业绿色发展不仅仍有存量低碳化的工作压力，更有增量低碳化的紧迫需求。

中国工业经过40多年快速发展，钢铁、水泥、电解铝、平板玻璃等传统工业行业的产值已达到或临近峰值，产能过剩问题突出，不仅需要加大淘汰高碳落后产能的力度，还需要大力推进绿色工业技术创新，采用绿色低碳的生产工艺和技术装备对传统制造业实施绿色化改造，使传统制造业的能源消耗和碳排放尽快达到峰值，以此来降低工业领域的碳排放。因此，大力发展先进制造业和战略性新兴产业，不仅从发展初期就应重视绿色化，更要大力开发、推广具备能源高效利用、污染物减量化、废弃物资源化利用和无害化处理等绿色技术，通过提升工业全产业链的碳生产力来减少碳排放。具体来看，在“双碳”背景下，推动工业绿色、高质量发展，需要从以下几个方面着手。

（一）加大绿色技术研发投入力度，提升绿色技术创新能力

第一，充分发挥政府“引路人”作用。充分发挥好政府指引工业绿色发展的“引路人”作用，加大工业企业绿色技术创新的财政倾斜力度，可以通过行业标杆宣传、树立典型等方式发挥好“专精特新”企业技术创新的“领头羊”作用，激发工业企业自主创新和工业绿色转型的内在动力。与此同时，充分发挥行业标准对绿色产业创新的战略引领作用。鼓励行业协会、龙头企业共同制定绿色产业发展标准，建立完善生产全流程的绿色技术标准体系，推动传统产业绿色发展和革命性变革，推进低碳转型升级，促进工业绿色高质量发展。

第二，重视技术创新。从生产环节着手进行技术的升级改造，尽可能最大化地利用各种生产原材料，改良生产工艺技术，淘汰落后的机器设备，提升生产效率。同时积极进行自主研发，推出能够兼顾商业利润与环境保护双重价值的新工业、新产品和新技术等。并注重与外界的沟通，与时俱进，积极掌握相关领域的最新技术与最新动态。与此同时，加大对于创新人才的引进与培养力度，形成重视创新、追求创新的企业文化与氛围。此外，加大技术研发经费投入。技术的创新与升级需要充分的资金保

障与支持。由波特假说可知，环境规制的根本目标是促使企业进行技术创新，从根本上解决污染问题，但这个过程中必须有研发经费作为支持。企业的根本目标是追求利润收入，政府不应把资金压力让企业独自承担。所以，提供足够的研发经费支持，能够有效地促进技术的创新与升级。对政府而言，应加强基础学科的科学研究，让企业主导应用学科的科研工作。

第三，完善工业绿色技术创新与成果转化机制。技术进步是驱动产业由高耗能、高排放、高污染的发展模式向绿色、低碳、环保转型的核心力量。以企业为主体，以推动国家级、省级以及地方级绿色产业科技创新平台建设为依托，聚焦大气、水、土壤、固体废弃物、高效节能、新能源等领域，加强绿色前沿技术突破与创新，全力推动技术研究和成果转化。最后，重视“干中学”和管理效率等方面的提升，加强行业间信息交流与产业配套的联系，努力营造有利于企业生产效率提升的各种条件。将工业发展嵌入数字经济，积极推进工业互联网、工业数字化、智能化和绿色化发展，如通过信息和数据要素共享，实现工业绿色与互联网融合发展；推动工业企业大规模进行数字化转型布局，以信息化和数智化手段开展能源消耗与环境污染的动态监管和实时把控，提升资源利用率。

（二）因地制宜设置工业发展路径，提升环境治理精度

第一，任何环境规制工具都具有其优越性与局限性，推动工业绿色发展的某个最优规制政策并不存在，需要采取集标准和管制政策、财税政策、自愿协议、信息工具和技术研发政策于一体的综合性规制工具。具体而言，可以通过优化完善“多规融合”顶层设计，因地制宜地制定相关政策，坚决取消和抵制“一刀切”等形式主义做法。针对不同地区实际情况，出台细化防范措施，提升执法队伍水平，规避以强化工业污染治理为由干扰企业正常经营生产、抑制企业生产积极性的低效环保行为。突出环境保护在政绩考核中的作用，坚决杜绝政府对企业的不当干预和因“政绩冲动”过度追求企业投资规模而不加筛选地引进不适宜企业等行为。同时，维护好企业自主生产经营权，努力营造公平竞争的市场环境，优化营商环境，鼓励企业环境治理由“末端治理”转向“前端预防”，最大限度地缓解行政环境治理效率损失问题。积极引导社会资本进入环保领域，完善绿色信贷技术支持体系。

第二，制定合理的环境规制政策，强化政府对工业绿色发展的支持力度。基于区域要素禀赋和资源环境承载力，把资源消耗、环境破坏、生态效益纳入经济发展评价体系，建立符合绿色发展的目标体系、考核办法、奖惩机制。此外，进一步深化市场准入制度改革，在负面清单、项目投资、减税降费、财税激励、人才支撑、土地利用、创新驱动等方面加大对企业发展的扶持力度。针对节能、节水、环境保护等领域的企业，修订增加企业所得税优惠目录，降低相关企业税收负担。建立支持节能减排与绿色转型的绿色信贷扶持机制，拓宽企业绿色发展的融资渠道，完善绿色金融支持体系。

第三，由于政府转型前期存在一定的“监管真空”地带，可能会成为邻近高污染产业的重点“入侵”对象，建议打破行政区域界线，推进区域一体化建设进程，加强

政策制定和监管执法协同，建立污染联防联控机制。一方面，有助于形成区域联盟，将转型领先地区树立为“标杆”，发挥其对邻近地区转型进程的辐射带动作用，加快实现地区的市场一体化，破解市场分割局面，有效促进资源和技术的流动；另一方面，有助于建立健全区域监管执法制度及时遏制投机取巧的高污染、高排放企业将产业转移至邻近转型地区作为“污染天堂”，由此减少各地在治理污染上的“以邻为壑”，推动整个区域的工业绿色一体化发展。

（三）持续推动工业化向高端化绿色化转型，实现工业绿色高质量发展

一方面，围绕优化产业链供应链，着力做强生产端，提高工业企业智能制造水平，培育创建绿色工厂、绿色产品、绿色园区，打造一批绿色制造先进典型，形成“以点带面”的良好示范效应。着力优化供应端，加快搭建工业企业供应链公共服务平台，建立常态化产销对接机制，打通产销需求堵点，促进产业链供应链融合发展。积极推动“工业+”生态农业、旅游、大健康等产业深度融合发展，打造具有特色的绿色产业发展集聚功能区。与此同时，在招商引资过程中充分考虑引进企业的环境污染和资源消耗成本，加强对引进企业的合理引导和监管，减少对外资企业的环境优惠。通过引进国外先进的清洁生产技术、能源节约技术以及相关组织管理理念，有效发挥对外开放的技术溢出效应，带动本地企业在清洁绿色技术领域进行吸收、模仿与自主创新，进而实现本地的工业绿色高质量发展。

另一方面，考虑到政府转型在长期能够释放要素市场改革红利，加快工业绿色转型。绿色、低碳发展已经成为世界经济发展的重要潮流。无论是从全球气候变化治理的视角，还是从中国自身进入产业转型升级的重要战略机遇期来看，为应对经济新常态下气候变化的国际压力和日益加大的资源环境约束，作为温室气体排放最重要的领域之一，中国工业都迫切需要加快绿色转型。工业产业是改革开放以来中国经济奇迹般增长的动力来源，但粗放型的发展模式留下了如资源耗竭、空气污染等问题，严重危害了社会经济可持续发展。因此，各地方应持续深化“放管服”改革，加快地方政府转型。以国务院办公厅发布的《全国深化“放管服”改革着力培育和激发市场主体活力电视电话会议重点任务分工方案》《国务院关于加强政务诚信建设的指导意见》等政策文件为指导，进一步加强政务诚信建设，提高政务服务效率，提高决策科学化水平。推进政务透明公开、构建起高效廉洁的体制机制。深化要素市场改革，破除行政壁垒，促进要素自由流动，加快淘汰老旧重复产能，为加快工业绿色发展提供有效、长效的保障机制。

（四）根据地区工业绿色高质量发展的异质性，构建绿色发展产业链体系

在空间上，充分考虑地区异质性，充分发挥东部沿海地区（如北京、上海、浙江、江苏等省份）在工业绿色转型发展中的引领带动作用，依托科技创新、人力资源、金融服务、交通运输等优势，着力发展电子信息、生物医药、高端装备、新材料等现代制造业和高端生产性服务业，形成若干世界级先进制造业集群。在有序推动沿海地区

向中西部地区的产业转移过程中，严格控制高污染、高能耗、高成本等“三高”产业跨区域转移，充分发挥技术外溢效应，带动中西部地区的工业结构转型升级。中西部地区应顺应生态环境保护的要求，整治提升“低散乱”企业，引导有效产能向优势企业聚集，同时应积极承接东部地区产业转移，推动转移产业与本地产业在产业链上的相互配套衔接。

此外，优化能源消费结构，建立绿色安全高效的能源体系。工业化进程需要能源产业支撑。党的十九大报告提出，构建清洁低碳、安全高效的能源体系。立足本地资源，在加快清洁能源开发、能源结构调整上持续发力，特别是要科学合理布局风能、太阳能、核能、生物质能源等清洁能源项目，不断扩大清洁能源的应用范围和规模，在能源供给侧实现清洁替代。工业绿色全要素生产率水平较低阶段和较高阶段的地级市在优化环境规制与财政科技支持政策措施的同时，应加快淘汰落后产能，并且健全工业企业节能减排约束激励机制。具体来看，要完善工业企业的节能减排绩效评价与责任制，建立和完善节能产品认证、产品能效标识、能源管理体系认证制度，着重完善重点行业节能减排监测和考核体系。此外，要完善落后产能的界定标准，严格执行能源资源节约、环境保护、安全生产、清洁生产、职业健康等方面的法律法规以及技术标准，对落后产能进行依法淘汰；要强化环保、安全、质量、能耗等指标对落后产能的制约作用，并且严格市场准入条件，防止新增落后产能。

（五）实施差异化环境规制，有针对性地提高效率

由于各地区的自然禀赋、人文条件等存在各种差异，面对国家颁布的相关政策，工业企业会存在不同的反应。当环境政策与当地的情况越匹配适应时，达到效果越佳；而如果实施的环境政策不符合当地的实际发展情况，政策效果不佳，甚至出现负向效果。因此，在制定环境规制政策、实施环境规制手段时，要充分考虑各地区的实际发展情况，在制定环境规制目标、选择环境规制工具、实施环境规制强度等方面进行差异化和个性化的规制，以保证各地区在经济发展的同时，重视环境质量的提高，实现经济目标和环境目标的共同发展。另外，从动态角度来看，在经济社会不断发展的同时，工业企业所在地区的自身条件也在不断发生变化，面对相同的环境政策可能会产生不同的反应。如有的环境政策可能一开始不适应，但随着时间发展会逐步适应，环境规制的效果也越来越好。所以，政府在制定环境规制政策时，不仅要考虑当前时期各地区的条件与实际情况，也要考虑其动态的发展与变化，相关政策能够灵活调整。

第一，适当增加发达地区环境规制强度。有研究表明：环境规制效率与地区发达程度呈现出一定相关关系，经济发展程度较高的发达地区其居民的收入水平与对生活环境的要求较高，环境规制水平也通常较为严格。在这样的情况下，应该适当控制环境规制强度的提升与强化情况，若规制的严厉程度过大，导致工业企业付出的成本过多，可能引起大范围的不合格工业企业被淘汰，对经济的发展带来严重的不利影响。另外，若对发达地区环境规制强度的控制力度过小，其约束力不够，将影响优化工业产业结构和提升环境质量的进程。所以，对于这类地

区，应采取中等强度的环境规制手段，在此基础上，充分考虑市场资源配置与市场竞争作用。

对于经济发达的地区，环境规制的重点不应只是对工业企业在生产过程中污染物排放强度进行限制和约束，更多的关注点和重点应放在对环境规制的工具进行创新，促进规制效率的提升，尽可能改变环境规制强制化的特征，完善环境规制市场化体制机制的建设，同时鼓励生产过程具有污染的工业企业积极发展升级清洁化和高级化的生产技术。对于各个地区来说，也应充分考虑自身的资源禀赋与自然条件，合理谨慎地选择环境规制的方式与手段。有研究表明：高技术效率与高规模效率的地区是比较值得学习的地区，而高技术效率低规模效率的地区更应注重工业的整体发展，低技术效率高规模效率的地区则是要更加关注环境规制手段方式以及工业生产技术的创新与升级。

第二，对于欠发达地区来说，在相关政策与措施的制定过程中，既要考虑经济发展的需要，同时也要考虑提升环境质量的需求。从工业产业本身来看，需要在保证工业发展水平的基础上进行结构调整与产业升级。如河北和山西等环境规制规模效率与技术效率都相对较低的地区，需要进一步提高环境规制的标准，将生产效率较低、污染程度较高的落后企业进行淘汰，以此改变这些地区主要依靠其自然资源禀赋进行生产与发展的模式。特别值得注意的是，对于资源型地区，环境规制手段的实施能够在一定程度上倒逼产业结构的升级与调整。如河北地区，若采取合适的环境规制手段，一方面，能够减少工业生产过程中的环境污染，提升环境质量；另一方面，作为承接其他发达省份（如北京）产业转移的地区，对承接的产业产生一定的约束和限制，尽量推动产业结构的升级与调整，让工业企业向绿色、高质量的发展方向转变。

此外，为了进一步确保环境规制的高效性，对于欠发达地区的工业生产过程管理，应该在对生态环境保护红线与底线进行明确规定的前提下，积极推动工业产业污染降污减排从末端治理转向源头治理。加大中央财政对地方环境专项转移支付的力度，采取环保政策补助、加大税收优惠和推动绿色金融等措施引导企业积极进行技术的升级与改造，从源头上减少污染物的产生。与此同时，环境规制手段的强制力度应该加强，以命令控制型的环境规制工具为主，淘汰污染程度高、生产效率低下的落后产能，对相关企业的退出、兼并和重组等提供充足的政策措施保障。

（六）完善工业绿色发展保障机制，拓宽公众参与环境治理渠道

首先，建立健全社会信用体系，完善信用联合奖惩制度，提高群众守信意识。在“放管服”的背景下，信用奖惩制度为政府“应放尽放，加强事中事后监管”、创新社会治理提供了新抓手。但是，不同治理策略发挥效果的边界不同，地方政府应结合自身工业发展阶段的特点，有针对性地进行选取和调整信用联合奖惩制度，避免因直接套用产生负面效应。另外，鼓励各地探索对企业共谋、串通等更加隐蔽的市场失信行为的识别和惩戒机制，对中小企业实行包容审慎的惩戒制度，避免惩戒过严造成“惩

戒牢笼”。加强对群众的环保守信意识，形成政府-舆论内外双引擎，提高总体的监管效能，全力推进工业智能绿色高质量发展。

其次，拓宽公众参与环境治理的渠道和路径。为使更多的社会公众参与环境保护，相关职能部门应积极完善相关的法规法令，严格执行政府信息公开制度，加大企业环境污染信息披露制度建设。通过环保知识普及与宣传的方式，提高全民环保意识。对于不同受众知识群体，可以采取职业教育、法律宣传和路演相结合的方式进行普及推广。鼓励社会公众参与政府的环保决策，引导公众践行绿色生活方式，增强社会主人公意识，重视并发挥公众的监管作用，努力营造全民监督的社会风尚。同时，需要警惕不切实际、盲目运用公众舆论规制的跟风行为，以免环境规制对工业企业的影响轨迹出现“重组”现象，引发“绿色悖论”效应。

（作者简介：吴璟，女，博士，南京邮电大学高质量发展评价研究院、高质量发展综合评估研究基地副研究员，主要从事城市生态治理方面研究。）

参考文献

［1］张建鹏，陈诗一．金融发展、环境规制与经济绿色转型［J］．财经研究，2021，47（11）：78-93.

［2］胡鞍钢．2030：世界绿色工业强国——全球视野下的中国工业化道路［J］．学术前沿，2013（16）：72-83.

［3］冯飞．推动工业绿色化促进产业转型发展［J］．中国信息化，2016（2）：7-9.

［4］王建民，仇定三，蒋倩颖等．长江经济带工业绿色发展效率测量与提升路径研究［J］．科技管理研究，2019，39（12）：46-52.

［5］吴传清，张雅晴．环境规制对长江经济带工业绿色生产率的门槛效应［J］．科技进步与对策，2018，35（8）：46-51.

［6］舒扬，孔凡邦．内生视角下环境规制、产业集聚与城市绿色 全要素生产率：以长江经济带城市为例［J］．工业技术经济，2019，38（10）：49-57.

［7］丁斐，庄贵阳，刘东．环境规制、工业集聚与城市碳排放强度：基于全国282个地级市面板数据的实证分析［J］．中国地质大学学报（社会科学版），2020，20（3）：90-104.

［8］徐成龙，庄贵阳．基于环境规制的环渤海地区工业集聚对生态效率的时空影响［J］．经济经纬，2020，37（3）：11-19.

［9］黄磊，吴传清．长江经济带城市工业绿色发展效率及其空间驱动机制研究［J］．中国人口·资源与环境，2019，29（8）：40-49.

［10］张治栋，秦淑悦．产业集聚对城市绿色效率的影响：以长江经济带108个城市为例［J］．城市问题，2018（7）：48-54.

［11］史贝贝，冯晨，张妍，等．环境规制红利的边际递增效应［J］．中国工业经济，2017（12）：40-58.

［12］李筱乐．市场化、工业集聚和环境污染的实证分析［J］．统计研究，2014，31（8）：39-45.

［13］邓若冰，刘颜．工业集聚、空间溢出与区域经济增长：基于空间面板杜宾模型的研究［J］.

经济问题探索，2016（1）：66-76.

[14] 周圣强，朱卫平．产业集聚一定能带来经济效率吗：规模效应与拥挤效应［J］．产业经济研究，2013（3）：12-22.

[15] 韩政，程钰，刘娜．科技创新对中国沿海地区产业生态化的影响研究［J］．湖南师范大学自然科学学报，2021，44（4）：81-90.

[16] PORTER M E，LINDE C. Toward a new conception of the environment - competitiveness relationship［J］. Journal of Economic Perspectives，1995，9（4）：97-118.

[17] BARBERA A J，MCCONNELL V D. The impact of environmental regulations on industry productivity：direct and indirect effects［J］. Journal of Environmental Economics & Management，1990，18（1）：50-65.

[18] AKLIN M. Re-exploring the trade and environment nexus through the diffusion of pollution［J］. Environmental & Resource Economics，2016，64（4）：663-682.

[19] HANCEVIC P I. Environmental regulation and productivity：the case of electricity generation under the CAAA-1990［J］. Energy Economics，2016，60（11）：131-143.

[20] BRUELHART M，MATHYS N A. Sectoral agglomeration economies in a panel of European regions［J］. Regional Science & Urban Economics，2008，38（4）：348-362.

[21] TONE K. A slacks - based measure of super - efficiency in data envelopment analysis［J］. European Journal of Operational Research，2002，143（1）：32-41.

[22] JAVORCIK B S，WEI S J. Pollution havens and foreign direct investment：dirty secret or popular myth［J］. The Contributions in Economic Analysis and Policy，2001，3（2）：1244-1275.

[23] MEADOWS D H，Goldsmith E，Meadow P. The limits to growth［M］. New York：New American Library，1972.

[24] WORLD Commission on Environment and Development. Our common future［M］. Oxford：Oxford University Press，1987.

[25] PEARCE D，MARKANDYA A，BARBIER E. Blueprint for a green economy［M］. London：Earthscan Ltd，1989.

第十四章　中国生态产品价值实现路径研究

摘　要：建立健全生态产品价值实现机制是贯彻落实习近平生态文明思想和大力践行“绿水青山就是金山银山”理念的重要内容。本章在系统梳理生态产品相关政策文件的基础上，全面厘清生态产品价值实现发展脉络，以我国生态产品价值实现面临的主要问题为导向，按照“生态产品调查—价值核算评估—交易市场构建—增量供给生产—支撑保障措施”的逻辑框架，提出促进生态产品价值实现的具体路径，并构建相应保障措施，为各地生态产品价值实现实践提供参考支撑。

一、引言

“绿水青山就是金山银山”是习近平总书记在浙江工作期间提出的关于生态文明建设的重要论断，已然成为习近平生态文明思想的核心组成部分。随着我国生态文明建设的逐步深入，建立健全生态产品价值实现机制，是贯彻落实习近平生态文明思想的重要举措，是践行“绿水青山就是金山银山”理念的关键路径，是从源头上推动国家治理体系和治理能力现代化的必然要求，对推动我国经济社会发展全面绿色转型具有重要意义。2019 年以来，生态产品价值实现机制试点不断涌现，带动了当地生态修复治理、生态建设保护与经济社会协调发展，自然资源部也先后发布三批生态产品价值实现典型案例，为各地推进试点进程提供了实践参考。2021 年 4 月 26 日，中共中央办公厅、国务院办公厅印发的《关于建立健全生态产品价值实现机制的意见》，提出了将生态优势转化为经济优势的方向和路径，是各地推进生态产品价值实现工作的纲领性文件。

当前，我国生态产品价值实现主要面临“度量难、交易难、变现难、抵押难”等基础性难题，导致出现生态产品概念与分类界定不清、生态产品价值核算标准不统一、生态产品市场交易机制不健全、生态产品金融支撑体系较缺乏等现实问题。本章研究在系统梳理生态产品相关政策文件的基础上，全面厘清生态产品价值实现发展脉络，以我国生态产品价值实现面临的主要问题为导向，提出促进生态产品价值实现的具体路径，并构建相应保障措施，为各地生态产品价值实现的实践提供参考支撑。

二、概念提出与发展

2010年12月，国务院发布的《全国主体功能区规划》提到“人类需求既包括对农产品、工业品和服务产品的需求，也包括对清新空气、干净水源、宜人气候等生态产品的需求”，这是“生态产品”的概念首次出现于我国政府文件中，其将生态产品与农产品、工业品和服务产品并列为人类生活所必需的、可消费的产品。但基于当时的历史背景可以看出，此时“生态产品”概念的提出仅仅是为我国制订主体功能区规划提供科学依据和基础，其目的是为了解决国土空间优化等问题。

近年来，随着我国生态文明建设的逐步深入，生态产品及其价值实现理念开始频繁出现在国家层面的政策文件中，逐步演变成贯穿习近平生态文明思想的核心主线，成为“两山理论”在实践中的代名词和重要抓手，彰显出重要学术理论价值和实践生命力。充分了解生态产品概念提出与发展脉络（见表14-1）对于探索生态产品内涵及其价值实现路径具有重要意义。

表14-1　生态产品概念提出及发展历程

时间	政策文件	发展历程	政策解读
2010年12月	《全国主体功能区规划》（国务院）	我国政府文件中首次提出生态产品的概念	将生态产品与农产品、工业品和服务产品并列为人类生活所必需的、可消费的产品
2012年11月	党的十八大报告	将“增强生态产品生产能力”作为生态文明建设的重要任务	体现了“改善生态环境就是发展生产力”的理念
2013年11月	关于《中共中央关于全面深化改革若干重大问题的决定》的说明（中共中央）	提出“山水林田湖生命共同体”理念	山水林田湖草是生态产品的生产者，生态产品是山水林田湖草的结晶产物
2015年5月	《关于加快推进生态文明建设的意见》（中共中央、国务院）	绿水青山就是金山银山首次写入中央文件，要求“深化自然资源及其产品价格改革，凡是能由市场形成价格的都交给市场”	生态产品是绿水青山的代名词和实践中可操作的有形抓手
2015年9月	《生态文明体制改革总体方案》（中共中央、国务院）	提出“自然生态是有价值的”，使用经济手段解决环境外部不经济性	生态产品是自然生态在市场中实现价值的载体
2016年5月	《关于健全生态保护补偿机制的意见》（国务院办公厅）	提出“以生态产品产出能力为基础，加快建立生态保护补偿标准体系”	将生态补偿作为生态产品价值实现的重要方式

续表

时间	政策文件	发展历程	政策解读
2016 年 8 月	《国家生态文明试验区（福建）实施方案》（中共中央办公厅、国务院办公厅）	首次提出生态产品价值实现的概念	将生态产品的概念扩展到价值
2017 年 8 月	《关于完善主体功能区战略和制度的若干意见》(中共中央、国务院)	提出“开展生态产品价值实现机制试点”	开始探索将生态产品价值理念转化为实际行动
2017 年 10 月	党的十九大报告，党章修改	“增强绿水青山就是金山银山的意识”写入了党章，要求“提供更多优质生态产品以满足人民日益增长的优美生态环境需要”	将生态产品短缺看作是新时代我国社会主要矛盾的一个主要方面
2018 年 4 月	习近平总书记在深入推动长江经济带发展座谈会上的讲话	要求“探索政府主导、企业和社会各界参与、市场化运作、可持续的生态产品价值实现路径”	为生态产品价值实现指明了发展方向和具体要求
2018 年 5 月	第八次全国生态环境保护大会	习近平总书记指出：“生态文明建设进入提供更多优质生态产品以满足人民日益增长的优美生态环境需要的攻坚期。”	进一步明确“良好生态环境是最普惠的民生福祉”
2018 年 12 月	《建立市场化、多元化生态保护补偿机制行动计划》(国家发展改革委等 9 部门)	以生态产品产出能力为基础，健全生态保护补偿标准体系、绩效评估体系、统计指标体系和信息发布制度	用市场化、多元化的生态补偿方式实现生态产品价值
2019 年 9 月	习近平总书记在黄河流域生态保护和高质量发展座谈会上的讲话	提出：“三江源、祁连山等生态功能重要的地区，就不宜发展产业经济，主要是保护生态，涵养水源，创造更多生态产品。”	进一步明确重点生态功能区是生态产品的重要产区，为高质量发展指明了前进方向
2020 年 6 月	《全国重要生态系统保护和修复重大工程总体规划（2021—2035 年）》(国家发展改革委、自然资源部)	强调要统筹山水林田湖草一体化保护和修复，促进自然生态系统质量的整体改善和生态产品供给能力的全面增强	明确将提高生态产品生产能力作为生态修复的目标

续表

时间	政策文件	发展历程	政策解读
2021 年 4 月	《关于建立健全生态产品价值实现机制的意见》（中共中央办公厅、国务院办公厅）	提出“建立生态产品调查监测、价值评价、经营开发、保护补偿、价值实现保障、价值实现推进机制”六大机制	提出推进生态产品价值实现的六大机制

2010 年 12 月，国务院发布《全国主体功能区规划》，在政府文件中首次提出了生态产品的概念。将生态产品与农产品、工业品和服务产品并列为人类生活所必需的、可消费的产品，重点生态功能区是生态产品的主要产区。但此时生态产品概念的提出仅仅是为我国制订主体功能区规划提供重要的科学依据和基础。

2012 年 11 月，党的十八大报告提出“增强生态产品生产能力”，将生态产品生产能力看作是提高生产力的重要组成部分。党的十八大报告中，生态文明建设被提到前所未有的战略高度，生态文明建设在理念上的重大变革就是不仅仅要运用行政手段，而是要综合运用经济、法律和行政等多种手段协调解决社会经济发展与生态环境之间的矛盾。增强生态产品生产能力被作为生态文明建设的重要任务，体现了“改善生态环境就是发展生产力”的理念，突出强调生态环境是一种具有生产和消费关系的产品，是使用经济手段解决环境外部不经济性、运用市场机制高效配置生态环境资源的具体体现。

2013 年 11 月，中国共产党第十八届中央委员会第三次全体会议，提出“山水林田湖生命共同体”的重要理念。会议通过的《中共中央关于全面深化改革若干重大问题的决定》中有关生态文明建设的论述虽然没有直接使用生态产品的概念，但会议所提出的“山水林田湖”生命共同体理念与生态产品一脉相承，山水林田湖草是生态产品的生产者，生态产品是山水林田湖草的结晶产物，体现了我国生态环境保护理念由要素分割向系统思想转变的重大变革。该文件中提出建立损害赔偿制度、实行资源有偿使用制度和生态补偿制度，加快自然资源及其产品价格改革，表明我国开始逐步落实生态文明建设的总体设计，深入推进经济手段在生态环境保护中的作用。

2015 年 5 月，中共中央、国务院出台《关于加快推进生态文明建设的意见》，首次将“绿水青山就是金山银山”写入中央文件。提出要“深化自然资源及其产品价格改革，凡是能由市场形成价格的都交给市场”，生态产品成为绿水青山的代名词和实践中可操作的有形抓手。绿水青山就是金山银山，生态产品就是绿水青山在市场中的产品形式，生态产品所具有的价值就是绿水青山的价值，保护绿水青山就是提高生态产品的供给能力。

2015 年 9 月，中共中央、国务院发布《生态文明体制改革总体方案》，指出自然生态是有价值的，要使用经济手段解决外部环境不经济性。该文件进一步强调“自然生态是有价值的……保护自然就是增值自然价值和自然资本的过程，就是保护和发展生产力，就应得到合理回报和经济补偿”，清晰地反映出以发展经济的方式解决生态环境外部不经济性的战略意图，通过把生态环境转化为可以交换消费的生态产品，使生态产品成为自然生态在市场中实现价值的载体融入市场经济体系，用搞活经济的方式充分调动起社会各方开展环境治理和生态保护的积极性，让价值规律在生态产品的生产、流通与消费过程发挥作用，从而大幅度提高优质生态产品的生产供给能力，促进我国生态资源资产与经济社会协同增长。

2016 年 5 月，国务院办公厅发布《关于健全生态保护补偿机制的意见》，提出“以生态产品产出能力为基础，加快建立生态保护补偿标准体系”。该意见要求建立多元化生态保护补偿机制，将生态补偿作为生态产品价值实现的重要方式，明确生态产品产出能力是生态补偿标准的确定依据。

2016 年 8 月，中共中央办公厅、国务院办公厅印发《国家生态文明试验区（福建）实施方案》，在生态产品概念基础上首次提出价值实现理念。福建省是我国首批国家生态文明试验区，也是唯一将生态产品价值实现作为重要改革任务的省份。该方案将“生态产品价值实现的先行区”作为福建省建设国家生态文明试验区的目标，这是在生态产品概念提出基础上的又一重大理论深化，首次将生态产品概念由提高生产能力扩展到价值实现理念，将传统劳动价值论看作是没有凝结人类劳动的纯粹自然产物赋予了价值属性，是对劳动价值论等价值理论体系的丰富和拓展。

2017 年 8 月，中共中央、国务院印发《关于完善主体功能区战略和制度的若干意见》，提出“开展生态产品价值实现机制试点”。将贵州等 4 个省份列为国家生态产品价值实现机制试点，标志着我国开始探索将生态产品价值理念付诸实际行动。

2017 年 10 月，党的十九大将“增强绿水青山就是金山银山的意识”写入党章，进一步深化了对生态产品的认识和要求。党的十九大报告提出“提供更多优质生态产品以满足人民日益增长的优美生态环境需要”，将生态产品短缺看作是新时代我国社会主要矛盾的重要方面，生态产品成为“两山”理论在实际工作中的有形助手，是绿水青山在实践中的代名词。

2018 年 4 月，习近平总书记在深入推动长江经济带发展座谈会上发表重要讲话，为生态产品价值实现指明了发展方向、路径和具体要求。习近平总书记明确长江经济带要开展生态产品价值实现机制试点，要求“探索政府主导、企业和社会各界参与、市场化运作、可持续的生态产品价值实现路径”，明确了建立市场机制是生态产品价值实现的发展方向，生态产品价值实现需要充分调动社会各界等利益主体参与。

2018 年 5 月，第八次全国生态环境保护大会总结提出了习近平生态文明思想，生态产品价值实现理念成为贯穿习近平生态文明思想的核心主线。生态产品作为良好生态环境为人类提供丰富多样福祉的统称，即是山水林田湖草的结晶产物，也是绿水青山在市场中的产品形式，成为“绿水青山就是金山银山”理念在实践中的代名词和可操作的抓手，可为全球可持续发展贡献中国智慧和中国方案，将习近平生态文明思想各个部分有机地串联起来，逐步演变成为贯穿习近平生态文明思想的核心主线。

2018 年 12 月，国家多部门联合发布《建立市场化、多元化生态保护补偿机制行动计划》，提出以生态产品产出能力为基础健全生态保护补偿及其相关制度。在2016年《关于健全生态保护补偿机制的意见》的基础上，进一步细化、明确和强调了以生态产品产出能力为基础，健全生态保护补偿标准体系、绩效评估体系、统计指标体系和信息发布制度，用市场化、多元化的生态补偿方式实现生态产品价值。

2019年9月，习近平总书记在黄河流域生态保护和高质量发展座谈会上发表讲话，要求三江源等国家重点生态功能区要创造更多生态产品。习近平总书记强调“要坚持绿水青山就是金山银山的理念，坚持生态优先，绿色发展”，提出“三江源、祁连山等生态功能重要的地区，就不宜发展产业经济，主要是保护生态，涵养水源，创造更多生态产品”，进一步明确了重点生态功能区是生态产品的主产区，为探索富有地域特色的高质量发展指明了前进方向，提出了根本遵循。

2020年4月，中央全面深化改革委员会第十三次会议审议通过《全国重要生态系统保护和修复重大工程总体规划（2021—2035年）》，将提高生态产品生产能力作为生态修复的目标。会议强调要统筹山水林田湖草一体化保护和修复，增强生态系统稳定性，促进自然生态系统质量的整体改善和生态产品供给能力的全面增强。该规划明确以山水林田湖草系统工程为依托，强化提升公共性生态产品生产供给能力，进一步强调了生态产品与山水林田湖草的关系，强调用系统的思想保护生态环境，为实现生态产品价值指明了方向。

2021年2月，中央全面深化改革委员会第十八次会议审议通过的《关于建立健全生态产品价值实现机制的意见》提出推进生态产品价值实现的六大机制，具体包括生态产品调查监测机制、生态产品价值评价机制、生态产品经营开发机制、生态产品保护补偿机制、生态产品价值实现保障机制、生态产品价值实现推进机制等，至此探索生态产品价值实现路径，推进生态产业化和产业生态化成为学术界和各级政府关注的焦点。

三、生态产品价值实现面临的问题

目前，我国生态产品价值实现主要面临4个方面问题：生态产品概念与分类界定不清、生态产品价值核算标准不统一、生态产品市场交易机制不健全、生态产品金融支撑体系较缺乏。

（一）生态产品概念与分类界定不清

明晰生态产品概念内涵，并构建科学合理的分类体系是生态产品价值实现的基础。然而，生态产品范围广泛、形态多样，目前，国家层面的相关政策文件尚未明确界定生态产品概念内涵，也没有发布统一的生态产品分类目录清单和认定标准。学术界主流观点将生态产品界定为生态系统生物生产和人类社会生产共同作用提供给人类社会使用和消费的终端产品或服务，包括保障人居环境、维系生态安全、提供物质原料和精神文化服务等人类福祉或惠益，是与农产品和工业产品并列的、满足人类美好生活需求的生活必需品，主要分为公共性生态产品、准公共生态产品和经营性生态产品3类。但由于“保障人居环境”“维系生态安全”“提供物质原料和精神文化服务”等定语本身的外延性较为广泛，内涵界定也并不清晰，并没有从根本上解决生态产品范围过大、概念模糊等问题。同时，依据公共产品理论将生态产品分为公共性生态产品、准公共生态产品和经营性生态产品3类，但在此一级分类之下，没有按照生态产品形态作进一步细分，导致只能通过列举的方式对上述分类进行进一步补充界定和说明，生态产品分类体系尚不完善。

（二）生态产品价值核算标准不统一

生态产品价值核算是生态产品价值实现的前提，同时也是一项非常复杂的系统工程，需要经济学、地理学、土壤学、林学、生态学、统计学等多学科交叉融合，同时满足“可对比、可复制、可推广、可核验”等基本原则，核算过程必须综合考虑生态产品质量、供求关系、保护成本等因素，在全国统一的核算标准体系之下，根据各地实际选择具体核算方法和相关参数。但是，目前国家尚未出台统一规范的生态产品价值核算标准体系，核算模型、指标体系、核算方法、数据来源等都存在较大差异，同一生态产品在不同的标准体系下核算出的价值量可能千差万别，核算结果的真实性、客观性、科学性都存在偏差，市场认可度不高。使得生态产品市场交易、生态转移支付、生态补偿、生态环境污染责任保险等促进生态产品价值实现的制度机制在定价阶段就缺乏科学依据，各地在试点中只能采取市场比较法或参考相关核算标准对各类生态产品进行价值核算，这在一定程度上严重阻碍了生态产品的价值实现。

（三）生态产品市场交易机制不健全

构建“政府+市场”的生态产品市场交易机制是生态产品价值实现的核心。目前，从各地试点情况来看，生态产品价值实现中起主导作用的仍然是政府，能够真正进入竞争性市场，得到市场认可，并实现市场化交易的生态产品多数为经营性生态产品，公共性生态产品和准公共生态产品少之又少，生态产品市场交易机制尚不健全，主要表现为：①供求结构失衡。生态产品市场交易中存在“供给热、需求冷”现象，供需矛盾较为突出，一方面自然资源是大部分生态产品的载体，而各级政府作为自然资源的产权代理人，拥有将以自然资源为载体的生态产品变现的强烈动机；另一方面，长期以来受传统“资源低价环境无价”观念的影响，生态产品需求市场尚未完全建立（排污权交易市场虽然建立但缺乏有效监管），大部分需求主体存在“搭便车”行为，需要通过管控政策创造市场需求。②市场有效性不足。以森林碳汇交易为例，国内集体林权制度改革后，个体农（林）户经营的森林碳汇项目难以满足国际CDM造林再造林碳汇的方法学要求、森林碳汇计量与监测体系不完善、中介服务市场培育欠缺等技术困境，阻碍了国内碳汇交易的市场化进程。

（四）生态产品金融支撑体系较缺乏

生态产品金融支撑体系是保证生态产品可持续供给的关键，是生态产品价值实现的重要保障。目前，我国生态产品价值实现机制尚处于试点阶段，相关金融支撑政策、法律体系也还处于酝酿和探索阶段。而生态产品的外部性较高，导致生态产品在资金来源渠道上较为单一，同时，“绿水青山”等生态资源具有投资规模大、回报周期长、经营风险高等特点，导致社会资本对投资生态产品的内生动力不足。另外，政府财政投入资金有限，无法满足生态产品的投资需求，生态产品价值实现缺乏可持续的财政保障。此外，生态产品融资渠道较少，生态金融支撑体系不健全，绿色信贷、绿色债券、绿色政府与社会资本合作模式（PPP）以及社会资本等融资渠道尚未建立。对于准公共生态产品，不仅需要信贷融资，还要重点运用权益性融资工具，实现真正的多层次市场化投融资结构。

四、促进生态产品价值实现的具体路径

生态产品价值实现机制构建，应按照“生态产品调查—价值核算评估—交易市场构建—增量供给生产—支撑保障措施”的逻辑框架，遵循“配额总量适度从紧、价格合理适中”的原则，以合理有效的交易机制激发市场活力，并推动社会主体参与生态整治修复增加生态产品供给，逐步建立起“归属清晰、流转顺畅、监管有效、公开透明”的生态产品价值实现的制度体系。具体路径如下。

（一）开展自然资源调查，摸清生态产品底数

明晰生态产品概念内涵，并构建科学合理的分类体系是生态产品价值实现的基础。当前，首先，应在公共性生态产品、准公共生态产品和经营性生态产品的分类基础上，进一步依据生态产品形态特征进行细化，按照中共中央办公厅、国务院办公厅《关于统筹推进自然资源资产产权制度改革的指导意见》的要求，探索全民所有自然资源资产所有权委托代理机制，编制区域自然资源资产目录清单，并开展重点区域自然资源调查工作，加快推进重点区域自然资源资产统一确权登记，建立登记信息数据库。依托自然资源统一确权登记明确生态产品占用、使用、收益及处分等权能归属。其次，加强自然资源调查监测数据整合，依托国土变更调查、林草湿地调查监测等开展生态产品基础信息调查监测，结合自然资源资产和生态产品目录清单，摸清重点区域生态产品数量、质量等底数。建立生态产品价值基础信息调查监测标准，探索规范化标准建设，确保调查监测结果的真实性、准确性、科学性。最后，整合自然资源调查监测和信息普查数据，结合生态产品分类清单，形成包含耕地、森林、湿地、城市等生态系统的生态产品地图。

（二）开展生态产品价值核算，推进自然资源价格体系建设

生态产品价值核算是生态产品价值实现的前提。目前，应根据《生态系统评估生态系统生产总值（GEP）核算技术规范》《生态保护红线监管技术规范生态功能评价（试行）》，基于生态产品目录清单开展重点生态产品价值、特定地域单元生态产品价值核算，建立分类生态产品价值核算技术规范，编制《重点生态产品价值核算指南（试行）》，形成生态产品价值核算国家标准体系。同时，建立自然资源政府公示价格体系，开展园地、林地、草地分等定级工作，完善自然资源分等定级价格评估。完善以城镇基准地价、集体建设用地基准地价、农用地基准地价、城镇标定地价等为核心的公示地价体系制定和更新工作，支撑生态产品价值核算。

（三）编制专项规划，明确区域生态产品保有量目标

针对生态产品供求结构失衡，市场有效性不足等问题，首先，应强化生态产品价值实现同国土空间规划、生态保护修复规划等的衔接，严格传导总体规划主要约束性指标、空间发展战略、产业策划及重点项目等相关要求，编制生态产品价值实现专项规划。明晰区域生态产品价值实现近远期目标、发展战略，明确生态产品分类目录清单及空间布局，构建生态产品价值实现场景及价值实现方向、具体手段及保障措施，构建生态产品价值实现的实施管控、监督监管及政策创新机制，布局生态产品整治修复和开发经营工程，明确重点项目清单和投融资核算等。其次，建立区域生态产品保有量指标体系，包括耕地、森林、湿地、水等自然资源保有量、区域碳汇总量、新增核定碳汇规模等。结合国土空间总体规划、生态修复专项规划等相关规划，确定区域生态产品保有量目标，从区域社会经济发展、资源禀赋等方面选择指标进行生态产品保有量指标分解，创造生态产品的交易需求。

（四）推进资源权益交易，构建碳汇/环境容量交易机制

资源权益类生态产品主要包括森林碳汇和水环境容量。首先，针对森林碳汇生态产品，应调查核定符合碳汇要求的森林资源，将符合条件的林地开发成碳汇造林项目、森林经营碳汇项目，测算森林碳储量、碳汇量，建立碳汇数据库。构建碳汇交易平台，优先纳入重点能耗企业，推进区域碳汇交易机制，开展森林碳汇交易实践。其次，针对水环境容量生态产品，应以区域重要水资源为重点，开展水环境容量交易，结合水质目标等明确环境容量初始配额及阶段性目标，完善准入主体清单；在典型区域交易实践探索基础上，逐步将交易范围向全域覆盖，交易模式向区际互动拓展。

（五）丰富产权交易机制，构建生态产品产权交易市场

针对各类以自然资源为载体的产权空间类生态产品，应从生产、储备、核算、定价、使用等方面，构建“生态券”全过程交易机制。首先，识别区域潜在生态空间供给区域，建立“生态券”储备地块库，结合耕地、林地、湿地等生态用地分等定级成

果，建立不同生态用地类型“生态券”的折算方法体系，并结合生态产品价值核算研究“生态券”定价机制，制定“生态券”使用规则，搭建“生态券”交易平台。其次，以“节约集约利用土地”和“生态保护引导用地供给”为基点，合理安排用地供应的总量、结构、布局、时序和方式。探索土地计划指标与区域生态产品供给挂钩，进一步推进区域用地布局向生态化倾斜，单列生态保护修复用地计划。探索国有建设用地“限地价、竞配建、竞生态修复”配置模式，促进生态环境不断改善。加强生态项目用地的要素保障，全面推行“标准地”“双信地”“定制地”的供应模式，激发市场主体活力和创新动力，促进生态产品可持续经营开发。

（六）明确生态产品经营导向，促进生态产品价值增值

首先，完善文化服务的生态产品价值实现路径，围绕区域生态基底，强化旅游文化与生态资源的有机融合，探索以文化服务支撑生态产品价值实现的多样化模式。重点针对兼具生态功能与文化底蕴的特色区域开展生态修复、临水界面塑造、景观风貌管控及蓝绿生态网络塑造，积极引入政府国资平台、文旅投资公司、文化运营公司等社会资本进行文旅资源适度开发，通过门票收入、多元业态导入、研学教育等开发模式实现生态产品文化价值提升。其次，构建城市更新生态溢价的地价调节机制，调查识别城市范围破碎度高、品质较差、利用率低下的绿廊、公园以及河道，通过城市内部更新、景观构建、烟雾型设施改造等，开展城市生态产品供给潜力评估。探索城市生态产品供给的地价更新机制，捕获景观附加价值以实现生态溢价，推动低效用地再利用和美丽宜居城市建设。最后，构建农村有机更新的生态产品价值实现机制，在保护优先前提下，依托农村有机更新，构建促进资源价值显化、利益合理分配、生态产品持续供给的价值实现机制。依托集体经营性建设用地入市和宅基地制度改革，引导农村建设空间与生态空间合理布局，推动农村产业转型升级和生态文旅的深度融合，促进农村生态优势向经济优势转化。以农村集体产权制度改革为契机，以集体资产股权化为导向，探索农村生态产权股份化、收益分配股红化，促进利益合理分配。以全域土地综合整治和生态修复工程为抓手，推进农村有机更新，改善农村生产、生活、生态空间环境，促进生态产品持续供给。

（七）强化纵横向补偿，构建完善的生态保护补偿机制

区域生态保护补偿包括纵向补偿和横向补偿两种。首先是纵向生态保护补偿，应参照生态产品价值核算结果和生态红线数量和布局等，综合考虑耕地、森林、水、湿地等资源的生态系统服务功能，完善重点生态功能区转移支付资金分配机制，建立“市—县—乡—村”的纵向生态保护补偿制度。鼓励地方政府在依法依规前提下统筹生态领域转移支付资金，通过设立市场化产业发展基金等方式，支持基于生态环境系统性保护修复的生态产品价值实现工程建设。通过开发符合实际需要的生态公益性岗位等方式，对符合条件的主要提供生态产品地区居民实施生态补偿。其次是横向生态保护补偿，探索建立省份横向补偿机制，鼓励生态产品供给地和受益地按照自愿协商原

则，综合考虑生态产品实物量及质量、生态产品价值核算结果等因素，支持在符合条件的重点区域依据耕地保有量、林木覆盖率等规划保护目标开展横向生态保护补偿，根据区域目标任务完成状况，未能达标地区通过横向生态补偿的方式给超过保护目标的区县以经济补偿。探索异地开发补偿模式，进一步加强共建园区建设，在生态产品供给地和受益地之间建立合作园区，健全利益分配和风险分担机制，推进飞地经济、产业转移等多元化补偿模式。

（八）强化格局优化与生态修复，提升生态产品供给能力

生态产品增量供给是生态产品价值实现持续推进的保证。因此，应严格控制生态空间占用，通过区域重点生态修复工程和重点项目实施，引导以湿地、森林、水系等生态片区为特色的生态保护格局的构建，提升区域生态产品的供给能力。严格按照生态产品交易的标准进行生态保护和修复，森林生态修复对标碳汇造林项目涉及的郁闭度、连续面积、成林后树高、土壤有机质含量等指标，实施低效林更新、补植、抚育和综合改造；重点河湖及湿地生态保护修复采用截污纳管、河道疏浚、湿地封育、人工湿地建设、内源污染物控制等方式，有效提升河湖及湿地的水质净化、水源涵养、水土保持和洪水调蓄功能；农田生态修复重点完善田间防护林网和沟渠水网，提高耕地质量，改善农田生态环境，促进农田生态系统的生物多样性恢复。

五、生态产品价值实现保障措施

确保上述生态产品价值实现路径落地见效，还需要配套相关保障措施和支撑手段，重点包括：完善社会资本参与机制、深化绿色金融改革创新、建立自然资源损害赔偿制度、加强生态产品价值考核评价。

（一）完善社会资本参与机制

政府财政投入资金有限，无法满足生态产品的投资需求，拓宽资金来源渠道，完善社会资本参与机制是保证生态产品可持续供给的关键。因此，应整合政府、国资平台、文旅投资公司及自然资源委托代理主体等多方利益主体，依据生态产品整治修复和开发经营工程清单，遴选操作可行、成本可控及预期收入可观的生态产业化开发经营和权益交易项目，综合采用 EOD、PPP、ABO 等模式开展生态产品价值实现的社会资本参与机制设计与创新，签署多元利益主体框架合作协议。统筹谋划一批具有示范性、创新性和先导性的生态产品价值实现社会资本参与合作案例。

（二）深化绿色金融改革创新

绿色金融改革创新也是生态产品价值实现资金来源的重要渠道。因此，应多措并举保证生态产品交易市场价格稳定，激发市场活力。扩宽土地储备中心服务范畴，收储可交易的生态产品，形成长效的市场稳定储备机制。创新绿色金融产品，拓宽融资

渠道。鼓励金融机构推出以生态产品为对象的绿色信贷产品、绿色债券，推动形成服务于生态产品价值实现的专项融资渠道。建立农业保险机制，发挥保险保障功能，降低市场风险，为信贷的有效投入创造良好条件，疏通金融对接堵点。

（三）建立自然资源损害赔偿制度

“保护者获益、受益者付费、损害者赔偿”是生态产品价值实现的基本目标。因此，应基于现行法律法规，在充分借鉴国内外自然资源资产损害赔偿典型案例的基础上，从损害赔偿原则、范围、类型、主体、标准、方式等方面，构建全民所有自然资源资产损害赔偿制度体系，推进损害成本内部化。健全检察机关与自然资源执法监察部门的联合调查和追偿工作机制，定期共享损害赔偿线索。构建自然资源资产产权民事、行政、刑事案件协同审判机制，全面落实公益诉讼和自然资源资产损害赔偿诉讼等法律制度，完善自然资源资产损害行政执法与司法衔接机制。

（四）加强生态产品价值考核评价

定期开展生态产品价值考核评价是促进生态产品价值实现的重要抓手。因此，应基于生态产品实物量和价值量核算结果，以衡量生态产品价值变化情况为重点，考虑不同生态产品的种类差异、属性差异和区域差异，构建生态产品价值实现考核评价体系。探索将生态产品价值实现相关指标纳入各级党委和政府高质量发展综合绩效评价，实行经济发展和生态产品价值“双考核”。推动将生态产品价值实现相关指标作为领导干部绩效考核和自然资源资产离任审计的重要参考，对任期内造成生态产品相关指标严重下降的，依法依规依纪追究有关党政领导干部的责任。

（作者简介：陈振，男，博士，南京邮电大学高质量发展评价研究院、高质量发展综合评估研究基地副研究员，主要从事自然资源利用与管理方面研究。）

参考文献

［1］张林波，虞慧怡，李岱青，贾振宇，吴丰昌，刘旭．生态产品内涵与其价值实现途径［J］. 农业机械学报，2019，50（6）：173-183.

［2］廖茂林，潘家华，孙博文．生态产品的内涵辨析及价值实现路径［J］．经济体制改革，2021（1）：12-18.

［3］虞慧怡，张林波，李岱青，杨春艳，高艳妮，宋婷，吴丰昌．生态产品价值实现的国内外实践经验与启示［J］．环境科学研究，2020，33（3）：685-690.

［4］靳诚，陆玉麒．我国生态产品价值实现研究的回顾与展望［J］．经济地理，2021，41（10）：207-213.

第十五章　绿色发展的案例研究

摘　要：绿色发展是以效率、和谐、持续为目标的经济增长和社会发展方式。当前，绿色发展已经成为经济社会转型的重要趋势，许多地方将发展绿色产业作为推动经济结构调整的重要举措，突出绿色的理念和内涵。本章选择江苏省徐州市潘安湖采煤塌陷区生态修复、广东省南澳县“生态立岛”、重庆市森林覆盖率指标交易、福建省光泽县“水美经济”4个国内绿色发展典型案例，系统总结其发展背景、经验做法和取得的成效，为各地绿色发展实践提供参考借鉴。

一、江苏省徐州市潘安湖采煤塌陷区生态修复案例

（一）案例背景

江苏省徐州市贾汪区因煤而立，但由于长期高强度的开采，土地资源和生态环境都遭受了严重破坏，最严重的潘安湖地区塌陷面积达11.6平方千米，涉及潘安、权台、马庄等6个村庄，约3000户村民。塌陷区内土地平均塌陷深度4米，耕地常年积水面积达2.4平方千米，地上房屋损毁严重，生态环境十分恶劣，土地所有者权益严重受损。

2010年以来，徐州市以“矿地融合”的理念推进潘安湖采煤塌陷区生态修复，将千疮百孔的塌陷区建设成湖阔景美的国家湿地公园，并带动了区域产业转型升级与乡村振兴，维护了土地所有者权益，推动了生态产品供给增加和价值的充分实现。2017年，习近平总书记在潘安湖采煤塌陷区视察时夸赞贾汪转型实践做得好，现在是“真旺”了。他强调，塌陷区要坚持走符合国情的转型发展之路，打造绿水青山，并把绿水青山变成金山银山。①

（二）具体做法

1. 充分发挥规划引领作用

按照“多规合一”的要求，统筹考虑区域内矿产、土地、水等资源管理和接续产业发展、新农村建设等，科学规划潘安湖塌陷区生态修复和后续产业发展，按照“宜

---

① 张晓松．习近平考察徐州采煤塌陷地整治工程．（2017－12－12）．www.xinhuanet.com//politics/leaders/2017－12/12/c_ 1122100823.htm.

农则农、宜水则水、宜游则游、宜生态则生态”的原则，创新“基本农田整理、采煤塌陷地复垦、生态环境修复、湿地恢复再造”四位一体的修复模式，规划建设“中国最美乡村湿地”。

2. 以增加生态产品为核心推进国土综合整治

通过水土污染控制、地灾防治、生物多样性保护、生态旅游建设等一系列措施，系统治理塌陷区受损的自然生态系统。对塌陷积水较浅区域，利用湖泥等再造土源，结合挖深垫浅和农田基础设施建设，恢复农田生态系统功能和耕作能力；塌陷积水较深区域，重新规划布局水系，建设湿地公园，提高区域水体自净能力，恢复湿地生态功能和景观服务功能；综合运用分层剥离、交错回填、土壤重构、泥浆泵、煤矸石充填等土壤重构技术，建设塌陷区内的沟、路、渠、桥、涵、闸、站等水利设施，推进山、水、林、田、路和城乡居民点、工矿用地等国土空间的生态修复和综合整治。

3. 切实维护土地所有者权益

对塌陷区内139公顷的集体建设用地及规划挖低土地实施征收，对155公顷徐矿集团闲置土地进行收购储备，盘活新产业发展用地。运用城乡建设用地增减挂钩、土地复垦等政策，易地建设安置房约35万平方米，保障塌陷区内居民的搬迁安置；将塌陷区内未利用地、建设用地以及损毁或低产的耕地，复垦为高质量耕地后，将土地承包经营权进行再分配。通过塌陷地征收、土地收购储备、居民点易地安置、土地承包经营权再分配等一系列产权流转，切实维护塌陷区土地所有者权益，为生态修复项目建设和产业转型腾出了发展空间。

4. 大力发展生态型产业

按照“生态优先、绿色发展”的理念，结合塌陷地修复和综合治理成果，推动潘安湖地区由“黑色经济”向“绿色经济”转型发展。以潘安湖国家4A级湿地公园建设为核心，融合马庄香包文化、潘安文化等地区传统文化，引入专业化管理和市场化经营团队，打造了潘安湖湿地公园、潘安古镇、马庄香包非物质文化等旅游品牌；利用潘安湖及周边优美的生态环境，建设潘安湖科教创新区，建设集旅游、养老、科教、居住为一体的新型城镇化生态居住区；改造权台煤矿工业遗址，对权台煤矿主矿井等具有遗存价值的建筑物予以保护，开发建设煤矿遗址文化创意园，实现了生态、经济、文化和社会等多重效益。

（三）主要成效

1. 大幅提高生态产品的供给能力

通过综合整治，潘安湖地区1160.87公顷的塌陷土地得到了系统修复，其中形成湖面266.67公顷、恢复湿地133.33公顷，地表水水质达到Ⅲ类以上，建成了主岛、醉花岛、鸟岛等9个生态岛屿，为100余种动植物物种提供了栖息地，成为徐州地区一个重要的候鸟栖息地，生态环境和人居环境大为改善。潘安湖地区从昔日满目疮痍、稼穑艰难的采煤塌陷区，转变为湖阔景美的湿地景观区，为徐州市及周边区域源源不断地提供清新空气、清洁水源和良好的生物多样性，优质生态产品的供给能力得到了大幅提升。

2. 生态产品价值逐步显化

通过产业转型发展，潘安湖地区从过去的煤炭开采、水泥粉磨等资源密集型产业，转型升级为生态旅游、创意文化、教育科技等现代新兴产业，区域住宅地价经历了治理前的30万元/亩，到治理后的100万元/亩，再到现在300万元/亩的持续增长，实现了生态产品价值的外溢。潘安湖地区年接待游客人数达到了380万人次，形成了多个精品旅游线路和区域旅游品牌，促进了生态产品的价值显化。

3. 带动乡村产业发展和村民增收

随着生态环境的改善，潘安湖周边村庄从原来大多以煤为生，转变为依靠生态旅游开展多种经营，逐步形成了旅游、文化、餐饮、民宿、景区服务、绿化等产业，带动了“生态+旅游”“生态+文化”等多种产业形态共同发展。如，毗邻潘安湖的马庄村，集中发展潘安湖景区四大板块之一的“民俗文化”体验板块，村内香包手工制作被确定为国家级非物质文化遗产，年销售额2000余万元，带动村民创业就业、增收致富。

二、广东省南澳县“生态立岛”案例

（一）案例背景

南澳县是广东省唯一的海岛县，地处闽、粤、台三地交界海域，由南澳岛及周边多个岛屿组成，拥有大小海湾66处，海岛总面积114.7平方千米（其中南澳岛111.7平方千米），海域总面积4600平方千米，设有青澳湾国家级海洋公园、海岛国家森林公园、南澎列岛国家级自然保护区等，自然资源丰富，生态功能重要。

近年来，南澳县坚持“生态立岛、旅游旺岛、海洋强岛”战略，依托丰富的海域海岛自然资源和深厚的历史文化底蕴，大力推进“蓝色海湾”等系列海岛保护修复、近零碳排放城镇试点、海岛生态文体旅产业建设，让优良的海洋资源和生态环境成为当地群众的“幸福不动产”和“绿色提款机”，提升了海洋生态产品生产能力，促进了当地发展和群众增收，走出了一条“绿水青山”“蓝天碧海”向“金山银山”有效转化的绿色发展道路。

（二）具体做法

1. 陆海统筹，实施生态保护修复工程

随着经济发展和城市化进程的加快，南澳部分海湾、岸线和沙滩曾遭到不同程度破坏。2017年以来，南澳县按照“生态兴岛、陆海统筹、系统修复”的思路，实施了一系列生态保护修复工程，擦亮了美丽海岛的生态底色。蓝色海湾整治。作为全国首批“蓝色海湾”综合整治项目，南澳县坚持陆海统筹，治理、保护和修复多管齐下，开展金澳湾、赤石湾、烟墩湾、竹栖肚湾及龙门湾5个海湾的综合整治、水生态修复和海洋环境监测，实施污水治理、海湾生态环境整治、沿岸垃圾清理、受损沙滩保护恢复、受损海堤加固等多项工程，提升了海岸、海域和海岛生态环境功能和防灾减灾能力。陆源污染减排。完成青澳污水处理站扩容、后江污水处理厂提标改造、深澳污水处理设施及管网建设等项目，实施中水资源化创新利用，建成垃圾收集转运和出岛集中处理系统，减少陆源污染点。生物多样性保护。南澳候鸟自然保护区是广东省唯一的海候鸟自然保护区，也是澳大利亚、日本等国海候鸟进入中国的重要始点站，南澳县通过保护主岛海岸线、建成环岛生态养殖带等措施，保护候鸟及其栖息环境；加强海上执法监管，严厉打击滥捕野生动物行为，开展海豚、海龟等珍稀物种救助；连续 4 年开展保护生物多样性等主题活动，普及生物多样性知识，提高公众对海洋生态系统的保护意识。

2. 因地制宜，实施近零碳排放区试点工程

作为广东省首批近零碳排放区城镇试点，省发改委印发了《南澳岛近零碳排放区城镇试点建设实施方案》，坚持“产业低碳、生态固碳、设施零碳、机制减碳”的建设主线，探索海岛零碳发展模式。打造多“能”互补的能源体系。科学规划和开发海岛风力资源，实施 13 期风电开发项目，共安装风力发电组 231 台，装机容量 17 万千瓦；南澳县在后宅镇、深澳镇建设了 10 个光伏项目，总装机容量 441.6 千瓦，提升低碳、绿色可再生能源的比重。发展生态养殖业。创新海洋养殖技术，扩大以藻类为主的海洋产品种养殖规模；在大型养殖场，推广龙须菜和牡蛎“间插式”的贝、藻混合生态养殖模式；实施森林抚育、省级森林碳汇造林、生态景观林带等项目，拥有省级以上生态公益林 8.21 万亩。构建绿色低碳的交通和城市综合管理体系。在公交、环卫等领域率先推广新能源汽车，禁止燃油公交车进岛营运，实现全县公交纯电动化率 100%；在城乡及景区安装节能路灯及太阳能照明设备，开展城市综合管理节能改造工程。建立低碳旅游行为减碳激励机制。搭建以低碳旅游交通、住宿和碳积分兑换为核心的信息共享平台，上线运营“南澳零碳+”小程序，游客开展步行、共享单车、电动公交、在零碳示范酒店住宿等活动，可以获取碳积分并兑换酒店、景区门票优惠券，推广绿色低碳旅游。

3. 突出特色，发展海岛生态文体旅产业

充分利用“阳光、沙滩、海水”等优质生态产品，以及“山、海、史、庙、岛”特色资源和独特文化，丰富旅游业态，延伸产业链条，推动全域旅游发展，促进生态价值转化。推动“旅游+文化”，开发“一部手机游南澳”小程序，深入挖掘南澳岛海防军事文化资源，盘活“南澳Ⅰ号”陈列馆、渔民公馆、总兵府、抗日纪念馆等海商、海防、红色文化，形成多条南澳岛特色旅游线路。推动“旅游+体育”，以建设旅游体育示范岛为契机，举办 2019 年亚洲冲浪暨全国冲浪锦标赛等 20 项体育活动，吸引了来自世界各国及国内各地 1800 多名专业运动员、教练员参赛，带动 40 多万人次进岛观看比赛和旅游，带旺海岛淡季旅游。推动“旅游+乡村”，推动农业发展模式转变和产业融合，将传统农家乐、渔家乐、家庭农场等转型升级为休闲农业基地；实施品牌渔农业战略，加快构建渔农副产品线上线下融合、产地市场对接的销售网络；发展海岛森林康养、森林旅游等新兴产业，畅通生态产品转化渠道。

（三）主要成效

1. 提升海洋生态系统质量，增强优质生态产品供给

通过实施生态保护修复项目，840 米金澳湾岸线、900 米竹栖肚湾岸线、5000 米赤石湾十里银滩岸线和 2.6 万平方米烟墩湾岸滩完成了修复整治，南澳岛自然岸线得到了有效保护和恢复，青澳湾海水水质提升为一类，赤潮减少了，海水变清了，沙滩又恢复了宁静美丽的模样，增强了海岸、海域和海岛的生态环境水平、景观质量和防灾减灾能力，扩展了各类亲海空间，让“天蓝水碧海湾美、沙白林绿岛礁奇”成为南澳岛最亮的“自然名片”。与此同时，南澳成为了岩鹭、褐翅燕鸥、黑叉尾海燕等多种珍稀海候鸟的繁殖地，近年来观测到国家Ⅰ级保护鸟类 2 种、Ⅱ级保护鸟类 16 种，在候鸟聚集的高峰期，保护区内可见到成千上万的海洋类候鸟，被誉为“广东省十佳观鸟胜地”。

2. 推动生态保护与产业发展融合，形成绿色低碳产业体系

伴随海岛风电等项目的并网发电，实现年发电量 3.7 亿千瓦时，与火电相比，每年可以节约标准煤 13.36 万吨，二氧化碳、二氧化硫和氮氧化物排放分别减少 35 万吨、0.11 万吨和 0.1 万吨。2020 年南澳县可再生能源消费占全社会能源消费总量的 70.1%，为能源绿色低碳发展、加快经济社会发展全面绿色转型奠定了基础。建成了后宅、深澳生态养殖示范区，塑造了“南澳紫菜”等国家地理标志产品，南澳牡蛎、后花园宋茶等农产品区域公用品牌，带动南澳岛特色产业质效齐升。以“生态文体旅”模式带动全域旅游，“南澳游”品牌影响力持续扩大，连续 6 年荣获“广东省旅游综合竞争力十强县（市）”，打通了生态产品价值实现的渠道。南澳县一产、三产从业人员数量逐步增加，2020 年一二三产业的结构进一步优化为 36.8：16：47.2，促进了产业的绿色转型和结构升级。

3. 促进经济社会发展和群众增收致富，实现生态综合效益

南澳岛内“海蓝、沙净、湾美、岛丽”等优质生态产品，进一步提高了海岛的知名度，南澳旅游从过去的“点状布局”转向了“全岛开花”，3 条旅游线路分别入选广东省乡村旅游精品线路、森林旅游特色线路，促进了生态旅游产业的可持续发展。2017 年至 2020 年，进岛旅游人次年均增长率 5%以上，2020 年进岛游客达到 780.8 万人次，旅游总收入 25.2 亿元，增长 6.8%。2020 年，全县建档立卡贫困户全部脱贫，南澳县城镇和农村居民人均可支配收入分别达到 1.76 万元和 1.42 万元。2021 年前三季度累计入岛人数和综合收入分别为 594.9 万人次、20.66 亿元，同比分别增长 26.89%和 41.9%；仅国庆假期就接待游客 49.67 万人次，同比增长 6.1%，实现旅游收入 1.7 亿元，同比增长 12.6%，当地居民在家门口就收获了良好生态带来的红利，实现了“绿水青山”“碧海蓝天”的综合效益。

三、重庆森林覆盖率指标交易案例

（一）案例背景

为筑牢长江上游重要生态屏障，加快建设山清水秀美丽之地，推动城乡自然资本增值，重庆市 2018 年印发了《国土绿化提升行动实施方案（2018—2020 年）》，提出到 2022 年全市森林覆盖率从 45.4%提升到 55%，2018—2020 年计划完成营造林 1700 万亩。为了促使各区县切实履行职责，重庆市将森林覆盖率作为约束性指标，对每个区县进行统一考核，明确各地政府的主体责任。同时，考虑到各区县自然条件不同、发展定位各异、部分区县国土绿化空间有限等实际，印发了《重庆市实施横向生态补偿 提高森林覆盖率工作方案（试行）》，对完成森林覆盖率目标确有困难的地区，允许其购买森林面积指标，用于本地区森林覆盖率目标值的计算，让保护生态的地区得补偿、不吃亏，探索建立了基于森林覆盖率指标交易的生态产品价值实现机制，形成了区域间生态保护与经济社会发展的良性循环。

（二）具体做法

1. 明确任务，分类划标

重庆市将全市 2022 年森林覆盖率达到目标值作为每个区县的统一考核目标，促使各区县政府由被动完成植树造林任务，转变为主动加强国土绿化工作，切实履行提高森林覆盖率的主体责任。同时，根据全市的自然条件和主体功能定位，将 38 个区县到 2022 年底的森林覆盖率目标划分为 3 类：产粮大县或菜油主产区（不包括国家重点生态功能区县）的 9 个区县森林覆盖率目标值不低于 50%；既是产粮大县又是菜油主产区（不包括国家重点生态功能区县）的 6 个区县目标值不低于 45%；其余 23 个区县的目标值不低于 55%。

2. 构建平台，自愿交易

构建基于森林覆盖率指标的交易平台，对达到森林覆盖率目标值确有实际困难的区县，允许其在重庆市域内向森林覆盖率已超过目标值的区县购买森林面积指标，计入本区县森林覆盖率；但出售方扣除出售的森林面积后，其森林覆盖率不得低于 60%。需购买森林面积指标的区县与拟出售森林面积指标的区县进行沟通，根据森林所在位置、质量、造林及管护成本等因素，协商确认森林面积指标价格，原则上不低于 1000 元/亩；同时购买方还需要从购买之时起支付森林管护经费，原则上不低于 100 元/亩·年，管护年限原则上不少于 15 年，管护经费可以分年度或分 3~5 次集中支付。交易双方对购买指标的面积、位置、价格、管护及支付进度等达成一致后，在重庆市林业局见证下签订购买森林面积指标的协议。交易的森林面积指标仅用于各区县森林覆盖率目标值计算，不与林地、林木所有权等权利挂钩，也不与各级造林任务、资金补助挂钩。

3. 定期监测，强化考核

协议履行后，由交易双方联合向重庆市林业局报送协议履行情况。市林业局负责牵头建立追踪监测制度，印发了《重庆市国土绿化提升行动营造林技术和管理指导意见》和检查验收、年度考核等制度规范，加强业务指导和监督检查，督促指导交易双方认真履行购买森林面积指标的协议，完成涉及交易双方的森林面积指标转移、森林覆盖率目标值确认等工作。市林业局定期监测各区县森林覆盖率情况，对森林覆盖率没有达到目标的区县政府，提请市政府进行问责追责。

（三）主要成效

一是建立了生态产品的直接交易机制。在重庆市森林覆盖率指标交易过程中，主要的生态产品是森林资源及其提供的水源涵养、固碳释氧、净化空气等生态系统服务。政府通过设置森林覆盖率这一约束性指标和相应的管控措施，形成了森林覆盖率达标地区和不达标地区之间的交易需求，并建立了完整的市场交易循环和清晰的各方权责：市林业部门负责拟定森林覆盖率目标，提供技术支撑、指导考核和监测监督，负责建立交易平台和创造交易需求；指标购买方和销售方是交易的主体，购买方将指标购买所需的资金纳入年度预算安排，按协议约定支付资金；销售方负责指标对应的森林资源的开发和保护，严格履行对“售出”森林资源的管护责任，同时确保获得的资金全部用于森林资源保护发展。

二是打通了生态产品价值实现的渠道。2019 年 3 月，位于重庆市主城区、绿化空间有限的江北区，为实现森林覆盖率 55%的目标，与渝东南的国家级贫困县酉阳县签订了全国首个“森林覆盖率交易协议”，江北区向酉阳县购买 7.5 万亩森林面积指标，交易金额 1.875 亿元，按照 3：3：4 的比例分 3 年向酉阳县支付指标购买资金，专项用于酉阳县森林资源保护发展工作。2019 年 11 月，渝东北贫困县城口县与主城区九龙坡区也签订了交易协议，完成了 1.5 万亩森林面积指标的交易，交易金额 3750 万元。2019 年 12 月，重庆市南岸区、经开区管委会共同向巫溪县购买 1 万亩森林面积指标，交易金额 2500 万元。同时，重庆市渝中区与巫溪县等，陆续进行了购买森林面积指标的协商，积极促进生态保护成本共担、生态效益共享，打通了绿水青山向金山银山的转化通道。

三是构建了生态保护的长效机制。重庆市通过建立以森林覆盖率为管控目标的生态保护激励机制和补偿机制，让保护生态者不吃亏、能受益，推动了生态效益与经济效益的有机统一，实现了生态服务受益地区与重点生态功能地区的“双赢”，激励各方更加主动地保护生态环境，提高生态产品供给能力，推动构建生态优先、绿色发展的生态保护长效机制。

四、福建省光泽县“水美经济”案例

（一）案例背景

光泽县位于福建省西北部、武夷山脉北段、闽江上游富屯溪源头，是国家级生态县、国家生态文明建设示范县。全县水资源丰富，总量达 42.99 亿立方米，人均水资源占有量2.6万立方米，是全国平均水平的12倍、全省的7倍。全县有大小溪河111条，高家、霞洋等多座优质水库，具备可开发温泉点2处、地下矿泉水点14处。

光泽县的水资源量大质优，过去仅用于传统的农业灌溉、小水电开发和居民饮用，水生态产品所蕴藏的生态价值和巨大潜力有待挖掘。为了在守护青山绿水的同时，从根本上改变水资源分散、开发规模小、效益低的制约，光泽县积极发展“水美经济”，通过植树造林、产业调整、污染治理，精心绘制全域水美生态图景，涵养优质水资源；搭建“水生态银行”运营平台，对水资源生产要素进行市场化配置，引入社会化资本，积极发展包装水、绿色种植和养殖、涉水休闲康养等生态产业；通过创新绿水维护补偿考核等制度保障，将现实的保护效益和资源优势转化为实实在在的经济效益，走出了一条水生态产品价值实现的有效路径。

（二）具体做法

1. 摸清资源家底，绘制水生态产品“基础地图”

光泽县委托福建省地质调查研究院对辖区内水资源情况进行调查，将全县所有涉水工程、可开发利用的水资源按功能分类，绘制水资源“一张图”。通过调查评价，系统掌握全县河流水系、水文气象、水资源、水环境状况、水能资源、水生态系统等情况，形成水安全、水环境、水生态、水文化、水管理5个方面的现状评价，制订水资源综合利用方案。

2. 涵养优质水源，提高水生态产品供给能力

光泽县积极推进武夷山国家公园体制试点，主动将37.68万亩国土面积划入武夷山国家公园核心区，加强武夷山自然保护区水源保护力度，使保护区域的自然生态系统成为均衡水量、涵养优质水源的“不动产”。加强以城乡水系为网络的自然生态廊道建设，实施“水美城市”建设，推进河道清淤整治和河流水系修复，强化自然生态保护和城乡绿色景观建设。保育和修复山区生态环境，严格控制浅山区开发，禁止随意破坏山体、毁坏植被，同时加大造林绿化力度，年培育造林1万亩。推进“无废城市”试点，积极探索固体废物源头减量、无害化处置技术，启动14个垃圾分类试点村，推行“户分类、村收集、乡转运、县处理”的运行模式，创新建设小型湿垃圾无害化处理设施，将农村湿垃圾经发酵后生产的有机肥用于农业种植，实现农药化肥减量化，推动水质净化和优质水源涵养。

3. 搭建运营平台，高效优化水资源要素配置

依托光泽县水利投资有限公司，组建县“水生态银行”，统一开展水资源资产产权流转、市场化运营和开发。在前端，通过公开竞拍、收购、租赁、自行建设等方式，储备与水资源有关的矿业权、水库所有权、水域经营权等，目前已获得矿泉水探矿权3宗、涌泉量共1674立方米/天，水库28座、库容10577.9万立方米，水域面积约8000亩。在中端，以特许经营方式授权“水生态银行”开展河道清淤整治、河岸生态修复等水环境治理项目，利用清淤富余物生产建筑用砂并达到投入产出平衡，实现水环境市场化修复。在后端，加强与科研单位合作，对水资源偏硅酸含量、各项限量指标检

测鉴定，挖掘一批偏硅酸含量高、富锶水资源，发展包装水、高端种植、绿色养殖、涉水康养旅游等多种生态产业，提升水资源开发利用附加值。

4. 引入社会资本，全力打造水生态全产业链

依托水生态银行，引入产业投资方和运营商，通过股权合作、委托经营等方式，对水资源进行系统性的产业规划和开发运营，推动形成绿色发展的水生态产品全产业链。实现“卖资源”，依托肖家坑水库等优质水资源，引入对生态环境和水质有高标准要求的现代渔业产业园和山泉水加工项目，发展高端鳗鱼养殖和山泉水加工，由“水生态银行”按0.2元/立方米和365万立方米/年标准供应养殖业用水、100万立方米/年标准供应加工山泉水。实现“卖产品”，引入中石油昆仑好客公司开展地下水开发，实施武夷山矿泉水项目，一期年销售超700万箱，产值超2亿元。实现“卖环境”，通过整合高家水库、霞洋水库、北溪河流等优质水资源产权和水域经营权，引进浙江畅游体育产业发展有限公司，建设3个库钓基地、5条溪流垂钓精品线路，积极举办垂钓、越野赛事、生态旅游等活动，建设中国山水休闲垂钓名城。实现“卖高端食品”，积极发展对水源和水质要求较高的茶叶、中药材、白酒等，引入丰圣农业、国药集团、承天药业、德顺酒业等知名企业，全县年产西红柿、生菜等生态农产品超4000吨，现有绿色茶园面积超3万亩，中草药种植面积2.4万亩，酿酒企业5家，形成了与水资源相关的生态食品产业集群。

5. 建设公用品牌，促进水生态价值经济溢价

充分利用武夷山“双世遗”品牌影响力，通过统一质量标准、统一产品检验检测、统一宣传运营，打造“武夷山水”地区公用品牌，突出水资源原产地的生态优势，加强品牌认证和市场营销推介。授权“武夷山”包装水等23家企业使用“武夷山水”标识，并向农产品等领域推广拓展。全县现有无公害农产品17个、绿色食品6个、农产品地理标志2个、农产品有机认证2个、地理标志证明商标5件、中国驰名商标1件，有机茶、富硒米、稻花鱼、黄花梨、山茶油等生态食品近年来的销量、销售额年增长均在20%以上。

6. 创新制度集成，建立健全长效保障机制

建立“绿水”补偿和小流域水环境考核机制，全县共设立29个断面监测点位，对落实管护机制、水质达标的村（居、场），给予每年5万元的“绿水”维护补偿，对辖区内水质下降的乡、村取消补偿并进行约谈，形成责任清晰、激励约束并举的共治局面。建立生态巡查联合执法机制，开展领导干部自然资源资产离任审计，压实乡镇党政领导水资源资产管理和水环境保护责任。推动基准水价研究，重点考虑区域社会经济条件、水资源用途、地理区位等因素，探索制定光泽县基准水价体系，规范资产定价、优化资源配置、显化资产价值，建立水生态产品价值实现的长效机制。

（三）主要成效

一是取得了明显的生态效益。经过长期的生态保护和水源涵养，光泽县地表水、集中式饮用水源全年水质达标率均为100%，是福建省唯一小流域监测水质全部达到国

家Ⅱ类以上标准的地方。全年县域空气质量优良天数比例为100%，其中一级达标天数比例为68.3%。2015—2019年，全县森林覆盖率从78.2%提高到81.77%，林木蓄积量从1117万立方米提高到1366万立方米，每年为下游提供了约29亿立方米的优质水资源。好山好水带来了源源不断的好生态，有力维护了区域生物多样性，县域内拥有国家保护树种13科16属17种，陆生野生动物资源种类达到171种。

二是增强了生态品牌影响力。借助入选国家生态保护与建设示范区、“中国生态食品名城”和全国唯一县级“无废城市”试点的契机，光泽县通过建立“水生态银行”和“武夷山水”区域公用品牌，搭建了整合资源、优化资产、引入资本的平台，打通了市场化交易的渠道，增强了生态品牌影响力，优质水资源与优质项目实现了精准对接。截至2020年6月，光泽县共签约生态资源开发项目24个，总投资超过170亿元，形成了“水美经济”发展新模式。

三是促进了生态产业化。依托优质水资源，全县生态产业加快发展，包装水、酒、生态旅游等产业比重逐年提高。2019年，全县工业增加值32.88亿元，同比增长8.4%，其中食品制造业同比增长19.8%，酒、饮料和精制茶制造业增长14.1%；全县旅游经济保持较快增长，全年共接待游客124.62万人次，同比增长26.1%，旅游总收入13.17亿元，同比增长35.2%；全县形成了总产值约139亿元的水生态产品产业集群，共带动2.1万人稳定就业，占全县人口总数的15.2%。

（作者简介：陈振，男，博士，南京邮电大学高质量发展评价研究院、高质量发展综合评估研究基地副研究员，主要从事自然资源利用与管理方面研究。）

参考文献

[1] 刘天龙，程珊珊，季翔. 采煤塌陷区湿地修复技术与景观设计研究——以徐州潘安湖国家湿地公园为例 [J]. 工业设计，2022（11）：83-85.

[2] 段锦，康慕谊，江源. 基于淡水资源账户和污染账户的生态足迹改进模型 [J]. 自然资源学报，2012，27（6）：953-963.

[3] 胡鞍钢，周绍杰. 绿色发展：功能界定、机制分析与发展战略 [J]. 中国人口·资源与环境，2014，24（1）：14-20.

[4] 卢廷艳，罗华伟. 森林资产生态价值实现路径探讨 [J]. 南方农业，2021，15（25）：85-90.

第五篇

开放发展篇

第十六章　中国经济开放度的空间格局与影响因素分析

摘　要：在经济高质量发展背景下，研究中国经济开放度的空间格局与影响因素分析具有重要意义。空间格局上，中国经济开放度时空的差异特征显著。经济开放度水平整体有所提升，总体区域差异逐渐缩小；但由东部沿海经济开放度高和西部内陆经济开放度低而形成的“东高西低”空间形态依然显著；影响因素上，本章将财政自给率水平、经济开放度引入内生经济增长模型中进行理论分析，采用2000—2020年省级面板数据，运用空间杜宾模型实证检验了财政自给率水平等变量对经济开放度的影响。研究发现，财政自给率对本地区经济开放度有显著的负向直接效应，对周边地区有显著的正得空间溢出效应，且空间溢出效应大于直接效应。本章为研究经济开放度的影响因素提供了新的角度，并提出政策启示。

一、引言

2022年4月10日，《中共中央 国务院关于加快建设全国统一大市场的意见》发布，意见要求加快建设高效规范、公平竞争、充分开放的全国统一大市场，全面推动我国市场由大到强的转变。意见旨在进一步扩大内需，打开多元化开放新局面，塑造国际竞争新优势，整体统筹发展与安全，助推我国经济高质量发展。开放是新发展格局下产业转型升级，重塑竞争新优势的关键前提是在国内大循环基础上实现国内国际双循环有机互动的起点。

在经济全球化不断发展的今天，经济开放度成为度量一个国家或地区经济发展水平的重要指标。中国改革开放40多年经济发展的巨大成就充分说明了对外开放是国家兴旺发达的正确战略。随着中国与世界各国的贸易、投资联系日趋紧密，中国经济开放度日益提高，成为推动经济由高速增长转向高质量发展的关键变量。经济开放度的内涵主要包含贸易开放度和外资开放度。虽然受新冠肺炎疫情的严重冲击，但中国进出口贸易和外商直接投资表现突出，经济对外开放局面呈现良好态势。2020年，中国货物进出口贸易总额为321557亿元，同比增长1.90%，比2015年的245741亿元增长30.00%；实际使用外商直接投资金额为10000亿元，同比增长6.20%，比2015年的7814亿元增长27.97%。

改革开放以来，中国抓住国际产业转移的机遇，不断扩大和深化对外开放，经济高速增长。2001年加入世贸组织后，中国更深入地参与全球化，经济增长进一步加速。

但由于中国地域辽阔，各城市的经济发展条件各不相同，加之20世纪80年代以来实施由沿海向内陆推进的对外开放政策，经济开放度有明显的区域差异。目前，中国经济增速放缓，经济发展进入新常态，在世界经济形势不稳定的背景下，中国经济外向发展将面临更多的挑战，加快转变经济发展方式和调整经济结构是新时代发展的主要任务之一。经济开放度是一个国家或地区融入国际经济的程度或对国际经济的依赖程度（谢守红，2003），是表征一个国家或地区经济发展特点的重要指标之一，对中国城市经济开放度水平进行测定、分析其时空演化和空间分异特征、探究城市经济开放度空间分异的影响因素，对促进地区经济的快速发展、制定科学的对外开放政策具有理论与实践意义。

二、文献综述

当前，经济开放度的研究主要集中在3个方面。

（一）经济开放度的测度方法

相关研究成果较多，主要有指标体系法和模型构建法。D. Dollar用商品实际价格对贸易开放条件下价格的偏差程度作为来体现贸易开放度的单一指标（D. Dollar，1992）；J. Sachs等采用二进制方法，用非关税壁垒覆盖范围、平均关税率、黑市交易费用、经济体制、主要出口商部门是否存在国家垄断5类指标，将国家分为开放和不开放两种类型（J. Sachs等，1995）；P. J. Lloyd等利用可计算一般均衡模型（CGE）测度开放度水平（P. J. Lloydp等，1998）；B. Balassa构建了以出口量为因变量，人均收入、人口、可用矿产资源为自变量的出口总量结构模型，最先采用回归法测算贸易开放度（B. Balassa，1985）。谢守红利用算术平均法以外贸依存度和外资依存度评价中国各省份的对外开放度（谢守红，2003）；程艺等和陈威等采用综合指标分别运用熵值法和因子分析法测度对外开放度（程艺等，2016；陈威等，2016）。

（二）经济开放度与某一要素之间关系的研究

传统的研究是探究经济开放度与经济增长的关系，如P. M. Romer认为经济开放主要通过加快本国技术进步、提高生产率来促进经济增长（P. M. Romer，1986），王鹏运用Granger因果关系检验等模型证实经济开放度各项指标与经济增长均存在正向的协整关系（王鹏，2007）。随着研究的深入，其他要素与经济开放度的关系也引起了学者的关注，如R. Reuveny等分析发现经济开放和民主可以减少收入差距（R. Reuveny，2003）；H. Sun等用数据包络分析方法分析发现经济开放对技术效率有积极的影响作用（H. Sun等，1999）。孙焕民等采用面板数据（Paneldata模型方法分析得出汇率的波动与经济开放度有较强的相关性（孙焕民等，2004）；王松涛利用面板数据模型验证了城市住房价格波动受开放经济维度因素的影响显著（王松涛，2009）。

（三）经济开放度空间差异及影响因素的研究

J. V. Henderson 开拓性地把贸易开放与内部地理结合起来，研究在开放经济体中城市的空间布局形态（J. V. Henderson，1982）；中国学者以经济学和地理学的综合视角分析不同尺度上经济开放度差异的驱动因素（郑京淑，1997；鲁奇等，2007；孟德友等，2009；佘之祥，2006），如张红霞等认为对外开放政策、外商直接投资、人力资本、经济性基础设施、国内投资和地理区位等因素对地区对外贸易差异的形成起决定性作用（张红霞等，2009）；梁经伟等认为区域内部的贸易与投资等能够加速国家之间的经济联系（梁经伟等，2016）。

三、数据、变量选择与模型

（一）变量选择

1. 因变量

已有文献选用进出口贸易或外商直接投资单一指标度量经济开放度，但单一指标不能准确测度经济开放度的真实大小，因为一个国家或地区的经济开放度主要由外贸开放和外资开放双重因素决定，因此，选取单一指标度量经济开放度容易导致实证检验结果有失偏颇。本章选取进出口贸易总额占 GDP 比重和外商直接投资总额占 GDP 比重两个指标代表外贸开放和外资开放水平，具体通过对两者取均值来衡量经济对外开放度。

2. 可能的影响因素

本章在实证检验模型中为尽量减少遗漏变量导致的误差，将经济开放度、财政自给率、产业结构水平、社会消费水平、劳动力成本和人口密度指标作为控制变量。各变量定义见表 16-1。

表 16-1 各影响因素的指标说明

变量类型	变量名称	变量符号	变量定义
被解释变量	经济开放度	y	根据测算得出
解释变量	财政自给率	Debt	财政收入/财政支出
	产业结构水平	Indu	第二产业增加值/GDP
	人口密度（百人/平方千米）	Pop	人口总量/行政区面积
	劳动力成本（万元/人）	Wage	城镇单位就业人员平均工资水平
	社会消费水平	Cus	社会消费品总额/GDP

（二）变量来源与描述分析

本章各变量的原始数据来源于《中国城市建设统计年鉴》、《中国统计年鉴》、各地级市的国民经济和社会发展统计公报、Wind 数据库等多种渠道，缺失数据通过插值法进行处理，最终得到 2000—2020 年包含全国 31 个省份的样本区间，共计 651 个样本。对样本的变量进行描述性统计后的结果见表 16-2，可以看出，经济开放度、财政自给率、第二产业结构水平、人口密度、劳动力成本、社会消费水平的平均值分别为 0.325、0.494、0.442、4.217、0.553、0.365，标准差分别为 0.338、0.201、0.086、6.135、0.711、0.066，表明不同省份间的经济开放度具有一定差异性。其余变量的均值和标准差也具有相似特征，在此不再赘述。

表 16-2　变量的基本描述

变量名称	基本描述	均值	标准差	最小值	最大值
y	651	0.325	0.338	0.052	2.602
Debt	651	0.494	0.201	0.053	0.951
Indu	651	0.442	0.086	0.158	0.615
Pop	651	4.217	6.135	0.021	39.240
Wage	651	0.553	0.711	0.016	6.024
Cus	651	0.365	0.066	0.200	0.557

（三）模型选择

1. 空间自相关检验模型

为识别省份经济开放度是否存在空间相关性，选用 Moran's I 进行全局自相关检验，识别在整个区间上是否存在空间集聚性。

Moran's I 主要衡量了中国省份经济开放度在空间上的依赖关系：Moran's I 的值在 -1 到 1，当 I 值是正值的情况，表示省份经济开放度在空间上存在正相关性，当该值是负数，表示省份经济开放度在空间存在负相关性。

Moran's I 的公式如下：

$$I=\frac{n\sum_{i=1}^{n}\sum_{j=1}^{n}\omega_{ij}\ (x_i-\bar{x})\ (x_j-\bar{x})}{\sum_{i=1}^{n}\ (x_i-\bar{x})^2\sum_{i=1}^{n}\sum_{j=1}^{n}\omega_{ij}} \tag{1}$$

式（1）中 n 代表城市的个数，x_i 与 x_j 代表城市 i 与 j 的观测值，$\bar{x}$ 衡量的是样本均值，ω_{ij}表示的是省份空间权重矩阵。

当然这个方法存在不足，无法区分此区域是高值与高值集聚还是低值与低值的集聚。Getis 和 Ord（1992）提出了 Getis-Ord 指数解决了它们的共同不足，该指数的具体表达为：

$$G=\frac{\sum_{i=1}^{n}\sum_{j=1}^{n}w_{ij}x_i x_j}{\sum_{i=1}^{n}\sum_{j\neq i}^{n}x_i x_j} \tag{2}$$

其中 w_{ij} 是没有进行标准化的权重矩阵，该矩阵是对称的，且对于相邻的空间权重矩阵，其元素不是 0 就是 1。对 $x_i>0$，$\forall i$ 都可以看出，若是高值与高值集聚在一起，则 G 值会比较大，若是低值与低值集聚在一起，则 G 值会比较小。在没有空间自相关的原假设下，其期望值可证明为：

$$E(I)=\frac{\sum_{i=1}^{n}\sum_{j\neq i}^{n}x_i x_j}{n(n-1)} \tag{3}$$

若是 G 值比期望值要大，则表示的是存在高值的集聚，若是 G 值比期望值要小，则表示的是存在低值的集聚。同样可以给出标准化后的 G 值也是渐进服从于标准正态分布的。

$$G^{*}=\frac{G-E(G)}{\sqrt{Var(G)}}\rightarrow N(0,\ 1) \tag{4}$$

当 $G^{*}>1.96$ 则表示在 5%的显著水平上拒绝了不存在空间自相关的假定，说明存在空间相关性，且存在的是高值的集聚；当 $G^{*}<-1.96$ 则表示在 5%的显著水平上拒绝了不存在空间自相关的假定，说明存在空间相关性，且存在的是低值的集聚。若关注某个区域是高值集聚还是低值集聚，可以使用局部的 Getis-Ord 指数 G 进行解决，具体的 G 为：

$$G=\frac{\sum_{j\neq i}^{n}w_{ij}x_j}{\sum_{j\neq i}^{n}x_j} \tag{5}$$

以上的空间自相关的检验可以根据需要进行检验，这些检验都可以通过 Matlab、R 和 Stata 等软件进行实现。但这些空间自相关的检验只是初步的检验，更进一步的就需要建立空间面板模型进行检验。

2. 空间权重矩阵 W 的设定

利用空间权重矩阵来衡量省份经济开放度在空间上的关联性，利用城市欧式距离的方法，得到全部 31 个省份区域的空间权重矩阵，这里选用相邻权重矩阵，若是省份相邻则为 1，否则是 0。另外选用欧式距离的倒数，衡量空间权重矩阵的大小。因此，$w_{ij}=\begin{cases}1/d,\ i\neq j\\0,\ i=j\end{cases}$，其中 d 为利用经纬度得到的欧式距离的大小。

3. 计量模型

经典的计量模型是 OLS 回归模型，但是当存在空间相关性的时候，利用 OLS 回归得到的结果是有偏差的。为解决含义空间效应的问题，引入空间计量的方法，具体的模型设定如下：

$$y=X\beta+\epsilon,\ \epsilon\sim(0,\ \sigma^2 I_n) \tag{6}$$

$$y=\rho_y^W+X\beta+\epsilon,\ \epsilon\sim(0,\ \sigma^2 I_n) \tag{7}$$

$$y=XB+\varsigma,\ \varsigma=\lambda W\epsilon+\mu,\ \epsilon\sim(0,\ \sigma^2 I_n) \tag{8}$$

其中式（6）是传统的 OLS 模型，式（7）是空间滞后模型，式（8）是空间误差模型，y 是 $n*1$ 维的变量，代表省份经济开放度，X 是解释变量，具体的变量是表 16-1 中的变量，ε 是随机误差项，服从白噪声分布。W 是空间权重矩阵，λ，ρ 衡量的是空间效应的大小。利用空间计量模型，研究流动人口在城市上存在的空间效应，并探寻省份经济开放度的影响因素。

4. SDM 模型

SDM 模型可以通过下式进行生成：

$$y=\rho Wy+X\beta+WX\theta+\varepsilon,\ \varepsilon\sim N(0,\ \sigma^2 I_N) \tag{9}$$

也可以表示为：

$$y=(I_N-\rho W)^{-1}(\alpha\iota_N+X\beta+WX\theta+\varepsilon),\ \varepsilon\sim N(0,\ \sigma^2 I_N) \tag{10}$$

其中 0 代表的是 $N\times 1$ 的 0 向量，ι_N 代表是与常数项 α 无关的 $N\times 1$ 阶的向量。通过定义：$Z=[\iota_N,\ X,\ WX]$，$\delta=[\alpha,\ \beta,\ \theta]^T$，可将上述模型写作 SAR 模型，因此 SAR 模型与 SDM 模型可以具有相同的似然函数的形式，SAR 模型中 $Z=[\iota_N,\ X]$，SDM 中 $Z=[\iota_N,\ X,\ WX]$：

$$y=\rho Wy+Z\delta+\varepsilon,\ \varepsilon\sim N(0,\ \sigma^2 I_N) \tag{11}$$

或者：

$$y=(I_N-\rho W)^{-1}Z\delta+(I_N-\rho W)^{-1}\varepsilon,\ \varepsilon\sim N(0,\ \sigma^2 I_N) \tag{12}$$

通过对数似然函数对 SDM 进行估计。最大似然函数的形式如下（Anselin，1988）：

$$\ln L=-\frac{N}{2}\ln(\pi\sigma^2),$$

$$e=y-\rho Wy-Z\delta,\ \rho\in[\min(w)-1,\ \max(w)-1] \tag{13}$$

其中 w 是矩阵 W 中的 $N\times 1$ 阶的特征值向量，若是 w 只是包含真实的特征值，则当 $\rho\in[\max(w)^{-1},\ \min(w)^{-1}]$ 时就可以得到一个正定的方差协方差矩阵。Barry and Pace（1999）指出可以通过最大特征值衡量加权矩阵。这种情况下，需要考虑 ρ 的取值范围。通过对上述的对数似然函数进行简化进而进行估计。Barry and Pace（1997）提出了一个简化的方法，简化系数 δ 与 σ^2，具体为：

$$\ln L=\kappa+\ln|I_N-CW|-\frac{N}{2}\ln[S(\rho)], \tag{14}$$

$$e=e_0-\rho e_d,\ e_0=y-Z\delta_0,\ e_d=Wy-Z\delta_d,\ \delta_0=(Z^TZ)^{-1}Z^TY,\ \delta_d=(Z^TZ)^{-1}Z^TWY \tag{15}$$

其中 κ 是一个常数项，不依赖于 ρ 的大小。对于标量参数 ρ，Barry and Pace（1997）提出通过使用 ρ 的取值范围在 $[\rho_{min},\ \rho_{max}]$ 之间的一个 $q\times 1$ 的向量对数似然函数的最优化问题进行估计。最大似然估计也可以通过一系列的单变量最优化工具进行估计，如基于 ρ 的栅格值得向量化的方法，Nelder-Mead 单一或者二分的搜索方案等。总之有许多方法可简化 SDM 与 SAR 模型的最大似然函数的估计问题，这些方法减少了大样本研究中所需要的计算量以及计算速度，对于 SDM 的估计，通过 MATLAB 编程来完成。

四、时空演变

（一）中国省份经济开放度的时空演化

内陆地区少数实力较强的省份经济开放度有所提升，但中国经济开放度总体上仍保持着“东高西低”的空间格局。这种分布格局与中国对外开放采取渐进式的由东部沿海向西部内地逐步推进的梯度开发策略密切相关。中国先在东部沿海设立经济特区、沿海经济开放带，然后逐步向内陆沿江、沿边地区过渡。2000 年，经济开放度高水平城市集中在东部沿海地区，广大的中西部地区大部分城市都属于中等或低水平，其中海南、广东、上海、天津、北京的经济开放度排在前五位，青海、湖南、河南、新疆、贵州的经济开放度排在后五位。2013 年以来，长江中下游地区城市的开放度有所提升，成都和重庆进入经济开放度高水平梯队，京津冀地区、西北及西南沿边地区城市的开放度水平也有一定的提高。经济开放度较高的省份依然集中在东部地区，主要是沿海的辽东半岛、京津冀、山东半岛、长三角、闽南以及珠三角地区，而绝大部分开放度低的城市仍集中在西部地区，2020 年，海南、上海、天津、广东、山东的经济开放度排在前五位，新疆、河南、甘肃、青海、西藏等省份的经济开放度排在后五位。虽然武汉、重庆、成都、郑州等中西部几个经济实力较强的城市经济开放度较高，但是全国经济开放度“东高西低”的空间格局始终没有发生重大的变化。

中国省份经济开放度逐渐趋向均衡，但呈显著的空间集聚特征。空间自相关分析结果表明，2000—2020 年中国经济开放度存在正的空间自相关关系，经济开放度高的省份相对趋向于与经济开放度高的省份相邻，经济开放度低的省份趋向于与经济开放度低的省份相邻，总体上经济开放度水平相近的省份在空间上趋向集中分布。21 年间全局 Moran’s I 指数先增加再逐年变小，说明中国省份的经济开放度在空间上呈现出先扩大再均衡发展的趋势。东南沿海地区作为中国外向型经济起步最早的地区，一直都是全国经济的排头兵，长三角和珠三角更是中国经济开放度高水平省份的集聚区。

大部分省份经济开放度上升，且在空间上呈集聚效应。2004—2013 年，全国省份经济开放度均值从 0. 33 上升至 0. 43，整体水平有所上升。根据经济开放度年均值的变化图，全国省份的经济开放度有所上升。全国城市经济开放度年均变化约 0. 50%。

（二）中国城市经济开放度的地域分异原因

1. 地理位置是城市经济开放度的先决性因素

中国东部沿海地区城市拥有优越的区位条件，分布着全国大部分的水运口岸，一直是对外开放的窗口及经济发展的前沿地带，东部沿海地区便利的对外经济交流区位优势日趋明显，得以承接国际产业转移，促进区域工业化、市场化及国际化程度较高。

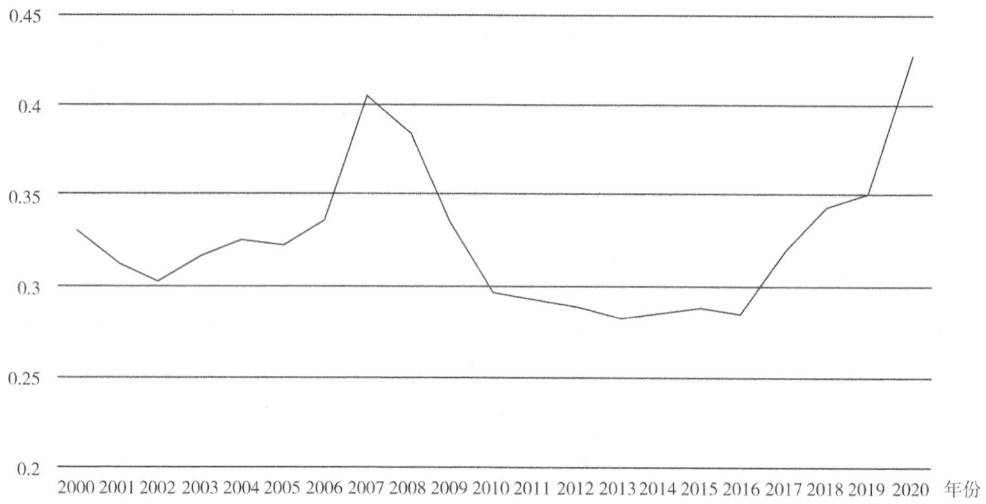

图 16-1　经济开放度年均值变化

2. 自然环境条件是制约城市经济开放度提升的重要因素

沿边城市虽然也具有一定的地理位置优势，但普遍自然环境条件较差，这些城市主要连片集中在青藏高原、南部落后山区、西北地区等，其经济外向发展受到地形、气候、水资源等自然环境条件与自身经济落后的双重约束，人口密度低导致劳动力不足，产业结构较低级，城镇基础设施建设落后，无法吸引外资和企业，国家政策以及沿边的地理区位带动效应较弱，产业基本只能解决内需，经济外向发展能力有限。

3. 国家实施的不均衡发展战略使得城市经济开放度地域差异进一步扩大

改革开放之后，中国首先实施的是不平衡发展战略。“七五”时期国土空间划分为东部、中部、西部三大经济带，国家优先支持东部地区发展，并在东部沿海设立了一系列的特殊政策区。1990 年增设保税区，同年设立浦东新区；1992 年开放沿边、沿江和内陆省会城市等特殊政策区。1999 年提出了西部大开发战略，以促进区域协调发展和缩小区域发展差距。2001 年加入 WTO，国家提出要充分发挥各地区比较优势的平衡的发展策略，如全面振兴东北地区等老工业基地，大力促进中部地区崛起，积极支持东部地区率先发展。

4. 社会经济基础对城市经济开放度有着重要的影响

社会经济基础包括城市的经济发展水平、产业结构、基础设施和公共服务等。不少城市虽然具有一定的区位和自然资源优势，但在现代经济社会发展中，内陆大部分城市经济实力较弱、产业结构较低级、城市基础设施和公共服务较落后、人力资本的培育程度不高、社会文化背景相对落后等，与经济开放度高水平地区有较大差距，由此形成了区域经济开放度不平衡的格局。

（三）局部相关与空间自相关的检验结果

利用空间自相关对 31 个省份的经济开放度进行检验。通过 Moran’s I 与 Geary’s C

的局部相关性检验得到：在 5%的显著水平上，经济开放度存在空间局部相关性。因此，经济开放度不仅存在全局相关性还存在局部空间相关性。表 16-3 给出了全局与局部相关性检验的结果。

表 16-3 全局与局部相关性检验

年份	I	E（I）	Sd（I）	p	C	E（I）	Sd（I）	p
2000	0.277	-0.033	0.103	0.000	0.363	1.000	0.186	0.000
2001	0.286	-0.033	0.105	0.000	0.377	1.000	0.174	0.000
2002	0.274	-0.033	0.105	0.000	0.519	1.000	0.172	0.000
2003	0.281	-0.033	0.104	0.000	0.503	1.000	0.178	0.000
2004	0.302	-0.033	0.104	0.000	0.475	1.000	0.178	0.000
2005	0.316	-0.033	0.104	0.000	0.459	1.000	0.179	0.000
2006	0.336	-0.033	0.105	0.000	0.441	1.000	0.177	0.000
2007	0.257	-0.033	0.091	0.000	0.230	1.000	0.259	0.000
2008	0.276	-0.033	0.094	0.000	0.235	1.000	0.242	0.000
2009	0.283	-0.033	0.095	0.000	0.236	1.000	0.235	0.000
2010	0.363	-0.033	0.102	0.000	0.381	1.000	0.194	0.000
2011	0.347	-0.033	0.100	0.000	0.399	1.000	0.208	0.000
2012	0.328	-0.033	0.099	0.000	0.417	1.000	0.212	0.000
2013	0.313	-0.033	0.099	0.000	0.440	1.000	0.212	0.000
2014	0.307	-0.033	0.098	0.000	0.423	1.000	0.220	0.000
2015	0.302	-0.033	0.097	0.000	0.383	1.000	0.226	0.000
2016	0.308	-0.033	0.101	0.000	0.357	1.000	0.204	0.000
2017	0.265	-0.033	0.102	0.000	0.472	1.000	0.192	0.000
2018	0.261	-0.033	0.105	0.000	0.460	1.000	0.170	0.000
2019	0.262	-0.033	0.106	0.000	0.447	1.000	0.169	0.000
2020	0.045	-0.033	0.032	0.000	0.211	1.000	0.403	0.020

五、影响因素分析

（一）理论模型

已有文献研究表明，地方政府债务水平、经济开放度与经济增长之间存在较强的相关性。其一，地方政府债务水平与经济增长之间的关系。地方政府债务水平对经济增长的作用方向在学界并未形成一致认识，由于不同文献从地方政府举债期限、举债用途以及举债过程与经济密切联系的不同角度开展研究，由此得出了地方政府债务具有不同经济效应的结论，即地方政府债务水平提高会抑制经济增长（Eberhardt and Presbitero，2015）、促进经济增长（Panizza and Presbitero，2014）以及对经济增长的作用方向呈现非线性特征（韩健、程宇丹，2019）。

此外，对外贸易发展会产生外部制度需求，通过促使城市制度改革拉动城市经济增长（孙楚仁等，2019）。基于此，本章参考 Barro（1990）、胡文骏（2017）的做法，将财政自给率、经济开放度变量引入内生增长模型，构建新模型如下：

$$
\begin{aligned}
&Y = K^{\alpha}({}^{A}L)\beta DE^{\theta} OP^{\varphi} \\
&\dot{K} = sY - \delta K - OP \\
&\dot{A} = gA，\dot{L} = nL
\end{aligned}
\tag{16}
$$

其中：Y 表示总产出，K 表示总资本投入，A 表示技术水平，L 表示劳动力总投入，DE 表示财政自给率，OP 表示经济开放度，$0 < \alpha，\beta，\theta，\varphi < 1$ 且 $\alpha + \beta + \theta + \varphi = 1$，$s$ 表示储蓄率，g 表示技术进步率，n 表示人口增长率，δ 表示资本折旧率。对上式进行处理得到：

$$\frac{Y}{AL} = \frac{K^{\alpha}\ (AL)^{\beta} DE^{\theta} OP^{\varphi}}{AL^{\alpha+\beta+\theta+\varphi}} \tag{17}$$

令 $y = Y/AL$，$k = K/AL$，$de = DE/AL$，$op = OP/AL$，则式（17）可变为：

$$y = k^{\alpha} de^{\theta} op^{\varphi} \tag{18}$$

利用链式法，根据上式 $k = K/AL$，推导得到：

$$\dot{k} = sk^{\alpha} de^{\theta} op^{\varphi} - (n + g + \delta)k - op \tag{19}$$

令上式为0，有：

$$sk^{\alpha} de^{\theta} op^{\varphi} - (n + g + \delta)k - op = 0 \tag{20}$$

对 de 求一阶倒数，整理得：

$$\frac{\partial\ op}{\partial\ de} = f(k，de，op)\frac{\partial\ k}{\partial\ de} - g(k，de，op) \tag{21}$$

从上式可以看出，$\frac{\partial\ op}{\partial\ de}$ 得符合具有不确定性，当 $f(k，de，op)\frac{\partial\ k}{\partial\ de} > g(k，de，op)$，$\frac{\partial\ op}{\partial\ de} > 0$；反之，则 $\frac{\partial\ op}{\partial\ de} < 0$，表示财政自给率水平与经济开放度既可能正相关，也可能负相关。

（二）多重共线性检验

为了确保各变量不存在共线性问题，本章对各变量进行方差膨胀因子检验，见表16-4。解释变量经济开放度、第二产业结构水平、人口密度、劳动力成本、社会消费水平的 VIF 值分别为 1.99、1.54、2.12、1.80、1.26，处于较低水平。尽管各变量的 VIF 值有一定的差异性，但检验结果远小于 10。按照方差因子判定规则，核心解释变量与控制变量之间不存在多重共线性问题，可进行后续的实证分析。

表 16-4 方差膨胀因子检验

方差膨胀因子	Debt	Indu	Pop	Wage	Cus
VIF	1.990	1.540	2.120	1.800	1.260
1/VIF	0.502	0.649	0.471	0.556	0.794

（三）基准回归

下文给出了 OLS 回归、含有固定效应与随机效应的空间杜宾模型的回归结果。其中第三列与第四列分别是通过相邻权重矩阵计算得到的，第四列与第五列通过地理权重矩阵得到。通过豪斯曼进行检验，对应的卡方的概率是 0.000，因此拒绝原假设，选用含有固定效应的空间杜宾模型进行解释。通过具有固定效应的空间杜宾模型得到：财政自给率对经济开放度有显著的直接负效应，也就是说财政自给率直接降低了经济开放度，但财政自给率对相邻城市的经济开放度有显著的正效应，也就是说财政自给率提升了相邻省份的经济开放度。第二产业占比对经济开放度有正的直接效应，但影响不显著，第二产业占比对相邻城市的经济开放度有显著的负效应，也就是说第二产业降低了相邻省份的经济开放度，产生负的溢出效应。人口密度对经济开放度有正的直接效应，但影响不显著，人口密度对相邻城市的经济开放度有显著负的间接效应，表明人口密度越高，相邻省份经济开放度越低。劳动力成本对经济开放度有显著的正的直接效应，也就是说劳动力成本直接提升了经济开放度，劳动力成本对相邻城市的经济开放度有负效应，但影响不显著。社会消费品对经济开放度有显著的正的直接效应，表明社会消费品的提高直接提升了本地的经济开放度，但社会消费品对相邻城市的经济开放度有显著的负效应，也就是说社会消费品降低了相邻省份的经济开放度，产生负的溢出效应。

表 16-5 基准回归结果

	OLS 回归	固定效应（0—1 矩阵）	随机效应（0—1 矩阵）	固定效应（d 矩阵）	随机效应（d 矩阵）
Debt	0.909*** (0.059)	−0.599*** (0.138)	−0.399*** (0.143)	−0.436*** (0.146)	−0.206 (0.150)
Indu	−1.143*** (0.120)	0.118 (0.138)	0.123 (0.139)	0.108 (0.141)	0.106 (0.142)
Pop	0.021*** (0.002)	0.003 (0.007)	0.014** (0.006)	0.004 (0.007)	0.018*** (0.006)
Wage	−0.059*** (0.016)	0.042** (0.021)	0.020 (0.020)	0.016 (0.021)	−0.014 (0.021)
Cus	−0.717*** (0.142)	0.502*** (0.171)	0.526*** (0.171)	0.480*** (0.173)	0.480*** (0.175)
W * Debt		0.906*** (0.212)	0.986*** (0.195)	0.464* (0.241)	0.401* (0.239)

续表

	OLS 回归	固定效应（0—1 矩阵）	随机效应（0—1 矩阵）	固定效应（d 矩阵）	随机效应（d 矩阵）
W * Indu		−0.688*** (0.195)	−0.731*** (0.199)	−0.822*** (0.231)	−0.924*** (0.235)
W * Pop		−0.044*** (0.016)	−0.016 (0.013)	−0.022 (0.016)	−0.005 (0.013)
W * Wage		−0.008 (0.028)	−0.019 (0.027)	−0.004 (0.027)	−0.010 (0.026)
W * Cus		−0.933*** (0.250)	−0.845** (0.252)	−1.239*** (0.285)	−1.187*** (0.291)

注：***，P<0.001；**，P<0.01。

（四）稳健性检验

1. 更换空间矩阵

采用地理距离空间权重矩阵替代地理邻接空间权重矩阵，被解释变量、核心解释变量和控制变量均不变。

2. 更换控制变量

将控制变量中第二产业增加值占 GDP 比重替代为第一产业增加值占 GDP 比重，被解释变量、核心解释变量和其他控制变量均不变。仍以 2000—2020 年全国 31 个省份的面板数据进行回归，结果显示，各解释变量对本地区及周边地区经济开放度的直接效应、空间溢出效应的显著性和影响方向无明显变化，证实了上文检验结果是稳健。

六、结论与政策启示

“十四五”时期，中国正式步入新发展阶段，建设更高水平的开放型经济新体制是经济体制改革中的一项重要任务，其目的是进一步提升经济开放水平。理论分析表明，影响经济开放度的因素具有多元化特征，地方政府债务水平在驱动经济开放度中发挥重要作用，故将其作为未来重点管理与发展的方向。已有文献主要聚焦地方政府债务水平与对外贸易或外商直接投资两两之间的独立关系研究，本章则运用内生经济增长模型从理论上分析地方政府债务水平经济开放度之间的关系，采用 SDM 实证检验 2000—2020 年全国 31 个省份的地方政府债务水平对经济开放度的直接和间接作用机制，研究发现：①财政自给率对经济开放度有明显的促进作用。基准回归结果显示，财政自给率对经济开放度的直接作用显著为负，但间接作用系数均显著为正，表明本地区的财政自给率水平的提升会有效降低本地区的经济开放度，提升周边地区的经济开放度。②第二产业占比对经济开放度有正的直接效应，但影响不显著，第二产业占比对相邻省份的经济开放度有显著的负效应，即第二产业降低了相邻省份的经济开放度，产生负的溢出效应。人口密度对经济开放度有正的直接效应，但影响不显著，人口密度对相邻城市的经济开放度有显著负的间接效应，表明人口密度越高，相邻省份经济开放度越低。劳动力成本对经济开放度有显著的正的直接效应，即劳动力成本直接提升了经济开放度，劳动力成本对相邻城市的经济开放度有负效应，但影响不显著。社会消费品对经济开放度有显著的正的直接效应，表明社会消费品的提高直接提升了本地的经济开放度，但社会消费品对相邻城市的经济开放度有显著的负效应，即社会消费品降低了相邻省份的经济开放度，产生负的溢出效应。

结合以上研究结论，本章从加强地方政府债务管理、构建现代金融机构服务体系和规范地方政府融资行为 3 个方面提出建议。

（一）科学管理地方政府债务水平

一方面，要充分执行地方政府债务限额管理制度，针对各地区的经济社会发展状况和财政承受能力，进一步完善各地区差异化的债务限额政策。支持地方政府增加债券融资品种，引导地方政府在风险可控的情况下提高债务水平，这不仅是满足地区经济社会发展的必然需求，还能有助于提升经济对外开放水平。另一方面，如果地方政府债务水平不断增长超过地方政府的财政承受能力，则容易导致债务到期难以偿付本息而产生违约风险，为此，在促进地方政府债务规模合理增长的同时，要控制地方政府债务风险，强化对地方政府债务风险的监测，建立健全地方政府债务风险的事前、事中和事后的监控体系，定期公布债务率和偿债率等风险指标，形成强有力的监督机制。此外，要强化地方政府债务风险跨区域协同管理，制定地方政府债务风险管理政策，推动各地区加强债务风险监管合作，搭建不同地区的债务风险预警交流合作平台，既要严格监管地方政府举债行为，又要保持地方政府债务水平在风险可控下合理增长，以进一步提升经济开放水平。

（二）从实证结果来看，产业结构导致贸易结构的不平衡不利于经济开放度的提高

一方面应降低第一、二产业的初级产品在出口商品中的比例，提高高新技术产品在出口商品中的比例，提高出口商品的技术含量；另一方面应提高服务贸易在贸易结构中的比例，创造新的贸易增长点。

1. 增加高新技术产品出口比例

增加高新技术产品出口比例要建立在适合我国发展的高新技术产业的基础上，如稀土产业、新材料、新能源汽车、电子信息、生物制药等产业。对于这些产业应引进先进技术与设备，提高高新技术产品的技术水平与出口附加值，提升这类产品在出口额中的占比。同时对于高新技术产业要发挥政府的帮扶作用，在财政、税收与融资等方面制定优惠政策，鼓励高新技术企业扩大在知识产权研发的投入，通过政府引导资金来支持企业研发部门的科研工作，创造良好的自主知识产权开发环境。

2. 提高服务贸易占对外贸易的比重

要提高服务贸易额，首先应扩大旅游、建筑等传统服务贸易领域的规模，同时培育运输、金融、电子信息服务等资本及技术密集型领域的发展。其次是优化服务贸易

结构，重点发展服务贸易的新领域，如健康旅游、跨境电子商务等，依托物联网、智能制造等新兴技术，培育咨询、研发设计等特色服务贸易领域。最后应鼓励外资进入服务贸易领域，充分发挥外资企业在技术资金方面的优势，有序引导外资进入金融、教育、文化等服务业领域，带动提升服务贸易的国际竞争力。

（三）劳动力水平提高促进经济开放

劳动力水平是经济开放最重要的因素之一。我国是人口大国，人口中包含的巨大劳动力资源是我国经济增长的源泉之一。虽然中国是全世界人口最多的国家，但是也正因如此，才为中国改革开放 40 多年来的经济增长提供了源源不断的动力。经济发展越好，收入就越高，收入越高则表示企业发展的能力越足，企业发展越强大则吸引外地企业进驻本地的能力也越强，外商直接投资进入市场又给本地劳动力带来了外溢效应，工资的提高更能吸引 FDI 的流入，进而促进了劳动力水平的提高，达到互相提高的效果。

（作者简介：范兆媛，女，博士，南京邮电大学高质量发展评价研究院、高质量发展综合评估研究基地研究员，主要从事城镇化与人口流动方面研究。）

参考文献

[1] 谢守红．中国各省区对外开放度比较研究［J］．地理科学进展，2003，22（3）：296-303.

[2] DOLLAR D. Outward-oriented Developing Economics Really Do Grow More Rapidly：Evidence from 95 LDCs，1976-1985［J］．Economic Development&Cultural Change，1992，40（3）：523-544.

[3] SACHS J，WARNER A. Economic Reform and the Progress of Global Integration［J］．Harvard Institute of Economic，Research Working Papers，1995，35（1）：1-118.

[4] LLOYD P J，MACLAREN D. Measures of Trade Openness Using CGE Analysis［J］．Journal of Policy Modeling，1998，24（1）：67-81.

[5] BALASSA B. Exports，Policy Choices，and Economic Growth in Developing Countries after the 1973 Oil Shock［J］．Journal of Development Economics，1985，18（1）：23-35.

[6] 程艺，刘慧，公丕萍，等．中国边境地区外向型经济发展空间分异及影响因素［J］．经济地理，2016，36（9）：19-26.

[7] 陈威，潘润秋，王心怡．中国省域对外开放度时空格局演化与驱动机制［J］．地理与地理信息科学，2016，32（3）：53-60.

[8] ROMERPM. Increasing Returns to Scale and Long-run Growth［J］．Journal of Political Economy，1986，94（5）：1002-1037.

[9] 王鹏．广东省经济开放度与经济增长关系的实证研究［J］．国际经贸探索，2007，23（5）：33-38.

[10] REUVENY R，LIQ. Economic Openness，Democracy，and Income Inequality［J］．Comparative Political Studies，2003，36（5）：575-601.

[11] SUN H，HONE P，DOUCOULIAGO H. Economic Openness and Technical Efficiency：A Case

Study of Chinese Manufacturing Industries [J]. Economics of Transition, 1999, 7 (3): 615-636.

[12] 孙焕民，李国柱. 汇率波动与国家经济开放度——基于 Panel-data 数据的实证研究 [J]. 数量经济技术经济研究，2004，21 (4): 132-140.

[13] 王松涛. 城市经济开放度对房地产价格的影响研究——基于中国 35 个大中城市面板数据模型的分析 [J]. 南开经济研究，2009 (2): 91-102.

[14] HENDERSON J V. Systems of Cities in Closed and Open Economies [J]. Regional Science & Urban Economics, 1982, 12 (3): 325-350.

[15] 郑京淑. 90 年代世界贸易发展及空间格局变化的新特点 [J]. 世界地理研究，1997 (1): 6-12.

[16] 鲁奇，张超阳，杨春悦，等. 1965 年来中国对外贸易的地域差异及其格局演变 [J]. 地理学报，2007，62 (8): 799-808.

[17] 孟德友，陆玉麒. 河南外向型经济区域差异及极化态势分析 [J]. 地域研究与开发，2009，28 (4): 52-56.

[18] 佘之祥. 长江三角洲的发展与外向型经济 [J]. 长江流域资源与环境，2006，15 (2): 152-156.

[19] 张红霞，王学真，陈才. 中国大陆地区对外贸易差异的演变、成因与收敛路径 [J]. 地理科学，2009，29 (6): 802-808.

[20] 梁经伟，文淑惠，杜洪燕. "一带一路" 战略下中国与周边国家经济联动关系研究 [J]. 地域研究与开发，2016，35 (3): 5-10.

[21] EBERHARDT M, PRESBITERO A F. Public Debt and Growth: Heterogeneity and Non-linearity [J]. Journal of International Economics, 2015, 97 (1): 45-58.

[22] PANIZZA U, PRESBITERO A F. Public Debt and Economic Growth: Is There a Causal Effect? [J]. Journal of Macroeconomics, 2014, 41 (1): 21-41.

[23] 韩健，程宇丹. 地方政府性债务影响经济增长路径的区域异质性分析 [J]. 统计研究，2019，36 (3): 32-41.

[24] 孙楚仁，王松，陈瑾. 贸易开放、城市制度改进与经济增长 [J]. 科研管理. 2019，40 (8): 43-52.

[25] BARRO, R. "Government Spending in a Simple Model of Endogenous Growth." Journal of Political Economy, 1990, 98 (5): 103-125.

[26] 胡文骏. 财政支出、贸易开放与收入分配 [J]. 财贸经济. 2017，38 (12): 35-50.

第十七章　中国对外贸易发展形势与评价

摘　要：党的十八大以来，我国对外贸易快速发展，已经形成了较为成熟稳态的商品贸易网络和投融资渠道。在百年未有之变局下，全球政治格局和价值链的不断更新，中国的对外贸易环境也在快速变化。本章研究在对当前我国对外贸易的时代背景和发展现状梳理的基础上建立评价体系，从“创新”“协调”“绿色”“开放”“共享”5个层面对2012—2021年我国31个省份的对外贸易发展质量进行评估。同时，借助泰尔指数，对外贸发展的地区差异进行解构。研究结果表明，10年间，我国的对外贸易发展质量有了较大幅度的提升，东部地区增速要明显高于其他区域。地区间发展不平衡问题仍然突出，对外贸易的结构有待进一步优化，对外贸易的韧性亟须强化。本章最后针对当前社会经济发展形势，提出了未来发展的对策建议。

党的十八大以来，我国对外贸易和投资规模不断增长。特别是随着“一带一路”倡议的提出，中国与沿线国家在要素流动、产业协调、贸易环流等方面的合作不断发展，已经形成了较为成熟稳态的商品贸易网络和投融资渠道。但近年来随着全球政治格局的加速演变和全球价值链的不断更新，中国的对外贸易发展正面临着一系列新的挑战。第一，随着以中国为代表的新兴发展中国家的快速崛起，传统的“中心-外围”经贸格局受到挑战，贸易保护主义开始兴起，大国之间的竞争愈加“白热化”，我国的对外贸易和投资面临国外围堵的风险加大。第二，相比于美国等发达国家而言，我国的产业结构仍较为落后，高科技行业占比较低。在全球价值链更新的背景下，企业和产业在价值链中的位置决定其在全球贸易中的利益分配，因而当外部风险来临时，不具备高科技核心竞争力的产业的发展将遭受较大的打击。第三，近年来我国内需逐渐转弱，特别是在新冠肺炎疫情的冲击下，如何刺激我国内需发展成为一项关键性难题，因而加大区域之间的要素流通以及产业之间的互相合作才能有效刺激“供应链”的创新，以刺激内需发展和加大我国的贸易稳定性。本章从我国的对外贸易投资的发展趋势入手，对当前各省份的发展现状进行分析评价。

一、中国对外贸易发展趋势

（一）中国对外贸易发展的时代背景

1. 新冠肺炎疫情促使全球经济进入“短萧条”

在新冠肺炎疫情蔓延的影响下，各主要经济体均出现经济增速陡降、失业率上升、贸易与跨境投资减少以及大宗商品价格异动等负面反应，全球经济发展进入短暂的“萧条期”。新冠肺炎疫情的肆虐对全球跨国贸易的连续性和产业价值链的完整性造成了巨大的负面影响（Song 和 Zhou，2020；王铁山和张青，2020）。此次疫情打断了金融危机后已经备受质疑的全球价值链，可能引发全球价值链的逆向发展，各个国家可能会更多地追求自给自足而非发展对外贸易，从而在长期对国际贸易的发展构成负面影响，并使国家治理体系和治理能力面临重大考验（佟家栋等，2020）。

作为全球最大的商品生产国，新冠肺炎疫情给我国的对外贸易带来的影响同样巨大。有学者认为，疫情对中国经济影响只是暂时性的、阶段性的，并不会改变中国长期的经济发展趋势（张茉楠，2020）。但从短期来看，疫情蔓延带来的全球商品贸易萧条，会加重中国对外贸易的物流成本，造成供应链条受阻和线下交易不畅等诸多问题。从长期来看，疫情的持续高强度冲击，会使得全球供给与需求发生错配，贸易保护主义抬头，给金融危机以来的世界经济复苏带来更多的挑战（吴君民和徐刘阳，2020）。也有部分学者认为，疫情对中国对外贸易的冲击有限，甚至可能在一定程度上促进我国的进出口发展，短期影响比较剧烈，中期的损失基本可控，而长期的影响虽然深刻，但是可以化解（彭波，2020；于震，2020）。总体来说，疫情带来的全球经济短时间萧条，必然会对我国的对外贸易发展带来冲击，正确统筹疫情防控和经济发展的关系，是积极化解疫情消极影响，加速我国对外贸易发展和格局重构的重要手段，必须予以高度重视和科学规划。

2. 我国对外经济贸易风险不断加剧

加入世贸组织以来，我国与全球经济的联系更为紧密。面对着全球经济一体化不断深入的发展趋势，我国的对外经济贸易也面临着前所未有的机遇，但所遇到的挑战也在不断增多（普麟舒，2018）。首先，我国作为制造业大国，在对外贸易中，多数处于贸易顺差的状态，商品出口数量巨大，对进口国本土企业冲击性较强，曾多次引起部分国家的警惕与防范。其次，在中美对抗的背景下，我国诸多产业，尤其是高新技术产业正面临着来自以美国为首的西方国家遏制，阻碍了正常的商品生产和贸易流通。再次，我国正面临着经济结构转型的“阵痛期”，在疫情的影响下，传统的劳动密集型产业正面临着巨大的转型压力，产业向外“流失”的现象对我国的出口贸易造成了一定的影响。最后，在能源危机和气候变化框架的影响下，我国的对外贸易合作也面临着“绿色”转型的压力。

在“绿色”已成为全球科技革命和产业变革的风向标和关键词的背景下，中国于

2020年向世界宣布，力争2030年前实现碳达峰，2060年前实现碳中和。“双碳”目标的提出充分体现了中国作为国际大国的责任与担当，也在倒逼我国经济向高质量发展方向加速转型（连平和常冉，2022）。碳中和战略推进有利于促进外贸结构升级、降低贸易壁垒冲击、降低能源进口依赖，为我国外贸转型升级带来契机。同时需关注“碳中和”对贸易带来的新的挑战，中低端高碳工业品的出口将受到一定程度制约，化石能源进口将显著下滑，钢铁行业出口结构产生分化，航运业成本上升削弱原有优势。因此，面对国际贸易风险不断加剧的背景，“双碳”发展目标政治倒逼国内生产消费升级，重新树立起中国制造在国际市场的新的地位。

3. “一带一路”倡议重塑中国对外经济贸易格局

一带一路建设是以习近平同志为核心的党中央主动应对全球形势深刻变化、统筹国际国内两个大局作出的重大战略决策（袁新涛，2014）。“一带一路”成为今后相当长时期内中国开展内政外交的国家顶层战略（李晓和李俊久，2015）和中国推动经济全球化深入发展的国际区域经济合作的新模式（刘卫东等，2017）。其核心目标是促进经济要素有序自由流动、资源高效配置和市场深度融合，推动开展更大范围、更高水平、更深层次的区域合作。“一带一路”倡议提出以来，中国同沿线国家在政治、经济、人文等领域的交流不断增强，取得了一系列的实质性进展（宋国友，2015；傅梦孜和徐刚，2017）。

在“一带一路”倡议的推动下，我国的对外经贸合作不断深化，合作空间更加广泛，对外经贸的格局得到了重塑（傅梦孜和徐刚，2017）。一是在“一带一路”框架下，我国的合作伙伴不断增多，国际市场的潜力不断被挖掘。二是在“一带一路”辐射下，以我国为核心构建的一系列自由贸易区正悄然改变国际经贸体系结构。三是“一带一路”投资与贸易加强了沿线国家的货币金融合作，有助于推动区域经济发展的稳定性。四是“一带一路”所推动的一系列互联互通工程，增强了沿线国家的区域融合发展。因此，“一带一路”建设为地方、企业等培育全球视野、在更高水平上开放创新，搭建了空前广阔的舞台，重塑了中国对外经济贸易格局。

（二）中国对外贸易发展的演变趋势

1. 贸易规模不断扩大

中国加入世贸组织20年来，对外贸易规模快速扩张，贸易总量已跃居世界第一。根据中国海关统计，在过去20年间，中国的年均进出口增速均超过了13%，而在此期间，全球货物贸易的平均增速约为6.3%。2001年，中国的对外贸易顺差约为225亿美元，到2021年已达6764亿美元，扩大了30倍，规模一直位于世界前列，且呈现出顺差扩大的趋势。党的十八大以来，我国的对外贸易持续快速增长，到2021年中国货物进出口总值达到39.1万亿元人民币，同比增长21.4%，相比2012年增长51.2%（见图17-1）。

根据国家统计局数据显示，2021年我国民营企业进出口占比达48.6%，同比提高2个百分点。外贸新业态新模式蓬勃发展，跨境电商进出口增长18.6%，市场采购出口

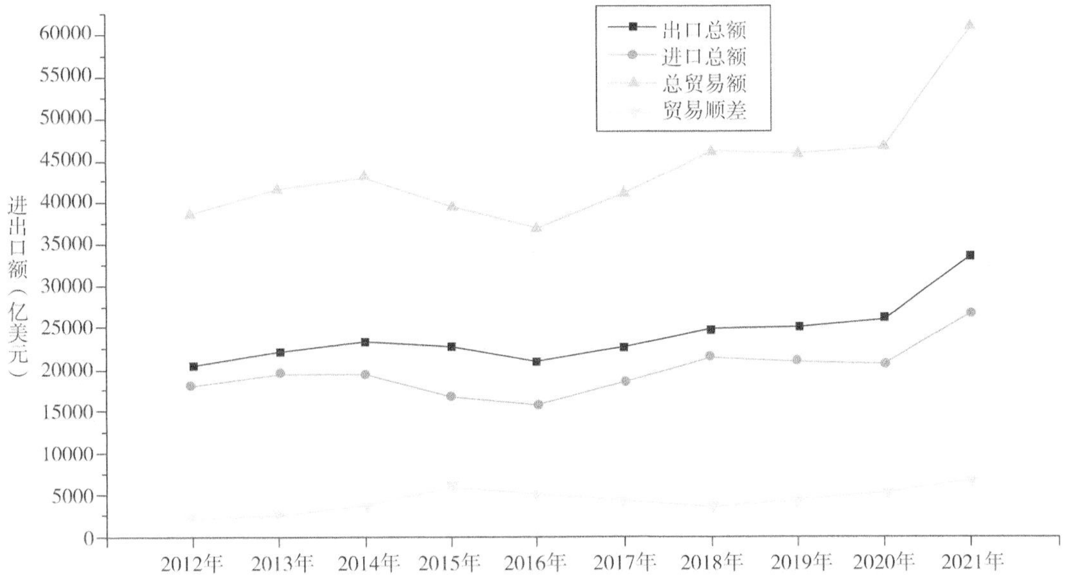

图 17-1　2012—2021 年中国对外贸易规模变化

增长 32.1%，外贸综合服务企业超过 1500 家，海外仓数量超过 2000 个。实际使用外资规模再创新高，达 11493.6 亿元，增长 14.9%。其中，服务业实际使用外资 9064.9 亿元，增长 16.7%，占比较上年提高 1.2 个百分点至 78.9%。高技术产业实际使用外资增长 17.1%。对外投资合作保持平稳发展，全行业对外直接投资 9366.9 亿元，增长 2.2%。对“一带一路”沿线国家非金融类直接投资 1309.7 亿元，增长 6.7%。对外承包工程业务完成营业额 9996.2 亿元，下降 7.1%。对外劳务合作年末在外各类劳务人员 59.2 万人①。

2. 贸易结构不断优化

伴随着对外贸易规模的增长，中国的贸易结构也在不断优化。在货物贸易中，传统劳动密集型产品所占的比重不断减小，取而代之的是高新技术产品比重的快速增长。从出口结构看，机电产品和高新技术产品已经成为我国对外出口的主要产品之一。2021 年机电产品出口 12.8 万亿元，增长 20.4%，占出口总额的 59.0%，其中笔记本电脑、手机、家用电器、汽车增长速度最快。纺织品、服装、鞋类、箱包、玩具、家具、塑料制品七大类劳动密集型产品合计出口 3.9 万亿元，增长 10.3%，占出口总额的 18.1%。医药材及药品出口增长 101.2%。从进口结构来看，机电产品和高新技术产品占比同样最高。2021 年机电产品进口 7.4 万亿元，增长 12.2%，占进口总额的 42.4%，其中集成电路进口增长 15.4%。高新技术产品进口 5.4 万亿元，增长 14.7%（商务部国际贸易经济合作研究院，2022）。而在对外贸易结构中，我国的服务业贸易发展落后于货物贸易，服务业进出口逆差较高。但伴随着国内生产消费升级，服务快速发展，我国的服务业出口也呈现出稳步增长的态势。2021 年我国服务贸易持续快速增长，服

① 数据来源：国家统计局数据，https：//data.stats.gov.cn/.

务进出口总额达 52982.7 亿元，服务贸易逆差缩窄到 2112.7 亿元，充分体现了我国在服务贸易领域结构调整、出口竞争力提升等方面取得的积极成效①。

3. 贸易伙伴趋于多元

加入世贸组织以来，中国的对外贸易伙伴也由原来的依赖欧、美、日、韩向国际多元化的方向转变。2021 年，中国对前五大贸易伙伴东盟、欧盟、美国、日本和韩国的进出口额分别为 5.7 万亿、5.4 万亿、4.9 万亿、2.4 万亿和 2.3 万亿元，共占对外贸易总额的 52.8%，同比下降 1.5 个百分点。而在“一带一路”倡议的稳步推进下，与“一带一路”沿线国家的外贸比重开始上升，外贸伙伴开始多元化。2021 年，中国对“一带一路”沿线国家的进出口总额为 11.6 万亿元，占中国对外货物贸易总额的 29.7%，同比增长 0.6%。其中，“一带一路”重要合作伙伴东盟国家已经成为中国第一大贸易伙伴。中国与东盟国家的货物贸易总额占比由 2002 年的 8.8%增长至 2021 年的 14.5%。此外，中国与南非、巴西、俄罗斯、印度等新兴市场间的贸易也在不断增长，贸易伙伴和朋友圈不断扩大（商务部国际贸易经济合作研究院，2022）。整体来看，我国与传统贸易伙伴、“一带一路”沿线国家、RCEP（区域全面经济伙伴关系协定）贸易伙伴进出口呈现出快速增长态势，伙伴遍布全球。这种多元化发展不仅有力促进了我国外贸的活力和潜力，同时也带动了其他国家经济和贸易的发展，为国际贸易和世界经济繁荣、稳定作出了重要贡献。

二、各省份对外贸易现状评价

（一）评价体系构建与数据选取

评价指标体系的设计是对外贸易发展评价研究的基础。在指标选择过程中，既要关注指标的代表性、科学性和指标之间的逻辑性，又要反映各个系统之间的相互作用和关系。在上述原则的指导下，本章研究在新发展理念指导下根据高质量发展要求，从创新、协调、绿色、开放、共享 5 个维度，构建评价指标体系，对各省份的对外贸易发展进行综合评价。在创新层面，评价指标注重的是发展动力问题，体现在对外贸易中出口产品创新和对经济发展的拉动作用。在协调层面，评价指标注重的是发展的平衡性问题，体现在对外贸易规模在区域中的分布情况。在绿色层面，评价指标注重的是生产与环境的和谐问题，体现在生产过程中单位 GDP 的污染物排放量。在开放层面，评价指标注重的是贸易发展与内外的联动问题，体现在对外贸易中进出口的规模。在共享层面，注重的是对外贸易对社会经济发展的刺激与平衡，体现在社会经济对外贸的依存度和人均覆盖度上。综合上述评价标准，结合对外贸易发展评价相关文献分析结果（曹俊文和雷清雅，2021；付文宇等，2021），从中选取近年来研究者使用频次

---

① 数据来源：中国政府网.2021 年我国服务贸易持续快速增长 服务进出口总额达 52982.7 亿元.http：//www.gov.cn/xinwen/2022-02/12/content_ 5673197.htm.

较高的指标，充分考虑数据的可获取性和连续性，并结合相关领域专家学者的意见，选择适当指标建立评价体系（见表 17-1）。

表 17-1 对外贸易发展质量评价指标体系

一级指标	二级指标	单位	数据来源
创新	X_1 规模以上工业企业新产品出口销售额	亿元	国家统计局网站
	X_2 贸易对 GDP 的拉动程度	%	公式计算
协调	X_3 外贸区域偏离系数	%	公式计算
	X_4 区域贸易规模占比	%	公式计算
绿色	X_5 单位 GDP 电力消费量	千瓦时/万元	公式计算
	X_6 单位 GDP 二氧化碳排放量	吨/万元	公式计算
开放	X_7 经营单位所在地进口总额	亿元	国家统计局网站
	X_8 经营单位所在地出口总额	亿元	国家统计局网站
共享	X_9 外贸依存度	%	公式计算
	X_{10} 人均外贸总额	亿元	国家统计局网站

根据所建立的评价指标体系，本研究对国家统计局网站（http://www.stats.gov.cn/tjsj/）各省份的年度数据进行整理。其中，单位 GDP 电力消费量=（耗电量/GDP）；单位 GDP 二氧化碳排放量=（二氧化碳排放量/GDP）；外贸依存度=（进出口总额/GDP）；人均外贸总额=（进出口总额/常住人口）；贸易对 GDP 的拉动程度=（外贸净出口增量/GDP 增量×GDP 的增长速度）；外贸区域偏离系数=（该省份进出口贸易总额占该省份 GDP 比重-全国进出口贸易总额占全国 GDP 比重）；区域贸易规模占比=（该省份对外贸易额占全国对外贸易额的比重）。本章研究选取 2012—2021 年的数据，以两年作为一个周期进行评价，所对应的指标按两年的平均值进行计算，共分为 2020—2021 年、2018—2019 年、2016—2017 年、2014—2015 年、2012—2013 年 5 个周期。本章研究以国家统计局网站发布的大陆 31 个省份为研究对象，香港特别行政区、澳门特别行政区和台湾地区不在本章研究涉及的区域内。

（二）研究方法

1. 熵权法

通过熵值计算来确定权重，并将数据都进行标准化处理，可在一定程度上避免主观因素的偏差，这种做法被广泛应用于社会经济等研究领域（Ding et al.，2015；Kim，2013；陈明星等，2009）。在信息论中，熵是系统无序程度的度量。某项指标的指标值变异程度越大，信息熵越小，该指标提供的信息量越大，该指标的权重也越大，反之该指标的权重越小（Shannon，1948）。熵值法计算步骤为：

（1）数据标准化处理

采用熵值法评价之前，需要消除指标单位不同对熵值的影响，因此需要对指标进行无量纲化处理。评价指标的大小对评价结果的影响有正负之分，指标值越大对系统发展越有利，如进、出口总额等，均采用正向指标计算方法。指标值越小对系统发展越有利，采用负向指标计算方法，如单位 GDP 电力、二氧化碳消耗等。

正向指标处理方法：

$$X_{ij}^{'} = \frac{X_{ij} - X_{\min}}{X_{\max} - X_{\min}} \tag{1}$$

负向指标处理方法：

$$X_{ij}^{'} = \frac{X_{\max} - X_{ij}}{X_{\max} - X_{\min}} \tag{2}$$

$X_{ij}^{'}$ 表示 j 项评价指标的第 i 个数值，$X_{\max}$ 和 $X_{\min}$ 分别为所有 j 项评价指标的最大值和最小值 。

（2）信息熵计算

信息熵是变量不确定程度的度量，信息熵越大变量的不确定性越强，同理反之。信息熵的计算方法如下：

a. 计算 j 项指标下第 i 个指标值的比重，P_{ij} ：

$$P_{ij} = X_{ij}^{'} / \sum_{i=1}^{m} X_{ij}^{'} \tag{3}$$

b. 计算 j 项指标的信息熵 e_j ：

$$e_j = -k \sum_{i=1}^{m} p_{ij} \ln p_{ij} \tag{4}$$

c. 计算 j 项指标的熵值冗余 g_j：

$$g_j = 1 - e_j \tag{5}$$

其中 $k = 1/\ln m$，m 为指标数量。

（3）指标权重计算

计 算 j 项指标的权重 W_j：

$$W_j = g_j / \sum_{j=1}^{n} g_j \tag{6}$$

2. 泰尔指数

本章研究用泰尔指数来衡量我国对外贸易发展的均等化水平和地区差异。泰尔指数（Theil Index）由荷兰经济学家 H. Theil 于 1967 在信息理论熵的概念上所提出，最早用于测度地区收入差距，后被广泛运用于区域经济差异研究（Griffith 等，2003；王少平和欧阳志刚，2007）。本章研究借助泰尔指数对中国对外贸易的发展质量演变的区域差异进行分析，从时间演变的视角来整体分析全国以及全国各区域的对外贸易发展不平衡性趋势。同时，通过计算各时间段内各区域对外贸易质量不平衡性在总体中的贡献率来对该差异进行细致深入的分析。具体计算方法如下：

泰尔指数 T 的计算公式：

$$T = \sum_{i=1}^{n} P_i \log \frac{P_i}{Y_i} \tag{7}$$

其中，n 为区域个数，Y_j 为 i 省份对外贸易质量占全国的比重，P_i 为 i 省份人口数占全国人口的比重。

区域间泰尔指数 T_{Bt} 计算公式：

$$T_{Bt} = \sum_{i=1}^{n} P_i \frac{Y_i}{\overline{Y}_t} \log \frac{Y_i}{\overline{Y}_t} \tag{8}$$

其中，$\overline{Y}_t$ 为全国各个省份 t 年的平均对外贸易发展质量。

区域内泰尔指数 T_{Wt} 计算公式为：

$$T_{Wt} = \sum_{i=1}^{m} P_{ji}(P_{ji} \sum \frac{Y_i}{\overline{Y}_{jt}} \log \frac{Y_i}{\overline{Y}_{jt}}) \tag{9}$$

其中，P_{ji} 为 j 区域内 i 省份人口占区域总人口比重，$\overline{Y}_{jt}$ 为 j 区域内所有省份的平均对外贸易发展质量。

中国整体的区域泰尔指数 T_t 计算公式为：

$$T_t = T_{Bt} + T_{Wt} \tag{10}$$

（三）评价结果分析

1. 指标权重计算结果

按照熵值法，对表 17-1 中相关指标权重进行计算，所得结果见表 17-2。可以看出，X_1 规模以上工业企业新产品出口销售额的指标权重最大，其次为 X_8 经营单位所在地出口总额、X_7 经营单位所在地进口总额，说明，进出口产品规模、产品的创新性是评判一个地区对外贸易发展质量的重要标准，另外，X_2 贸易对 GDP 的拉动程度、X_6 单位 GDP 二氧化碳排放量、X_5 单位 GDP 电力消费量的指标权重较低，说明上述指标对不同省份间的区分度不大，并不意味着绿色发展对于对外经贸发展的重要性低。

表 17-2　评价体系指标权重计算结果

一级指标	二级指标	信息熵值 e	信息效用值 d	权重（%）	指标属性
创新	X_1	0.773	0.227	21.722	正向
	X_2	0.994	0.006	0.536	正向
协调	X_3	0.99	0.01	0.976	负向
	X_4	0.828	0.172	16.487	正向
绿色	X_5	0.992	0.008	0.727	负向
	X_6	0.995	0.005	0.524	负向

续表

一级指标	二级指标	信息熵值 e	信息效用值 d	权重（%）	指标属性
开放	X7	0.822	0.178	17.09	正向
	X8	0.815	0.185	17.742	正向
共享	X9	0.911	0.089	8.519	正向
	X10	0.836	0.164	15.676	正向

2. 综合评价结果

在求得对外贸易发展质量评价体系的指标权重 W_j 之后，我们将 2012—2021 年按照 2 年间隔，分为 5 个时期，每个时期对不同省份 i 的指标 j 分别求其无量纲后的平均值 $\bar{X}'_{ij}$，按照下列公式求得对应的评价值。

$$A_i = \sum_{j=1}^{n} W_j \times \bar{X}'_{ij} \tag{11}$$

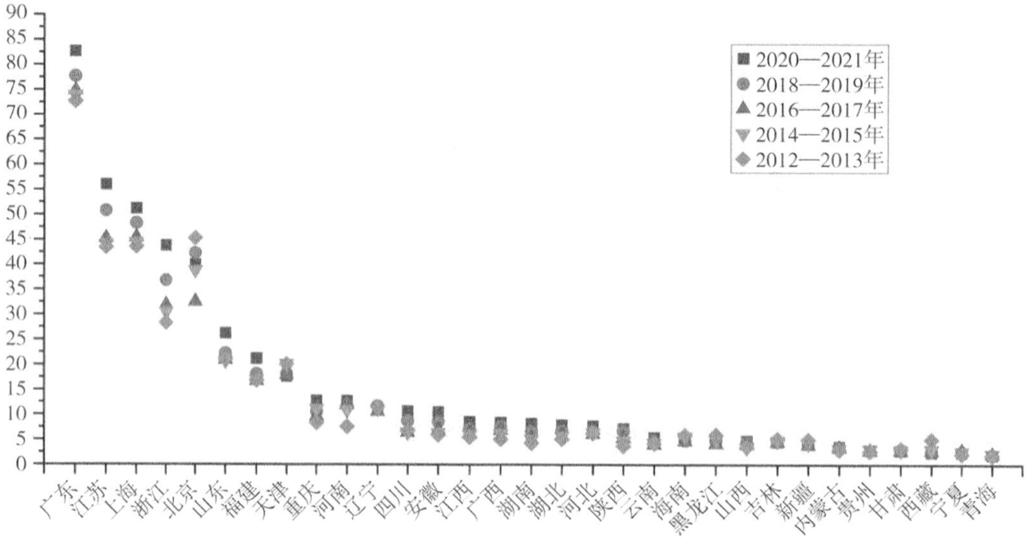

图 17-2　2012—2021 年中国各省份对外贸易发展评价结果

如图 17-2 所示，广东省、江苏省、上海市为对外贸易发展质量最高的 3 个地区，2012—2021 年，3 个地区的平均得分分别为 76.39 分、48.95 分和 46.62 分，其中广东省 2020—2021 年得分最高，为 82.71 分。青海省、宁夏回族自治区、西藏自治区为对外贸易发展质量最低的 3 个地区，2012—2021 年，3 个地区的平均得分分别为 2.00 分、2.52 分和 3.18 分，其中青海省 2012—2013 年得分最低，为 1.94 分。

3. 分级评价结果

根据求得的指标权重，本章研究又对不同省份在创新、协调、绿色、开放、共享 5 个维度下的得分进行计算，来对比不同省份对外贸易发展中所存在的短板。

由图 17-3 可得，广东省、江苏省、浙江省为对外贸易发展中创新度最高的 3 个地区，2012—2021 年，3 个地区的平均得分分别为 16.08 分、11.05 分和 7.30 分，其中广东省 2020—2021 年得分最高，为 22.00 分。青海省、西藏自治区和海南省为对外贸易发展中创新度最低的 3 个地区，2012—2021 年，3 个地区的平均得分分别为 0.24 分、0.24 分和 0.25 分，其中青海省 2012—2013 年得分最低，为 0.22 分。

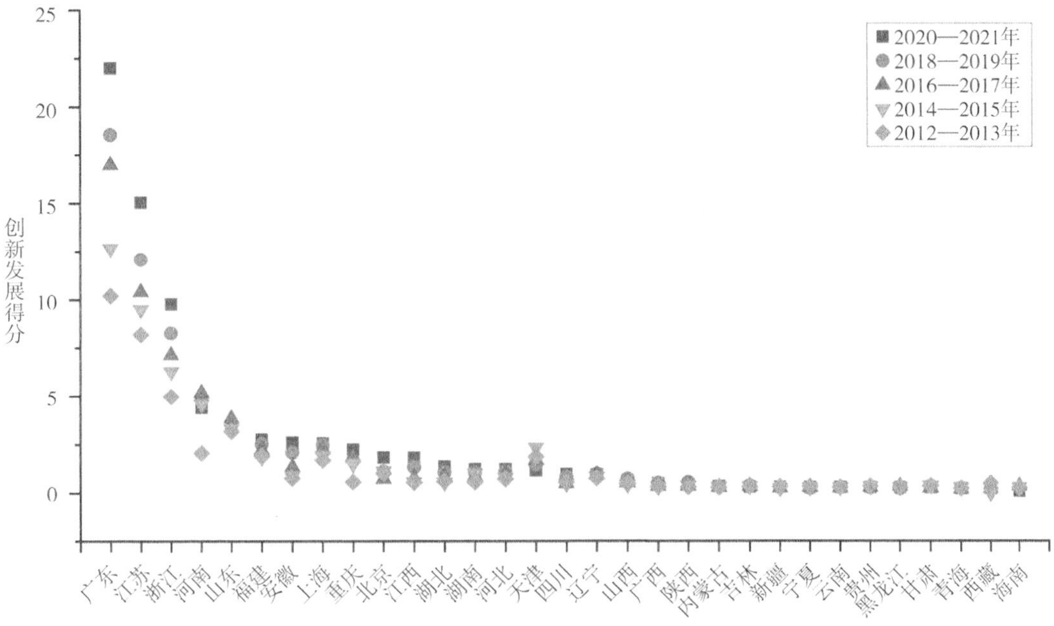

图 17-3　2012—2021 年中国各省份对外贸易发展创新度评价得分

由图 17-4 可得，广东省、江苏省、浙江省为对外贸易发展中协调度最高的 3 个地区，2012—2021 年，3 个地区的平均得分分别为 15.76 分、9.35 分和 6.39 分，其中广东省 2012—2013 年得分最高，为 16.66 分。西藏自治区、青海省和宁夏回族自治区为对外贸易发展中协调度最低的 3 个地区，2012—2021 年，3 个地区的平均得分分别为 0.90 分、0.94 分和 0.95 分，其中西藏自治区 2012—2013 年得分最低，为 0.85 分。

由图 17-5 可得，北京市、西藏自治区和上海市为对外贸易发展中绿色度最高的 3 个地区，2012—2021 年，3 个地区的平均得分分别为 1.23 分、1.22 分和 1.21 分，其中北京市 2020—2021 年得分最高，为 1.25 分。宁夏回族自治区、青海省和新疆维吾尔自治区为对外贸易发展中绿色度最低的 3 个地区，2012—2021 年，3 个地区的平均得分分别为 0.43 分、0.56 分和 0.74 分，其中宁夏回族自治区 2012—2013 年得分最低，为 0.09 分。

由图 17-6 可得，广东省、江苏省和上海市为对外贸易发展中开放度最高的 3 个地区，2012—2021 年，3 个地区的平均得分分别为 32.01 分、18.28 分和 15.86 分，其中广东省 2020—2021 年得分最高，为 34.83 分。青海省、西藏自治区和宁夏回族自治区为对外贸易发展中开放度最低的 3 个地区，2012—2021 年，3 个地区的平均得分分别为 0.02 分、0.03 分和 0.09 分，其中西藏自治区 2020—2021 年得分最低，为 0.01 分。

由图 17-7 可得，上海市、北京市和广东省为对外贸易发展中共享度最高的 3 个地区，2012—2021 年，3 个地区的平均得分分别为 20. 17 分、17. 84 分和 11. 38 分，其中上海市 2020—2021 年得分最高，为 21. 72 分。青海省、贵州省和甘肃省为对外贸易发展中共享度最低的 3 个地区，2012—2021 年，3 个地区的平均得分分别为 0. 24 分、0. 36 分和 0. 53 分，其中青海省 2020—2021 年得分最低，为 0. 07 分。

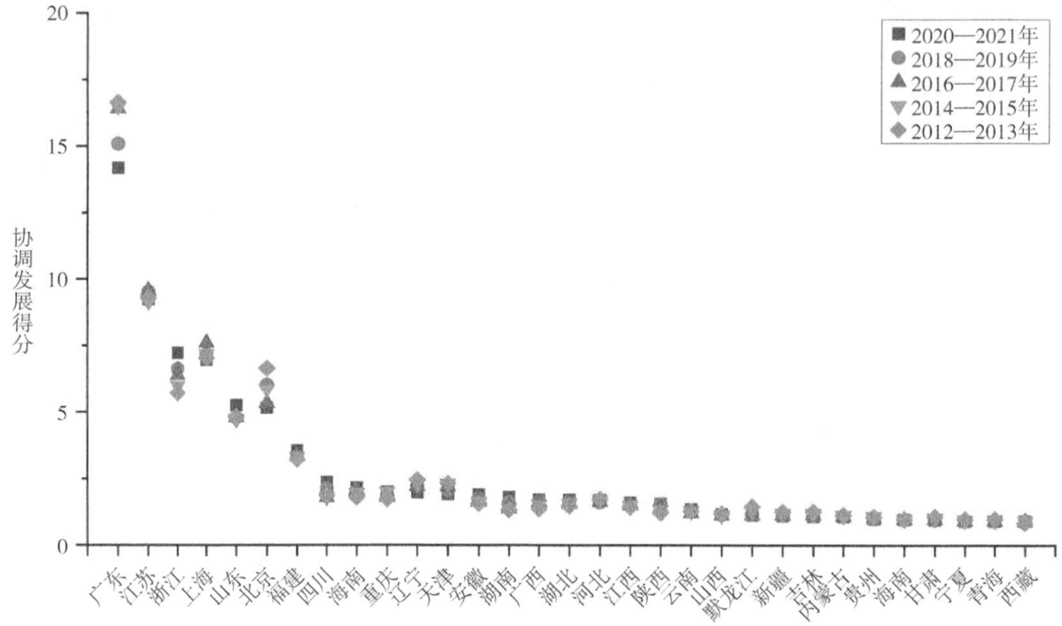

图 17-4　2012—2021 年中国各省份对外贸易发展协调度评价得分

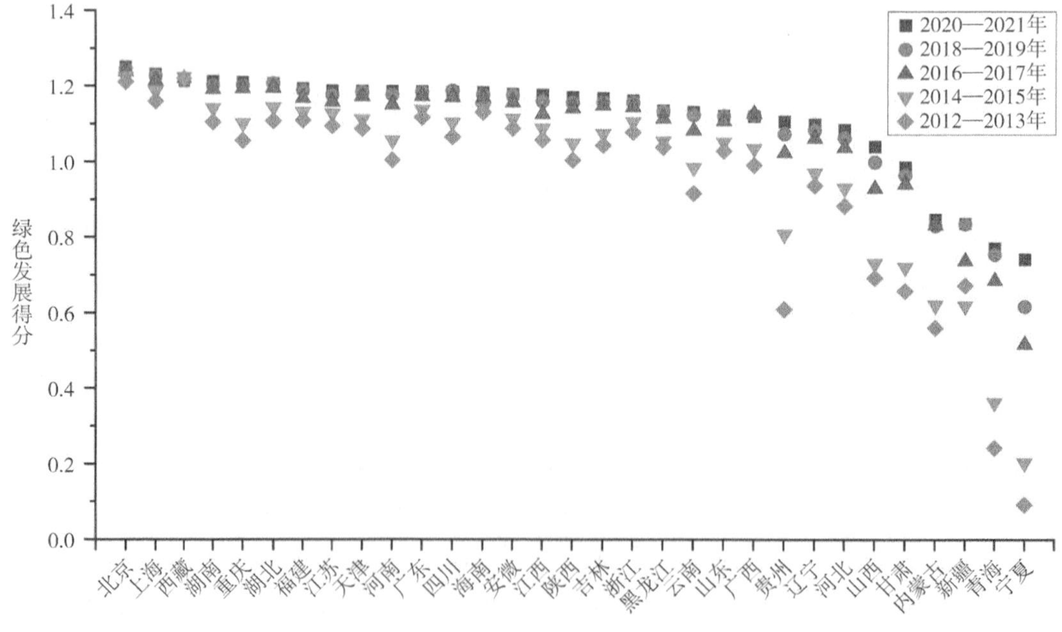

图 17-5　2012—2021 年中国各省份对外贸易发展绿色度评价得分

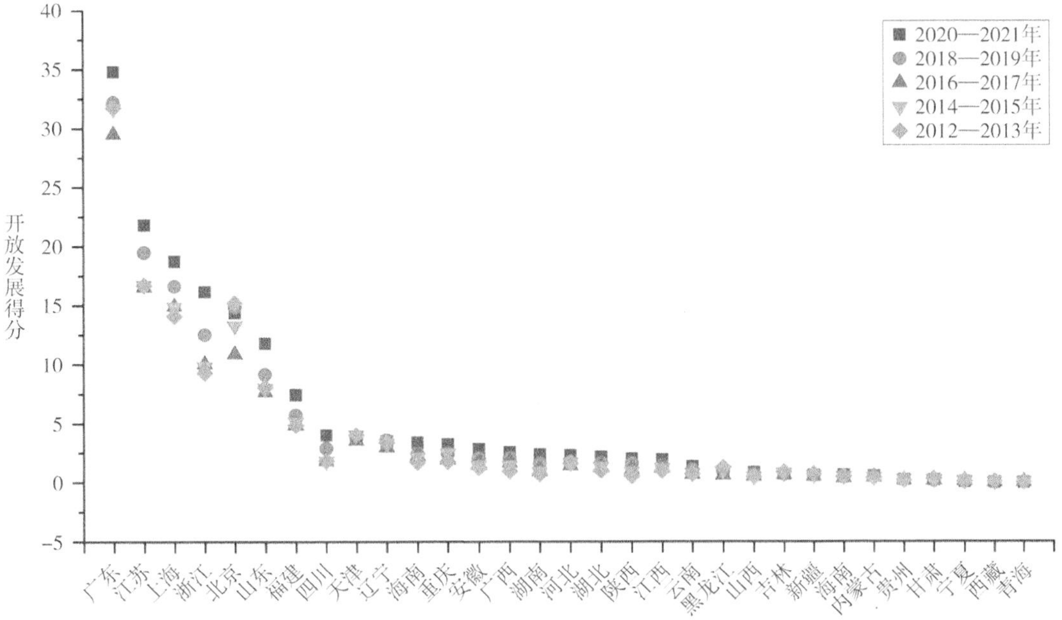

图 17-6 2012—2021 年中国各省份对外贸易发展开放度评价得分

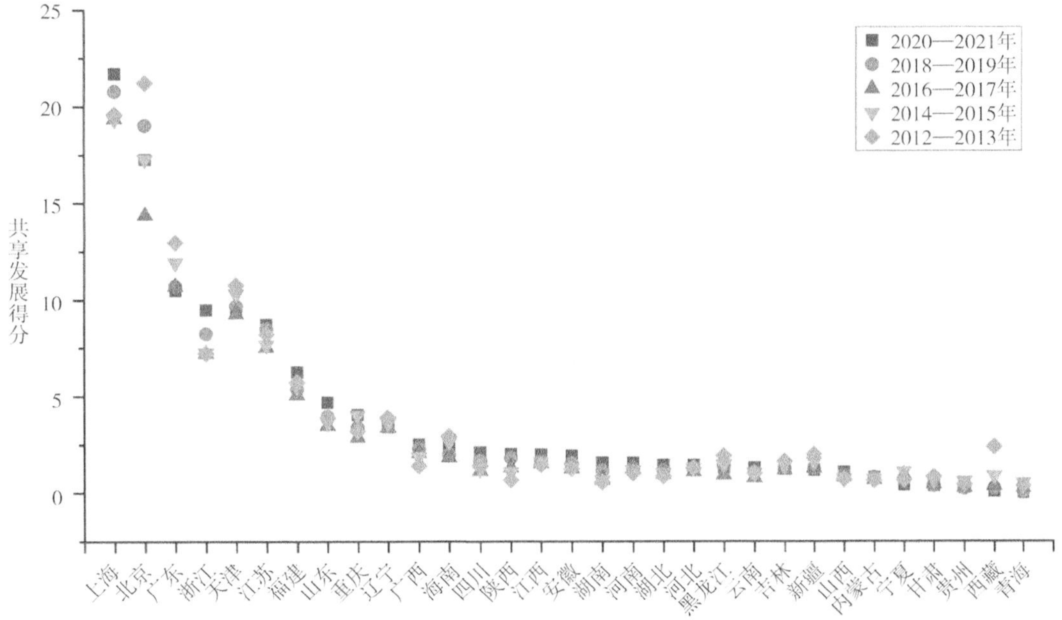

图 17-7 2012—2021 年中国各省份对外贸易发展共享度评价得分

三、对外贸易投资的地区差异与主要问题

（一）对外贸易演变的时空特征

评价结果表明，党的十八大以来，我国多数省份的对外贸易发展质量稳步提升，广东省增长最快，发展质量增长了13.7%。北京市、天津市、西藏自治区、黑龙江省、新疆维吾尔自治区、海南省、辽宁省出现了下降态势，西藏和北京降幅最大，其中西藏自治区相比2012—2013年发展质量下降了51.4%。

整体来看，我国对外贸易的区域发展水平差异较大。东部地区的发展质量要远高于中部地区、西部地区和东北地区。广东、江苏、上海、浙江等沿海地区是我国对外贸易发展质量较高的区域，青海、甘肃、宁夏、西藏等西部地区整体发展水平较差。东部地区省份经济发达、区位优势明显，区域内部坐拥大量的高端技术人才和贸易公司，使得其产品在全球价值链中处于中上游位置，并且东部地区拥有良好的政策和制度基础，便利了对外贸易企业的运营流程，对促进对外贸易的快速发展产生了积极作用。中部地区虽然对外贸易质量低于东部地区，但近年来受到产业专业和中部崛起政策的支持，以及“一带一路”对外开放的深入发展的影响，对外贸易质量有了较快的提升。西部地区则主要在重庆、四川对外贸易发展带动下，平均发展质量有所增长，但西部省份在对外贸易竞争中仍处于劣势。东北地区虽然工业基础雄厚，但近年来人口流失严重，人才和创新性产品的初步不足，造成了整体对外贸易发展质量的下降。2012—2021年，对外贸易发展质量增长较高的地区仍然分布在东南沿海省份。因此，在可预见的时期内，东西部间的对外贸易发展水平差异仍会进一步拉大。

表17-3　2012—2021年不同地区对外贸易发展质量变化

地区	2020—2021年	2018—2019年	2016—2017年	2014—2015年	2012—2013年
东部地区	32.77	30.34	27.56	27.99	28.05
中部地区	8.77	7.51	6.59	6.23	5.33
西部地区	5.28	4.77	4.24	4.50	4.30
东北地区	5.99	6.20	5.61	6.05	6.40

（二）对外贸易发展空间差异分解

借助泰尔指数的计算方法，本章研究对全国以及四大经济区的总体差异、区域差异和区间差异进行了分析，结果见表17-4。

表 17-4 2012—2021 年中国外贸易泰尔指数分解

时期	全国	东部	中部	西部	东北	区域内		区域间	
	T_P	T	T	T	T	T_{Wt}	贡献率	T_{Bt}	贡献率
2012—2013 年	3.59	2.39	1.02	1.98	1.26	2.2	56.12%	1.39	42.03%
2014—2015 年	3.49	2.42	1.09	2.14	1.2	2.13	58.97%	1.36	41.12%
2016—2017 年	3.64	2.47	1.05	2.01	1.21	2.29	60.10%	1.35	41.36%
2018—2019 年	3.60	2.51	1.11	1.87	1.34	2.23	59.62%	1.37	42.07%
2020—2021 年	3.68	2.49	1.21	2.08	1.3	2.31	61.02%	1.37	43.06%

由表 17-4 可以看出，2012—2021 年，中国对外贸易发展质量的总体泰尔指数呈现了波动中上升的趋势，说明全国对外贸易发展差异整体上在逐步扩大。区域内泰尔指数呈现出一定的增长趋势，说明在地区内部各个省份间的发展差异也在逐步扩大。区域间泰尔指数则呈现了一定的下降趋势，说明不同地区间的发展差异有所减小，但这主要是因为中部、西部和东北地区间的整体差异缩小所致，东部地区与其他区域的差异仍在逐步扩大。2020—2021 年，总体的泰尔指数有较大增长，也说明了在新冠肺炎疫情的影响下，东部地区与其他地区的对外贸易发展差异进一步扩大。通过对四大经济区域的泰尔指数进行对比，发现东部地区的内部发展差异最大，且 20 年间，这一差异的扩大速度也最高，因此，对于东部地区来说，未来其对外贸易发展的首要任务是促进区域内的发展平衡。中部地区和东北的泰尔指数整体较低，发展差异最小，这也是由于中部省份的经济发展水平相近导致的，因此对于中部和东北省份来说，未来如何做好区域内部资源配置和区域间的资源承接，是其对外贸易发展的首要任务。西部地区的泰尔指数整体较高，这也是受到区域内不同省份间发展差异较大所致，重庆在西部省份中对外贸易发展一枝独秀，在未来如何进一步发挥川渝经济圈对西部省份的辐射和拉动作用，是西部地区对外贸易发展需要解决的主要问题。

（三）对外贸易发展存在的主要问题及原因

1. 地区间发展不平衡问题突出

研究结果表明，党的十八大以来，我国对外贸易发展保持了高速增长的态势，但不同地区间的发展水平参差不齐（张红霞，2012）。整体来看，东部沿海地区要高于其他区域，西部地区的发展水平整体较低。造成这种现象的原因主要有以下几点：一是区位因素影响，在当前的国际贸易体系中，海洋运输因其巨大的运量和较低的价格仍然是主要的交通方式之一。我国东部沿海地区位于国际贸易主航道上，区位优势明显，优良港口众多，因此在对外贸易中可以占得先机。二是早期国家政策的倾斜，尤其是改革开放以后我国设立的 14 个沿海开放城市和 4 个经济特区全部位于东部沿海地区，在一系列利好政策的加持下，东部地区的外资引进和对外贸易发展起步最早，其他区域发展就相对滞后。三是产业基础差异，我国东部地区产业发展基础较好，人口密度大，劳动力丰富，工业发展迅速，因此在加入世贸组织后能够较早承接国际产业转移，为中国的制造业和对外出口发展奠定了基础。在当前我国产业技术升级的浪潮中，东部地区在原有工业发展基础的加持下，对外加工贸易技术不断优化，创新型产品不断涌现，在国际贸易竞争的舞台中也占据了优势。因此，在多重因素的影响下，我国地区间的对外贸易不平衡问题就更加突出。

2. 对外贸易结构有待进一步优化

研究结构表明，党的十八大以来，我国各个地区对外贸易的绿色发展度有较大的提升，区域间差异进一步缩小，同时，创新发展度的差距被进一步拉大，这也体现出技术革新和产品升级对外贸发展的重要性（张毅和夏敏，2022）。在当前的对外贸易货物中，资本和技术密集型产品占据主导优势，主要涉及化工产品、机械及电气设备、车辆等生产出口，由于部分核心技术及零部件仍依赖进口，因此在国际竞争中占据不利地位（刘玹泽等，2016）。在对外贸易中，我国的服务业出口发展滞后，与货物贸易尚未形成良性互动，尤其是知识技术密集型服务贸易产业出口处于较大的逆差状态。劳动密集型商品作为我国出口的主要产品之一，在疫情和国际局势的影响下，正出现逐步外迁的趋势，加之产业结果升级，未来一段时间内我国的劳动密集型产品出口将会出现“阵痛”。另外，我国的贸易伙伴有待进一步优化，随着我国综合实力的不断提升，我们的“朋友圈”也在逐渐扩大，但需要注意的是，当前我国的主要贸易伙伴仍然过于集中，对于新兴市场的开拓需要进一步加强。

3. 对外贸易的抗风险性需要加强

首先，百年变局和世纪疫情交织叠加，国际商品和要素的流动受阻，加之发达经济体政策外溢持续影响，国际贸易的外部需求不确定性增强（盛斌，2019）。其次，全球化遭遇逆流，地缘冲突加剧，单边主义、贸易保护主义、霸权主义愈演愈烈，国际化的多边贸易体制面临严峻挑战，贸易壁垒增多，贸易摩擦加剧。再次，国际产业链供应链运行不畅，世界经济复苏脆弱乏力，在全球通胀高位运行，主要经济体货币政策变化外溢风险上升，全球产业链供应链面临重塑，区域化、本土化趋势更加明显。最后，能源、粮食、关键技术、零部件等主要贸易的安全水平有待提升，应对贸易新议题挑战的能力需加快培育，外贸高质量发展风险防控体系需不断完善。因此，中国外贸发展环境的复杂性、严峻性、不确定性上升。加之国内要素成本持续上升，资源环境承载能力达到瓶颈，外贸传统竞争优势弱化，我国对未来对外贸易的抗风险韧性亟须加强。

四、发展展望与对策分析

（一）对外贸易发展的前景分析

1. 对外贸易规模稳中有涨

从长远发展来看，中国货物出口的世界份额将基本保持稳定，货物进口和服务贸易的世界份额将稳步提升。疫情之下，中国因为疫情控制得好，生产恢复得好，出口份额稳步提升，当前的出口份额已经达到14%。但一个国家在世界市场的份额不可能一直增加。世界市场份额稳定对中国外贸增速的含义是中国出口增速基本与世界贸易增速一致。但由于中国货物进口和服务贸易发展的较大潜力，它们占世界的份额会不断提升。

2. 对外贸易的产业结构进一步优化

在高质量发展的背景下，中国外贸的发展趋势整体向好，发展质量与外贸规模增长并驾齐驱。外贸提升发展质量有助于中国在国际市场获得更高的附加值。但是，因为有助于创造就业，劳动密集型产业仍需要保持一定比重。中国的“地广、人多、制造业比重较高”有助于实现这一目标。从不同评价体系的发展水平来看，创新度、协调度的区域间差异最高，广东的得分远高于其他省份。绿色发展度的区域间差异最低，中西部地区，20年的得分快速增长，已大大缩小了与沿海地区的差距，说明绿色发展理念已经深入人心，传统的粗放型外贸经济增长模式正逐渐衰落。

3. 中国参与国际贸易规则的制定能力越来越强

“入世”20年来，中国不仅因参与经济全球化而日渐繁荣富强，也为推动全球贸易便利化作出了很多贡献。特别是党的十八大以来，中国参与国际事务水平、国家软实力和争取国际话语权等方面都有很大进步。同时，国家的发展又是我们今天在国际组织、国际事务中地位提升的基础。这些年来，中国在反恐、环保、粮食安全、科技创新、贸易便利等国际事务和全球性议题上，越来越多地发出“中国声音”，贡献“中国智慧”，得到越来越多的国家和代表的认可。随着综合国力的增强、贸易大国地位的建立，中国在国际会议上提出的建议越来越受重视和被采纳。

（二）对外贸易发展的对策建议

1. 扩大内陆地区对外开放，促进形成“双循环”发展格局

“一带一路”建设为中西部地区的发展带来了新的机遇。尤其是丝绸之路经济带建设，为我国广大的中西部省份开拓了广阔的海外市场。应继续依托丝绸之路经济带建设和亚欧大陆桥通道的连接，强化与沿线国家的经贸往来，不断扩大开放格局。在这一过程中，还应推进东部发达省份产业向西转移，促进东西部地区在对外贸易生产环节的互动，形成国内产业链的良性循环。在做好国内循环的同时，促进国内生产与国际产业链条的衔接，做好国际贸易的良性循环。最终实现国内循环为主、国际国内互促的双循环发展新格局。

2. 优化进出口结构，推动优势产业高质量发展

在对外贸易中，要突出“创新、协调、绿色、开放、共享”的新发展理念，不断优化进出口贸易结构。首先，加大对高附加值、高技术含量的资本，以及技术密集型产业的政策扶持，增加工业制成品出口，逐步缩减对初级产品出口，发挥高附加值产品出口对产业结构的优化提升作用。其次，大力发展高端服务业，在政策层面应加强对知识、技术和信息密集型服务业的贸易保护，提高企业自主研发能力，大力推动知识技术密集型服务产业发展。最后，利用当前我国技术优势和产业积累，在数字经济、

人工智能、新能源技术等领域扩大发展优势，树立行业标杆，在“双循环”过程中着力推动产业升级和技术革新，促进优势产业的高质量发展，不断提升我国对外贸易抗击国际风险的能力。

3. 拓展多元贸易格局，积极参与国际贸易规则制定

在当前瞬息万变的国际局势下，贸易对象固化会加剧本国的宏观经济风险。因此，要不断促进开放格局，强化多元发展的目标。在巩固原有贸易合作伙伴关系的同时，积极开拓新兴市场，借助“一带一路”建设，加速推进沿线自贸区建设，构建更为积极的多元贸易合作格局。同时，要积极发挥大国影响力，有针对性地参与制定地区和全球的贸易规则，如人民币结算规则、碳交易规则等，提升我国在国际贸易市场上的话语权。对内也要加强战略性产业的政策扶持力度，增强国内产业应对外部冲击的能力。

（作者简介：任航，男，博士，南京邮电大学人口研究院、高质量发展综合评估研究基地副研究员，主要从事城市人口、经济地理相关研究。）

参考文献

[1] SONG L, ZHOU Y. The COVID - 19 pandemic and its impact on the global economy: what does it take to turn crisis into opportunity? [J]. China & World Economy, 2020, 28 (4): 1-25.

[2] 王铁山，张青. 新冠肺炎疫情对我国外贸企业的影响及应对措施［J］. 经济纵横，2020，412 (3): 29-35.

[3] 佟家栋，何欢，涂红. 逆全球化与国际经济新秩序的开启［J］. 南开学报（哲学社会科学版），2020，24 (2): 9.

[4] 张茉楠. “双循环”是开放型经济新体制的全面升级［J］. 金融与经济，2020，520 (11): 1.

[5] 吴君民，徐刘阳. 新冠全球大流行背景下中国对外贸易的风险与对策探讨［J］. 理论探讨，2020 (5): 17-22.

[6] 彭波，韩亚品. 新冠肺炎疫情对中国产业链的影响及应对［J］. 国际商务财会，2020 (4): 3-5+10.

[7] 于震. 新冠肺炎疫情对中小微外贸企业的影响及对策［J］. 江苏商论，2020 (3): 41-43+47.

[8] 普麟舒. 我国对外贸易风险现状分析与对策［J］. 现代商业，2018 (2): 161-162.

[9] 连平，常冉. 碳中和对我国外贸的挑战与对策［J］. 新金融，2022 (1): 4-9.

[10] 袁新涛. “一带一路”建设的国家战略分析［J］. 理论月刊，2014 (11): 5-9.

[11] 李晓，李俊久. “一带一路”与中国地缘政治经济战略的重构［J］. 世界经济与政治，2015 (10): 30-59+156-157.

[12] 刘卫东，DUNFORDM，高菠阳. “一带一路”倡议的理论建构——从新自由主义全球化到包容性全球化［J］. 地理科学进展，2017，36 (11): 1321-1331.

[13] 宋国友. “一带一路”战略构想与中国经济外交新发展［J］. 国际观察，2015 (4): 22-34.

[14] 傅梦孜，徐刚．“一带一路”：进展、挑战与应对 [J]．国际问题研究，2017 (3)：87-96+126.

[15] 商务部国际贸易经济合作研究院．中国对外贸易形势报告 [EB/OL]．[2022-09-24] chrome-extension：//ibllepbpahcoppkjjllbabhnigcbffpi/https：//www. caitec. org. cn/upfiles/file/2022/6/20220613112029503. pdf.

[16] 曹俊文，雷清雅．新发展理念下我国对外贸易高质量发展评价 [J]．统计与决策，2021，37 (15)：100-104.

[17] 付文宇，赵景峰，李彦．中国对外贸易高质量发展的测度与评价 [J]．统计与决策，2021，37 (22)：130-134.

[18] DING L，ZHAO W，HUANG Y，et al. Research on the coupling coordination relationship between urbanization and the air environment：A case study of the area of Wuhan [J]．Atmosphere，2015，6 (10)：1539-1558.

[19] 陈明星，陆大道，张华．中国城市化水平的综合测度及其动力因子分析 [J]．地理学报，2009，64 (4)：387-398.

[20] SHANNON C E. A Mathematical Theory of Communication [J]．Bell System Technical Journal，1948，27 (4)：623-656.

[21] 王少平，欧阳志刚．我国城乡收入差距的度量及其对经济增长的效应 [J]．经济研究，2007，42 (10)：44-55.

[22] GRIFFITH D A，WONG D W S，WHITFIELD T. Exploring relationships between the global and regional measures of spatial autocorrelation [J]．Journal of Regional Science，2003，43 (4)：683-710.

[23] 张红霞．对外贸易差异影响地区经济差距的作用机制 [J]．中国商贸，2012 (11)：223-224+226.

[24] 张毅，夏敏．新时期中国对外贸易绿色高质量发展思考 [J]．价格月刊，2022 (2)：78-83.

[25] 刘玹泽，金深帆，王曙光．新常态视角下中国对外贸易结构变迁及其问题与挑战 [J]．商业经济研究，2016 (8)：154-156.

[26] 盛斌．“稳中求进”与中国对外贸易基本面 [J]．人民论坛・学术前沿，2019 (10)：28-33.

第十八章　人类命运共同体理念下的中国对外援助经验与展望

摘　要： 党的十八大以来，习近平总书记着眼全球人类前途命运和共同利益，提出要构建人类命运共同体。对外援助作为中国国际政治外交和经济合作的重要工具，在人类命运共同体理念的引领下，对外援助范围逐步扩大，援助资金逐步提高，援助形式更加多样化。中国对外援助不仅帮助受援国改善民生，发展经济，提升受援国自身发展能力，同时在提升中国自身国际形象和国际影响力方面也取得了显著的成效。展望未来，中国对外援助应继续在力所能及范围内，在助力构建人类卫生健康共同体，推动落实联合国2030年可持续发展议程，提升国际合作发展能力等方面积极贡献中国力量、中国智慧和中国方案，携手其他国家共同构建人类命运共同体。

一、引言

对外援助不仅是中国国际政治外交和经济合作的重要工具，也是提升自身国际形象和国际影响力的重要手段。在人类命运共同体理念指引下，作为世界上第一大发展中国家，中国一直以来始终秉持国际主义和人道主义精神，以实际行动，积极支持其他发展中国家谋求发展，改善民生的事业，携手各国共同应对全球性危机与挑战。本章首先梳理了人类命运共同体理念提出的时代背景与发展历程，其次回顾历史阶段中国对外援助情况并深入分析党的十八大以来中国对外援助国家和地区分布情况、中国对外援助金额和类型，以及中国对外援助行业与援助实施方式，最后对党的十八大以来中国对外援助作出的总体贡献进行评价并对未来发展方向进行展望。

当今世界正在发生复杂而又深刻的变化，全球政治多极化、经济全球化、文化多样化和社会信息化潮流不可逆转。面对世界百年未有之大变局和新冠肺炎疫情全球大流行，世界各国相互依存的关系越来越紧密，各国人民共同对和平与发展的渴望越来越迫切，国与国之间的命运共同体越来越被各国所认可。2012 年 11 月党的十八大明确提出要倡导“人类命运共同体”意识，要在追求本国利益时兼顾他国合理关切，在谋求本国发展中促进各国共同发展。人类命运共同体的提出有其时代必要性，体现了世界各国相互依存的国际权力观、共同利益观、可持续发展观以及全球治理观。2015 年习近平主席出席博鳌亚洲论坛曾提出通过迈向亚洲命运共同体，推动建设人类命运共同体的倡议。同年 9 月，习近平主席在纽约联合国总部出席第 70 届联合国大会一般性辩论时，第一次在联合国系统阐述了人类命运共同体理念。习近平主席指出要继承和弘扬联合国宪章的宗旨和原则，构建以合作共赢为核心的新型国际关系，打造人类命运共同体，并宣布中国决定出资成立中国-联合国和平与发展基金，率先组建常备建制维和警队，同时决定向非盟提供总额为1亿美元的无偿军事援助。2017年1月，习近平主席在联合国日内瓦总部提出了构建人类命运共同体理念，宇宙只有一个地球，人类共有一个家园。同年，习近平总书记在党的十九大报告中再次提出倡导构建人类命运共同体，促进全局治理体系变革。2018年3月，第十三届全国人民代表大会第一次会议通过的宪法修正案，将推动构建人类命运共同体纳入宪法序言。同年4月，习近平主席在博鳌亚洲论坛主旨演讲中指出，推动构建人类命运共同体的倡议是顺应历史潮流，有助于增进人类福祉。2018年底，在庆祝改革开放40周年大会上，习近平总书记强调必须坚持扩大开放，不断推动共建人类命运共同体。2019年10月，党的第十九届四中全会提出要坚持和完善独立自主的和平外交政策，推动构建人类命运共同体。2021年9月21日，习近平主席以视频方式出席第七十六届联合国大会一般性辩论并发表题为《坚定信心 共克时艰 共建更加美好的世界》的重要讲话，并就全球发展提出倡议，要关注发展中国家特殊需求，通过缓债、发展援助等方式支持发展中国家尤其是困难特别大的脆弱国家，要着力解决国家间和各国内部发展不平衡、不充分问题。为加快落实联合国2030年可持续发展议程，推动构建全球发展命运共同体，习近平总书记提到中国已宣布未来3年内将再提供30亿美元国际援助，用于支持发展中国家抗疫和恢复经济社会发展（新华社，2021）。

二、中国对外援助历史与现状

（一）新中国成立以来对外援助历史

对外援助是国际关系中重要的经济现象。对外援助既是中国重要的外交手段，也是中国履行国际义务的重要内容。中国作为世界上最大的发展中国家，新中国成立后，中国始终秉持国际主义和人道主义精神，支持其他发展中国家改善民生、谋求发展的事业。从中国对外援助的历史来看，中国对外援助的历程主要分为三大阶段：新中国成立至改革开放前的探索阶段（1949—1978年），改革开放后至党的十八大之前的调整阶段（1979—2011年）以及党的十八大新时代以来的创新阶段（2012年至今）。

新中国成立初期，中国的对外援助在“一边倒”的外交政策以及无产阶级国际主义和统一战线的思想影响下，1950年中共中央作出重要指示，要用一切可能的方法援助亚洲各被压迫民族中的共产党和人民去争取他们的解放，这既是国际责任也是在国际上巩固中国革命胜利的重要方法之一（于涌泉，2016；张郁慧，2006）。中国在自身经济还不富裕的情况下，在亚洲的主要援助对象是社会主义国家越南、朝鲜和巴基斯坦。中国通过军事、经济、技术和人力等援助方式，帮助越南和朝鲜抵抗帝国主义侵略，支持其民族解放运动。1953年万隆会议后，中国对外援助的国家扩展到其他发展中国家。1956年，中国开始对阿尔巴尼亚以及非洲其他国家提供各种形式的援助，例如经济援助、项目援助、物资援助、技术援助等。1964年，中国宣布以平等互利、不带附加条件为核心的对外经济技术援助的八项原则，从此确立了中国对外援助的基本方针。这一时期中国在国际上面临着帝国主义列强的封锁和孤立，为了打开外交困境，中国广泛团结各社会主义国家，帮助其完成民族解放运动，结成统一战线，共同应对帝国主义侵略和威胁。中国这一时期对亚非拉国家的援助，为自己创造了良好的国际环境，在国际上得到了越来越多国家的认可，为日后中国恢复在联合国合法席位奠定了基础。

改革开放以来，中国经济快速发展，综合国力显著提升。作为一个人均收入水平不高，贫困人口众多的发展中国家，中国仍尽力对其他贫穷和欠发达国家开展对外援助，积极推动受援国改善人民生活水平，促进其本国经济社会发展。这一时期中国加强了对最不发达国家和地区的援助力度，更加注重对外援助的经济效益和长远成果。中国对外援助的方式由过去单纯提供援助发展到多种形式的互利方式。1980—1985年，中国向联合国提供了累计5031万美元的捐款。1985年中国加入非洲开放银行，当年向其提供了270万美元的捐款（唐丽霞，2020）。进入20世纪90年代，中国加快了从计划经济体制向社会主义市场经济的转变，与此同时中国对外援助在援助资金来源和援助方式上也出现了一系列新转变。1993年中国利用发展中国家已偿还的部分无息贷款资金设立对外合资合作项目基金，用于支持中国中小企业和受援国在经济领域开展生产经营及合作。1995年中国开始通过中国进出口银行向发展中国家提供中长期低息优惠贷款。2000年中非合作论坛成立，中国进一步开始拓宽对外援助范围。这一时期，中国对外援助加强了对受援国的能力建设、技术培训和人力资源领域的培训与合作。

（二）党的十八大以来中国对外援助的新阶段

党的十八大以来，中国发展进入新时代，中国对外援助也进入全面创新阶段，体现了两个新的特点。首先是理念的持续创新。习近平总书记结合中国特色社会主义建设以及国际局势的新变化，从全球视角思考，提出了共建人类命运共同体，共建“一带一路”，倡导正确义利观和真实亲诚、亲诚惠容等理念，以及全球发展倡议，这为新时代中国对外援助提供了重要的理论指导和战略引领。其次对外援助更加精准化。党的十九大报告中提出要加大对发展中国家特别是最不发达国家的援助力度，促进缩小南北差距，与受援方共建共同发展与繁荣的命运共同体。新时代中国对外援助的全面创新，主要体现在以下几个方面。

1. 中国对外援助国家和地区分布情况

2013年，习近平主席提出了“一带一路”建设的倡议，要通过积极发展与沿线国家的经济合作伙伴关系，共同打造政治互信、经济融合、文化包容的利益共同体、责任共同体和命运共同体。随后中国对外援助范围逐步扩大，援助资金规模逐步提高，援助形式走向多样化。根据《新时代的中国国际发展合作白皮书》，中国对外援助按国别收入水平划分，中国对外援助的国家中最不发达国家占比45.73%，中低收入国家占比34.77%，中高收入国家占比14.87%，国际组织及其他占比4.63%。中国对外援助特别是对欠发达国家和地区的倾斜，一方面体现的是中国“一带一路”倡议的战略引导和政策支持，另一方面更体现了作为一个负责任的大国，中国用实际行动通过加大对发展中国家和贫穷落后国家的援助和支持，来推动人类命运共同体的构建。

如图 18-1 所示，中国对外援助按区域及国际组织划分，2013—2018 年中国根据受援方具体情况和实际需要共向亚洲（30 个国家）、非洲（53 个国家）、拉丁美洲以及加勒比（22 个国家）、大洋洲（9 个国家）和欧洲（8 个国家）等 122 个国家和 20 多个区域多边性组织提供了援助。

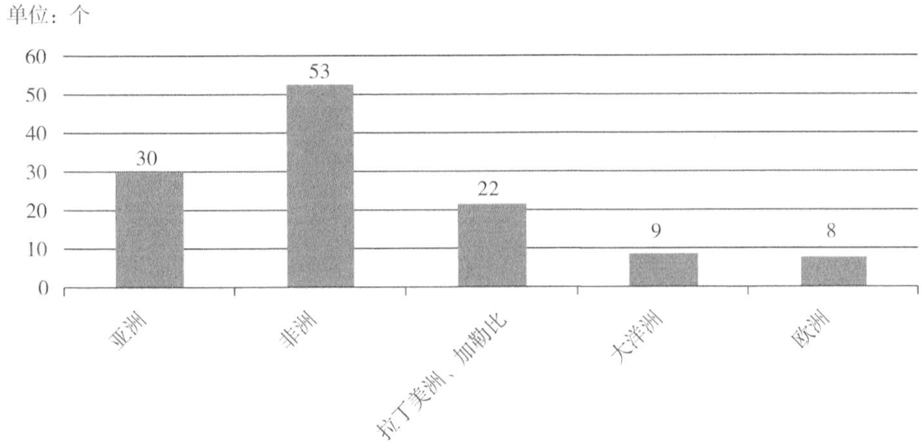

图 18-1　中国对外援助地区分布图

非洲是中国对外援助最多的区域，占援助国家总数量的 44%。自 2013 年以来，习近平主席和李克强总理先后访问非洲，并在访问期间提出了增加对非洲的各项援助。随后中国在 3 年内向非洲提供了 200 亿美元的贷款额度，用于基础设施项目建设，随后又提供了 100 亿美元贷款额度，并为中非发展基金增资 20 亿美元用于中非金融合作。2015 年习近平主席在中非合作论坛上，提出向非洲国家提供 600 亿美元的援助。2016 年我国对非洲的援助金额达到了 985. 11 亿美元，达到历史最高点。根据统计，从 2015—2018 年，中国向非洲共提供了约 1200 亿美元的援助。

亚洲是中国对外援助资金第二多的地区，占比 25%。2013 年习近平主席在访问东南亚期间，提出创建亚洲基础设施投资银行（即亚投行）的倡议，用于援助亚太地区基础设施建设，推动亚洲地区建设的互通互联和经济一体化进程。根据《筹建亚投行备忘录》，亚投行的法定资本为 1000 亿美元，中国出资 50%，成为最大股东。2014 年，习近平主席出席亚太经济合作组织会议期间提出设立 400 亿美元的“丝路基金”，用于支持“一带一路”沿线国家的基础设施、资源开发以及产业合作。2017 年，习近平主席出席“一带一路”国际合作高峰论坛，提出向“丝路基金”新增 1000 亿人民币资金。中国国家开发银行、进出口银行分别提供 2500 亿元和 1300 亿元等值人民币的专项贷款，用于在“一带一路”沿线国家开展基础设施建设、产能和金融领域的合作。2017 年对亚洲的援助金额高达 1289. 63 亿美元，位居对各大洲援助金额的最高点（呙小明等，2022）。

拉丁美洲以及加勒比海地区占中国对外援助国家总数量的18%。2014年习近平主席在中国-拉美和加勒比国家领导人会晤上宣布，中国将正式实施100亿美元的“中拉基础设施专项贷款”，并在此基础上将额度增加到200亿美元。此外，中国还向拉美和加勒比国家提供100亿美元的优惠性质贷款，并出资50亿美元成立中拉合作基金，用于农业、高新技术产业和可持续发展领域的合作。

中国对大洋洲和欧洲的援助占对外援助国家总数约为7%和6%，占比较低。目前，中国同10个太平洋岛国建立了外交关系。截至2021年底，中国对太平洋建交岛国直接投资共计27.2亿美元。中国对其援助主要集中在减贫、气候变化、海洋与环境保护、防灾减灾、可持续发展、贸易投资、医疗卫生和能源等领域。而欧洲地区大多数国家经济社会发展相对较好，因此援助力度不如其他国家和地区（呙小明等，2022）。

2. 中国对外援助资金金额及类型

从2013—2018年中国对外援助金额达2702亿元人民币，主要包括无偿援助、优惠贷款和无息贷款。其中，无偿援助和无息贷款资金是由国家财政支出，优惠贷款是由中国政府制定，由中国进出口银行对外提供。据统计，中国对外提供无偿援助达1278亿元人民币，占对外援助总额的47.30%。对外无偿援助用于支持其他发展中国家建设中小型社会福利项目以及人力资源开发合作项目、技术、物资和紧急人道主义援助、设立南南合作援助基金等；中国对外提供优惠贷款1311亿元人民币，占对外援助总额的48.52%。对外优惠贷款用于支持其他发展中国家建设生产型项目和中大型基础设施，并提供设备、机电产品、技术服务和其他物资等；中国对外提供无息贷款113亿元人民币，占对外援助总额的4.18%，用于支持其他发展中国家建设社会公共基础设施和改善民生项目。

根据世界基金合作发展组织（OECD）发展委员会（DAG）规定的超过25%赠款成分的基准，中国对外援助金额类型可分为官方发展援助（ODA）、其他官方资金（OOF）和其他资金。前两种资金是由政府发起的官方援助，是中国对外援助的资金主要构成，后一种也是政府牵头，但没有达到增款成分的25%。据统计，接受中国官方发展援助（ODA）资金最多的前十名国家分别是哈萨克斯坦、几内亚、埃塞俄比亚、斯里兰卡、菲律宾、巴基斯坦、刚果、坦桑尼亚、津巴布韦和伊拉克。接受中国其他官方资金（OOF）最多的前十名国家是俄罗斯、委内瑞拉、巴西、安哥拉、巴基斯坦、哈萨克斯坦、印度尼西亚、马来西亚、尼日利亚和伊朗（呙小明等，2022）。

3. 中国对外援助行业分布

如表18-1显示，中国对外援助的行业主要是在能源生产和供应、工业采矿业、建筑业、交通运输和存储、通信行业、银行和金融服务业、农林牧渔业、健康卫生、贸易、教育、商业、粮食安全、灾后重建、紧急援助、环境保护、人口政策等领域（呙小明，2022）。中国对外援助行业排在首位的是能源生产和供应。在能源行业对外援助中，受中国援助资金最多的国家是巴基斯坦。能源项目一直是中巴经济走廊框架下进展最快、效果最显著的合作项目之一。巴基斯坦是中国对外煤炭投资和水电投资的最大受援国。近年来，中国在可再生能源例如风能、水电和太阳能上的投资比重不断提高，这与巴基斯坦大力倡导新能源来推动经济转型的国家政策相契合。工业矿业和交通运输存储业也是中国对外援助的重要领域。在工矿行业，受到中国对外援助金额最多的国家是俄罗斯。俄罗斯是世界上最大矿产资源拥有国之一。俄罗斯拥有世界 1/3 的铁矿资源，拥有 2 亿吨储量的锰矿资源，5000 万吨的铬矿资源，2000 万吨的铜矿资源。另外俄罗斯的煤炭资源储量和钛矿资源储量各居世界第二，钼矿资源储量位居世界第三。采矿业是俄罗斯出口贸易的重要贡献行业，对俄罗斯经济具有重要战略意义。但由于受地理位置、开采和加工技术限制，很多矿产资源开采难度大，利润不高，产品附加值低。中国通过工业采矿援助，帮助受援国将过剩的原材料进行加工以便提高其产品附加值，这有助于受援国在对外贸易中获得更多利润。配套的交通运输和存储援助，是保障产品运输和销售的重要渠道。另外，俄罗斯也是中国对外金融和服务行业以及通信行业援助金额最多的国家。对社会基础设施援助金额最多的国家是乌克兰。2021 年是中乌战略伙伴关系建立 10 周年。中国与乌克兰签署了《中华人民共和国政府与乌克兰政府关于深化基础设施建设领域合作的协定》，中国企业在乌克兰承包工程市场新签署的合同额已经连续两年超过 20 亿美元。在灾后重建和紧急援助行业受到中国援助金额最多的国家是斯里兰卡和印度尼西亚。斯里兰卡和印度尼西亚经常受台风、海啸、洪水等自然灾害影响，中国在其受灾后往往第一时间提供紧急人道主义援助和支持，并帮助灾后重建，恢复经济。中国在农林牧渔行业和粮食安全援助集中于非洲的尼日利亚和津巴布韦。尼日利亚是非洲人口第一大国和最大的经济体，但其农业发展水平低，农业技术落后，生态环境差，因此无法自给自足。在 2017 年中尼农业现代合作论坛上，中国承诺将向尼日利亚投资 67 亿美元用于推动尼日利亚农业改革和农业生产力，并提供相关农业技术和管理方法。津巴布韦受干旱和洪水等极端天气影响，民众面临严重粮食短缺问题，中国多次向津巴布韦提供紧急粮食援助帮助其解决粮食不足的问题。

表 18-1 中国对外援助主要行业的国家分布

援助行业分布	援助金额最多的国家
能源生产和供应	巴基斯坦
工业矿业、建筑业、通信、银行和金融服务业	俄罗斯
社会基础设施、其他货物援助	乌克兰
一般预算支出	巴西
农林渔业	尼日利亚
与债务有关的行为	伊拉克
供水与卫生、重建援助	斯里兰卡
商业和其他服务业	白俄罗斯
健康、其他	伊朗
政府和民间社会	肯尼亚

续表

援助行业分布	援助金额最多的国家
贸易方针管理	巴哈马
教育	安哥拉
紧急援助	印度尼西亚
粮食安全援助、人口政策	津巴布韦
一般环境保护	牙买加

4. 中国对外援助实施方式

中国对外援助实施方式包括了援建基础设施项目，提供机械设备、医疗设备和交通运输工具等物资，开展农业、工业、文化、体育、医疗和能源开发等领域的技术合作，并开展人力资源开发合作，派遣医疗队和志愿者，提供人道主义紧急援助和减免有关国家债务等。根据《新时代的中国国际发展合作白皮书》，从 2013—2018 年，中国建设成套设施项目共计 423 个，共向 124 个国家提供物质援助 890 批次，在 95 个国家和地区开展技术项目合作 414 个，在各领域开展人力资源合作培训项目 7000 多期，受益人员达 20 万余名。2015 年 9 月，习近平主席出席联合国发展峰会宣布设立南南合作援助基金，用于支持发展中国家落实联合国 2030 年可持续发展议程，首期援助金额达 20 亿美元。2017 年 5 月，习近平主席在首届“一带一路”国际合作高峰论坛上宣布向南南合作援助基金增资 10 亿美元。截至 2019 年底，中国与联合国开发计划署、世界粮食计划署、世界卫生组织、联合国儿童基金会、联合国人口基金、联合国难民署、国际红十字会、国际移民组织等国际组织实施项目 82 个，涵盖了农业发展、粮食安全、妇幼健康，减贫、卫生、灾后重建、难民保护等领域。中国还向 72 个国家和地区长期派遣医疗队，共计 1069 批次 27484 名医疗人员，向 80 多个国家派遣志愿者和汉语教师 2 万余名，向 60 多个国家提供了紧急人道主义援助。2013—2018 年中国向落后贫穷、不发达国家减免了 98 笔到期无息贷款债务，累计金额 41.84 亿元人民币。2019 年底新冠肺炎疫情暴发，并迅速在全球蔓延。中国在取得新冠肺炎疫情防控阶段性胜利后，本着国际人道主义精神，秉持并践行人类命运共同体的理念，先后向 33 个国家派遣 35 支医疗队，为全球超过 150 个国家和 10 个国际组织提供了紧急援助，这是新中国成立以来，中国对外援助时间最集中、范围最广的一次紧急人道主义行动。中国通过远程视频等方式分享中国应对新冠肺炎疫情的经验和诊疗方案，并与受援国政府一同制订了援助方案，向受援国提供医疗物资例如医用口罩、医用鞋套、医用防护服、隔离眼罩、额温枪、核酸检测试剂和呼吸机等。同时中国积极搭建全球抗疫中国方案平台和新型冠状病毒肺炎科研成果学术交流平台，成立并向国际社会提供“全球冠状病毒组数据共享与分析系统”和“2019 新型冠状病毒资源库”，积极与各国在新冠肺炎疫苗研发和药品研发上开展合作。截至 2021 年底，中国已向 120 多个国家和国际组织提供疫苗超过 20 亿剂。在联合国和世界卫生组织的筹资呼吁下，中国向世界卫生组织提供了5000万美元现汇援助，向联合国新冠肺炎疫情全球人道主义应对计划提供了5000万美元支持专门用于抗击疫情。面对新冠肺炎疫情在全球的暴发和蔓延，中国作为负责任的大国，积极向其他国家提供物资、医疗技术援助以及人道主义援助，推动新型多边合作，加强国际抗疫合作，中国以实际行动努力构建互利合作的国际格局，践行并推动了人类命运共同体的构建。

三、中国对外援助总体贡献与未来展望

（一）中国对外援助总体贡献

党的十八大以来，中国深入贯彻人类命运共同体的理念，积极履行国际职责和义务，完善了对外援助的工作体系，提升了对外援助质量效益。人类命运共同体的理念，是中国在新时代发展下，总结自身和世界发展经验的基础上，对人类发展的深刻反思和全面总结。在人类命运共同体理念引导下，新时代中国的对外援助事业超越了援助方和受援方自身视角和利益，为了增加人类共同利益，以整体意识、全球思维和全人类视角，构建共商、共建、共享的全球治理体系，为推动构建人类命运共同体，实现共同发展作出了突出贡献（商务部国际贸易经济合作研究院，2018）。

第一，中国对外援助聚焦受援国大型项目建设，帮助其破除发展瓶颈。中国对外援助在“一带一路”政策的支持和指导下，坚决落实党和国家领导人在对外援助领域宣布的重要举措，根据受援国的具体情况和实际需要，帮助对方援建大量交通、通信、电力、能源、道路和码头等基础设施，帮助受援国破除当前发展的瓶颈，这些基础设施的建设为受援国的经济发展作出了重要的贡献。

第二，中国对外援助关切受援国大众民生需求。中国对外援助落实了习近平主席在“一带一路”国际合作高峰论坛、联合国发展峰会、中非合作论坛等国际场合宣布的多个重大援助承诺，在农业生产、粮食安全、教育培训、医疗卫生、公益设施等民生援助领域开展了重要援助，提升了当地居民居住条件和生活水平，有力地支持了受援国改善本国民生的事业。

第三，中国广泛参与对外紧急人道主义援助。多年来，中国积极广泛参与对外紧急人道主义援助，对受灾国家和地区提供了大量物资和现汇援助，并通过举办救灾培训等形式，与受灾国分享中国自身防灾减灾的经验。此外，中国还先后向多个国家提供粮食援助，帮助受援国应对粮食危机。中国提供的对外紧急人道主义援助，不仅帮助受灾国应对灾难、重建家园，更加坚定了受灾国在关键时刻对中国援助的信心。

第四，中国对外援助注重对受援国发展能力提升。中国注重对受援国自身发展能力、治理能力和科技创新能力的培训。中国为广大受援国的政府官员、科技人员、教育工作者和学生举办了多种形式的培训，帮助受援国培养本土人才。并且，中国派遣本国相关领域的技术专家和学者前往受援国介绍和分享中国经验，提升了受援国自主治理能力。中国还通过与其他发展中国家共享科技领域取得的成果，帮助其提升科技

创新能力，增强了受援国自主发展能力。

第五，中国对外援助注重寻求国际交流和合作。2016年以来，中国在南南合作援助基金项目下与联合国开发计划署、联合国难民署、联合国儿童基金会、世界粮食计划署、世界卫生组织、国际红十字会等多个国际组织和非政府组织开展广泛合作。全球发展合作伙伴关系是联合国2030年可持续发展议程的重要内容，中国作为全球发展伙伴关系的积极倡导者和践行者，中国对外援助在充分尊重受援国的主权和主导权下，以开放务实的态度积极探索三方合作，深化了与其他国际组织的沟通和交流，丰富了对外援助的方式和途径，提升了国际发展和合作的能力和水平。

（二）中国对外援助未来展望

中国对外援助从新中国成立初期支持亚非拉民族国家独立解放运动与发展，到改革开放后注重与受援国的互利合作，再到党的十八大以后对外援助的全面发展和创新阶段，逐渐摸索出一条具有中国特色的对外援助道路。如今世界百年未有之大变局加速演进，中国作为一个发展中国家，始终把自身发展与广大发展中国家紧密联系起来，把中国人民利益同各国人民利益结合起来。展望未来，中国对外援助，应在人类命运共同体理念的引导下，顺应国内外发展潮流，坚持不附带任何附加条件原则，坚持正确义利观，在力所能及的范围内积极贡献中国力量、中国理念和中国方案，与其他国家携手应对人类面临的挑战和危机，共同构建人类命运共同体。

1. 助力构建人类卫生健康共同体

自2019年底全球新冠肺炎疫情大暴发，世界各国人民的生命安全和健康受到了巨大的威胁，这给全球公共卫生事业带来了严峻的挑战。中国作为一个负责任的大国，应当根据有关国家的具体情况和实际需求，在力所能及的情况下，为其他发展中国家继续提供相关医疗物资援助、医疗技术合作和派遣医疗专家，支持受疫情影响严重的国家进行抗疫斗争，并帮助发展中国家特别是非洲国家发展和完善公共卫生体系，提高突发公共卫生事业的应急响应速度和疾病防控能力。与此同时，中国应当继续加强和世界卫生组织等国际机构的抗疫合作，分享抗疫经验和疫苗药物研发成果，加大对世界卫生组织的支持力度，并与二十国集团、亚太经合组织、金砖国家、上海合作组织等多边组织加强协调沟通，开展联防联控的国际合作，尽快遏制新冠肺炎疫情的蔓延，为全球公共卫生事业贡献自己的力量。

2. 推动落实联合国2030年可持续发展议程

联合国2016年1月1日正式启动的《2030年可持续发展议程》是人类共同愿景，也是世界各国领导和人民达成的共同契约。中国作为负责任的大国，应当履行国际义务，落实承诺举措，坚持以人为本，稳步加大对其他发展中国家，特别是最不发达国家的援助力度，实施更多的民生项目援助，保障人民的基本生活，提供更多的惠民举措，增强民众的获得感和幸福感。中国应当继续积极参与应对全球减贫、粮食安全、卫生健康、教育、妇女权益、能源危机、经济发展、减灾防灾、气候变化、生态保护等事业，为解决人类面临的共同问题和危机，提供中国方案和智慧，推动“一带一路”

建设，落实联合国2030年可持续发展议程，积极构建与发展中国家互利共赢的合作关系，为构建人类命运共同体贡献中国力量。

3. 提升国际合作发展能力

国际发展合作是国际治理体系的重要组成部分。中国应加强科学管理，提高政策制定和管理水平，推动国际合作发展高质量发展。未来中国对外援助需要在人类命运共同体理念的引导下，充分考虑其他发展中国家的发展水平，结合“一带一路”和联合国2030年可持续发展议程，制订中长期援助规划，做好人力资源开发合作项目，将中国方案和国际经验结合，稳步推进“受援方自建”的合作模式，提升受援国自主发展能力，为其他发展中国家经济社会可持续发展提供智力支持。中国应当进一步推动南南合作援助基金的创新发展，构建国际发展伙伴关系，追求公平正义，促进国际发展合作体系更好地尊重和保障发展中国家自主选择和发展的权利。

（作者简介：孟骞，男，博士，南京邮电大学高质量发展评价研究院、高质量发展综合评估研究基地副研究员，主要从事社会工作研究。）

参考文献

［1］呙小明，巫丹婷，黄森．中国对外援助高质量发展研究［J］．合作经济与科技，2022（14）：66-69.

［2］张郁慧．中国对外援助研究［D］．中共中央党校，2006.

［3］于涌泉．中国对外援助状况研究（1949—2010）［D］．吉林大学，2016.

［4］唐丽霞．新中国70年对外援助的实践与经验［J］．人民论坛·学术前沿，2020（3）：72-79.

［5］商务部国际贸易经济合作研究院．国际发展合作之路：中国对外援助40年［M］．北京：中国商务出版社，2018.

［6］国务院新闻办公室．新时代的中国国际发展合作白皮书（全文）［EB/OL］．（2021-01-10）［2022-08-16］．http：//www.scio.gov.cn/zfbps/32832/Document/1696685/1696685.htm.

［7］新华社．习近平在第七十六届联合国大会一般性辩论上的讲话（全文）［EB/OL］．（2021-09-22）［2022-08-16］．http：//www.gov.cn/xinwen/2021-09/22/content_5638597.htm.

第十九章 “文化自信”引领下的中华优秀文化对外交流与传播

摘 要：本章首先界定了中华优秀文化的内涵及其重要地位，并引出了中华优秀文化的对外传播路径。其次，以2020年度国际文化产品的贸易总数量和总金额为考察对象，分析了中华优秀文化对外交流的现状。考察显示，2020年度，中华优秀文化在对外传播过程中展现了四个方面的问题：文化“走出去”的“文化”观念展现了以哲学社会科学为主、其他文化类书籍为辅的问题，“文化”观念有待得到进一步扩展；较之文化产品输出所展现的文化多样性，中华优秀文化对外传播的手段缺乏多样性；以电视节目进出口为媒介的中华优秀文化国际传播展现的“世界意识”不足；政府主导的特色明显，民间自发力量不足，中华优秀文化对外交流缺乏活力。基于以上论述，本章最后提出了政策建议。

一、中华优秀文化内涵与对外交流、传播途径

（一）中华优秀文化内涵

1. 传统文化

中国是四大文明古国中唯一将文明延续至今的国家，黄河和长江孕育了中国漫长悠久的农耕文明，也孕育了独特的中华民族文化。孔子言：“君君臣臣，父父子子。”有研究者解读说，其原意是讲人各有责任，君主与臣子，父亲与孩子，每个人都要尽到自己的责任。孔子又有：“父为子隐，子为父隐。”有些人错误理解为，如果父亲犯了错，儿子不能去举报，也没有举报父亲的责任，反之亦然，这是中国的人伦天理。有《史记》记载的“良药苦口”“忠言逆耳”“从善如流”，有官吏建制上的“御史”“谏官”，更有深层次价值取向上的“义利之辨”，思维方式上的“和而不同”，崇尚道义上的“舍生取义”，道德规范上的“仁义礼智信”，行为方式上的“知行合一”，为人处世上的“自强不息，厚德载物”，国家治理上的“民贵君轻”“无为而治”，报国情怀上的“国家兴亡、匹夫有责”，价值目标上的“修身齐家、治国、平天下”，等等，无不蕴含着中华文明的智慧和精髓，无不体现出中华优秀传统文化的兼容并蓄、博大精深和宽厚胸怀[1]。

中华民族在五千年的历史流变中，历经坎坷与磨难绵延至今，正是由于世代中华儿女创造、积淀并生成了富有内涵和张力的独特文化，为我们战胜艰难险阻、跨过沟

沟坎坎、昂首挺进在民族复兴之路上，源源不断地输入了不竭的文化生命力和精神动力。历史学家汤因比、哲学家黑格尔都曾深研中国传统文化，一个赞叹于中华文明的一脉相承，一个惊讶于中国国运的持久。习近平总书记 2016 年 7 月 1 日在庆祝中国共产党成立 95 周年大会上指出，中国共产党、中华人民共和国、中华民族是最有理由自信的。因为没有谁像我们一样，始终滋养在自己源远流长的文化中，认同着、学习着、传承着、创造着、传播着、转化着、延续着、发展着、自信着，至今往后、生生不息——中国优秀传统文化是新时代文化自信的根脉支撑。

2. 红色革命文化

近代中国遭受着西方列强和封建势力的双重压迫，中国共产党将马克思主义与中华优秀传统文化相结合，找到了争取民族独立、人民解放的法宝。红色革命文化就是在党领导全国各族人民进行的革命斗争中创造出来的，它产生于艰苦的革命实践中，也产生于不屈不挠的人民斗争智慧中。从上海到浙江南湖，从井冈山到古田会议，从各苏区向陕甘苏区战略转移的红军二万五千里长征，从延安到西柏坡……艰苦卓绝的伟大斗争孕育了无数革命精神，这是中国共产党领导中国人民历经曲折艰险、生死考验、苦难辉煌创造的璀璨的革命文化，共同构成了中国共产党、中国人民在前进道路上百折不挠、敢于胜利的强大精神力量，是融入情感、融进血脉、须臾也离不开的精气神儿，是一个时代的伟大精神丰碑。历史上没有一个国家像近代中国这样遭受如此巨大的苦难，世界上没有一个国家像中国这样拥有如此宝贵的革命文化遗产。中国共产党和各族人民的革命理想、革命感情、革命意志以及革命故事，经过数年沉淀，凝聚成一种深厚的革命文化。烈士的鲜血哺育了中华民族的革命文化，国旗上的红色光芒象征着革命文化强大的生命力，民族的解放、革命的胜利就来自崇高精神与文化自信的强有力支撑。

如今的国泰民安不能让我们忘记过去的战火纷飞，不是我们生活在和平安宁的时代，而是我们生活在和平安宁的国家。革命文化永远不会过时，它不是停留在历史书中抽象的图画和文字，而是极具感召力、吸引力和凝聚力的宝贵精神财富，是国家繁荣富强、人民幸福安康的道德规范、精神信念和伟大理想，是激励全国各族人民自信自强、接续努力、不懈奋斗的精神指引与力量支撑。革命文化已经在中华人民共和国成立 70 年来各阶段各时期中又迸发出了时代的最强音——诸如紧密团结、共同御侮的抗美援朝精神，胸怀全局、为国争光的大庆精神，亲民爱民、无私奉献的焦裕禄精神，自力更生、勇于攀登的“两弹一星”精神，敢为人先、勇于创造的改革开放精神等。它更是被中国社会主义革命、建设、改革开放、创新发展实践证明了的力量之源、自信之源，是中华文化独特的精神标志和思想火炬，是新时代文化自信的灵魂。

3. 社会主义先进文化

社会主义先进文化是运用马克思主义的立场、观点和方法，继承延续中华民族卓越文化精品，吸纳世界文化精华，在社会主义现代化进程的生动实践中不断完善与发展起来的。以人民为文化实践的主体，以人民的文化获得感、幸福感为信条，体现着中华民族的爱国主义精神与当今时代的改革创新精神，体现了中国社会主义的本质。

凝聚全国人民团结奋斗、引导全社会思想道德进步的社会主义核心价值体系具有无可比拟的优越性和先进性，文化自信进一步增强。特别是改革开放40多年来，中国共产党高举中国特色社会主义文化的伟大旗帜，积极推进社会生产力大发展，推进社会主义精神文明建设，深刻认识中国文化发展与文化建设的规律，不遗余力地推动文化创造性发展，朝着文化强国的伟大目标不懈努力。

当前，我国经济实力不断提升，位居世界前列，与此相应，推动中国特色社会主义文化繁荣兴盛的责任感使命感日益增强，国家的面貌、人民的面貌更有信心和斗志，更加团结一致奋勇向前，国家形象更加成熟自信、赢得主动。新时代凝结升华了中华优秀传统文化、革命文化、社会主义先进文化，以人民的实践创造和文化创造为主体，以社会主义核心价值观为内核，以新时代取得的历史性变革、历史性成就及其综合国力为保障，以西方先进文化为借鉴，担负起新的文化使命，在新时代的实践与理论创造中，继承创新的思想观念、人文精神和社会公德，集中体现的情感认同、共同理想和国家软实力，凝结形成的中国精神、中国价值和中国力量，是最坚实的新时代文化自信之核。

（二）中华优秀文化传播途径

1. “一带一路”

丝绸之路自古以来就承担着传播文化的重任，“一带一路”倡议承载着与古丝绸之路相契合的历史使命和精神理想。“一带一路”倡议是古丝绸之路的延续和发展，为优秀传统文化“走出去”开拓了新市场，提供了新的机遇和便利。“一带一路”的空间发展目标是打造政治互信、经济融合、文化包容的利益共同体、命运共同体和责任共同体。因此，“一带一路”为沿线国家不同文化价值观的相互传播提供了广阔平台，它有助于增进国家间的相互了解，有助于解决不同文明之间的冲突，有助于推动我国文化“走出去”战略的实施，同时还有助于传播当代中国亲诚惠容的文化外交理念，践行文化多元、多样和包容的基本原则，而这也为中华优秀传统文化“走出去”搭建了平台。

2. 孔子学院

孔子学院致力于适应世界各国（地区）人民对汉语学习的需要，增进世界各国（地区）人民对中国语言文化的了解，加强中国与世界各国教育文化交流合作，发展中国与外国的友好关系，促进世界多元文化发展，构建和谐世界。孔子学院秉承互相尊重、友好协商、平等互利的办学原则。孔子学院宗旨之一是增进与世界各国的文化交流合作，也就是说，孔子学院在对外语言文化推广的过程就是在对外传播中华优秀传统文化的过程。孔子学院对世界各国各地区人民的思想或行为所起的作用，就是中华文化的国际影响力。

3. 海外中国文化中心

中国文化中心隶属于文化和旅游部，是中国政府派驻海外的官方文化机构。在对方国家设立文化中心是双边关系进一步深化的重要标志，也是中国文化“走出去”的重要载体。本着“优质、普及、友好、合作”的宗旨为驻在国公众提供高质量的文化活动，并与当地机构建立起伙伴关系，增进互信。主要有四大职能：一是组织活动，常态化、不间断地举办演出、展览、文体比赛等各类活动。二是授课培训，进行汉语教学、手工制作、武术指导等在内的多种培训项目。三是思想对话，组织学术讲座、研讨、汉学家互访等；四是信息服务，内设图书馆，提供涉华信息[2]。

4. 新媒体与新平台

数字媒体时代的国家形象塑造与传播是一个多层次、多传播主体的复杂互动过程。李子柒古风美食系列短视频展现的一幅幅富有中国诗意的山野田园画卷，以外国人感兴趣、愿意了解的方式宣传我国传统文化，向世界展示我国文化的博大精深，得到了全球观众的“情感共鸣”。河南卫视将中华本土优秀传统文化与新时代背景下智能融媒体技术进行了创新性融合，将 VR、AR 等技术植入本土优秀传统文化中，让奇妙的“穿越感”连接古今，把书本中、记忆里的本土文化变成了看得见、听得清、感受得到的优秀电视作品，在满足观众对精品文化需求的同时增强中华文化自信，推动文化本土性踏上“走出去”的征途。《人民日报》新媒体通过媒体、论坛、博客、微博、微信等网络平台数据的全面抓取和分析整理，精准把握受众阅读的兴趣偏好、意见诉求及心态变化，实现主流价值观的分众化、个性化、差异化内容推送[3]。

二、中华优秀文化对外交流、传播的现状评价分析

为了更明晰地呈现我国文化国际传播与影响力的现状，本章选取了静态文化产品与动态文化活动为考察对象予以分析。就静态文化产品而言，本章以图书、期刊和报纸为代表的传统纸质文化产品以及以音像与电子出版物为代表的电子文化产品为考察对象，参考国际贸易中的文化产品进出口数量和金额，较为全面地分析了 2020 年我国文化产品的国际传播与影响力现状。除此之外，本章还以版权引进与输出以及电视节目的进口为考察对象，详细分析了我国文化国际传播与影响的异域文化对象以及异域文化对我国文化的传播与影响具体情况。就动态文化活动而言，本章以孔子学院为考察对象，通过对 2020 年度的孔子学院文化活动进行综合分析，试图较为全面地分析以孔子学院为载体的文化活动在传播中国文化并扩大其国际影响力的过程中所扮演的角色与发挥的作用。

（一）我国传统纸质文化产品的对外传播与影响力

在图书、期刊和报纸等传统纸质文化媒体领域，我国文化产品在 2020 年依然保持了较为明显的贸易逆差。在传统纸质文化媒体领域，就文化产品的进出口数量与金额而言，较之外来文化产品对我国的影响，我国文化产品的国际影响力亟待提升。2020 年我国图书出口数量总额为 665.64 万册/份，出口总金额为 2803.55 万美元，同年我国图书进口总额为 3223.69 万册/份，进口总金额为 23137.80 万美元。数据比较显示，进口图书总额高出出口图书总额 2558.05 万册/份，而进口总金额高出出口总金额

20334.25万美元（见图19-1）。在期刊领域，虽然进口总数量略低于出口总数量，但进口总金额远高于出口总金额，表现了非常明显的贸易逆差。数据显示，2020年我国期刊出口总数量为248.60万册/份，而进口总数量为238.57万册/份；2020年我国期刊出口总金额为437.80万美元，而进口总金额达到了12245.32万美元，后者是前者的28倍。在报纸领域，无论是在出口数量还是进口金额上，都表现出了非常明显的贸易逆差。2020年我国报纸出口总数量为14.39万份，而进口总数量为511.92万份，其中进口是出口的35倍；2020年我国报纸出口总金额为21.45万美元，而进口总金额为833.17万美元，其中进口是出口的39.66倍，差距可谓巨大。以上数据表明，以图书、期刊、报纸等传统纸质媒体为考察对象，我国的期刊和报纸在文化国际传播的过程中发挥的国际影响力远低于异域文化对我国文化发挥的国际影响力，这不仅体现在报纸和期刊的进出口数量上，而且体现在报纸和期刊的进出口金额上。

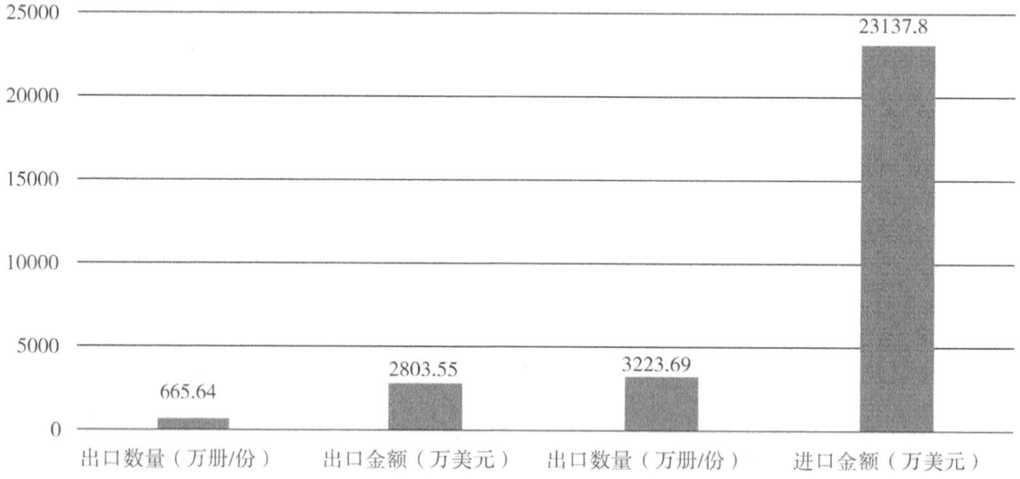

图19-1　2020年我国图书进出口数量及金额

资料来源：国家统计局．中国统计年鉴2021［M］．北京：中国统计出版社，2021.

具体而言，以哲学社会科学、文化教育、文学艺术、自然科学技术、少儿读物以及综合性图书为考察对象，我们发现，各图书门类的进出口数量和金额均表现出较为明显的逆差（见图19-2）。就各门类图书进出口总金额而言，均体现了非常明显的贸易逆差，这充分说明，以传统纸质媒体为代表的我国文化产品的对外传播与影响力亟待增强（见图19-3）。

（二）电子文化产品的对外传播与影响力

就以音像、电子出版物为代表的电子文化产品而言，2020年我国出口总量为6652盒/张，而进口总量为200690盒/张，进口总量高于出口总量194030盒/张，进口总量是出口总量的30倍。以录音、录像和数字出版物的进出口数量为考察对象，各文化产品均表现出贸易逆差，其中录音产品表现出最大贸易逆差（见图19-4）。以上数据充

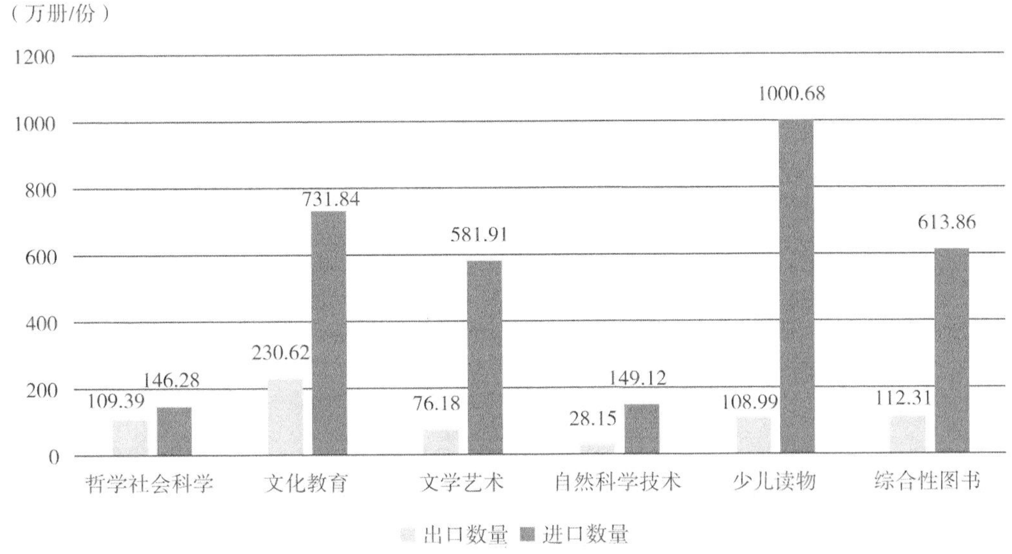

图 19-2　2020 年我国各门类图书进出口数量比较

资料来源：国家统计局．中国统计年鉴 2021［M］．北京：中国统计出版社，2021.

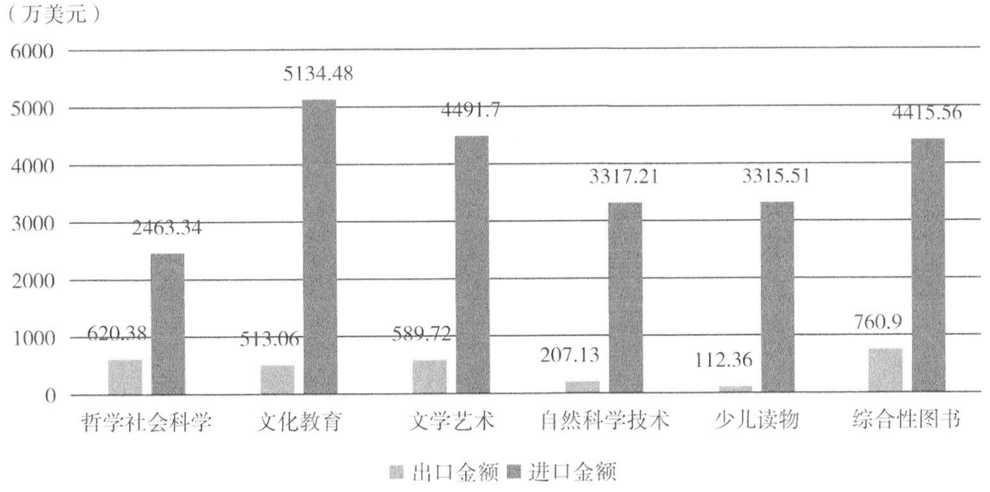

图 19-3　2020 年我国各门类图书进出口金额比较

资料来源：国家统计局．中国统计年鉴 2021［M］．北京：中国统计出版社，2021.

分说明，在以音像、电子出版物为代表的电子文化产品为媒介的文化传播活动中，较之异域文化对我国文化的影响，我国文化明显处于劣势，以进出口总金额为表现形式的贸易逆差远超以图书、期刊和报纸为代表的传统纸质媒体。

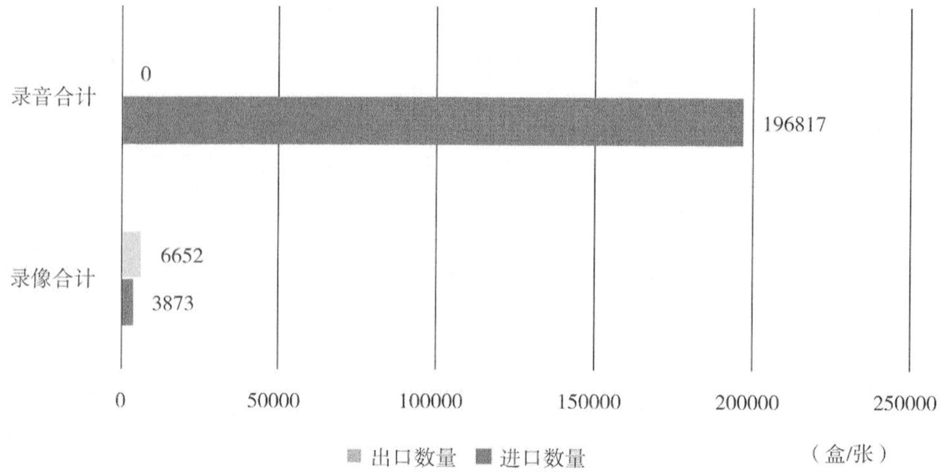

图 19-4　2020 年录音与录像类文化产品进出口数量比较

资料来源：国家统计局．中国统计年鉴 2021［M］．北京：中国统计出版社，2021.

（三）版权引进与输出活动中文化产品的对外传播与影响力

上文的考察显示，以国际文化产品的贸易总数量和总金额为考察对象，中国文化产品，无论是以图书、期刊和报纸为媒介的传统纸质文化产品，还是以音像和电子产品为媒介的电子文化产品，在国际文化贸易中均不占优势，在数字出版物领域，进口总金额甚至是出口总金额的 260. 88 倍。面对如此巨大的进口与出口差距，我们不禁想进一步知道，究竟是何种异域文化产品在进口过程中占据最大优势？或在中国文化国际传播的过程中，对中国文化产生最大影响的异域文化是什么？以版权引进与输出以及电视节目进口为考察对象，本章试图对上述问题予以回答。在版权引进与输出领域，2020 年我国引进版权总数为 14185 项，输出版权总数为 13895 项。那么，就版权引进与输出而言，分别体现了何种文化特点，下面的分析试图回答这个问题。

就版权引进而言，2020 年从美国引进版权 3601 项，从英国引进版权 3291 项，从德国引进版权 935 项，从法国引进版权 865 项，从俄罗斯引进版权 116 项，从加拿大引进版权 115 项，从新加坡引进版权 279 项，从日本引进版权 2111 项，从韩国引进版权 446 项，从中国香港地区引进版权 267 项，从中国台湾地区引进版权 513 项；从中国澳门地区引进版权 8 项，从其他地区引进版权 1638 项，数据显示，从英语国家引进版权数占据了最主要的份额。

就版权输出而言，2020 年向美国输出版权 884 项，向英国输出版权 509 项，向德国输出版权 420 项，向法国输出版权 126 项，向俄罗斯输出版权 894 项，向加拿大输出版权 192 项，向新加坡输出版权 838 项，向日本输出版权 400 项，向韩国输出版权 568 项，向中国香港地区输出版权 714 项，向中国澳门地区输出版权 80 项，向中国台湾地区输出版权 1070 项，向其他地区输出版权 7200 项（见图 19-5）。

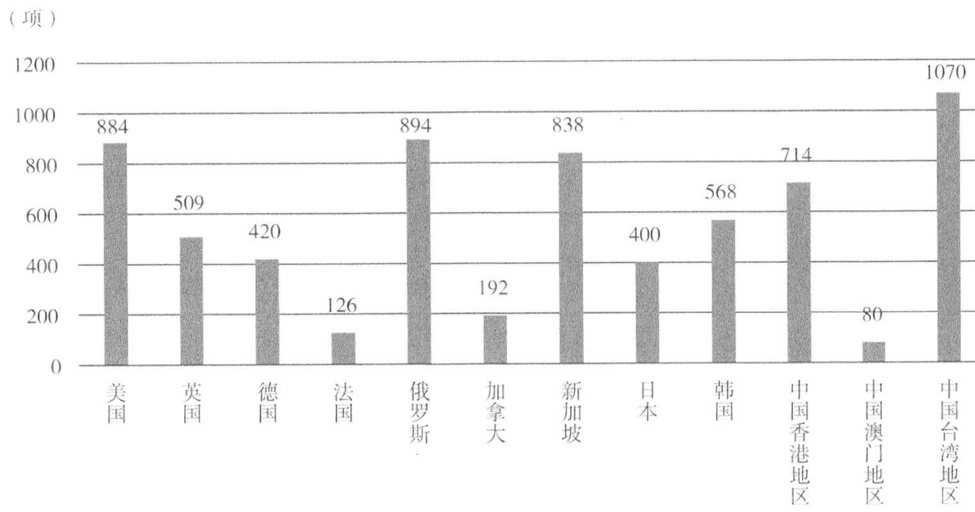

图 19-5　2020 年输出版权数量比较

资料来源：国家统计局．中国统计年鉴2021［M］．北京：中国统计出版社，2021.

（四）电视节目视域下的文化产品的对外传播与影响力

较之以版权输出与引进为载体的中国文化国际传播，以电视节目进出口业务以及旅游业为载体的文化传播与交流显得更接地气或更大众化。数据显示，无论是就电视节目进出口业务还是就旅游业而言，中国文化在国际传播的过程中均体现了以亚洲为主的重要特点。根据前文的数据，我们可以推断，以英语语言文化为主导的版权输入，主要体现在以图书为媒介对我国学术界或学校产生文化影响，很显然，巨大的贸易逆差显示，我国在该领域内进行的中国文化传播所展现的国际影响力还处于较弱状态。然而，英语语言文化在思想界、学术界或学校所展现出的优势或优先性，在电视节目进出口业务以及旅游业中却不复存在。这表明，由普通大众所主导的文化传播与交流主要局限于亚洲地区的文化交流与传播，或者说，这进一步表明，在大众层面，中国文化的国际传播与影响力主要发生在亚洲。

数据显示，电视节目进出口体现了以亚洲为主的特点。就广义的电视节目进口而言，本报告将详细分为电视节目、电视剧以及动画片予以考察。就电视节目而言，我国 2020 年电视节目进口总额为 96157 万元，其中从欧洲进口电视节目 20958 万元，从美洲进口 15397 万元，从亚洲进口 59414 万元，从大洋洲进口 388 万元（见图 19-6）。就电视剧进口而言，2020 年我国进口电视剧总额为 37885 万元，其中从欧洲进口 1861 万元，从美洲进口电视剧达 5954 万元，从亚洲进口电视剧总额达 30070 万元（见图 19-7）。就动画片而言，2020 年我国进口动画片总额为 45827 万元，其中从欧洲进口总额为 15460 万元，从美洲进口动画片为 4239 万元，从亚洲进口动画片总额为 26108 万元，从大洋洲进口动画片总额为 20 万元（见图 19-8）。

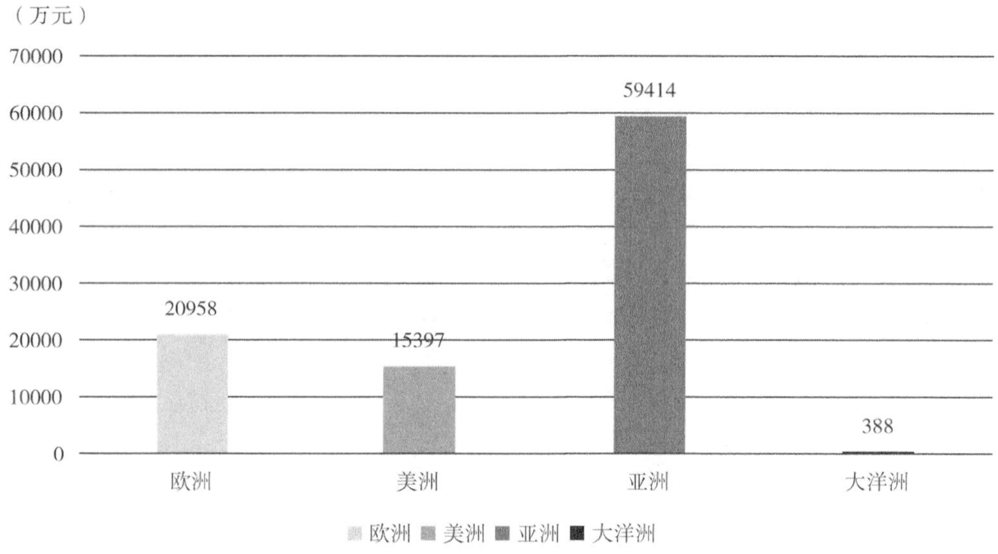

图 19-6 2020 年我国电视节目进口情况

资料来源：国家统计局．中国统计年鉴 2021［M］．北京：中国统计出版社，2021.

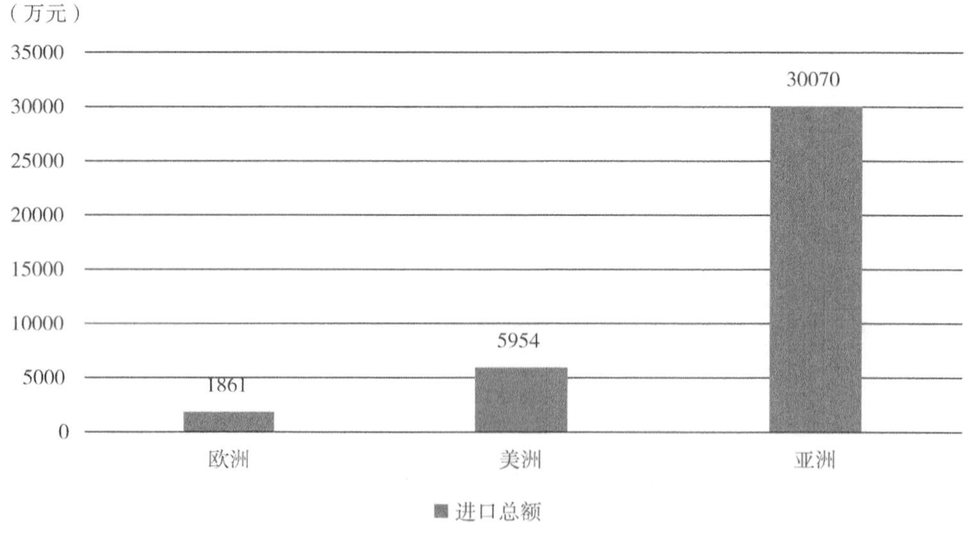

图 19-7 2020 年我国电视剧进口情况

资料来源：国家统计局．中国统计年鉴 2021［M］．北京：中国统计出版社，2021.

（五）以孔子学院为主导的中国优秀文化的对外传播与影响力

孔子学院在中国文化国际传播过程中扮演了重要角色。较之以文化产品贸易为表现形式的中国文化国际传播，由孔子学院所主导的文化传播活动更生动、更具体、更富有活力。截至 2020 年底，我国已在 162 个国家或地区建立了 406 所孔子学院和 1170 个孔子课堂。数据显示，截至 2020 年底，我国在非洲、欧洲、美洲、大洋洲分别建立孔子学院 61 所、187 所、138 所以及 20 所，2020 年在亚洲、非洲、欧洲、美洲和大洋

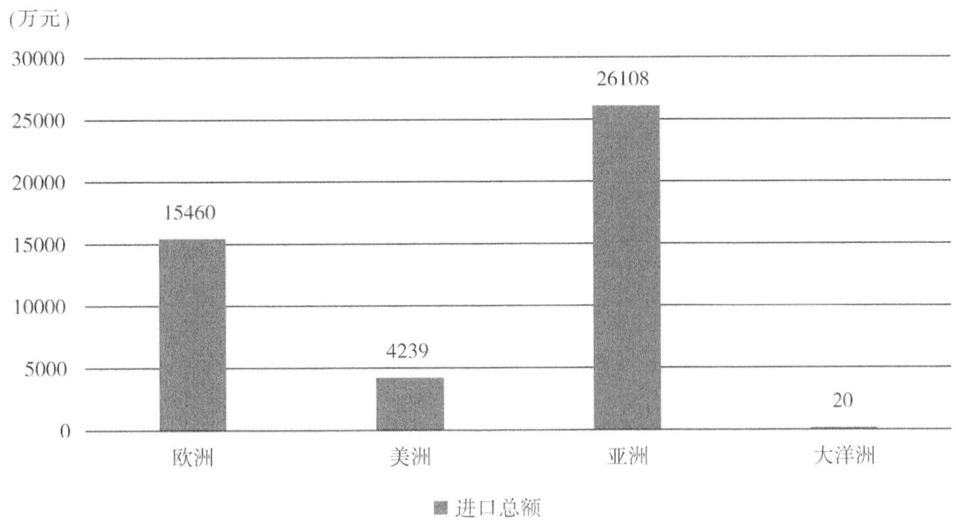

图 19-8 2020 年我国动画电视进口情况

资料来源：国家统计局. 中国统计年鉴2021 [M]. 北京：中国统计出版社，2021.

洲分别建立孔子课堂 115 个、48 个、346 个、560 个以及 101 个。综合来看，孔子学院和孔子课堂在全球的分布呈现了较为均衡的状态，办学规模呈现逐步扩大的趋势，办学质量逐步提高，办学功能正逐步变得丰富起来，办学条件也在逐步得到改善。在日趋丰富的办学功能的主导下，通过主动参与孔子学院或孔子课堂所在的目的国教育、经贸以及人文交流等活动，孔子学院和孔子课堂在中国文化国际传播过程中发挥了日趋积极的作用，为扩大中国文化海外影响力作出了重要贡献[4]。

2020 年，海外中国文化中心总数将达到 50 个，形成覆盖全球主要国家和地区的中国文化对外传播推广网络。海外中国文化中心开展各类文化活动达 4000 余场次，直接受众达到 800 余万人次，成为全方位展示中华文化精粹和国家形象的重要平台。

“一带一路”建设，为多样文化交会相通注入动力。通过“丝绸之路国际艺术节”“海上丝绸之路国际艺术节”“丝绸之路（敦煌）国际文化博览会”等平台，以及“丝绸之路国际剧院联盟”“丝绸之路国际博物馆联盟”“丝绸之路国际艺术节联盟”等交流与合作机制，夯实了“一带一路”建设的民意与社会基础。

借助文化活动、海外中国文化中心、孔子学院等平台，中国杂技、武术、书法、京剧、太极拳等传统文化纷纷走上国际舞台。“文化年”“国家年”“交流年”等各类大型国际文化活动，让对外文化交流形成品牌和合力。

三、中华优秀文化对外发展中存在的主要问题

（一）文化“走出去”的“文化”观念展现了以哲学社会科学为主、其他文化类书籍为辅的问题，“文化”观念有待得到进一步扩展

在考察文化产品出口总数量的过程中，我们发现在哲学社会科学、文化教育、文学艺术、自然科学技术、少儿读物以及综合性图书等各图书门类中，所有类目图书出口数量均低于进口数量（见图 19-2），其背后的原因，或许与近年来我国政府大力推动中国价值观的海外传播有密切关系。考虑到以图书、报纸和期刊为内容的传统纸质媒体在国际文化贸易中总体处于劣势并占有较为明显的贸易逆差之现状，我们建议，需要进一步扩展文化“走出去”中的“文化”观念，不仅要推动主流价值观或中国价值观“走出去”，更要推动文化教育、文学艺术、自然科学技术、少儿读物以及综合性图书类产品“走出去”，力争在不长的历史时期缩小贸易逆差。事实上，要推动文学艺术、少儿读物等文化产品成功“走出去”，我们不仅要改变我们既有的“文化”观念，而且要推动出版行业转变观念，大力推出国外读者喜闻乐见的文化产品并力争在国外文化市场占据一席之地。

（二）较之文化产品输出所展现的文化多样性，中华优秀文化对外传播的手段缺乏多样性

经济、科技的高速发展为文化传播提供了前提条件，也大大丰富了文化传播的媒介。目前，除了传统的传播方式，如学术文化访问交流、互设文化节等，中国文化外传渠道主要还有媒体、影视、网络、图书、汉语等。但是，丰富的传播渠道与刻板的传播手段形成了鲜明的对比，我们的文化传播创新意识还不够。同样一个演讲主题，经验丰富、善于表达的演讲家更能将演讲的内容和精髓传递给听众。文化传播也是一种表达，我们只有采用灵活多样的表达方式，才能让受众更能够接受。比如，派拉蒙影业公司和梦工厂动画公司将“熊猫”和“功夫”这两个典型的中国文化元素组合到一起，制作出了风靡全球的《功夫熊猫》系列电影。这都给中国文化的对外传播提了一个醒：中国已不再处于千百年前那个文化上遥遥领先周边各国的时代了。我们要让中国文化再次变得有魅力，就应该转变传统观念，丰富传播手段和策略，将丰富多彩的中国文化传向世界。

（三）以电视节目进出口为媒介的中华优秀文化国际传播展现了“世界意识”不足的问题

前文列出的图 19-6、图 19-7、图 19-8 表明，无论是就电视节目进口而言，还是就电视剧和动画片的进口而言，紧紧跟在亚洲之后的文化进出口地域对象是美洲，而美洲又尤其以美国为重。无疑，当我们考虑到英语语言文化在版权引进领域所占的优

势地位时，我们会进一步发现，在大众文化传播领域，英语语言文化也展现了巨大优势。那么，当我们看到英语语言文化产品得以漂洋过海顺利传播到中国，并紧跟中国文化在亚洲享受重大历史和地理优势而对中国文化产生仅次于亚洲各国文化的影响时，我们不禁要问自己，为什么我们中国文化产品在进行国际传播的过程中，无法达到这种令人羡慕的世界状态？无疑，其中的原因是多元的。不过，恐怕最重要的原因还是在于，自近代以来，英语语言国家，尤其是英美国家，占据了当今世界的主导权，换句话说，当今世界的现代结构和现代秩序之所以被建立起来，在很大程度上缘于英语语言国家所作的努力。因此，与其说英语语言文化在当代世界各类文化产品的国际贸易活动中占据优势地位，不如说这种文化内部蕴含的核心价值理念是一种极富现代性和前瞻性的价值理念。由是观之，要使中国文化在国际传播的过程中走出亚洲而拥有世界视域，最重要的恐怕不是就文化产品而做文化产品，而是要进一步使我们的文化理念与当今世界最先进的文化理念顺利接轨，让我们的文化精神走在世界前列，唯有如此，在异彩纷呈的国际文化产品贸易舞台以及绚烂多彩的国际文化传播舞台上，中国文化才能以自身不可磨灭的光芒走出亚洲并走向全世界。

（四）政府主导的特色明显，民间自发力量不足，中华优秀文化对外交流缺乏活力

我国多数对外文化交流活动基本上是政府主导和推进的，根据政府的意愿，按照政府的办事方式，实现了政府对外文化交流工作的全权负责和管理。这样的管理机制，虽然能够在一段时期内比较有效地推进对外文化交流，从而为地方乃至国家的经济和社会事业的发展服务，但是其中的弊端也出现端倪。

对外文化交流离不开政府，但是如果过度依赖政府，就会导致官方色彩过浓，工作僵化，失去活力。政府的干预过多，就会使得市场和民间的力量很难进入对外文化交流中，无法更好地体现民众的意愿，无法调动其他的各种力量活跃地方对外文化交流。而且，政府主导的对外文化交流，经常会出现人走茶凉的情况，由于某位领导的离职而导致某个对外交流项目的停滞的现象，也偶有发生。这样，既会影响对外交流工作的效率，也会有损其在国际上的形象，造成不良的影响。

另外，对外文化交流相关部门的协调配合机制还没完全建立，资源分散，各自为政，资源整合力度不够。

四、推动中华优秀文化对外交流、传播的政策建议

基于对前文所考察的中国文化国际传播之现状与问题的分析，本章认为，要推动中国文化更有效地进行国际传播并提升中国文化的国际影响力，我们需要从 4 个方面努力。

（一）完善内容资源

中华优秀文化是展现中华文化核心思想理念的优秀文化遗产和成果，层次多元，涵涉丰富。以往我国文化传播比较注重官方、宏大、主流的元素，文化表达方式往往

比较委婉含蓄。因此，要开辟新的思路和视角，结合民族、地域、呈现形态、传承方式等特征，对优秀传统文化资源进行合理和必要的转化创新，纳入对外传播的推介范围，建设具有中国文化特色、内容形式新颖、表达方式活泼有趣的传播内容资源，持续提升中华优秀传统文化的感召力和吸引力。

（二）创新传播方式

一直以来，中国传统文化产业和对外贸易以书籍、广播电视、视音频网络平台、海外宣传片等为主要载体。在国家重大区域发展战略带动下，应进一步将对外文化产业、文化贸易的发展与促进经济结构调整、产业结构优化升级相结合，与扩大国内需求、改善人民群众生活相结合，推动形成传统文化产业生产与消费新场景、新模式、新业态，让更具竞争力、更富创造力、更能体现中国文化特色的产品和服务走向国际市场。持续加强与“一带一路”沿线国家在文化贸易方面的深度合作，畅通对外文化交流渠道，推动我国对外文化交流、文化贸易的健康发展，树立中国文化传播的国际形象，扩大中华优秀传统文化的国际影响力。

（三）拓展传播渠道

在我国深入实施创新驱动发展战略背景下，文化与科技的融合是大势所趋。依托网络智能 AI 和云技术拓展建立文化传播云平台，通过多种云端应用，实现对中华优秀传统文化资源的内容挖掘、储存处理、科学利用和共享互动，形成大众传播、人际传播、群体传播与网络传播的多渠道融合联动。要重视借助近年来兴起的海外主流视频播放平台和社交网络媒体平台的传播力量，加大文化科技创新投入，提高科技创新转化能力，加强高质量短视频和直播平台及资源建设，探索中华优秀传统文化的“微”表达，构建全方位、多维度、宽领域的文化对外传播体系，向世界展现多彩、立体、文明、开放的中国文化形象。

（四）鼓励民间力量

国外许多华人社区组织建立的各类民间社团经常会邀请当地民众一起，开展各类中国传统节庆、艺术表演等活动，有些活动还会被当地广播电视和网络媒体全程直播。在这种民间自发的组织和活动中，“民间文化使者”将自己对于中外文化的理解融会贯通，用当地民众喜闻乐见的方式进行文化表达和交流，在文化的对外传播中具有优势。但是，由于缺乏稳定的组织运作机制，民间文化传播的形式和内容大多较为松散随意，传播影响力有限。因此，应建立健全民间组织机构，完善运作规划机制，增强中华优秀传统文化对外传播的民间力量。

五、中华优秀文化对外传播案例分析

数字经济时代，中华优秀文化迸发新的生机，依托互联网科技手段，通过符合时代特质的媒介运营制造易于传播的独特文化标签，为国内外受众打开一扇了解中华传统文化的大门。下面以河南卫视“奇妙游”系列节目为例，分析中华优秀文化有效的国际传播。

自 2021 年初开始，在春节、元宵节、端午节这些传统节日里，河南卫视推出了一档以剧情、舞蹈为核心的系列节目——“中国节日”，一度之间成为抖音、微博、微信等社交媒体平台上的热议对象，创新的节目呈现方式、单元式的歌舞体剧情、丰富的中华优秀传统文化元素赋予了该系列节目频繁“出圈”的能力，使其在 YouTube 等海外网站引发广泛讨论[3][5]。让奇妙的“穿越感”连接古今，把书本中、记忆里的本土文化变成了看得见、听得清、感受得到的优秀文化作品，在增强受众沉浸式体验的基础上，有效传播中华优秀文化。

（一）富有现代感

形式上的现代感是吸引人关注的钥匙。善用“文化+科技”，用最时尚、最前沿、最酷炫的表达方式对传统文化进行展示，让文物活在当下。河南卫视“中国节日”系列节目借用“网综”“网剧”等表现手法，借助 AR（增强现实）技术、3D 动画与漫画转场吸引年轻粉丝，剪辑不同片段用在短视频、直播、社交平台等流量入口予以传播，用好“热搜”“推荐”等第一时间实现口碑营销，无数人的消费和互动，以润物细无声的方式实现了文化传播。

（二）体现高品质

品质感主要体现在 3 方面：一是艺术感。美轮美奂的呈现形式是优秀文化讲述的基本要求。精选有代表性、符合现代审美的文化地标和文化元素展现中华之美，精准传播中华美学理念。二是精致感。比如为了真实还原龙门石窟的雕像形象，节目团队前后 8 次到龙门石窟踩点，搭建了 99 台相机，以“子弹时间”的专业手法 360 度展现演员的精湛表演。节目的细枝末节也都能“引经据典”，体现着编导的精益求精。三是启发性。好的文化内容可以引发人对自我、对自然、对社会的深入思考，好的文化内容可以启发受众对人文领域的好奇心，激发受众对文化内容的再认识。文化内容是在不断传播和互动中丰富生长的。“中国节日”系列节目、河南的考古盲盒、“只有河南”驻场演出等系列精品“出圈”之作，无一不是得益于受众“口碑传播”。

（三）突出包容性

展现中华文明海纳百川、开放包容的广阔胸襟，这也是金刚与飞天共舞能够引发共鸣的重要原因。每个人都能够从和而不同的文化汇聚中找到自我文化价值的实现。在尊重文化多样性，平等对待外来文化的基础上，善意的接纳、巧妙的融合、精彩的升华，体现了中华民族对于世界文明交流互鉴的平和态度与开放胸襟。

优秀的文化基因有着很强的生命力与流传度，是具备独特传统的、有形和无形的表达方式，而在“新全球化”背景下的文化交流与传播也同样需要展现新的生机与活力，应立足于中华优秀文化的基础，进行深度的文化解读，利用身体等符号元素进行再次编码。“奇妙游”系列节目运用技术进行自身传播，打破时空界限，最终增强中华优秀文化在跨文化语境下的文化自信与认同，也向世界展示我们的文化软实力，向世界展现真正的中国。

（作者简介：熊文明，女，博士，南京邮电大学高质量发展评价研究院、高质量发展综合评估研究基地副研究员，主要从事创新创业方面的研究。）

参考文献

[1] 王质纯．新时代文化自信视域下的中国文化对外传播研究［D］．北京：北京化工大学，2019.

[2] 陈博谦，王子诺．中国文化中心的海外传播路径——以曼谷为例［J］．燕山大学学报（哲学社会科学版），2019，20（2）：65-73.

[3] 曲伸．“中国节日”系列节目传播文化自信路径探析——基于文化本土性视阈下的文本研究［J］．今传媒，2022，30（8）：42-45.

[4] 李家莲．中国文化发展报告2019［M］．北京：社会科学文献出版社，2019：225-230.

[5] 雷朝文．具身建构：跨文化传播视角下的沉浸式体验——以河南卫视“奇妙游”系列节目为例［J］．传播与版权，2022（9）：42-44，68.

第六篇

共享发展篇

第二十章　共同富裕发展评价

摘　要：脱贫攻坚战的胜利和绝对贫困的消除，为全体人民共享发展成果，走向共同富裕奠定了良好基础。人民生活水平带来质的飞跃，居民在收入、消费和住房等方面都得到了相当大的提升和改善，收入和消费结构倾向多元化发展，城乡相对差异持续缩小。但在取得成绩的基础上，我们仍需看到差距，在共同富裕的建设道路上仍有一些困难需要克服。如居民收入和消费增速下降，收入和消费结构有待持续完善，城乡和区域绝对差异较高，大城市居住成本居高不下，乡村居住设施配套不完善等，推动人民生活水平高质量发展和实现共同富裕任重而道远。

一、研究背景

共同富裕是我国发展社会主义的本质要求，也是体现中国特色社会主义的新发展阶段。长期以来，党和国家都在探索共同富裕的发展之道。共同富裕以经济发展为基石，以满足人民美好生活需要为目标，是新时代高质量经济社会发展的重要内容。从1953年《中共中央关于发展农业生产合作社的决议》中第一次提出共同富裕的概念开始，摆脱贫困，提高人民群体整体收入成为经济社会发展的重要目标。改革开放强调效率优先的市场经济理念，在初次分配市场上形成了一定的贫富差异。1986年，邓小平同志提出，让一部分人、一部分地区先富起来，先富带动后富，逐步达到共同富裕①。随着我国社会主义发展进入新阶段，经济发展取得了举世瞩目的成绩，物质资源更加丰富，人民生活水平有了较大的提升，社会的主要矛盾由人民日益增长的物质文化需要与落后生产力之间的矛盾，转化为人民日益增长的美好生活需要与不平衡不充分发展之间的矛盾。2021年，习近平总书记在其重要文章《扎实推动共同富裕》中对共同富裕的发展理念进了进一步的阐述，指出共同富裕不是少数人的富裕，也不是整齐划一的平均主义，而是全体人民的共同富裕，包括物质生活和精神生活两个层面的富裕。这也意味着，新发展阶段下的共同富裕概念被赋予了更多的理论和实践内涵。

共同富裕是一个渐进的过程，这也是需要经历从局部到整体、从落后到发展的过程。共同富裕不是同时和同等的富裕，而是在逐渐实现发展机会均等的前提下，达到

---

① 1986年8月，邓小平在视察天津时的谈话中指出，“我的一贯主张是，让一部分人、一部分地区先富起来，大原则是共同富裕。一部分地区发展快一点，带动大部分地区，这是加速发展、达到共同富裕的捷径。” http：//cpc. people. com. cn/n1/2019/0809/c69113-31285996. html.

财富分配的相对均衡和降低财富分配的两极分化。共同富裕不是固定的状态，而是随着经济社会和分配正义的发展，降低阶层固化的发生，尽可能地弥补在经济社会中对特殊困难群体的机会剥夺，降低对他们可行能力的影响。当下，我国一些偏远地区发展落后的现象依然存在，城乡、地区、收入之间发展不平衡的问题比较突出。从"共同"的视角来看，共同富裕的主体思想是全民共建共享，其目标是全体人民在一定差距范围内的基础上，达到某种程度的富裕，让全体人民能够共享发展成果。从"富裕"的视角来看，共同富裕的内容一方面是物质资料的丰富，社会生产力达到较高水平，人民群众的生活需求得到有效满足；另一方面，精神文化和发展需求的满足也被纳入富裕的概念范畴。

二、共同富裕的测量指标构建

当下，我国实现了现行贫困标准线下的农村贫困人口全部脱贫，贫困县和贫困村全部摘帽，长期以来存在的区域性整体贫困得以解决，实现了消除绝对贫困的目标，开始迈向全面小康社会建设。共同富裕是全面小康建设的下一个进程，也是我国经济社会发展的主要目标。共同富裕是一项全新的事业，学术界和政府实践都处于初始摸索阶段，对其概念的内涵和外延的理解也呈现多元化态势。

在共同富裕的测量指标建构方面，学界大多立足共同富裕的理论基础和实践特征，从不同维度对共同富裕测量指标进行构建。刘培林等人（2021）从总体富裕和发展共享两个维度对共同富裕进行了测量，前者包括总体生产力的提高，后者对群体、区域和城乡差异进行了测度；杨宜勇和王明姬（2021）以物质、精神、生活环境来测量富裕，以差异性和共享性来评价"共同"；宋群（2014）将经济、文化、社会、制度和生态等 15 项指标，以及收入消费、社会保障、区域不平等、人类发展指数和幸福指数等指标纳入共同富裕的总体考察；陈丽君等人（2021）从发展性、共享性和可持续性 3 个层面测量了富裕程度和共享程度；中央党校高质量发展研究课题组提出的经济共享发展评价指数包括了农村贫困、城镇贫困两个富裕度指标和收入、消费、区域 3 个差异性指标。李金昌和余卫（2022）从过程和结果两个维度，构建了共同富裕建设的过程指标和结果指标。其中，过程指标体系包括经济质效并增、发展协调平衡、精神生活、生态环境、社会和谐、公共服务等，结果指标包括共享性、富裕度和可持续性等。包含 18 个二级指标与 47 个三级指标的过程指标体系的分析结果，与仅包括 3 个一级指标和 9 个二级指标的结果指标体系的分析结果接近，这也表明了测量指标的多元化一方面可能有助于全面了解共同富裕的发展内涵，另一方面过多指标之间也可能会存在相互干扰，加之指标之间的权重确定复杂，其结果并不一定优于少量指标构成的测量体系。万海远和陈基平（2021）仅采用两个指标对共同富裕进行了测量，其中，人均国民收入用来测量经济发展程度，可支配收入基尼系数作为共享程度的测量，对 162 个国家和地区的共同富裕发展水平进行了比较分析。鉴于已有关于共同富裕的测评指标建构的讨论，本章从居民生活水平和发展差异两个维度对共同富裕进行评价，前者作为人民群众富裕性的测度，后者作为发展均衡性的测度。

结合已有文献，考虑测量指标的科学性和数据可得的操作性。本章研究拟从“发展”和“共享”两个维度对共同富裕的发展现状进行描述和评价。“发展”维度主要考虑人民生活发展水平，具体包括居民收入、消费、住房、恩格尔系数等指标；“共享”维度主要考虑城乡、区域和群体间的发展差异、基尼系数等，体现发展过程中地域和群体之间的均衡性。

三、居民生活水平发展现状

（一）城乡居民收入

国家统计局数据显示，2021 年，全国居民人均可支配收入 35128 元，剔除价格因素，比上一年实际增长 8.1%，居民人均可支配收入增速与国内生产总值增速基本一致。其中，城镇居民人均可支配收入 47412 元，较上年实际增长 7.1%。农村居民人均可支配收入 18931 元，较上一年实际增长 9.7%。从增长速度来看，近 10 年，居民人均可支配收入自 2012 年达到 10.7%的高速增长以后，城乡居民人均可支配收入增速开始趋缓。2020 年，受到新冠肺炎疫情影响，城乡居民人均可支配收入增速大幅回落。至 2021 年，随着新冠肺炎疫情的有效控制，我国经济形势快速好转，居民人均可支配收入实现了较快增长。

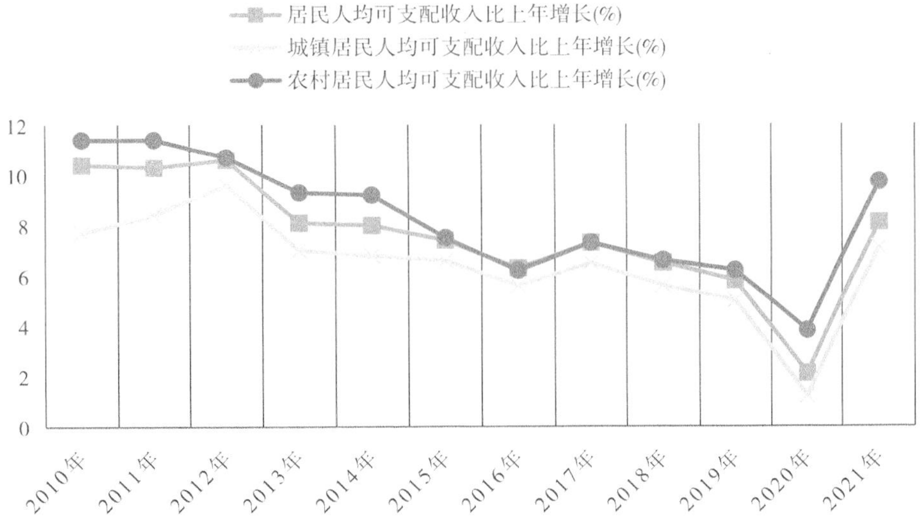

图 20-1 居民人均可支配收入增速

数据来源：国家统计局。

从收入构成来看，2021 年，居民人均可支配工资性收入为 19629 元，占人均可支配收入的 55.88%。人均经营净收入为 5893 元，占比为 16.78%。人均财产净收入为 3076 元，占比为 8.76%。人均可支配转移净收入为 6531 元，占收入的 18.59%。其中，城镇居民工资性收入为28481元，占比为60.07%。城镇人均经营净收入为5382元，占比为11.35%。城镇人均财产净收入5052元，占比为10.66%。城镇人均转移净收入为8497元，占比为17.92%。农村居民可支配工资收入7958元，收入占比为42.04%。农村居民经营性收入为6566元，占比为34.68%。农村居民财产净收入为人均469元，占比为2.48%。农村居民转移净收入为人均3937元，占人均可支配收入的20.80%。城镇居民可支配收入的主要来源是工资性收入，其次为转移收入，财产净收入和经营净收入占比各为10%左右。农村居民的主要收入来源是工资收入，经营净收入占收入比重超过1/3，转移净收入占可支配收入比重超过1/5，但财产净收入的比重较低，仅略高于人均可支配收入2%。

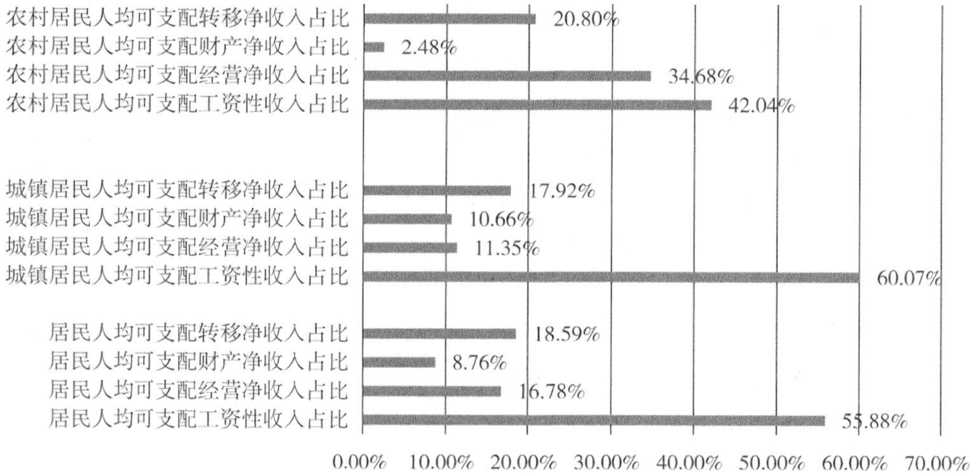

图20-2　2021年居民人均可支配收入来源占比

数据来源：国家统计局。

从收入构成的变化来看，居民人均可支配收入中的工资性收入占比相对稳定，约为56%，在国家推出的一系列减税降费、稳岗和促进就业政策支持下，居民就业保持基本稳定，工资收入成为居民可支配收入较为稳定的来源。经营性收入占比总体呈下降趋势，自2010年的19%，降至2021年的不足17%。财产净收入占比略呈上升趋势，自2010年的6%，提高到2021年的8%以上。转移净收入占比也呈上升趋势，自2010年的16%，提高到2021年的19%左右。农村居民的人均可支配收入来源的变动趋势与城镇居民略有所不同：农村居民从事非农工作的比例有所上升，工资性收入在农村居民人均可支配收入中的占比呈缓慢上升趋势，2010—2021的12年间，工资性收入的占比提高了约6%。农村居民的经营性收入的占比总体呈下降趋势，自2010年的47%，下降至2021年的35%左右。农村居民的转移净收入占比有所提高，2010—2021年，提高了约了6%。农村居民的财产净收入在人均可支配收入中的占比一直较低，且比重保持相对稳定。

（二）城乡居民消费

2021年，全国居民人均消费支出24100元，剔除价格因素，比上一年实际增长12.6%，居民人均消费支出超过国内生产总值增速。其中，城镇居民人均可支配收入30307元，较上年实际增长11.1%。农村居民人均可支配收入15916元，较上一年实际增长15.3%。从增长速度来看，近10年，居民人均消费增速处于缓慢回落态势。2012年居民人均消费支出增速在8.6%，至新冠肺炎疫情暴发前的2019年，人均消费支出的增速降至5.5%。受新冠肺炎疫情影响，2020年，城乡居民人均消费支出均大幅回落，城镇居民消费支出较上一年负增长6%，农村居民消费支出较上一年负增长0.1%。至2021年，随着新冠肺炎疫情的有效控制，居民消费需求得以释放，城乡人均消费支出得以大幅反弹。其中，城镇居民人均消费支出较上一年增长11.1%，农村居民人均消费支出较上一年增长15.3%。农村居民消费支出表现出了比城镇居民消费更高的韧性。

图20-3 居民人均消费支出增速

从消费构成来看，2021年，居民人均消费支出最高的项目为服务性消费支出，为10645元，占比超过44%。居民人均消费支出排第二位的是食品烟酒支出，为7178元，占比接近30%。居民人均居住支出为5641元，占比为23.4%。居民人均交通通信支出和人均教育文化娱乐支出分别为3156元和2599元，占比分别为13.1%和10.8%。消费支出占比低于10%的包括人均医疗保健支出、人均生活用品及服务支出、人均衣着支出等，分别为2115元、1423元和1419元，占比分别为8.8%、5.9%和5.9%。

从消费构成的变化来看，居民人均服务性消费支出在总人均消费支出中的比重有所上升，自2013—2021年，服务性消费支出占比从40%提高到44%，提升了约4个百分点。人均食品烟酒支出在消费支出中的占比，在2019年前保持了持续缓慢下降态

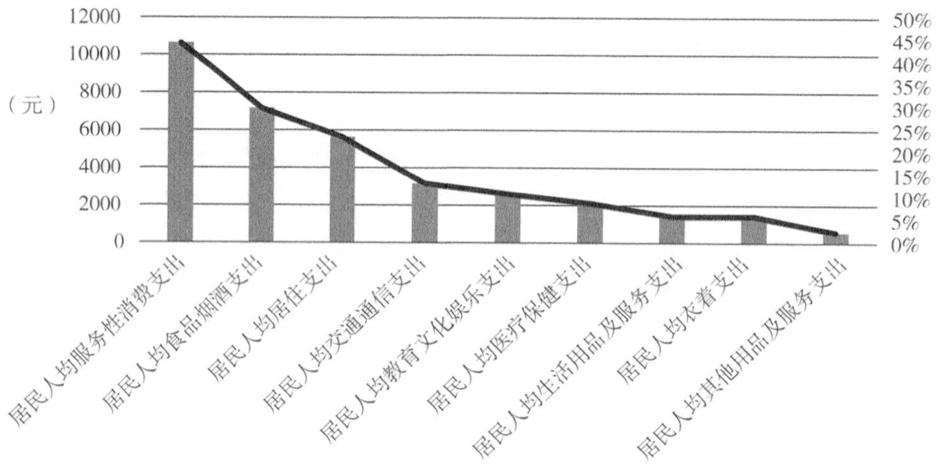

图 20-4　2021 年居民人均消费支出构成

势，人均食品烟酒支出在消费支出中的占比在近两年反弹至 30%左右。其中，城镇居民人均食品烟酒支出的消费占比从 32%下降至 29%，农村居民人均食品烟酒支出的消费占比从 2010 年的 38%，下降至 2019 年的 30%，近两年又反弹至 32%左右。人均衣着支出在消费中的占比呈缓慢下降趋势，自 2010 年的 8%，缓慢降至 2021 年的 6%，其中，城镇居民人均衣着支出占比下降了 3 个百分点，农村居民人均衣着支出占比仅下降了 1 个百分点。人均居住消费的占比在 2010—2021 年缓慢上升了约 2 个百分点，主要来自城镇居民的人均居住消费占比的提高。居民人均交通通信支出占比先升后降，基本稳定在 13%左右。其中，农村居民人均交通通信支出占比提高了约 3 个百分点。居民人均医疗保健支出占比由 2010 年的 7%，缓慢提升到 2021 年的 9%。其中，城镇居民人均医疗保健支出占比提高不足 2%，农村医疗保健支出占比提高了约 3%。居民人均教育文化娱乐支出占比在过去 10 年基本保持稳定。其中，城镇居民人均教育文化娱乐支出占比约为 11%，农村居民人均教育文化娱乐支出占比约为 10%。

恩格尔系数是基于恩格尔定律计算出的食物支出在总消费支出中的占比，是国际通用的测量居民生活水平的一项指标。恩格尔系数一般随着居民收入和生活水平的提高而降低。我国近年居民消费的恩格尔系数在 30%左右，处于相对富裕和富裕状态。从城乡来看，城镇家庭的恩格尔系数在 2019 年降至 27. 6%之后，在 2020 年和 2021 年又分别反弹至 29. 2%和 28. 6%，城镇家庭平均生活水平达到富裕水平。农村家庭的平均恩格尔系数自 2010 年的 37. 1%大幅下降至 2019 年的 30%，随后在 2020 年和 2021 年反弹至 32. 7%，处于相对富裕生活水平。新冠肺炎疫情给我国经济社会带来深远影响，给城乡居民收入和消费带来了较大的冲击，消费结构也受到了一定影响，对共同富裕的发展和建设形成了挑战。

（三）住房

住房不仅是个体和家庭生活所必需的庇护场所，还是个体和家庭资产重要的组成

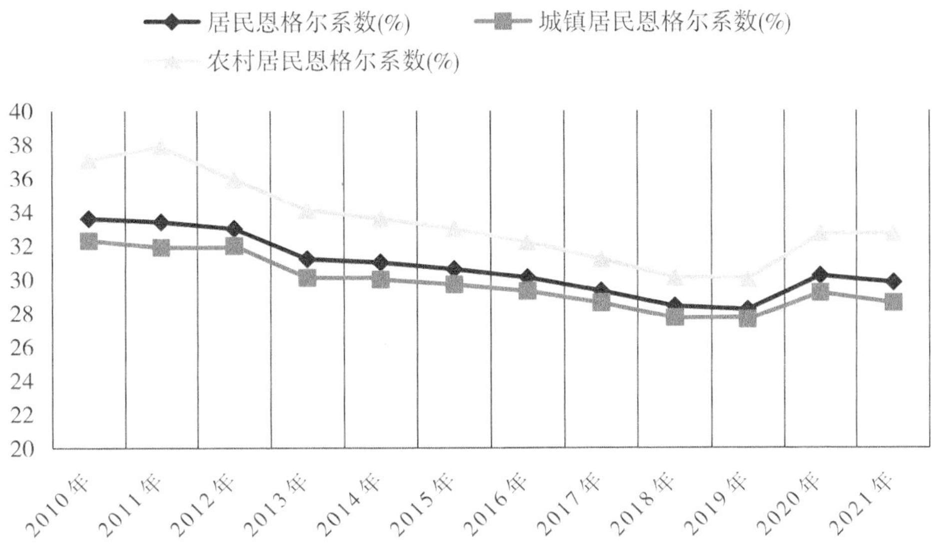

图 20-5 居民恩格尔系数变化趋势

部分。2020 年中国人口普查调查数据显示，全国家庭平均每户住房建筑面积 111.18 平方米，平均每户住房间数 3.20 间，人均住房建筑面积 41.76 平方米，人均住房间数 1.20 间。其中，城市人均住房建筑面积为 36.52 平方米，镇的人均住房建筑面积为 42.29 平方米，乡村人均住房建筑面积为 46.80 平方米。从住房来源看，城市家庭户中，通过购买新建商品房、二手房、原公有住房、经济适用房或两限房，以及自建住房和通过继承或赠予而拥有房产的家庭户占比为 69.2%，这一比重在镇和乡村分别为 82.7%和 94%。

表 20-1 2020 年家庭户住房间数和面积

类别	家庭户户数（户）	家庭户人数（人）	平均每户住房建筑面积（平方米/户）	平均每户住房间数（间/户）	人均住房建筑面积（平方米/人）	人均住房间数（间/人）
全部	465241711	1238552246	111.18	3.20	41.76	1.20
城市	192180772	485050419	92.17	2.50	36.52	0.99
镇	99734537	277661566	117.74	3.27	42.29	1.18
乡村	173326402	475840261	128.49	3.93	46.80	1.43

2000 年、2010 年和 2020 年三次人口普查数据显示，我国城市、镇和乡村的家庭户的人均住宅建筑面积呈上升趋势。2000 年，全国家庭户人均住房建筑面积 22.77 平方米，城市、镇和乡村之间的差异不大，人均住房建筑面积最高的是居住在镇的家庭户，为 23.30 平方米，略高于乡村的 22.99 平方米和城市的 21.81 平方米。在三类居住地的家庭户中，乡村家庭的人均住房建筑面积增长最快，在 20 年翻了一番。居住地为镇的

家庭户的人均住房建筑面积增速略低于乡村，城市的人均住房建筑面积增速最低，2020 年，城市人均住房建筑面积比乡村低约 10 平方米。在住房设施状况方面，全国家庭户中，同时拥有厨房和厕所的占比为 94%。

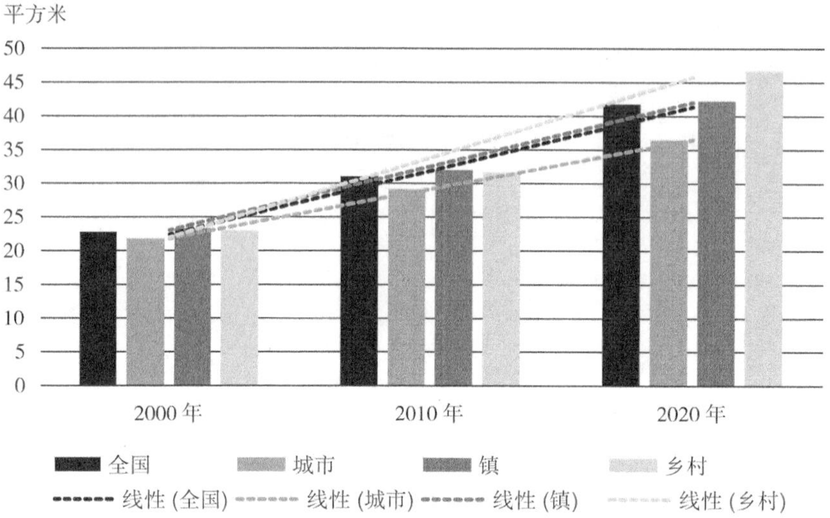

图 20-6　人均住房建筑面积变化趋势

四、居民生活水平共享性现状

全民共享发展成果是社会主义体制下分配理论的重要内容。我国居民工资性收入与劳动生产率的大致同步增长，体现了市场经济体制下劳动者初次分配的效率与公平。在再分配过程中，降低收入差距，拉动“后富”群体和落后地区的生产效率和获得社会和经济资源的机会，让经济社会发展成果可以惠及更多人群，是实现共同富裕的必由之路。我国长期以来存在的城乡二元分化的社会结构，形成了城镇和农村不同的两种生活机遇，导致城乡之间的发展不均衡。此外，存在于东、中、西部等地区之间的区域发展差异也长期存在。在“先富”的过程中，一部分人群较快地实现了财富积累，在“后富”发展较为缓慢的情况下，贫富差距会持续扩张。通过对城乡、区域和人群之间的生活水平发展比较，可以更好地了解当下经济社会发展成果的共享性，凸显共同富裕建设进程中的问题，找到共同富裕建设的着力点。

（一）居民生活水平的城乡差异

虽然城乡二元化的社会结构形成了城乡居民生活水平的巨大差异，城乡居民的收入和消费比一度处于高位。在“十五”规划期及之前，城镇居民收入和消费水平增速一直高于农村居民。但随着农村持续快速发展，农村的人均可支配收入和消费支出的增速开始超过城镇，城乡居民之间的收入和消费差异不断缩小。2011—2020 年的十年规划期间，城镇居民收入的年均实际增速为 6. 2%，农村居民收入的年均实际增速为

7.8%（《中国住户调查年鉴2021》）。2010年，城乡人均可支配收入比为2.99，至2021年，这一比值降为2.50。城乡居民的人均消费支出比由2010年的2.79，自2020年起首次降至2以内，并在2021年下降至1.90。

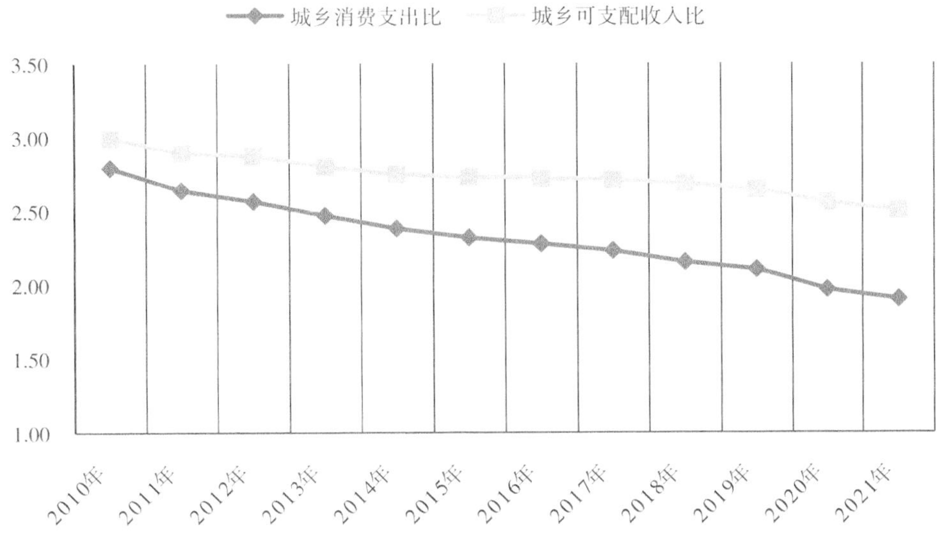

图20-7 城乡居民收入和消费比

虽然总体来看，各来源的人均可支配收入的城乡差异都在缩小，但不同来源收入的差异程度并不一样。其中，城乡收入来源差异最大的是资产性收入，农村居民的土地和住宅资源在市场上的流动性差，农村地区难以形成规模化产业，无法吸引外来人口，其资本再生产的能力较差。加上农村地区总体发展相对落后，农民的收入水平较低，无法形成有效的资产积累，资产性收入来源极为受限。在城镇居民财产性收入逐步增长的背景下，农村居民的财产性收入增速缓慢，导致城乡之间的资产性收入比居高不下。虽然城乡资产性收入差异较高，但因为工资性收入作为城镇居民人均可支配收入的主要来源，成为城乡人均可支配性收入的差异的主要构成。2021年，城镇居民的工资性收入为28481元，农村居民的工资性收入仅为7958元，是农村居民的3.58倍。农村居民的经营性收入高于城镇居民，但这种差异随着时间逐渐削减。随着社会保障制度的持续完善，覆盖人群越来越广泛，城乡居民的转移性收入均不断提高，其中农村居民的转移性收入增速更高，城乡居民的转移性收入差距不断缩小。

表20-2列出了2010—2021年城乡居民人均消费支出的各项构成比。可以看出，城乡各项消费支出的差异均处于不断缩小的趋势。2013年，城镇居民人均服务性消费支出比是3，这一比值在2021年降为2.29。城乡居民食品烟酒消费支出比在2018年开始降至2以内，至2021年降至1.67，表明城乡居民在食品烟酒支出方面的差异明显降低。城乡居民在衣着方面的支出差异降低也非常明显，从2010年的4.48降至2021年的2.14，差异缩小了一多半。城乡居民在居住、生活用品及服务、教育文化娱乐等方面的支出差异虽然也有所降低，但降幅较小。城乡交通通信支出差异降幅明显，自2010年的3.45降至2021年的1.84。随着城乡医疗保障的完善，越来越多的城乡居民

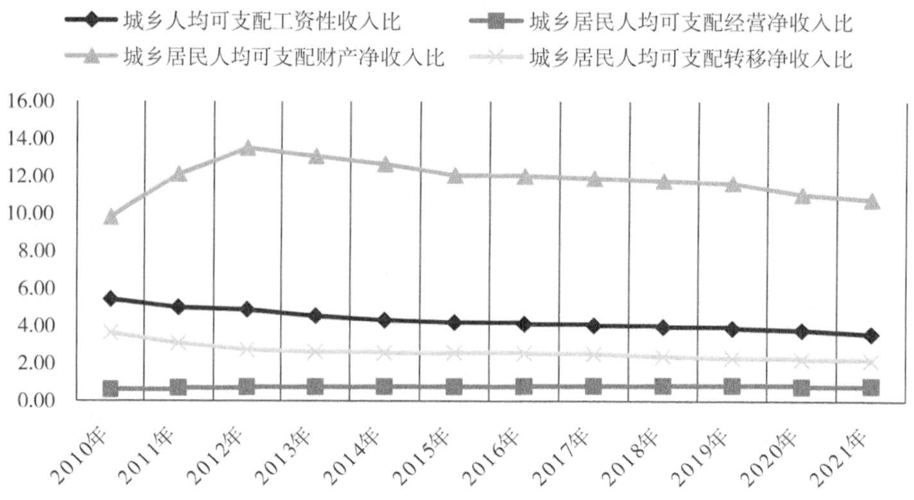

图 20-8　城乡不同来源的人均可支配收入比

被纳入医疗保障体系，医疗资源的可及性大大提高，城乡医疗保健支出均实现了较大幅度的增长，城乡医疗保健支出比自 2012 年起降至 2 以内，且在持续降低，至 2021 年，城乡医疗保健支出比为 1.60。表明城乡医疗保健消费差异大幅下降，健康资源的可获得性日趋平等。

表 20-2　2010—2021 年城乡居民人均消费支出构成比

指标	2010 年	2011 年	2012 年	2013 年	2014 年	2015 年	2016 年	2017 年	2018 年	2019 年	2020 年	2021 年
城乡服务性消费支出比				3.00	2.86	2.75	2.68	2.63	2.61	2.56	2.31	2.29
城乡食品烟酒支出比	2.35	2.30	2.28	2.18	2.13	2.09	2.07	2.05	1.99	1.93	1.76	1.67
城乡衣着支出比	4.48	3.99	3.72	3.42	3.19	3.09	3.02	2.87	2.79	2.57	2.31	2.14
城乡居住支出比	2.70	2.59	2.54	2.72	2.55	2.45	2.38	2.36	2.35	2.36	2.35	2.23
城乡生活用品及服务支出比	3.19	2.70	2.65	2.48	2.44	2.39	2.39	2.41	2.26	2.21	2.14	2.02
城乡交通通信支出比	3.45	3.13	2.98	2.65	2.60	2.49	2.33	2.20	2.06	2.00	1.89	1.84
城乡教育文化娱乐支出比	2.75	2.82	2.67	2.63	2.49	2.46	2.47	2.43	2.28	2.25	1.98	2.02
城乡医疗保健支出比	2.51	2.09	1.96	1.70	1.73	1.71	1.76	1.68	1.65	1.61	1.53	1.60

我国的住宅市场按土地性质形成了城乡分割的格局。2020 年人口普查数据显示，城市住房来源主要是购买和租赁。其中，购买新建商品房、二手房、原公有住房以及经济适用房等作为住房来源的家庭户合计占比为 58.4%。租赁廉租房和公租房以及其他住房的家庭户占比为 25.6%。镇和乡村的自建房的比例较高，分别达到 42.1%和 89.1%。镇和乡村住宅成本较低，建筑面积较大，人均住房建筑面积均高于城市。在城市家庭户中，人均住房建筑面积在 8 平方米及以下的家庭户占比为 2.5%，居住处于非常拥挤状态。人均住房建筑面积低于 20 平方米的家庭户合计占比为 17.4%，这一比重在镇为 10.3%，乡村仅为 8.8%。城市家庭的居住拥挤状况更为凸显。城市家庭的住房设施状况较好，同时拥有厨房和厕所的家庭户占比达 96%。居住在镇的家庭户，拥有厨房和厕所的占比略低于城市。乡村家庭的住房设施状况最差，超过 8%的家庭户内缺少厨房或厕所等必要设施。

（二）居民生活水平的群体差异

从不同收入分组的居民人均可支配收入情况来看，2021 年，全国低收入组的居民人均可支配收入为 8333 元，中间偏下收入组的居民人均可支配收入为 18446 元，中间收入组的居民人均可支配收入为 29053 元，中间偏上收入组的居民人均可支配收入为 44949 元，高收入组的居民人均可支配收入为 85836 元。表 20-3 显示，虽然城乡家庭居民的人均可支配收入整体上升，各收入分组的居民可支配收入均呈现上升态势，但不同收入组间的差异下降并不明显。2013—2021 年，高收入组的居民人均可支配收入与低收入组的居民人均可支配收入的比从 10.78 降至 10.30，下降幅度较小。

表 20-3　居民五等份收入分组的收入情况

指标	2013 年	2014 年	2015 年	2016 年	2017 年	2018 年	2019 年	2020 年	2021 年
低收入组人均可支配收入（元）	4402	4747	5221	5529	5958	6440	7380	7869	8333
中间偏下收入组人均可支配收入（元）	9654	10887	11894	12899	13843	14361	15777	16443	18446
中间收入组人均可支配收入（元）	15698	17631	19320	20924	22495	23189	25035	26249	29053
中间偏上收入组人均可支配收入（元）	24361	26937	29438	31990	34547	36471	39230	41172	44949
高收入组人均可支配收入（元）	47457	50968	54544	59259	64934	70640	76401	80294	85836

续表

指标	2013 年	2014 年	2015 年	2016 年	2017 年	2018 年	2019 年	2020 年	2021 年
高低收入组人均可支配收入比	10. 78	10. 74	10. 45	10. 72	10. 90	10. 97	10. 35	10. 20	10. 30
城镇低收入组人均可支配收入（元）	9896	11219	12231	13004	13723	14387	15549	15598	16746
城镇中间偏下收入组人均可支配收入（元）	17628	19651	21446	23055	24550	24857	26784	27501	30133
城镇中间收入组人均可支配收入（元）	24173	26651	29105	31522	33781	35196	37876	39278	42498
城镇中间偏上收入组人均可支配收入（元）	32614	35631	38572	41806	45163	49174	52907	54910	59005
城镇高收入组人均可支配收入（元）	57762	61615	65082	70348	77097	84907	91683	96062	102596
城镇高低收入组人均可支配收入比	5. 84	5. 49	5. 32	5. 41	5. 62	5. 90	5. 90	6. 16	6. 13
农村低收入组人均可支配收入（元）	2878	2768	3086	3006	3302	3666	4263	4681	4856
农村中间偏下收入组人均可支配收入（元）	5966	6604	7221	7828	8349	8508	9754	10392	11586
农村中间收入组人均可支配收入（元）	8438	9504	10311	11159	11978	12530	13984	14712	16546
农村中间偏上收入组人均可支配收入（元）	11816	13449	14537	15727	16944	18051	19732	20884	23167
农村高收入组人均可支配收入（元）	21324	23947	26014	28448	31299	34043	36049	38520	43082
农村高低收入组人均可支配收入倍差	7. 41	8. 65	8. 43	9. 46	9. 48	9. 29	8. 46	8. 23	8. 87

城乡不同等份收入分组的居民可支配收入差异程度并不一致。首先，城镇居民的收入差异要小于农村居民之间的收入差异。2021 年，城镇高收入组的人均可支配收入是低收入组的 6.13 倍，而农村高收入组人均可支配收入是低收入组人均可支配收入的 8.87 倍。城镇高低居民收入差距大幅低于农村。从趋势上来看，城镇居民高低收入组之间的差异自 2013 年至今经历了先降后升的发展趋势，农村居民高低收入组之间的收入倍差自 2013 年缓慢上升，至 2017 年升至 9.48 倍，之后虽然略有下降，但至 2021 年又重拾上升态势。其次，城乡居民的可支配收入差异主要体现在低收入群体。2013 年，低收入组的城乡居民可支配收入倍差为 3.44，在 2016 年升至 4.33，随后缓慢下降至 2021 年的 3.45。中间偏下、中间、中间偏上和高收入组的城乡居民可支配收入差异呈波动下降趋势，但下降幅度不大。高收入组的城乡居民可支配收入的差异在所有组中是最低的，2021 年，城镇高收入组的居民可支配收入是农村高收入组人均可支配收入的 2.38 倍。

表 20-4 各收入组城乡居民可支配收入比

指标	2013 年	2014 年	2015 年	2016 年	2017 年	2018 年	2019 年	2020 年	2021 年
低收入组城乡居民收入倍差	3.44	4.05	3.96	4.33	4.16	3.92	3.65	3.33	3.45
中间偏下收入组城乡居民收入比	2.95	2.98	2.97	2.95	2.94	2.92	2.75	2.65	2.60
中间收入组城乡居民收入倍差	2.86	2.80	2.82	2.82	2.82	2.81	2.71	2.67	2.57
中间偏上收入组城乡居民收入比	2.76	2.65	2.65	2.66	2.67	2.72	2.68	2.63	2.55
高收入组城乡居民收入倍差	2.71	2.57	2.50	2.47	2.46	2.49	2.54	2.49	2.38

图 20-9 报告了 2010—2020 年我国居民人均可支配收入基尼系数。2010 年，我国居民人均可支配收入基尼系数为 0.481，随后开始逐年下降，至 2015 年下降至 0.462。自 2016 年开始，人均可支配收入基尼系数缓慢上升，至 2020 年，人均可支配收入基尼系数为 0.468。在采用基尼系数评价收入分配的均衡性时，一般将 0.4 作为衡量贫富差距的警戒线，超过 0.4 意味着收入分配差距较大。我国的居民人均可支配收入基尼系数长期超过 0.4，虽然中间存在波动下降，但近年又有上升态势，表明居民的收入不平等发展状况仍然存在。

（三）居民生活水平的区域差异

从各省份的居民收入情况看，2021 年，居民人均可支配收入最高的省份为上海，居民人均可支配收入达 78027 元，与北京同处于人均可支配收入 7 万元以上区间。人均可支配收入排在第三位的是浙江，居民人均可支配收入为 57541 元。居民可支配收入

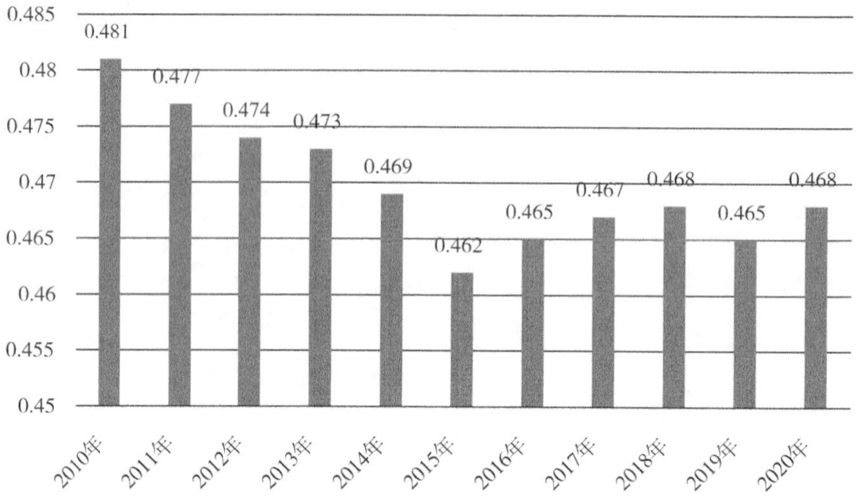

图 20-9　居民人均可支配收入基尼系数

落在 4 万~5 万元区间的有江苏、天津、广东、福建 4 个省份。人均可支配收入 3 万~4 万元有山东、辽宁、内蒙古、重庆、湖南、安徽、湖北、江西、海南 9 个省份。河北、四川、陕西、宁夏、吉林、山西、黑龙江、河南、广西、新疆、青海、云南、西藏、贵州、甘肃 15 个省份的居民人均可支配收入在 3 万元以下。居民人均可支配收入的省份差异明显，最高省份上海的居民人均可支配收入是最低省份甘肃的 3.54 倍。其中，城镇居民人均可支配收入中，收入最高的省份上海是收入最低省份黑龙江的 2.45 倍；农村居民人均可支配收入中，最高的省份上海是最低省份甘肃的 3.37 倍。从城乡差异来看，绝大部分省份的城乡居民人均可支配收入比超过 2，城乡收入比最高的是甘肃和贵州，城镇居民收入分别是农村居民收入的 3.17 倍和 3.05 倍。浙江、黑龙江、天津等 3 个省份的城乡收入差距较小，城乡居民收入比小于 2，最低的天津市，城乡居民收入比为 1.84。

表 20-5　分省份居民人均可支配收入（2021 年）

地区	全国（元）	城镇（元）	农村（元）	城乡收入比
上海	78027	82429	38521	2.14
北京	75002	81518	33303	2.45
浙江	57541	68487	35247	1.94
江 苏	47498	57744	26791	2.16
天 津	47449	51486	27955	1.84
广东	44993	54854	22306	2.46
福建	40659	51141	23229	2.20
山东	35705	47066	20794	2.26

续表

地区	全国（元）	城镇（元）	农村（元）	城乡收入比
辽宁	35112	43051	19217	2.24
内蒙古	34108	44377	18337	2.42
重庆	33803	43503	18100	2.40
湖南	31993	44866	18295	2.45
安徽	30904	43009	18372	2.34
湖北	30829	40278	18259	2.21
江西	30610	41684	18684	2.23
海南	30457	40213	18076	2.22
河北	29383	39791	18179	2.19
四川	29080	41444	17575	2.36
陕西	28568	40713	14745	2.76
宁夏	27905	38291	15337	2.50
吉林	27770	35646	17642	2.02
山西	27426	37433	15308	2.45
黑龙江	27159	33646	17889	1.88
河南	26811	37095	17533	2.12
广西	26727	38530	16363	2.35
新疆	26075	37642	15575	2.42
青海	25920	37745	13604	2.77
云南	25666	40905	14197	2.88
西藏	24950	46503	16932	2.75
贵州	23996	39211	12856	3.05
甘肃	22066	36187	11433	3.17

2021年《中国社会统计年鉴》数据显示，2020年，工资性收入占比最高的是广东，为67.82%，天津为第二位，占比为62.34%。工资性收入占比最低的6个省份是湖南、四川、云南、湖北、广西和黑龙江，均低于50%。在城镇居民中，工资性收入占收入来源比重最高的是西藏，高达74.64%，排在第二位的是广东，工资性收入占比为70.5%。城镇居民工资性收入占比最低的是湖南和湖北两省，分别为53.86%和54.68%。农村居民工资性收入占比最高的是北京，高达70.28%，远高于排在第二位的浙江的61.1%。而黑龙江省的农村地区，工资性收入在收入中的比重仅为19.5%。城

镇居民经营性收入占比较高的省份包括内蒙古、贵州、安徽和湖南，经营性净收入占收入比重达到15%及以上。西藏、北京和上海的城镇居民的经营性收入占比不足3%，最低的北京的城镇居民经营净收入占总收入的比重仅为0.91%。城镇居民资产净收入在收入中的比重超过10%的省份包括天津、江苏、云南、福建、浙江、上海、广东和北京。其中北京城镇居民的资产净收入占比为17.4%，大幅高于排在第二位的广东的14.78%。宁夏、黑龙江、新疆、青海、吉林5省份的城镇居民财产净收入在收入中的占比不足5%。农村地区居民的财产性收入占比远低于城镇，除北京、天津、黑龙江3省份的农村居民财产性收入占比超过5%外，大部分省份农村居民财产性收入的占比很低，有12个省份的农村居民财产性收入占比低于2%。转移性收入方面，城镇居民转移性收入占比超过25%的省份包括黑龙江、辽宁、陕西、山西和上海，城镇居民转移性收入占比最低的3个省份是西藏、福建和广东。其中，广东城镇居民转移性收入的占比仅为4.31%，远低于全国其他省份。农村居民转移性收入占比较高的省份包括上海、重庆、河南，均超过28%。农村居民转移性收入占比较低的省份包括北京、山东、河北和浙江，占比均低于15%。

从东、中、西部及东北地区居民人均可支配收入来看，东部地区的居民人均可支配收入水平大幅领先其他地区。2020年，东部地区居民人均可支配收入分别是中部地区的1.52倍，西部地区的1.62倍和东北地区的1.46倍。总体而言，东部地区与中部地区和西部地区的收入比值差异略有下降，与东北地区的收入差异略有上升。分城乡来看，东部地区与中部地区的差异主要在城镇地区，东部城镇地区居民人均可支配收入是中部城镇地区的1.38倍，并且这种差异还随时间略有上升。东西部农村地区的收入差异要高于城镇地区，东部农村地区的收入是西部农村地区收入的1.51倍，但这种差异在近几年略有下降。东部地区与东北地区的居民收入差异在城镇居民中要高于农村居民，且城镇居民的收入差异在近年缓慢上升，2020年，东部地区城镇居民人均可支配收入是东北地区城镇居民的1.46倍。

表20-6　分地区居民可支配收入情况

组别	全国			城镇			农村		
	2018年	2019年	2020年	2018年	2019年	2020年	2018年	2019年	2020年
东部地区（元）	36298.2	39438.9	41239.7	46432.6	50145.4	52027.1	18285.7	19988.6	21286
中部地区（元）	23798.3	26025.3	27152.4	33803.2	36607.5	37658.2	13954.1	15290.5	16213.2
西部地区（元）	21935.8	23986.1	25416	33388.6	36040.6	37548.1	11831.4	13035.3	14110.8
东北地区（元）	25543.2	27370.6	28266.2	32993.7	35130.3	35700.1	14080.4	15356.7	16581.5
东部/中部	1.53	1.52	1.52	1.37	1.37	1.38	1.31	1.31	1.31
东部/西部	1.65	1.64	1.62	1.39	1.39	1.39	1.55	1.53	1.51
东部/东北	1.42	1.44	1.46	1.41	1.43	1.46	1.30	1.30	1.28

各省份之间的居民人均消费支出情况见表20-7。2021年，北京和上海的人均消费支出超过4万元，上海人均消费支出最高，达48879元。人均消费支出在3万~4万元的省份包括浙江、天津、广东和江苏。福建、重庆、湖北、辽宁、山东、湖南、内蒙古、海南、安徽、四川、黑龙江、江西、宁夏13个省份的居民人均消费支出在2万~3万元。居民人均消费支出在2万元以下的省份有12个，包括河北、吉林、陕西、青海、新疆、云南、河南、广西、贵州、甘肃、山西和西藏。省份之间消费支出差异较大，消费支出最高的上海是最低的西藏的3.19倍。城镇居民之间消费差异最大的是上海和山西，相差1.34倍。农村居民消费支出差异最大的是上海和西藏，相差1.57倍。在城乡消费差异方面，西藏、甘肃、云南、山东、贵州和新疆的城乡消费差异较高，城乡消费支出比均超过2。城乡消费差异最低的3个省份是河北、江西和安徽，城乡消费支出比分别为1.57、1.57和1.54。

表20-7 分省份的人均消费支出（2021年）

地区	全部（元）	城镇（元）	农村（元）	城乡消费比
上海	48879	51295	27205	1.89
北京	43640	46776	23574	1.98
浙江	36668	42194	25415	1.66
天津	33188	36067	19286	1.87
广东	31589	36621	20012	1.83
江苏	31451	36558	21130	1.73
福建	28440	33942	19290	1.76
重庆	24598	29850	16096	1.85
湖北	23846	28506	17647	1.62
辽宁	23831	28438	14606	1.95
山东	22821	29314	14299	2.05
湖南	22798	28294	16951	1.67
内蒙古	22658	27194	15691	1.73
海南	22242	27565	15487	1.78
安徽	21911	26495	17163	1.54
四川	21518	26971	16444	1.64
黑龙江	20636	24422	15225	1.60
江西	20290	24587	15663	1.57
宁夏	20024	25386	13536	1.88

续表

地区	全部（元）	城镇（元）	农村（元）	城乡消费比
河北	19954	24193	15391	1.57
吉林	19605	24421	13411	1.82
陕西	19347	24784	13158	1.88
青海	19020	24513	13300	1.84
新疆	18961	25724	12821	2.01
云南	18851	27441	12386	2.22
河南	18391	23178	14073	1.65
广西	18088	22555	14165	1.59
贵州	17957	25333	12557	2.02
甘肃	17456	25757	11206	2.30
山西	17191	21966	11410	1.93
西藏	15343	28159	10577	2.66

从消费支出构成来看，2020年，食品烟酒消费占比最高的3个省份是海南、西藏和四川，分别为39.61%、36.19%和35.52%，占比最低的3个省份是河南、上海和北京，分别为27.37%、26.39%和21.52%。居住支出占比最高的是北京和上海，居住支出分别占消费总支出的40.38%和35.85%，远高于其他省份。教育文化娱乐消费支出占比前三的省份是湖南、山东和贵州，占比分别为12.32%、11.34%和11%。教育文化娱乐消费占比最低的西藏自治区，教育文化娱乐消费占总消费支出的4.17%，大幅落后于其他省份。在医疗保健支出方面，山西和陕西，以及东北地区的黑龙江、吉林、辽宁3省的医疗保健支出在总消费支出中的比重均超过11%。福建、浙江、广东和西藏四省份的人均医疗保健支出占比均低于7%，占比最低的西藏，仅为4.46%。

五、我国共同富裕发展评价

基于对我国居民生活水平发展现状的描述分析，以及居民生活水平在城乡、不同收入等级群体、地区等维度上的发展差异分析，可以看到我国的经济社会发展取得了巨大进展，人民生活水平有了质的飞跃。脱贫攻坚战的胜利，绝对贫困的消除，为全体人民共享发展成果、走向共同富裕奠定了良好基础。但在取得成绩的基础上，我们仍需看到差距，在共同富裕的建设道路上仍有一些困难需要克服。

居民生活水平稳步提高，增速开始趋缓。我国居民人均可支配收入水平与国内生产总值基本保持了同步增长。近10年，居民的收入水平实现了名义增长翻番，人民生活水平持续改善。其中，农村居民人均可支配收入增速连续12年超过城镇居民，表明了农村地区具有较高的发展潜力。随着我国经济发展进入新阶段，持续快速发展开始向高质量发展转变，国民经济增速开始下降，人民收入水平增速开始趋缓。从消费支出方面来看，2010—2019年，我国居民人均消费支出增速处于波动下降趋势。2020年，受新冠肺炎疫情影响，我国居民人均可支配收入增速大幅下降，城乡居民消费支出均出现负增长，但随着新冠肺炎疫情的有效控制，2021年城乡居民的收入和消费增速快速反弹，表现出我国经济发展的强大韧性。

居民收入消费结构有所优化，改善空间较大。从收入构成来看，城乡居民收入结构更倾向于多元化，城镇居民工资性收入占比略有下降，经营收入和财产净收入略有上升。农村居民的经营净收入比重有所下降，工资性收入和转移性收入占比有所上升。城乡居民收入呈现多种来源驱动增长，收入来源的多元化增加了居民的净收入，使居民不再依赖单一经济来源，收入的稳定性和抵御风险的能力也随之提高。从消费构成来看，居民消费结构也有所优化，食品烟酒支出占比和恩格尔系数呈现波动下降趋势。过去20年，我国房地产市场化的快速发展和房价的上涨，导致城镇居民的居住支出持续上升，北京和上海等超大城市的居住支出占消费支出的近四成，居住成本高企对居民其他方面的需求存在抑制效应。此外，城乡人均教育文化娱乐支出占比提高缓慢，人民精神文化生活消费需求有待释放。人口老龄化和医疗保障的完善，城乡居民的医疗保障支出占比也在缓慢提高。农村地区居民的财产净收入占比提升缓慢，显示了农村地区财富积累缓慢，对其他收入来源的依赖较高。

居住条件整体改善，区域差距明显。全国家庭户口人均住房建筑面积在过去20年增长了近1倍，城市家庭人均住房面积小于镇和乡村。随着人民收入水平的提高，城乡家庭居住条件整体得到改善，但城乡之间、城市与城市之间的居民水平存在明显差距。城市，尤其是超大城市，高企的房价限制了居住条件的改善，城市家庭居住拥挤的家庭占比较高。超大城市的居住不平等显著高于其他城市，像北京和上海的家庭户居民的人均住房建筑面积差异较大，人均住房面积低于20平方米和高于70平方米的家庭户占比都比较高。从居住设施来看，乡村地区家庭户的居住设施配套较城市和镇为差。虽然乡村收入水平的提高改善了部分家庭的住房状况，而城镇化的快速发展也使得大量年轻劳动人口离开乡村，对乡村住房设施建设不足，导致部分乡村人口的居住状况没有得到明显改善。

城乡相对差异缩小，近10年来区域绝对差异扩大。农村地区居民人均可支配收入和消费增长持续高于城镇。2020年暴发的新冠肺炎疫情，城镇居民的收入和消费受到冲击要高于农村居民，农村地区的居民生活水平发展较城镇更具韧性。城乡居民收入和消费相对差距持续缩小，城乡居民收入倍差由2010年的2.99：1缩小至2021年的2.50：1，城乡消费支出由2010年的2.79倍降至2021年的1.90倍。虽然总体上城乡居民收入水平的相对差异有所下降，但各省份的城乡发展并不均衡，部分省份的城乡收入倍差居高不下。此外，城乡居民收入的相对差异虽然有所下降，但收入水平的绝对差距仍存在持续扩大态势。除城乡差异外，我国各省份和城市之间的发展差异仍然存在，东西部发展差异明显，且差异不仅未出现明显下降，甚至还呈现缓慢扩大趋势。

对农村地区和西部地区的增收机制进行深化改革，提高工资性收入，稳定经营性收入，促进农村和西部地区的高质量发展，是推动人民生活水平均衡发展的重要路径。

（作者简介：陈立娟，女，博士，南京邮电大学高质量发展评价研究院、高质量发展综合评估研究基地研究员，主要从事流动人口、健康社会学等方面研究。）

参考文献

[1] 陈丽君，郁建兴，徐铱娜．共同富裕指数模型的构建［J］．治理研究，2021，37（4）：5-16+2.

[2] 高质量发展研究课题组，韩保江，邹一南．中国经济共享发展评价指数研究［J］．行政管理改革，2020（7）：14-26.

[3] 刘培林，钱滔，黄先海，董雪兵．共同富裕的内涵、实现路径与测度方法［J］．管理世界，2021，37（8）：117-129.

[4] 宋群．我国共同富裕的内涵、特征及评价指标初探［J］．全球化，2014（1）：35-47+124.

[5] 万海远，陈基平．共同富裕的理论内涵与量化方法［J］．财贸经济，2021，42（12）：18-33.

[6] 杨宜勇，王明姬．更高水平的共同富裕的标准及实现路径［J］．人民论坛，2021（23）：72-74.

第二十一章 基本公共服务和社会保障发展评价

摘 要：我国卫生事业资金投入逐渐增长，医疗卫生公共服务总体呈平稳增长态势，医疗服务资源持续增加。基本教育服务资源总投入与人均资源水平也在逐步提高。在社会保障方面，职工和居民养老保险、医疗保险、失业保险、工伤保险、生育保险的参与人数逐年递增，越来越多的人口受益于社会保障制度。从区域来看，总体上我国各地区和省份之间的公共服务和社会保障的资源配置趋向平衡。但不同区域之间的绝对差异仍然存在，并且区域内部的差异也较大，西部地区各省份之间的公共服务和社会保障的差异相对较高。

一、研究背景

自党的十八大以来，我国经济呈现高速发展阶段，经济发展取得历史性成就、发生历史性变革，为其他领域改革发展提供了重要物质条件。经济高质量发展不同于以往的经济高速发展，在高速发展阶段我们着重关注财政指标与经济总量的增长以及提高国民的生活质量。但在高质量发展阶段，我们不能仅关注财政指标和经济总量的增长，因为高质量发展并不只是经济要求，而是对经济社会发展方方面面的总要求。因此，在经济高质量发展时期，我们更应围绕社会主要矛盾的变化制定经济政策，坚持以人民为中心的发展思想，增强人民的获得感与满足感。经济社会的发展与社会福利建设二者息息相关，经济的高质量发展为社会福利的建设奠定了基石，而社会福利的建设不仅可以提高人民的满足感，更可以促进经济社会的发展。公共服务和社会保障作为社会福利建设的重要组成部分，对二者进行研究评价有利于改善民生水平，推动经济高质量发展。

公共服务是衡量当代社会人民幸福感的指标，是当代政府的主要职能，也是 21 世纪公共行政和政府改革的核心理念，其内容包括加强城乡公共设施建设，发展教育、科技、文化、卫生、体育等公共事业，为社会公众参与社会经济、政治、文化活动等提供保障。同时，随着我国经济建设进入高质量发展时期，社会逐步迈向全面共同富裕阶段，对公共服务的建设提出了更高的要求，即推进公共服务均等化。公共服务均等化是指基于社会平均的发展水平，将公共服务所存在的区域差距、城乡差距及群体间的差距控制在合理的范围内，从而使不同阶层的人们可以共享经济发展的成果。这意味着，政府需要保障全体人民可以平等享有公共服务的机会。因此，公共服务均等化的发展促进了社会公平正义，构建和谐社会。

推动公共服务均等化的过程从本质上来说是资源合理配置的过程，政府若想实现公共服务均等化，需要关注区域、城乡、群体的差异，并通过财政转移支付等手段对财力薄弱地区和低收入群体进行关照，从而减少差异性。因而，基本公共服务均等化有利于提高资源配置效用，能够促进全社会经济协调发展和缩小区域、城乡和群体差距。而公共服务均等化最终的结果往往是贫困地区与低收入群体获得更多的福利与保障，从而提高了贫困地区的经济发展水平与基础设施建设，提高了低收入群体的物质保障和消费能力。因此，公共服务均等化有利于促进经济发展，缓解社会矛盾。

社会保障是国家和社会通过立法对国民收入进行分配和再分配，对社会成员特别是生活有特殊困难的人们的基本生活权利给予保障的社会安全制度，是保障与改善民生、维护社会公平稳定、实现国民共享经济发展成果的基本制度保障。社会保障通常采用经济手段来处理社会领域发生的风险，因此社会保障项目的运营本质上来说是一种经济活动。这种经济活动是一种资金筹集到资金给予的活动。资金筹集是按照统一税制形成的公共财政资金，或者是按照统一规则征收形成的社会保险基金，而资金给予的对象则是遭遇风险的社会群众。通常情况下，高收入者对社会保障的资金来源贡献较大，低收入者承受社会保障帮助的资金更多。因此，社会保障也是实现收入再分配的一种体现，对全社会共同富裕作出了积极贡献。

二、我国公共服务和社会保障发展历程

（一）我国公共服务发展历程

我国公共服务的发展大致经历如下几个阶段。

第一阶段是1949—1977年，在计划经济为主导的时期，我国的公共服务体系以国家包办为主。其主要内容为在城市实施“单位制福利”，由企事业单位向单位职工提供相关公共服务福利，在农村实施“集体福利制度”，而向村民提供的公共服务资金主要来源于村集体经济而非国家拨付的资金。这一公共服务体系虽然保障了人民基础的公共服务需求，但由于经济生产水平的限制，导致公共服务供给水平较低及只能满足部分区域的公共服务需求，即造成了区域、城乡、人群、工业部门间无法弥补的差距。

第二阶段是1978—1993年，自改革开放以来，我国的经济高速发展，经济生产水平不断提高。随着经济的增长，我国公共服务发展也逐步发生转变。1978年，党的十一届三中全会确立了“以经济建设为中心”的指导思想。在经济建设成为我国未来发展的中心思想后，政府的目标也正式明确——促进GDP的增长，因此政府的主要职能也发生转变，即政府财政主要应用于经济建设。但这便导致了对公共服务建设支出比例的降低。因此，为适应经济体制改革和行政管理体制改革的双重需要，我国对公共服务体系进行改革。即在农村开始试点建立社会养老保险，在城市建立以社会保障制度为主的公共服务体系，为日后公共服务的市场化奠定了基础。总体而言，该阶段的

公共服务体系较之前相比，更为多元化。其供给效率与服务质量大为提高，但由于财政体制以分权为主，使公共服务普及性大为降低，最终导致了城乡、区域、群体间的差异逐步加大，社会矛盾不断累积，影响了社会的稳定性和未来发展。

第三阶段是1994—2001年，伴随着市场经济体制的确立与国企改革的不断深化，新型公共服务体系应运而生，即建立了社会化和市场化的公共服务体系，该时期的公共服务供给主要集中于卫生、教育、住房等领域，覆盖领域更为全面，为日后的公共服务全面化奠定了基石，但随着教育、卫生事业的不断发展，其服务价格也不断上涨，这便导致了一系列社会问题的发生。

第四阶段是2002—2017年，2002年党的十六大明确了在社会主义市场经济体制背景下政府应转变职能，提出政府应涵盖经济调节、市场监管、社会管理和公共服务职能。2005年党的十六届五中全会首次提出了“公共服务均等化”原则，明确了公共服务体系应覆盖全民。2006年党的十六届六中全会明确要求“建设服务型政府，强化公共服务和社会管理职能”。2007年党的十七大报告强调要加大公共服务领域投入，扩大公共服务，保障和改善民生。2010年，在“十二五”规划中，要求我们应建立符合国情、覆盖城乡、可持续的公共服务体系，推进基本公共服务均等化，维护社会和谐稳定。2013年党的十八届三中全会以来，在推进国家治理体系和治理能力现代化的全面深化改革总体框架下，公共服务质量发展进入新的发展期。2015年，国务院印发《2015年推进简政放权放管结合政府职能工作方案》，提出推进简政放权、放管结合、优化服务，以创业创新需求为导向，切实提高公共服务的针对性和实效性，为大众创业、万众创新提供全方位的服务，为人民群众提供公平、可及的服务。

第五阶段是2018年至今，随着我国社会主要矛盾的转变，对公共服务的需求以及质量提出了更高的要求，即以公共服务质量发展为核心策略的公共服务改革成为国家治理体系和治理能力现代化的一项治理创新。2018年中央全面深化改革委员会第三次会议审议通过了《关于建立健全基本公共服务标准体系的指导意见》，提出要建立健全基本公共服务标准体系，明确中央与地方提供基本公共服务的质量水平和支出责任，以标准化促进基本公共服务均等化、普惠化、便捷化。2020年党的十九届五中全会提出，我国已转向高质量发展阶段，提出了“十四五”时期以推动高质量发展为主题，满足人民日益增长的美好生活需要。因此，公共服务的高质量发展成为服务经济社会发展的基础条件，也是实现经济社会各领域高质量发展的重要保障。

（二）我国社会保障发展历程

我国现代社会保障制度始于新中国成立初期，1949年中华人民共和国成立后，党和政府迅速采取大规模救济受灾群众与城市失业工人的行动，1951年政务院颁布的《中华人民共和国劳动保险条例》标志着我国社会保障制度正式建立，而该时期企业职工的福利补贴均由企业支出，归企业所有，最终形成企业办社会的局面。这一局面也成为当初中国社会保障制度的主体，随后建立了国家机关、事业单位的社会保障制度，其社会保障资金单独管理，与企业分开管理；农村则建立了合作医疗与五保户供养及其他福利。在该阶段，社会保障制度与计划经济体制相适应，制度安排是“国家-单位（集体）保障制”，具有国家负责、单位包办、板块结构、全面保障、封闭运行等特征。

改革开放后，中国进入了经济改革与社会转型时期，同时社会保障改革也逐步展开。1986 年的“七五”计划提出了社会保障的概念，社会保障正式载入国家发展计划；同年，国务院及劳动人事部分别颁布了《国营企业实行劳动合同制暂行规定》及《关于外商投资企业用人自主权和职工工资、保险福利费用的规定》，标志着国家在承认经济结构多元化条件下对劳动者社会保障权益的维护；1993 年 11 月党的十四届三中全会通过的《关于建立社会主义市场经济体制若干问题的决定》首次确定了社会保障为市场经济体系的五大支柱之一，进一步确立了中国社会保障体系的建构目标。随后，养老保险、医疗保险、住房保障、农村保障制度相继确立，最终形成了由政府主导的法定保障与市场或社会主导的补充保障共同组成的社会保障体系框架。

随着市场经济体制逐步确立，我国的社会保障制度也与其相适应，其内容为“国家-社会保障制”。2000—2006 年，国务院逐步对社会保障制度进行试点落实；2006 年党的十六届六中全会从构建社会主义和谐社会的战略高度，明确提出到 2020 年建立覆盖全民的社会保障体系。2007 年党的十七大报告再次提出加快建立覆盖城乡居民的社会保障体系，这标志着我国社会保障制度建设进入了一个新的历史阶段。2010 年 10 月 28 日，全国人大常委会通过了《中华人民共和国社会保险法》，这是我国第一部社会保险综合性法律，是我国社会保障法制建设的一个里程碑。随着法律的确立，我国社保覆盖范围、社保基金规模不断扩大，社会保障水平不断提高，社保服务体系逐步规范化、专业化、信息化。党的十八大以来，党和政府全面统筹推进覆盖全民的社会保障体系建设；2018 年的机构改革突破了以往的体制性障碍，促使社会保障快速发展、保障水平稳步提升，成为全民共享国家发展成果的基本途径与制度保障。

三、公共服务与社会保障评价指标

（一）公共服务指标

基本公共服务包括了人们日常生活中所需要的教育、医疗卫生、文化等领域的公共服务。本章对基本公共服务指标的选取分别从基本公共教育、基本医疗卫生两个主要方面进行分析。选择以下 6 个指标：每千人口执业（助理）医生、每千人口医疗卫生机构床位、卫生总费用与 GDP 之比、国家财政性教育经费、生均教育经费、小学生师比来进行基本公共服务发展水平和均等化评价体系的构建。

其中以每千人口执业（助理）医生、每千人口医疗卫生机构床位、人均医疗保健支出作为衡量医疗卫生领域指标。其中每千人口执业（助理）医生、每千人口医疗卫生机构床位体现的是政府投入财政支出后的人力投入以及建设的医疗卫生机构和设施应用情况；人均医疗保健支出是政府在医疗卫生领域财政支出的投入，体现了国家对医疗卫生领域的重视程度。

国家财政性教育经费、生均教育经费、小学生师比作为衡量教育领域指标。其中国家财政性教育经费及生均教育经费是指国家对教育领域的投入，体现了国家对教育领域的关注度；小学生师比对应的是平均每名教师所需要教学的学生数量，生师比相对较低，则说明在一定程度上教师能够有更多的时间专心研究教学，提高专业发展水平，从而提高教学效益；生师比过高，说明教师教学任务过重，不利于教育水平的提高。因此，小学生师比是衡量该地区的教学质量的指标。

（二）社会保障指标

当今，我国社会民生问题主要集中于老年、疾病、失业、工伤、生育问题，而我国主要采取相对应的社会保险政策来解决以上民生问题，提高社会保障水平。因此本章对社会保障指标的选取主要从社会保险参保人数角度进行分析，其中具体包括养老保险参保人数、医疗保险参保人数、失业保险参保人数、工伤保险参保人数、生育保险参保人数。

养老保险是国家和社会根据一定的法律和法规，为解决劳动者在达到国家规定的解除劳动义务的劳动年龄界限，或因年老丧失劳动能力退出劳动岗位后的基本生活而建立的一种社会保险制度。以养老保险参保人数作为指标可以体现我国养老保险的覆盖程度、对老年人生活的关注程度以及我国老年人生活保障的水平高低。医疗保险是为补偿疾病所带来的医疗费用的一种保险。以医疗保险参保人数作为指标可以体现我国医疗保险的覆盖程度，反映了国家对人民群众疾病问题的关注度及医疗保障水平的高低。失业保险是对因失业而暂时中断生活来源的劳动者提供物质帮助的制度。以失业保险参保人数作为指标可以体现我国失业保险的覆盖程度，反映了国家对人民群众失业问题的关注度及失业保障水平的高低。工伤保险是指劳动者在工作中或在规定的特殊情况下，遭受意外伤害或患职业病导致暂时或永久丧失劳动能力以及死亡时，劳动者或其遗属从国家和社会获得物质帮助的一种社会保险制度。以工伤保险参保人数作为指标可以体现我国工伤保险的覆盖程度，反映了国家对人民群众工伤问题的关注度及工伤保障水平的高低。生育保险是对职业妇女因生育子女而暂时中断劳动时由国家和社会及时给予生活保障和物质帮助的一项社会保险制度。以生育保险参保人数作为指标可以体现我国生育保险的覆盖程度，反映了国家对生育问题的关注度及生育保障水平的高低。

四、公共服务和社会保障发展趋势及现状

为探究公共服务和社会保障的发展趋势及现状，我们以 2010—2020 年的统计数据对公共服务和社会保障发展趋势和现状进行描述统计。由于部分指标 2014 年之前的数据存在缺失，在对这些指标进行统计时采用的是 2014—2020 年的数据。所有数据来源于《中国统计年鉴》和《中国社会统计年鉴》相应年份的统计数据。

（一）公共服务发展趋势及现状

1. 医疗卫生服务发展趋势及现状

表 21-1　2010—2020 年医疗卫生发展情况

	2010 年	2011 年	2012 年	2013 年	2014 年	2015 年	2016 年	2017 年	2018 年	2019 年	2020 年
每千人口执业（助理）医师（人）	1. 80	1. 83	1. 92	2. 04	2. 10	2. 20	2. 29	2. 42	2. 57	2. 74	2. 89
每千人口医疗卫生机构床位（张）	3. 57	3. 82	4. 21	4. 52	4. 80	5. 07	5. 32	5. 67	5. 98	6. 25	6. 44
居民人均医疗保健支出（元）	625	744	838	912	1045	1165	1307	1451	1685	1902	1843

从表 21-1 可以看出，在 2010—2020 年，我国每千人口执业（助理）医师呈现平稳上升的趋势，由 2010 年的每千人口 1. 8 名平稳上升至 2020 年的每千人口 2. 89 名，增幅达到了 60. 72%，其增幅较为明显。我国每千人口医疗卫生机构床位在 2010—2020 年呈平稳增长的趋势，由 2010 年的每千人口 3. 57 张逐渐增长到 2020 年的每千人口 6. 44 张，增长幅度达到 80. 53%，其增幅较为明显。我国人均医疗保健支出在 2010—2020 年呈现逐步增长的态势，由 2010 年的 625 元逐步增长到 2020 年的 1843 元。

人均医疗保健支出的增长，表示居民对健康的投入更多，居民相应健康水平有了较快发展。每千人口执业（助理）医师与每千人口医疗卫生机构床位的逐步增长表明我国人民群众可以有更多机会获得医疗服务。因此，从整体上看，我国医疗卫生公共服务的覆盖度与水平正逐步提高。

2. 基本教育服务发展趋势及现状

表 21-2　2010—2020 年教育发展现状

	2010 年	2011 年	2012 年	2013 年	2014 年	2015 年	2016 年	2017 年	2018 年	2019 年	2020 年
国家财政性教育经费（亿元）	14670. 07	18586. 70	23147. 57	24488. 22	26420. 58	29221. 45	31396. 25	34207. 75	36995. 77	40046. 55	42908. 15
普通小学专任教师数（万人）	561. 70	560. 50	558. 55	558. 50	563. 39	568. 51	578. 91	594. 49	609. 19	626. 91	643. 42
普通小学在校学生数（万人）	9940. 7	9926. 4	9695. 9	9360. 5	9451. 1	9692. 2	9913. 0	10093. 7	10339. 3	10561. 2	10725. 4
小学生师比	17. 70	17. 71	17. 36	16. 76	16. 78	17. 05	17. 12	16. 98	16. 97	16. 85	16. 67

由表 21-2 可知，在 2010—2020 年，我国国家财政性教育经费支出自 2010 年的 14670 亿元，提高到 2020 年的 42908. 15 亿元；普通小学在校学生数由 2010 年的 9940. 7 万人，增长到 2020 年的 10725 万人；普通小学专任教师数由 2010 年的 561. 7 万

人，增长到2020年的643.4万人；小学生师比由2010年的17.70：1下降到2020年的16.67：1。我国小学生师比在2010—2020年呈现先下降后上升再下降的趋势。在2010—2013年，小学生师比呈骤降趋势，而在2013—2016年，小学生师比呈缓慢上升趋势，2016—2020年小学生师比呈缓慢下降趋势。

综上所述，我国基本教育服务在2010—2020年呈平稳发展的局面，尤其是在近年间，其发展速度有所提升。从国家财政教育经费和生均教育经费近年高速增长的趋势便可看出，我国对教育事业的重视程度逐渐加深，近年来小学在校生与专任老师数量的上升也说明教育普及程度的加深，有更多的孩子可以平等地接受教育；最后，近年来小学生师比的降低说明了我国人均教育资源的提高。因此，从整体上看，我国现阶段基本教育公共服务的覆盖度与水平正处于高速发展的水平。

（二）社会保障发展趋势及现状

表21-3　2010—2020年各类社会保险参保情况

	2010年	2011年	2012年	2013年	2014年	2015年	2016年	2017年	2018年	2019年	2020年
城镇职工基本养老保险（万人）	25707.3	28391.3	30426.8	32218.4	34124.4	35361.2	37929.7	40293.3	41901.6	43487.9	45621.1
在职职工参加养老保险人数（万人）	19402.3	21565	22981.1	24177.3	25531	26219.2	27826.3	29267.6	30104	31177.5	32858.7
城乡居民社会养老保险参保人数（万人）	10276.8	33182	48369.5	49750.1	50107.5	50472.2	50847.1	51255	52391.7	53266	54243.8
城镇基本医疗保险年末参保人数（万人）	43263	47343	53641	57073	59747	66582	74392	117681.4	134458.6	135407.4	136131.1
城镇职工基本医疗保险年末参保人数（万人）	23735	25227.1	26485.6	27443.1	28296	28893.1	29531.5	30323	31681	32925	34455
城镇居民基本医疗保险年末参保人数（万人）	19528	22116	27156	29629	31450.9	37688.5	44860	87359	102778	102483	101676
参加失业保险人数（万人）	13375.6	14317.1	15224.7	16416.8	17042.6	17325.9	18088.8	18784	19643.5	20542.7	21689.5
工伤保险年末参保人数（万人）	16160.7	17695.9	19010.1	19917.2	20639.2	21432.4	21889.3	22724	23874.4	25478.4	26763.4
年末参加生育保险人数（万人）	12335.9	13892	15428.7	16392	17038.7	17771	18451	19300	20434.1	21417	23567.3

我国城镇职工参与养老保险人数在2010—2020年呈平稳增长趋势，由2010年的25707.3万人增长到2020年的45621.1万人，增幅为77.46%。在职职工参与养老保险人数在2010—2020年呈平稳增长趋势，由2010年的19402.3万人增长到2020年的

32858.7万人，增幅为69.35%。城乡居民参与养老保险人数在2010—2012年呈高速增长趋势，增幅为370.67%，在2013—2020年呈平稳增长趋势，增幅为12.14%。基本医疗保险人数呈高速发展趋势。在2010—2012年，职工参与基本医疗保险人数高于城乡居民参与基本医疗保险人数，在2010—2020年，城乡居民参与医疗保险的人数超过职工参与医疗保险人数。职工参与基本医疗人数一直保持缓慢的增长趋势。失业保险人数在2010—2020年呈平稳增长趋势，从2010年的13376万人增长至2020年的21690万人，增幅为62.16%。工伤保险人数在2010—2020年呈平稳增长趋势，从2010年的16160.7万人增长至2020年的26763.4万人，增幅为65.61%。生育保险人数在2010—2020年呈平稳增长趋势，从2010年的12335.9万人增长至2020年的23567.3万人，增幅为91.05%。

综上所述，由2010—2020年养老保险、医疗保险、失业保险、工伤保险、生育保险的变动趋势来看，我国社会保障水平正在不断提高。主要体现在社会保险参与人数的高速增长，这表示政府在社会保障支出方面资金比重的提高，同时也体现了政府对于民生问题的关注度正在逐步上升。同时，也展现了我国社会保障体系正在逐渐完善，且在逐渐满足居民对基本生活的需求，同时也正在走向全民覆盖的道路。

五、公共服务和社会保障差异分析

公共服务和社会保障是经济高质量发展的重要影响因素，若公共服务和社会保障资源分配不均，不仅会引发社会矛盾，还会阻碍经济水平高质量发展。这里，我们利用泰尔指数评价我国公共服务和社会保障配置的公平程度，并具体分析东、中、西3个区域间的差异和区域内部的差异分别对总体差异的贡献率。

在进行具体地区差异分析前，我们基于经济发展水平和全国人大八届五次会议的决定，将31个省级行政区具体划分为东、中、西3个区域。其中：西部地区包括四川、重庆、贵州、云南、西藏、陕西、甘肃、青海、宁夏、新疆、广西、内蒙古；中部地区包括山西、吉林、黑龙江、安徽、江西、河南、湖北、湖南；东部地区包括北京、天津、河北、辽宁、上海、江苏、浙江、福建、山东、广东和海南。

泰尔指数取值在0~1，数值越大，说明配置不公平程度越大或者说明差异程度大。泰尔指数具体计算公式如下：

$$T = \sum_{i=1}^{N} y_i \log y_i \ / p_i$$

其中，N为区域个数，y_i为i区域经济指标占整体的比重，p_i为i区域人口数占整体的比重。泰尔指数又可以分解为组内差异和组间差异，分解公式如下：

$$T_p = \sum_i \sum_j (Y_{ij} \ / Y_i) \log(Y_{ij}/Y)/(P_{ij}/P)$$

其中，Y_{ij}为i区域第j城市的经济指标，Y_i为i区域经济指标的总量，Y为全省份经济指标的总量；P_{ij}为i区域第j城市的人口，P_i为i区域的总人口，P为全省份的总人口。

若将 i 区域的城市间差异定义为：

$$T_{pi} = \sum_j (Y_{ij} / Y_i) \log(Y_{ij}/ Y_i)/(P_{ij}/ P_i)$$

则总差异可具体分解为：

$$T_p = \sum_i (Y_i / Y) T_{pi} + \sum_i (Y_i / Y) \log(Y_i/Y)/(P_i/P) = T_{WR} + T_{BR}$$

其中，T_{WR} 表示区域内差异，T_{BR} 表示区域间差异。

最后，组间贡献率 = $T_{组间}$ / $T_{总}$ × 100%；组内贡献率 = $T_{组内}$ / $T_{总}$ × 100% 。通过对组间贡献率及组内贡献率的计算可以得出，公共服务和社会保障的配置差异来源及其影响的程度，贡献率越大，对总的泰尔指数的影响也就越大。

（一）公共服务差异分析结果

1. 执业医师泰尔指数

表 21-4 执业医师泰尔指数及其分解和贡献率

年份	T_{WR}	T_{BR}	Theil	T_{Pi}东部	T_{Pi}中部	T_{Pi}西部	区域内贡献率（%）	区域间贡献率（%）
2014	0. 25	0. 07	0. 32	0. 21	0. 10	0. 39	0. 78	0. 22
2015	0. 24	0. 07	0. 31	0. 21	0. 10	0. 38	0. 78	0. 22
2016	0. 24	0. 07	0. 31	0. 21	0. 10	0. 38	0. 78	0. 22
2017	0. 24	0. 07	0. 31	0. 21	0. 10	0. 36	0. 76	0. 24
2018	0. 24	0. 08	0. 32	0. 21	0. 10	0. 36	0. 76	0. 24
2019	0. 23	0. 08	0. 31	0. 22	0. 10	0. 34	0. 75	0. 25
2020	0. 23	0. 07	0. 30	0. 23	0. 09	0. 34	0. 77	0. 23

根据表 21-4 计算结果可知，2014—2020 年我国执业医师的泰尔指数在 0. 3 左右浮动且总体呈持续下降趋势。这表明，现今执业医师资源总体配置较为公平，虽并没有达到优异的公平配置，但其配置公平性也在不断提高，从侧面反映了我国医疗卫生领域的资源公平配置正逐步优化。同时，区域内的差异贡献率远高于区域间的差异贡献率，表明执业医师资源配置的差异主要来源于东、中、西区域内部差异。

对东、中、西区域内部差异进行具体计算，可知区域内部的差异虽在不断降低，但东部和西部地区的差异高于中部地区的差异，且西部地区的差异性最高。从具体指标来看，中部地区执业医师泰尔指数正逐步小于 0. 1，说明其资源配置的公平性已经达到优异的标准。因此，若想进一步提高整体执业医师资源配置的公平性，应重点关注西部与东部地区。尤其是西部地区，其配置的公平性有更高的提升空间。其变动具体趋势如图 21-1 所示。

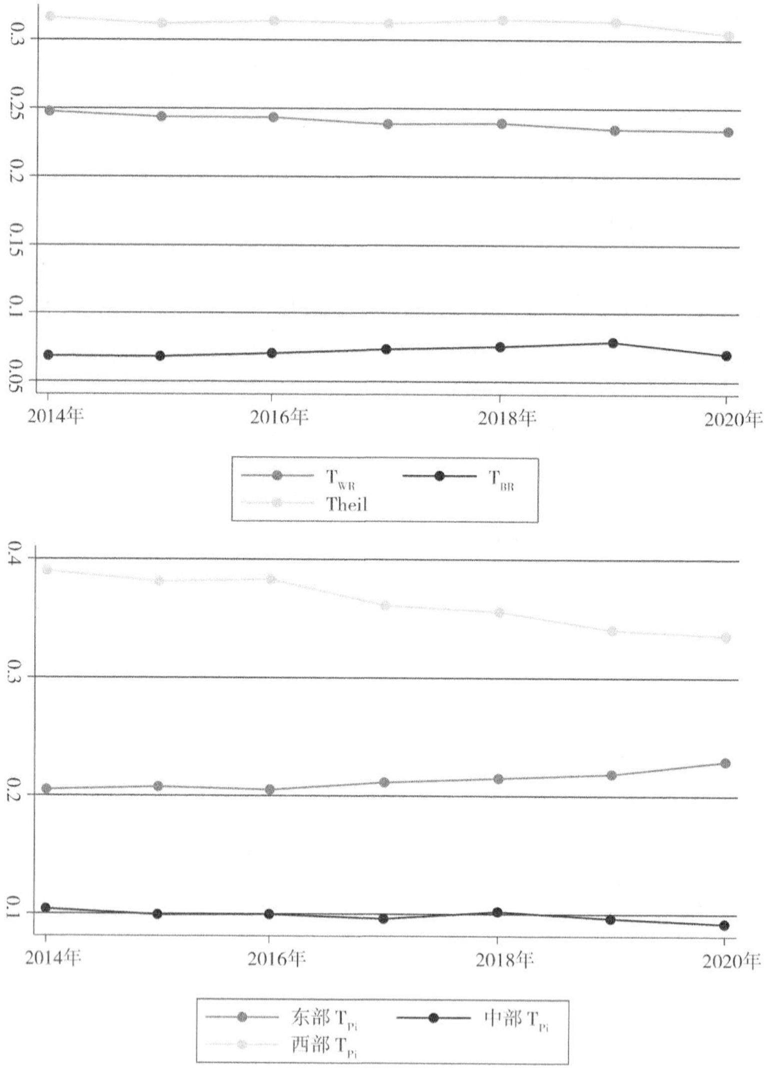

图 21-1　执业医师泰尔指数趋势图

2. 医疗机构床位泰尔指数

表 21-5　医疗机构床位泰尔指数及其分解和贡献率

年份	T_{WR}	T_{BR}	Theil	T_{Pi}东部	T_{Pi}中部	T_{Pi}西部	区域内贡献率（%）	区域间贡献率（%）
2014	0. 33	0. 10	0. 44	0. 14	0. 07	0. 63	0. 77	0. 23
2015	0. 20	0. 08	0. 27	0. 13	0. 07	0. 33	0. 72	0. 28
2016	0. 19	0. 08	0. 27	0. 13	0. 07	0. 32	0. 71	0. 29
2017	0. 19	0. 08	0. 27	0. 13	0. 07	0. 32	0. 71	0. 29
2018	0. 19	0. 08	0. 26	0. 13	0. 08	0. 30	0. 71	0. 29
2019	0. 18	0. 08	0. 26	0. 13	0. 08	0. 29	0. 70	0. 30
2020	0. 19	0. 07	0. 27	0. 15	0. 10	0. 29	0. 73	0. 27

根据表 21-5 计算结果可知，2014—2020 年我国医疗机构床位的泰尔指数总体呈持续下降趋势，总体下降幅度为 39.32%。其中 2014 年泰尔指数高达 0.44，说明其资源配置公平性较低，但 2020 年泰尔指数为 0.27，表明现今医疗机构床位资源配置公平性在不断提高，从侧面反映了我国医疗卫生领域的资源公平配置正逐步优化。同时，区域内的差异贡献率远高于区域间的差异贡献率，表明医疗机构床位资源配置的差异主要来源于东、中、西区域内部差异。

对东、中、西区域内部差异进行具体计算，可知东、西内部的泰尔指数在不断降低，差异性也在逐渐降低，而中部地区泰尔指数虽在不断提高，但仍低于 0.1，说明中部地区的差异虽有小幅度的上升，但医疗机构床位的配置仍有较强的公平性。然而，从整体来看，东部和西部地区的差异高于中部地区的差异，虽西部地区的差异性最高，但其差异降低幅度也是最大的，下降幅度达到 53.86%。这说明，近年来，我国对西部的医疗卫生重视程度逐渐加深，且对其医疗发展的支持也逐渐提高。

因此，若想进一步提高整体医疗卫生床位资源配置的公平性，应重点关注西部与东部地区。尤其是西部地区，其资源配置的公平性有更高的提升空间。其变动具体趋势如图 21-2 所示。

3. 国家财政教育经费（小学）泰尔指数

表 21-6 国家财政教育经费（小学）泰尔指数及其分解和贡献率

年份	T_{WR}	T_{BR}	Theil	T_{P_i}东部	T_{P_i}中部	T_{P_i}西部	区域内贡献率（%）	区域间贡献率（%）
2014	0.29	0.10	0.40	0.24	0.33	0.32	0.74	0.26
2015	0.35	0.09	0.43	0.18	0.35	0.53	0.80	0.20
2016	0.42	0.07	0.49	0.32	0.13	0.75	0.86	0.14
2017	0.47	0.10	0.57	0.23	0.58	0.78	0.83	0.17
2018	0.44	0.03	0.48	0.28	0.29	0.77	0.93	0.07
2019	0.43	0.11	0.55	0.25	0.39	0.69	0.79	0.21
2020	0.35	0.10	0.46	0.20	0.26	0.60	0.77	0.23

根据表 21-6 计算结果可知，2014—2020 年我国国家财政教育经费的泰尔指数总体走势呈倒“U”形。这表明，现今国家财政教育经费资源配置公平性在缓慢上升，从侧面反映了我国正逐步重视教育领域的资源公平性，且其资源配置正逐步优化。同时，区域内的差异贡献率远高于区域间的差异贡献率，表明国家财政教育经费配置的差异主要来源于东、中、西区域内部差异。

对东、中、西区域内部差异进行具体计算，可知东部、中部的泰尔指数在不断降低，差异性也在逐渐降低。西部地区的泰尔指数呈先上升后下降的趋势，虽其差异性在近年来不断减少，但其数值仍较高，说明其资源配置的公平性不高，有待进一步加强。

因此，若想进一步提高整体国家财政教育经费资源配置的公平性，应重点关注西部地区，其资源配置的公平性有更高的提升空间。其变动具体趋势如图 21-3 所示。

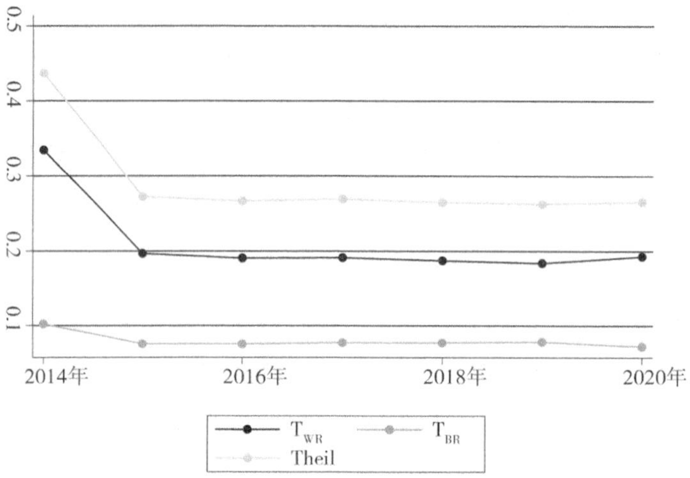

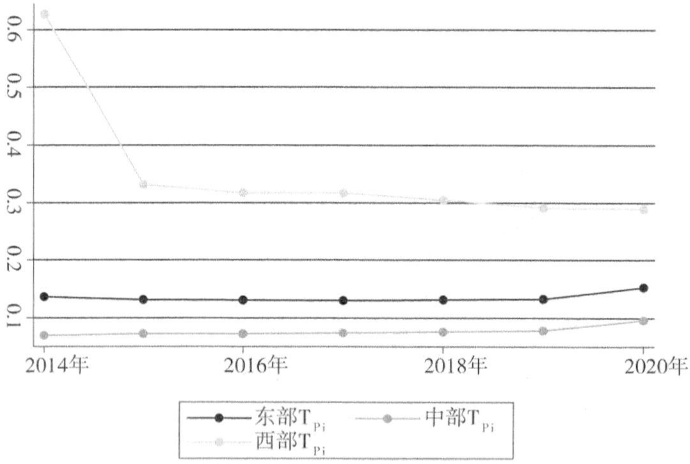

图 21-2　医疗机构床位泰尔指数趋势图

4. 人均医疗保健支出泰尔指数

表 21-7　人均医疗保健支出泰尔指数及其分解和贡献率

年份	T_{WR}	T_{BR}	Theil	T_{Pi}东部	T_{Pi}中部	T_{Pi}西部	区域内贡献率（%）	区域间贡献率（%）
2014	0. 30	0. 10	0. 39	0. 59	0. 14	0. 30	0. 76	0. 24
2015	0. 55	0. 07	0. 62	0. 42	0. 46	0. 70	0. 88	0. 12
2016	0. 50	0. 17	0. 67	0. 39	0. 63	0. 56	0. 75	0. 25
2017	0. 50	0. 11	0. 61	0. 31	0. 41	0. 82	0. 83	0. 17
2018	0. 37	0. 14	0. 51	0. 21	0. 17	0. 72	0. 73	0. 27
2019	0. 41	0. 16	0. 58	0. 22	0. 36	0. 72	0. 71	0. 29
2020	0. 28	0. 09	0. 37	0. 20	0. 06	0. 53	0. 77	0. 23

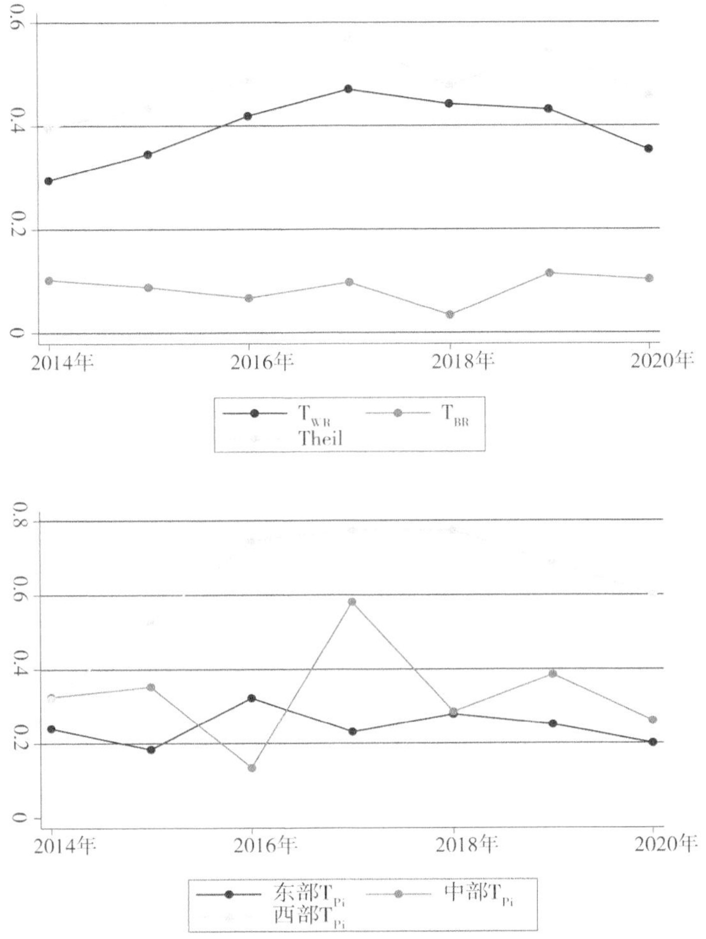

图 21-3 国家财政教育经费（小学）泰尔指数趋势图

根据表 21-7 计算结果可知，2014—2020 年我国人均医疗保健支出的泰尔指数呈先上升后下降的趋势。总体上，呈下降趋势，下降幅度为 45%。这表明，现今人均医疗保健支出配置公平性在上升，从侧面反映了我国医疗卫生领域的资源公平配置正逐步优化。同时，区域内的差异贡献率远高于区域间的差异贡献率，表明人均医疗保健支出配置的差异主要来源于东、中、西区域内部差异。

对东、中、西区域内部差异进行具体计算，可知东、中、西内部总体的泰尔指数呈下降趋势，说明其差异性正在降低。但西部人均医疗保健支出的泰尔指数仍较高，说明其人均保健支出配置的公平性不如东部及中部地区。

因此，若想进一步提高人均保健支出资源配置的公平性，应重点关注西部地区，其资源配置的公平性有更高的提升空间。其变动具体趋势如图 21-4 所示。

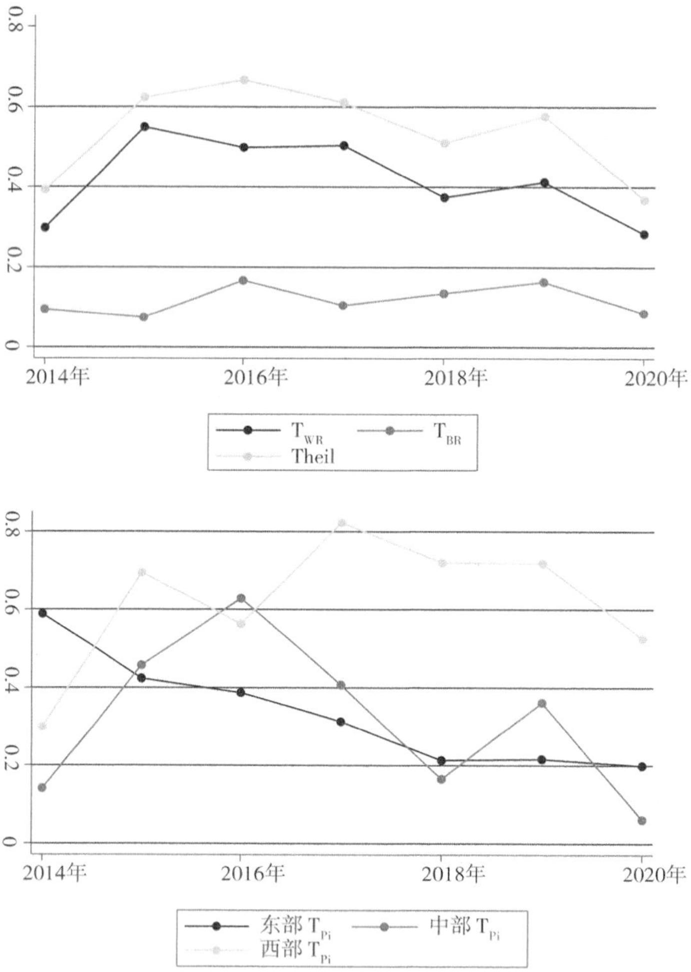

图 21-4　人均医疗保健支出泰尔指数趋势图

（二）社会保障差异分析结果

1. 养老保险泰尔指数

表 21-8　养老保险泰尔指数及其分解和贡献率

年份	T_{WR}	T_{BR}	Theil	T_{Pi}东部	T_{Pi}中部	T_{Pi}西部	区域内贡献率（%）	区域间贡献率（%）
2014	0. 36	0. 03	0. 38	0. 47	0. 05	0. 53	0. 93	0. 07
2015	0. 36	0. 03	0. 39	0. 46	0. 04	0. 53	0. 92	0. 08
2016	0. 36	0. 03	0. 39	0. 47	0. 05	0. 52	0. 92	0. 08
2017	0. 37	0. 03	0. 40	0. 46	0. 05	0. 55	0. 92	0. 08
2018	0. 42	0. 03	0. 45	0. 46	0. 11	0. 65	0. 93	0. 07
2019	0. 28	0. 04	0. 33	0. 30	0. 05	0. 47	0. 86	0. 14
2020	0. 34	0. 04	0. 38	0. 46	0. 05	0. 47	0. 90	0. 10

根据表 21-8 计算结果可知，2014—2020 年我国养老保险的泰尔指数总体呈先上升后下降趋势。这表明，现今养老保险资源配置公平性总体上呈提高趋势，从侧面反映了我国社会保障领域的资源公平配置正逐步优化。同时，区域内的差异贡献率远高于区域间的差异贡献率，表明养老保险资源配置的差异主要来源于东、中、西区域内部差异。

对东、中、西区域内部差异进行具体计算，可知东、西内部的泰尔指数总体上呈降低趋势，即其差异性也在逐渐降低，而中部地区的泰尔指数远低于东西部的泰尔指数，说明养老保险配置的公平性在中部地区远高于东部与西部地区。

因此，若想进一步提高整体养老保险配置的公平性，应重点关注西部与东部地区。其变动具体趋势如图 21-5 所示。

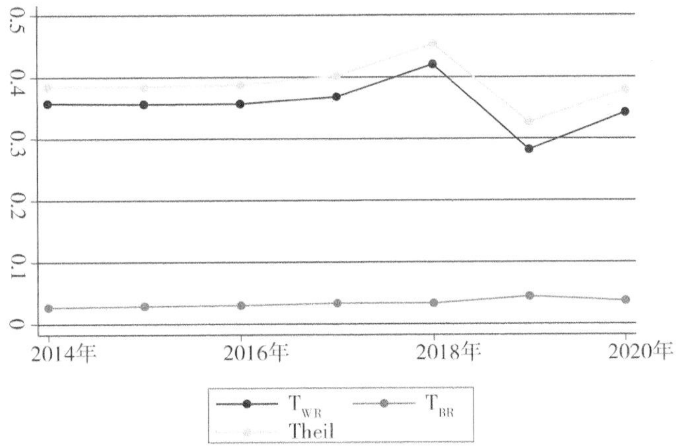

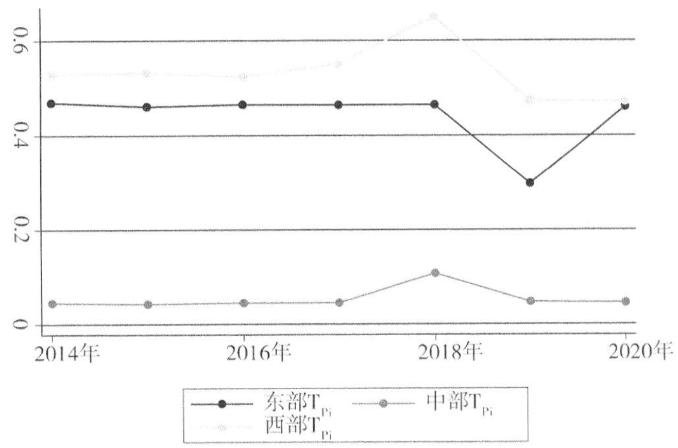

图 21-5　养老保险泰尔指数趋势图

2. 医疗保险泰尔指数

表 21-9　医疗保险泰尔指数及其分解和贡献率

年份	T_{WR}	T_{BR}	Theil	T_{Pi}东部	T_{Pi}中部	T_{Pi}西部	区域内贡献率（%）	区域间贡献率（%）
2014	0.52	0.13	0.65	0.34	0.81	0.57	0.80	0.20
2015	0.44	0.06	0.50	0.34	0.45	0.55	0.89	0.11
2016	0.40	0.11	0.51	0.35	0.49	0.40	0.79	0.21
2017	0.22	0.04	0.26	0.27	0.09	0.29	0.85	0.15
2018	0.25	0.03	0.28	0.23	0.02	0.49	0.90	0.10
2019	0.25	0.03	0.28	0.25	0.02	0.49	0.90	0.10
2020	0.25	0.03	0.28	0.26	0.02	0.48	0.90	0.10

根据表 21-9 计算结果可知，2014—2020 年我国医疗保险的泰尔指数总体呈下降趋势，下降幅度为 57%。这表明，现今医疗保险配置公平性总体上呈上升趋势，从侧面反映了我国社会保障领域的资源公平配置正逐步优化。同时，区域内的差异贡献率远高于区域间的差异贡献率，表明医疗保险资源配置的差异主要来源于东、中、西区域内部差异。

对东、中、西区域内部差异进行具体计算，可知东、中、西内部的泰尔指数总体上呈降低趋势，即其差异性也在逐渐降低，尤其是中部地区，其下降幅度高达 98%，同时中部地区的泰尔指数远低于东西部地区的泰尔指数，说明医疗保险配置的公平性在中部地区远高于东部与西部地区。

因此，若想进一步提高整体医疗保险配置的公平性，应重点关注西部与东部地区。其变动具体趋势如图 21-6 所示。

3. 工伤保险泰尔指数

表 21-10　工伤保险泰尔指数及其分解和贡献率

年份	T_{WR}	T_{BR}	Theil	T_{Pi}东部	T_{Pi}中部	T_{Pi}西部	区域内贡献率（%）	区域间贡献率（%）
2014	0.37	0.04	0.41	0.35	0.25	0.51	0.91	0.09
2015	0.37	0.03	0.40	0.36	0.25	0.49	0.93	0.07
2016	0.36	0.03	0.39	0.35	0.25	0.47	0.92	0.08
2017	0.36	0.03	0.39	0.34	0.24	0.49	0.92	0.08
2018	0.44	0.02	0.47	0.33	0.24	0.77	0.95	0.05
2019	0.36	0.01	0.37	0.31	0.23	0.55	0.97	0.03
2020	0.50	0.04	0.55	0.53	0.46	0.53	0.92	0.08

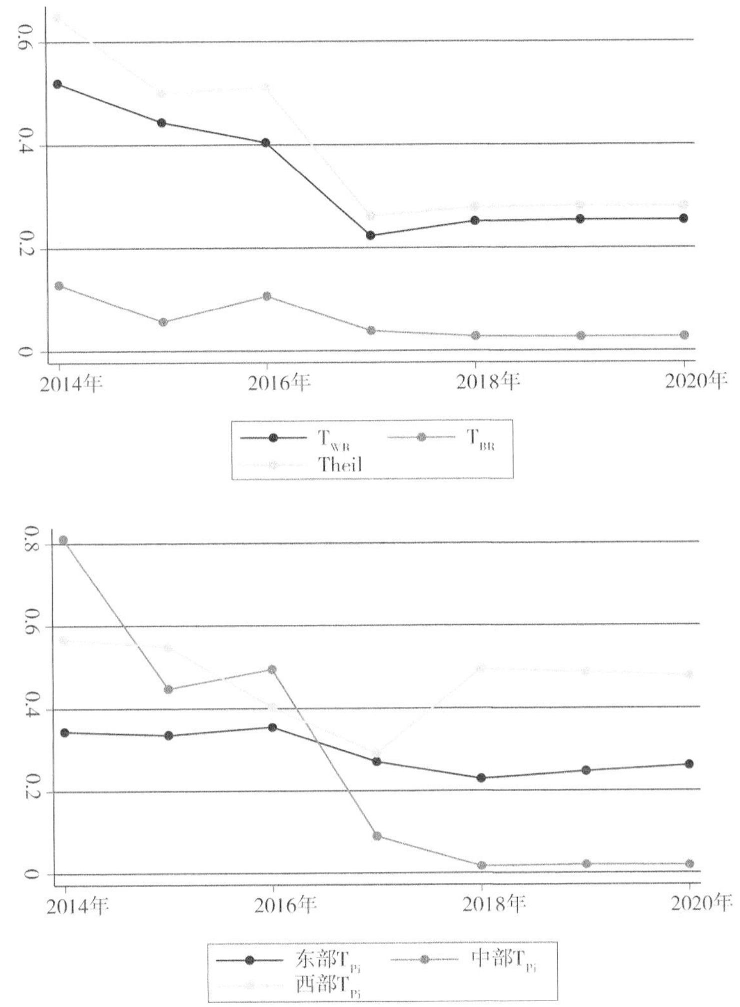

图 21-6　医疗保险泰尔指数趋势图

根据表 21-10 计算结果可知，2014—2020 年我国工伤保险的泰尔指数总体呈先下降后上升的趋势。这表明，现今工伤保险配置公平性总体上呈上升趋势，从侧面反映了我国社会保障领域的资源公平配置正逐步优化，但其公平性并非特别高。因此，需要优化地区公平性。同时，区域内的差异贡献率远高于区域间的差异贡献率，表明工伤保险配置的差异主要来源于东、中、西区域内部差异。

对东、中、西区域内部差异进行具体计算，可知东、中、西内部的泰尔指数总体上呈先降后升趋势，即其差异性也在逐渐降低。同时中部地区的泰尔指数低于东西部地区的泰尔指数，说明工伤保险配置的公平性在中部地区远高于东部与西部地区。而西部地区的泰尔指数相对来看最高，说明西部地区如今工伤保险的配置公平性相对较低。

因此，若想进一步提高整体工伤保险配置的公平性，应重点关注西部与东部地区。

其变动具体趋势如图 21-7 所示。

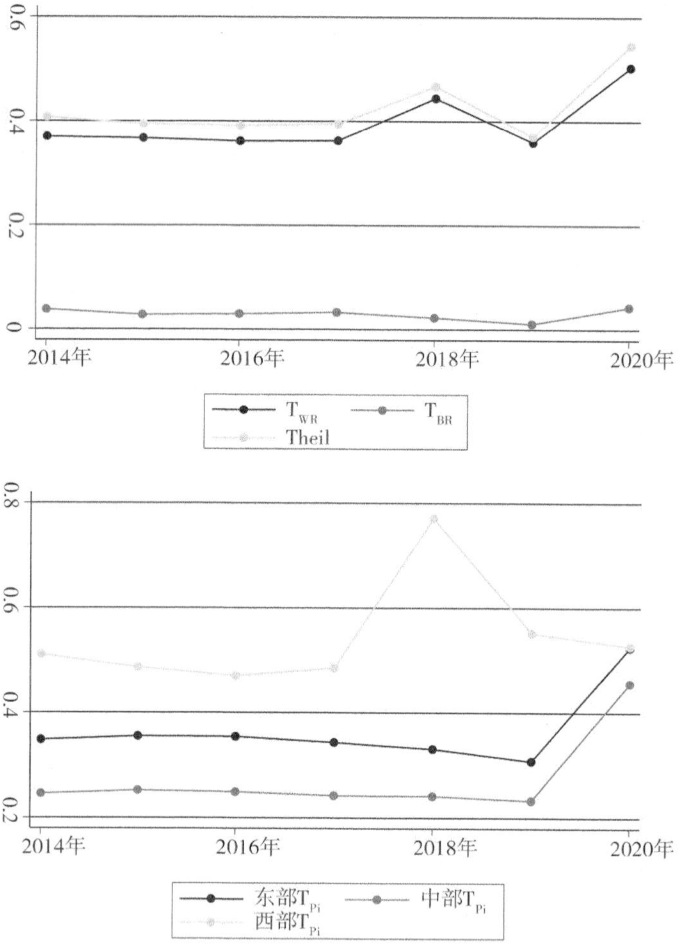

图 21-7 工伤保险泰尔指数趋势图

4. 失业保险泰尔指数

表 21-11 失业保险泰尔指数及其分解和贡献率

年份	T_{WR}	T_{BR}	Theil	T_{Pi}东部	T_{Pi}中部	T_{Pi}西部	区域内贡献率（%）	区域间贡献率（%）
2014	0. 39	0. 02	0. 42	0. 42	0. 28	0. 48	0. 94	0. 06
2015	0. 37	0. 03	0. 40	0. 41	0. 24	0. 46	0. 93	0. 07
2016	0. 38	0. 03	0. 41	0. 41	0. 24	0. 47	0. 93	0. 07
2017	0. 36	0. 03	0. 39	0. 40	0. 23	0. 44	0. 93	0. 07
2018	0. 34	0. 03	0. 37	0. 38	0. 22	0. 41	0. 91	0. 09
2019	0. 32	0. 04	0. 36	0. 35	0. 21	0. 39	0. 89	0. 11
2020	0. 35	0. 02	0. 36	0. 32	0. 22	0. 52	0. 95	0. 05

根据表 21-11 计算结果可知，2014—2020 年我国失业保险的泰尔指数总体呈下降趋势。这表明，现今失业保险配置公平性总体上呈上升趋势，从侧面反映了我国社会保障领域的资源公平配置正逐步优化。同时，区域内的差异贡献率远高于区域间的差异贡献率，表明失业保险资源配置的差异主要来源于东、中、西区域内部差异。

对东、中、西区域内部差异进行具体计算，可知东部、中部内部的泰尔指数总体上呈降低趋势，即其差异性也在逐渐降低。但西部地区最终出现上升幅度，说明对于西部地区而言，失业保险的配置仍不稳定。同时中部地区的泰尔指数低于东西部地区的泰尔指数，说明失业保险配置的公平性在中部地区远高于东部与西部地区。

因此，若想进一步提高整体失业保险配置的公平性，应重点关注西部与东部地区。尤其是加强西部地区的稳定性。其变动具体趋势如图 21-8 所示。

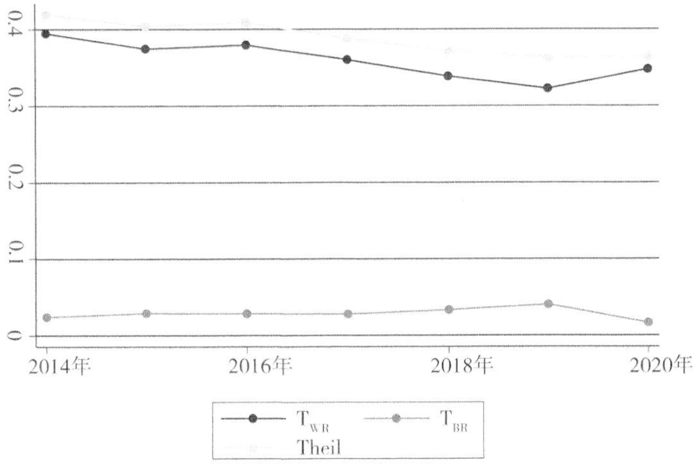

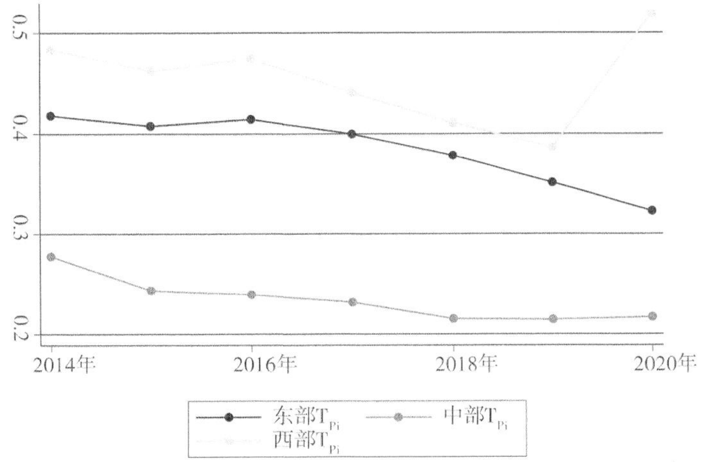

图 21-8　失业保险泰尔指数趋势图

5. 生育保险泰尔指数

表 21-12　生育保险泰尔指数及其分解和贡献率

年份	T_{WR}	T_{BR}	Theil	T_{Pi}东部	T_{Pi}中部	T_{Pi}西部	区域内贡献率（%）	区域间贡献率（%）
2014	0.44	0.04	0.48	0.39	0.33	0.59	0.91	0.09
2015	0.41	0.04	0.45	0.38	0.30	0.55	0.91	0.09
2016	0.41	0.04	0.45	0.39	0.29	0.52	0.90	0.10
2017	0.39	0.04	0.43	0.39	0.27	0.50	0.91	0.09
2018	0.37	0.05	0.42	0.37	0.25	0.47	0.88	0.12
2019	0.35	0.05	0.40	0.36	0.23	0.43	0.87	0.13
2020	0.38	0.02	0.40	0.35	0.20	0.57	0.95	0.05

根据表 21-12 计算结果可知，2014—2020 年我国生育保险的泰尔指数总体呈下降趋势。表明，现今生育保险配置公平性总体呈上升趋势，从侧面反映了我国社会保障领域的资源公平配置正逐步优化。同时，区域内的差异贡献率远高于区域间的差异贡献率，表明生育保险资源配置的差异主要来源于东、中、西区域内部差异。

对东、中、西区域内部差异进行具体计算，可知东部、中部内部的泰尔指数总体上呈降低趋势，即其差异性也在逐渐降低。但西部地区最终出现上升幅度，说明对于西部地区而言，生育保险的配置仍不稳定。同时中部地区的泰尔指数低于东西部地区的泰尔指数，说明生育保险配置的公平性在中部地区远高于东部与西部地区。

因此，若想进一步提高整体生育保险配置的公平性，应重点关注西部与东部地区。尤其是加强西部地区的稳定性，其变动具体趋势如图 21-9 所示。

六、结论

本章通过选取衡量公共服务和社会保障体系的指标，利用我国 2014—2020 年相关数据描述了其总体发展趋势，结果发现：我国现今医疗卫生公共服务总体呈平稳增长局面，我国对卫生事业资金投入逐渐增长，人民群众可以更公平享受更多的医疗服务；现今基本教育服务也呈现平稳增长局面，从整体来看，无论是国民受教育的普及程度还是教学质量水平都在逐步提高。因此，现今我国公共服务的覆盖度与发展水平正稳健发展；在社会保障层次上，我国养老保险、医疗保险、失业保险、工伤保险、生育保险的参与人数正逐年递增，这从侧面体现了政府在社会保障支出方面资金比重在不断提高，使得有更多人民群众可以同等地享受到福利待遇，这更体现了政府更为重视民生问题。因此，我国社会保障体系正逐渐完善。通过泰尔指数对各区域公共服务和社会保障发展水平和差异变化趋势的分析，结果发现：从整体层次上来看，我国公共

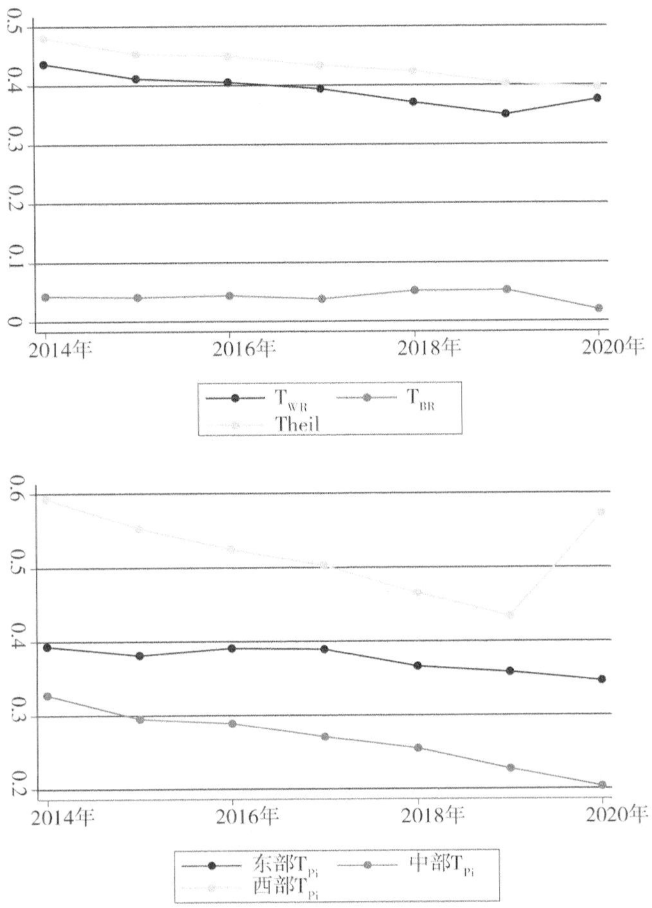

图 21-9 生育保险泰尔指数趋势图

服务与社会保障资源配置正由比较公平走向绝对公平，即当今我国各省份及区域间公共服务与社会保障的资源配置差异性正逐渐减少。从部分层次上看，不同省份区域之间的资源配置差异性虽然都逐渐降低，但也呈现出不同的发展趋势。通过对东中西三区域间的对比发现，中部地区公共服务和社会保障的差异公平性最低，东部地区公共服务和社会保障的差异公平性适中，西部地区公共服务和社会保障的差异公平性最大；但从差异下降幅度来看，西部地区的差异下降幅度最高，东部地区的差异下降幅度适中，中部地区的差异下降幅度最小。从区域间差异与区域内差异对比来看，区域间的差异性要比区域内的差异性要低，从两者对于总体指数的贡献率来看，区域内贡献率要高于区域间的贡献率。因此，来自区域内公共服务与社会保障的差异是导致总体差异的主要部分。虽然当今公共服务与社会保障的差异在逐步降低，但随时间的发展也出现了问题。

（一）加强区域内配置公平性

2014—2020 年，我国公共服务和社会保障资源配置整体正逐年优化且正走向绝对公平。这说明，我国正逐步加大对公共服务和社会保障的资金投入，深化公共服务与社会保障体制改革。但由于各区域经济发展水平及公共服务和社会保障发展水平不同，便导致了区域的差异性，而也正是这种差异贡献了总体差异的主要部分。因此，为减少差异性，政府应逐步改善重点中心城市与周边地区之间、城乡之间的资源配置差异，构建区域公共服务与社会保障一体化，从宏观角度制订整体发展规划，逐步缩小各省份、各区域之间公共服务与社会保障的差异，避免差距逐渐拉大，推动省份、区域公共服务质量和社会保障体系协调发展。

（二）加强区域间配置公平性和差异化政策

通过上文对东中西部的差异分析发现，现今我国东中西部的区间差异也较为明显，公共服务与社会保障的资源配置在中部地区已基本实现绝对公平，而东部与西部地区的公共服务与社会保障资源配置公平性相对来说较低。来自区间的差异性将对整体的公平性产生影响。因此，为了公共服务与社会保障整体高质量发展，我们需加强区域间配置公平性和差异化政策。

通过研究发现，我国中、东部地区人口较为密集，因此，该地区公共服务与社会保障的扶持力度与资金投入比重相对更大。虽然近年来国家逐渐重视西部地区的发展，并增加了对西部地区资源投入和政策引导，但由于西部地区因经济、文化、自然环境等复杂原因导致资源覆盖难度较大。因此，政府在进行资源分配时，应根据不同地区的特征采取差异化政策。在人口密集的东、中部地区，应着重提高公共服务和社会保障的质量水平；在低人口密度的西部地区，应提升公共服务与社会保障的覆盖面积，让更多的居民得到更多的福利待遇。针对西部地区的资源短缺现状，政府应积极推进资源再分配，将中东部地区的过剩资源合理分配至西部地区，达成资源的合理配置，改善区域间资源配置的不公平状态。

（作者简介：陈立娟，女，博士，南京邮电大学高质量发展评价研究院、高质量发展综合评估研究基地研究员，主要从事流动人口、健康社会学等方面研究。马明珲，河海大学会计专业在读硕士研究生。）

参考文献

[1] 李彦龙，沈艳．数字普惠金融与区域经济不平衡［J］．经济学（季刊），2022，22（5）：1805-1828.

[2] 钟旋旖，周茜．高质量发展背景下优化医疗卫生资源配置的健康效应与财政政策研究——以长三角一体化发展为例［J］．经济研究参考，2022（9）：120-136.

[3] 刘璐，谭巍．2014—2018年我国卫生人力资源配置公平性研究［J］．中国社会医学杂志，2022，39（3）：352-355.

[4] 张健悦．我国基本公共服务均等化水平测度与影响因素研究［D］．中国财政科学研究院，2022.

[5] 何文炯．共同富裕视角下的基本公共服务制度优化［J］．中国人口科学，2022（1）：2-15+126.

[6] 何文炯，潘旭华．基于共同富裕的社会保障制度深化改革［J］．江淮论坛，2021（3）：133-140.

[7] 杨耀武，张平．中国经济高质量发展的逻辑、测度与治理［J］．经济研究，2021，56（1）：26-42.

[8] 尹向飞．中国基本公共服务不均等测算与分解［J］．数量经济技术经济研究，2021，38（1）：3-22.

[9] 陈景华，陈姚，陈敏敏．中国经济高质量发展水平、区域差异及分布动态演进［J］．数量经济技术经济研究，2020，37（12）：108-126.

[10] 潘桔，郑红玲．区域经济高质量发展水平的测度与差异分析［J］．统计与决策，2020，36（23）：102-106.

[11] 王冬冬．我国社会保障支出的区域差异与影响因素分析［D］．甘肃农业大学，2020.

[12] 李梦欣，任保平．新时代中国高质量发展的综合评价及其路径选择［J］．财经科学，2019（5）：26-40.

[13] 郑功成．多层次社会保障体系建设：现状评估与政策思路［J］．社会保障评论，2019，3（1）：3-29.

[14] 彭定赟，王磊．财政调节、福利均等化与地区收入差距——基于泰尔指数的实证分析［J］．经济学家，2013（5）：21-28.

[15] 王少平，欧阳志刚．中国城乡收入差距对实际经济增长的阈值效应［J］．中国社会科学，2008（2）：54-66+205.

[16] 王少平，欧阳志刚．我国城乡收入差距的度量及其对经济增长的效应［J］．经济研究，2007，42（10）：44-55.

第二十二章　人民生活高质量发展的主观评价

摘　要： 在经济经历持续快速发展的背景下，人民的物质和精神生活都有了长足的发展，形成更多生活的积极感受，提高了人的获得感、幸福感和公平感等的主观体验。采用2020年中国家庭追踪调查数据对居民生活主观评价指标分析后，发现我国居民总体对熟人和专业权威的信任感较高，对社会保障的主观获得感较高。居民生活满意度和幸福感高，对自己未来比较有信心。生活质量主观评价中存在的主要问题，包括居民精神健康水平有待提高和感知到的贫富差距问题较为严重等。从群体差异来看，受教育程度越高对社会问题的感知越高，社会经济地位差异带来了居民身心健康的不平等。

新时代的基本特征是经济社会由高速增长转向高质量发展。人民生活高质量的发展理念将高质量发展和满足人民美好生活需要有机结合起来，契合了中国特色社会主义以人民为中心的发展思想，成为新时代高质量发展的重要内容。人民生活质量的发展，不仅在于经济、政治、社会等诸多方面的客观获得，还包括了人民对经济社会等发展历程的主观体验和感受。

一、生活质量的研究基础和实践经验

生活质量作为学术概念有着丰富的内涵，它是一个囊括微观个体生活际遇与总体感受和宏观社会发展评价的综合性概念。对生活质量的测量，既有宏观外部因素，也有微观内部因素；既包括客观指标，也包括主观上的认知和评价。从宏观外部社会和自然环境层面来看，生活质量的测量指标既包括犯罪率、公共服务、社会融合、生活成本、失业率等经济社会发展指标，又包括温度、降水量、空气质量等自然环境指标。在将生活质量视为宏观城市发展指标进行测量时，学者们多采用宏观外部性指标。如，Liu（1976）从经济、政治、环境、健康与教育和社会5个维度，选取了123个指标对生活质量进行了评估；Boyer和Savageau（1985）从生活成本、犯罪、健康服务、工作、交通、教育、艺术、休闲和气候9个领域对美国333个都市区的生活质量进行了评级。从个体层面因素来看，生活质量的测量包括个体物质生活、健康状况、人际关系、自我实现、主观评价等一系列评价指标。Diener和Suh（1995）选择自我导向、情感、享乐等10个指标，对101个国家的生活质量进行了实证分析。还有一些测量将外在生活机会和结果与个体内在生活价值感等综合起来，创建了多维度指标的量表：Cummins（1994）开发了一套包括35个条目、多维度指标的生活质量量表（ComQol）；Veenhoven（2000）从环境的宜居性、个体生活能力、公共服务和生活的内在价值4个方面考察了生活质量；世界卫生组织的生活质量指标体系涵盖了生理、心理、个体能力、社会关系、环境、信仰6个领域。此外，欧洲生活质量量表的指标体系和分层式生活质量指标体系也是应用较广泛的生活质量的测量方法。生活质量概念的复杂化，还表现在研究中常常因为研究者的个人偏好，将其与主观幸福感、生活满意度、健康等概念混合使用，形成了大量侧重于某一群体或某一向度上的生活质量研究，如工作生活质量、健康导向的生活质量、家庭生活质量等。

国内学者对生活质量评价研究也取得了相当大的进展。许多研究以地域向度和城乡向度展开。叶南客（1992）最早将生活质量的研究视野投向苏南城乡居民。他将生活质量分为消费水平、消费结构、生活方式、生活感受4类范畴，并据此在苏南地区展开调查。考虑到中国长期以来城乡二元分化的社会结构，城乡居民的客观生活际遇存在较大差异，对自身生活现状的主观认知和评价也不相同。相当一部分国内生活质量的研究分别在城镇和农村展开，在评价指标选取、评估和政策建设等方面充分考虑研究群体的特征。在基于城市居民生活质量评估的研究中，林南等人（1985，1987）先后对天津、上海等城市生活质量展开实证研究，提出影响城市居民生活质量的3类因素：工作、家庭和环境。彭念一和李丽（2003）从经济和非经济因素入手，从收入水平、健康状况、居民消费等8个维度选取了16个二级指标来构建居民生活质量评价体系；范柏乃（2006）从评价目标、评价因素和评价指标3个层面出发，利用层次分析法对我国31个城市的居民生活质量进行了评估；张亮等人（2014）选取了14个指标来构建评价体系，分析了城镇居民生活质量和各省份之间城镇居民生活质量的空间差异。郭洪伟、李柏明（2018）对北京市城镇居民社会生活质量进行了调查分析。在面向农村居民的生活质量评价研究中，丁毅等人（2020）使用客观的收入性和非收入性指标构建了农村居民综合生活质量评价指数，从收入、教育、医疗、住房等指标中提取第一主成分，构建综合生活质量评价指数（CILQ）；刘双艳和张晓林（2018）将农用地情况、农用机械、农村低保支出等纳入农村居民生活质量的评价体系；申云等人（2022）基于共同富裕的研究视域，将农村劳动力本地非农就业、城乡居民收入差距比等指标纳入考察，对我国农村居民生活质量的测量和空间差异进行了分析。

在人民生活高质量发展理念提出之后，国内学者对生活高质量的评价指标开展了进一步的研究。李金昌等人（2019）提出了包括收入、社会保障、失业率、教育、文体旅游和产品质量在内的人民生活高质量发展评价指标体系；姜安印和陈卫强（2020）将居民生活质量的测度指标凝练为经济、社会、环境、政策以及扰动指标5个维度；冀潜（2020）基于获得感、幸福感和安全感提出居民高质量生活评价体系，包括客观指标（收入生活水平、居住出行环境、就业社会保障、教育卫生文娱等）和主观指标（居民报告的主观获得感、安全感和幸福感等）两个方面。另外，在面向江苏省高质量发展的研究中，李子联和王爱民（2019）依据江苏省提出的6个高质量发展目标构建了包括创新、协调、绿色、开放和共享 5 个一级指标在内的高质量评价体系，其中“共享”指标对应生活高质量发展，包括居民收入和公共服务两个二级指标。

二、生活高质量发展的主观评价指标体系

我国经济发展已经取得举世瞩目的成就，居民收入、消费、公共服务和社会保障等各个方面都有了较大的提高和改善。国内已有对生活质量的评价往往更多侧重客观指标上的物质和文化的丰富程度，以及生活环境的改善，这些评价指标在宏观上对城市经济社会发展进行测评时的意义更高，可以清楚地了解到各地区发展的程度和差异。但需要注意的是，虽然客观上生活水平的改善会让人们倾向于形成更多的积极的主观感受，但个体的主观感受受到多方面因素的影响，与生活水平的提高往往并不同步。因此，立足个体视角，从个体的主观体验与感受对生活质量进行评价，可以更好地体现居民在经济社会发展背景下的主体性，帮助我们全面地了解社会现实，为提高人民群众生活质量提供更多建设思路。

本章内容主要采用由北京大学中国社会科学调查中心于 2020 年组织实施的中国家庭追踪调查数据（CFPS 2020）。这一调查关注中国居民的经济与非经济福利，包括经济活动、家庭关系、人口迁移和健康等在内的一系列研究主题，并对个体对经济、生活、社会、政治和自身社会地位等方面的主观感知进行了调查。考虑到 CFPS 成人问卷的调查对象为 16 岁及以上群体，本报告将分析样本的年龄限定在 16 岁及以上群体。本章主要采用评价指标如下：

信任感：信任感由两部分组成，一是不针对特定群体的普遍性信任问题，“你认为大多数人是可以信任的，还是和人相处要越小心越好?”，取值为 0 代表信任感较低，与人相处越小心越好，取值为 1 代表信任感较高，认为大多数人是可信任的。二是针对不同的特定群体询问被访者对其信任程度，包括对父母、邻居、美国人、陌生人、本地政府官员和医生的信任程度。取值范围 0~10，数值越高，表示信任程度越高，社会距离越小。

社会态度：对社会问题的看法包括 8 个方面，分别考察受访者对当前我国存在的环境保护、贫富差距、就业、教育、医疗、住房、社会保障、政府腐败等方面问题的严重程度，取值为 0~10，0 表示受访者认为我国不存在此类问题，分数越高，表明受访者认为此类问题越严重。

自评健康状况：自评健康状况包括心理健康与身体健康两方面。其中，心理健康采用简化版的流调用抑郁自评量表（CES-D）测量，共 8 个问题，包括情绪低落、做事很费劲、睡眠不好、孤独、悲伤难过、生活无法继续 6 个正向问题，及感到愉快、生活快乐 2 个反向问题。CFPS 进一步构建了 CES-D 20 的得分。其中，受访者 CES-D 20 得分的取值范围为 0~15 时，认为其不存在抑郁症状；取值范围为 16~28，认为受访者存在抑郁症状；取值范围大于 28，则认为受访者存在严重的抑郁症状。身体健康通过询问受访者健康状况测量，取值 1~5，分数越高，表示受访者身体健康状况越好。

相对社会地位认知：相对社会地位认知包括对收入和社会地位的主观评价。收入相对水平通过询问受访者认为自己的收入在当地的水平如何来衡量，取值 1~5，分数越高意味受访者认为自己的收入水平更高。社会地位相对水平通过询问受访者认为自己的地位在当地的水平如何来衡量，取值 1~5，分数的提高意味受访者认为自己的地位更高。

总体生活感受：总体生活感受包括生活满意度、主观幸福感和对未来的信心。生活满意度来自受访者报告的对自己生活的满意程度，评分 1~5，代表很不满意到非常满意；主观幸福感为受访者报告的幸福感程度，得分 0~10 分，分数越高，代表越幸福；对自己未来的信心程度，取值 1~5，分数的提高代表受访者对自己的未来越有信心。

表 22-1 生活质量主观感指标

一级指标	二级指标	测量	取值范围
信任感	普遍信任	喜欢信任还是怀疑别人	0~1
	特殊信任	对父母的信任程度	0~10
		对邻居的信任程度	0~10
		对美国人的信任程度	0~10
		对陌生人的信任程度	0~10
		对本地政府官员的信任程度	0~10
		对医生的信任程度	0~10
社会态度	环境保护	环境问题严重程度	0~10
	贫富差距	贫富差距问题严重程度	0~10
	就业	就业问题严重程度	0~10
	教育	教育问题严重程度	0~10
	医疗	医疗问题严重程度	0~10
	住房	住房问题严重程度	0~10
	社会保障	社会保障问题严重程度	0~10
	政府腐败	政府腐败问题严重程度	0~10
健康状况	心理健康	CES-D20	0~60
	身体健康	自评健康状况	1~5
相对社会地位认知	收入	收入在当地的水平	1~5
	社会地位	自己的地位在当地的水平	1~5

续表

一级指标	二级指标	测量	取值范围
总体生活感受	生活满意度	对自己生活的满意程度	1~5
	主观幸福感	幸福感程度	0~10
	信心程度	对自己未来的信心程度	1~5

三、居民生活质量的主观评价现状

（一）信任感

就普遍信任而言，约有60%的受访者认为大多数人是可以信任的，约40%的人倾向于不信任别人，认为与人相处要越小心越好。就特殊信任而言，受访者对于父母、医生的信任度很高，分别有超过90%、50%的受访者对父母、医生的信任度评分高于7分。受访者对父母的信任度水平较高，对父母信任度评分低于5分的群体仅占总人群的约1%。就对邻居的信任度而言，超过40%的受访者对邻居的信任度取值大于7分，仅有8%左右的受访者对邻居的信任度低于5分。我国居民对美国人的信任度非常低，其中，超过77%的受访者对美国人的信任度评分低于5分，仅有2.77%的受访者对美国人的信任度大于7分，接近15%的受访者对美国人持中立态度。人们对于陌生人的信任度也较低，接近54%的受访者对于陌生人的信任度低于3分，而对陌生人信任度高于6分的人在受访者中的占比约为3%，19.58%的受访者对陌生人持中立态度。约28%的受访者对本地政府官员态度比较中立，近一半的受访者对本地政府官员信任度评分超过5分。人们对医生的信任度普遍较高，超过74%的受访者对医生的信任度取值高于5分，约6.69%的受访者对医生的信任度取值低于4分，对医生持中立态度的人也较少，仅占受访者总体的17.02%。

（二）社会态度

表22-2　对特定群体持不同信任程度的人员占比

程度（0为非常不信任）	对信任对象不同信任程度的人员占比（%）					
	父母	邻居	美国人	陌生人	本地政府官员	医生
0	0.23	1.15	47.82	32.43	4.65	1.41
1	0.11	0.62	9.44	9.23	2.02	0.67
2	0.13	1.28	8.57	11.63	3.75	1.51
3	0.29	2.98	8.41	14.57	7.09	3.1
4	0.32	2.22	3.43	6.1	4.77	2.25

续表

程度（0为非常不信任）	对信任对象不同信任程度的人员占比（%）					
	父母	邻居	美国人	陌生人	本地政府官员	医生
5	3.18	24.85	14.85	19.58	28.14	17.02
6	1.57	12.76	3.13	3.43	11.42	9.34
7	2.28	13.67	1.57	1.53	10.97	13.14
8	9.84	23.62	1.62	0.86	13.74	23.68
9	8.83	4.51	0.2	0.1	3.3	8.21
10	73.23	12.34	0.95	0.54	10.15	19.67

对当前我国在环境、公共服务、就业与公平和政府腐败等方面存在问题的严重程度进行了调查，结果显示受访者认为我国经济、社会、政治等方面仍存在一些问题。其中，贫富差距问题在所有社会问题中的严重程度最高。大部分受访者认为我国贫富差距问题较为严重，对我国贫富差距的问题严重程度评分超过7的受访者占比接近43%，仅有13%的受访者认为我国贫富差距问题不太严重。

环境保护方面，接近60%的受访者认为环境问题比较严重，认为环境问题不存在或不严重（评分在0~2）的受访者较少，仅占总群体的10%；认为我国就业、教育、医疗问题比较严重（评分在6~10）的受访者均占总群体的58%左右；认为我国政府腐败问题严重的群体则相对较少，占总群体的53%，说明近几年的反腐倡廉运动取得了一定成效。认为我国社会保障问题严重的受访者较少，其中，约有25%的受访者认为我国社会保障问题不太严重。居民养老保险和医疗保险的覆盖面不断扩大，社会保障的完善和发展取得了良好的效果。

表22-3 对社会问题严重程度的主观评价

问题严重程度（0为不存在此问题）	对不同社会问题及严重程度进行评价的人员占比（%）							
	环境保护	贫富差距	就业问题	教育问题	医疗问题	住房问题	社会保障	政府腐败
0	5.31	2.61	3.17	5.37	5	5.91	6.1	4.99
1	1.79	0.84	1.1	2.1	2	1.97	2.36	2.17
2	2.79	1.56	2.28	3.72	3.56	3.38	4.41	3.9
3	5.93	4.7	5.62	5.92	6.12	6.11	7.32	6.99
4	4.08	3.59	4.52	4.55	4.67	4.75	5.35	5.28
5	21.76	22.32	24.96	20.36	20.82	23.24	24.78	23.52
6	8.78	9.74	12.08	9.62	9.69	9.93	10.37	9.35

续表

问题严重程度（0为不存在此问题）	对不同社会问题及严重程度进行评价的人员占比（%）							
	环境保护	贫富差距	就业问题	教育问题	医疗问题	住房问题	社会保障	政府腐败
7	10.15	11.72	12.76	10.15	10.12	10.07	9.35	9.22
8	15.99	17.76	15.68	15.56	15.62	14.39	13.14	12.63
9	3.74	5.16	4.11	4.78	5.29	4.66	3.74	4.37
10	19.67	20	13.74	17.87	17.11	15.59	13.09	17.57

（三）健康状况

心理健康状况。根据CES-D 20对抑郁状况的分类，受访者中精神健康（得分小于16）的人员占比为63.55%，表现出一些抑郁症状的受访者占比为32.05%，约4.4%的受访者表现出严重的抑郁症状。我国居民的心理健康状况不容乐观。

自评健康状况。约15.88%的被访者认为自己处于非常不健康的状态，比较不健康的人员占比为10.44%，约41.82%的被访者认为自己的健康状况一般。认为自己健康状况较好或非常健康的人员合计占比接近32%。

（四）相对社会地位认知

受访者认为自己的收入水平在当地处于一般水平的约为一半，认为自己收入水平在当地处于很低水平的受访者占比为10.36%，超过28%的被访者认为自己的收入水平略低于当地平均水平，认为自己收入在当地处于较高和很高水平的人员占比超过22%。

认为自己在本地的社会地位很低的被访者约占8.39%，认为自己在本地的社会地位较低的被访者占比约为16.2%。接近48%的被访者认为自己在本地的社会地位一般，认为自己在本地的社会地位较高或很高的人员占比超过27%。

（五）总体生活感受

生活满意度。受访者总体生活满意度较高，对自己的生活很不满意的受访者占比仅为1.53%，比较不满意的受访者占比为2.97%，两者累计占比为4.51%。对自己生活满意程度一般的受访者占比为24.83%，接近1/4。超过70%的受访者表示对自己的生活比较满意或非常满意。

主观幸福感。受访者对自己的主观幸福感的评价比较高。认为自己极其不幸福（得分为0）的被访者占比为0.73%。主观幸福感自评分数在5分以下的人员累计占比约为5%，处于较低水平。幸福感超过5分的被访者占比超过80%，其中，主观幸福感评分在8分及以上的被访者累计占比接近60%，表明我国大部分居民的幸福感较高，居民生活比较幸福。

对自己未来的信心程度方面，对自己未来表示没有信心的受访者占比为 1.53%，比较没信心的占比为 2.47%，累计百分比为 4%。对自己未来信心程度一般的受访者占比约为 20%，超过 3/4 的受访者对自己未来表现出比较有信心或很有信心。

四、居民生活质量主观评价的群体差异

（一）居民生活质量主观评价的城乡差异

就喜欢信任还是怀疑别人的倾向来看，农村地区居民比城镇居民更喜欢信任别人。我国农村地区属于熟人社会，相比城镇来说，邻居和日常接触的大多数是认识的人，这在一定程度上提高了农村居民的信任感，更倾向于信任别人。针对某一特定群体的信任感在城乡之间既表现出一定的相似性，即对特定群体的信任程度比较接近，又表现出一定的差异性。与农村居民相比，城镇居民对父母的信任程度更高。但农村地区居民对邻居的信任度高于城镇，原因可能是城镇居民的邻居之间可能不像农村居民一样熟悉，这在一定程度上降低了城镇居民对邻居的信任水平。城乡居民对美国人和陌生人的信任度都非常低，并且农村地区居民对美国人和陌生人的信任度尤其低。表明城乡居民对美国人和陌生人存在相当程度上的社会隔离，城镇居民对美国人和陌生人有更多的接触和了解机会，部分缓解了对这两个群体的不信任感。农村地区居民对本地政府官员和医生的信任程度较城镇居民更高，说明他们对政治权威和专业权威具有更高的信任水平。

城乡居民在对社会问题的看法方面存在一定差异，总体而言，城镇居民认为我国在环境保护、贫富差距、就业、教育、医疗、住房、社会保障和政府腐败等方面存在的问题较为严重。与城镇居民相比，农村地区居民所面临的环境、就业、教育和住房等问题较城镇居民更少，加之城乡居民养老和医疗保险覆盖面的不断扩大，农村转移性收入的增加，提高了农村居民对社会治理体系的认可度。

身心健康方面，农村地区居民的精神健康水平较城镇地区为差，抑郁得分高出城镇居民 1.47 分，城乡差异明显；从自评健康状况来看，农村地区居民的自评身体健康状况较城镇地区低 0.06 分，表明农村地区居民的身体健康状况也较城镇地区为差。

虽然城乡居民在收入和消费等客观指标上存在较大的差异，城乡居民人均可支配收入倍差仍高达 2.50 分，但就主观感知的收入水平而言，农村地区居民认为自己的收入在当地所处的位置要高于城镇居民的感知，就相对收入水平而言，农村居民在收入上的相对获得感要高于城镇居民。对自己在当地社会地位的感知上，农村地区居民也要略优于城镇居民。总的来说，当以周围的群体作为参照群体时，农村居民对自己社会地位的感知要略高于城镇居民。

城乡在生活满意度、主观幸福感和对自己未来的信心程度等方面的总体感受较为相似，但仍存在较小的差异，农村地区居民对自己生活的满意程度要略高于城镇居民，城镇地区居民的主观幸福感要略高于农村地区居民，农村地区居民对自己未来的信心

程度略高于城镇地区居民。

表 22-4　分城乡和性别的居民生活质量主观评价（分）

指标		农村	城镇	女性	男性
		均值	均值	均值	均值
普遍信任	喜欢信任还是怀疑别人	0.61	0.58	0.58	0.61
特殊信任	对父母的信任度	9.27	9.40	9.31	9.38
	对邻居的信任度	6.84	6.58	6.60	6.81
	对美国人的信任度	1.85	1.99	2.00	1.88
	对陌生人的信任度	2.25	2.56	2.15	2.71
	对本地政府官员的信任度	5.88	5.66	5.78	5.76
	对医生的信任度	7.27	7.03	7.27	7.04
环境保护	环境问题	6.14	6.47	6.31	6.34
贫富差距	贫富差距问题	6.60	6.83	6.59	6.87
就业	就业问题	6.20	6.32	6.33	6.21
教育	教育问题	6.10	6.33	6.34	6.11
医疗	医疗问题	6.10	6.35	6.31	6.15
住房	住房问题	5.92	6.15	6.09	6.01
社会保障	社会保障问题	5.70	5.80	5.88	5.63
政府腐败	政府腐败问题	5.94	6.18	6.04	6.09
心理健康	CES-D20	13.93	12.46	13.87	12.50
身体健康	自评健康状况	2.98	3.04	2.94	3.16
收入	收入在当地的水平	3.01	2.87	2.91	2.94
社会地位	自己的地位在当地的水平	3.18	2.96	3.07	3.04
生活满意度	对自己生活的满意程度	4.04	3.98	4.01	4.00
主观幸福感	幸福感程度	7.45	7.53	7.49	7.48
信心程度	对自己未来的信心程度	4.17	4.12	4.12	4.16

（二）居民生活质量主观评价的性别差异

信任感方面，首先，就喜欢信任还是怀疑别人的倾向来看，男性比女性更喜欢信任别人。中国传统文化中“男主外、女主内”，使得男性相比女性来说更加的社会化，与人接触的机会更多，这在一定程度上提高了男性的信任感，更倾向于信任别人。其次，针对某一特定群体的信任感在性别之间表现出一定的相似性的同时又表现出一定的差异性。与女性相比，男性对父母和邻居的信任程度略高。男性和女性对美国人和陌生人的信任度都非常低，但女性对美国人的信任程度略高于男性，而男性对陌生人的信任程度略高于女性。男性较女性有更多的社会交往机会，与陌生人有更多的接触和了解，且女性总体上稍降低了对陌生人的不信任感。女性对本地政府官员和医生的信任程度较男性更高，说明女性相比男性更容易信任政治权威和专业权威。

社会态度方面，男性和女性在对社会问题严重程度的看法方面存在一定差异。总体而言，与女性相比，男性居民认为我国在环境保护、贫富差距和政府腐败等方面存在的问题较为严重。而女性认为我国在就业、教育、医疗、住房和社会保障等方面的问题较为严重。总体而言，男性较女性更多地认为我国在环境保护和社会公平方面存在一定的问题，而女性较男性更多地认为我国公共服务和社会保障存在一定的问题。

身心健康方面，首先，女性的精神健康水平较男性为差，女性抑郁得分高出男性1.37分，性别差异明显；其次，从自评健康状况来看，女性的自评身体健康状况较男性低0.22分，表明女性的身体健康状况也较男性为差。

主观社会地位感知方面，我国客观收入指标上存在较大的性别差异，男性处于较为优势的地位。在对自己收入在当地所处水平的主观感知上，男性要略高于女性。但女性对自己的地位在当地的水平的感知要略高于男性。但无论是收入的主观感知还是社会地位的主观感知，性别差异都比较小。主要原因可能是收入和社会地位很多时候是以家庭为单位进行衡量的，性别因素的作用并不太明显。

总体生活感受方面，男性和女性在生活满意度、主观幸福感和对自己未来的信心程度等方面的总体感受较为相似，差异较小。女性对自己生活的满意程度和主观幸福感均略高于男性，但男性对自己未来的信心程度要略高于女性。

（三）居民生活质量主观评价的年龄差异

信任感方面，就普遍性信任而言，不同年龄之间对倾向于信任还是怀疑别人存在一定差异。总体而言，年龄与普遍信任呈现U形相关，随着年龄增长，普遍信任度有所下降，老年群体的普遍信任程度又有所回升。31~45岁的年龄组对父母的信任度最高，在60岁以上的老年群体中对父母的信任程度最低，对于60岁以上的老年群体来说，父母已经是高龄老年人，其健康和活动能力都有所下降，降低了他们对父母的依赖和信任。对邻居的信任水平随着年龄增长逐渐提高，老年人对邻居的信任程度评分达到7.12分。年龄增长一般也意味着生活和居住的稳定，对邻居的了解程度也越深，这提高了居民对邻居的信任感。对美国人和陌生人的信任度在年轻人群中最高，这一群体思想比较活跃开放，更容易接受新的事物与人，较年长群体更容易信任美国人和陌生人。31~45岁年龄组对本地政府官员的信任度最低，仅为5.55分。60岁以上群体对本地政府官员的信任度最高，达6.17分。对医生的信任度也随年龄呈U形变化，16~30岁年龄组对医生的信任度最高，达7.43分，对医生信任度最低的是46~60岁年龄组，对医生的信任度仅为6.97分。

表 22-5　分年龄的居民生活质量主观评价

指标		16~30 岁	31~45 岁	46~60 岁	60 岁以上
		均值	均值	均值	均值
普遍信任	喜欢信任还是怀疑别人	0.64	0.59	0.56	0.61
特殊信任	对父母的信任度	9.46	9.52	9.34	8.99
	对邻居的信任度	6.31	6.57	6.84	7.12
	对美国人的信任度	2.84	1.92	1.49	1.59
	对陌生人的信任度	2.97	2.55	2.14	2.09
	对本地政府官员的信任度	5.88	5.55	5.60	6.17
	对医生的信任度	7.43	7.13	6.97	7.12
环境保护	环境问题	6.95	6.82	6.06	5.34
贫富差距	贫富差距问题	6.97	7.06	6.63	6.17
就业	就业问题	6.63	6.50	6.19	5.66
教育	教育问题	6.35	6.72	6.14	5.54
医疗	医疗问题	6.25	6.70	6.19	5.65
住房	住房问题	6.57	6.46	5.84	5.24
社会保障	社会保障问题	5.89	6.20	5.72	5.07
政府腐败	政府腐败问题	5.91	6.42	6.12	5.68
心理健康	CES-D20	12.43	13.16	13.65	13.37
身体健康	自评健康状况	3.65	3.27	2.87	2.48
收入	收入在当地的水平	2.74	2.85	2.93	3.20
社会地位	自己的地位在当地的水平	2.69	2.90	3.18	3.49
生活满意度	对自己生活的满意程度	3.81	3.92	4.03	4.28
主观幸福感	幸福感程度	7.59	7.38	7.29	7.76
信心程度	对自己未来的信心程度	4.07	4.16	4.16	4.17

社会态度方面，不同年龄组对社会问题严重程度的看法存在一定差异。总体而言，相比其他年龄群体，60 岁以上老年群体认为我国当下社会问题不太严重。对环境保护、就业和住房等 3 个方面问题严重程度的评分随着受访者年龄的增长而逐渐下降。但在贫富差距、教育、医疗、社会保障和政府腐败方面，31~45 岁年龄组对问题严重程度的评分更高。这一年龄组的群体一方面是劳动力市场的主要中坚力量，另一方面也承担着较重的家庭负担，处于“上有老、下有小”的人生阶段，较重的工作和生活压力

使他们体验到更多的社会问题。

身心健康方面，从抑郁症状自评得分情况来看，46～60岁年龄组的受访者的精神健康水平最差，其次是60岁以上老年群体，16～30岁群体的受访者精神健康状况最好。就自评健康而言，随着年龄增长，受访者的自评健康状况也在不断下降，60岁以上老年群体的自评健康状况得分仅为2.48分。

主观社会地位感知方面，在对自己收入在当地水平的评价，以及自己的地位在当地所处水平的评价方面，年龄越大的群体越倾向于认为自己的收入和地位水平较高。60岁以上群体对自己收入在当地水平的评分为3.20分，对自己地位在当地水平的评分为3.49分，均高于平均水平，这两项评分在16～30岁年龄组中分别为2.74分和2.69分。

总体生活感受方面，对自己生活的满意程度随着年龄增长而提高。16～30岁年龄组对生活的满意度评分为3.81分，在60岁以上老年群体中，生活满意度的评分高达4.28分，老年群体对生活总体评价满意度非常高。在主观幸福感方面，受访者总体的幸福感程度也较高，均值都在7分以上。其中46～60岁年龄组的主观幸福感在所有人群中最低，为7.29分，60岁以上的老年群体的主观幸福感得分最高，达到7.76分。不同年龄组的受访者均对自己的未来持有较高信心，所有年龄组对自己未来的信心程度评分均高于4分。相对而言，16～30岁年龄组因为面对更多的不确定性，对未来的信心程度略低于其他群体，但差异并不太大。

（四）居民生活质量主观评价的地区差异

就普遍性信任而言，中部地区和西部地区受访者的信任度略高于东部地区和东北地区，其中东北地区的普遍信任感在所有区域中最低，约有57%的受访者表示倾向于信任而不是怀疑别人。对父母的信任度最高的是东北地区，比父母信任度最低的西部地区高约0.28分。对邻居信任程度最高的是中部地区，最低的是东部地区，对邻居信任得分仅为6.66分。对美国人信任程度最高的是西部地区，信任度得分为2.16分，高出最低的东北地区0.66分。陌生人信任方面，对陌生人信任水平最高的是东部地区，最低的是东北地区。西部地区对本地政府官员的信任度最高，信任度评分为5.92分，高出信任度最低的东北地区0.39分。对医生的信任度最高的是西部地区，信任度评分为7.32分，对医生信任度最低的是东北地区，信任度评分仅为6.86分，比西部地区低0.46分。

不同地区的受访者对社会问题严重程度的看法存在一定差异。总体而言，相比其他地区，西部地区的受访者认为我国当下在环境保护、贫富差距、教育、医疗、住房、社会保障和政府腐败等方面问题的严重程度最低。但西部地区受访者认为我国在就业问题上的严重程度要高于东部和中部地区。在环境保护方面，作为老工业基地的东北地区的受访者认为环境问题较为严重。东部地区的受访者认为就业方面的问题较少，东部地区作为我国经济比较发达的区域，就业机会较其他地区更多。东部地区的受访者认为住房方面存在的问题较为严重，我国的特大城市和多个人口比较密集的大城市都处于东部地区，经济和收入的增长推高了房地产价格，居住不平等的现象更为突出。

东北地区的受访者报告的住房问题严重程度最低，近年东北地区人口向外流动现象较为突出，居住不平等的状况有所下降。

从抑郁症状自评得分情况来看，东部地区的受访者的精神健康水平最好，其次是东北地区，精神健康水平最低的是西部地区。东、西部地区在抑郁自评方面的得分相差 1.84 分，差异明显。自评健康方面，自评健康状况最好的地区是中部地区，其次是东部地区，自评健康最差的地区是东北地区。但总体而言，不同地区之间的自评健康差异并不大。

表 22-6　分地区的居民生活质量主观评价

指标		东部地区	中部地区	西部地区	东北地区
		均值	均值	均值	均值
普遍信任	喜欢信任还是怀疑别人	0.59	0.60	0.60	0.57
特殊信任	对父母的信任度	9.32	9.36	9.27	9.55
	对邻居的信任度	6.66	6.80	6.67	6.71
	对美国人的信任度	2.06	1.74	2.16	1.50
	对陌生人的信任度	2.52	2.44	2.47	2.08
	对本地政府官员的信任度	5.75	5.74	5.92	5.53
	对医生的信任度	7.16	7.10	7.32	6.86
环境保护	环境问题	6.31	6.38	6.15	6.67
贫富差距	贫富差距问题	6.79	6.85	6.53	6.84
就业	就业问题	6.13	6.32	6.33	6.41
教育	教育问题	6.14	6.35	6.01	6.70
医疗	医疗问题	6.20	6.32	6.00	6.67
住房	住房问题	6.17	6.06	5.97	5.95
社会保障	社会保障问题	5.75	5.84	5.57	6.05
政府腐败	政府腐败问题	6.09	6.16	5.81	6.40
心理健康	CES-D20	12.39	13.06	14.22	13.02
身体健康	自评健康状况	3.02	3.05	3.00	2.99
收入	收入在当地的水平	2.91	2.93	2.97	2.88
社会地位	自己的地位在当地的水平	3.01	3.08	3.13	2.97
生活满意度	对自己生活的满意程度	3.98	4.00	3.99	4.08
主观幸福感	幸福感程度	7.52	7.53	7.29	7.77
信心程度	对自己未来的信心程度	4.11	4.14	4.14	4.23

西部地区的受访者在对自己收入在当地水平的评价，以及自己的地位在当地所处水平的评价要高于其他地区，年龄越大的群体越倾向于认为自己的收入和地位水平较高。

对自己生活的满意程度的评分由高到低依次是：东北地区、中部地区、西部地区和东部地区。各地区受访者之间的生活满意度总体差异不大。主观幸福感最高的地区是东北地区，其次是中部和东部，西部地区受访者的主观幸福感最低，得分比东北地区受访者低 0.48 分。各地区受访者对自己未来的信心程度评分均高于 4 分，表现出对未来的较高的信心程度。其中，东北地区受访者对自己未来的信心程度最高，东部地区受访者对自己未来的信心程度最低，但总体差异不大。

（五）居民生活质量主观评价的受教育水平差异

对于信任还是怀疑别人的普遍性信任而言，受教育程度的提升会提高信任别人的倾向性。受访者的受教育水平为大专及以上的群体中，有 70%左右的人更喜欢信任别人，这一比重在文盲或半文盲的受访者中仅为 53%，差异明显。在针对某一特定群体的信任度评价时，不同群体的信任度在不同受教育水平群体中的变化趋势并不一致。受教育水平越高，对父母的信任水平也越高。但是对邻居的信任水平则随着受教育水平的提高而下降。小学受教育水平的受访者对美国人和陌生人的信任感最低，分别比大专及以上受教育程度的受访者低 1.29 分和 1.32 分。对本地政府官员的信任度随着受教育水平的提高呈现 U 形相关。初中受教育水平的受访者对本地政府官员的信任程度最低，仅为 5.68 分，文盲或半文盲的被访者对本地政府官员的信任度最高，信任度评分达到 6 分，其次是大专及以上受教育水平的受访者，对本地政府官员的信任度评分为 5.8 分。对医生的信任水平也随受教育水平的提高呈现先降后升的趋势。对医生信任程度最低的是高中受教育水平的群体，对医生信任程度最高的群体是文盲或半文盲的被访者以及大专及以上受教育水平的受访者。

对社会问题严重程度的评价与受访者受教育程度存在一定的关联。总体而言，受教育水平越高，对我国当下在环境保护、贫富差距、就业、教育、医疗、住房、社会保障和政府腐败等方面问题的严重程度的评分越高。对环境保护存在问题的严重程度的评价上，大专及以上群体与文盲或半文盲群体的评分相差 1.70 分。在住房问题严重程度的评价上，两个群体之间的评分相差 1.41 分。在贫富差距严重程度的评价上，两个群体之间的评分相差 1.17 分。此外，在教育和医疗问题的严重程度的评价上，两个群体之间的差异也均超过 1 分。表明不同受教育水平的受访者对社会问题的看法存在较大差异。

受教育水平的提高对受访者的身心健康存在积极影响。从抑郁症状自评得分情况来看，大专及以上受教育水平的受访者的精神健康水平最好，平均抑郁自评分数为 11.95 分，文盲或半文盲群体的抑郁自评分数为 15.48 分，两者相差 3.53 分，差异明显。在自评身体健康方面，大专及以上受教育水平的受访者的自评健康水平最好，平均自评健康得分为 3.31 分，文盲或半文盲群体的抑郁自评分数为 2.59 分，两者相差 0.72 分，差异明显。

在对自己收入和地位在当地所处水平的主观评价方面，文盲或半文盲群体受访者的评分最高，其次是小学教育水平的群体。其原因可能是受教育程度较低的群体年龄较大，他们的参照群体往往也是同龄人群体，加之年长的群体在本地的社会地位相对较高，提高了这部分群体的社会地位感知。对自己收入和社会地位评价最低的群体是高中受教育水平群体。接受过大专及以上教育的群体，因其参照群体不同，对自己收入地位的感知要低于小学及以下受教育水平的受访者，对自己社会地位的感知也仅略高于高中受教育水平的群体。

对自己生活的满意程度的评价，随着受教育水平的提高而降低。部分原因可能是受教育程度较高的群体主要是中青年群体，面临的工作和生活压力较大，在一定程度上对其生活满意度产生了不利影响。主观幸福感方面，受教育程度越高的群体，主观幸福感越高。在对自己未来的信心程度的评价中，小学及以下受教育水平的被访者表示对未来更有信心，对未来信心程度最低的是高中受教育水平群体。不同受教育水平群体间的幸福感和未来信心的差别不大，总体都处于较高的幸福感和对未来比较有信心的水平。

表 22-7　分受教育水平的居民生活质量主观评价

指标		文盲/半文盲	小学	初中	高中	大专及以上
		均值	均值	均值	均值	均值
普遍信任	喜欢信任还是怀疑别人	0.53	0.53	0.59	0.63	0.70
特殊信任	对父母的信任度	8.96	9.23	9.44	9.47	9.58
	对邻居的信任度	6.87	6.76	6.72	6.63	6.50
	对美国人的信任度	1.80	1.52	1.74	2.14	2.81
	对陌生人的信任度	2.04	2.00	2.30	2.76	3.32
	对本地政府官员的信任度	6.00	5.70	5.68	5.73	5.80
	对医生的信任度	7.26	7.15	7.10	7.06	7.23
环境保护	环境问题	5.38	5.97	6.48	6.71	7.08
贫富差距	贫富差距问题	6.06	6.51	6.81	7.05	7.23
就业	就业问题	5.82	6.05	6.32	6.52	6.65
教育	教育问题	5.62	6.05	6.30	6.41	6.75
医疗	医疗问题	5.64	6.09	6.27	6.44	6.77
住房	住房问题	5.47	5.74	6.01	6.33	6.88
社会保障	社会保障问题	5.22	5.64	5.84	5.87	6.21
政府腐败	政府腐败问题	5.57	5.94	6.18	6.24	6.32

续表

指标		文盲/半文盲	小学	初中	高中	大专及以上
		均值	均值	均值	均值	均值
心理健康	CES-D20	15.48	13.87	12.73	11.98	11.95
身体健康	自评健康状况	2.59	2.94	3.22	3.24	3.31
收入	收入在当地的水平	3.20	2.97	2.85	2.77	2.87
社会地位	自己的地位在当地的水平	3.48	3.19	2.96	2.84	2.86
生活满意度	对自己生活的满意程度	4.22	4.07	3.97	3.88	3.87
主观幸福感	幸福感程度	7.39	7.42	7.51	7.51	7.59
信心程度	对自己未来的信心程度	4.20	4.20	4.15	4.05	4.09

五、居民生活质量主观评价

居民生活高质量既体现在包括收入、住房等在内的物质财富的丰富，也包括精神、健康等非物质财富。在我国经济发展经历了持续快速发展的背景下，居民生活在物质和精神上都有了长足的发展。然而，客观上的生活水平的提高并不必然带来主观生活感受的提高。生活高质量发展，一方面是提高人民生活水平，解决人民生活水平发展不平衡、不充分问题，促进社会公平正义发展；另一方面是提高人民群众的获得感、幸福感和公平感等的主观感受，在经济社会高质量发展的同时，形成更多生活的积极体验。因此，居民生活质量的主观评价是人民作为生活高质量发展主体的体验和感受，与客观经济社会发展一起构成居民生活高质量发展评价的重要内容。

熟人和专业权威信任感较高，陌生人信任感较低。多数居民倾向于信任别人。在针对某一特定群体的信任中，父母、医生和邻居的信任度较高，对本地政府官员的信任程度相对一般，对美国人和陌生人的信任程度较低，大部分人表示非常不信任美国人和陌生人。在不同特征群体的比较中，农村居民的普遍信任程度高于城镇居民，且对邻居、政府官员和医生的信任程度更高；男性较女性普遍信任度更高，且对父母、邻居、陌生人的信任程度更高；年龄的增长与普遍信任，以及美国人、本地政府官员、医生的信任程度呈现先降后升的U形相关，与父母信任的关系呈现先升后降的倒U形相关，在对邻居的熟人信任与陌生人信任方面，年龄的增长表现出相反的趋势：对邻居的信任随年龄逐渐提高，对陌生人的信任随年龄逐渐下降；在地区差异层面，东北地区居民的普遍信任度更低，对美国人、陌生人、本地政府官员和医生等群体的信任度也较低；受教育水平的提高可以提高居民的普遍信任以及对父母、美国人和陌生人的信任，降低对邻居的信任程度。同时，受教育水平与政府官员信任和医生信任存在先降后升的关系。

社会保障的满意度较高，感知的贫富差距较大。居民对我国环境、贫富差距、就业、教育、医疗、住房、社会保障和政府腐败等问题的严重程度的主观评价显示，居民对贫富差距问题认为较为严重，社会保障体系存在的问题较少。城镇地区居民对这些社会问题严重程度的主观认知要高于农村地区居民。与男性相比，女性在就业、教育、医疗、住房和社会保障等公共服务和社会保障体系中存在问题的主观感知要高于男性。东部地区居民对住房不平等的感受较为强烈，西部地区居民就业问题较为突出。此外，受教育水平越高，对社会问题严重程度的感知就越为强烈。

自评健康状况较好，精神健康状况一般。居民自评健康状况总体高于一般水平，但精神健康堪忧。抑郁自评结果显示，超过 1/3 的群体报告自己存在一些或严重的抑郁症状，存在较高的抑郁症风险。居民之间的健康不平等状况也较为严重，农村居民和女性较城镇居民和男性表现出更多抑郁症状，46~60 岁年龄组和西部地区也较其他年龄组和地区表现出更高的抑郁风险。受教育水平越低，表现出的抑郁症状也越多。社会经济地位与身体健康也存在一定的关系，城镇、东部地区和更高教育水平都报告了更好的自评身体健康结果。

自评收入水平较低，自评社会地位较高。居民对自己收入在本地所处水平的评价略低于一般水平，但对自己地位的评价相对较高。受参照群体影响，农村地区、西部地区和较低受教育水平的居民对收入和地位水平的主观评价较高。60 岁以上老年人对自己收入和地位的主观评价也高于其他年龄群体。

总体生活满意度和幸福感较高，对未来充满信心。居民总体生活满意度达到较为满意水平，主观幸福感评分较高，人民群众对自己未来总体比较有信心和非常有信心。农村地区居民对自己生活满意度和未来信心程度高于城镇居民。在不同年龄组中，60 岁以上的老年人对生活的主观感受最为积极，对未来的信心也更足。受教育水平的提高与更高的主观幸福感相关，但生活满意度与对未来的信心略低于低教育水平群体。

（作者简介：陈立娟，女，博士，南京邮电大学高质量发展评价研究院、高质量发展综合评估研究基地研究员，主要从事流动人口、健康社会学等方面研究。）

参考文献

[1] 丁毅，刘颖，赵双剑，管延芳，杨明，张琳．农村金融创新对我国居民生活质量影响研究——基于农村居民综合生活质量评价指数构建与衡量分析［J］．价格理论与实践，2020（2）：83-86+174.

[2] 范柏乃．我国城市居民生活质量评价体系的构建与实际测度［J］．浙江大学学报（人文社会科学版），2006（4）：122-131.

[3] 郭洪伟，李柏明．北京市城镇居民社会生活质量调查分析［J］．调研世界，2018（8）：36-39.

[4] 冀潜．基于获得感、幸福感、安全感的居民高质量生活评价体系研究［J］．统计理论与实践，2020（4）：66-72.

[5] 姜安印，陈卫强．高质量发展框架下中国居民生活质量测度［J］．统计与决策，2020，36

(13): 5-9.

[6] 李金昌，史龙梅，徐蔼婷．高质量发展评价指标体系探讨［J］．统计研究，2019，36（1）：4-14.

[7] 李子联，王爱民．江苏高质量发展：测度评价与推进路径［J］．江苏社会科学，2019（1）：247-256+260.

[8] 林南，王玲，潘允康，袁国华．生活质量的结构与指标——1985年天津千户户卷调查资料分析［J］．社会学研究，1987（6）：73-89.

[9] 刘双艳，张晓林．中国农村居民生活质量评价［J］．经济问题，2018（10）：90-93.

[10] 彭念一，李丽．我国居民生活质量评价指标与综合评价研究［J］．湖南大学学报（社会科学版），2003（5）：21-25.

[11] 申云，尹业兴，钟鑫．共同富裕视域下我国农村居民生活质量测度及其时空演变［J］．西南民族大学学报（人文社会科学版），2022，43（2）：103-114.

[12] 叶南客．苏南城乡居民生活质量评估与提高战略［J］．中国社会科学，1992（3）：135-148.

[13] 张亮，赵雪雁，张胜武，李定，侯彩霞．安徽城市居民生活质量评价及其空间格局分析［J］．经济地理，2014，34（4）：84-90.

[14] BOYER R, BOYER R, SAVAGEAU D. Places rated almanac: Your guide to finding the best places to live in America［M］. Rand McNally, 1985.

[15] CUMMINS R A , MCCABE M P, Romeo Y , et al. Validity Studies the Comprehensive Quality of Life Scale (Comqol): Instrument Development and Psychometric Evaluation on College Staff and Students［J］. Educational & Psychological Measurement, 1994, 54 (2): 372-382.

[16] DIENER E D, CAROL D. The Wealth of Nations Revisited: Income and Quality of Life［J］. Social Indicator Research, 1995, 36 (3) .

[17] LIU B C. Quality of life indicators in US metropolitan areas［M］. Praeger, 1976.

[18] VEENHOVEN R . The Four Qualities of Life［J］. Journal of Happiness Studies, 2000, 1 (1) : 1-39.

第二十三章 人口长期均衡发展评价

摘 要：人口均衡发展一直是我国人口政策与人口战略的主导原则，并事关国家兴衰和民众福祉。我国过去人口发展可以分为5个阶段，第一阶段为1949—1966年，以死亡率下降为先导，但生产力水平低；第二阶段为1967—1976年，以生育率下降为先导，但发展处于停滞；第三阶段为1977—1990年，开启人口数量红利和人口转变红利的收获；第四阶段为1991—2000年，开启人口迁移红利和人口质量红利的收获。第五个阶段为2001年至今，持续收获各项人口红利。我国未来人口自身发展态势主要呈现5个特点：一是超低生育率仍将继续，出生人口数面临下行压力；二是人口进入负惯性增长，总人口数将持续减少；三是劳动年龄人口规模减小，进入中年成熟劳动人口主导期；四是老年人口规模数增大，养老负担加重；五是区域间人口发展差距较大，人口整体均衡发展面临诸多挑战。本章还用人类发展指数综合看中国人口均衡发展状况，得出中国人口综合发展状况一直向好发展，在世界上的综合排名不断往前进。最后，基于中国人口发展现状及未来的变动态势，本章提出6项建议：一要研判中国人口形势，制定合适的人口政策；二要积极落实生育配套措施，促进人口可持续增长；三要统筹多元社会力量，积极应对人口老龄化；四要加强人口质量投资，适应经济发展需要；五要引导人口有序流动，促进城乡融合发展；六要推动绿色发展，促进人与自然和谐共生。

党的十八大以来，以习近平同志为核心的党中央提出以五大发展理念引领中国的整体转型升级，将协调发展和绿色发展理念作为处理人口同经济社会、资源环境关系问题的基本遵循，更明确地提出了促进人口长期均衡发展、助力中华民族伟大复兴的思想。人口均衡发展一直是我国人口政策与人口战略的主导原则，并事关国家兴衰和民众福祉。目前，我国人口发展已处于持续的低生育率和快速老龄化的人口负增长阶段，人口发展的内在动力和外部条件都发生一系列重大变化。全面了解我国人口发展现状，评估我国人口长期均衡发展态势及存在的问题，可为政府相关部门制定和调整人口发展政策提供理论支持和决策参考。

一、人口均衡发展的概念内涵和理论源流

“均衡”原本是物理学的概念，是指当一物体同时受到几个方面不同的外力作用下，若合力为零，则该物体将处于静止或匀速直线运动状态，这种状态即为均衡。经

济学家较早将“均衡”概念引入经济学领域，认为均衡是经济参与者追求的目标，无论微观还是宏观，只要实现均衡，则表明经济运行良性，但均衡只是暂时的，不均衡是常态。经济社会总是在“不均衡—均衡—不均衡”的模式下螺旋上升式发展，而“均衡”也非简单化、机械化、形而上学化（史玉广，2012）。一些学者认为“均衡”和“均衡发展”之间还存在区别，“均衡”是一种状态，也可以看作是一个变化的结果，但它却没有体现变化的方向，不具有发展或进步的意蕴。而“均衡发展”能够体现变化方向。均衡发展可以理解为系统中各种力量或因素以平衡或协调发展的方式由非均衡状态达到均衡状态，以及由均衡状态达到更高级的均衡状态（张俊良、郭显超，2013）。

在“均衡”概念还未引入人口学领域，人口学者对何谓“人口发展”作出了具体详细的定义。刘铮先生认为“人口发展”是指作为社会生活主体的人口，随着社会生产方式的进步，社会经济条件的变化，其数量、质量和结构及其与外部的关系不断由低级向高级运动的过程。可将人口发展分为两个方面：一是人口的自然发展，涉及人口群体的生存、繁衍、代际更替及延续；二是人口的经济社会发展，指的是人口群体的质量，社会经济发展及文明程度的提高（周长洪，2005）。

中国较早提出“人口均衡”概念的是1996年李涌平在《决策的困惑和人口均衡政策——中国未来人口发展问题的探讨》文章中的论述。人口均衡政策是国家的一个长期人口政策。由于其影响程度深，范围广，它属于人口战略性决策。但他关于人口均衡政策论述还主要集中在对生育形势的分析和判断（李涌平，1996）。“人口均衡”概念提出之后的10年里，与之相关的研究却并不多见。直到2009年，全国人口和计划生育形势分析会的召开，国家人口计划生育委员会主任张维庆提出了“科学制定人口规划、引导人口长期均衡发展”的方针。自此，“人口均衡理念”“人口均衡发展”“人口均衡型社会”等学术名词才吸引了大量学者对其进行研究。可以说，人口均衡的学术概念是源于学者对中国人口转变的感知以及应对中国人口转变的学术反思的结果。

目前，大多学者都一致认为“人口均衡”和“人口均衡发展”包括人口内部均衡和人口外部均衡两个方面。于学军等（2010）认为，人口均衡是指人口的发展与经济社会发展水平相协调、与资源环境承载能力相适应，并且人口总量适度、人口素质全面提升、人口结构优化、人口分布合理及人口系统内部各个要素之间协调平衡发展。然而，也有学者认为，外部均衡只是人口均衡的一部分，而人口内部均衡才是人口均衡发展的本质。穆光宗（2011）认为人口均衡是对人口发展状态的一个描述，其内涵是指人口系统自身要素变化处在一种动态协调和相对和谐的状态，其外延包括人口的性别结构、年龄结构和分布结构等处于相对平衡的状态，并特别强调了人口均衡所具有的深刻的人文含义。还有学者进一步提出了内外融合的人口均衡发展观，即人口均衡不仅指人口内部均衡，同时包含人口与经济、人口与资源环境之间的外部均衡。如杨云彦（2010）认为，人口均衡发展是人口数量、质量与结构的全面均衡，是经济因素、社会因素和资源环境因素共同确定的最优人口发展状态，包括人口内部均衡和外部均衡两个层次。人口内部均衡主要包括人口数量均衡、人口质量均衡、人口结构均衡，人口外部均衡是指人口与经济、社会、资源、环境、国际竞争力等人口自身之外的系统相互协调和持续发展达到的一种均衡状态。人口长期均衡发展课题组（2010）认为，人口均衡包括内部均衡、外部均衡和总均衡3个部分。内部均衡是指人口自身的均衡发展，来自出生率和死亡率的双轮驱动。外部均衡是指人口与社会、经济、资源、环境的协调发展，来自“资源环境自然承载力”和“社会经济制度承载力”双轮驱动。内部均衡与外部均衡分别有自身供给与需求体系，当两个体系有效匹配时，实现总均衡。陈友华等（2021）对已有关于人口均衡发展的论述进行梳理，认为人口均衡发展具有3个重要的特征。第一，稳定性，无论是人口内部各子系统，还是人口系统本身，均保持着稳定乃至趋于静止的状态。第二，协调性，人口内部各子系统之间相互作用以及人口与外部其他系统之间相互作用不会阻碍人口自身保持稳定状态。第三，可持续性，即稳定性与协调性具备常态化的特征，并非仅是人口短期或偶然的特质。此外，向华丽（2020）对人口均衡概念作了地理空间上的拓展，认为广义的人口区域均衡包括人口内部区域均衡、人口外部区域均衡和人口区域总均衡。而狭义的人口区域均衡就是人口分布的合理性。然而，也有一些学者对人口均衡理论本身及其对现实人口问题的解释力度提出质疑，认为人口均衡的约束条件很多，实现起来难度较大。应该基于经济非均衡理论和自发秩序理论，探索性构建人口非均衡发展理论。由于人口的非均衡性是常态，人口非均衡发展理论对人口发展现实更具解释力和指导性（陈友华、孙永健，2021）。

学者们除了明晰人口均衡概念的内涵和外延外，还基于适度人口理论以及可持续发展理论等，构建人口均衡发展综合指标体系，并展开实证方面的研究。王颖等（2011）建立了一个人口长期均衡发展评价监测模型，将人口均衡发展设定为两个二级指标，分别为人口内部均衡系统和人口外部均衡指标，而外部均衡从社会、资源、环境和资源4个方面选择了13个指标，采用专家打分法对各指标进行赋值，采集全国31个省份的相应数据进行处理，对各地区现状进行综合评价，对各个系统协调度的发展态势和影响均衡度的关键因素进行分析。周炎炎、王学义（2014）通过构建中国人口发展监测指标体系，收集统计数据对中国人口发展状况进行评价，分析发现近10年来中国人口协调发展持续深化，但人口内外部发展并不均衡，人口发展整体协调性水平仍然偏低。

二、我国人口发展的历史演进

综观我国的人口变动，由于不同时期所处的社会经济制度环境不同，结合人口自身均衡发展在人口数量、结构、质量、迁移流动4个方面的要素，可以将我国人口自身均衡发展分为5个阶段。

1949—1966年：以死亡率下降为先导，但生产力水平低。除1959—1961年三年困难时期导致人口死亡率激增，人口自然增长率出现负增长外，相对较低的死亡率（1949年的20‰至1966年8.83‰），更高的生育率（1949年的36‰至1966年

35.05‰）使得中国总人口从1949年的5.42亿增至1966年的7.45亿，医疗卫生条件的改善使得婴儿死亡率大幅减少，生育率提高使得少儿抚养比较高，进而推高总抚养比。该阶段整个国民经济处于恢复期，城镇人口比例不足20%，经济处于缓慢的增长状态。由于生产力水平低，人口增长不但没有收获相应的人口红利，反而使人口再生产与物质资料再生产的矛盾更为突出，更多表现为人口负债。

1967—1976年：以生育率下降为先导，但发展处于停滞。人口出生率下降的同时，人口死亡率处于较低的水平，人口增长率缓慢下降，中国总人口从1966年的7.45亿增长为9.37亿。由于十年内乱，使我国经济发展和城市化停滞不前（知识分子上山下乡的逆城市化），对知识分子问题的指导思想和方针政策上的极“左”错误，带来文化事业的严重破坏，人口受教育程度难以提升。社会经济发展的停滞也使我国收获人口红利十分有限。

1977—1990年：开启人口数量红利和人口转变红利的收获。受经济快速发展和严格计划生育的双重影响，人口出生率呈现波动下降的趋势（21‰以内），总人口从1976年的9.37亿上升到1990年的11.43亿，1990年总抚养比为0.50，劳动年龄人口数超过少儿及老年人口数，处于人口机会窗口期。改革开放政策使得中国在经济、政治、文化领域有了翻天覆地的变化，进一步解放和发展生产力，提高了综合国力。20世纪80年代中国放宽对人口迁移的制度限制，允许农民自理口粮在小城镇落户，由此激发了人口自发迁移流动。人口城市化水平缓慢提升（1976年的17.44%至1990年的26.41%），市场开始自发协调人口要素与生产要素，进一步促进了经济的发展。中国人口的整体受教育水平有所提升，其中普通本专科的数量由1978年的85.6万人增至1990的206.3万人，但与发达国家相比，教育仍处于低水平发展阶段。可见，中国该阶段以收获人口数量红利及人口转变红利为主导，也逐步开启收获人口迁移红利和人口质量红利。

1991—2000年：开启人口迁移红利和人口质量红利的收获。中国人口出生率和人口自然增长率进一步下降，但因人口基数大的惯性，人口数量仍呈缓慢增长之势，从1990年的11.43亿人增长到2000年的12.67亿人，少儿抚养比持续下降（1990年的0.42至2000年的0.33）导致总人口抚养比继续下降（1990年的0.50至2000年的0.43），在劳动力资源优势的驱动下，劳动密集型产业飞速发展。与此同时，户籍制度的逐步放开以及城市化的推进，人口迁移流动更为频繁，2000年人口城市化水平达到36.2%。虽然城市化水平滞后于工业化，但与1990年相比，城市化水平提高了10%。此外，高等学历的人口数继续增长，2000年普通本专科在校生为556.1万人，是1990年的2.7倍。我国逐步开启人口迁移红利和人口质量红利的收获。

2001年至今：持续收获各项人口红利。中国人口发展处于“低生育率、低死亡率、低自然增长率”的“三低”阶段，2018年总人口数为13.95亿，比2000年增长了1.28亿人，劳动力资源仍然充盈。从抚养比来看，由于少儿抚养比下降的幅度高于老年抚养比上升的幅度，中国总抚养比经历了缓慢下降至2010年的最低点（0.34），其后因老年抚养比上升的幅度高于少儿抚养比，总抚养比缓慢上升，此时人口老龄化趋势开始凸显，但人口结构仍处于人口负担轻、有利于经济社会发展的阶段。随着交通设施的改善，人口迁移流动成本进一步减少，人口流动更为频繁，2018 年流动人口为 2.41 亿人，比 2000 年增加了 1.2 亿人。人口质量进一步提高，其中大学专本科以上教育人数激增，从 2000 年的 556.1 万人，增长至 2016 年的 2695.8 万人，增长了 2139.7 万人。2000 年，中国研究生毕业数和出国留学人员分别为 5.88 万人和 3.90 万人，到 2016 年，两类人员数分别达到 56.39 万人和 54.45 万人，增长了近 10 倍。受大学扩招和国际交流的影响，我国正不断积累人口质量红利，高质量的劳动力输入能提高劳动生产率，为可持续经济发展提供不竭的动力。

从未来人口发展趋势看，人口迁移红利和人口质量红利将越来越成为主导。随着创新、协调、绿色、开放、共享的发展理念的确立，以及经济发展动能的转换，加之与之相关配套政策的落实，发展技术、金融等密集型产业，降低劳动密集型产业的比例乃大势所趋，这必然不断强化对劳动力质量的需求以及优化劳动力在不同区域和行业的合理配置。

三、从人类发展指数看我国人口均衡发展

人口均衡发展的意义不仅在于人口各要素之间保持均衡的发展，更重要的在于人口与经济、社会、环境的均衡发展。联合国开发计划署早在 1990 年就开始使用综合性指标——人类发展指数（HDI）来衡量各国人口及经济社会发展质量，并得到世界各国的广泛认可。人类发展指标主要包含人口出生时预期寿命、人口受教育年限和人均国民总收入。2020 年人类发展报告《新前沿：人类发展与人类世》报告中指出，中国的人类发展指数逐年提高，已处于“高人类发展水平”行列。1990 年中国的人类发展指数为 0.499，低于 0.601 的世界平均水平，而到 2000 年，中国人类发展指数为 0.588，与世界平均水平的差距缩小到 0.056，在公布人类发展指数的 174 个国家和地区中，排名第 111 位。到 2010 年，中国人类发展指数已经和世界平均水平持平，2010 年之后，中国人类发展指数还不断提升，2019 年为 0.761，超过世界平均水平 0.024，在人类发展指数的 189 个国家和地区中，排名第 85 位，较 2000 年提高 26 位，是同期排名提升幅度最大的国家之一，并成为 1990 年引入该指数以来，世界上唯一一个从“低人类发展水平”跃升到“高人类发展水平”的国家（见图 23-1）。

对中国和世界平均水平的人类发展指数构成来看，2019 年中国的人类发展指数构成中出生时预期寿命为 76.9 岁，比世界平均水平高出 4.1 岁。2019 年预期受教育年限为 14 岁，比世界平均水平高出 1.3 岁。虽然中国人均国民总收入为 16057 美元，略低于世界平均水平，但中国底部 40%人口的收入在 2000—2018 年以 263%的惊人速度增长，对减少全世界极端贫困人口贡献了重要的力量。

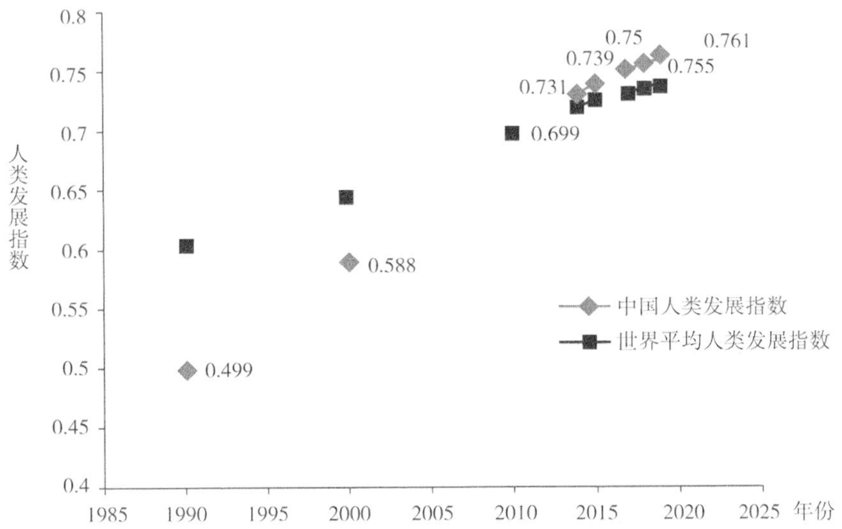

图 23-1 1990 年以来中国和世界平均人类发展指数变化

表 23-1 2019 年中国和世界人类发展指数和构成

2019 年	出生时预期寿命（岁）	预期受教育年限（岁）	平均受教育年限（岁）	人均国民总收入（GNI）（2017PPP 美元）	人类发展指数
中国	76.9	14	8.1	16057	0.761
世界	72.8	12.7	8.5	16734	0.737

联合国开发计划署 2021/2022 年人类发展报告《不确定的时代，不稳定的生活：在瞬息万变的世界中塑造我们的未来》中指出，受新冠肺炎疫情持续的影响，加上乌克兰和其他地区的战争及地缘政治秩序不断变化，以及破纪录的温度、火灾和风暴等自然灾害频发及越加失控，这些不稳定因素的叠加严重影响人类的发展，2020 年和 2021 年全球人类发展指数值连续 2 年出现下降，抵消了前 5 年的人类发展指数的涨幅。其中，有多达 90%的国家面临 HDI 指数在下降，远超 2009 年全球金融危机后出现逆转的国家数量。而中国却逆势增长，2021 年中国的人类发展指数为 0.768，排名第 79，在 2019 年排名的基础上又上升 6 个位次，取得举世瞩目的成就。

四、我国人口发展的未来态势

（一）超低生育率仍将继续，出生人口数面临下行压力

一旦跌入“低生育率陷阱”，超低生育率仍将持续。我国虽然及时调整生育政策，并于 2021 年 5 月全面实施三孩政策以及积极的生育配套政策，在一定程度上对因政策限制的生育进行了补偿，但政策松动对生育率的影响是短暂的。生育率走低主要受育龄妇女数量持续减少和人们生育意愿转变的影响。进入 21 世纪以来，我国 15~49 岁育

龄妇女数量在前10年处于波动上升状态，然而在2010年达到峰值后，就逐年减少。2005年15~49岁的育龄妇女人数为3.68亿，2020年育龄妇女人数为3.22亿，比2005年减少了0.46亿。另外，人们的生育意愿也发生了根本性的转变。已有多项研究表明，家庭在生育决策时主要面临“经济负担过重、照料资源缺乏、职业发展受阻”的影响，人们生育热情降低，多子多福的固有观念已成过去。无论未来中国采取何种鼓励生育措施，现代化的生育意愿很难马上扭转，再加上各种鼓励生育的政策如何落地并发挥政策上的影响还需要时间检验，超低生育率未来仍将持续一段时间。

（二）人口进入负惯性增长，总人口数将持续减少

根据2022年世界人口展望低生育方案的数据预测，2022年中国人口规模将达到14.25亿，之后总人口数持续走低，2030年将为13.93亿，2035年将达到13.59亿，2050年将下降至12.16亿。

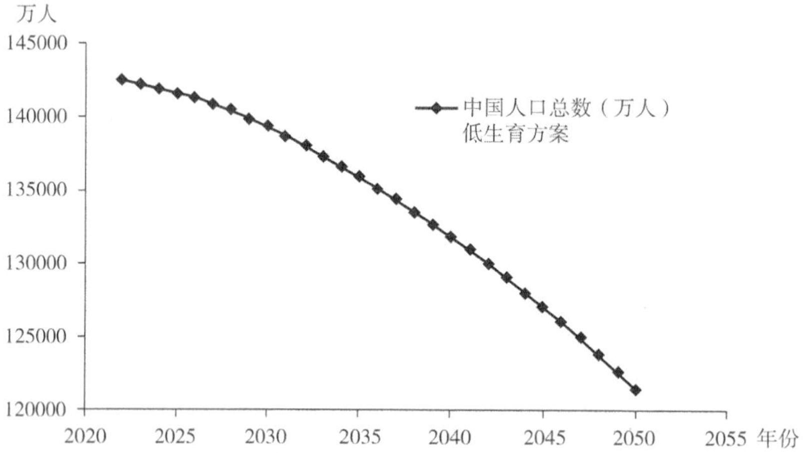

图23-2　低生育方案下2022—2050年中国人口规模变动（万人）

（三）劳动年龄人口规模减小，进入中年成熟劳动人口主导期

2007年以来，我国15~64岁劳动年龄人口和65岁及以上老年人口数量的年平均增长率分别为0.5%和3.9%，老年人口增长率是劳动力增长率的7.8倍。我国劳动年龄人口在2013年达到最高峰，为10.06亿，之后缓慢持续减少，适龄劳动人口已进入衰退期。根据2022年世界人口展望低生育方案数据显示，我国16~59岁劳动年龄人口持续下降，从2022年的8.99亿下降为2050年的6.07亿，劳动年龄人口出现负增长，劳动年龄人口总量将减少2.92亿。劳动力供给的大量减少，将推动劳动密集型产业劳动成本的快速上涨，如果劳动生产率不能更快提高并替代劳动力供给减少的效应，将加速海外资本的外流以及国内劳动密集型产业向海外更廉价劳动力成本的地区转移，这将直接导致中国经济增速的放缓或下滑。此外，人口老龄化增加了劳动服务型产业发展难度，特别是提高对护理、照料等人工服务产业发展的需求，在未来劳动力供给趋紧的形势下将显著增加对劳动服务型产业发展的约束。而未来人工智能等技术的快速

发展，将在某种程度上弥补部分劳动密集型产业在劳动力资源供给方面的不足。

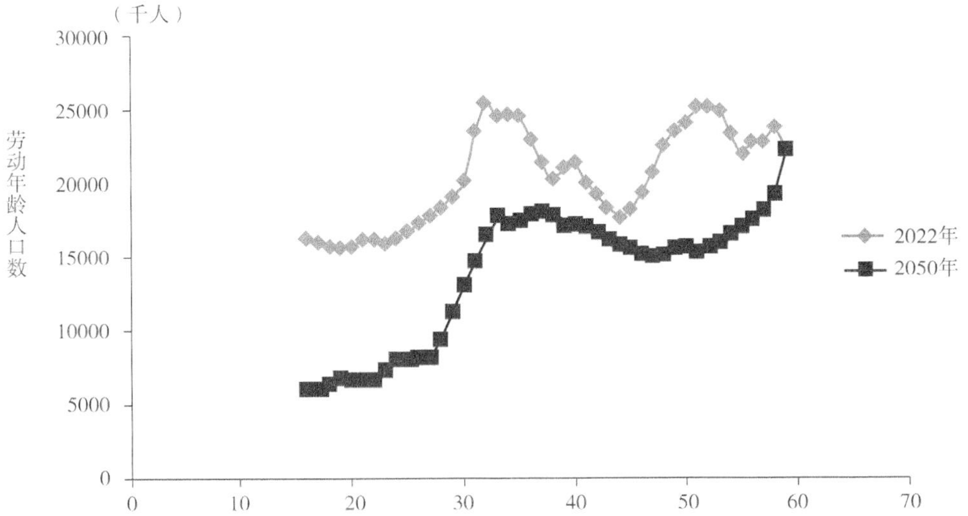

图 23-3 低生育方案下 2022 年和 2050 年中国劳动人口年龄构成（千人）

（四）老年人口规模数增大，养老负担加重

根据 2022 年世界人口展望低生育方案的数据预测，2022 年中国老年人口规模将达到 2.65 亿，老年抚养比为 0.19，2030 年老年人口数为 3.71 亿，老年抚养比为 0.27，2050 年老年人口数将达到 5.09 亿，老年抚养比为 0.42。人口老龄化不仅使得养老负担加重，而且会导致劳动力短缺，并倒逼社会劳动力成本上升，反过来加剧社会保险筹资压力，进而使得经济增长逐渐失去动力和活力。一方面，养老金支出庞大。相较于农村老年人主要依靠家庭转移性收入，城市老年人是以退休工资等保障性收入为主，更依赖当地养老金的支付能力和统筹水平。从宏观财政投入来看，2000 年我国基本养老金支出从 2115.5 亿元增长至 2016 年的 34004.3 亿元，占 GDP 的比重从 2.11%增长至 4.57%，之后基本养老保险基金收入增长逐步放缓，基金支出增长加快。根据 2017 年《中国人力资源和社会保障年鉴》数据显示，当我国老年抚养比达 18%的时候，养老金制度赡养率为 36.31%，即 3 个缴纳养老金的年轻人供养 1 个退休老年人。并且，随着时间的推移，退休人员的增长率已超过参加城镇职工基本养老保险的职工人数增长率，这给“现收现付”制的养老金供给模式带来极大挑战，进一步加剧了养老金收支不平衡，代际再分配矛盾更为凸显。另一方面，患病失能老人大幅增加。随着老年人寿命的延长，患基础病、慢性病、失能的老年人大幅增加，给卫生医疗系统也带来巨大的挑战。与此同时，我国长期护理保障制度还处于探索阶段，多元统筹的机制还未形成，过度依赖基本医疗保险。而且，长护险服务体系发展相对滞后，专业机构和人员也较为缺乏，服务供给在城乡和区域间发展极不均衡。

（五）区域间人口发展差距较大，人口整体均衡发展面临诸多挑战

受我国自然地理条件和人文条件的影响，我国区域发展一直呈现东—中—西经济社会发展的梯度变化。这种人口分布不均衡必然带来的是区域发展的不均衡，人口高度集聚的东部地区面临公共资源分配不均、城市病等一系列挑战，而西部地区面临着人口总量不大、发展要素不足、和东部差距持续拉大等风险。人口流动更为频繁，流动人口规模日益增大已成为人口发展的常态。根据第七次人口普查显示，我国流动人口已达37582万，占全国人口的26.6%。从人口流向上看，人口持续向沿海、沿江地区及内地城区集聚，东部地区人口持续增加，2020年人口比重比2010年上升了2.1个百分点。主要城市群人口集聚度加大，粤港澳大湾区城市群、长江三角洲城市群和成渝城市群人口增长迅速，分别增长了35.0%、12.0%和7.3%。上海、北京、广东、浙江4省份10年间人口密度增量均在100人/平方千米以上。一些地区，如东北地区年轻人口持续外流，成为人口自然增长率“洼地”。2021年末，黑龙江、辽宁的人口自然增长率较低，黑龙江人口出生率为3.59‰，死亡率为8.70‰，人口自然增长率为-5.11‰。辽宁全年出生人口20.0万人，出生率4.71‰；死亡人口37.7万人，死亡率8.89‰；人口自然增长率-4.18‰。此外，各地城市化水平也存在较大差异。如北京、上海、天津的城市化水平在2020年已分别达到87.55%、89.30%和84.70%，而很多省份的城市化率刚刚过半，如河南省的城市化率为55.43%、贵州为53.15%、甘肃为52.23%，还有高海拔地区西藏的城市化率仅为35.73%。

五、推进人口长期均衡发展的对策建议

（一）研判中国人口形势，制定合适的人口政策

一方面要对人口均衡发展有科学的认识。人口发展是一个长期的过程，有其内在的规律性。相比其他社会经济变量，由于人口变量具有惰性、隐蔽性、滞后性与继承性，其对社会经济生活的影响和作用是指向未来的。而且人口各个构成要素之间也具有很强的关联性，人口问题常和社会经济发展问题交织在一起，使得问题的解决更加错综复杂。一项看起来对某个人口问题的解决有效果的政策或管理措施，却非常可能引发或加重其他人口问题，出现“按下葫芦，浮起瓢”“扯到耳朵，腮动弹”的情况。因此，要基于系统整体的思维来分析人口发展的均衡性，慎重地权衡利弊，密切关注利弊的变化，并随着人口形势的变化及时作出调整。

另一方面，要加强人口发展战略相关研究。深化人口发展战略研究要着眼长远。促进人口长期均衡发展是一个系统工程，是一项长期的历史任务，不可能毕其功于一役。要加强人口数据资源整合汇集，夯实人口发展战略研究基础。要坚持短期集成研究和长期基础性研究相结合，重大专题研究和综合性对策研究相结合。要以促进人口均衡发展为主题，围绕延续人口总量势能，注重人口与经济良性互动，促进人口与资

源环境有序共生，推动人口与社会和谐共进的战略目标，深入展开调查研究，做好超前谋划、战略预判、政策储备，做到提早防范、及时应对、科学应对、综合应对人口系统内部及人口与外部不均衡问题，更好地服务我国经济社会发展和人民生活水平改善。

（二）积极落实生育配套措施，促进人口可持续增长

习近平总书记在党的二十大报告中明确指出，要“建立生育支持政策体系，实施积极应对人口老龄化国家战略”。这对新时代人口发展具有举旗定向、谋篇布局的重要意义。要以“一老一小”为重点完善人口服务体系，进一步适应人口形势新变化和推动高质量发展新要求，为经济社会发展创造良好的人口环境。

第一，要健全生育政策调控机制。科学评估经济增长和社会发展对生育行为的影响，做好“全面三孩”政策效果跟踪评估，做好充分的政策储备并适时加以实施，使生育率稳定在适度水平，出生人口性别比回归正常，为经济社会发展提供更有利的人口条件。第二，合理配置公共服务资源，重点加强与生育政策调整有关的生殖健康、育幼、教育、就业等制度政策建设，促进制度政策之间协调和联动调整。一方面，要积极推动建立并完善社区生殖指导中心、妇产中心、妇幼保健中心等，为适龄人群科学育儿提供指导和帮助，提高产妇的管理能力，强化对她们的生育支持。继续巩固优生优育的成果，确保新生人口的质量；另一方面，要加强科学预测，合理规划配置儿童照料、教育等资源。第三，完善家庭发展支持体系。建立完善包括生育支持、幼儿养育、青少年发展、老人赡养、病残照料、善后服务等在内的家庭发展政策。建议分级、分层、分阶段，按照不同的生育要求进行不同的家庭发展政策，增强家庭抵御风险能力，更好促进家庭幸福与社会和谐。

（三）统筹多元社会力量，积极应对人口老龄化

人口老龄化是经济社会发展的结果，是世界的发展趋势。习近平总书记在十八届中共中央政治局第三十二次集体学习时强调，推动老龄事业全面协调可持续发展要坚持党委领导、政府主导、社会参与、全民行动相结合；坚持应对人口老龄化和促进经济社会发展相结合；坚持满足老年人需求和解决人口老龄化问题相结合。第一，要努力挖掘人口老龄化给国家带来的活力和机遇，努力满足老年人日益增长的物质文化需求。第二，探索适合中国国情的延迟退休政策。在充分尊重退休选择自主权的基础上，对不同群体的退休“区别对待”，避免“一刀切”的做法对相关职业群体带来不利影响。第三，统筹协调资源，致力于完善养老服务体系。逐渐形成以老年人为中心的“以居家为基础、社区服务为依托、机构为支撑”多层次养老服务体系。实现“政府公共服务职能到位、养老服务和产品充足、老年人选择空间充分”的养老服务目标。统筹规划发展城市养老服务设施；大力发展智慧养老、居家养老服务网络；大力加强养老机构建设；切实加强农村养老服务；繁荣养老服务消费市场；积极推进医疗卫生与养老服务相结合等。一方面，要重视家庭养老，通过相应的政策设计激发子女间优势

互补、合作分工的赡养行为；另一方面，要注重老年人力资本的开发和利用，如通过政府购买服务来增加老年人的社会参与和经济参与，依法保障老年人在生产劳动过程中的合法收入、安全和健康权益，提升老年人的消费能力和消费质量，真正做到老有所养、老有所医、老有所教、老有所学、老有所为、老有所乐。

（四）加强人口质量投资，适应经济发展需要

第一，要着力提高劳动力供给质量，收获人才红利。舒尔茨的人力资本理论认为教育、在职培训与医疗保健是人力资本投资的“三驾马车”。因此，在劳动力供给下降的情况下，社会应转向通过教育和培训等手段提高人力资本水平，使得大量缺乏技能的劳动力被少量高技能的劳动力取代，提高劳动生产率，并对经济增长产生积极影响。在教育方面，学校教育要从九年制义务教育逐渐向高中大学普及，要根据社会需求定位来培养人才，既要重视人才数量及质量上的提升，也要重视人才结构与企业结构和区域产业行业结构相协调。在职业技能培训方面，要重视职业教育发展，尤其是重点加快发展农村中等和高等职业教育，要从学科本位向能力本位转变，逐步提高职业教育的质量，实现职业教育质量、结构、规模、效益的协调发展。继续推进劳动力职业技能培训，促进农村劳动力转移培训，实施农村实用技术培训，加快培养有文化、懂技术、会经营的新型农民，为社会主义新农村建设添砖加瓦。有计划地推动高技能人才培养，建立高级技师培养基地。加大与国外职业培训机构的交往与合作，引进外国的教育资源和先进的教学手段，推进高技能人才队伍建设，为中国从“制造大国”向“制造强国”转变提供技术支持和保障。在医疗保健方面，医疗保健投资是保证人力资源优质体质的关键，是人力资源投资的不可或缺的重要内容。贯彻中共中央、国务院印发的《“健康中国2030”规划纲要》，以人民健康为中心，推行健康生活方式，减少疾病发生，强化早诊断、早治疗、早康复，全方位、全周期维护和保障人民健康，大幅提高人民健康水平，从而推进健康中国建设，实现全民健康。

第二，注重老年人力资源开发，收获老年人口红利。由于老年群体自身具有丰富的工作经验和深厚的人生智慧，因而使其在就业领域可以通过有效的社会分工来充分体现自身才能与经验的社会价值。目前在我国的就业市场，从高级技术或者管理岗位上退休的老年人占据了主要部分。以科技人员为例，我国目前有600多万离退休科技人员，占全部科技人才总数的1/5（裴紫叶，2013）。如果合理利用和开发这部分宝贵的人力资源，鼓励这部分老年人继续工作或参加社会活动，这将有助于优化中国劳动力市场的供给结构，弥补人力资源短缺和缓解危机。鼓励老年人退休以后，根据自身和家庭的情况，继续参与社会、经济、文化、政治等方面的活动和社会服务，提高老年人的社会劳动参与程度，在老年人为社会创造财富的同时，也大大提升老年人的自身价值，增加财富积累并为其参与社会消费提供保障。

第三，有效利用国际人才和培养本土人才的国际化，释放“人才磁场”效应。人才是转型发展之基、区域竞争之本、城市活力之源。2014年5月22日，习近平主席在

上海与外国专家座谈时指出，一个国家对外开放，必须首先推进人的对外开放，特别是人才的对外开放。随着新技术革命的蓄势待发，还有全球化进程的不断深入，高层次国际人才尤其是那些携带知识、技能、资金的高端人才将为中国经济社会的发展注入新的动力，要“招才、聚才、用才、兴才”并重，形成一个外国专家和人才资源开发利用的良性循环机制。要采取多渠道、多元化的方式，不拘一格引进人才。利用海外招聘、国际合作项目、国际培训、国际人才交流等机会积极吸引人才，进一步发挥重大工程、重大项目对海外人才的集聚效应，或利用企业自身优势吸引高端外国专家，提高企业的国际竞争力。在引进国外人才，加强国际人才交流合作的同时，需培养大批具有国际视野、通晓国际规则、能够参与国际事务和国际竞争的国际化人才，为中国产业“走出去”提供强有力的智力支持。

（五）引导人口有序流动，促进城乡融合发展

第一，加快推进以人为核心的城镇化，全面提高城镇化质量。2013 年 11 月，习近平总书记在山东农村考察时指出：“城镇化不是土地城镇化，而是人口城镇化，不要拔苗助长，而要水到聚成，不要急于求成，而要积极稳妥。”因此，城镇化推进中不仅要重视城镇基础设施的发展，更要重视城市人口的发展；不仅要重视城镇化过程中经济效益的增长，更要重视城镇精细化的服务供给和人性化管理；不仅要重视城镇化速度，更要重视城镇化发展的质量。有序推动农业转移人口市民化，要分阶段、有重点地解决农村转移人口的就业和社会保障问题，不断推进依附在户籍制度之上城乡分割的劳动就业、教育、医疗、住房等制度的改革，完善相应的配套措施。第二，以城市群为主体形态促进大中小城市和小城镇协调发展，形成区域经济增长新动能。城市群是我国新型城镇化的主体形态，也是拓展发展空间、释放发展潜力的重要载体。我国现已形成京津冀、长三角和珠三角等国家级城市群以及若干区域性城市群，城市群内部要素流动和专业分工明显加强。但我国的城市群发展也面临经济全球化、经济转型升级、行政管理体制改革等方面的严峻挑战，城市群布局不尽合理、城市群内部分工协作不够、集群效率不高、中心城市功能偏弱、城市产业结构趋同等问题日益凸显，尤其是大城市周围的中小城市发展动力较弱，成为制约城市群协调发展的瓶颈。要激发小城镇的“城乡互动的桥梁”作用，促进农村剩余劳动力的转移，推进农村产业升级，有效缩小城乡发展差距。小城镇要根据自身的区位和资源优势，如发展特色小镇，积极主动争取与周边大中型城市的产业合作，形成联结区域市场、辐射农村腹地及突出发展亮点的战略格局。此外，要继续统筹和深化发展城市群、都市圈，如东部地区的山东半岛城市群、海峡西岸城市群、中部地区的中原城市群、长江中游城市群、西部地区的成渝城市群、关中城市群、北部湾城市群，东北地区的哈长城市群、辽中南城市群等，发挥大中小城市之长，避大中小城市之短，形成区域经济增长的新动能。

（六）推动绿色发展，促进人与自然和谐共生

人口、资源与环境的关系的实质是人与自然之间的关系。在新时代，需要重新反思“自然”的重要地位，重构人与自然之间的和谐关系。要以习近平中国特色社会主义思想和马克思主义人口观为指导，深入研究人口与资源、环境之间的关系。在“美丽中国”理念和“两山理论”的指引下，贯彻创新、协调、绿色、开放、共享的发展理念，坚持生态惠民、生态利民、生态为民的原则，科学构建绿色国民经济体系，不断满足人民群众日益增长的优美环境需求。要积极改善人口资源环境的平衡，制定和完善与城市主体功能区相配套的人口政策，增强人口承载能力。大力推行创新驱动、资源集约节约、低碳环保的绿色生产方式，积极倡导简约适度、绿色低碳、文明节约的绿色生活方式。此外，要将“节约资源、再生资源、提高资源利用率”融于一体，同时融“保护环境、改善环境、人口与环境和谐发展”于一体。完善绿色生产方式，转变理念，发展绿色 GDP。

（作者简介：朱晓，女，博士，南京邮电大学人口研究院、高质量发展综合评估研究基地副研究员，主要从事人口发展、人口老龄化方面研究。）

参考文献

［1］史玉广.《西方经济学》中的“均衡”思想探究［J］. 产业与科技论坛，2012，11（22）：119+193.

［2］张俊良，郭显超. 人口长期均衡发展的理论与实证模型研究［J］. 人口研究，2013，37（5）：16-29.

［3］周长洪. 人口问题、人口安全与人口管理［J］. 人口研究，2005（3）：54-57.

［4］李涌平. 决策的困惑和人口均衡政策——中国未来人口发展问题的探讨［J］. 北京大学学报（哲学社会科学版），1996（1）：66-71+134-135.

［5］于学军，翟振武，杨凡，李建民，穆光宗. 为什么要建设“人口均衡型社会”？［J］. 人口研究，2010，34（3）：40-52.

［6］穆光宗. 构筑人口均衡发展型社会［J］. 北京大学学报（哲学社会科学版），2011，48（3）：128-135.

［7］杨云彦. 经济增长方式转变与人口均衡发展［J］. 人口与计划生育，2010（5）：11-12.

［8］人口长期均衡发展课题组，马力，桂江丰. 以科学发展为主导 构建人口均衡型社会［J］. 人口研究，2010，34（5）：12-21.

［9］向华丽. 人口区域均衡概念、学科属性与发展趋势［J］. 宁夏社会科学，2020（5）：101-107.

［10］王颖，黄进，赵娟莹，张先兵. 人口长期均衡发展及其评价监测模型的构建与应用［J］. 中国人口·资源与环境，2011，21（4）：169-174.

［11］陈友华，孙永健. 非均衡发展：人口发展理论的批判与建构［J］. 学海，2021（4）：47-55.

［12］周炎炎，王学义. 中国人口发展监测指标体系构建及应用研究［J］. 北京社会科学，2014

(5): 93-101.

[13] 联合国开发计划署. 不确定的时代，不稳定的生活：在瞬息万变的世界中塑造我们的未来[EB/OL]，https://hdr.undp.org/human-development-report-2021-22.

[14] 原新. 论优化生育政策与促进人口长期均衡发展［J］. 广州大学学报（社会科学版），2022，21（4）：105-120.

[15] 裴紫叶. 开发老年人力资源，应对人口老龄化给我国劳动力市场带来的冲击［J］. 现代经济信息，2013（18）：138.

图书在版编目（CIP）数据

中国高质量发展与评价蓝皮书．2022 / 沙勇，金巍主编．-- 北京：中国社会出版社，2022.12

ISBN 978-7-5087-6839-7

Ⅰ．①中… Ⅱ．①沙… ②金… Ⅲ．①中国经济－经济发展－研究报告－2022 Ⅳ．① F124

中国版本图书馆 CIP 数据核字（2022）第 243348 号

出 版 人：程　伟

终 审 人：李　浩

责任编辑：杨春岩

责任校对：朱永玲

封面设计：时　捷

出版发行：中国社会出版社

邮政编码：100032

网　　址：shcbs.mca.gov.cn

经　　销：新华书店

地　　址：北京市西城区二龙路甲 33 号

编 辑 部：(010)58124829

发 行 部：(010)58124864；58124848

印刷装订：北京九州迅驰传媒文化有限公司

印　　张：27.75

版　　次：2022 年 12 月第 1 版

定　　价：128.00 元

开　　本：185 mm×260 mm　1/16

字　　数：608 千字

印　　次：2022 年 12 月第 1 次印刷

中国社会出版社微信公众号

中国社会出版社天猫旗舰店